W0275080

C A R L **AUER**

Ernest L. Rossi (Hrsg.)

Gesammelte Schriften von Milton H. Erickson

Band I

Vom Wesen der Hypnose

Sonderausgabe für die M. E. G.
Milton Erickson Gesellschaft
für klinische Hypnose e. V.

1995

Aus dem Amerikanischen übersetzt von Alida Iost-Peter
Über alle Rechte der deutschen Ausgabe verfügen Carl-Auer-Systeme Verlag und Verlagsbuchhandlung GmbH; Heidelberg
Fotomechanische Wiedergabe nur mit Genehmigung des Verlages
DTP-Management: Peter W. Gester
Satz: Beate Ch. Ulrich
Umschlagentwurf: WSP Design, Heidelberg
Printed in Germany 1995
Gesamtherstellung: Druckerei Kösel, Kempten

Erste Auflage, 1995
Herausgeber der deutschen Ausgabe:
Bernhard Trenkle, Gunthard Weber

Die Deutsche Bibliothek – CIP-Einheitsaufnahme

Erickson Milton H.:
Gesammelte Schriften / von Milton H. Erickson. Ernest L. Rossi. [Aus dem Amerikan. übers. von Alida Iost-Peter. Hrsg. der dt. Ausg.: Bernhard Trenkle ; Gunthard Weber]. - Sonderausg. für die M.E.G., Milton-Erickson-Gesellschaft für Klinische Hypnose e.V. – Heidelberg : Carl-Auer-Systeme, Verl. und Verl. -Buchh.
Orig.-Ausg. u. d. T.: Erickson, Milton H.: The collected papers of Milton H. Erickson on hypnosis
NE: Rossi, Ernest L. [Hrsg.]; Erickson, Milton H.: [Sammlung <dt.>]
Bd. 1. Vom Wesen der Hynose. - 1. Aufl. - 1995
ISBN 3-927809-75-6

Die Originalausgabe dieses Buches ist unter dem Titel "The Collected Papers of Milton H. Erickson on Hypnosis", Volume I erschienen.

Inhalt

Vorwort der amerikanischen Ausgabe

Diese Reihe von Milton Ericksons Schriften enthält eine faszinierende Sammlung schöpferischer Beiträge, die sich auf jede Phase hypnotischer Theorie und Praxis beziehen. Die Artikel beinhalten eine Fülle wertvoller Daten, die von Wissenschaftlern und Klinikern nach Schätzen durchforscht werden können. Sie lassen sich sowohl für Versuche und hypothetisches Strukturieren als auch für eine beschleunigte Entwicklung der Psychotherapie produktiv nutzen. Milton Erickson ist wohl der kreativste und phantasievollste zeitgenössische Arbeiter auf dem Gebiet der Hypnose, und die genialen Schriften dieser Reihe zählen zu den Klassikern auf diesem Gebiet.

Lewis R. Wolberg, M.D.
Clinical Professor of Psychiatry,
New York University School of Medicine

Danksagung

Der Herausgeber möchte vielen Kollegen und Mitgliedern der American Society of Clinical Hypnosis für ihre Unterstützung und Vorschläge bei der Vorbereitung dieser Bände danken, insbesondere Marian Moore, Robert Pearson, Florence Sharp und Andre Weitzenhoffer. Margaret Ryan hat mit ihrem Geschick im Fragen der Redaktion und Organisation einen wichtigen Beitrag geleistet.

Folgende Zeitschriften und Verlage erlaubten freundlicherweise den Nachdruck von Artikeln in diesen Bänden:

American Journal of Clinical Hypnosis, *American Journal of Psychiatry*, American Medical Association, American Psychiatric Association, American Psychological Association, Appleton-Century-Crofts, *Archives of Neurology and Psychiatry*, *British Journal of Medical Psychology*, *Bulletin of the Georgetown University Medical Center*, *Diseases of the Nervous System*, *Encyclopaedia Britannica*, *Family Process*, Harper and Row, Paul B. Hoeber Inc., *Journal of Abnormal and Social Psychology*, *Journal of Clinical and Experimental Hypnosis*, *Journal of Experimental Psychology*, *Journal of General Psychology*, *Journal of Genetic Psychology*, *Journal of Nervous and Mental Disease*, *Journal of the American Society of Psychosomatic Dentistry and Medicine*, Journal Press, Macmillan Company, Medical Clinics of North America, Merck, Sharp and Dohme, *Perceptual and Motor Skills*, Physicians Postgraduate Press, Psychiatry, *Psychoanalytic Quarterly*, Psychosomatic Medicine, W. B. Saunders Company, Springer Verlag, William Alanson White Psychiatric Foundation, William and Wilkins, Woodrow Press.

Vorwort der deutschen Ausgabe

Die folgenden mehr als 2500 Seiten enthalten das wissenschaftliche Lebenswerk des amerikanischen Psychiaters Milton H. Erickson.

Die Auswirkungen seiner Tätigkeit als Therapeut und Lehrer sind wohl als außerordentlich vielfältig zu bezeichnen.

So gilt Milton Erickson den einen als Vater und Ausgangspunkt für verschiedene ressourcen- und lösungsorientierte Kurzzeittherapie-Verfahren. Hier sind die Palo-Alto-Schule um Paul Watzlawick und John Weakland, das Neuro-Linguistische Programmieren (NLP) und die Konzepte, die von der Gruppe um Steve de Shazer entwickelt wurden, zu nennen.

Für andere leitet die Arbeit von Milton Erickson eine Renaissance der Hypnose, hin zu einer modernen Hypnotherapie, ein.

Darüber hinaus hat Milton Erickson mit seiner Arbeit die Entwicklung anderer Therapieverfahren intensiv beeinflußt. Wie Salvadore Minuchin einmal sagte, verdankt die Familientherapie Milton Erickson mehr als sie ahnt. Offensichtlich wird dies beispielsweise innerhalb der strategischen Familientherapie durch das ausgiebige Zitieren von Erickson durch Jay Haley und Cloé Madanes. Die systemische Familientherapie hatte in der Philosophie von Gregory Bateson und in den therapeutischen Konzepten von Paul Watzlawick ihre Basis. Sowohl Bateson wie Watzlawick waren von Erickson beeinflußt.

Erickson war gegen die Gründung von psychotherapeutischen Schulen. Er war der Meinung, daß Schulen dazu neigen, die Klienten und die Behandlung in ein Prokrustesbett zu drängen. Er vertrat entschieden die Ansicht, daß jede/r PatientIn ein absolutes Individuum sei und eine individuelle Behandlung verdiene.

Jeffrey K. Zeig wies kürzlich darauf hin, daß Erickson über 300 psychotherapeutische Fälle zum Fachgebiet Psychotherapie beigetragen habe, mehr als irgendein anderer Psychotherapeut. Ein großer Teil dieser Fälle findet sich auf diesen 2500 Seiten. Erickson war vor allem ein Praktiker. Er hat selten generalisiert beschrieben, in welchen Schritten er zum Beispiel eine Hypnoseinduktion durchführt. Dafür hat er uns ungemein viele und vielfältige Schilderungen hinterlassen, wie er mit konkreten KlientInnen in konkreten Situationen gearbeitet hat. Der erste Band enthält zum Beispiel den Artikel *Tiefe Hypnose und ihre Induktion*. Dort finden sich auf 41 Seiten Schilderungen von immerhin 26 konkreten Versuchspersonen und Klienten mit ihren Reaktionen und Verhaltensweisen während der Hypnosearbeit. Hinzu kommen im gleichen Artikel sicher noch ein Dutzend Abschnitte, in denen Erickson die Erfahrungen mit mehreren Personen zusammenfaßt.

Diese Artikel bieten von daher die einzigartige Chance, an 50 Jahren klinischer Erfahrung relativ direkt und ungefiltert teilzuhaben, davon zu lernen und sich von ihnen zu eigenen Ideen anregen zu lassen.

Ein Teil des erfinderischen Ideenreichtums von Milton H. Erickson ist heute in weiten Bereichen der Psycho-, Hypno- oder Familientherapie vertraute Praxis: die Ressourcen- und Zielorientierung, die Konzentration auf praktisches Tun und Handeln anstatt auf Einsicht, das Geben von praktischen Hausaufgaben, die Berücksichtigung der Familie und des gesamten Umfeldes, die Nutzung von Humor, Provokation und Paradoxen, die Verwendung von Geschichten und Metaphern, das Erkennen und Nutzen von Trancezuständen und Trancephänomen, usw.

Nach meiner Meinung ist jedoch erst ein Teil der Ideen von Erickson bekannt und rezipiert. Die im ersten Band enthaltenen Artikel über tiefe Hypnose und die Natur von veränderten Bewußtseinszuständen weisen beispielsweise auf ein Wissen und eine Kompetenz hin, wie sie reichhaltiger und vielschichtiger wohl kaum irgendwo anders zu finden sind.

Ebenfalls in diesem ersten Band enthalten ist der Artikel über Ericksons Zusammenarbeit mit Aldous Huxley. Huxley und Erickson haben gemeinsam Experimente bezüglich der Natur von veränderten Bewußtseinszuständen entwickelt und durchgeführt. Huxley wollte später dann darüber ein Buch schreiben. Das Manuskript mit all den dazugehörigen Unterlagen von Erickson und Huxley ist leider in einem kalifornischen Buschfeuer zusammen mit Huxleys Haus abgebrannt. Erickson hat mit Hilfe des kleinen, bei ihm verbliebenen Teils der Unterlagen einige Aspekte dieser Experimente rekonstruiert. Während der Lektüre dieses Artikels wird man nicht umhinkommen zu bedauern, daß es damals in Kalifornien gebrannt hat. Bei dem Wissen, das Huxley über veränderte Bewußtseinszustände hatte, und seinem schriftstellerischen Vermögen wüßten wir läge dieses Buch vor, vermutlich einiges mehr über die Möglichkeiten des menschlichen Geistes.

Auch in den Folgebänden finden sich unzählige Aspekte, die bisher kaum bis gar nicht beachtet wurden. Hinweisen möchte ich besonders auf Ericksons faszinierende Arbeiten zum Thema Rehabilitation nach Gehirn- und Nervensystemschädigungen, die im Band 6 enthalten sind. Ericksons eigene Lebensgeschichte, mit der Notwendigkeit, gleich zweimal eine Kinderlähmung überwinden zu müssen, hat bei der Entwicklung dieser Verfahren sicher eine wichtige Rolle gespielt.

Neben den bereits genannten Arbeiten enthält der erste Band auch die klassischen Arbeiten zu Konfusions- und nonverbalen Techniken. Schon der erste Band enthält einige Fallschilderungen der Art, die deutlich werden lassen, warum viele Erickson für den herausragenden psychotherapeutischen Praktiker in diesem Jahrhundert halten. Beispielsweise wird geschildert, wie Erickson einer 70jährigen Analphabetin verspricht, ihr in drei Wochen das Lesen und Schreiben beizubringen. Die Art wie Erickson dieser Frau zur Erfüllung ihres Herzenswunsches verhilft, verdeutlich sein überragendes therapeutisches Genie.

Die in Band 2 enthaltenen Artikel befassen sich zum einen mit der Natur der Suggestion und zum anderen mit möglichen Gefahren der Hypnose.

Band 3 behandelt die hypnotische Veränderung von Sinnes-, Wahrnehmungs- und psychophysischen Prozessen. Ausführlich beschrieben werden die visuelle und auditive Halluzination, hypnotische Einflüsse auf psychophysische Prozesse wie Blutfluß, die hypnotische Zeitverzerrung sowie Problemstellungen für die experimentelle Forschung.

Im ersten Teil von Band 4 sind die Arbeiten zusammengefaßt, in denen Erickson seine Sicht der Hypnose und ihrer Geschichte zusammenfaßt. Im zweiten Teil folgen dann seine Arbeiten zu den Phänomenen Amnesie, automatisches Schreiben und wörtliches Reagieren in Trance sowie Arbeiten zu unbewußten mentalen Mechanismen.

In Band 5 und 6 finden sich die Arbeiten, mit denen Erickson die psycho- und hypnotherapeutische Behandlungspraxis revolutioniert hat. Der fünfte Band beginnt mit grundlegenden Überblicksartikeln mit Titeln wie „Die Anwendung von Hypnose in der Psychiatrie", „Hypnose in der Medizin" oder „Hypnotische Psychotherapie".

Weiterhin enthält dieser Band 5 die Arbeiten zum Utilisationsansatz, dem vielleicht wichtigsten Beitrag von Erickson zur Praxis der Psychotherapie. Hier legt er facettenreich dar, wie selbst bizarre Persönlichkeitseigenschaften von Klienten konstruktiv für therapeutische Zwekke genutzt werden können. Diese Arbeiten ergänzen sich mit solchen von Band 1, in denen Erickson das Utilisationsprinzip auf die Induktion von Hypnose anwendet.

Daneben werden in Band 5 in mehreren Artikeln Ericksons Konzepte für hypnotische Schmerzkontrolle dargelegt. Als Nachwirkungen seiner körperlichen Erkrankungen hatte Erickson einen großen Teil seines Lebens Schmerzen. Daraus resultierte ein großes Wissen um die Möglichkeiten (selbst-)hypnotischer Schmerzkontrolle.

Band 6 behandelt schließlich neben sexualtherapeutischen Themen die Anwendbarkeit von Hypnose zur Selbstexploration sowie innovative Möglichkeiten, KlientInnen in der Psychotherapie zu einer neuen gefestigteren Identität zu verhelfen. In diesem Band sind auch die Pionierarbeiten zur Verwendung von Hypnose bei Rehabilitationspatienten enthalten.

Ernest Rossi gebührt die Anerkennung, das vielfältige Lebenswerk von Milton H. Erickson gesammelt und geordnet zu haben. Es sind auch einige bislang nicht publizierte Arbeiten und Fragmente in diesen Band aufgenommen. Ein Teil davon hat – ähnlich wie auch einige der frühen Arbeiten von Erickson – nicht die Qualität der späteren Artikel. Trotzdem enthalten sie wichtige Denkanstöße und wesentliche Aspekte, die in den anderen Arbeiten so nicht enthalten sind.

Das Gesamtwerk von Erickson bietet eine solche Fülle an Wissen, Anregungen und Ideen, daß man neugierig sein kann, für welche weiteren therapeutischen Innovationen es noch Ausgangspunkt sein wird.

Bernhard Trenkle
Dipl.Psych., Dipl.Wi.-Ing.
Milton Erickson Gesellschaft
für Klinische Hypnose (M.E.G.)

Danksagung

Die deutsche Ausgabe von Ericksons Gesammelten Schriften ist dem gemeinsamen Engagement des Carl-Auer-Systeme Verlags und der Milton Erickson Gesellschaft für Klinische Hypnose (M.E.G.) zu verdanken.

Im Vorfeld unterstützten uns Jeffrey K. Zeig (Milton Erickson Foundation, Phoenix) und Jörg Erdmann (Paderborn) dabei, die Übersetzungsrechte zu erhalten.

Die Übersetzung von mehr als 2500 Seiten in sechs Bänden erschien dann bald als ein zu großes Kostenwagnis. Schließlich haben sich mehrere M.E.G.-Mitglieder bereit erklärt, ehrenamtlich mitzuarbeiten. Meine frühere Praktikantin und Diplom-Bibliothekarin Ilona Scheidt-Scholpp erklärte sich bereit, die Kontakte zu den ehrenamtlichen ÜbersetzerInnen zu pflegen. Alida Iost-Peter, Gründungsmitglied der M.E.G., übernahm die Aufgabe, diese ehrenamtlichen Übersetzungen zu vereinheitlichen. Bald stellte sich heraus, daß diese Überarbeitung der ehrenamtlich angefertigten Übersetzungen zeitaufwendiger ist, als alles komplett neu zu übersetzen. Schließlich ging Alida Iost-Peter dazu über, alles selbst zu übersetzen und die vorliegenden Übersetzungen nur noch als wertvolles Hintergrundmaterial zu nutzen. Ebenfalls vielfältig unterstützend im Hintergrund wirkte Burkhard Peter, Gründungsvorsitzender der M.E.G. und Ehemann der Übersetzerin.

Dem amerikanischen Herausgeber Ernest Rossi danken wir, daß er beim Entziffern einiger mehrdeutiger und unklarer Stellen im amerikanischen Original der Übersetzerin hilfreich zur Seite stand.

In diesem ganzen langen (Lern-)Prozeß ging viel Zeit verloren, und als wir es nicht schafften, unseren Zeitplan einzuhalten und auf der Evolution-Konferenz in Hamburg den ersten Band zu präsentieren, brach der Elan für einige Wochen völlig zusammen. Alida Iost-Peter konnte ihre Kräfte dann auch nicht auf so lange Zeit an ein so riesiges Projekt binden, weshalb wir uns für die Folgebände nach einem neuen Übersetzer umsehen mußten.

Einige Wochen waren wir beinahe am resignieren. Gunthard Weber vom Carl-Auer-Systeme Verlag ist es jetzt letztlich zu verdanken, daß trotz der sehr viel höheren Übersetzungskosten das verlegerische Wagnis eingegangen wurde, Ericksons Pionierarbeiten auf Deutsch zu publizieren. Gunthard Weber hat dann auch die neuen Übersetzer ins Gespräch gebracht und Sally und Bernd Hofmeister verpflichtet.

Bedanken möchte ich mich auch für die organisatorische Mithilfe von Christine Duffner und bei Beate Ch. Ulrich, die das Buch gesetzt hat und die ganze Idee vielfältig unterstützt und begleitet hat.

Des weiteren gebührt Uwe Prudlo Dank, der für alle Bände einzeln und für die sechs Bände insgesamt einen Index erstellte. Ganz besonders möchte ich jetzt jene M.E.G.-Kollegen und -Kolleginnen auflisten, die bei den Übersetzungen mitgearbeitet haben beziehungsweise zugesagt haben mitzuarbeiten. Ohne ihr Engagement und Bereitschaft, teilweise viel Zeit und Mühe zu investieren, hätten wir es nicht gewagt, dieses Projekt anzugehen:

Paul R. Abele, Wolfgang Blohm, Martin Bökmann, Wolfgang Dittmar, Gabi Dolke, Winfried Häuser, Karl-Ludwig Holtz, Wolfgang Lenk, Liz Lorenz-Wallacher, Gerlinde Lehnen, Wolfgang Loth, Hildegard Klippstein, Anne-Elisabeth McGill, Franz Münch, Siegfried Mrochen, Manfred Prior, Jürgen Reiser, Harald Richter, Olaf Ringelband, Karin Rösch, Bernd Rothenberger, Brigitte Vahsen, Ferdinand Wolf.

Bernhard Trenkle
Rottweil im August 1995

Einführung des Herausgebers

Diese sechs Bände von Milton H. Ericksons ausgewählten Schriften wurden für Kliniker und Forscher zusammengestellt, denen daran liegt, sich mit der Arbeit eines der bedeutendsten Köpfe in der Geschichte der Hypnose und Psychotherapie gründlich zu befassen. Als Erickson seine Untersuchungen in den frühen 30er Jahren zu publizieren begann, war die Hypnose in einer seltsamen Position: Die meisten Wissenschaftler waren sich einig, daß Hypnose in den frühen Untersuchungen der Psychopathologie und unseren ersten Psychotherapiebemühungen eine zentrale Rolle gespielt hatte, daß jedoch die mit ihrer Anwendung assoziierten maßgeblichen Ansätze auf der einen Seite durch die scheinbar anspruchsvolleren Ansätze der psychoanalytischen Schulen und auf der anderen Seite durch die experimentelle Psychologie ersetzt wurden.

Das hätte so weiter gehen können, und Hypnose wäre nichts weiter gewesen als ein interessanter Farbtupfer unserer therapeutischen Vergangenheit. Dann jedoch ereignete sich der Zufall namens Milton H. Erickson. Er war ein Zufallsprodukt der Natur, zur Welt gekommen mit einer Reihe von angeborenen sensorisch-perzeptorischen Problemen, die ihn die Welt so anders erleben ließen, daß sein scharfsinniger Verstand nur überleben konnte, indem er schon sehr früh begriff, wie relativ unsere menschlichen Bezugsrahmen sind. Zu diesen frühen Problemen kam die seltene medizinische Tragödie, daß er mit 17 und mit 51 Jahren von zwei unterschiedlichen Polioarten befallen wurde. Seine eigenen Rehabilitationsbemühungen führten ihn zur Wiederentdeckung vieler klassischer hypnotischer Phänomene und ihrer therapeutischen Nutzung.

Ericksons experimentelle und therapeutische Erforschung der hypnotischen Modalität erstreckt sich über mehr als 50 Jahre. Seine erfolgreiche Verjüngung des gesamten Feldes kann wohl seiner Entwicklung eines nicht autoritären, indirekten Suggestionsansatzes zugeschrieben werden, bei dem die Versuchspersonen lernen, wie sie hypnotische Phänomene erleben und ihre eigenen Potentiale nutzbar machen können, um Probleme auf ihre eigene Art zu lösen. Der Inhalt dieser sechs Bände läßt sich wohl am besten als Arbeitspapiere auf einer Entdeckungsreise verstehen. Es gibt wenig, was fest, endgültig oder ständig gültig wäre. Die meisten dieser Schriften sind heuristisch. Sie können den Geist des Lesers anregen und Entdeckerfreuden auslösen, deren Potentiale auf dem Gebiet des menschlichen Bewußtseins ja unbegrenzt sind.

Das Problem, in welcher Reihenfolge man diese Schriften am besten präsentiert, hätte man auf viele Arten lösen können. Eine einfache chronologische Reihenfolge schien unbefriedigend, da die Aufzeichnungen von Ericksons frühester Arbeit erst zu einem späteren Zeitpunkt veröffentlicht wurden. Viele Artikel, die sich mit demselben Thema befaßten und offensichtlich zusammengefaßt werden sollten, wurden in unterschiedlichen Phasen seiner Karriere publiziert. Aus diesem Grund entschloß sich der Herausgeber für eine ausgeglichene Präsentation, bei der in jedem Band ein Hauptbereich der Forschung mit den entsprechenden Abschnitten vorgestellt wird, in denen die Artikel in einer annähernden chronologischen Reihenfolge präsentiert werden.

Jeder Band dieser sechsbändigen Reihe enthält eine Reihe unveröffentlichter Schriften, die der Herausgeber aus verschiedenen, ihm von Erickson zu diesem Zwecke anvertrauten Schachteln mit Manuskripten auswählte. Ein Ergänzungsband wird nur bisher unveröffentlichte Vorlesungen und Berichte über hypnotische Demonstrationen von Erickson enthalten. Viele von diesen waren in unterschiedlich vernachlässigter Form, in alle Welt verstreut, wo immer er gerade einen seiner zahlreichen Vorträge hielt.

Ericksons Vorgehensweise ist so subtil, daß man selbst bei einer detaillierten Untersuchung seiner Demonstrationen oft nicht ganz versteht, was er tut. Aus diesem Grund möchte der Herausgeber die Veröffentlichung dieser sechs Bände zum Anlaß nehmen, um an alle zu appellieren, die sich im Besitz von bisher unveröffentlichtem Material von Ericksons Arbeit befinden, dieses zur Verfügung zu stellen, damit es in dem Ergänzungsband aufgenommen werden kann. Nur durch eine solche Kooperation können wir gemeinsam wachsen.

Ernest L. Rossi

I. Vom Wesen der Hypnose

Diese vier Artikel des ersten Teils stellen eine weitgefaßte Einführung in Ericksons lebenslange Forschungsarbeit dar, das Wesen der Hypnose zu verstehen. Der erste Beitrag *Erste Untersuchungen zur Erforschung des Wesens der Hypnose* (1964) berichtet rückblickend von Ericksons ersten Hypnose-Untersuchungen als Student der ersten Semester im Hypnose-Seminar der Jahre 1923/24 an der Universität von Wisconsin unter Leitung von Clark L. Hull, Ph.D., einem der Gründerväter der experimentellen Psychologie und der Lerntheorie in den Vereinigten Staaten.

Diese Untersuchungungen als Student legen den Grundstein dafür, Hypnose und Trance als normale Erfahrungen zu sehen, die sich auf natürliche Weise während introspektiver Phasen entwickeln können. Es besteht keine Notwendigkeit, mysteriöse Manipulationen an der Versuchsperson vorzunehmen. In Hypnose wird keine wirkliche Kontrolle über die Versuchspersonen ausgeübt; vielmehr werden ihnen Stimuli und Möglichkeiten zur tiefen inneren Versenkung gegeben, die zuweilen zu erkennbaren, anders gearteten Bewußtseinszuständen führen, und diese bezeichnet Erickson später als hypnotische und nichthypnotische Wirklichkeit.

Der folgende Aufsatz über Ericksons umfangreiche Untersuchungen zum Wesen hypnotischer und nichthypnotischer Wirklichkeit eröffnet außergewöhnliche Einsichten in die tiefe Trance (Somnambulismus) und die methodischen Schwierigkeiten, die ihr Studium mit sich bringt. Ein grundlegendes Problem stellt die Tendenz der meisten Menschen dar, die sich auf diesem Gebiet betätigen, Hypnose und Tranceverhalten mit Suggestibilität zu verwechseln. Da viele hypnotisierte Versuchspersonen dazu neigen, bereitwillig mitzuarbeiten, Suggestionen anzunehmen und zu befolgen, besteht seit den Tagen von Liébeault und Bernheim die unkritische Haltung, die der Auffassung folgt, Hypnose als einen Zustand erhöhter Suggestibilität zu definieren. (vgl. die Diskussion des amerikanischen Herausgebers in *Hypnotic Realities*, Irvington Publishers, S. 19). Beim Studium dieses Beitrags vermittelt uns Erickson Ansätze, die es uns ermöglichen, die Wirkung von Suggestionen auszuschalten oder zumindest abzuschwächen, um das Wesen der hypnotischen Wirklichkeit zu erkunden. Im Zuge dieser Forschungen legt er uns eine Studie vor, die zuweilen als eine der provozierendsten Arbeiten über die Eigenschaften des hypnotischen Somnambulismus angesehen wird, die je veröffentlicht worden sind. Erickson stellt die Möglichkeiten dar, wie wir Somnambulismus erkennen können und wie Forscher sich darin üben können, dessen Zustandekommen zu erleichtern.

Da dieser Bericht so weitschweifig ist und eine Fülle detaillierter Beispiele bietet, könnten viele Leser bei ihrem intensiven Bemühen scheitern, sich alles in ein oder zwei Etappen einzuverleiben. Seien Sie versichert, das ist nicht möglich! Vielmehr ist eine Zeit ausgedehnten Studiums vonnöten. Dieser Artikel berichtet tatsächlich über mehr als vier Jahrzehnte eingehenden Nachdenkens und Forschens in einem differenzierten Gebiet des menschlichen Bewußtseins, dessen Eigenart und Veränderungen. Gewöhnlich erkennt das Bewußtsein es nicht, wenn es sich in einem veränderten Zustand befindet. Bedenken Sie, wie selten wir im Traum begreifen, daß wir träumen. Noch verwirrender und komplizierter wird die Lage, wenn wir begreifen, daß hypnotische und nichthypnotische Wirklichkeiten nebeneinander bestehen und in ihren wechselseitigen Beziehungen Augenblicksschwankungen unterliegen. Wie Erickson es in seinem Schlußsatz formuliert: „... der Autor ist der Auffassung, daß eine somnambule hypnotische Versuchsperson die sie umgebende Wirklichkeit spontan anders versteht als eine Versuchsperson im gewöhnlichen Zustand des Wachbewußtseins, aber eine Art der Wirklichkeitsauffassung schließt die andere nicht aus."

Viele Ausführungen in diesem Bericht zeigen, wie somnambule Versuchspersonen dazu neigen, ihren Zustand vor dem Untersucher und vor sich selbst zu verschleiern. Daher können wir uns wohl fragen, wie häufig hypnotisierte Versuchspersonen einen somnambulen Zustand erleben, ohne daß dies erkannt wird. Solche faszinierenden Fragen mögen gegenwärtige und zukünftige Studenten mit dem frischen Geist des Forschens und des Staunens über ihre Versuchspersonen beseelen.

Die folgenden beiden Aufsätze über Ericksons eigene selbsthypnotische Erfahrungen und seine hypnotische Arbeit mit A. Huxley führen seine eingehende Erforschung der hypnotischen Realität fort. Huxleys Beschreibung seines eigenen Zustandes der „tiefen Reflektion" („deep reflection") vermittelt uns Einblick in die Nutzanwendung der Hypnose zur Förderung der Kreativität. Seine Entdeckung der „Leere ohne Zeit und Raum" in tiefer Hypnose bestätigt Ericksons frühere Ergebnisse. Dies und Huxleys Erfahrungen mit Halluzinationen in allen Sinnesmodalitäten, desgleichen seine Erfahrungen mit Hypermnesie, dissoziativer Regression auf zwei Ebenen, Zeitverzerrung und posthypnotischer Amnesie machen deutlich, was ein begabter Geist mit Hypnose vollbringen kann.

Der letzte Beitrag zu den selbsthypnotischen Erfahrungen Milton Ericksons ist der faszinierende Bericht, wie seine eigenen Schwierigkeiten mit seinem Sinnesapparat und seiner Konstitution von prägendem Einfluß waren und ihn als staunenden jungen Burschen zur frühen Entdeckung der Relativität der Wahrnehmung und der Bezugssysteme führten. Er beschreibt seine erfolgreichen Maßnahmen, mit denen er sich selbst und auch andere darin geübt hat, somnambule Zustände und hypnotische Realität zu erkunden. Seine Betrachtungen über die Beziehung zwischen halluzinatorischen Erfahrungen und kreativen Augenblicken des Erkennens, über die Rolle der Selbsthypnose in Lebenskrisen und bei Identitätsproblemen sowie sein Gebrauch früher Erinnerungen zur Schmerzbewältigung und zur körperlichen Rehabilitation, zeigen wichtige Richtungen für die hypnotherapeutische Forschung auf. Die ergreifende Schilderung seines Kampfes zu lernen, mit seinen eigenen Gebrechen umzugehen, erinnert uns an das Vorbild des kranken Helfers, der lernt, andere zu heilen, indem er sich selbst heilt.

1. Erste Untersuchungen zur Erforschung des Wesens der Hypnose[1]

Milton H. Erickson

Einführung

Während des offiziellen Hypnose-Seminars 1923-24 an der Universität von Wisconsin unter Leitung von Clark L. Hull berichtete der Autor, damals Student, über seine eigenen zahlreichen und unterschiedlichen experimentellen Untersuchungsergebnisse seiner intensiven Arbeit während der vorausgegangenen sechs Monate und über seine laufenden Studien zum Zwecke der Diskussion mit den postgraduierten Studierenden der psychologischen Abteilung Es wurde viel debattiert, argumentiert und diskutiert über das Wesen der Hypnose, den entsprechenden psychologischen Zustand, die jeweiligen Rollen des Untersuchenden und der Versuchsperson, über Wert und Bedeutung des Vorgehens bei der Induktion, über die Art und Weise der Reaktionen, wenn die Versuchspersonen Trance entwickeln, über die Möglichkeit, über die normalen Fähigkeiten hinauszugehen, über das Wesen der Regression, über das Hervorrufen lang oder kurz zuvor erlernter Reaktionsmuster, über die Vorgänge bei individuellen hypnotischen Phänomenen und beim Aufrechterhalten von Trancezuständen. Vor allem ging es darum, die Hauptperson bei der Entwicklung eines Trancezustandes auszumachen, den Hypnotiseur oder die Versuchsperson. Für die wöchentlichen Seminare waren zwei Stunden vorgesehen, aber gewöhnlich dauerten sie viel länger, und häufig wurden außerordentliche Treffen auf informeller Basis abends, an Wochenenden oder Feiertagen abgehalten, an denen die meisten Gruppenmitglieder teilnahmen.

Es konnte keine Übereinstimmung zu den einzelnen Problemen erzielt werden, denn die Meinungen und Auslegungen klafften weit auseinander, und dies veranlaßte den Autor schließlich im Oktober 1923 zu einem speziellen Forschungsvorhaben. Diese Studie blieb unveröffentlicht, obgleich sie – wie zahlreiche andere Untersuchungen – in vollem Umfang dokumentiert worden war. Einer der Gründe für diese Entscheidung, damals nicht zu veröffentlichen, waren die Zweifel des Autors gegenüber Hulls fester Überzeugung, der Hypnotiseur

1 Zuerst erschienen in: *The American Journal of Clinical Hypnosis* 7, October 1964, 152-162

sei mit dem, was er der Versuchsperson gegenüber sagt, erheblich wichtiger als irgendein inneres Verhalten der Versuchsperson. Diese Ansicht nahm Hull mit hinüber in seine Arbeit in Yale, und dies führte u.a. zu seinen Bemühungen um eine „standardisierte Technik" zur Induktion. Damit meinte er die Verwendung derselben Worte, der gleichen Zeitdauer, der gleichen Tonlage etc., was schließlich zu dem Versuch führen sollte, vergleichbare Trancezustände hervorzurufen, indem „Induktions-Schallplatten" abgespielt wurden, ohne Ansehen der individuellen Unterschiede zwischen den Versuchspersonen, ihres unterschiedlichen Interesses, ihrer verschiedenartigen Motivation und Lernfähigkeit. In dieser Hinsicht schien Hull Versuchspersonen nicht als Menschen anzusehen, indem er sie mit leblosen Labormaschinen auf eine Ebene stellte, obgleich er sich derartiger individueller Unterschiede bewußt war, wie man sie in Experimenten am Tachistoskop aufzeigen konnte. Dennoch hat Hull demonstriert, daß beim Erforschen einiger hypnotischer Phänomene durchaus starre Laborbedingungen angewandt werden können.

Kürzlich veröffentlichte Artikel über die Wirklichkeit der Hypnose veranlaßten mich, meine Aufzeichnungen erneut durchzulesen und zu analysieren, unter denen sich zahlreiche unveröffentlichte, aber in vollem Umfang dokumentierte Untersuchungen befinden. (Ich verdanke dieses Vorgehen Dr. Hull, und ich habe mich des öfteren gefragt, was mit den Regalen voller Aufzeichnungen geschehen ist, die Hull selbst angelegt hat und die überquollen von dessen eigenen unveröffentlichten Untersuchungen.) Die Daten, auf denen dieser Beitrag basiert, entstammen der Neubewertung dieser Unterlagen und ermöglichen diesen Bericht über experimentelle Untersuchungen zu einigen offensichtlichen Mißverständnissen der Hypnose, die immer noch vielfach ohne gründliches kritisches Nachdenken hingenommen werden.

Untersuchungsplan

Wie ursprünglich vorgesehen, war dieses frühe Experiment, das einige der faszinierenden Fragen dieser Seminargruppe beantworten sollte, so aufgebaut, daß ich Hypnose nicht einsetzen wollte; vielmehr dienten als Grundlage die introspektiven Konzepte von E.B. Titchener, Wilhelm Wundt, W.B. Pillsburg u.a. Diese Konzepte sollten untersucht werden und den ersten Einstieg zum späteren Identifizieren von Hypnose und einiger anderer Phänomene ermöglichen. Ein wesentlicher Gesichtspunkt des vorgeschlagenen Untersuchungsvorhabens kann mit dem bekannten Bibelwort umschrieben werden: „Ein Mensch ist, wie er in seinem Herzen denkt" – worauf in der Diskussion von einigen Seminarteilnehmern hingewiesen worden ist. Professor Joseph Jastrow, der damalige Leiter der psychologischen Abteilung, stand dem Autor bei seiner Untersuchungsplanung beratend zur Seite. Jastrow selbst war an Hypnose nur wenig interessiert, ihm lag jedoch am Autor als Student. Hull war nicht konsultiert worden und wußte auch nichts von der Untersuchung, ehe sie zu Ende gebracht worden war.

Auswahl der Versuchspersonen

Versuchspersonen zu gewinnen war relativ leicht, da ja jede College-Population eine Fülle von Freiwilligen aufweist. Es wurden zwei Auswahlkriterien befolgt: Alle Studenten, die Psychologie belegt hatten, waren ausgeschlossen, ebenso alle Studierenden, die mit dem Autor bekannt waren, weil sie möglicherweise wissen konnten, daß er sich für Hypnose interessierte. Es wurden sowohl männliche wie weibliche Studenten mit einbezogen, vorausgesetzt, sie waren im zweiten Studienjahr. Es handelte sich vorwiegend um Studierende der Landwirtschaft, der Hauswirtschaft, des Maschinenbaus und der Betriebswirtschaft und der Geisteswissenschaften bei etwa gleicher Geschlechter- und Altersverteilung.

Jeder einzelne der Studenten erhielt eine einleitende, einigermaßen interessante, jedoch oberflächlich gehaltene Erklärung des Konzepts der „Introspektion" in Form vorbereiteter, maschinegeschriebener Unterlagen.

Eine ähnliche, sorgfältig formulierte Einladung, an dem Experiment teilzunehmen, erging an jeden einzelnen; dazu gehörte auch der Vorschlag des Versuchsleiters zur Erforschung „des gedanklichen Prozesses, den das Bewältigen einer spezifischen Aufgabenstellung erfordert". Zur Veranschaulichung diente das Beispiel, jeder beherrsche das Alphabet und könne es fließend hersagen. Allerdings könnten die meisten das Alphabet nicht korrekt rückwärts aufsagen, außer wenn sie es langsam „rückwärts und vorwärts durchdenken". Für diejenigen, die unverzüglich vorführten, daß ihnen das leichtfalle, gab es ein zweites Beispiel, nämlich den Kinderreim „Mary had a little lamb ..." vollständig rückwärts aufzusagen, was extrem schwierig sein kann.

Dann wurde den Versuchspersonen erklärt, daß auf sie eine viel leichtere Aufgabe warte, und sie wurden ernsthaft gebeten, nichts von Titcheners „Arbeit über Prozesse des Denkens" zu lesen (Titcheners

Name wurde wiederholt genannt um festzustellen, ob jemand bereits Vorkenntnisse hatte, um die „Prozesse des Denkens" hervorzuheben und um von dem Begriff „Introspektion" abzulenken).

Die Versuchspersonen wurden einzeln davon in Kenntnis gesetzt, daß die Aufgabe eine halbe Stunde bis zu zwei Stunden dauern könne, es wurde auf eine gut sichtbare Uhr hingewiesen, die geräuschlos ging und direkt vor ihnen auf einem Wandregal im Labor stand. Ferner wurde erklärt, der Versuchsleiter werde ruhig hinter einer Trennwand etwa dreieinhalb Meter vor der rückwärtigen Wand sitzen und nicht zu sehen sein; falls gewünscht oder erforderlich, könne man ihn ansprechen und Fragen stellen, aber es sei besser, die begonnene Aufgabe in völliger Stille durchzuführen, so daß nichts ablenken oder stören könne.

Was die Versuchspersonen nicht wissen oder sehen konnten: Zwischen all dem Kram und Durcheinander von Laborgerätschaften war wie zufällig ein Spiegel so aufgestellt, daß der Autor durch ein geheimes Guckloch in dem gemusterten Wandschirm den vollen Blick auf die Gesichter der Versuchspersonen hatte.

Jede Versuchsperson erhielt für sich eine maschinegeschriebene Kopie mit folgenden Anweisungen:

> „Setzen Sie sich bequem auf diesen Stuhl und blicken Sie geradeaus. Stellen Sie sich mit offenen Augen einen kleinen Tisch rechts (für Linkshänder links) neben Ihrem Stuhl vor. Ihre Arme ruhen bequem auf Ihrem Schoß. Auf dem vorgestellten kleinen Tisch sehen Sie sodann im Geiste eine große Obstschale, gefüllt mit Äpfeln, Bananen, Pflaumen, Orangen oder sonstigen Früchten, die Sie mögen, aber wenden Sie nicht den Kopf um in diese Richtung.
>
> All das vorgestellte Obst können Sie sich in Reichweite Ihrer Hand denken, die auf Ihrem Schoß ruht.
>
> Als nächstes stellen Sie sich einen Tisch von gewöhnlicher Höhe vor Ihnen auf dem blanken Fußboden vor, der gerade so weit entfernt ist, daß Sie sich leicht vorbeugen müssen, wenn Sie etwas darauflegen wollen.
>
> Nun besteht Ihre Aufgabe darin, daß Sie auf Ihrem Stuhl sitzen, geradeaus vor sich hinblicken und *im Geiste, Schritt für Schritt, in der richtigen Reihenfolge die Prozesse lediglich im Geiste durchgehen*: wie Sie Ihre Hand von Ihrem Schoß hochnehmen, über die Armlehne Ihres Stuhles greifen, wie Sie die Bewegungen von Ellbogen und Schulter spüren, die seitliche Dehnung Ihres

Armes, das leichte Senken Ihrer Hand, das Berühren der Frucht, wie sich die Frucht anfühlt, wie Sie irgendein Stück auswählen, Ihre Finger darum schließen, wie Sie sie hochheben, ihr Gewicht spüren, Ihre Hand mit der Frucht nach oben bewegen, über die Armlehne des Stuhls hinweg und die Frucht auf den vorgestellten Tisch vor sich hinlegen. Das ist alles, was Sie zu tun haben, stellen Sie sich das Ganze einfach vor. Wenn Ihre Augen müde werden oder wenn Sie Ihre Denkprozesse mit geschlossenen Augen besser verfolgen können, dann schließen Sie sie einfach. Sie sollten darauf vorbereitet sein, daß Sie sich irren werden beim schrittweisen Einhalten der richtigen Reihenfolge, und Sie werden pausieren und in Gedanken zurückgehen müssen, wie beim Versuch, das Alphabet (oder den Kinderreim) rückwärts durchzugehen. Es ist nur vernünftig, daß Sie Fehler machen, zurückgehen und wieder von vorne anfangen müssen. Nehmen Sie sich einfach Zeit, gehen Sie sorgfältig und ruhig vor, und halten Sie wirklich all Ihre Denkprozesse fest. Wenn Sie es wünschen, werde ich diese Anweisungen nochmals vorlesen, und Sie werden vielleicht bemerken, daß Sie den Gedanken haben, zuerst einen Apfel zu nehmen, es sich dann anders überlegen und sich zu einer Orange entschließen. (Alle Versuchspersonen wünschten, daß der Text ein zweites Mal vorgelesen wurde, manche sogar ein drittes Mal.)

Nun, da die Anweisungen klar sind, wollen wir zum Schwarzen Brett da drüben sehen, und wenn der Minutenzeiger der Uhr direkt auf einer Zahl des Zifferblattes steht, werden wir unseren Platz einnehmen und das Experiment beginnen."

Die experimentellen Ergebnisse

Bei den insgesamt 63 Versuchspersonen gab es dreierlei generelle Ergebnisse. Zum Zwecke der Diskussion wurden sie drei allgemeinen Kategorien zugeordnet: keine Beteiligung; Angstreaktion; volle Beteiligung.

Die 18 Versuchspersonen der ersten Kategorie wurden unruhig, verlangten weitere Wiederholungen der Anweisung und erklärten schließlich ihr völliges Desinteresse an dem gesamten Vorhaben; sie gaben an, sie könnten es nicht, es erscheine ihnen sinnlos, oder sie sagten einfach, daß sie keine Lust mehr hatten mitzumachen. In dieser Gruppe waren überwiegend Maschinenbau- und Landwirtschaftsstudenten. Der Autor zog vorläufig den Schluß, daß solche Studenten konkrete, reale Dinge abstrakten Vorstellungen vorzögen.

Die zweite Kategorie mit 13 Studenten war erheblich interessanter. Sie bekamen Angst, die sogar bis zur Panik ging, unterbrachen das Experiment, um sich zu beruhigen, und weigerten sich schließlich fortzufahren (unglücklicherweise wurden sie keinem Persönlichkeitstest unterzogen, und der Autor hatte damals auch nicht genügend klinische Erfahrung, um sie in ihrer Persönlichkeit einschätzen zu können).

Sie beschrieben ihre Reaktionen unterschiedlich, aber gewöhnlich handelte es sich um unkontrollierbare und unwillkürliche Aufwärtsbewegungen der dominanten Hand, ein merkwürdiges Taubheitsgefühl in den Beinen, ein Gefühl der Steifheit des Körpers, ihr Blick wurde verschwommen oder die Augen schlossen sich, was sie nach ihrem Empfinden nicht kontrollieren konnten. Auf all dies reagierten sie mit Angstgefühlen, die sie in große Unruhe versetzten. Dank dieser Beunruhigung erlangten sie ihre Handlungsfreiheit wieder, und sie verlangten nachdrücklich, man möge sie entlassen. Der Versuchsleiter entließ sie, indem er sie ausdrücklich seiner Dankbarkeit versicherte, daß sie so klar „einen Aspekt höchster geistiger Konzentration" demonstriert hatten. Diese Maßnahme erwies sich als äußerst beruhigend, was dazu führte, daß drei Versuchspersonen freiwillig bereit waren, das Experiment zu wiederholen. Dieses Angebot wurde jedoch nicht angenommen, vielmehr wurde versichert, daß der Versuchsleiter mit ihrem Beitrag schon sehr zufrieden sei.

In der dritten Gruppe mit 32 Versuchspersonen kam es in unterschiedlichem Ausmaße zu einigen bemerkenswerten und ähnlichen Verhaltensweisen. Diese können wie folgt zusammengefaßt werden: (1) langsamer Verlust des Blinkreflexes; (2) veränderter Atemrhythmus; (3) Verlust des Schluckreflexes; (4) Entwicklung ideomotorischer Aktivität der dominanten Hand; (5) überaus langsame Aufwärtsbewegungen von Hand und Arm über die Armlehne hinaus; (6) langsames Schließen der Augen, gewöhnlich zu einem Zeitpunkt vor oder während der ideomotorischen Hand- und Armbewegung; (7) Tastbewegungen der Finger, wie beim Auswählen eines Gegenstandes dort, wo sich die imaginäre Obstschale befand; (8) eine Aufwärtsbewegung beim Aufnehmen eines Gegenstandes und ein langsames Vorbeugen, anscheinend beim Hinlegen des Gegenstandes auf den vorgestellten Tisch; (9) dann das Zurücklehnen auf dem Stuhl und ruhiges Verweilen.

Der Versuchsleiter war ratlos, wie er fortfahren sollte, als diese Abfolge zum erstenmal bei der dritten Versuchsperson auftrat. Die ersten beiden Versuchspersonen hatten die Aufgabe verweigert. Eine eingehende Betrachtung des Gesichts der ruhig verweilenden Versuchsperson zeigte, daß eine tiefe Trance induziert worden war. Und dennoch war nichts von Hypnose erwähnt worden. Die damalige Naivität und Unerfahrenheit des Autors mit menschlichem Verhalten in einer festgelegten, klar umrissenen, experimentellen Situation erlaubte ihm nicht, deren Bedeutung sogleich zu erfassen. Erklärter Zweck war, Verhalten in zwei mutmaßlich unterschiedlichen Situationen zu untersuchen; in einer von beiden, der als hypnotisch bezeichneten Situation, war es nach Meinung des Autors eindeutig möglich, daß der Versuchsleiter der dominierende und aktive Teil sei; das zweite, wahrscheinlich andersgeartete Verhalten war gekennzeichnet durch die Aktivität der Versuchsperson und die fehlende Beteiligung des Versuchsleiters.

Die Versuchsperson wartete passiv ab, während der Experimentator der Meinung war, daß die Grundlage für echten hypnotischen Rapport gegeben sei, weil die ursprünglich gemeinsamen Aktivitäten darin bestanden hatten, Anweisungen zu geben und zu empfangen, dann der Blick zum Schwarzen Brett während des Wartens, daß der Minutenzeiger der Uhr eine Zahl erreichen würde, ferner wie gemeinsam die jeweiligen Plätze eingenommen wurden. Der Experimentator ging dieser vorläufigen Annahme nach, blieb aber noch hinter seinem Wandschirm und bemerkte: „Ich denke, Sie haben sich nun lange genug mit dieser Aufgabe, sich zu konzentrieren, beschäftigt, es ist in Ordnung, wenn Sie jetzt gehen, ich muß nämlich noch bleiben und alles aufschreiben."

Die Versuchsperson wachte langsam auf und verhielt sich so, wie es dem Aufwachmuster aus der Hypnose entspricht, und bemerkte, während sie auf die Uhr sah, daß die Zeit anscheinend bemerkenswert rasch vergangen sei, und dann ging sie weg. Die vorherigen beiden gescheiterten Versuchspersonen waren Maschinenbaustudenten, und dieser nun studierte im Hauptfach Englisch. Wiederum wurde erwogen, daß Techniker sich wohl mehr für konkrete, reale Dinge interessierten, während dem Literaturstudenten an gedanklicher Abstraktion gelegen war.

Trotz dieser frühen signifikanten Begebenheit mit der dritten Versuchsperson und der daraus resultierenden Erwartung des Untersuchers, daß sich ähnliches ergeben werde, scheiterten insgesamt 31 Versuchspersonen in zufälliger Reihenfolge; drei davon befanden sich unter den letzten fünf, und die letzte Versuchsperson scheiterte auf ganz ähnliche Weise wie die beiden ersten.

Die 32 Versuchspersonen mit hypnoseähnlichem Verhalten zeigten Trancezustände in ganz unterschiedlichem Ausmaß, und einige machten spontan laute Bemerkungen über ihr Verhalten. So beobachtete eine Versuchsperson völlig zutreffend: „Ich spreche nicht nur mit meinen Händen, ich denke sogar mit ihnen.“ Ähnlich stellte ein Musikstudent fest: „Jedesmal, wenn mir eine kleine Melodie durch den Kopf geht, muß ich mit dem Fuß den Takt klopfen, und nun bewege ich meine Arme zu den Gedanken, die mir durch den Kopf gehen.“ Beide schienen diese Bemerkungen nur zu sich selbst zu machen.

Bemerkenswerter noch war das Verhalten einiger anderer Versuchspersonen. Ein Student „nahm“ – nach seinen Fingerbewegungen zu schließen – einen Apfel oder eine Orange, die er „auf den Tisch legte“, und dann „griff“ er absichtlich wieder in die „Obstschale“, und offensichtlich wählte er zwei halluzinierte Bananen aus und aß sie auf. Er durchlief mit beiden Händen die Bewegungen, schälte die Bananen und ließ die „Schalen“ in einen offensichtlich halluzinierten Abfallkorb auf der anderen Seite seines Stuhles fallen. Eine andere Versuchsperson fragte den Autor, nachdem sie anscheinend eine Banane „auf den Tisch gelegt“ hatte, ob sie eine Orange essen dürfe. Das wurde ihr erlaubt; sie beugte sich mit offenen Augen vor, suchte sich gleichsam nach dem Anblick eine Orange aus, führte alle Bewegungen aus, wie sie sie nahm, sie schälte, die Schalen anscheinend auf die Armlehne des Stuhles legte und die Orange aß. Dann war sie wohl ratlos, wo sie die Schalen lassen sollte, schließlich beugte sie sich vor und legte sie etwas seitlich auf den imaginierten Tisch, wo sie zuvor die Banane hingelegt hatte. Als sie diese halluzinatorischen Tätigkeiten ausgeführt hatte, öffnete sie ihre Handtasche und wischte sich mit dem Taschentuch den Mund und die Hände ab.

Eine andere Versuchsperson, ein Mann, fragte, ob er einen Apfel mit nach Hause nehmen dürfe; genau „diesen großen roten hier“, wobei er erklärte, er wolle ihn mit in sein Zimmer nehmen und essen, während er lernte. Es wurde ihm erlaubt und er führte alle Bewegungen aus, den Apfel zu nehmen und ihn in seine Jackentasche zu stecken.

Beim Aufwecken dieser offensichtlich hypnotisierten Versuchspersonen wurde die gleiche Vorgehensweise befolgt wie bei jener dritten Versuchsperson. Diese beim geplanten Vorgehen nicht vorausgesehene Variation mußte vom Untersuchenden für die dritte Versuchsperson notwendigerweise eingeführt werden, und da die beiden ersten nicht mitgearbeitet hatten und entlassen wurden, erschien es nicht unangemessen, diese Abweichung vom ursprünglichen Vorgehen einzuführen.

Für jeden aus der Gruppe mit „Angstreaktionen“ wurde der gleiche Wortlaut zur Beruhigung gebraucht, so wurde aus der erzwungenen Veränderung im experimentellen Vorgehen ein konstanter Faktor.

Für sechs Versuchspersonen, die anscheinend nicht unmittelbar auf die Anweisung hin völlig aus dem Trancezustand erwachten, wurde eine Veränderung im Vorgehen nötig. Man begegnete dieser Situation, indem man die betreffende Versuchsperson aus dem Labor begleitete und das Gebäude durch eine nahegelegene Seitentür mit der Bemerkung verließ: „Nun ja, ehe ich meinen Bericht schreibe, schnappe ich ein wenig Luft.“ Das erwies sich als ausreichend, um die Versuchspersonen völlig aufzuwecken.

Bei einigen Versuchspersonen, die keine oder nur teilweise Anmesie für ihr Tun zeigten, stellte man überraschenderweise fest, daß sie nach dem Erwachen die Fruchtschale mit Inhalt, den kleinen und den großen Tisch immer noch als tatsächlich vorhandene Gegenstände sahen, und manche meinten sogar verwundert, daß sie diese Dinge nicht gesehen hatten, als sie den Raum zuvor betreten hatten.

Daneben gab es aber auch zwölf Versuchspersonen, die eine vollständige Amnesie zeigten vom Augenblick an, da sie sich gesetzt hatten und zur Uhr sahen, bis zum Ende der Sitzung. Einige waren beim Erwachen bestürzt über die Zeit, die vergangen war, was sie feststellten, als sie wiederum auf die Uhr sahen. Die verstrichene Zeit war offensichtlich überraschend für sie, einige verwirrte das auch, und jeder sagte: „Aber ich bin doch gerade bereit anzufangen.“ Andere waren durcheinander, blickten zur Uhr und fragten, was denn geschehen sei. Aus dieser Gruppe fuhr keiner fort zu halluzinieren, weder den großen oder den kleinen Tisch noch die Obstschale. Aber eine Versuchsperson bemerkte, sie habe so einen Geschmack im Mund und so ein Gefühl, als ob sie eine Banane gegessen habe.

In keinem Fall erhielten die Versuchspersonen eine Erklärung noch wurden solche entgegengenommen, außer daß allen gesagt wurde, sie hätten sich „wirklich konzentriert“.

Fortführung der experimentellen Untersuchung

Etwa drei Monate später trat man wieder an die 31 Versuchspersonen heran, die das Experiment nicht durchgeführt hatten (die 18, die nicht bereit oder nicht in der Lage gewesen waren, und die 13, die abgeschreckt worden waren), und zwar mit folgender Bitte:

Sie sollten an einem erneuten Experiment teilnehmen, nämlich sich hypnotisieren zu lassen. Alle stimmten zu, bis auf eine Versuchsperson, die der ersten Kategorie angehörte, die überhaupt nicht teilgenommen hatte. Einige Versuchspersonen willigten anscheinend nur zögerlich ein (unter ihnen solche, die Angst gehabt hatten).

In einem anderen Raum, der dem ersten aber ähnlich war, wurden die Versuchspersonen einzeln empfangen, und es wurde ihnen erklärt, sie sollten sich mit den Händen auf dem Schoß bequem auf einen Stuhl an einem Schreibtisch setzen, auf dem eine Schreibunterlage mit Papier und Stift lagen. Sie sollten unentwegt auf den Stift sehen, bis ihre Hand ihn nehmen und anfangen würde, unwillkürlich zu schreiben. In zweiter Linie sollten sie sich auf das Hochgehen der Hand konzentrieren und in erster Linie auf den Stift, beginnen zu schreiben und sonst nichts weiter tun.

Wieder zog sich der Versuchsleiter zurück, um durch das Guckloch in dem vorbereiteten Wandschirm frontal auf die Versuchspersonen zu blicken, was durch mehrere Spiegel ermöglicht wurde, die auch einen unterschiedlichen Blickwinkel zuließen. Diese Spiegel waren alle geheim und unauffällig zwischen einer Menge Laborgerätschaften aufgestellt.

Von den 30 Versuchspersonen gaben zehn auf. Und wieder waren das lauter Landwirtschafts- und Maschinenbaustudenten, und keiner aus der Angst-Gruppe. Die übrigen 20 Versuchspersonen entwickelten Trancezustände unterschiedlicher Tiefe. Von den 18 Versuchspersonen, die beim ersten Experiment hinausgegangen waren, ohne sich mehr als nur den Anschein einer Mitarbeit gegeben zu haben, blieben jetzt sieben. Davon entwickelten drei somnambule Trance, drei weitere mittlere Trance und einer leichte Trance. Damals galten als Kriterien, eine Versuchsperson als somnambul einzustufen: geöffnete Augen, automatisches Schreiben und danach eine völlige Amnesie. Dabei kann eine Erinnerung bestehen, das Geschriebene gelesen zu haben, aber das wurde so gesehen, als sei es lediglich die Hand gewesen, die den Stift genommen und geschrieben hatte, nicht die Versuchsperson. Leichte Trance wurde dann festgestellt, wenn angemessenes ideomotorisches Verhalten gegeben war, allerdings bei voller Erinnerung an das Geschehen und einer ausdrücklichen Beschreibung: „Ich konnte spüren und sehen, wie das mit mir geschah, aber ich konnte nichts dagegen tun. Es schien nicht so, als führte ich die Bewegungen aus."

Alle aus der Gruppe der zuvor Ängstlichen, 13 an der Zahl, entwickelten Trancezustände, davon vier somnambule, sieben mittlere und zwei leichte Trance. Bedeutsam war die Tatsache, daß die sieben Versuchspersonen in mittlerer und die beiden in leichter Trance spontan und von sich aus mitteilten, in Hypnose zu gehen, sei „genau so wie bei Introspektion und Konzentration“. Sie beschrieben bis ins kleinste die erschreckenden Empfindungen beim ersten Mal, die sich wieder einstellten, diesmal aber mit der tröstlichen Gewißheit, daß sie hypnotisiert seien, wie ihnen zuvor gesagt worden war, was sie offenbar beruhigt und ihre Ängste wirkungsvoll aufgehoben hatte. Sie erwarteten, sich in Hypnose anders zu fühlen, und diese Überzeugung beruhigte sie. Das ermöglichte es ihnen, die Erfahrung anzunehmen, nicht aber sie zu bewirken.

Die somnambulen Versuchspersonen wurden dann unmittelbar im Trancezustand nach ihren Empfindungen unter Hypnose befragt. Sie berichteten alle von den gleichen subjektiven Gefühlen, wie sie sie auch beim „Introspektions- und Konzentrationsexperiment“ erlebt hatten, und sie gaben von sich aus an, sie wüßten jetzt, daß sie einen Trancezustand entwickelt hatten, hätten dies aber nicht unmittelbar begriffen. Die vier somnambulen Versuchspersonen, die auch beunruhigt gewesen sind, erklärten, es habe sie erschreckt, daß „die merkwürdigen Empfindungen so unerwartet“ eingetreten seien. Da sie jetzt wußten, daß Hypnose eingesetzt wurde, konnten sie ihre subjektiven Gefühle verstehen, und deshalb waren sie nicht mehr beunruhigt.

Das ursprüngliche „Introspektions“-Experiment wurde mit allen zuvor erfolgreichen Versuchspersonen wiederholt, und alle bis auf sieben Personen mit mittlerer Trancetiefe entwickelten somnambule Trance.

Die Versuchspersonen, die zuvor in leichter Trance gewesen waren, entwickelten jetzt mittlere oder somnambule Trance.

Das Experiment mit Papier und Bleistift wurde dann mit denjenigen Versuchspersonen wiederholt, die zuvor bei den „Introspektions“-Experimenten erfolgreich gewesen waren, diesmal nun als Hypnoseexperiment. Bei allen Versuchspersonen war die hypnotische Trance sehr rasch induziert, und praktisch alle waren somnambul.

All diese Versuchspersonen wurden während der Fortsetzung des Seminars über das zweite Semester von Clark L. Hulls Studenten und auch vom Autor eingesetzt, und zwar insbesondere bei der Durchführung verschiedener Studien, die in Hulls Buch und andernorts veröffentlicht werden sollten. Dabei wurden die Untersuchungen des Autors aus dem ersten Semester repliziert, und es wurden auch andere hypnotische Phänomene demonstriert.

Weitere Experimente

Als die oben beschriebenen Experimente fast vollständig abgeschlossen waren, ereignete sich während des Seminars etwas Besonderes. Einige Studenten vertraten die Hypothese, „Suggestionen" seien nichts weiter als ein *Ausgangspunkt für reaktives Verhalten*. Die Art und Weise aber, in der die hypnotischen Suggestionen und Aufträge als *Ausgangspunkt* komplexer hypnotischer Phänomene dienten, die weder durch die offenkundige noch die implizite Bedeutung der verwendeten Worte herbeigeführt wurden, schien ein unerklärliches Rätsel zu sein. Aufgrund dieser unbefriedigenden und divergierenden Ansichten und der mehr oder minder relevanten Diskussionen, ergriff ich, der Autor, zum Zwecke eines unmittelbaren Experiments die Gelegenheit, Miss O. das Muster ihrer Wutanfälle schildern zu lassen. Als Gruppenmitglied kannte ich sie recht gut, allerdings nicht persönlich, obgleich ich eine Menge über ihre Familiengeschichte wußte.

Bereits seit langem trat ihre Wut anfallartig auf. Immer wenn sie, ein Einzelkind, wütend auf Vater oder Mutter war oder sich frustriert fühlte, wandte sie sich unvermittelt ab, stürzte hinauf in ihr Zimmer, schmetterte die Tür zu, warf sich aufs Bett und brach in wütendes Schluchzen aus. Sie war bereit, auf folgende „Suggestion" einzugehen: „Gehen Sie die Treppe unterhalb des Seminarraums hinunter, gehen Sie durch die Seitentür am Fuß der Treppe und treten Sie aus dem Haus, blicken Sie kurz über den Campus, kehren Sie zurück in das Gebäude, schauen Sie sich kurz um, dann rennen Sie immer schneller die Treppe hinauf, stürzen Sie herein, schlagen Sie die Tür hinter sich zu und werfen Sie sich auf Ihren Stuhl am Arbeitstisch."

Sichtbar verlegen willigte sie ein. Während die Gruppe gespannt wartete, konnte man Miss O. ein paar Minuten darauf die Treppe hinaufrennen hören. Mit hochrotem Gesicht stürzte sie herein, knallte die Tür hinter sich zu, warf sich auf ihren Stuhl und blieb mit dem Gesicht auf den Armen am Arbeitstisch, und zum Erstaunen und zur Verwirrung der Gruppe und auch des Versuchsleiters brach sie in unkontrollierbares Schluchzen aus.

Nach minutenlangem Schluchzen richtete sie sich auf und beschimpfte den Versuchsleiter wütend wegen dieser „unerhörten Suggestion", dann lenkte sie ihren Zorn auf die ganze Gruppe wegen deren „schamlosen Benehmens". Ebenso rasch war ihre Wut vorbei, und befremdet und verwirrt fragte sie: „Warum bin ich so wütend geworden?"

Darauf entstand eine erregte Debatte, bis schließlich jemand Miss O. fragte, an welchem Punkt ihre Wut hochgekommen sei. Darauf konnte sie nur sagen, daß sie keine Ahnung hatte, und dann stimmte sie bereitwillig und voller Neugier zu, das Experiment zu wiederholen mit dem Zusatz: „Stellen Sie diesmal genau fest, wo Sie sind, wenn Sie wütend werden."

Als sie den Raum verließ, bemerkte sie ruhig und interessiert, daß es ihr schien, sie sei wütend geworden auf dem Weg nach oben, daß sie sich aber nicht sicher sei. Dann erfolgte die genaue Wiederholung ihres vorigen Verhaltens, mit der Ausnahme, daß sie plötzlich, als sie wieder den Versuchsleiter und die Gruppe beschimpfte, ihre wirkliche Situation erkannte, innehielt, unter Tränen lachte und sagte: „Was denn, ich habe das gleiche noch einmal gemacht." Dann erklärte sie: „Ich dachte, daß ich zuvor die Treppe schon halb oben war, aber dann wurde ich so wütend, daß ich bis oben überhaupt nicht denken konnte. Aber bitte sprecht mich nicht an, denn ich merke, daß ich immer noch wütend bin und nichts dagegen tun kann." Ihr Gesichtsausdruck und ihr Tonfall bestätigten ihre Äußerung.

Kurz darauf erlangte sie offensichtlich ihre Fassung wieder und beteiligte sich angeregt und unbefangen an der Diskussion ihres Verhaltens.

Im Verlauf des Gesprächs wurde sie vom Versuchsleiter gefragt, ob sie bereit sei, das Experiment nochmals zu wiederholen. Sie zögerte einen Augenblick und willigte ein. Als sie zur Tür des Seminarraums ging, meinte sie, daß es nicht nötig sei, die ganze Prozedur noch einmal zu durchlaufen, daß sie aber Schritt für Schritt die ganze Aufgabe im Geist nachvollziehen könne. Als sie diese Bemerkung gemacht hatte, öffnete sie die Tür, um den Raum zu verlassen, knallte sie aber sofort wieder zu, schnellte zum Versuchsleiter herum und schrie: „Sie ... Sie ... Sie ...!" Dann brach sie in Tränen aus und ließ sich schluchzend auf ihren Stuhl fallen. Kurz darauf faßte sie sich wieder und bat, man möge sie in Zukunft mit solchen Experimenten verschonen.

Einige Zeit später, als der Autor seine Untersuchung – wie oben beschrieben – beendet hatte, wurde Miss O. im Seminar wieder zu ihren früheren Demonstrationen befragt. Sie zeigte sich befangen, willigte aber zögerlich ein, daß darüber gesprochen wurde.

Der Autor erklärte sogleich: „Ich möchte nicht, daß Sie die Treppe hinuntergehen oder wütend werden. Sie brauchen nur einfach dazusitzen, legen Ihren Kopf auf die Arme, auf den Arbeitstisch, und ruhig, ganz ruhig und ganz sachte erinnern Sie sich an jeden Schritt, den Sie hinuntergegangen sind, wie Sie die Seitentür öffnen, über den

Campus blicken, wieder hereinkommen und das Treppenhaus hinauf- und hinabschauen, wie Sie das getan haben, ehe Sie die Treppe hinaufgegangen sind. *Wenn Sie dann in Gedanken soweit sind, dann setzen Sie sich aufrecht hin und sehen mich an.*"

Miss O. entsprach der Bitte bereitwillig, und kurz danach richtete sie sich auf und sah mich an, der ich ihr direkt gegenüber am Arbeitstisch saß. Dabei war jedem klar, daß sie sich in tiefer somnambuler Trance befand, und es zeigte sich, daß sie Rapport nur zu mir, dem Versuchsleiter hatte und dabei völlig ohne Kontakt zu ihrem Umfeld war. Sie reagierte in keiner Weise auf die Gruppenmitglieder, dagegen passiv auf mich, und so konnten Katalepsie, ideosensorische Phänomene, Dissoziation, deutliche Regression und Anästhesie demonstriert werden. Als sie gebeten wurde, eine Handlevitation zu entwickeln, mißlang ihr das offenbar. Frühere Erfahrungen mit anderen Versuchspersonen bewogen mich, die Handlevitation mit der anderen Hand vorzuschlagen. Offensichtlich mißlang auch das. Dann erklärte ich mit Nachdruck: „Ich möchte noch einmal eine Handlevitation mit Ihnen anfangen, *ganz von Anfang an beginnen.* Wenn Sie bereit sind, dann nikken Sie, damit ich es weiß." Sie nickte kurz darauf und dann suggerierte ich langsam und systematisch eine Handlevitation mit der rechten Hand, die bis über ihren Kopf hinaus fortgeführt werden sollte. Als ich die Suggestion gab, beobachtete die Gruppe ihre Hand. Es gab keine Aufwärtsbewegung. Ich beobachtete den Muskeltonus von Kopf und Nacken und bemerkte schließlich: „Das ist gut so. Legen Sie nun langsam, vorsichtig und bedachtsam Ihre linke Hand auf Ihren rechten Handrücken." Langsam hob sie ihre linke Hand hoch bis über den Kopf, wobei sie sie langsam bis über die halbe Höhe bewegte, sie ein wenig senkte und dann vollends hinaufgehen ließ, während die übrigen Gruppenmitglieder still und staunend zuschauten. Als die Bewegung ihrer linken Hand aufhörte, wurde sie gefragt, ob sie mit ihrer rechten Hand am höchsten Punkt angelangt sei. Zur Bestätigung nickte sie langsam. Das war jetzt das drittemal, daß mir eine halluzinatorische Handlevitation begegnet war, wobei das erste Mal mich gewaltig durcheinandergebracht hatte. Seither ergab sich bei meinen eigenen Versuchspersonen und bei anderen hin und wieder vergleichbares halluzinatorisches hypnotisches Verhalten. Unglücklicherweise führt das Fehlen kritischer Beobachtung oder die Unerfahrenheit bisweilen zu dem Schluß, Versuchspersonen reagierten nicht, anstatt zu begreifen, daß sie dies in einer komplexeren Weise tun als beabsichtigt war, und daß das erwünschte hypnotische Verhalten subjektiv auf halluzinatorischer Ebene erlebt wird.

In diesem Beispiel, wo es darum ging, mit Miss O. hypnotische Phänomene zu demonstrieren, wurde aus einem bestimmten Grund die Handlevitation bis zuletzt aufgespart. Miss O. war im vorausgegangenen Experiment, das um ihre Wutreaktion ging, gebeten worden, die Treppe hinaufzurennen. Daher war ich wegen möglicher Assoziationen eher vorsichtig, erneut das Wort *hinauf* oder eines mit ähnlicher Bedeutung zu verwenden. Ich hatte mit einer wahrscheinlichen Entwicklung von Wut gerechnet, aber als die beginnende Levitation mißlang, habe ich mich durch Augenschein überzeugt, daß ihre Nackenmuskulatur die Spannung aufwies, die ich bereits bei den vorherigen beiden Versuchspersonen mit halluzinierter Handlevitation bemerkt hatte.

Ich wies die Gruppe an, still zu sein, bat Miss O., ihre Hände bequem auf dem Schoß ruhen zu lassen und mich wissen zu lassen, ob sie bereit sei, einige allgemeine Fragen über die Zeit zu beantworten, während der sie für mich als den Versuchsleiter Wut gezeigt hatte. Sie nickte zustimmend. Dann fragte ich sie: „Sind Sie jetzt so, wie Sie damals waren? Oder vielleicht sollte ich besser sagen: ‚Ist Ihre jetzige Verfassung gleich oder identisch wie Ihre damalige?'" Auf ihrem Gesicht erschien ein nachdenklicher Ausdruck, und dann nickte sie langsam zur Bestätigung. Weiter fragte ich sie: „Ist es in Ordnung, wenn ich Sie jetzt bitte, jene Gefühle von damals zu entwickeln?" Sie erwiderte: „Bitte nicht!" – „Warum nicht?" – „Ich möchte nicht wütend werden." Ich fragte sie, ob sie noch irgendetwas tun wolle. Einige Augenblicke später antwortete sie: „Nein." Folglich wurde sie gebeten, ihre Arme auf den Arbeitstisch zu legen, den Kopf darauf zu betten, und dann „richten Sie sich auf, so wie damals, als ich Sie das erstemal um das gleiche gebeten habe." Sie tat es, wurde völlig wach und hatte anscheinend eine umfassende Amnesie für das gesamte Tranceerlebnis.

Jemand aus der Gruppe fragte sie, ob sie hypnotisiert werden könne, worauf sie erwiderte, sie sei noch nie hypnotisiert worden, denke aber, sie hätte es gerne, und sie brachte ihre unmittelbare Bereitschaft zum Ausdruck, als Versuchperson zu dienen.

Ich bat sie, ihre Hände mit der Innenseite auf ihre Schenkel zu legen und ihre rechte Hand zu beobachten. Es wurden ihr im wesentlichen die gleichen Suggestionen zur Handlevitation gegeben wie zuvor, aber aufgrund der Instruktion, ihre rechte Hand zu beobachten, die tatsächlich unbewegt auf dem Schoß liegen geblieben war, war diesmal ihre visuelle Halluzination der sich langsam und stetig hebenden rechten Hand offensichtlich, und schließlich zeigte ihre Blickrichtung an, daß sich ihre Hand oberhalb ihres Kopfes befand. Einige aus ihrer Gruppe versuchten sie zu befragen, aber sie stand nur mit mir, dem Versuchsleiter, in Rapport.

Ich fragte sie, ob sie zuvor schon einmal in Trance gewesen sei, wobei die Frage sich nur auf diesen Tag bezog. Ihre Antwort war einfach „ja". – „Wie oft?" Anstatt der erwarteten Antwort „einmal", antwortete sie: „Viermal." – „Wann?" – „Heute, an diesem Tag." – „An welchem Tag?" – „Als ich wütend geworden bin."

Sie wurde aufgeweckt, und mittels der erneuten Frage, ob sie schon einmal hypnotisiert worden sei, woraufhin wieder die vorherige Verneinung kam und das Angebot, als freiwillige Versuchsperson zu fungieren, wurde eine deutliche und umfassende Amnesie demonstriert.

Anstatt ihr Angebot offen anzunehmen, fragte ein Gruppenmitglied, ob sie meine, sie könne eine Handlevitation zustande bringen. Sie erwiderte: „Ich weiß nicht, aber ich hätte es gerne versucht." Dabei setzte sie sich zurecht und wiederholte noch einmal, ohne jegliche weitere Bemerkung oder Suggestion, ihr vorheriges halluzinatorisches, ideomotorisches Verhalten und die Entwicklung der Trance. Es zeigte sich, daß derjenige aus der Gruppe, der zuvor die Frage gestellt hatte, als einziger mit ihr in Rapport stand.

Sie wurde gebeten, aus der Trance zu erwachen. Und wieder zeigte sie eine Amnesie. In den folgenden Seminarstunden wurde ihr Verhalten diskutiert, und zusätzlich wurde die private Untersuchung des Autors besprochen. Das gesamte Geschehen störte Dr. Hull und mißfiel ihm offensichtlich, da er merkte, daß die Bedeutung der Suggestion und Suggestibilität und ebenso die Rolle des Hypnotiseurs bei der Tranceinduktion ignoriert und umgangen wurde. Das hatte zur Folge, daß dieser Ansatz beim Studium der Hypnose in den Seminaren der Universität von Wisconsin aufgegeben worden ist.

Weitere Überlegungen

Seither wurde reger Gebrauch von den damaligen Erkenntnissen gemacht, indem der Autor seine vielfältigen Techniken der indirekten und permissiven Hypnoseinduktion entwickelte, insbesondere seit er den Doktorgrad erworben hatte und ihm schließlich offiziell gestattet war, am staatlichen Krankenhaus in Worcester, Massachusetts, Forschung zu betreiben.

Desweiteren und zur Verdeutlichung der jeweiligen Vorteile hat der Autor zahlreiche Experimente mit direkten und autoritären Techniken sowie mit traditionellen Verfahrensweisen, mit standardisierten und mit repetitiven verbalen Techniken durchgeführt.

Seine Untersuchungsergebnisse auf der Grundlage von Erfahrungen mit vielen Tausenden von Versuchspersonen weisen generell darauf hin, je einfacher, je permissiver und unauffälliger eine Technik ist, um so wirkungsvoller hat sie sich bei dem Bemühen erwiesen, bedeutende Ergebnisse sowohl im experimentellen wie im therapeutischen Bereich zu erzielen. Weiter hat er die Erfahrung gemacht, je weniger der Hypnotiseur tut und *je mehr er voller Vertrauen und Erwartung der Versuchsperson überläßt*, desto leichter und effektiver kann ein hypnotischer Zustand, können hypnotische Phänomene im Einklang mit den jeweiligen Fähigkeiten der Versuchsperson ausgelöst werden. Dabei kommt es dann auch nicht zu Verfälschungen im Wunsch, dem Hypnotiseur gefällig zu sein. Indessen ist zu bedenken, daß Versuchspersonen sich in ihrer Persönlichkeit voneinander unterscheiden und daß hypnotische Techniken den individuellen Bedürfnissen angepaßt und der jeweiligen besonderen Situation entsprechend maßgeschneidert sein müssen. Deshalb sollten diejenigen, die Hypnose einsetzen, über umfassende Kenntnisse all der verschiedenen Hypnosetechniken verfügen und jeder Versuchsperson als Persönlichkeit ihre Wertschätzung zeigen. Sie sollten sich stets vergegenwärtigen, daß die Rolle des Hypnotiseurs in nichts weiter besteht, als klug zu lenken, während die hypnotische Versuchsperson in ihrer Arbeit vorankommt und hypnotische Phänomene aufweist, soweit es der jeweiligen Befähigung und Begabung dieser Versuchsperson entspricht. So kann man einem Farbenblinden keine visuellen Rezeptoren schenken, damit er Farbstimuli aufnehmen kann, aber ein Mensch mit normalem Farbsehvermögen kann in die Lage versetzt werden, den Einsatz visueller Rezeptoren eines bestimmten Typs abzublocken – so wie das in dem ganz gewöhnlichen Alltagserlebnis der Fall ist, wenn man ein Buch sucht, dessen Titel man klar vor Augen hat, es aber nicht finden kann im Bücherschrank, weil es blau eingebunden ist, man aber fälschlicherweise angenommen hatte, der Einband sei rot, weshalb man es in einen anderen Bezugsrahmen sah, wodurch die Bemühungen, das Buch zu finden, vereitelt wurden.

Auch sollte man im Auge behalten, daß Stimmungen, Haltungen und Einstellungen sich bei Versuchspersonen häufig ändern, selbst wenn sie gerade eine Tranceinduktion erleben, und daß der Hypnotiseur mühelos die Technik ändern und von einer Vorgehensweise zur anderen wechseln können sollte, wie es eben gerade angezeigt ist.

Unglücklicherweise werden viele Untersuchungen unter den Bedingungen eines eingeengten Verständnisses und begrenzter Fähigkeiten seitens des Hypnotiseurs durchgeführt. Vielleicht läßt sich das am besten verdeutlichen durch ein so typisches Experiment, mit dem naiverweise „unsoziales Verhalten unter Hypnose" demonstriert werden soll: Da wird – in einem strengen Labor-Setting – eine Versuchsperson überzeugt, sie solle einen unbenutzten Lippenstift öffnen oder sich eine Dollarnote aneignen, und das in Verkennung der in späteren Experimenten aufgezeigten Tatsache, daß allein derlei Laborbedingungen und die Untersuchungssituation, ohne jeglichen Einsatz von Hypnose, so zwingend sein können, daß ein Verhalten hervorgerufen wird, das in Widerspruch steht zu den Wünschen einer Person, zu deren Hintergrund, Erziehung, besserem Wissen, ja sogar zu deren Moral (Milgram 1963). Mehr noch, wird derart über die Überzeugungen der Versuchsperson hinweggegangen und der Meinung des Hypnotiseurs gefolgt, daß er die Situation kontrolliere, so kann das zu „Experimenten" führen, bei denen das vermeintliche Hervorrufen von gleichen Reaktionen im Wach- und im Trancezustand tatsächlich das Ergebnis der Entwicklung von Gleichheit in mutmaßlich unterschiedlichen Bewußtseinszuständen ist, anstatt daß es sich um das Hervorrufen ähnlicher Reaktionen in wirklich ursprünglich unterschiedlichen Zuständen handelte.

Diese Untersuchungen wurden lange vor irgendwelchen sogenannten Simulationsexperimenten zur Hypnose durchgeführt, in welchen der Versuchsleiter die Versuchsperson bittet, hypnotisches Verhalten zu „simulieren". Viele derartige Berichte kamen von den verschiedensten Autoren, denen nicht bewußt zu sein scheint, daß das beste vorgebliche Tun das tatsächliche Tun ist. Außerdem haben die simulierenden Versuchspersonen dieser sogenannten kontrollierten experimentellen Studien häufig Erfahrung in Hypnose, waren Augenzeugen und besitzen gewiß ihre vorgefaßte Meinung zur Hypnose. Daher läßt experimentelle Arbeit mit dergleichen Versuchspersonen am wissenschaftlichen Scharfsinn bzw. an der Integrität der betreffenden Untersucher zweifeln.

Die oben beschriebenen Experimente wurden nicht durchgeführt, um festzustellen, ob es ein Simulieren von Hypnose oder vergleichbarer Verhaltensweisen geben könne. Diese Experimente wurden vielmehr entwickelt, um die Bedeutung der Rolle von Hypnotiseur und Versuchsperson zu bestimmen. Indessen wurde ganz unbeabsichtigt die Entdeckung gemacht (wobei der Autor seine Unerfahrenheit zu diesem Zeitpunkt seiner wissenschaftlichen Laufbahn eingesteht), daß, wenn man eine nichthypnotische Versuchsperson in aller Unschuld bittet, im Wachzustand das nämliche Verhalten zu zeigen, das auch benutzt werden kann, um hypnotische Trance zu induzieren, daraus ein unmißverständlicher Zustand entstehen kann, obgleich Hypnose überhaupt nicht erwähnt worden ist.

So kann man sich nur über den wissenschaftlichen Sachverstand derjenigen wundern, die sich bemühen aufzuzeigen, daß ein gefordertes „simuliertes hypnotisches Verhalten" etwas anderes sei als tatsächliches hypnotisches Verhalten.

Im übrigen wurden die weiteren Ergebnisse dieser frühen Untersuchungen in all den Jahren durch die Erfahrungen des Autors und vieler seiner Kollegen bestätigt. Ungeachtet ihrer Überzeugungen und Absichten sind die Hypnotiseure bzw. Versuchsleiter unwichtig, wenn es darum geht, hypnotische Ergebnisse zu bestimmen. Was die Versuchspersonen meinen und was sie tun, und nicht was der Hypnotiseur wünscht, entscheidet darüber, welche hypnotischen Phänomene zutage treten. Daher sind hypnotische Untersuchungen wertlos, die gemäß den Plänen, Wünschen, Absichten und Überzeugungen des Untersuchers beurteilt werden, es sei denn, diese würden der Versuchsperson mitgeteilt und von ihr auch akzeptiert. Die Auswertung sollte ausschließlich gemäß dem gezeigten Verhalten der Versuchsperson erfolgen; das Verhalten, nicht jedoch die Bewertung des Untersuchers sollte der entscheidende Faktor in der Einschätzung experimenteller Arbeit sein. Viele Kliniker haben die Erfahrung gemacht, daß sie sorgfältig abgewogen haben, ob es ratsam sei, bei einem Patienten Hypnose anzuwenden, der darum nachfragt, um schließlich festzustellen, daß ihnen das Ganze aufgrund einer spontanen Trance entglitten ist. Und nicht nur das, ein Kliniker kann auch vorsichtig Entspannung suggerieren und der Patient reagiert mit Katalepsie und Anästhesie. Oder aber der Kliniker kann Anästhesie suggerieren und entdecken, daß der Patient dissoziatives und sogar regressives Verhalten zeigt. Der Hypnotiseur kann bestenfalls einfühlsame Führung anbieten und dann das Verhalten seiner Versuchsperson verständnisvoll annehmen.

2. Weitere experimentelle Untersuchungen der Hypnose: hypnotische und nichthypnotische Wirklichkeit[1]

Milton H. Erickson

Erste Beobachtungen

Die abweisende Haltung Clark L. Hulls gegenüber meinen ersten experimentellen Arbeiten zum Wesen hypnotischer Phänomene (Erickson 1964b) führte dennoch zu weiterer Forschung. Es ging darum herauszufinden, welche Aufgaben mittels Hypnose bewältigt werden können, u.a. auf dem Gebiet der konditionierten Reaktionen der Anästhesie, der sensorischen Veränderungen ideomotorischer Aktivität und der Regression. All dies ergab den Erfahrungshintergrund für die faszinierende Frage, was Hypnose sei und was den hypnotischen Zustand wirklich ausmache.

Folgende erstaunliche Begebenheit war für mich von entscheidender Bedeutung und schärfte mein Bewußtsein für die Tatsache, daß die Realität des Wachzustandes ganz anders ist als die des hypnotischen Zustands. Miss O. stand mir für weitere experimentelle Arbeiten freiwillig zur Verfügung, und mit ihrer Hilfe konnten vielerlei hypnotische Phänomene studiert werden. Eines Nachmittags bemühte ich mich herauszufinden, was geschehen würde, wenn der Wortlaut einer Suggestion geändert würde, ohne daß es einen offensichtlichen Grund dafür gäbe. Miss O. hatte experimentelles Training im visuellen Halluzinieren erhalten, indem sie ihre Augen öffnete, zunächst nichts sah, dann einen Dunst und Nebel wahrnahm, in dem langsam Linien und Schatten erschienen, welche allmählich klarer und deutlicher wurden, bis schließlich eine vollständige und detaillierte visuelle Halluzination zustande kam. Dazu konnten noch feinabgestufte, schwache Geräusch-Suggestionen gegeben werden, die nach und nach klarer wurden, bis schließlich eine regelrechte akustische Halluzination zustande kam. (Zu jener Zeit hatte ich noch nicht die Erfahrung, um Halluzinationen rascher und einfacher induzieren zu können.) Mir war sehr am Wesen und an der Formulierung von besonders wirkungsvollen Suggestionen gelegen, und ich stand noch sehr unter dem fälschlichen Eindruck,

---

1 Zuerst erschienen in: *The American Journal of Clinical Hypnosis* 10, Oct. 1967, 87-135

alle hypnotischen Phänomene würden von der Induktion somnambuler Trance abhängen. (Zweifelsohne war das ein glücklicher Irrtum, denn er veranlaßte mich, mit meinen Versuchspersonen zwischen vier und zwanzig Stunden zu üben, um für meine experimentellen Studien tiefe somnambule Trancezustände zu gewährleisten, bei denen möglicherweise erhebliche neurologische und psychologische Veränderungen im körperlichen Funktionsablauf erwartet werden konnten.)

In der Literatur über hypnotische Experimente wird dagegen oft von einem Zeitraum zwischen zwei und zehn Minuten berichtet, wobei schon erheblich mehr Zeit vorgesehen sein müßte, wenn die Arbeit im Wachzustand durchgeführt wird. Unglücklicherweise besteht auch bei denen, die sich um wissenschaftliches Vorgehen bemühen, die Einstellung, daß Hypnose etwas Geheimnisvolles sei und daher einen geringeren Zeitaufwand erfordere.

Mit Miss O. war im somnambulen Zustand so intensiv gearbeitet worden, daß sich herausstellte, sie konnte auf die einfache Suggestion: „Dort ist ein hübscher brauner Hund" mit einer positiven Halluzination reagieren. Sie hatte gelernt, mit Leichtigkeit auf die entsprechenden Suggestionen zu reagieren und sowohl negative wie positive visuelle und akustische Halluzinationen hervorbringen. In diesem speziellen Fall hatte ich die Absicht, eine komplizierte halluzinatorische Reaktion zu erarbeiten, und sagte langsam und mit Betonung: „DORT ist ein hübsches kleines *Hundi*"; dann unterbrach ich, um weitere Suggestionen zu entwickeln.

Zu meiner größten Verwunderung sagte sie in dieser Pause in kindlichem Tonfall: „Juhu, das ist meiner!" Und sie fuhr in eindeutig kindlichem Ton fort, als würde sie mit dem halluzinierten Hund sprechen: „Hundi, tomm zu Alwis. Tomm her. Domm 'etzt her."

Während der folgenden beiden Stunden erkundete ich verwundert und vorsichtig die Lage und versuchte, sie mit den zuvor gegebenen und ähnlichen vorausgegangenen Suggestionen in Verbindung zu bringen. Ich kam zu folgenden Ergebnissen und Schlußfolgerungen:

1. Miss O. ist spontan in einen kindlichen Zustand regrediert wegen des kindlichen Bedeutungsgehalts des Wortes „Hundi" anstatt „Hund".
2. Die in solcher Weise ausgesprochene Suggestion, die eine visuelle Halluzination induzieren sollte, ist möglicherweise in dem Augenblick erfolgt, als ein möglicher flüchtiger Gedanke bei Miss O. eine Wiederbelebung von Kindheitserinnerungen heraufbeschwor, die dann zu einer spontanen Regression führten.

3. Ich entdeckte bald, daß ich in einen ihrer erwachsenen Cousins verwandelt worden war, und das Labor war zum Vorgarten ihres Hauses geworden.
4. Weitere Suggestionen, um ihr sonstiges Umfeld zu „schaffen“, waren unnötig, denn sie sprach frei in kindlicher Weise und wies auf verschiedene Dinge auf dem „Rasen“ und „auf der anderen Schtaßenseite“.
5. Ihr Wortschatz entsprach dem einer Siebenjährigen und zeigte typisch kindliche Verständnisfehler, wenn die Wortwahl eher ein späteres Alter betraf. Ihre gesamten Verhaltensweisen, selbst ihre Bewegungen, waren die eines kleinen Kindes, und sie schien sich nicht in ihrer derzeitigen Kleidung zu sehen, sondern vermutlich in der einer Siebenjährigen. (Es war leicht, eine Menge Details zu erhalten, weil sie sich als sehr kontaktfreudiges und gesprächiges „kleines Mädchen“ erwies.)
6. Ich unternahm ganz außergewöhnliche Anstrengungen um Suggestionen zu geben, was sich aber als unnötig erwies, da Miss O. offenbar Stück für Stück die Ereignisse eines Tages in ihrem 8. Lebensjahr wiedererlebte.
7. Schließlich begriff ich, daß ich vor dem technischen Problem stand, die ursprüngliche hypnotische Situation wiederherzustellen – was damals ein überaus erschreckendes Problem für mich darstellte.
8. Zuletzt kam mir der Gedanke, die Situation wieder so erstehen zu lassen, wie sie war, ehe Miss O. zum ersten Mal den Hund visualisiert hatte. Das kostete viel Mühe und Nachdenken; währenddessen saß Miss O. auf den Boden des Labors und „spielte mit den Bumen.“ (Spätere Nachfrage ergab, daß ihre außerordentlich verwöhnende Mutter absichtlich ihre „Babysprache“ weit über das angemessene Alter hinaus gutgeheißen hatte. Diese Babysprache schien unangemessen für ein Alter von sieben Jahren, auf das sie in der Laborsituation regrediert war, und hatte mich ziemlich durcheinandergebracht.)
9. Wie die Zeit im Labor verging, zeigte sich, daß das „Hundi“ weggelaufen war. Miss O. sprang auf, rief den Hund, entwickelte einen heftigen Wutanfall, schluchzte, stampfte auf und ballte ihre Fäuste. Erschrocken und verzweifelt suggerierte ich in sanftem Ton, daß „das Hundi jetzt vielleicht kommt.“ Sie lächelte glücklich, hockte sich auf den Boden und umarmte den Hund anscheinend. Der Augenblick schien günstig für die Suggestion: „Und nun kannst du dich einfach an alles erinnern, wie es war, ein paar Minuten, ehe du das Hundi zum ersten Mal gesehen hast.“

10. Miss O. blinzelte, war offensichtlich immer noch in somnambuler Trance, aber nicht regrediert. Sie schaute sich vielmehr im Labor um. Ihr zunächst befremdeter Gesichtsausdruck, als sie merkte, daß sie im Labor am Boden saß, wich einem ärgerlichen, erklärungheischenden Blick, mit dem sie mich ansah. Damit wurde völlig klar, daß die Situation für mich selbst ein Problem darstellte.
11. Sie wurde gefragt, ob sie eine umfassende Erklärung wolle. Ihr betontes „Ja" ließ keinen Zweifel. Frühere Erfahrungen ermöglichten es mir, ihr Erinnerungsvermögen wiederherzustellen, während sie immer noch in Trance war und auch noch auf dem Boden saß.
12. Miss O. war offensichtlich entzückt und erfreut über den gesamten Ablauf der Ereignisse, ging sie etliche Male durch und bestätigte, daß dabei reale Begebenheiten aus der Vergangenheit wieder lebendig geworden seien.
13. Während sie noch auf dem Boden saß, bat sie darum, aus der Trance aufgeweckt zu werden: „Sagen Sie mir einfach, daß ich aufwachen soll." Dem entsprach ich eilends und ohne nachzudenken.
14. Sogleich bemerkte ich, daß ich schon wieder in Schwierigkeiten steckte. Miss O. wachte sofort auf, merkte, daß sie auf dem Boden saß, starrte mich zornig an und verlangte eine Erklärung. Ihr Zorn war indessen so groß, daß sie mich heftig beschimpfte, ehe sie vom Boden aufstand und wiederum mit allem Nachdruck eine Erklärung verlangte. Die schmerzliche Einsicht lautete, daß eine lückenlose Erinnerung im Trancezustand nicht notwendigerweise im Wachzustand fortbestehen muß.
15. Trotz ihrer zornigen Forderungen war es möglich, die Ereignisse dieses Nachmittags Schritt für Schritt in der richtigen Reihenfolge aneinanderzufügen. Ich vermochte immer wieder Suggestionen einzustreuen, wie: „Und du erinnerst Dich, als nächstes ..." – „Erinnere Dich, wie es dazu kam, daß ..." – ... „Und nun kannst du dich vielleicht an das nächste Ereignis erinnern...".
16. Schließlich legte Miss O. freundschaftlich ihre Hand auf mein Handgelenk und sagte: „Beruhigen Sie sich – ich kriege nun alles zusammen."
17. Zu unser beider Vergnügen stellte sich dann eine erstaunlich umfassende Erinnerung an alle Ereignisse des Nachmittags einschließlich der Wutanfälle ein.
18. Miss O. erstellte eine ausführliche Liste ihrer Erinnerungen, stellte später ihren Eltern unangenehme Fragen, beunruhigte sie gewaltig, machte sie sich mit einem Wutanfall gefügig und bestätigte mir gegenüber, daß die Regressionserfahrungen dieses Nachmittags stimmig seien.

19. Bei weiteren „Regressionsversuchen" hatten wir beide, sowohl ich als auch sie selbst, den Wunsch, vorsichtig vorzugehen. Als erstes wurden immer Zeit, Ort, die Situation und die näheren Umstände eingegrenzt, was nach unser beider Meinung die Ergebnisse in einen engeren Rahmen faßte, während Spontaneität im Verhalten zu umfassenderen Erkenntnissen, ja selbst zu verbindlicheren Ergebnissen führte.

20. Im Laufe der Zusammenarbeit beim Erkunden der Möglichkeiten wurde eine Art allgemeiner permissiver Technik erarbeitet, die der Spontaneität im Verhalten der Versuchspersonen Vorschub leistete. So konnten aufschlußreichere, gültigere und umfassendere Ergebnisse erzielt werden, was nicht nur auf Miss O. zutraf, sondern auch auf andere Versuchspersonen. Im Verlauf dieser Arbeit bat Miss O. darum, Anweisungen zur Regression auf eine bestimmte Zeit niederschreiben zu dürfen. Diese Anweisungen sollte ich nicht kennen, sie erklärte vielmehr, nachdem sie hypnotisiert sei, sollten ihr die maschinegeschriebenen Instruktionen in einem verschlossenen Umschlag überreicht werden, und ich solle ihr nahelegen, sie zu lesen und sich dementsprechend zu verhalten. Außerdem merkte sie noch an, falls sie gefühlsmäßige Belastung zeige, möge ich ihr sagen, daß sie augenblicklich aufwachen solle. Sie wurde gebeten, diese zusätzlichen Vereinbarungen und Richtlinien zu tippen und als Schlußteil ihren geheimen Anweisungen anzufügen. Zu begründen ist das damit, daß es denkbar ist, in einem selbstinduzierten Zustand der Regression den Rapport zu verlieren.

Sie entwickelte bereitwillig Trance, öffnete den Umschlag, las das Geschriebene und begann mich anzuschreien: „Raus mit Ihnen, raus, raus!" Und dabei kauerte sie sich vor Angst zitternd zusammen. Sofort rief ich ihr zu: „Aufwachen, aufwachen!" Sie tat es, außer Atem, keuchend, schlotternd und zitternd und in großer Verwirrung über ihre „sonderbar angsterfüllte Verfassung". Sie bat um Hilfe, herauszufinden, was mit ihr los sei. Die geheime Anweisung wurde ihr ausgehändigt, sie las sie durch und sagte: „Ja, ich weiß, ich habe sie niedergeschrieben und diese zusätzlichen Instruktionen auch, wie Sie vorgeschlagen haben. Aber was hat das damit zu tun, daß ich mich so schrecklich fühle?" Diese Frage führte mich zu dem Schluß, daß sie eine Amnesie für den vorangegangenen Trancezustand sowie für die selbstinduzierte Regression hatte. Dementsprechend fragte ich sie, ob die Tranceinduktion und die Ausführung jener geheimen Anweisungen, für die sie vielleicht eine Amnesie habe, für ihre „sonderbare Verfassung" verantwortlich sein

> könnte. Sogleich verlangte sie: „Sagen Sie mir, daß ich mich erinnern soll; schnell, befehlen Sie mir, daß ich mich erinnere." So geschah es. Sie reagierte darauf, indem sie sich erschöpft auf einen Stuhl niedersetzte und nach Luft schnappte: „Es ist geschehen, es ist wirklich geschehen, und ich war nicht sicher, daß das passieren könnte, und wollte herausbekommen, wie real Dinge sein können. Ich mach' das nie wieder." Dann las sie die bewußten maschinegeschriebenen Anweisungen durch und nickte zur Bestätigung. Erst Monate später enthüllte sie mir, was sie bei diesem Versuch mit dem so verblüffenden Ergebnis ausprobiert hatte. Sehr verlegen erklärte sie, sie habe sich zufällig wieder an ihre Gewohnheit beim Sommerferienaufenthalt vor zwei Jahren erinnert, als sie an einem Privatstrand schwimmen gegangen war, dann ihren Badeanzug ausgezogen und sich zum Duschen in ein abgeschlossenes Badehäuschen begeben hatte. Sie hatte beschlossen, zu einer solchen Situation zurückzugehen, mich aber „dazwischenzuschieben", als sei ich am Strand zugegen. Ihr Erfolg bei dem Unternehmen hatte sie entsetzt und bei ihr keinerlei Zweifel an der subjektiven Realität hypnotischer Regression gelassen.

Diese besondere Arbeit mit Miss O. beeinflußte entscheidend den Verlauf und die Entwicklung meiner Forschungsarbeit und machte mich überaus neugierig, was das Wesens des hypnotischen Zustands betrifft. Die Arbeit mit Miss O. wurde mit einigen Abwandlungen auch mit anderen männlichen und weiblichen Versuchspersonen wiederholt. Die Ergebnisse dieser Experimente stimmten voll und ganz mit denen von Miss O. überein.

Probleme mit dem Bewußtsein: Erste Forschungsarbeiten

Im allgemeinen neigte ich dazu, meinem eigenen Arbeitsstil mit Hypnose zu folgen, aber im privaten Rahmen meiner ganz perönlichen Forschungsarbeit bezog ich immer mehr die Erkenntnisse mit ein, die ich anhand von Miss O. gewonnen hatte (die im folgenden Jahr ihrer Heirat wegen nicht mehr an die Universität zurückkehrte). Diese waren durch andere, höchst lehrreiche Erfahrungen mit männlichen und weiblichen Versuchspersonen bestätigt worden, mit welchen ich meine Studien der hypnotischen Phänomene weiterführte. So nahm das Interesse am Wesen der Hypnose stetig zu sowie an den Methoden, mit denen der hypnotische Bewußtseinszustand vom gewöhnlichen Wachzustand unterschieden werden konnte, und an den möglichen Methoden, mit denen solche Studien durchgeführt werden konnten.

Bald wurde klar, daß man eine Versuchsperson im gewöhnlichen Wachzustand nicht bitten konnte, Hypnose zu simulieren, und man konnte niemanden mit hypnotischer Erfahrung als Versuchsperson einsetzen, um zwischen hypnotischem Zustand und Wachzustand zu unterscheiden, denn je besser simuliert wurde, desto echter war die Wirkung. Und man konnte auch nicht sicher sein, daß eine völlig ahnungslose Versuchsperson nicht unerwartet Hypnose entwickeln würde, wie das in den oben beschriebenen anfänglichen Untersuchungen zum Wesen der Hypnose so schön zu erleben war.

Zunächst war daran gedacht, man könne eine verläßliche Untersuchung von der Seminargruppe durchführen lassen, indem irgendeine freiwillige Versuchsperson, die überhaupt nichts von Hypnose wußte, demonstriert, wie eine hypnotische Versuchsperson in tiefer Trance um den Tisch herumgehen würde, an dem die Seminarteilnehmer sitzen und das Verhalten der Versuchsperson beobachten sollten. Es wurden einige Versuchspersonen dafür gewonnen, und nachdem sie den Seminarraum betreten hatten, wurden sie in Kenntnis gesetzt, was von ihnen gewünscht wurde. Das Ergebnis war immer gleich. Die Versuchspersonen sagten: „Sie wollen, daß ich wie eine hypnotische Versuchsperson um diesen Tisch herumgehe, wo ich noch nicht einmal weiß, wie sich eine hypnotische Versuchsperson in tiefer Trance benimmt. Sie aber wollen mich dabei beobachten, wie ich so tue, als ob ich eine hypnotisierte Versuchsperson sei. Die einzige Möglichkeit, wie ich um diesen Tisch gehen kann, ist die, daß ich es auf meine eigene Art tue, es sei denn, Sie sagten mir, wie eine hypnotisierte Person geht. Geht sie rasch? Oder langsam? Bleibt sie ruhig? Oder redet sie mit jedem hier? Was tut sie?“ Drängte man den Betreffenden wiederholt, so führte das nur zu weiteren Bitten um Information. Schließlich kam man zu dem Schluß, daß es einfacher wäre, die Versuchspersonen ohne persönliche Kenntnis der Hypnose zu bitten, um den Tisch zu gehen, als wären sie in leichter Trance. Das führte indessen zum ganz und gar gleichen Ergebnis wie bei der ersten Gruppe von Versuchspersonenen. Nach ausführlicher Diskussion wurde entschieden, daß irgend jemand aus der Seminargruppe, der nicht hypnotisiert worden war, Hypnose aber beobachtet hatte, so wie alle anderen auch gebeten wurde, spezielle Handlungen auszuführen, um eine Darbietung unter Hypnose zu simulieren – *dabei aber einen Zustand vollen Bewußtseins aufrechtzuerhalten*. Die Versuchsperson sollte sich in ihrer Aufmerksamkeit ganz auf die Simulation einer Reihe von Aufgaben konzentrieren, auf die man sich zuvor geeinigt hatte und deren sich die Versuchsperson nicht bewußt sein sollte, ehe sie nicht darum gebeten worden wäre, diese Aufgaben auszuführen. Die Gruppe kam auch überein, daß alle anderen Gruppenmitglieder beobachten und Notizen machen sollten, ob die Simulation und die Beibehaltung des Wachzustands angemessen sei. Alle waren sich einig, daß jede Anweisung zur Simulation hypnotischen Verhaltens auch Instruktionen nötig machte, um gewöhnliches Wachbewußtsein aufrechtzuerhalten. Nur so bestehe die Möglichkeit, hypnotisches Verhalten von simuliertem hypnotischem Verhalten zu unterscheiden.

Die erste ausgewählte Versuchsperson war Miss O., die bereits demonstriert hatte, daß sie fähig war, sich spontan in einen hypnotischen Zustand zu versetzen. Sie wurde gebeten, um den Tisch herumzugehen und dabei einen somnambulen Zustand zu simulieren, denn alle in der Gruppe wußten ja, daß sie dieses Verhalten beherrschte.

Etwas Unerwartetes trat ein: Miss O. erklärte: „Aber ich erinnere mich wirklich nicht mehr, wie ich mich bewegt habe oder wie ich die Dinge angeschaut habe, als ich in somnambulem Zustand war. Ich habe andere somnambule Versuchspersonen gesehen und weiß, daß deren Pupillen erweitert sind; ich weiß auch, daß sie anscheinend nichts hören, es sei denn, Sie werden von demjenigen, der die Hypnose eingeleitet hat, dazu veranlaßt; ich habe so etwas Losgelöstes beobachtet, eine Art dissozierten Verhaltens, das anzeigte, daß sie mit weiten Teilen der sie umgebenden Wirklichkeit nicht mehr in Kontakt waren. Ich weiß nicht, wie ich mich aus der Trance heraushalten und sie doch simulieren soll. Ich weiß auch nicht, wie ich meine Pupillen erweitern kann. Und ich weiß nicht, wie ich meinen Arm heben und hochhalten soll, ohne in der Schulter zu ermüden. Ich weiß ferner nicht, wie ich es verhindere zu hören, damit ich nicht deutlich erkennbar auf Leute außerhalb der unmittelbaren hypnotischen Situation reagiere, wenn sie mich ansprechen. Ich weiß noch nicht einmal, wie ich meine Gesichtszüge einfrieren lassen soll, wie ich das bei somnambulen Versuchspersonen beobachtet habe. Vom Hörensagen, wenn die Gruppe mein somnambules Verhalten bespricht, weiß ich, daß ich all das kann; aber was da diskutiert wird, erscheint mir nicht realisierbar, noch nicht einmal verständlich, es sei denn, ich gehe in Trance."

An dieser Stelle erklärte ein anderes Gruppenmitglied, das mehrmals in tiefer hypnotischer Trance und im somnambulen Zustand gewesen war: „Ich stimme Miss O. zu, das Verhalten einer anderen Person kann ich objektiv diskutieren und beobachten, aber wenn einer von euch anfängt darüber zu reden, was ich in Trance gemacht habe, dann gebe ich meine Objektivität auf und rutsche in einen Trancezustand. Ich kann zwar spüren, worüber da geredet wird, aber dann bin ich nicht im Zustand bewußter Wahrnehmung. Ich halte es nicht für möglich, zu simulieren, ohne das simulierte Verhalten auch subjektiv zu empfinden. Ich vermute, es ist wie beim Schauspielen. Jeder gute Schauspieler fühlt sich auch wütend, wenn er eine Wutszene spielt. Wenn das nicht der Fall ist, dann ist er auch kein guter Schauspieler. Schlechte Schauspieler vollziehen einfach den Bewegungsablauf nach, aber sie würden keine weitere Rolle bekommen, weil sie nicht wirklich empfunden haben, was sie darzustellen versuchten. Ich habe bei verschiedenen Stücken mitgewirkt, und wenn ich Heiterkeit darstelle, dann versuche ich sie zu empfinden. Wenn ich Interesse an dem darstelle, was ein anderes Mitglied der Truppe sagt, dann empfinde ich auch das Interesse. Tatsächlich wird das Spiel für mich Realität, und ich denke überhaupt nicht an die Zuschauer, bis es an der Zeit ist. Ich gehe einfach im Spiel auf, und es wird sehr real für mich. Ich denke nicht darüber nach, was ich tue, wenn ich diese Rolle verkörpere. Ich denke, daß ich diese Rolle einnehme. Ich weiß, wenn ich hypnotisches Verhalten in realistischer Weise simulieren würde, dann ginge ich auch in Trance."

Es wurde viel geredet über Miss O.s Kommentare und die Anmerkungen der anderen Diskussionsteilnehmerin. (Die ausufernden Diskussionen über die verschiedenen Lehrmeinungen zur Schauspielerei schienen uns nicht zur vorliegenden Fragestellung zu gehören.)

Es tauchte die Frage auf, welche Beobachtungen dazu befähigen, hypnotisches Verhalten zu erkennen. Verschiedene hypnotische Verhaltensweisen wurden besprochen, unter anderem automatisches Schreiben.

Miss O. sagte: „Gewöhnlich schreibe ich so (sie führte es vor), aber ich habe automatisches Schreiben versucht …" An dieser Stelle hörte sie auf zu sprechen und jeder in der Gruppe merkte, daß sie unerwartet einen somnambulen hypnotischen Zustand entwickelt hatte.

Sogleich erhob sich die Frage nach dem Rapport. Der Autor, der sich außerhalb von Miss O.s Gesichtsfeld befand, hob seine Hand und wies die ganze Gruppe an, Miss O. allein zu lassen, sich in einen Raum nebenan zu begeben und die Reihenfolge festzulegen, in der jedes Gruppenmitglied mit ihr reden würde. Der Vorschlag ging dahin, daß ich selbst zuletzt an der Reihe sein sollte, da ich sie wiederholt hypnotisiert hatte. Die Gruppe kehrte in den Seminarraum zurück, wo Miss O. immer noch in somnambulem Zustand war. Sie reagierte auf niemanden, bis ich ihr schließlich die gleiche Frage stellte wie alle anderen zuvor: „Würden Sie jetzt gern aufwachen?“ Sie nickte zustimmend, blieb aber in Trance, und die ganze Gruppe wartete still mehr als fünf Minuten. Es trat keine Veränderung in ihrem Verhalten und auch nicht in ihrem Ausdruck ein. Sie schien sich dessen ganz und gar nicht bewußt zu sein, daß alle warteten. Nach einiger Zeit sagte ich: „Sehr gut, wach auf, *jetzt*.“ Sie tat es sogleich und hatte eine Amnesie für ihre Trance. Sie zeigte das damit, daß sie sagte: „Was ich sagen möchte, gewöhnlich schreibe ich so, aber wenn ich versuche automatisch zu schreiben ...“ Sie wiederholte ihr vorangegangenes Verhalten, und ich weckte sie wiederum auf, und sie war immer noch amnestisch für ihr hypnotisches Verhalten. Ehe sie etwas sagen konnte, fragte ich sie, ob sie ein paar Anmerkungen von den Seminarteilnehmern hören wolle, die über ihre Empfindungen beim Verkörpern einer Schauspielrolle gesprochen hatten, wobei ich erwartete, daß diese Bemerkungen sich auf Miss O.s Verhalten beziehen würden. Indessen sagte die Versuchsperson: „Ich bin für drei Mitglieder dieser Gruppe in Trance gewesen, und ich frage mich, mit wem ich mich in Rapport befände, wenn ich spontane Trance entwickelte bei dem Versuch, Hypnose und eine Armlevitation zu simulieren.“ Sie unterbrach sich, ihre Hand hob sich langsam, und es war zu beobachten, daß sie in Trance war. Es wurde mit den Teilnehmern auf der rechten Seite angefangen, der erste sprach sie an und erhielt keine Antwort. Ich war als nächster an der Reihe und mir erging es ebenso. Bei der dritten Person stellte sich heraus, daß sie mit ihr in Rapport stand, ebenso mit der fünften und mit der achten Person. Diese drei waren es, die sie zuvor hypnotisiert hatten.

Probleme bei der Simulation: Erste Untersuchungen

Viele Stunden wurden mit der Diskussion der verschiedenen Erscheinungsformen von Trance bei den Versuchspersonen zugebracht. Schließlich war man sich einig, daß man alle Phasen hypnotischen Verhaltens in der Simulation durchlaufen und dabei das volle Wachbewußtsein aufrechterhalten kann, daß aber jegliche „reale Darstellung hypnotischen Verhaltens“ zur spontanen Entwicklung von Trance führt. Außerdem wurde herausgefunden, daß unerfahrene, uninformierte Versuchspersonen kein hypnotisches Verhalten simulieren konnten, es sei denn, ihnen wurde direkt oder indirekt vermittelt, was sie tun sollten. Noch bedeutsamer war die Entdeckung, daß erfahrene hypnotische Versuchspersonen hypnotisches Verhalten simulieren konnten, indem sie in Trance gingen und dabei tatsächliches hypnotisches Verhalten zeigten; dabei konnten sie allerdings lernen, das Verhalten des Wachzustands zu simulieren. Wenn das eintrat, konnte ein Beobachter auf winzige Unvereinbarkeiten des Verhaltens hinweisen, die den wirklichen Zustand verrieten. Darüber wurde in einem wesentlich umfangreicheren Experiment berichtet (Erickson 1944).

Als Folge ging der Autor zahlreiche experimentelle Vorhaben an, um simuliertes hypnotisches Verhalten sowohl von unerfahrenen als auch von erfahrenen Versuchspersonen zu erhalten. Die erzielten Ergebnisse waren immer gleich. Die unerfahrenen und nicht gewitzten Versuchspersonen wußten schlicht nicht, was sie tun sollten, konnten aber leicht lernen, in Trance zu gehen, indem man ihnen sagte, wie sie Hypnose simulieren konnten. Daraus ergab sich eine Technik, die ich häufig verwendet habe, besonders bei Versuchspersonen mit Widerstand und bei Patienten, die den hypnotischen Zustand fürchteten. Lange Erfahrung lehrte mich, daß dies eine leicht und rasch einsetzbare Technik ist, vor allem bei Patienten, die auf hypnotische Psychotherapie reagieren, ansonsten aber Widerstand zeigen.

Während der Diskussionen zur Simulation hypnotischen Verhaltens, die während der planmäßigen und außerplanmäßigen Seminarveranstaltungen stattfanden, gab es auch andere Begebenheiten, über die nach meiner Kenntnis in der Literatur nicht berichtet worden ist. Ein solches Ereignis, von dem ich erst später erfahren habe, betraf einen graduierten Psychologen, der von einigen Biologie- und Philosophieprofessoren gebeten worden war, eine private Vorlesung mit Demonstration zur Hypnose abzuhalten. Dieser Psychologe war kein Mitglied der Seminargruppe gewesen, aber er hatte einige Male gesehen, wie ich Hypnose demonstrierte. Dementsprechend hatte er mit einer erfahrenen hypnotischen Versuchsperson die Vereinbarung getroffen, daß sie für diese abendliche Veranstaltung zur Verfügung stehen werde.

Wie mir berichtet wurde, trug sich eine verblüffende Folge von Ereignissen zu. Etwa eine Stunde vor Beginn der Vorlesung und Demonstration erfuhr der Psychologe, daß seine erfahrene Versuchsperson nicht erscheinen werde, und er wußte nicht, wen er sonst hätte anrufen sollen. Er hatte das Gefühl, daß er selbst zu wenig über Hypnose wisse, als daß er einen Neuling hypnotisieren könne, und es bekümmerte ihn über die Maßen, daß er dieses sehr spezielle Publikum enttäuschen sollte, wenn es ihm nicht gelänge, dessen Wünschen zu entsprechen. Als er diesen, für ihn so katastrophalen Stand der Dinge mit seiner Frau besprach, ergab sich irgendwie die Frage, ob man nicht jemanden so tun lassen könne, als sei er hypnotisiert. Der junge Psychologe wies diesen Gedanken sehr heftig als „wissenschaftliche Unehrlichkeit“ zurück, aber er fühlte sich immer mehr in der Zwickmühle. Schließlich entschloß er sich doch zu dieser Täuschung seines Publikums, weil er begriff, daß die ehrliche Erörterung der Hypnose nicht dadurch entwertet werde, daß die Versuchsperson vorgebe, hypnotisiert zu sein. Die einzig verfügbare Versuchsperson war seine Ehefrau, und der Psychologe beschrieb ihr in aller Eile das hypnotische Phänomen, das sie vorgeblich entwickeln sollte. Er hatte Angst, daß sein eigener Mangel an Erfahrung es ihm unmöglich machen werde, das hypnotische Verhalten angemessen zu beschreiben, das seine Frau scheinbar zeigen sollte. Und weiter war er sehr bekümmert, daß er seine Ehefrau zum „Helfershelfer“ seiner „wissenschaftlichen Unehrlichkeit“ machen werde. Seine Frau, die nie Hypnose gesehen hatte und auch niemals hypnotisiert worden war, versicherte ihm, sie werde ihr Bestes geben, um ihn in die Lage zu versetzen, eine zufriedenstellende Vorlesung und Demonstration abzuhalten.

Im Verlauf dieses ziemlich langen Abends war er recht verwundert und entzückt vom schauspielerischen Talent seiner Frau, aber er hatte fortwährend Angst, die verschiedenen Phänomene nicht exakt beschrieben zu haben, und daß ihr daher ein Fehler unterlaufen werde. Am Ende der Vorlesung, als der letzte Professor gegangen war, setzte er sich hin, trocknete sein schweißnasses Gesicht mit seinem Taschentuch und sprach von seiner Erleichterung, daß „er das Ganze hinter sich hatte“. Er machte dann, halb zu sich selbst und halb zu seiner Frau, ein paar Bemerkungen, wie wenig ratsam es sei, „wissenschaftlich unehrlich“ zu sein, welchem Zweck auch immer das dienen möge.

Da seine Frau nichts dazu sagte, sah er sie an und begriff allmählich, daß sie immer noch in somnambuler Trance war, denn er hatte übersehen, sie aufzuwecken. Das versetzte ihn eher in Schrecken und veranlaßte ihn, den hypnotischen Zustand seiner Frau sorgsam auszutesten; schließlich war er davon überzeugt, daß sie tatsächlich und fraglos in somnambuler, hypnotischer Trance war. Daraufhin bat er sie, gemäß der in meinen Demonstrationen beobachteten Vorgehensweise, aufzuwachen.

Er stellte fest, daß seine Frau für die Ereignisse des Abends eine vollständige Amnesie hatte, daß sie noch immer glaubte, es sei sieben Uhr abends, und sie warte auf das Eintreffen der Professoren. Er versuchte ihr zu erklären, daß sie in Trance gewesen sei, daß sie Hypnose demonstriert habe, ohne zu erkennen, daß sie tatsächlich in Trance war, und daß die Vorlesung und Demonstration bereits stattgefunden habe. Sie stritt es ab und konnte nur überzeugt werden, indem sie auf die Uhr an der Wand sah, dann auf ihre eigene Uhr, auf seine Uhr und auf den Wecker im Schlafzimmer (die Vorlesung hatte in seiner Wohnung stattgefunden).

Die Erzählung dieser Begebenheit, daß seine Frau nicht glauben konnte, was sie diesen Abend getan hatte, und ihre Verwirrung darüber, sich nicht bewußt zu sein, daß sie vor einer Gruppe von Professoren, die sie mit Ehrfurcht erfüllte, hypnotisches Verhalten demonstriert hatte, führte zu dem Schluß, daß das Simulieren hypnotischen Verhaltens nicht zuverlässig als objektiver Test hypnotischer Phänomene eingesetzt werden konnte.

Ein Seminarteilnehmer machte eine ähnliche, aber ausdrücklich geplante Erfahrung mit vergleichbaren Befunden: Mir, dem Autor, ist nicht bekannt, ob dieser Fall auch veröffentlicht worden ist, obgleich er ihm anderntags privat und später auch den anderen Seminarteilnehmern erzählt worden ist. Wie im ersten Beispiel auch war trotz der gemeinsamen bewußten Planung die Trance, die sich schließlich ergeben hatte, nicht erwartet worden.

Etwas anderes widerfuhr mir selbst etwa zur gleichen Zeit. Ich war eingeladen worden, vor einer Gruppe von Psychologiestudenten Hypnose zu demonstrieren und als Versuchspersonen Freiwillige aus dieser Gruppe einzusetzen. Drei Gruppenmitglieder hatten sich auf meine Kosten und die der Gruppe einen Scherz ausgedacht und mit einem Schauspielstudenten, der Hypnosedemonstrationen gesehen hatte, verabredet, mir etwas vorzumachen. Der Schauspielstudent war von den drei Studenten gebeten worden, sich als erster Freiwilliger zu melden und „so zu tun, als gehe er in Hypnose". Während der Demonstration würde einer von ihnen mich fragen, ob eine hypnotische Versuchsperson im Trancezustand wohl auf eine Suggestion reagieren könne und niesen werde. An dieser Stelle sollte diese Versuchsperson dem Publikum dann offenbaren, wie sie „die ganze Demonstration über so getan habe als ob" und mich damit in Verlegenheit bringen. Das ganze Vorhaben stützte sich auf den Umstand, daß der Schauspielstudent absichtlich niesen konnte und häufig Niesattacken entwickelt hatte, um in seinem Kurs nicht antworten zu müssen.

In aller Unschuld hatte ich die Versuchsperson angewiesen, immer dann zu niesen, wenn ich mit dem Bleistift auf den Tisch klopfe, und zwar solle er einmal, zweimal oder öfter niesen, je nach der Anzahl der Schläge. Die Versuchsperson reagierte so, wie ich es suggeriert hatte. Einer der drei Studenten rief die Versuchsperson beim Namen und bat sie, „es so zu machen wie geplant". Die Versuchsperson reagierte nicht auf diesen Studenten, der ärgerlich nach vorn kam und sie aufforderte: „Mach's gut für die fünf Dollar, die du bekommen hast!" Die Versuchsperson war offensichtlich in Trance und reagierte nicht, weil zu diesem Studenten kein Rapport bestand.

In der entstandenen Verwirrung gestand der Student verlegen die geheime Vereinbarung mit der Versuchsperson. Nach dieser Klarstellung wurde die Versuchsperson aufgeweckt, wobei ihr eine Amnesie für alles Trancegeschehen suggeriert wurde. Sogleich war offenkundig, daß die Versuchsperson spontan auf den Zeitpunkt rückorientiert war, da sie freiwillig vor dem Publikum Platz genommen hatte. Der Schauspielstudent wurde gefragt, ob er wirklich hypnotisiert werden wolle, oder ob er lieber „so tun wolle, als sei er hypnotisiert". Mit deutlichem Unbehagen fragte er nach dem Grund für „eine derart verquere Frage". Er erhielt zur Antwort, es seien ihm ja fünf Dollar bezahlt worden, damit er „Hypnose spielt" und das hernach eingesteht, wenn er zum Niesen aufgefordert worden sei. Nach einem ärgerlichen Blick zu seinem Mitverschwörer bemerkte er reumütig, es sei wohl offenbar beabsichtigt worden, *ihn* in Verlegenheit zu bringen und nicht mich, und er ging auf seinen Platz im Publikum zurück. Fragen aus dem Publikum an ihn offenbarten rasch seine Amnesie für das Trancegeschehen und für seine zeitliche Lücke.

Er wurde wieder hypnotisiert und gebeten, nach dem Aufwachen in langsamer zeitlicher Abfolge die Ereignisse seiner ersten Trance zu erinnern, die seines anschließenden Wachbewußtseins und dann die Erfahrung und die Suggestionen seiner zweiten Trance und dies alles der Zuhörerschaft zu berichten. Seine Schilderung war sowohl für mich als auch für das Publikum äußerst lehrreich.

Umfang der Forschung und der Untersuchungen: Wesen und Ausmaß sowie Material zur Veranschaulichung

Es sind mit unerfahrenen Versuchspersonen verschiedene Experimente durchgeführt worden, und immer wieder hat sich die Schlußfolgerung bestätigt, daß weder sie selbst noch der Versuchsleiter bei solchen Experimenten objektiv sein konnten. Die Versuche, Wesen und Eigenart hypnotischer Phänomene zu erforschen, werden also von einer Einschränkung auf solche Situationen abhängen, in denen nicht gelenktes, nicht suggeriertes und vollkommen spontanes Verhalten zutage tritt. Die nichthypnotisierten Versuchspersonen müssen dabei mit ebenso spontanem Wachverhalten reagieren können und in keiner Weise versuchen, solch spontanes Wachverhalten zu ändern oder zu verfälschen. Diese Erwägungen veranlaßten mich zu vielerlei experimentellen Bemühungen, um mögliche Situationen für verläßliche Experimente herauszufinden. Dabei wurde klar, daß „leichte Trance" oder „mittlere Trance" für derlei Untersuchungen nicht geeignet ist, denn beide Bewußtseinszustände lassen bis zu einem gewissen Grad die Möglichkeit gewöhnlichen Wachverhaltens offen. Folglich konnten nur somnambule Versuchspersonen geeignet sein, ihr persönliches, natürliches, spontanes und (seitens des Versuchsleiters) völlig ungesteuertes Verhalten zu zeigen. Derartiges somnambules Spontanverhalten konnte sich in Situationen ergeben, in denen hypnotische Versuchspersonen ahnungslos und unwissentlich ihren somnambulen Zustand zeigten und nichthypnotisierte Personen ihre persönlichen, gewöhnlichen, natürlichen und spontanen Verhaltensäußerungen im Sinne ihres Wachbewußtseins manifestierten. Der Versuchsleiter wird zum rein objektiven Beobachter des Verhaltens der somnambulen hypnotischen Versuchspersonen, und das gezeigte Verhalten bezieht sich auf eine Realität, auf welche beide Typen von Versuchspersonen reagieren können, ohne daß sie gesteuert oder beeinflußt würden. Mit anderen Worten: beiden Typen von Versuchspersonen sollte also lediglich eine einfache, gewöhnliche Aufgabe gestellt werden, die eine ebensolche Lösung erfordert.

Die verschiedenen, oben wiedergegebenen Befunde ließen beizeiten erkennen, daß in der Entwicklung des vorgeschlagenen Experiments nicht so verfahren werden sollte, daß man es als Methode einsetzt, das Vorhandensein eines tatsächlichen oder vorgetäuschten hypnotischen Zustands zu entdecken. Das Experiment sollte vielmehr so aufgebaut sein, daß es ausschließlich der Feststellung von Wahrnehmungsunterschieden bei Versuchspersonen im gewöhnlichen bewußten Wachzustand und solchen im somnambulen hypnotischen Zustand zu dienen vermag.

Die Maßnahme zum Erkennen von somnambulem, hypnotischem Verhalten bestand in einer systematischen Gruppeneinschätzung der verschiedenen Verhaltensweisen, die sich wahrscheinlich bei den betreffenden Versuchspersonen einstellen würden, die allerdings von Versuchsperson zu Versuchsperson verschieden sein konnten. Dem erfahrenen Beobachter sollten sie – auch in ihrer unterschiedlichen individuellen Ausprägung – schon eindeutig auffallen. Als Kriterien galten:

- Pupillenerweiterung oder veränderte Augenmotorik;
- Veränderungen im Muskeltonus oder veränderte Muster der Körperbewegung mit einer eigentümlichen Sparsamkeit in den Bewegungen;
- wortwörtliche Reaktion auf verbale Stimuli; die Fähigkeit, ohne Anstrengung auszuharren, ohne anscheinend zu merken, wie die Zeit vergeht, wenn mitten im Ablauf lange pausiert wurde;
- Fehlen normaler Schreckreaktionen;
- Fehlen von Anpassungsreaktionen auf Reize, wie zum Beispiel das Ausbleiben der Drehung des Kopfes in Richtung des Sprechenden;
- Unaufmerksamkeit gegenüber ablenkenden visuellen Reizen und fehlende Reaktionen auf vielerlei physikalische Reize.
- ein offensichtliches Unvermögen, externale Stimuli aus der unmittelbaren Situation wahrzunehmen und das häufige spontane Auftreten von Fehleinschätzungen der umgebenden Wirklichkeit, die als Teil der realen Vergangenheit der einzelnen Versuchsperson gesehen oder erlebt wird, wobei häufig seltsame Einschränkungen oder Veränderungen in der tatsächlichen Realitätswahrnehmung eintreten.

Die Seminargruppe kam überein, daß sich somnambule hypnotische Trance mit diesen Kriterien vernünftig beschreiben lasse, daß aber jede einzelne Versuchsperson in deren individueller Ausprägung Abweichungen zeigen könne. Dies entspricht meinen eigenen Erfahrungen seit meiner Arbeit in jenem Seminar der Jahre 1923/1924.

Nach ausführlichem Studium und nochmaligem Überdenken der Episoden mit dem Obstessen anläßlich der zuvor berichteten Untersuchung (Erickson 1964b), wurde schließlich der Entschluß gefaßt, zu versuchen, zwischen Wachzustand und hypnotischem Bewußtseinszustand durch einen Typ von Verhalten zu unterscheiden, der sich natürlich und leicht in jedem der beiden Bewußtseinszustände einstellen konnte. Die Überlegungen gingen dahin, daß dergleichen Verhalten in keiner Weise vom Bewußtseinszustand abhängig sein dürfe. Auch sollte es im Ablauf durchaus nicht einzuschränken sein durch den jeweiligen Bewußtseinszustand der Versuchsperson; ferner sollte es im Trancezustand ebenso leicht hervorzurufen sein wie im Wachzustand, muß aber dennoch für jeden einzelnen Bewußtseinszustand charakteristisch sein, für dessen Wesen, Grenzen, Merkmale und für weitere Kennzeichen, die bis jetzt noch nicht zutage getreten sind.

Als man anfing, diese Problematik abzugewägen, machte man sich Gedanken um die sensorischen Veränderungen, um die ideosensorische

Aktivität, um die Veränderung der Erinnerung und um die Steigerung der gewöhnlichen neurophysiologischen Verhaltens- und Reaktionsweise. Indessen kamen uns ständig diejenigen Versuchspersonen in den Sinn, die auf irgendeiner Bewußtseinsebene wissen, worum es geht, und sich gefällig verhalten, und so verwarfen wir derart naive und unwissenschaftliche Ansätze. Es ging also um die Frage, ob eine Antwort zu erzielen sei, ohne daß die Versuchspersonen Bescheid wissen oder sich auf irgendeiner Ebene ihres Begreifens absichtlich oder wissentlich einmischen können. *Mit anderen Worten, die Unterscheidung zwischen Wachzustand und hypnotischem Zustand müßte aufgrund von Eigenschaften oder Merkmalen der Durchführung getroffen werden können, die der Aufgabe innewohnen, den Versuchspersonen aber in keiner Weise verdeutlicht werden, sondern völlig von der Art des Bewußtseins der jeweiligen Versuchsperson abhängen, sei das nun ein Wach- oder ein hypnotischer Zustand.* So würde sich dann keine Entwertung der experimentellen Befunde ergeben, die so eng mit dem bewußten Bemühen verknüpft sind, Versuchspersonen zu veranlassen, Verhalten als Mittel zur Unterscheidung vorzutäuschen, wie dies so oft praktiziert worden ist (vgl. die zahlreichen Untersuchungen in der Literatur zum Thema „Simulation von Verhalten").

Man ging davon aus, daß für eine so geartete Untersuchung keine klar erkennbare experimentelle Vorgehensweise erforderlich sei, daß man unbestimmt viel Zeit und eine Menge Versuchspersonen benötigte sowie eine große Vielfalt experimenteller Situationen und ein konkretes experimentelles Verfahren. Dieses sollte der ziemlich nebensächliche Teil einer anderen formellen oder vielleicht auch informellen Situation oder einer experimentellen Studie sein. Es wurde auch klar, daß es wesentlich sei, eine Art kontrollierter experimenteller Vorgehensweise auszuarbeiten, innerhalb welcher es möglich sein sollte, Aufgaben durchzuführen und dabei das Risiko so gering wie möglich zu halten, daß Versuchspersonen sich klar werden über die Untersuchung. Diesem Umstand und auch anderen möglicherweise auftauchenden Folgen wurden außerordentlich viele Gedanken gewidmet. Beinahe von Anfang an wurde erkannt, daß die Aufgabe langwierige Studien und Experimente erfordern werde sowie eine breite Erfahrung, die sich möglicherweise über Jahre erstrecken sollte, ehe man sich anschicken würde, eine klar umrissene Studie durchzuführen. Dies könnte ohnehin nur auf der Basis fortgesetzten Wissenserwerbs auf dem Gebiet der Hypnose geschehen.

Während der gesamten Studienzeit an der medizinischen Fakultät, während des Medizinalpraktikums und der ersten Jahre der psychiatrischen Praxis begleitete mich die faszinierende Frage, wie man experimentell zwischen hypnotischem Bewußtseinszustand und Wachbewußtsein unterscheiden könne. Im klinischen Bereich war ich mir sicher, daß ich keine großen Schwierigkeiten hatte, die beiden Bewußtseinszustände zu unterscheiden. Es war aber eine äußerst schwer zu beantwortende Frage, wie eine solche Unterscheidung objektiv zu treffen sei, wenn man sich nicht bewußt war, was die Versuchspersonen gemacht haben. Es wurde mit unzähligen Projekten begonnen, die aber wieder als ungeeignet für klare Befunde aufgeben wurden.

Es zeigte sich, daß eine Vielzahl einzelner Erfahrungen das geplante Experiment beeinflußen konnten, wenn Versuchspersonen im somnambulen Zustand in die beabsichtigte hypnotische Situation Momente einbrachten, die dem Hypnotiseur fremd waren, aber entweder zum Erfahrungshintergrund der betreffenden Versuchsperson gehörten oder ihrem Verständnis und ihrer Auffassung der Ereignisse entsprachen.

Seit den ersten Überlegungen zu dem Experiment stieß ich bei Lehrveranstaltungen für Universitätsstudenten, für Personal aus dem medizinischen, dem sozialen und dem Pflegebereich, aus der Zahnmedizin und für psychologische Gruppen auf ein bestimmtes wichtiges Phänomen, auf das sich diese experimentelle Studie gründete. Dessen Tragweite allerdings war seinerzeit bei der Formulierung des Experiments noch nicht richtig einzuschätzen, sondern wurde erst nach den ersten zwölf Durchgängen der Studie klar. Dieser Befund wird zuerst berichtet, danach wird detailliert ein derartiges Einzelphänomen dargestellt.

Bei Hypnosedemonstrationen vor Fachleuten sind häufig unerfahrene Versuchspersonen eingesetzt worden, wobei beabsichtigt war, die Induktionstechnik sowie verschiedene Phänomene tiefer Trance anschaulich darzustellen. Wenn der Autor – um negative visuelle Halluzinationen zu demonstrieren – diese unerfahrenen Versuchspersonen mit einer Geste in Richtung des Publikums fragte: „Was sehen Sie hier?“, dann konnte die Antwort lauten: „Ihre Hand.“ – „Ich meine, hinter meiner Hand.“ – „Oh, ein Teil des Rings an Ihrem Finger ist hinter Ihrer Hand.“ – „Ich meine, noch weiter dahinter.“ – „ Nichts.“ Es wurde ihnen suggeriert, daß sie das Rednerpodium sehen sollten, auf welchem sie saßen, und sie wurden dann gefragt, was sie jenseits des Podiums sahen. In mehreren hundert Beispielen kam die Antwort, sie sähen nichts, sie „hörten dort auf zu sehen“, wo das Podium endet. Wurden sie angewiesen, das Publikum zu sehen, dann taten sie das, und die einfache Frage, was denn hinter dem Publikum sei, erbrachte die Antwort „Nichts“. Wurden sie gefragt, warum sie jenseits des Publikums nichts sehen, so erklärten sie, sie hätten zum Publikum geblickt, aber „aufgehört weiterzusehen“. Dann war es möglich, sie zu bitten, die Personen zu sehen, die hinter den Zuhörern standen. Sie taten das auch, aber in Hunderten von Fällen „hörten sie auf zu sehen“, ehe sie die rückwärtige Wand des Hörsaales hinter den stehenden Personen sehen konnten, wobei der Autor dieses Verhalten aufgrund seiner Kenntnisse erwartet hatte. Was dieses „Anhalten“ des linearen Sehens bedeutet, ist schwer zu begreifen. Allerdings haben unerfahrene Versuchspersonen, darunter Achtklässler, promovierte Ärzte, Zahnärzte und Psychologen, die bemerkenswerte Erklärung gegeben, daß sie – ausgehend von einer Tranceinduktion, die zu somnambuler Trance bei geöffneten Augen führte – eine klare, lineare Einschränkung ihres Sehvermögens erfahren haben.

Es folgt der fast wörtliche Bericht über eine derartige, völlig unerwartete Begebenheit. (Die beantworteten und unbeantworteten Fragen und Bemerkungen aus dem Publikum wurden ausgespart.)

Bei einer Vorlesung mit Demonstration für das Personal einer psychiatrischen Klinik diente eine graduierte Sozialarbeiterin aus der Psychiatrie als freiwillige Versuchsperson. Sie hatte noch nie eine Hypnosedemonstration gesehen und zuvor auch nicht daran gedacht, sich als Versuchsperson zur Verfügung zu stellen. Zur Induktion einer somnambulen Trance, die sich binnen einer halben Minute einstellte, wurde eine einfache, direkte Augenfixation und eine Levitation ihrer rechten Hand benutzt (Erickson 1964 c).

Sogleich wurden dann die folgenden Fragen gestellt und beantwortet:

„Nehmen Sie an, daß Sie hypnotisiert werden können?
Ich weiß nicht. Ich möchte es herausfinden.
Werden Sie es wissen, wenn Sie hypnotisiert sind?
Ich weiß es wirklich nicht.
Sind Sie nun gerade hypnotisiert?
O nein, ich habe mich ja gerade erst freiwillig gemeldet.
Warum?
Ich weiß es nicht, ich möchte bloß wissen, wie es ist.
Wie Sie sehen können, sitzen Sie unmittelbar zu meiner Linken und haben mir das Gesicht zugewandt. Sitzt jemand zu meiner Rechten? (Unmittelbar rechts neben mir saß eine Krankenschwester und wandte uns beiden ihr Gesicht zu.)
Ich weiß nicht.

Warum?

Ich habe nicht so weit geschaut.

Können Sie meinen rechten Arm sehen? (Er ruhte auf der Armlehne des Stuhls, auf dem die Krankenschwester saß.)

Ja.

Sehen Sie sonst noch etwas?

Nein.

Warum nicht?

Ich habe nicht weiter geschaut.

Ist da irgendetwas zu sehen, wenn Sie weiter schauen?

Ich weiß es nicht, ich habe nicht geschaut.

Lassen Sie sich die Fragen nochmals durch den Kopf gehen, die ich Ihnen gestellt habe, sowie die Antworten, die Sie mir gegeben haben, und sagen Sie mir, was Sie über diese Fragen und Antworten denken.

(Nach einer Pause) Ich weiß, daß ich nicht in Trance bin, weil ich mich nicht hineinversetzt habe. Sie stellen komische Fragen, und meine Antworten sind genauso merkwürdig. Ich verstehe wirklich nicht.

Warum ist Ihre Hand nach oben, in die Luft gegangen?

Weshalb (sie bemerkt es) und was macht sie da? Sie bleibt einfach da.

Haben Sie sie da hingetan?

Ich lasse sie nicht da, sie bleibt einfach da.

Verstehen Sie diese Antwort?

(Lachend) Nein, tu ich nicht. Ich verstehe die ganze Unterhaltung nicht, und ich weiß nicht, was mit meiner Hand und mit meinem Arm los ist.

Ach so, er ist einfach da, stimmt's?

Ja, aber warum?

Sind Sie in Trance?

Nein. Werden Sie mich in Trance versetzen?

Ehe ich diese Frage beantworte, darf ich selbst ein paar Fragen stellen und Ihre Antworten notieren?

Ja.

Wie heißen Sie? Ihr Vorname?

Lucy.

Wo sind Sie?

Hier.

Wo ist das, „hier"?

Genau zu Ihrer Linken und ein bißchen vor Ihnen.

Aber ansonsten, wo befinden Sie sich?

Hier auf dem Stuhl.

Wem gehört der Stuhl?

(Sie blickte den Stuhl neugierig an) Ich weiß nicht.

Wo befindet sich der Stuhl sonst noch, außer „hier“?

Na ja, ich sitze auf dem Stuhl und der Stuhl steht auf dem Fußboden.

Welcher Fußboden ist das?

Ich weiß es nicht.

Erkennen Sie ihn nicht?

Nein, ich sehe nur den Boden, auf dem der Stuhl steht.

Sie sagen, Sie seien nicht hypnotisiert, und Sie geben Antworten wie die eben, und Ihr Arm bleibt in der Luft – was bedeutet das alles

Na ja, hypnotisiert bin ich nicht.

Na fein, im gewöhnlichen, wachen, nichthypnotisierten Zustand antwortet eine Person, die gefragt wird: ‚Wo sind Sie?‘ mit einer Auskunft. Daher frage ich Sie jetzt: ‚Wo sind Sie?‘

I-i-ich weiß nicht.

Können Sie sich umschauen? Was sehen Sie?

Ich sehe Sie, den Stuhl, auf dem ich sitze, und den Fußboden, auf dem der Stuhl steht.

Sehen Sie sonst noch etwas?

Nein, ich kann nur so weit schauen. Wollen Sie, daß ich noch weiter schaue?

Können Sie weiter sehen?

Nein, ich sehe genau so weit.

Würden Sie sagen, daß Ihr Verhalten dem von jemandem entspricht, der nicht hypnotisiert ist?

Na ja, es ist ein sehr komisches Verhalten, wenn ich mir's überlege, aber ich weiß, daß Sie mich nicht hypnotisiert haben.

Was ist das mit Ihrem ‚genau so weit sehen‘?

Nun, ich schaue Sie an und mein Sehvermögen endet hier. Ich kann das nicht erklären. Es ist noch nie so stehengeblieben.

Was sehen Sie neben mir oder hinter mir, und was denken Sie von Ihrer Antwort?

Ich sehe nichts neben oder hinter Ihnen, denn ich sehe nicht so weit, und ich meine, das ist eine seltsame Antwort. Ich verstehe sie nicht.

Gibt es noch etwas, das Sie nicht verstehen?

Ja.

Fangen Sie an und erzählen Sie mir, was nicht zu verstehen ist.

Nun, meine Hand. Warum bleibt sie da oben, ohne sich zu rühren? Ich weiß, daß das meine Hand ist, aber ich verstehe nicht, warum sie nicht wie meine Hand wirkt. Irgendwie ist sie anders.

Noch etwas?

Na ja, das mit Ihnen. Ich weiß, daß Sie Arzt sind, und ich kenne Ihren Nachnamen, aber ich weiß nicht, warum Sie mit mir sprechen oder was wir gerade tun, nicht einmal, wo wir sind.

Was meinen Sie?

Na ja, wenn zwei Leute beisammen sind, dann müssen sie üblicherweise irgendwo sein, und Sie sitzen hier, und ich muß mich sehr anstrengen, daß ich den Stuhl sehe, auf dem Sie sitzen. Und ich sitze hier auf meinem Stuhl, und so weit kann ich sehen, und darumherum ist nichts – ganz und gar nichts – wie in einer Science-fiction-Szene, einfach nur Sie und ich und zwei Stühle und ein bißchen Holzfußboden – ach ja, da ist auch etwas Fußboden unter Ihrem Stuhl – einfach wir beide und der leere Raum. Hier ist etwas schrecklich anders, und ich verstehe es nicht. Ich fühle mich wohl. Ich bin nicht beunruhigt oder in Sorge. Wenn ich zu Ihnen hinschaue, dann sehe ich Sie, aber weiter sehe ich nicht. Es ist sehr sonderbar. Und doch habe ich das angenehme Gefühl, daß Sie alles erklären können.

Sind Sie hypnotisiert?

Ich weiß wirklich nicht, was dieses Wort bedeutet. Es hat etwas mit dem mentalen Zustand zu tun, und wenn ich daran denke, wie meine Hand sich verhält, die Art, wie mein Sehen einfach stehenbleibt, dann mit Ihnen hier allein zu sein, im leeren Raum und ohne Drumherum, und mich dennoch wohlzufühlen, dann müßte ich mir wohl zusammenreimen, daß ich hypnotisiert bin. Bin ich's?

Ja, Sie sind es, und wie geht es Ihnen damit?

Nun, es ist ein hübsches Gefühl, aber auch seltsam. Ich kann meine Augen oder meine Hände einfach nicht verstehen. Meine Augen sehen Sie, aber mehr sehe ich überhaupt nicht, und das ist meine Hand, aber ich habe nicht das Gefühl, daß das meine Hand ist.

Würden Sie gern alle Begleitumstände kennenlernen, die erklären, warum wir, Sie und ich, hier sind?

Ja, sehr gern.

Nun gut, bleiben Sie in Trance, seien Sie ansprechbar und sich der unmittelbaren Vergangenheit und der aktuellen Gegenwart bewußt.

Ach du meine Güte! Das ganze Personal ist da – jetzt erinnere ich mich. Ich bin ja in Trance, aber wie haben Sie mich überhaupt hypnotisiert? Ich kann meine Hand immer noch nicht rühren. Sie haben etwas mit meiner Hand gemacht, und alles hat sich verändert. Alles außer Ihnen verschwand. Wie ist das möglich? Es muß doch jemand geredet haben, aber ich habe keinerlei Geräusch gehört außer Ihrer Stimme. Hat jemand geredet, denn es müssen ja alle hiergeblieben sein? Sie können in Wirklichkeit ja nicht verschwunden sein, sie haben es aber getan, sogar die Wände, einfach alles. Kann ich das bitte noch mal wiederholen?

Ja, wenn Sie beobachten, wie die Hand, die oben ist, sich langsam senkt und die andere Hand hinaufgeht auf die entspechende Höhe, dann geschieht es wieder.

Sie beobachtete ihre Hände, und als die eine Hand sich gesenkt hatte und die andere ganz nach oben gegangen war, sah sie verwirrt auf und erwartete offensichtlich eine Bemerkung. Folglich fragte ich sie:

Meinen Sie, daß Sie hypnotisiert werden können?

Ich weiß es nicht, ich möchte es herausfinden."

Daraufhin wurden verschiedene Einzelheiten des vorausgegangenen Vorgehens wiederholt, und das Ergebnis war das gleiche.

Der für diesen Vorlesungszyklus zuständige Psychiater wurde unter vier Augen gebeten, er möge das Band, das bei dieser Veranstaltung mitgelaufen war, für diejenigen freigeben, die anwesend waren und es in ihrer Freizeit besprechen wollen, was aber weder in seinem, noch in meinem Beisein geschehen sollte. Es wurde so verfahren, und die Sozialarbeiterin war vollkommen überrascht, als sie ihre Stimme vernahm, und wie sie auf die Fragen des Autors reagierte. Sie war höchst erstaunt über ihre Antworten und konnte deren Bedeutung nicht begreifen. Sie hatte auch keinerlei bewußte Erinnerung an das Erlebnis. Ebenso verwundert war sie, als sie auf dem Band entdeckte, daß sie am Ende dieser Begebenheit keine umfassende Erinnerung daran hatte, hypnotisiert worden zu sein. Auch war sie verblüfft, daß sie auch im Zustand bewußter Wahrnehmung noch immer keine bewußte Erinnerung an dieses Erlebnis hatte.

Bei dieser Diskussion wurde keine Tonbandaufzeichnung gemacht, aber dem Autor wurde versichert, daß die Frau vielen Testfragen unterzogen worden sei und man eine Menge Theorien aufgestellt habe. Am Morgen des vorletzten Tages vor Kursende fragte der Autor die Sozialarbeiterin, wie es ihr dabei ergangen sei, als sie das Band anhörte und erfuhr, daß sie hypnotisiert worden war. Es folgt ihr zusammengefaßter Kommentar:

„Hauptsächlich kann ich sagen, daß ich offenbar anderen Stimuli außer denen, die von Ihnen kamen, keinerlei Bedeutung beimaß. Ich weiß ganz einfach nicht, wie man sein Sehen und Hören an-

> halten kann, und es nimmt mich wunder, daß ich aus meiner eigenen Erfahrung immer noch nicht weiß, daß ich hypnotisiert worden bin und in Trance mit Ihnen geredet habe. Ich erinnere mich auch nicht, daß mir in Trance im Gedächtnis gewesen wäre, hypnotisiert zu sein und mit Ihnen geredet zu haben. Offenbar schloß ich jegliche bedeutsamen Wahrnehmungserlebnisse aus, bis auf diejenigen, die auf dem Band zu hören sind. Daraus ging auch hervor, daß nicht nur wir, Sie und ich, redeten, sondern es haben auch andere gesprochen und Fragen gestellt. Aber ich habe noch immer keine Erinnerung an das Erlebte."

Ich fragte sie, ob sie bemerkt habe, daß die gegenwärtige Unterhaltung aufgezeichnet werde. Sie meinte, jeder sei sich dessen bewußt, daß alle Sitzungen aufgezeichnet würden. Ich fragte sie, ob sie sich gern hypnotisieren lassen wolle, und sie versicherte, daß sie das ganz gewiß gern hätte. Sie kam sofort auf das Podium und setzte sich auf einen Stuhl neben mich. Als ich sie fragte, ob sie bequem sitze, berührte ich sachte ihr Handgelenk und „hob" ihre Hand an, wie ich es einige Tage zuvor auch getan hatte. Es war einem jeden klar, daß sie wiederum augenblicklich eine somnambule Trance entwickelt hatte. Die gleichen, oben zitierten Fragen wurden ihr wieder gestellt, und sie gab die gleichen Antworten. Schließlich wurde ihr suggeriert, daß sie in Trance bleiben solle, sich aber dessen bewußt werde, in Trance zu sein. Und wieder wurde sie in der gleichen Weise befragt, wie an jenem Tag. Daraufhin erhielt sie die Suggestion, sie möge das vorausgegangene Erlebnis in vollem Umfang erinnern. Sie war höchst erstaunt zu entdecken, daß sie ihr einige Tage zurückliegendes Verhalten wiederholte. Sie verglich es mit ihrer gegenwärtigen Art, in Trance zu gehen. Sie wußte nicht, wie sie in Trance ging, und konnte auch jetzt noch keine befriedigende Erklärung dafür abgeben, warum und wie sie „so weit schauen konnte, aber nicht weiter". Sie erhielt die Suggestion, daß sie sich vielleicht dafür interessiere, sich ihrer bewußten Erfahrung zu erinnern, während sie sich die Tonbandaufzeichnung anhörte, und dann könne sie kommentieren, was sie beim Zuhören empfand. Sie erklärte, daß sie es zunächst schwierig fand, zu glauben, daß das ihre Stimme auf dem Tonband war. Bei diesem einzelnen bewußten Erlebnis konnte sie den Ablauf der Ereignisse nicht begreifen. Sie sagte, sie habe sich gewaltig angestrengt, das gesamte Erlebnis wieder bewußt erstehen zu lassen, es sei ihr jedoch mißlungen. Sie stimmte zu, daß sie auf irgendeine ihr selbst unbekannte Art den Empfang oder die Wahrnehmung von Stimuli, die sie zweifellos erhalten haben müsse, unterbrochen habe, und sie habe ihre Aufnahmefähigkeit und ihr Erinnerungsvermögen völlig eingeengt auf ihre und meine unmittelbare Situation. Sie wurde dann sanft und mit vollständiger Amnesie geweckt; dazu gehörte auch, wie sie heraufgekommen und vor die Zuhörer getreten war und wie sie danach wieder zu ihrem Platz zurückkehrte. Zu einem späteren Zeitpunkt desselben Tages wurde die neue Aufnahme abgespielt. Sie war äußerst verblüfft darüber und stellte laut Vergleiche mit ihren bewußten Erinnerungen an die vorhergehende Aufzeichnung an, die sie mit ihren Kollegen besprochen hatte. Wiederum war sie verwundert, als sie realisierte, daß sie an keines der beiden Erlebnisse eine bewußte Erinnerung hatte. Und sie gab die gleiche nichtssagende Erklärung, daß sie merkwürdigerweise nicht auf das reagiert habe, was aus dem Publikum kam und auf dem Band zu hören war, und daß sie noch immer nicht verstehen könne, wie sie ihr Hörvermögen und ihre Wahrnehmungsfähigkeit für visuelle Reize derart einengen konnte, daß sie nichts weiter sah und die Gespräche aus dem Publikum nicht aufnahm. Am frühen Abend hörte sie sich mit ihren Kollegen beide Aufnahmen an, und sie merkte, daß ihr immer noch jede bewußte Erinnerung und Einsicht in die beiden Erlebnisse fehlte.

Am nächsten Morgen, zu Beginn des Tagesprogramms, wurde die Frau gefragt, ob sie gern als freiwillige Versuchsperson für Hypnose zur Verfügung stehen wolle. Sie antwortete: „Das würde ich gewiß gern, aber wäre es für mich möglich zu wissen, daß ich hypnotisiert bin?“ Das wurde ihr zugesichert. Als sie erwartungsvoll auf dem Stuhl saß, wurde sie sich langsam der Veränderungen bewußt, die mit ihr geschahen. Als erstes bemerkte sie: „Ich sehe immer noch jeden einzelnen im Publikum, aber die Wände sind verschwunden, und es wird allmählich immer ruhiger. Das Publikum wird kleiner. Ich weiß nicht, wie ich das mache, aber ganz langsam verschwindet alles außer Ihnen und mir, außer Ihrer Stimme und meiner Stimme. Nun sitzen wir hier auf diesen Stühlen, diesen Stühlen, die auf dem Fußboden stehen ... wir sind ganz allein. Irgendwie weiß ich, daß das nicht wirklich so ist, aber so erlebe ich das alles. Da ist meine Hand in der Luft. Ich weiß, es ist meine Hand, aber ich halte sie nicht da oben, ich lasse sie einfach dort sein. Es ist so, wie wenn man in einem sehr realen Traum ist – beim Schwimmen, in Gesellschaft, beim Autofahren, Schlittschuhlaufen, Skifahren und das alles genießt – und weiß, daß man im Bett liegt und tief schläft. Das ist die beste Erklärung, die ich geben kann.“

Ihr wurde gesagt, nach dem Aufwachen könne sie alle drei Erlebnisse erinnern, so daß sie den Ereignissen der beiden ersten Aufnahmen und der gegenwärtigen folgen und sie *als ihre eigenen Erfahrungen* wiedererkennen könne, die für sie abgespielt werden; sie werde sich an das jetzige Erlebnis vollständig erinnern, den weiteren Äußerungen neugierig zuhören und diese voraussehen können, während das Band abgespielt wird.

Sie wurde aufgeweckt, hatte eine vollständig bewußte Erinnerung an alle drei Erlebnisse und drückte ihre brennende Neugier aus, die gegenwärtige Aufzeichnung anzuhören. Später berichtete sie, wie sie beim Anhören der beiden ersten Bänder bei jeder Einzelheit plötzlich empfand, das sei ihre persönliche Erfahrung, und so verhielt es sich auch bei der dritten Episode.

Dies ist nur eines von zahlreichen dokumentierten Experimenten. Es wurde ausgewählt, weil die Versuchsperson hochintelligent war, über psychiatrisches Wissen verfügte und weil sie von ihren Kollegen so sehr bedrängt wurde, ihre Amnesien aufzugeben.

Definition und Erläuterung der zu untersuchenden Problematik

Schließlich stellte sich heraus, daß es grundsätzlich um die faszinierende Frage ging: *Was bedeutet die Realität innerhalb und außerhalb des hypnotischen Zustands, das heißt, ist die Auffassung, Wahrnehmung und Empfindung der sie umgebenden Wirklichkeit für hypnotisierte Menschen die gleiche wie für Menschen, die nicht im Trancezustand sind?* Hull betonte mit Nachdruck und Leidenschaft, daß eine somnambule hypnotische Versuchsperson, der man sagte, sie solle beispielsweise die Person *A* (die tatsächlich anwesend war) ansehen, diese Person *A* exakt in der gleichen Weise wahrnahm wie im gewöhnlichen Wachzustand. Der Autor widersprach Hull aus Gründen, die er seinerzeit noch nicht klar formuliert hatte, die aber mit den unterschiedlichen Einstellungen und Verhaltensweisen hypnotisierter Versuchspersonen im Trancezustand zu tun hatten. Er stand aber vor einem Rätsel, wie es zu der unterschiedlichen Wahrnehmung ein und derselben Person je nach dem Bewußtseinszustand kam. Der Autor betrachtete den Trancezustand als beeinflußt von dem, was man als „Rapport" bezeichnet, ferner gekennzeichnet durch rigide Verhaltensweisen, wie sie sich aus der Katalepsie ergeben oder aus Veränderungen des äußeren Verhaltens und durch die Loslösung von der Wirklichkeit, durch Dissoziation und ideomotorische sowie ideosensorische Erscheinungen, die wichtige, aber nicht immer und durchgehend vorhandene Kennzeichen des somnambulen

Zustands sind. Bezeichnend für den Trancezustand ist auch das offensichtlich fehlende Bewußtsein der Versuchsperson für Bestandteile der Realität sowie für Reize, die ihrer Trance oder dem Inkrafttreten eines anderen geistigen Bezugsrahmens nicht dienlich sind. Vielleicht läßt sich das am besten vergleichen mit dem Fortbestehen visueller Illusionen im Wachzustand, beispielsweise bei jener bekannten Abbildung, die konstant nur als Vase gesehen wird, während die Profile der Gesichter nicht erkannt werden, die durch die beiden seitlichen Umrißlinien gegeben sind. Ein anderes Beispiel, dessen der Autor sich viele Jahre hindurch in der Psychotherapie bedient hat: Es wird lediglich die Zahl *7IO* auf ein Blatt Papier geschrieben, und der Patient wird aufgefordert: „Lesen Sie, was ich hier aufgeschrieben habe, auf alle möglichen Arten." Es kann der zahlenorientierte Bezugsrahmen fortbestehen, indem die Ziffern in allen möglichen Kombinationen *gelesen* werden, selbst wenn das Blatt umgedreht wird. Bisweilen kann die Rigidität des numerischen Bezugsrahmens nicht aufgelöst werden, auch dann nicht, wenn das Wort *S-O-I-L* (Boden) in Druckbuchstaben darübergeschrieben wird und der „auf dem Kopf stehenden Zahl" *O-I-L* der Buchstabe B (boil - kochen) vorangestellt wird und dann das Wort *R-O-I-L* (trüben; stören) in Druckbuchstaben daruntergesetzt wird. Der Autor hat derart starre Bezugsrahmen vorgefunden, bei denen das untere und das obere Wort richtig erkannt worden sind, die gewöhnlich gut angepaßte Person das mittlere Wort aber auch weiterhin las als: „B, null, eins und eine auf dem Kopf stehende Sieben."

In Anbetracht aller aufgeführten Punkte hält der Autor es für wahrscheinlich (Erickson 1938), daß hypnotische Personen Objekte der Realität oder Reize, die nicht mit dem Trancezustand zusammenhängen, anders empfinden als im Wachzustand; ferner, daß das gleiche Phänomen auch für Stimuli jeder Art innerhalb der Trancesituation selbst gilt (Erickson 1943a), aufgrund der Leichtigkeit, mit der hypnotische Personen ihre Wahrnehmung von Objekten und Reizen verändern können, indem sie ihre Erinnerungsbilder auf der halluzinatorischen Ebene durch aktuelle Gegebenheiten ersetzen. Dieser Prozeß, entsprechende Erinnerungsbilder durch sensorische Stimuli im Trancezustand zu ersetzen, ist ein mögliches und auch häufig anzutreffendes Kennzeichen der Hypnose, gewiß aber kein Teil der üblichen Realitätswahrnehmung im Wachzustand, noch eine verbreitete Abweichung derselben. Indessen scheint es ein bemerkenswertes Kennzeichen zu sein, daß somnambule Personen, die beispielsweise leicht ein reales Objekt wahrnehmen, dieses in der Folge lebhaft und mit den entsprechenden physiologischen Konsequenzen halluzinieren können (Erickson 1943a). Hull bestand entschieden darauf, daß alle sensorischen Stimuli auch weiterhin von gleichbleibender Wirkung seien oder vom Grad der Aufmerksamkeit abhingen, daß sie aber unter Hypnose ausgeblendet würden; dies betreffe aber lediglich die an den Versuchsleiter gerichtete Mitteilung seitens der Versuchsperson, ändere aber nicht die tatsächliche Wahrnehmung des Realitätserlebens. In diesem Zusammenhang habe ich umfangreiche Arbeiten zu hypnotischer Taubheit und zu konditionierten Reaktionen auf einen akustischen Stimulus durchgeführt. Die Ergebnisse dieser Studie (Erickson 1933) ließen mich daran zweifeln, daß hypnotische Realität und Realität des Wachzustandes identisch seien. Die Erörterung dieses Sachverhalts führte zu einer beträchtlichen Entfremdung zwischen Hull und mir, da Hull meinen Standpunkt als unloyale Respektlosigkeit und absichtliche Mißachtung seiner eigenen Ansichten ansah. (Nicht zu vergessen, daß ich zum Zeitpunkt der ursprünglichen Diskussionen nur Student war, während Dr. Hull Professor war.)

Jedenfalls erhielt ich, der ich an meine privaten, in eigener Regie durchgeführten Untersuchungen zum hypnotischen Zustand dachte, als Folge dieser persönlichen (bisweilen auf beiden Seiten mit Erbitterung geführten) Diskussionen mit Dr. Hull den Beistand von Professor Joseph Jastrow, dem damaligen Leiter der psychologischen Abteilung, was meine Auffassung zur wissenschaftlich-experimentellen Vorgehensweise betraf. Weiter unterstützten mich Dr. William F. Lorenz, Professor für Psychiatrie und Dr. A. Loevenhart, Professor für Pharmakologie und begeisterter Experimentator, der äußerst unnachgiebig auf vollständig kontrolliertem wissenschaftlichem Vorgehen beharrte. Später boten mir Dr. William Blackwenn von der psychiatrischen Abteilung und Dr. Hans Rees, Professor für Neurologie, der im ersten Weltkrieg in der deutschen Armee ausgiebig Hypnose eingesetzt hatte, ihren Rat, ihre Ermutigung und praktische Anweisungen zur wissenschaftlichen Durchführung dieses Vorhabens. Alle diese Ratgeber erkannten die Notwendigkeit an, Konzepte zur Vorgehensweise mit äußerster Umsicht zu entwickeln. Sie betonten, wie wesentlich es sei, nicht mit unmittelbaren Kontrasten zu arbeiten, sondern die experimentellen Maßnahmen eher beiläufig in die gesamte hypnotische Arbeit einfließen zu lassen. Sie pflichteten mir mit allem Nachdruck bei, daß jegliche Verhaltensunterschiede im hypnotischen und im nichthypnotischen Zustand, sollten sie valide sein, natürlich und spontan zutage treten müssen und nicht als Reaktion auf direkte Intervention oder Suggestion. Sie konnten keine Vorschläge machen, wie das Problem zu lösen sei, aber sie erörterten die Problematik, der ich mich gegenübersah, ausführlich, und ihren Rat beherzigte ich all die Jahre hindurch. Folgende Fragen beschäftigten mich in meiner Forschungsarbeit ständig:

1. Nehmen hypnotische Personen in Trance ein reales Objekt in gleicher Weise wahr und fassen sie es ebenso auf wie im nichthypnotischen Zustand?
2. Ist es der Fall, daß hypnotische Personen in irgendeiner Weise reale Gegebenheiten aus der Umgebung, deren Bestandteil sie sind, „abstrahieren“, „extrahieren“, „aus dem Kontext entfernen“ oder anders „verstehen“, sofern diese realen Gegebenheiten nicht Teil der hypnotischen Situation sind?
3. Wird ein bestimmtes reales Objekt, das hypnotisierte Personen wahrnehmen, von diesen so aufgefaßt, empfunden oder verstanden, wie es deren Erfahrung im gewöhnlichen Wachzustand fremd ist bzw. von ihr abweicht?
4. Wie verändert sich dieses wahrgenommene oder erfaßte reale Objekt oder die reale Umgebung einer hypnotisierten Person, so daß deren Bezug verlorengeht oder sich ändert, wie dies von hypnotischen Personen so häufig angegeben wird und worauf deren Reaktionen auch sehr stark hinweisen?
5. Wie verhält es sich mit dem erfaßten Erleben der Realität in Hypnose, welches ermöglicht oder zuläßt, daß andersartige oder gegenteilige Erinnerungsbilder die realen Objekte des Umfeldes ersetzen?
6. Ist das tatsächlich vorhandene reale Umfeld für eine Person in hypnotischer Trance das gleiche wie im Wachzustand?
7. Gibt es im hypnotischen Zustand irgendeine Art und Weise des Ausschlusses oder der Veränderung der realen Tatsachen, die konstituierender Bestandteil dieses Zustandes ist?

Es stand nicht zu erwarten, daß auf all diese Fragen oder auch nur auf eine einzige eine endgültige Antwort zu finden sein werde. Diese Fragen vermitteln aber auch die Einsicht, wie wichtig eine experimentelle Situation ist, in welcher die Versuchsperson ausschließlich in Übereinstimmung mit sich selbst reagieren kann, *unbeeinflußt von den Reaktionsweisen anderer Versuchspersonen und ohne sich aus reiner Gefälligkeit in einer bestimmten Weise zu verhalten.* Nur so könnte es tatsächlich möglich sein, etwaige Unterschiede zwischen dem hypnotischen Bewußtheitszustand und dem Wachbewußtsein zu entdecken, anstelle von erlernten oder versuchsweise zustande gebrachten Ähnlichkeiten.

Um in etwa zu verdeutlichen, auf welche Überlegungen sich diese Fragen stützen, sei folgendes Beispiel angeführt: Person *A* und Person *B*, beide im gewöhnlichen Wachzustand, sitzen am Schreibtisch und erörtern eine komplizierte mathematische Formel. Wie konzentriert auch immer sie der Bedeutung dieser Formel nachgehen mögen, so besteht doch gleichzeitig eine umfassende, verfügbare, nachgeordnete und doch kontinuierliche Kenntnis und Bewußtheit hinsichtlich des Schreibtischs, an dem die beiden sitzen, hinsichtlich der Deckenbeleuchtung, des Telefons auf dem Schreibtisch, der vier Zimmerwände, des Wochentags, der ungefähren Tageszeit, der bevorstehenden Schlußfolgerung, des Wissens um die Meinungen anderer usw. Menschen, die nicht in Trance sind, verlieren das allgemeine Bewußtsein für das unmittelbare reale Umfeld nicht vollständig und auch nicht den Kontext ihres Denkens und Sprechens; sollte dies doch teilweise eintreten, so schrecken die Betroffenen hoch, „kommen zurück" und erklären (gewöhnlich ohne eigens aufgefordert zu sein): „Einen kurzen Augenblick war ich abwesend und habe über meinen Gedanken alles um mich her vergessen"; und während sie das sagen, reorientieren sie sich wieder in ihrem Umfeld. Und es ist die tatsächliche, reale Umgebung, in die sie sich zurückorientieren.

Bei tief hypnotisierten, somnambulen Versuchspersonen verhält es sich anders, selbst wenn es sich um deren erste Erfahrung mit Hypnose handelt und sie ihre Augen beständig offenhalten, und auch dann, wenn sie eine formelhafte, verbale Suggestionstechnik erhalten oder irgendeine andere, schriftlich ausformulierte oder auf Band gesprochene Methode angewandt wird, die dann auf etwaige geheime oder indirekte Bedeutungen in der Wortwahl überprüft werden kann. Indessen können Versuchspersonen, die ohne jegliche Suggestion ruhig, passiv und in somnambulem Zustand auf dem Stuhl sitzen, ganz einfach gefragt werden: „Was sehen Sie?" Entsprechend ihrer eigenen Erlebnisse aus der Vergangenheit erwidern sie dann vielleicht: „Die Berge." (Bäume, den See, den Hund, das Boot etc.). Und doch sind keine Berge erwähnt worden, es gibt auch keine Bilder an den Wänden, die den Gedanken an Berge nahelegen könnten; die Versuchspersonen aber beschreiben sie nicht nur bereitwillig, sondern offenbaren auch, daß sie sich in gewisser Weise in der Umgebung ihrer Jagdhütte umgeschaut haben und daß das Labor nicht existiert. Jegliche Aufnahme von Sinneseindrücken hat offensichtlich seinen Wert verloren; ausgenommen ist das Bewußtsein, daß der Versuchsleiter als Teil der hypnotischen Situation anwesend ist. Die Stimuli der Realität werden ersetzt durch die Verhaltensreaktionen der Versuchsperson, die aus deren Erfahrung und Erinnerungsbildern entstammen, welche mit der tatsächlichen, realen Situation nicht in Verbindung stehen.

Ähnlich kann ein Zustand der Konzentration, der aber keine Trance ist, einer tiefen somnambulen Trance gegenübergestellt werden, welche bei einer bereitwilligen Versuchsperson unvermittelt induziert werden kann, ohne daß sie die dazu ergriffenen Maßnahmen bewußt erkennt. Eine Frau beispielsweise, die sich nachdrücklich auf ihre eigene Meinung berief, kam in aggressiver Stimmung auf das Rednerpodium, unterbrach die Vorlesung des Autors und erklärte selbstsicher: „Wetten, daß Sie mich nicht in Trance versetzen können, denn so etwas wie Hypnose gibt es überhaupt nicht." Ich entgegnete ganz einfach: „Oh, ich würde das nicht wagen. *Das müssen Sie ganz für sich selbst tun.*" Und er wandte sich wieder den Zuhörern zu und setzte seine Vorlesung fort. Dabei machte er die Frau im psychologischen Sinne ganz und gar angreifbar aufgrund der Tatsache, daß er ihr mit seiner Antwort kein anderes Ziel für ihre Aggressionen gelassen hat, als sich selbst. Als Folge entwickelte die Frau in wenigen Augenblikken eine tiefe, deutlich erkennbare somnambule Trance, was auch für die verschiedenen anwesenden und beobachtenden Studenten der Hypnose offensichtlich war. Es war auch sogleich deutlich, daß nur der Vortragende sich der Zuhörer, des Podiums, des Wasserkrugs auf dem Tisch, der Geräusche aus dem Publikum usw. bewußt war. Die Frau indessen nahm, abgesehen von der Anwesenheit des Vortragenden, nichts von ihrer Umgebung wahr und schien auch nicht zu hören, was ich zum Publikum sagte. Ebensowenig schien sie zu bemerken, wie die Zeit verging. Wie ich in meinem Vortrag fortfuhr, stand sie einfach nur unbeweglich da, ohne Lidschlag und ohne jegliche Reaktion, bis ich mich ihr schließlich zuwandte und sie fragte, ob sie bereit sei, hypnotische Phänomene zu demonstrieren. Sie willigte sogleich ein und erwies sich als ausgezeichnetes Demonstrationsobjekt. Nachdem sie aus der Trance aufgeweckt worden war, sprach sie ihr Befremden darüber aus, auf dem Podium zu stehen, fuhr aber fort: „Das macht nichts, ich habe einfach so ein inneres Gefühl, daß ich eine Menge gelernt habe, und das befriedigt mich sehr." Anschließend wurde sie von Freunden, die bei der Vorlesung anwesend waren, über den Gang des Geschehens informiert. Sie bemerkte einfach und unbekümmert, daß sie den Schilderungen nicht glaube, stritt nichts ab und widersprach nicht und wollte noch nicht einmal weitere Einzelheiten wissen. Sie tat einfach die verschiedenen Informationen ab und bemerkte, daß sie gern gelegentlich einmal hypnotisiert werden möchte.

Während für das Publikum hypnotische Phänomene demonstriert wurden, schien ihr gar nichts bewußt zu sein, bis ich sie direkt ansprach. Dann konnte ich ihre Aufmerksamkeit auf jedes reale Objekt in dieser Situation lenken, und sie konnte ein jedes für sich, ohne die jeweilige reale Bedeutung in der Zeit oder dessen entsprechende Funktion identifizieren. Auf Verlangen hätte sie es gemäß der realen Situation identifizieren können, sofern dies angezeigt gewesen wäre. Spontan wäre das allerdings nur in ihrem eigenen besonderen, wie auch immer gearteten hypnotischen Bezugsrahmen möglich gewesen. So konnte sie beispielsweise einen Stuhl sehen, auf den sie hingewiesen wurde, aber ebensogut hätte sie ihn auch als Stuhl aus ihrer Wohnung oder aus dem Hörsaal erkennen können. Was nach ihrem Realitätsverständnis aus dem Publikum geworden ist, war und bleibt eine verwirrende Frage. Was war aus all den Stimuli geworden, deren ich selbst mir bewußt war?

Seit Miss O.s hypnotischem Verhalten in Trance aus dem Jahr 1923 und der soeben berichteten Begebenheit, die sich 1930 zugetragen hat, sind zahlreiche vergleichbare Fälle von unvermittelt auftretender, weder erwarteter noch beabsichtigter, tiefer hypnotischer somnambuler Trance beobachtet worden. Dieses Geschehen befremdete mich erheblich und legte den Schluß nahe, daß es sich dabei um die Entwicklung innerer Prozesse von großer Tragweite für die betreffende Person handeln müsse. Daraus folgerte ich weiter, wenn ich Trance induzierte, wären meine Absichten für die Versuchsperson wohl ohne besondere Bedeutung, und es bedürfe längeren und intensiven Bemühens von meiner Seite, um der Versuchsperson das Gefühl zu vermitteln, diese Arbeit habe an sich einen Wert.

Ein besonderer Umstand schien diese Auffassung zu bestätigen. Eine Doktorandin der Psychologie war mit viel Mühe unterwiesen worden, eine „gute" somnambule Versuchsperson zu werden. 1932, bei einer zwanglosen Gruppendiskussion über das Wesen der Hypnose, in die beiläufig zusammenhanglose Bemerkungen eingestreut wurden, beklagte sich diese Versuchsperson über das kalte und unangenehme Wetter und meinte, sie wünschte, es wäre Frühling und sie könne zu Hause sein. Ich bemerkte: „If wishes were horses, beggars might ride." („Wenn das Wörtchen wenn nicht wär', wär' mein Vater Millionär.") Beinahe unmittelbar darauf bemerkte die Gruppe, daß sie eine tiefe Trance entwickelt und eine Haltung eingenommen hatte, bei der sie das Kinn in die Hand stützte und sich mit den Ellbogen auf den Knien abstützte.

Es zeigte sich sogleich, daß sie keinen Rapport zu irgend jemandem hatte und – tief in Gedanken versunken – anscheinend nur mit sich selbst Zwiesprache hielt. Kurz darauf begann sie sich selbst hierhin und dorthin zu schlagen, was mich an meine eigenen Erfahrungen im Frühjahr erinnerte. Und sogleich murmelte sie vor sich hin: „Verflixte Mücken. Muß reingehen." Es tat sich aber nichts weiter, außer daß sie ihren Kopf und ihre Schultern hob, ihre Augen anders aussahen und ihre Blickrichtung verändert schien. Da ich unmittelbar in ihrem Blickfeld saß, fragte ich: „Schlimm, die Mücken?" – „Oh weh! Warten Sie auf meinen Vater? Er verspätet sich immer ein wenig." Sie wurde gefragt: „Was interessiert Sie im College?", und sie erwiderte: „Hypnose ...", hielt inne, sah verwirrt aus und bemerkte: „Der Gedanke, zu Hause auf der Veranda hinterm Haus im Mondschein zu sitzen und nachzudenken, und die Mücken, die so schlimm waren, daß ich ins Haus gehen mußte; und ich habe einen Klienten meines Vaters gesehen, der auf ihn wartete – all das stand mir so lebendig vor Augen, daß ich die Mückenstiche immer noch spüren kann."

Die neugierigen Fragen aus der Gruppe ergaben, daß ihr dieses ganze Erlebnis nicht bewußt war, nicht wie die Zeit vergangen war und nicht die verschiedenen Bemühungen, mit ihr in Kontakt zu treten, bis schließlich die zufällige Bemerkung des Autors zu ihrem eigenen inneren Bezugsrahmen paßte.

Dergleichen Beispiele völlig unerwarteter, ungeplanter und unverständlicher Hypnoseerfahrungen begegneten mir häufig in meiner Laufbahn und führten dazu, daß mir immer deutlicher wurde, beim hypnotischen Zustand handle es sich um das ureigene Erleben der betreffeenden Person, das ihrer jeweiligen Lerngeschichte und Erinnerung entstammt, nicht unbedingt bewußt erkannt wird, aber in einem speziellen Zustand nichtwacher Bewußtheit zutage treten kann. Daher ist die hypnotische Trance ausschließlich der Versuchsperson zueigen – der Hypnotiseur hat nichts weiter zu tun als zu lernen, wie er Stimuli und Suggestionen darbieten kann, die reaktives Verhalten auf der Grundlage der persönlichen Erfahrung der Versuchsperson aus deren Vergangenheit hervorrufen.

Diese Erfahrungen, die mir seit Beginn meines Experimentierens mit Hypnose so häufig begegnet sind, führten zu vielerlei Spekulationen. Was hatte das zu bedeuten oder was stand dahinter, wenn eine tief hypnotisierte somnambule Versuchsperson mit einem Doktortitel in Psychologie offenen Auges auf die Frage: „Wo befinden Sie sich?" einfach die schlichte Antwort gab: „Hier." Und auf die weitere Frage: „Was meinen Sie damit?" wiederum in aller Schlichtheit antwortete:

„Hier, einfach hier." – „Sagen Sie das genauer." – „Hier, mit Ihnen." – „Wo bin ich?" – „Genau vor mir." – „Und wo ist das?" – „Hier." Wenn jemand dann einen bezeichnenden Blick auf den Stuhl der Versuchsperson warf und wiederum fragte: „Wo sind Sie?", dann konnte die Antwort kommen: „Hier auf dem Stuhl." Mit derlei belanglosen Fragen über den Stuhl konnte man fortfahren, bis schließlich ein bestimmter Blick, ein Tonfall oder eine speziellere Frage darauf hinwiesen, daß genauere und eingehendere Antworten erwartet würden. Um aber den realen somnambulen Zustand zu verändern, wäre es wirklich nötig, etwas zu unternehmen. Nur spezielle verbale Anweisungen oder solche in einem bestimmten Ton, oder auf bestimmte Art und Weise vorgebrachte Instruktionen können die somnambule Person dazu bringen, nichthypnotische, reale Gegebenheiten zu berücksichtigen; dies kann nur dann geschehen, wenn der Hypnotiseur mit erkennbarer Absicht handelt, wie das so anschaulich und detailliert auf der Tonbandaufnahme mit der Sozialarbeiterin aus der Psychiatrie festzustellen war.

Wenn man auch noch so viele Versuchspersonen mit hervorragender Ausbildung befragte, so erhielte man doch keine umfassenden Auskünfte, wenn nicht in einer bestimmten Richtung oder auf suggestive Art gefragt wird. Allerdings werden die gleichen Fragen im Wachzustand vor oder nach der Hypnose deutlich unterschiedliche Antworten zeitigen, in die sich vielleicht sogar Verärgerung über den Fragesteller mischt und Protest in der Art: „Warum sollte ich Ihnen das alles sagen? Sie sind ja auch anwesend und wissen es ebensogut wie ich. Ihre Fragen sind sinnlos." Zutreffend ist, daß somnambule Personen den Hypnotiseur in ihre halluzinierte Wirklichkeit miteinbeziehen können und beispielsweise sogar vorschlagen, er möge sich auf den Baumstumpf neben ihrer Jagdhütte setzen. Sowohl nichthypnotische wie hypnotische Personen nehmen den Versuchsleiter in ihrem Umfeld wahr, aber im Falle der nichthypnotischen Person handelt es sich um die reale Umgebung, die beiden geläufig ist und die von dritten nachvollzogen werden kann. Was die somnambulen Personen anbetrifft, so können sie ihr Tranceerleben in ein Umfeld „einfügen", das mit Erinnerungsbildern durchwoben ist, die Stimuli aus der realen Umgebung ausschließen. Falls diese aber doch zugelassen werden, so werden sie möglicherweise, aber nicht zwingend umgeformt. So kann ein Klopfen an der Tür des Untersuchungsraums von der Versuchsperson aufgefaßt werden, als seien es Schritte auf dem Weg. (Alle bereits zitierten oder künftig angeführten Beispiele entstammen tatsächlichen Begebenheiten.)

Die Bedeutsamkeit zahlreicher derartiger Erfahrungen faszinierte mich ungeheuer, Hull dagegen blieb gleichgültig, denn ihm lag an Laboruntersuchungen zum Studium geplanter und systematisch hervorgerufener Reaktionen; Feldbeobachtung sowie das Studium spontan auftretenden Verhaltens lag nicht in seinem Interesse.

Diese Verhaltenskategorie aber stellte für mich auch weiterhin eine Herausforderung in all meiner experimentellen und klinischen Arbeit dar. Der vorliegende Beitrag bedeutet ja keine endgültige Abklärung dessen, weshalb, wie und warum hypnotische Realität sich von der Realität des Wachzustandes unterscheidet.

Allgemein wurde im Laufe der Zeit erkannt, daß jede befriedigende experimentelle Vorgehensweise auch ein dargebotenes reales Objekt miteinbeziehen müsse. Das sollte bei so vielen Versuchspersonen sowohl im Wach- wie im somnambulen Zustand durchgeführt werden, wie nur irgend möglich und auch bei einer großen Zahl von Versuchspersonen im Wachzustand, die möglicherweise auch somnambule Versuchspersonen werden könnten. Dieses reale Objekt muß sowohl für somnambule wie für Versuchspersonen im Wachzustand wahrnehmbar sein, und die experimentellen Ergebnisse hängen ganz und gar vom Verständnis der jeweiligen Versuchspersonen in deren besonderem Bewußtseinszustand ab, mag es sich nun um einen somnambulen oder um einen Wachzustand handeln.

Mit diesem realen Gegenstand sollte sich jede einzelne Versuchsperson in der ihr eigenen Weise, bezogen auf die reale Umgebung, befassen; allerdings sollte das nicht besonders hervorgehoben werden, sondern lediglich zur gestellten Aufgabe dazugehören. Die experimentelle Vorgehensweise entstammt den Erkenntnissen aus der Beobachtung vielfältiger hypnotischer Erfahrungen über einen Zeitraum von zehn Jahren; dabei begriff man nur so viel, daß jeweils ein befriedigender somnambuler Trancezustand vorhanden war. Eine Zufallsentdeckung führte dazu, die experimentellen Möglichkeiten zu erkennen, die jene Beobachtungen boten, um die Gegebenheiten des hypnotischen Zustands von denen des gewöhnlichen Wachzustand unterscheiden zu können.

Formulierung des Experiments

Das Experiment, wie es schließlich formuliert wurde, konzentrierte sich einfach auf die Aufgabe, ein reales Objekt zu der umgebenden Wirklichkeit der experimentellen Situation in Beziehung zu setzen. Es wurden keine expliziten Instruktionen zur genauen Ausführung gegeben. Statt dessen erhielten alle Versuchspersonen, die hypnotisierten wie die nichthypnotisierten, eine einfache Aufgabe, die es erforderlich machte, der Wirklichkeit der experimentellen Situation gerecht zu werden, so wie sie zum Zeitpunkt der Aufgabenausführung verstanden wurde. Wie die hypnotisierten Versuchspersonen die Aufgabe tatsächlich ausführen würden, war weder für den Versuchsleiter voraussehbar noch für irgendeinen Assistenten des Versuchsleiters. Die Aufgabenausführung der nichthypnotisierten Versuchspersonen entsprach den Erwartungen, und das gleiche war zunächst auch von den hypnotisierten Personen angenommen worden. Die Erwartungen des Versuchsleiters beeinflußten weder die hypnotisierten noch die nichthypnotisierten Versuchspersonen in irgendeiner Weise. Die Eigenart und Einfachheit der Aufgabenausführung an sich schloß aus, daß der Versuchsleiter das Ergebnis hätte beeinflussen können.

Das gesamte hypnotische Training für die hier eingesetzten Versuchspersonen erfolgte ausschließlich in Verbindung mit Projekten, die in keinerlei Beziehung zu dieser Studie standen. Jene anderen Projekte dienten nur dazu, nebenbei aufzuzeigen, welche Personen spontan Somnambulie entwickeln oder dergleichen erlernen konnten.

In dieser Studie fand sich kein Unterschied in den Ergebnissen von Versuchspersonen, die bereits während ihrer ersten Hypnoseerfahrung spontan einen somnambulen Zustand entwickelt hatten, und jenen, die unmittelbar Somnambulie zeigten, während sie bei anderen Personen Hypnose beobachteten und dabei nicht erwartet hatten, aufgrund ihres eigenen starken Wunsches schon beim Zuschauen hypnostisiert zu werden; auch jene unterschieden sich nicht, die zu Übungszwecken wiederholt hypnotisiert worden waren, um zu lernen Hypnose zu entwickeln.

Desgleichen fanden sich auch keine unterschiedlichen Ergebnisse bei den somnambulen Versuchspersonen, die von Assistenten des Autors eingesetzt worden waren und das für diesen Bericht zentrale Experiment durchführen sollten. Die Assistenten wurden teilweise wegen ihrer Unerfahrenheit hinsichtlich Hypnose ausgewählt, und sie wußten nicht, daß einige Versuchspersonen, mit denen sie zu tun hatten, sich im somnambulen Zustand befanden.

Zur weiteren Kontrolle der experimentellen Studie wurden dieselben Versuchspersonen von unterschiedlich orientierten Assistenten des Autors getestet, um sicherzugehen, daß die verschiedenen Vorgehensweisen nicht beeinflußt würden vom vorhandenen oder nichtvorhandenen Kenntnisstand des Versuchsleiters bezüglich dieser experimentellen Studie oder des psychologischen Zustands der Versuchspersonen. Die Ergebnisse dieser Kontrollstudie wurden hier nicht zusätzlich mitveröffentlicht. Sie dienten lediglich der Bestätigung von Ähnlichkeit und allgemeiner Identität der experimentellen Ergebnisse beim gleichen Experiment, auch wenn Veränderungen und Abwandlungen in der Vorgehensweise, in der personellen Besetzung, im psychologischen Zustand und der Orientierung gegeben waren, von denen man bereits angenommen hatte, daß sie für das Experiment nicht relevant wären. Tatsächlich wurde entdeckt, daß dies alles unwesentlich ist. Die wenigen signifikant negativen Ergebnisse von Bedeutung sind in diesen Bericht eingegangen.

Insgesamt wurden die Kontrolluntersuchungen an über 260 Versuchspersonen durchgeführt, von denen viele wiederholt eingesetzt worden sind, nicht nur zur Untersuchungskontrolle selbst, sondern auch als Maßnahme zur Kontrolle der unterschiedlich orientierten Versuchsleiter, die der Autor zu seiner Assistenz bei der Durchführung des Experiments beschäftigt hatte.

Um das Experiment erfolgreich durchzuführen, war beschlossen worden, daß nicht nur der Autor als Versuchsleiter tätig sein sollte, sondern daß auch andere als Assistenten des Autors ähnliche Versuche durchführen sollten. Einige von ihnen hatten Kenntnisse in Hypnose, andere nicht, einige wußten, daß ein derartiges Experiment durchgeführt wurde, andere wiederum nicht. Darüber hinaus sollte die eigentliche Aufgabe in bestimmten Details variiert werden, obgleich das Wesentliche, das, was die Bedeutung ausmacht, gleichbleiben sollte. Die Untersuchung sollte an nichthypnotisierten Versuchspersonen durchgeführt werden, an solchen im Wachzustand, die zuvor bereits hypnotische Erfahrung hatten, an Versuchspersonen in somnambuler Trance und an Personen im Wachzustand, die noch nie zuvor hypnotisiert worden waren, die aber, so hoffte man, Monate oder ein bis zwei Jahre später trainiert werden könnten, damit sie als hypnotische Versuchspersonen zur weiteren Forschung auf diesem Gebiet zur Verfügung stehen könnten. Diese Versuchspersonen sollten alle in verschiedenen Intervallen und von unterschiedlichen Versuchsleitern einschließlich dem Autor selbst eingesetzt werden, ferner von seinen Kollegen und sogar von deren Freunden, die weder den Autor noch den Zweck der Untersuchung kannten.

Eine entscheidende Anweisung für alle Versuchsleiter lautete: experimentelle Ergebnisse müssen bedingungslos angenommen werden, ohne Zögern und ohne Ausdruck des Erstaunens oder Mangel an Verständnis. Kurzum, alle Versuchsleiter wurden gründlich instruiert, die speziellen Fragen sachlich zu stellen und jegliche Antwort ebenso neutral anzunehmen.

Das eigentliche Experiment war eher einfach, gewöhnlich und beiläufig, und die Durchführung erfolgte nach einer simplen, gleichbleibenden Formel, allerdings unter zahlreichen Abwandlungen der jeweiligen Situation. Die Versuchspersonen wiesen einen sehr unterschiedlichen Hintergrund auf. Da gab es Studenten mit und ohne Universitätsabschluß, Krankenhausangestellte, Sekretärinnen, Krankenschwestern, Sozialarbeiter, Psychologiestudenten der unteren und höheren Semester, Medizinstudenten der Vorklinik und Klinik, Assistenzärzte, medizinisches Personal, Laien und sogar psychotische Patienten. Deren Untersuchungswerte wurden allerdings nicht ins Gesamtergebnis des Experiments aufgenommen. Der Autor wollte lediglich sehen, ob das Experiment auch mit hypnotisierbaren psychotischen Patienten durchführbar sei.

Manchmal bemerkten Assistenten, die mit der Durchführung des Experiments beauftragt waren, daß dies etwas mit Hypnose zu tun hatte, andere aber dachten, es handle sich lediglich um ein psychologisches Experiment, das für irgendeinen unbekannten Psychologiestudenten laufe. Und andere hielten es gar nicht für ein Experiment, sondern für eine schlichte, ernsthafte Befragung ohne weitere Bedeutung, die wohl irgendeinem obskuren Zweck diente, möglicherweise sollte auch ihr Urteilsvermögen und ihre Kritikfähigkeit getestet werden. Wieder andere betrachteten die geforderte Aufgabe als eine harmlose zufällige Augenblicksbeschäftigung ohne Sinn und Zweck. Einige waren tatsächlich umfassend informiert, daß es um eine Untersuchung hypnotischer und nichthypnotischer Wirklichkeit gehe, weitreichendere Informationen hatten sie allerdings nicht erhalten. Selbst dieser Kenntnisstand änderte nichts an den experimentellen Ergebnissen, obwohl er zahlreichen klinischen Psychologen mit Doktorgrad zuteil geworden war.

Manchen Versuchsleitern war voll bewußt, daß die Versuchspersonen sich in tiefer Hypnose befanden; andere erkannten aufgrund des ausgedehnten Trainings der Versuchspersonen nicht, daß diese in Hypnose waren (Erickson 1944); mit vielen Versuchspersonen war bereits geübt worden, sich in einen somnambulen Zustand zu versetzen, noch ehe dieses Experiment ausgearbeitet worden war. Es wurde stets sorgfältig darauf geachtet, daß die Versuchsleiter nicht ihre eigene Auffassung in die experimentelle Situation miteinbrachten, oft durch die einfache Maßnahme einer posthypnotischen Suggestion an die Versuchspersonen: sobald die zugewiesene Aufgabe ausgeführt sei, würden sie unmittelbar eine tiefe Amnesie entwickeln, wenn der Versuchsleiter sagte: „Und nun, haben Sie vielen Dank.“ Dabei waren die Versuchsleiter streng angewiesen, dies als Teil ihrer Aufgabe zu erledigen, und der besondere Wortlaut: „Und nun, haben Sie vielen Dank" machte dies sehr bedeutsam.

Indessen zeigte sich, *daß die experimentellen Ergebnisse nicht vom Aufgabenverständnis der Versuchsleiter abhängig waren, noch von der Einstellung bzw. dem Aufgabenverständnis der Versuchspersonen. Die Ergebnisse resultierten einzig aus der Ausführung der Aufgabe seitens der Versuchspersonen selbst.*

Mit anderen Worten, die Personen wurden gebeten, eine Aufgabe auszuführen, wobei ausschließlich deren eigene Fähigkeiten gefragt waren, ohne daß Führung, Rat oder Anweisung von Seiten der Versuchsleiter nötig gewesen wären. Nur die Aufgabe selbst war die Kontrollinstanz, und sobald sie erfüllt war, stellte die individuelle Leistung das Ergebnis dar. Dies wurde dann zum feststehenden, unabänderlichen Faktum, welches den sichtbaren Ausdruck einer persönlichen Einschätzung und Beurteilung repräsentierte.

Die nichthypnotisierten Versuchspersonen unterschieden sich von den hypnotisierten dadurch, daß sie eine sehr unterschiedliche Aufgabenhaltung zeigten, vom ernsthaften Interesse bis zur Gleichgültigkeit, Neugier, Verwirrung, Langeweile; sie fingen auch an zu spotten, Fragen zu stellen etc. Trotzdem waren ihre Reaktionen konsistent, es sei denn, sie wurden ärgerlich darüber, ihre „Zeit vergeudet" zu haben. Die hypnotisierten Versuchspersonen dagegen zeigten eine durchweg gleichbleibende Haltung bereitwilliger und ernsthafter Mitarbeit, auch wenn sie zuvor als nichthypnotische Personen oder als Neulinge eingesetzt worden waren und dabei eine der oben erwähnten Aufgabenhaltungen eingenommen hatten. Es schien keine spontane, emotional getönte Beurteilung der Aufgabe selbst zu geben, wie sie sich zuvor bei den Versuchspersonen im Wachzustand gezeigt hatte.

Die experimentellen Ergebnisse, die von den verschiedenen Versuchsleitern erbracht wurden, von denen einige dem Autor gar nicht persönlich bekannt waren, fielen durchweg vergleichbar aus. Ausschlaggebend hierfür waren wahrscheinlich zwei Faktoren: zum einen die Einfachheit der Aufgabe des Versuchsleiters und zum anderen die Leichtigkeit, mit der er jegliche Einmischung in die Aufgabenausführung der Versuchspersonen vermeiden konnte.

Wann immer möglich, gab es circa zwei bis zwölf Wiederholungen des Experiments zu unterschiedlichen Zeitpunkten mit vielen Versuchspersonen, häufig sowohl im Wach- wie im Trancezustand. Diese Wiederholungen wurden *nicht* als zusätzliche Experimente gewertet. Allerdings war es nicht immer möglich, Wiederholungen vorzunehmen, vor allem nicht mit Versuchspersonen im Wachzustand. Deshalb gab es in dieser Kategorie mehr Versuchspersonen, mit denen nur einmal gearbeitet wurde, und hier fanden auch weniger Wiederholungen statt. Deren Zweck war, mögliche Fehler im Vorgehen aufzudecken.

Es standen sehr viel mehr Versuchspersonen für den Wachzustand als für Hypnose zur Verfügung. Sehr viel Mühe wurde darauf verwandt, so viel Versuchspersonen wie möglich für den Wach- wie für den Trancezustand zu gewinnen, aber die Anzahl der Tranceprobanden war geringer. Praktisch dienten letztere auch insgesamt als Versuchspersonen für den Wachzustand, manchmal zuerst hierfür, manchmal zuerst als Tranceversuchspersonen. Man bemühte sich sorgfältig, beim Wechsel eine gleichwertige und zufällige Verteilung zu erhalten.

Gewöhnlich wurden die Experimente im universitären oder Krankenhausbereich durchgeführt, gelegentlich im Rahmen einer privaten Gruppe oder einer medizinischen, psychologischen oder sonstigen Vorlesung. In seiner Form war das Experiment denkbar einfach und bestand lediglich in der schlichten Frage: „*Während wir warten,* (womit vage irgendeine Zeitverschiebung und verzögernde Umstände angedeutet wurden und zugleich verdeutlicht wurde, daß der eigentliche Zweck ein anderer sei)... *wo in diesem Raum würden Sie, wenn Sie ein neunzig mal einhundertzwanzig Zentimeter großes Bild von .... hätten* (dabei wurde abwechselnd immer eines der vier folgenden Objekte genannt: eine tatsächlich anwesende Person, ein kleines Photo von einer der Versuchsperson bekannten Person, eine tatsächlich vorhandene Schale mit Obst und das Photo eines Bildes von einer Obstschale), ..., *wo in diesem Raum würden Sie es aufhängen? Denken Sie sorgfältig darüber nach, und wenn Sie es sich überlegt haben, erklären Sie es genau.“*

Die Frage wurde von einer maschinegeschriebenen Karte abgelesen. Dies war ein Hinweis, daß ein Experiment im Gang sei, aber die Frage schien diesen Schluß nicht unbedingt zwingend zu machen, vielmehr eher anzudeuten, daß es sich um eine ernstgemeinte Frage handelte.

Bei der Fragestellung wurde das erwähnte reale Objekt zuvor immer sorgfältig dargeboten. So konnte die tatsächlich vorhandene Person beispielsweise auf einem Stuhl neben dem Fenster sitzen oder lässig am Fenster lehnen; diese Person konnte auch vor einem Bücherregal am Boden hocken und offensichtlich ein Buch auf dem unteren Bord suchen, oder sie konnte an einem Schreibtisch mitten im Zimmer sitzen oder stehen oder vor der Tafel, die schräg in eine Ecke des Raumes gerückt war, oder sie konnte sonst irgendeine zufällige Position einnehmen. Die Photos wurden in einem Holzsockel mit Halteschlitz oder einfach irgendwo sonst zwanglos aufgestellt, zum Beispiel auf einem Bücherschrank, auf der Kreideablage unten an der Tafel, auf der Armlehne eines Stuhls am Fenster, oben auf einem Schreibtisch mitten im Zimmer oder auf einem Ständer in der Zimmerecke. Ähnlich wurde auch die Obstschale irgendwo hingestellt. Die Versuchsperson und der Versuchsleiter begaben sich immer bis auf einen Meter an das reale Objekt heran, auf das mit einer Handbewegung hingewiesen wurde.

Sowohl bei den nichthypnotisierten wie bei den hypnotisierten Versuchspersonen wurde innerhalb von zehn Versuchsdurchgängen jeder einzelnen Versuchsperson klar, daß die realen Objekte auf völlig unterschiedliche Weise aufgestellt werden konnten, wobei jedesmal die Frage wiederholt wurde, und dabei änderte sich nichts an der Bedeutung des Ergebnisses. So konnte beispielsweise nach der Person gefragt werden, die lässig am Fenster stand, die dann zum Bücherschrank, zum Schreibtisch oder zur Tafel schlenderte; die Frage wurde für jede neue Position wiederholt. Das gleiche galt für die Photos und für die Obstschüssel, die offen anders hingestellt wurden, woraufhin immer wieder die entsprechende Frage gestellt wurde. Oder aber es wurden alle vier realen Objekte zuerst plaziert, und dann wurde die Frage der Reihe nach für jeden einzelnen Gegenstand gestellt, sodann wurde offen umgestellt und die Befragung wiederholt. Dieses mehrfache Testen bei einer einzigen Gelegenheit veränderte das responsive Verhalten in keiner Weise, außer daß bei zu häufigen Wiederholungen die Personen im Wachzustand dazu neigten, ungeduldig zu werden oder irritiert zu sein. Personen im hypnotisierten Zustand litten nicht unter den Wiederholungen.

Ein weiterer Effekt bei den nichthypnotisierten Personen bestand darin, daß die Wiederholungen zuerst ihre Neugier zu erregen schienen ohne den Charakter ihrer Antworten zu verändern. Die Wiederholungen bewirkten, daß sie ihre eigene ursprüngliche Antwort in Frage stellten und eine zweite, bisweilen sogar eine dritte Antwort der gleichen Art gaben. Bei den hypnotisierten Personen zeigte sich dagegen keine Auswirkung. Jede Position und Befragung wurde als eine in sich geschlossene Einheit akzeptiert, die mit keinem anderen Sachverhalt und sonstiger Befragung in Beziehung stand. Diese Entdeckung ermöglichte es, mit jeder hypnotisierten Versuchsperson noch viel mehr Tests durchzuführen, obgleich derartige Wiederholungen nicht als zusätzliche Experimente gewertet wurden. Die einzigen Untersuchungsergebnisse, die verworfen wurden, stammten von nichthypnotisierten

Versuchspersonen, die die Befragung als unsinnig ansahen und entweder die Frage zurückwiesen oder in ihrer Verärgerung absichtlich sinnlose Antworten gaben wie: „Ach, hängen Sie es doch für den Weihnachtsmann auf." Dergleichen kam jedoch nur selten vor, da überwiegend die Tendenz bestand, die Aufgabe als eine einfache unumwundene Frage ohne besondere Bedeutung anzunehmen.

Es nahmen weit über 2000 Personen an diesem Experiment teil. Nur bei einem Drittel konnte somnambule Trance hervorgerufen werden, und dies geschah immer in Zusammenhang mit anderer hypnotischer Arbeit, welche zuweilen lediglich in systematischem Training tiefer Hypnose bestand.

Dieses Training der tiefen Hypnose basierte auf der Verwendung traditioneller formalisierter Wortfolgen als Induktionstechnik, wurde jeweils über mehrere Stunden fortgeführt und oft an mehreren Tagen wiederholt, um sicher zu sein, daß die Versuchspersonen sich in „tiefer hypnotischer Trance" befanden. Die Kriterien für tiefe Trance waren: vollständige posthypnotische Amnesie für die Tranceerfahrungen; klare ideomotorische Aktivität wie automatisches Schreiben; ideosensorische Aktivität wie visuelle und akustische Halluzinationen. Manchmal wurde eine tiefgreifende hypnotische Anästhesie der Hände und Arme angewandt und mittels plötzlichen starken elektrischen Schocks getestet. Gewöhnlich wurden die Personen aufgefordert, sich an längst Vergessenes zurückzuerinnern, was dann nach der Hypnose mit ihnen erörtert wurde, um ihre posthypnotische Amnesie zu testen; auch bemühte man sich, den Echtheitsgrad ihrer Erinnerung zu verifizieren. Zusätzlich wurden unzählige kleinere Tests ihrer Schreckreaktion vorgenommen, um festzustellen, ob eine Versuchsperson sich willentlich gegenüber Kontakten zur Umgebung zurückhielt, anstatt tatsächlich „ganz tief und ruhig zu schlafen, und zwar so fest, wie im Tiefschlaf mitten in der Nacht, wenn Sie schrecklich müde sind". „Ich möchte, daß Sie schlafen wie ein Stein, so tief und fest", war eine außerordentlich häufige Suggestion. (Wenn der Autor heute somnambule Trance herbeiführen möchte, wendet er viel kürzere und elegantere Methoden an.)

Hypnotische Versuchspersonen wurden für diese Untersuchung nur dann eingesetzt, wenn sie tiefe somnambule Trance entwickelten. Dies geschah aus folgendem Grund: Die Versuchspersonen in leichter Trance empfanden es als schwierig, den Trancezustand aufrechtzuerhalten, wenn sie die Augen öffneten und eine Aufgabe mit Bezug zur äußeren Wirklichkeit ausführten; sie verspürten das Bedürfnis, aus der Trance zu erwachen, um die Aufgabe zu erfüllen; und sie äußerten, ihrer Meinung nach würden sie es „falsch machen", wenn sie versuchten, in Trance zu bleiben. Auch diejenigen in mittlerer Trance waren abgeneigt zu kooperieren, und auf Befragen gaben sie als Grund an, daß es sie störe und eher aufwecke, wenn sie die Augen öffneten und etwas ausführten, das keinen Bezug zu ihnen hatte. Sie waren willens, Dinge zu tun, die sie persönlich betrafen, aber sie fühlten sich unter massivem Druck, wenn sie externe Objekte manipulieren sollten. Auf beharrliches Drängen stimmten sie unwillig zu, und mit hoher Wahrscheinlichkeit schwächten sie ihren Trancezustand ab oder erwachten gänzlich. Aus diesen Gründen wurden nur wirklich somnambule Versuchspersonen eingesetzt. Dies erforderte sehr viel Arbeit und viel Zeit, um viele derartige Versuchspersonen zu gewinnen. Es gab aber doch einen zusätzlichen Nutzen: Diese somnambulen Versuchspersonen konnten auch bei anderen experimentellen Studien und für Lehrdemonstrationen eingesetzt werden.

Es war durchaus möglich und einfach, negative Ergebnisse zu erzielen, wenn die Anweisungen übertrieben begeistert dargeboten wurden, wenn unabsichtlich betont und die Versuchspersonen unbemerkt in die Irre geleitet wurden. Die Korrektur dieser nicht beabsichtigten Resultate, die als Versuchsleitereffekt galten, konnte sehr leicht dadurch erfolgen, daß ein Verfahren benützt wurde, das der Autor schon beizeiten bei seinen hypnotischen Untersuchungen angewandt hatte. Regelmäßig pflegte er hochintelligente hypnotische Versuchspersonen einzusetzen, die bereits während der ersten Tranceinduktion spontan einen somnambulen Zustand erreichten und die die Induktionstechniken des Autors kritisch begutachteten, während sie im somnambulen Zustand sowohl mit dem Autor wie mit einer neuen hypnotischen Versuchsperson im Rapport standen, die ihrerseits den Trancezustand der anderen anwesenden Person nicht wahrnahm.

Folgendes Beispiel mag dies verdeutlichen. Der Autor gab gerade eine Lehrdemonstration vor einer kleinen Gruppe von Medizinern, wobei seine freiwillige Versuchsperson Mitglied einer anderen Gruppe war, für die er zwei Tage später eine ähnliche Lehrdemonstration zusammen mit der ersten Gruppe halten sollte. Die betreffende Versuchsperson schien eine somnambule Trance zu entwickeln, aber der Autor bemerkte eine „neue Qualität" in der hypnotischen Manifestation, und erkannte bald, daß der Freiwillige seinen Trancezustand simulierte. Er sorgte dafür, den Simulanten nicht zu sehr unter Druck zu setzen, und signalisierte ihm deutlich, daß seine Darbietung als echt akzeptiert wurde. Am Ende der Veranstaltung wurde der Proband gefragt, ob er bereit sei, am nächsten Tag beim Training einiger neuer Versuchspersonen mitzuhelfen. Er stimmte bereitwillig zu. Es wurde mit fünf somnambulieerfahrenen Versuchspersonen getrennt eine Verabredung getroffen; eine jede hatte bereits zu verschiedenen Gelegenheiten im somnambulen Zustand als Kritiker der Techniken des Autors mitgewirkt. Ihnen wurde gesagt, sie sollten sich mit dem Autor treffen, Somnambulie entwickeln und dabei untereinander und auch mit dem Autor in vollem Rapport stehen. Dagegen sollten sie ihre Trance einer neuen somnambulen Versuchsperson nicht zeigen, die in Kürze eintreffen werde. Statt dessen sollten sie deren Fähigkeiten beurteilen, in aller Stille auf positive und negative visuelle und akustische Halluzinationen zu reagieren, und dabei sollten sie Katalepsie und automatisches Schreiben demonstrieren. Jeder sollte die einzelnen Phänomene nacheinander einschätzen, und dann könnten sie nach Belieben weitere Kommentare abgeben. Daraufhin sollten sie den Neuling zunächst fragen, ob er wisse, daß sie in somnambuler Trance seien, und weiter, ob er ihr Erwachen aus der Trance erkennen könne, das an die Zahlen 1 bis 5 gekoppelt sein sollte. Die Zahlen seien ihnen separat zugewiesen worden, so daß jeder warten werde, bis er an der Reihe sei aufzuwachen. Sollte der Neuling ihren Trancezustand nicht erkennen können, so sollte er aufgefordert werden zu sagen, wer als erster aufgewacht ist; sollte ihm die korrekte Einschätzung mißlingen, so hätten diejenigen, die sich noch in Trance befinden, ihre Gruppe zu betrachten und den zutreffenden Sachverhalt in ein Notizbuch einzutragen, wobei sie dem jeweiligen Namen den aktuellen Bewußtseinszustand hinzufügen sollten. Auch sollten sie ihre Einschätzung zuerst schriftlich und dann mündlich abgeben. Beim Aufwachen würden sie sich an die Situation erinnern, aber amnestisch sein für die einzelnen Darbietungen des Simulanten sowie für die einzelnen Einschätzungen, die getrennt abgegeben und auch getrennt erinnert werden sollten.

Die Ergebnisse stimmten mit den tatsächlichen Gegebenheiten und den erwarteten Möglichkeiten überein. Der Simulant war sofort und in jeder Hinsicht als solcher erkannt worden; es gelang ihm nicht festzustellen, daß die anderen im Trancezustand waren, noch konnte er das Erwachen bei den einzelnen Versuchspersonen identifizieren. Außerdem war der Simulant entsetzt, als er die Amnesie jedes einzelnen für die Beurteilungen der anderen feststellte, und daß sie ferner alle entdeckt hatten, wie er dreimal im Begriff war, in Trance zu gehen, und dann aber den Rückzug angetreten hatte.

Der Autor stand vor einem Rätsel, als die fünf Somnambulen miteinander geflüstert und dann einen Kommentar niederschrieben , auf den sie sich offensichtlich alle geeinigt hatten. Dieser Kommentar lautete, daß der Autor ebenfalls bemerkt habe, wie der Simulant dreimal begonnen hatte, in Trance zu gehen, sich aber wieder zurückgezogen hatte. Sie hätten ebenfalls wahrgenommen, daß der Autor unbeteiligt geblieben sei, daß er alle seine Suggestionen so angeboten habe, daß es dem Simulanten freigestanden habe, ohne Hilfe von Seiten des Autors in Trance zu gehen oder auch weiterhin zu simulieren. Auch sei nichts unternommen worden, diese drei Gelegenheiten zu nutzen und Trance zu induzieren, als der Simulant von sich aus damit angefangen hatte. Der Autor habe aber auch nicht versucht, eine Fortsetzung der Simulation zu suggerieren. Für sie war offensichtlich, daß der Autor nur wissen wollte, wie sich der Simulant in der gegebenen Situation verhalten werde.

Die Haltung des Simulanten gegenüber der Aufdeckung seiner Simulation bedeutete für den Autor eine echte wissenschaftliche Fragestellung, nämlich wie gut somnambule Versuchspersonen Somnambulismus, Simulation und jedes sonstige beobachtbare Verhalten wohl erkennen können.

Dieses Beispiel veranlaßte den Autor, bei jeder günstigen Gelegenheit somnambule Versuchspersonen einzusetzen, um anderehypnotische Versuchspersonen und deren Verhalten einschätzen zu lassen – was sich als sehr bedeutender Faktor bei der Entwicklung der hypnotischen Techniken des Autors erwiesen hat.

Vor Beginn dieser Studie waren über 300 solcher somnambuler Versuchspersonen bei den verschiedensten nichthypnotischen, systematisch organisierten Experimenten im Wachzustand eingesetzt worden, bei Untersuchungen zum Farbensehen, zum automatischen Schreiben, zur Anästhesie, zum Wiedererinnern vergessenen Materials, wobei sie jeweils eine zufriedenstellende Somnambulie entwickelt hatten. Die Hälfte der Versuchspersonen wurde für diese Untersuchungen zuerst im Wachzustand eingesetzt, die andere Hälfte zuerst in Trance. Es gab dann weitere 350 hypnotische Versuchspersonen, und die Hälfte machte ihre erste hypnotische Erfahrung im Zusammenhang mit dieser Studie, obwohl ihnen absichtlich der Eindruck vermittelt worden war, Zweck der Hypnose sei irgend etwas anderes, unabhängig von dieser Studie. Zum Beispiel wurde ihnen gezielt vermittelt, das schlichte Training des automatischen Schreibens sei für sich schon ein Experiment, obgleich es Sinn einer solchen Trainingssitzung war, tiefe Trance zu induzieren und aufrechtzuerhalten, trotz der Handhabung konkreter Gegenstände wie Bleistift und Papier oder Kreide und Tafel; entsprechend hatte auch das Training keinen anderen Sinn als eben den, mit offenen Augen in tiefer somnambuler Trance zu verweilen.

Diejenigen, die zuerst bei diesem Experiment eingesetzt worden waren, dienten im folgenden anderen experimentellen Zwecken zur weiteren Überprüfung ihrer hypnotischen Fähigkeiten. Ein paar Versuchspersonen hatten bereits hypnotische Erfahrungen, ehe sie dem Autor begegnet sind, und sie reagierten ähnlich denjenigen, die ausschließlich bei ihm Hypnose erlebt hatten. Etwa 30 Personen waren auch von Studenten des Autors in Hypnose trainiert worden. Sie konnten für dieses Experiment ebenso leicht von den Assistenten des Autors eingesetzt werden wie vom Autor selbst oder von ihren anfänglichen Trainern. Ihre Ergebnisse standen voll im Einklang mit den Ergebnissen anderer Personen.

Versuchspersonen

Obwohl an diesem Experiment über 2000 Personen teilgenommen haben, waren für den urspünglichen Plan nur 300 erforderlich, und davon sollten ungefähr 100 somnambule Versuchspersonen sein. Andere Arbeiten und Experimente kamen dazwischen, es wurden immer mehr Versuchspersonen, bis man merkte, daß die ursprünglich geplante Anzahl weit überschritten worden war. Schwierigkeiten beim Vorbereiten des Manuskripts und einige Zufälle, die dazu führten, daß plötzlich aufgrund spezieller Trainingsvorhaben eine große Zahl neuer Versuchspersonen gewonnen werden konnten, verzögerten wiederholt den Abschluß des Experiments.

Es erhob sich auch die Frage, ob Ausnahmen von den experimentellen Resultaten zu finden seien. Dies führte zur begeisterten Suche nach zahlreichen zusätzlichen Versuchspersonen, in dem Wunsch, auch negative Ergebnisse zu erhalten. Indessen waren alle Ergebnisse übereinstimmend positiv. Bei jedem spontan negativen Ergebnis wurde schließlich eine leichte oder mittlere Trance entdeckt, ob die Befragung nun vom Autor oder von anderen Versuchsleitern durchgeführt worden war. Unweigerlich pflegten die Versuchspersonen zu erklären, sie hätten *ein Gefühl des Kontaktes mit der Umgebung empfunden und den Drang verspürt, die Trance abzuschwächen oder gar zu beenden, damit sie „keine falsche Antwort geben“* würden. Auch eingehendes Befragen konnte nicht aufdecken, was wohl die „falsche Antwort“ wäre. Die übliche Antwort lautete: „Na ja, einfach irgendwie falsch, ich kann es nicht erklären.“ Nicht nur der Autor erhielt diese bemerkenswerte Antwort, sondern auch seine Assistenten, die nicht wußten, daß der Autor und andere ebenfalls ähnlich bedeutungsvolle Antworten erhalten hatten, nicht immer wörtlich, aber doch dem Sinn nach.

In meiner privaten Praxis der vergangenen 16 Jahre kam eine große Zahl weiterer Versuchspersonen hinzu. Beispielsweise in der letzten Woche des Jahres 1964 hatte ich drei Privatpatienten, wovon einer seine Examensangst loswerden wollte, ein anderer Erleicherung von seinen Kopfschmerzen suchte, die in drei neurologischen Kliniken als funktionell diagnostiziert worden waren, und eine Frau mit ihrer ersten Schwangerschaft, die von ihrem Gynäkologen zum Hypnosetraining für die Entbindung geschickt worden war. Alle drei entwikkelten Somnambulie in ihrer Hypnose und wurden eingesetzt, um verschiedene Aussagen dieser Studie zu überprüfen. Dabei war diese spezielle Woche nichts Ungewöhnliches in der psychotherapeutischen Praxis des Autors.

Es war schwierig, unter den eingesetzten Personen eine Klassifikation vorzunehmen, weil diese Untersuchung sich über lange Jahre entwickelte. Studenten der unteren Semester, die entweder als hypnotische Versuchspersonen oder im Wachzustand teilgenommen hatten, sind zum Teil erst nach dem Examen wieder getestet worden. Medizinstudenten konnten Assistenzärzte, festangestellte oder Oberärzte werden, ehe ihre Beiträge abgeschlossen waren; Sozialarbeiter in Ausbildung hatten dann oft schon ihr Examen oder waren bereits Mitglieder eines Teams. Die einzig konstanten Personen waren diejenigen ohne Collegeausbildung oder Angehörige des medizinischen Krankenhauspersonals sowie akut psychotische Patienten, die zwar in die Untersuchung, nicht aber in das Gesamtresultat eingeschlossen waren. Letztere – insgesamt 25 an der Zahl – waren trotz ihres psychotischen Zustands, der sich sowohl im Wachen wie in Hypnose zeigte, in ihren experimentellen Leistungen konstant. Ihre Ergebnisse stimmten mit denen überein, die von gut angepaßten und hochgebildeten Versuchspersonen erhalten wurden. Eine andere konstante Versuchspersonengruppe ging aus Patienten der privaten Praxis des Autors hervor, soweit die Versuchsreihe nicht die Psychotherapie minderschwerer Anpassungsschwierigkeiten störte. Oft erlaubten die therapeutischen Ziele keine große Zahl experimenteller Wiederholungen, aber die Untersuchungsergebnisse solcher Personen stimmten mit den Resultaten von freiwilligen Versuchspersonen aus der Collegepopulation überein.

Insgesamt steuerten vier Collegepopulationen zahlreiche Versuchspersonen bei. So erbrachte zum Beispiel eine dreistündige Lehrdemonstration vor über 500 Studenten 137 Somnambule, die *in der Großgruppe* trainiert wurden, aber an den nächsten Wochenenden einzeln vom Autor und dessen Assistenten als experimentelle Versuchspersonen eingesetzt wurden. Eine weitere riesige Ausbeute aus einer einzigen Lehrdemonstration vor einer großen Zuhörerschaft einer anderen Universität bestand aus 93 Personen. Insgesamt erbrachten die ausführlichen Lehrdemonstrationen des Autors vor Ärzten und Krankenhauspersonal einschließlich Schwestern und Sozialarbeitern relativ leicht eine große Zahl von Versuchspersonen, die an den Wochenenden für dieses Experiment getestet werden konnten.

Vorgehens- und Reaktionsweisen

Bei der Durchführung des Experiments heftete der Versuchsleiter seinen Blick schon unmittelbar nach Verlesen der oben beschriebenen Anweisungskarte ausschließlich auf die Karte und wartete auf die Antwort der Versuchsperson. Falls weitere Anweisungen verlangt wurden, las der Versuchsleiter die getippten Instruktionen lediglich nochmals vor und wartete geduldig.

Im wesentlichen gab es *zweierlei Reaktionsweisen – die nichthypnotische und die hypnotische. Alter, Geschlecht, und vorausgegangene hypnotische Erfahrungen mit dem Versuchsleiter, oder auch frühere hypnotische und nichthypnotische Erfahrung hinsichtlich Fragestellung, Ort, Situation oder sonstigem Anlaß hatten keinerlei Bedeutung, so daß sich die erhaltenen Antworten nicht änderten.*

Die nichthypnotische Reaktion war gekennzeichnet durch eine uneingeschränkte Wahrnehmung der Wirklichkeit und Orientierung in der realen Situation, während die hypnotische Reaktion unwandelbar von der eingeengten, begrenzten und veränderten Wahrnehmung der Wirklichkeit geprägt war, wie sie für hypnotische Situationen kennzeichnend ist.

Anläßlich einer Vorlesung und Demonstration zur Hypnose vor einer medizinischen Gesellschaft wurde in einem Stegreifexperiment einer männlichen somnambulen Versuchsperson mit negativen visuellen Halluzinationen suggeriert, sie solle Dr. X sehen, der im Publikum saß und zufällig seinen Platz neben einer tragenden Säule mitten im Saal hatte. In diesem Rahmen wurde die Versuchsperson, die zum ersten Mal Hypnose erlebte, gefragt: „*Wo in diesem Raum, wenn Sie ein neunzig mal einhundertzwanzig Zentimenter großes Bild von Dr. X hätten, wo in diesem Raum würden Sie es aufhängen? Denken Sie sorgfältig darüber nach, und wenn Sie es sich überlegt haben, erklären Sie es genau.*"

Langsam ließ die Versuchsperson ihren Blick die Wände des Raumes entlangwandern und war sich dabei anscheinend die ganze Zeit über nicht der anwesenden über 200 Ärzte bewußt. Schließlich wandte der Proband sich feierlich an den Autor, deutete mit dem Finger auf die Säule direkt hinter Dr. X und erklärte: „Ich würde es genau dahin hängen." Für den Autor war dies eine vertraute Antwort, für das Publikum aber war sie sehr befremdlich und rätselhaft und diente als eindrucksvoller Beweis, daß Hypnose das Verhalten eines Menschen entscheidend verändert.

Der Autor fuhr mit seiner Vorlesung und Demonstration für die Ärzte fort und wiederholte später genau dieselbe Frage, wobei er diesmal der Versuchsperson die Anwesenheit von Dr. Y bewußtmachte, der zufällig auf den Stufen einer breiten Treppe saß. Es wurden weitere Schwierigkeiten eingebaut, indem die Versuchsperson Dr. Y zuerst über das Wetter ausfragen sollte, dann sollte sie sich dem Autor zuwenden, um die erhaltenen Antworten weiterzugeben. Nun reagierte Dr. Y auf die für die Versuchsperson nicht sichtbaren Signale des Autors und begab sich in aller Ruhe in einen anderen Teil des Raumes, während der Proband dem Autor ins Gesicht blickte. Zweck des Ganzen war, dem Publikum zu demonstrieren, daß die einmal vorgenommene Orientierung an einem realen Objekt fortbestehen konnte, und nicht von Veränderungen der Wirklichkeit beeinträchtigt wurde. Als die Versuchsperson mit der Wiedergabe von Dr. Y's Antworten geendet hatte, wurde sie aufgefordert, Dr. Y nochmals zu befragen. Sie wandte sich dahin um, wo Dr. Y ursprünglich gesessen hatte und stellte weitere Fragen, auf die Dr. Y von seinem neuen Platz aus antwortete. Die Versuchsperson reagierte erschrocken und bemerkte zum Autor, Dr. Y's Stimme habe sich auf „merkwürdige Weise" verändert, was er, der Proband, nicht verstehen könne. Indessen halluzinierte er offensichtlich, wie das Publikum begriff, und er fuhr fort, Dr. Y auf seinem ursprünglichen Platz zu halluzinieren. Um das improvisierte Experiment fortzusetzen, stellte der Autor der Versuchsperson noch einmal die Testfrage, diesmal bezüglich Dr. Y, wie zuvor bezüglich Dr. X Langsam und nachdenklich überblickte die Versuchsperson den ganzen Raum, kehrte zum halluzinierten Dr. Y zurück und bemerkte, er würde ihn „genau dahin" plazieren. Vorsichtiges Befragen ergab, daß mit „genau dahin" ein Platz ungefähr zwei Meter oberhalb des Kopfes des halluzinierten Dr. Y gemeint war, und ungefähr dreißig Zentimeter hinter ihm, so daß das Bild sich genau auf dem freien Platz der Treppenspindel befände.

Später dann bei der Publikumdiskussion wurde die Versuchsperson gebeten, Dr. Y's „identischen Zwillingsbruder dort drüben" sitzen zu sehen, wobei auf einen Platz am Fenster gezeigt wurde, wo Dr. Y nun tatsächlich saß. Die Versuchsperson erkannte sofort Dr. Y's Gesichtszüge, drehte sich um und stellte – so wie es aussah – einen visuellen Vergleich zwischen dem tatsächlichen Dr. Y und dem halluzinierten an. Dann sagte der Proband freimütig, daß die beiden ihre Ähnlichkeit durch die gleichen Anzüge noch betonten, daß aber der zweite Dr. Y im Gegensatz zum ersten eine Zigarette rauche. (Das stimmte. Auf seinem neuen Platz hatte Dr. Y sich eine Zigarette angezündet, aber auf seinem ursprünglichen Platz hatte er nicht geraucht.) Der Versuchsperson wurde dann die gleiche Frage hinsichtlich des „zweiten Dr. Y" gestellt wie zuvor bei Dr. X und bei dem tatsächlichen Dr. Y. Der Proband überblickte wiederum nachdenklich den ganzen Raum, wobei er seinen Blick besonders an der Stelle verweilen ließ, die er für das Bild von Dr. Y ausgewählt hatte. Schließlich sagte er, die beiden Bilder müßten nicht nebeneinander aufgehängt werden, und daraufhin wies er dem Bild des „zweiten" Dr. Y seinen Platz unmittelbar über dessen Sitzplatz zu. Somit hing es genau vor dem oberen Teil eines Fensters.

Der Proband wurde daran erinnert, daß er dreimal gefragt worden sei, *wo er drei separate Bilder aufhängen würde*, und er erklärte, *dies sei geschehen,* während der Autor zu ihm gesprochen hatte. (Diese Art spontaner Abfolge hatte sich viele Male während des Experiments eingestellt und verdeutlicht an sich schon die Möglichkeit, daß das Verständnis von Wirklichkeit bei einer hypnotisierten Person sich deutlich von dem einer wachen Person unterscheidet.) Mit anderen Worten reichte die einfache Frage schon aus, *wo* er das Bild hinhängen würde, um die Versuchsperson zu veranlassen, im Geiste das bloß durch die Frage kenntlich gemachte Bild halluzinatorisch irgendwo zu plazieren. Diese Art spontanen Ablaufs trat im Laufe der Untersuchung häufig auf, und nicht nur der Autor machte diese Erfahrung, sondern auch die anderen beteiligten Versuchsleiter. Indessen wurde nichts weiter unternommen, um diese bestimmte Art von Information zu erhalten, (daß dort auf halluzinatorische Weise Bilder aufgehängt worden sind), da es schien, daß derlei Bemühungen einen gewissen Einfluß auf die spontane Reaktion der Versuchspersonen haben könnten. Am häufigsten lief das so ab, daß die Versuchspersonen spontan ihre Zufriedenheit und Zustimmung für die von ihnen ausgewählte Stelle für die „Bilder" ausdrückten, dies war aber nicht durchgängig, und so wurden keine Fragen gestellt. Bei den nichthypnotischen Versuchspersonen entsprach das der Reaktion: „Ja, ich glaube wirklich, daß solch ein Bild sehr gut dahin passen *würde*", oder vielleicht: „Ich glaube, es *könnte* auch dort drüben hinpassen", wobei sie auf eine andere Stelle an derselben oder an einer anderen Wand zeigten.

Da der Proband freiwillig die Auskunft gegeben hatte, daß die hypothetische Aufgabe, die Bilder aufzuhängen, ausgeführt sei, wurde er gebeten, alle drei Bilder kritisch zu begutachten, ob sie „gut hängen, ob es so stimmt und paßt“, und offen alle Ideen zu äußern, die ihm in den Sinn kommen. Langsam und kritisch überprüfte die Versuchsperson alle drei Stellen und äußerte dann mit großer Zufriedenheit ihre Meinung, daß alles soweit in Ordnung sei, außer daß das Portrait des „zweiten Dr. Y“ leicht schief hänge. Der Autor bemerkte sogleich, daß Dr. Y sich tatsächlich zur Seite lehnte, das Kinn in die Hand stützte und den Ellbogen aufs Knie. Vergleichbares ist oft zu erreichen versucht worden, indem eine Versuchsperson im Wachzustand gezielt gebeten wurde, das Bild einer anwesenden Person an der Wand zu visualisieren, wobei diese betreffende Person unmittelbar darauf diese visualisierte Position einnehmen sollte. In keinem einzigen Fall hat der tatsächliche Stellungswechsel der realen Person das visualisierte Objekt der wachen Versuchsperson beeinflußt. Gegenteilig verhält es sich bei hypnotischen Personen im somnambulen Zustand. Mit der Bemerkung, dies werde in Kürze korrigiert, fuhr der Autor mit seiner Vorlesung fort. (Dr. Y setzte sich liebenswürdigerweise aufrecht hin, und ca. 15 Minuten später bemerkte die Versuchsperson spontan, das Bild sei jetzt „geradegerückt worden“.)

An die Versuchsperson erging nicht die Bitte, die Bilder auch im Wachzustand zu plazieren.

In diesem Fall wußte nur der Autor, nicht aber die Gruppe, daß ein Experiment durchgeführt wurde, das vor allem ihn selbst interessierte. Das Publikum sah sich die Vorgänge lediglich als ungeplante Entwicklung der Lehrdemonstration an, was ja auch tatsächlich der Fall war.

Monate später wurde der Autor gebeten, eine weitere Lehrdemonstration für dieselbe Gruppe am gleichen Ort abzuhalten, vielleicht mit den gleichen Probanden oder auch mit anderen, wobei diese Demonstration eigentlich unmittelbare und posthypnotische Schmerzkontrolle zum Thema haben sollte.

Diese günstige Gelegenheit wurde genutzt, und es wurden drei Versuchspersonen eingesetzt, diejenige, die bereits – wie oben beschrieben – mitgewirkt hatte, und die beiden anderen, die bislang keinerlei Beziehung zu dem Experiment hatten, welches in dieser Studie im Mittelpunkt stand, und die den ersten Probanden auch gar nicht kannten. Die beiden neuen Versuchspersonen hatten zuvor bei einem separaten Experiment zur Untersuchung hypnotischer Taubheit teilgenommen (Erickson 1938).

Mit allen drei Personen wurde einzeln und nacheinander (während die übrigen jeweils gebeten wurden, im Wartezimmer zu bleiben), das ursprüngliche Stegreifexperiment aus der damaligen Medizinvorlesung wiederholt. Dabei war jede Versuchsperson im Wachzustand und erhielt die vernünftig klingende Erklärung: „Da es noch nicht an der Zeit ist, mit der Veranstaltung zu beginnen, wollen wir sie uns vertreiben, bis die restlichen Teilnehmer eintreffen. Dort sitzt Dr. X. ‚*Wo in diesem Raum, wenn Sie ein neunzig mal einhundertzwanzig Zentimeter großes Bild von Dr. X hätten, wo in diesem Raum würden Sie es aufhängen? Denken Sie sorgfältig darüber nach, und wenn Sie es sich überlegt haben, erklären Sie es genau.*'" (Das gesamte Vorgehen wurde dann auch in bezug auf Dr. Y wiederholt.) Die frühere Versuchsperson erinnerte sich offensichtlich nicht, wie sie die Aufgabe seinerzeit im Trancezustand ausgeführt hatte, allerdings wurde sie nicht auf mögliche Erinnerungen hin getestet. Ihr Verhalten ließ auf vollständige Amnesie schließen.

Jede Versuchsperson begutachtete beflissen die Wände des Raumes, und eine jede suchte sich Stellen an der vorderen Wand hinter dem Rednerpult aus, die tatsächlich einen angemessenen Ort im Raum darstellten, um solch ein Bild aufzuhängen. Abweichend vom ursprünglichen Vorgehen wurde jede Versuchsperson einzeln gebeten, das Bild ein zweites und drittes Mal zu plazieren, wobei der Wortlaut der ersten Aufforderung wiederholt wurde. In allen drei Fällen wurde eine zweite und dritte Stelle dafür vorgeschlagen; dabei gab jede Versuchsperson ihre eigenen und in der Tat guten Gründe für jede vorgeschlagene Stelle an, die aber nicht notwendigerweise mit der Wahl und den Gründen der anderen beiden übereinstimmten. Alle diese im Wachzustand ausgesuchten Stellen für die hypothetischen Bilder entsprachen den räumlichen Bedingungen und dem Anblick, der sich so dem möglichen Betrachter bot. Die physische Anwesenheit der Herren X und Y, die notwendigerweise wegen der ursprünglichen Versuchsperson dieselben Sitzplätze einnehmen mußten wie beim ersten Mal auch, und ihr Platzwechsel beeinflußten die Wahl der vorgeschlagenen Stellen für die Bilder nicht. Allerdings wählten dieselben drei Versuchspersonen später im somnambulen Zustand jeweils einzeln Stellen für die Bilder von Dr. X und Dr. Y aus, die in direkter Beziehung zu der physischen Anwesenheit der beiden Männer standen, als Platz, für das Aufhängen von Bildern dagegen unwahrscheinlich waren. Es gab kein Anzeichen, daß sie sich der gesamten wirklichen Situation bewußt waren oder davon beeinflußt wurden. Obgleich dieses „Wo in diesem Raum?" eine genaue Frage darstellte, waren die Antworten darauf unweigerlich in das offensichtliche *Tranceverständnis* der Versuchspersonen eingebettet oder abhängig von der erfaßten physikalischen Realität; beides entsprach ganz gewiß nicht ihrer üblichen Realitätsauffassung im Wachzustand. Tatsächlich schien das Realitätsverständnis der Versuchspersonen einer anderen Erfahrungskategorie anzugehören als dem im Wachzustand. Der Proband aus dem vorigen Experiment gab in Hypnose Antworten, die mit denen seines ersten Erlebnisses vergleichbar waren. Scharfsinnige Argumente änderten seine Trancereaktionen nicht.

Bei einer weiteren Demonstration hypnotischen Verhaltens anläßlich einer anderen Ärztetagung, auf welcher der Autor zuvor noch nicht erschienen war, ging es um das Thema der „Induktionstechniken". Für diese Präsentation hatten die Ärzte zehn freiwillige Versuchspersonen für den Autor gewonnen, von denen ihm keine bekannt war, bis jede einzeln aus dem Wartezimmer hereingebracht und ihm vorgestellt wurde. Grund dieses Vorgehens war, sicherzustellen, daß man sich jeder Versuchsperson zuwenden würde, ohne daß sie zuvor schon etwas darüber gewußt hätte, was der Autor mit den vorangegangenen Versuchspersonen gemacht hat, und um so jegliche Imitation oder mögliche geheime Absprache auszuschließen. Es war der Wunsch der Ärztegruppe, Hypnose als legitimes und bedeutsames Phänomen anerkennen zu können und dies aufgrund eines kontrollierten Experiments.

Diese intelligente kritische Atmosphäre ergab ein ausgezeichnetes Setting für weitere Experimente aus dem Stegreif, da keiner der Anwesenden etwas über die inoffizielle Studie des Autors wußte. Als nun jede Versuchsperson von einem damit beauftragten Arzt hereingebracht und vorgestellt wurde, angeblich nur zu dem Zweck, dem auch alle Versuchspersonen zugestimmt hatten – Varianten der hypnotischen Induktionstechnik zu demonstrieren – wurden Bemerkungen folgender Art gemacht: „Ich weiß nicht, ob Sie diesen Herrn dort kennen (es wurde auf ihn gezeigt), den mit der gestreiften Krawatte (mit den lose hängenden Enden, mit der langstieligen Pfeife, mit der Blume im Knopfloch oder mit irgendeinem anderen, leicht erkennbaren Attribut), aber ich weiß auch nicht, ob Sie mit jenem Herrn bekannt sind (und dann wurde auf einen anderen Arzt verwiesen, mit anderen persönlichen Kennzeichen)." So konnten zwei oder drei Personen zufällig ausgewählt werden, anscheinend zum Zweck, mit der Versuchsperson ein Gespräch zu beginnen. Tatsächlich aber ging es darum, zwei oder drei Personen auszusuchen, die günstig saßen für die experimentellen Zwecke.

Jedem freiwilligen Probanden, von denen keiner Hypnose gesehen oder erlebt hatte, wurde die Standardfrage gestellt: „Wo in diesem Raum, wenn Sie ein neunzig mal einhundertundzwanzig Zentimeter großes Bild von diesem Doktor dort (mit der Krawatte oder welchem besonderen Kennzeichen auch immer) hätten, wo in diesem Raum würden Sie es aufhängen? Denken Sie sorgfältig darüber nach, und wenn Sie es sich überlegt haben, erklären Sie es genau." Für das Publikum wie für die Versuchspersonen war dies eine rein beiläufige, bedeutungslose Frage, eine eher ungezielte, mehr oder weniger routinierte, einführende Konversation.

Jedesmal betrachteten die Versuchspersonen die Wände des Raumes und wiesen jeweils auf eine räumlich angemessene Stelle, wenn auch die Wahl gewisse Unterschiede aufwies. So sagte eine Versuchsperson zum Beispiel: „Ich würde dieses Bild dort abnehmen und das neue aufhängen." Ein anderer Proband sagte: „Der beste Platz ist bereits vergeben, so würde ich es dorthin hängen", und dabei zeigte er auf eine andere Stelle an der Wand.

Schließlich hatte jede Versuchsperson Trance entwickelt, verschiedene Hypnosetechniken waren demonstriert worden, und die einzelnen angewandten Induktionstechniken waren besprochen worden. Sodann wurde der jeweiligen Versuchsperson in somnambuler Trance dieselbe Frage gestellt wie zuvor im Wachzustand. Es stellte sich heraus, daß es keinen Unterschied machte, ob die Versuchspersonen sich des Publikums nicht bewußt waren oder aber in vollem Rapport imstande waren, Fragen der Zuhörer bereitwillig und angemessen zu beantworten. Es spielte auch keine Rolle, ob die einzelne Frage vom Autor kam oder von einem der sonstigen Teilnehmer, mit dem Rapport zu der Versuchsperson hergestellt worden war, oder ob die Frage von einer getippten Karte abgelesen oder einfach frei gestellt wurde. Die Frage lautete immer: „Wo in diesem Raum, wenn Sie ein neunzig mal einhundertundzwanzig Zentimeter großes Bild von (wer immer für die Person im Wachzustand ausgewählt worden war) hätten, wo in diesem Raum würden Sie es aufhängen? Denken Sie sorgfältig darüber nach, und wenn Sie es sich überlegt haben, erklären Sie es genau."

Ohne jegliche Ausnahme *betrachtete jede Versuchsperson im Trancezustand langsam und nachdenklich den Raum und plazierte dann das Bild oberhalb und etwas hinter der ausgewählten Person, ungeachtet dessen, wie abwegig der tatsächliche Hintergrund auch sein mochte.* Dieses Abweichen von ihrer vorherigen Ausführung derselben Aufgabe im Wachzustand wurde bereitwillig anerkannt, und für das Publikum war dies äußerst eindrucksvoll. Es machte deutlich, daß Hypnose die Reaktion einer Person auf einen Reiz signifikant verändern konnte, für die Teilnehmer eine Tatsache von großem medizinischem Interesse.

Für die beiden letzten dieser zehn Versuchspersonen – beide erwiesen sich als hervorragende Somnambule – wurde ein neues Vorgehen entwickelt und mit jeder einzeln durchgeführt. Diese neue Maßnahme bestand darin, daß eine Versuchsperson – während sie einzeln den Raum betrat und ehe sie das Rednerpodium erreicht hatte – vom Autor durch die Aufforderung angehalten wurde: „Würden die beiden Männer, der mit den zersausten Haaren und dem starken Bart und der mit der gebundenen Krawatte und der weißen Nelke im Knopfloch ihre Plätze im Publikum verlassen und sich auf das Rednerpodium begeben" und sich auf zwei gekennzeichnete Stühle setzen, die vor einem drei mal drei Meter sechzig großen Ölgemälde einer historischen Szene aufgestellt waren. Die Ärzte kamen der Aufforderung bei beiden Versuchspersonen nach, in einer Mischung aus leichter Verlegenheit und Selbstbewußtsein, während jede Versuchsperson dies mit neugierigem Interesse beobachtete. Dann wurde dem jeweiligen Probanden noch im Wachzustand die entscheidende Frage nach der Anordnung der Bilder jener beiden ausgewählten Ärzte an ihrem neuen Platz gestellt. Beide Probanden betrachteten bereitwillig die Wände des Auditoriums und gaben die üblichen vernünftigen Antworten von Menschen im Wachzustand.

Nachdem mit den beiden Versuchspersonen eine Demonstration und Diskussion der Technik stattgefunden hatte, wurde eine jede, noch in somnambuler Trance und ausschließlich in Rapport mit dem Autor, gebeten, die Bilder der beiden Ärzte anzuordnen, die im Augenblick mit auf dem Podium saßen, aber nur verbal durch die spezielle Beschreibung bezeichnet worden waren, als sie noch im Publikum gesessen hatten. Langsam und nachdenklich betrachtete jede Versuchsperson die Wände des Raumes und schien dann zum großen Erstaunen des Autors zu zögern bei der Wahl zwischen der *Wand hinter den beiden Ärzten*, an der bereits das Ölgemälde hing, und Stellen *in unmittelbarer Nähe der Plätze, auf denen die Ärzte ursprünglich gesessen hatten.* Schließlich fiel die Wahl auf eine Stelle etwas oberhalb und hinter jedem Arzt und vor dem Ölgemälde. Sogleich fragte der Autor: „Würden Sie bitte jeden Arzt fragen, ob er mit Ihrer Wahl des Platzes für sein Bild einverstanden ist?" Ohne zu zögern und wiederum zum Erstaunen des Autors, drehten sich beide Versuchspersonen weg von den halluzinierten Bildern und hin zum Publikum und blickten zu den Plätzen, auf denen die Ärzte ursprünglich gesessen hatten. Offensichtlich hatten sie diese Ärzte anfänglich bemerkt aufgrund der Aufforderung des Autors, ihre Plätze zu wechseln, und dies hatte bei beiden Versuchspersonen bewirkt, daß sie die Ärzte *bezüglich deren Position im Publikum* identifizierten. Mit anderen Worten: der Platzwechsel der Ärzte aufgrund der Aufforderung des Autors wurde unwillkürlich zum Bestandteil des Tranceumfelds, während der erste Anblick jener Ärzte zum bleibenden Teil des im Wachzustand wahrgenommenen realen Publikums wurde. Wie sie zu den Ärzten sahen, die sie halluzinatorisch im Publikum wahrnahmen, erklärte ein jeder, ihre Anordnung der Bilder sei mit einem zustimmenden Kopfnicken beider Ärzte bestätigt worden.

Man könnte spekulieren, daß die ursprüngliche Identifikation der Ärzte als Mitglieder des Publikums und die Frage nach dem Anordnen ihrer Bilder Teil der gegenwärtigen Wirklichkeit des Wachzustands wurde. *Im Trancezustand entwickelte sich sodann eine neue und unterschiedliche Trancerealität mit halluzinierten Bildern, die an den Wänden aufgehängt werden sollten, und die anscheinend anders aufgefaßt wurden als im Wachzustand.* Die Frage nach der Zustimmung der Ärzte führte dann in den Trancezustand das Bedürfnis nach einem Teil der ursprünglichen Realität des Publikums ein, welchem dadurch entsprochen wurde, daß die visuelle Erinnerung an die Ärzte im Publikum eingesetzt wurde, und dennoch blieb ihr Verständnis der Trancerealität unangetastet.

Zur weiteren Diskussion dieses Umstands sei die Tatsache angefügt, daß diese eigentümliche Inkorporation eines Teils der Realitätsauffassung im Wachzustand in das Verständnis der hypnotischen Wirklichkeit häufig bei somnambulen Personen angetroffen worden ist, die mit komplexem Verhalten zu tun hatten. Interessant ist die Tatsache, daß die Versuchspersonen kein Gefühl der Inkongruenz oder des Konflikts erleben, wie widersprüchlich die beiden unterschiedlichen Arten der Wirklichkeiterfassung auch sein mögen. In diesem Beispiel blieb die Beschreibung zur Identifikation der Männer, ehe die Versuchspersonen das Podium betraten, anscheinend als Teil der realen Wahrnehmung des Publikums erhalten. Ihre Anwesenheit auf dem Podium war offenbar Teil der hypnotischen Realität. Daher hängten sie die Bilder im Sinne des hypnotischen Umfeldes; als sie aber aufgefordert wurden, eine Meinung aus der Realität des Wachzustands einzuholen, wandten sie sich wieder der ursprünglich im Wachzustand erlebten Realität des Publikums zu. Das Zögern beim Bilderaufhängen deutet nicht notwendigerweise auf einen Konflikt hin, sondern könnte auch einfach die Wahl zwischen zwei (für sie) anscheinend gleichwertigen Wirklichkeiten anzeigen.

Von den zehn Freiwilligen für diese Vorlesung und Demonstration hatten sich vier – zumindest für den Autor – als nicht hypnotisierbar erwiesen. Nachdem der Versuch des Autors mißlungen war, sie zu hypnotisieren, wurde ihnen erlaubt, sich ins Publikum zu setzen. Einer von ihnen meldete sich gegen Ende der Veranstaltung wieder als Versuchsperson, was für das Publikum von großem Interesse war. Diesmal erwies er sich als ausgezeichnete Versuchsperson, und wie die anderen Versuchspersonen in Trance hängte auch er das Bild eines anderen Mannes mit gepunkteter Krawatte an einen unmöglichen Platz, und später, im anschließenden Wachzustand, an einen geeigneten Platz, hatte aber eine Amnesie für sein Tranceverhalten.

Die anderen hypnotischen Versuchspersonen waren nacheinander in einen anderen Raum geschickt worden, nachdem jeder seinen Beitrag an der Demonstration geleistet hatte; sie waren dort unter Aufsicht eines Bediensteten, der angewiesen war, keine Unterhaltung zuzulassen. Tatsächlich erwies sich diese Vorsichtsmaßnahme als unnötig, da jede Versuchsperson posthypnotisch in Trance entlassen worden war, mit den Auftrag, es sich bequem zu machen und auszuruhen, bis der Autor sie wieder benötigte, und sie gehorchten alle. Diese Vorkehrung war nur für den Fall getroffen worden, daß Fragen aus dem Publikum es erfordern könnten, sie zurückzurufen, und es war nicht erwünscht, daß sie Informationen austauschten.

Zum Abschluß der Veranstaltung wurden diese sechs Versuchspersonen aus der Trance aufgeweckt und einzeln in den Vorlesungsraum gerufen. Dort wurde jede mittels der gleichen Vorgehensweise und derselben Frage gebeten zu zeigen, wo sie ein spezielles hypothetisches Bild hinhängen würde. Und wieder, trotz ihres früheren Tranceverhaltens und völlig übereinstimmend mit ihrem realen Verhalten im Wachzustand, wählten sie Stellen an der Wand aus, die den räumlichen Gegebenheiten entsprachen, und auch die unerwünschten Suggestionen aus dem Publikum beeinflußten sie nicht.

Die obigen Beispiele sind detailliert aufgeführt, obgleich sie nicht zu den Daten dieses Untersuchungsberichts gehören. Sie ermöglichen mehr Einsicht, wie ein Experiment als zufälliger Teil im Rahmen einer größeren Veranstaltung durchgeführt werden kann und den Versuchspersonen dabei nicht als eine geplante Studie erscheint. Diese Beispiele zeigen auch klar und lebendig das experimentelle Verhalten, das in der Untersuchung selbst ausgelöst wird.

Ergebnisse der experimentellen Studie

Wenden wir uns nun wieder der experimentellen Studie zu; die Ergebnisse der Gruppe von Versuchspersonen im Wachzustand und die der hypnotischen Gruppe waren innerhalb der jeweiligen Gruppen übereinstimmend vergleichbar und unterschiedlich zwischen den Gruppen. Die Versuchspersonen im Wachzustand betrachteten jedes der vier realen Objekte ohne Interesse an deren derzeitigem Standort. Für sie spielte es beispielsweise keine Rolle, ob das Photo auf einer Fensterbank, einem Schreibtisch oder auf einem Bücherschrank stand. Sie ließen den Blick lediglich über die vier Wände gleiten und schätzten dabei den Platz dort ab. Dann zeigten sie, wo sie solch ein Bild hinhängen würden, „wenn solch ein Bild vorhanden wäre". Darüber hinaus stellten viele neben der Abschätzung des Platzes zusätzliche Überlegungen an, was denn von Vorteil sei für eine Person, die den Raum betritt, im Gegensatz zu jemandem, der bereits im Raum sitzt. Es wurden auch die Lichtverhältnisse aufgrund der Fenster und die mögliche Reflexion der Beleuchtung bedacht. Alle schlossen bestimmte Bereiche der Wand als nicht vorteilhaft aus, entweder durch eine direkte Aussage oder indem sie diese Areale nach einem abschätzenden Blick nicht mehr weiter beachteten. Einige erörterten, ob ein bestimmter Platz an der Wand, verglichen mit einem anderen, eher passend wäre, und wählten eine zweite oder sogar dritte Stelle aus. Aber alle Entscheidungen wurden im Sinne der äußeren Realität getroffen, hinsichtlich der Bedingungen der Wände, der Beleuchtung, des Vorteils für den Betrachter und anderer ästhetischer Überlegungen.

Die hypnotischen Personen lösten das Problem in völlig anderer Weise. Das reale Objekt, dessen Photo aufgehängt werden sollte, wurde intensiv betrachtet. Dann wurden alle Wände langsam und sorgfältig mit dem Blick abgesucht, offensichtlich mit dem gleichem Nachdruck wie bei den Personen im Wachzustand, und dann pflegte der Blick der Versuchsperson, trotz der physikalischen Realität, zu dem Objekt zurückzukehren, und langsam und nachdenklich wurde das angenommene Bild mit direktem Bezug zum realen Objekt plaziert, und zwar in unterschiedlicher Höhe über und hinter dem Objekt selbst. Dies geschah ungeachtet dessen, ob die ausgewählten Stellen frei waren, ob sich dort ein Fenster befand, Heizungsrohre, eine Ecke, ein bis an die Decke reichender Bücherschrank, eine Tafel, ein anderes Bild, oder ob es ein unmöglich kleiner Platz war. Gelegentlich fiel die zweite Wahl einer Versuchsperson auf eine etwas höhere oder tiefere Stelle. Keiner zog äußere Gegebenheiten in Betracht, wie den tatsächlichen

Platz an der Wand, die Lichtverhältnisse, den vorteilhaften Standort des Betrachters oder sonstige äußere Bedingungen.

Personen, die zuerst im Wachstadium getestet wurden, zeigten die charakteristischen Reaktionen dieses Stadiums. Externe Wirklichkeiten beherrschten ihre Antworten völlig. Wenn sie jedoch nachfolgend im selben Raum im somnambulen Stadium getestet wurden, gaben sie die charakteristischen Antworten des somnambulen Zustands. Sie waren nicht beeinflußt durch ihr vorhergehendes Testverhalten, und externe Wirklichkeiten waren ohne Wirkung. Personen, die zuerst im somnambulen hypnotischen Stadium getestet wurden, gaben die charakteristischen Antworten dieses Bewußtseinszustands. Wenn sie im Wachzustand getestet wurden, waren sie von ihrem vorhergehenden hypnotischen Verhalten unbeeinflußt und gaben die charakteristischen, von der externen Wirklichkeit bestimmten Antworten des Wachzustands.

Nur eines der realen Testobjekte blieb konstant – das Photo der Schale mit Obst. Die Schale mit Obst änderte sich notgedrungen häufiger, und Wiederholungstests, die sowohl bei wachen wie bei hypnotischen Personen mit unterschiedlichen Obstschalen vorgenommen wurden, beeinflußten in keiner Weise die erhaltenen Antworten. Die Person, die der Versuchsperson bekannt war, und das Photo der Person, die der Versuchsperson bekannt war, variierte notwendigerweise bei den verschiedenen Versuchspersonen. Der Einsatz derselben Person und desselben Bildes einer Person für Tests in beiden Bewußtseinsstadien ergab keine Veränderung in den charakteristischen Ergebnissen. Auch der Einsatz unterschiedlicher Personen und unterschiedlicher Bilder für jeden Bewußtseinszustand und für separate Wiederholungstests hatte keinen Einfluß auf die Resultate. Im wesentlichen dienten die realen Testobjekte für beide Versuchspersonentypen. Die verlangte Aufgabe war ausschlaggebend für ihre Antworten, und diese stimmten durchgängig mit ihrem Bewußtseinszustand überein.

Das Verhalten der Versuchspersonen läßt sich zusammengefaßt folgendermaßen beschreiben: Das Photo einer der Versuchsperson bekannten Person, ob es nun auf dem Schreibtisch, auf einem Bücherschrank, auf einer Fensterbank oder an irgendeiner anderen beliebigen Stelle aufgestellt war, wurde von der Person im Wachzustand betrachtet; dann schätzte sie die Wände des Raumes ab und verglich verschiedene Plätze miteinander. Schließlich wurde in sachlicher Weise eine endgültige Entscheidung getroffen, um das neunzig mal einhundertzwanzig Zentimeter große Bild aufzuhängen. Im Trancestadium wurde der Raum ebenso neutral begutachtet, aber immer in zögerlicher Haltung, sobald die Wand oder die Fläche oberhalb des Photos betrachtet wurde. Dann pflegte die hypnotisierte Person mit wachsender Entschlossenheit einen Platz über dem Photo anzuzeigen, ungeachtet der Tatsache, daß dieser ungeeignet war, ein Bild aufzuhängen; es konnte sich um ein Fenster handeln, es konnten sich dort Heizungsrohre befinden, es konnte auch eine Ecke sein, in der man unmöglich ein Bild aufhängen konnte, oder es war möglicherweise eine leere Fläche.

Ein anderer Umstand, dem das besondere Interesse des Untersuchenden galt, betraf den Einsatz von Versuchspersonen in leichter und mittlerer Trance. Bei beiden Typen zeigte sich, daß ein deutlicher subjektiver Realitätsbezug fortbestand, der ausreichte, um sich durch objektive Tests wie unwillkürliche, Vermeidungs- und Schreckreaktionen verifizieren zu lassen. Beim ersten Entwurf des Experiments wurde die Entscheidung getroffen, daß nur somnambule Versuchspersonen eingesetzt werden sollten, weil sie den klarsten Beweis für den hypnotischen Zustand im Unterschied zum Wachzustand erbringen würden. Da dies der experimentellen Fragestellung entsprach und es sich nicht um eine Untersuchung des Ausmaßes, der Art und Variationsbreite von Unterschieden handelte, sondern nur um die Frage nach dem Vorhandensein eines identifizierbaren Unterschieds, waren der Autor, seine Ratgeber und Assistenten der Meinung, daß der Einsatz ausschließlich somnambuler Versuchspersonen für die geplante Untersuchung angemessen sei. Indessen wurde bei fortschreitender Studie eine separate Untersuchung mit unterschiedlich leicht- und mitteltief hypnotisierten Versuchsersonen durchgeführt.

Auch diese zeigten eine Realitätsauffassung, die von der im Wachzustand abwich. Dieser Unterschied war vorwiegend graduell und reichte von einer leichten Veränderung bis hin zum Realitätsbewußtsein von Versuchspersonen in somnambuler Trance. In leichterer Hypnose schien die äußere Wirklichkeit unverändert, aber „weniger wichtig", „nicht so real". Die Aufgabe, Bilder aufzuhängen, mußte ausgeführt werden, indem man sie sich mit geschlossenen Augen vorstellte; die Augen zu öffnen hätte bedeuten können, daß die Trance unterbrochen oder beendet worden wäre. Das war in sich selbst bereits eine Untersuchungsbedingung. Auch die Aufgabe als solche schien den Seelenfrieden und die Ruhe der Versuchspersonen zu beeinträchtigen, und es bestand die Tendenz, der Aufgabe mit Unwillen zu begegnen und sie dann zu vergessen. Mit fortschreitender Trancetiefe wurden die äußeren Bedingungen zunehmend „unwirklich", „nicht vorhanden", oder es galt: „Ich hab' sie vergessen." Einige der Versuchspersonen in mittlerer Trancetiefe konnten die Augen offenhalten, sogar das spezielle Photo sehen, aber ihr peripheres Gesichtsfeld war subjektiv unklar, und die realen Objekte waren verdunkelt. Letzteres Phänomen wurde getestet, indem fremde Objekte in den Bereich des peripheren Gesichtsfeldes eingeführt wurden, was geschehen konnte, ohne daß die Versuchspersonen sie wahrzunehmen schienen. Wenn diese jedoch in gut mitteltiefer Trance versuchten, die Wände des Raumes für das Aufhängen der Bilder zu begutachten, pflegte ihr peripheres Sehvermögen sich wieder einzustellen, der Trancezustand schwächte sich ab oder verschwand, und unbekannte Gegenstände, die in die Versuchsanordnung eingeführt worden waren, wurden unvermittelt bemerkt. So wurde langsam, nach mehreren hundert Tests, der Schluß gezogen, daß für Versuchspersonen in leichter und mittlerer Trance noch keine adäquaten experimentellen Maßnahmen entworfen worden sind.

Nachdem bereits eine große Datenmenge über somnambule Versuchspersonen gesammelt worden war und nachdem experimentelle Tests an anderen Versuchspersonen unter vergleichbaren Umständen keine bedeutende Verhaltensänderung gezeigt hatten, wurde die Versuchsanordnung variiert. Dieses neue Vorgehen sollte dem Zweifel Raum geben, ob die in Trance ausgewählten Stellen für die Bilder angemessen seien. Die Versuchspersonen wählten bereitwillig eine Stelle dem Bild gegenüber an der Wand aus, auch wenn dies den realen Gegebenheiten nicht angemessen war. Dasselbe geschah mit den Bildern der Obstschale, allerdings mit einem Unterschied: Während die Versuchspersonen dazu tendierten, das hypothetische Bild der Obstschale an der Wand möglichst in der Nähe derselben zu plazieren, brachten sie es an der Wand unmittelbar gegenüber unter, falls die erste Möglichkeit nicht akzeptiert wurde. Wurde die Schale mit Obst verwandt, und standen sie unmittelbar davor oder seitlich davon, dann wollten sie das Bild der Schale an der Wand aufhängen, die den Hintergrund für die Obstschale abgab. Dabei kam die Frage nicht auf, ob dieser Platz für das Bild angemessen sei, weder bei den experimentellen Testpersonen, noch bei denen dieses modifizierten Untersuchungsdurchgangs, obgleich Räume ausgesucht worden waren, wo das Bilderaufhängen sich schwierig gestaltete, wie zum Beispiel in der Bibliothek. Die tatsächlichen Ausmaße der Obstschale schienen für das Plazieren der hypothetischen bedeutungslos zu sein.

Im weiteren Verlauf dieser Untersuchung wurde eine Reihe kleinerer Experimente durchgeführt. Mit Hilfe von Kollegen fand sich eine Anzahl Freiwilliger, die dem Autor nicht bekannt waren. Darunter waren auch Versuchspersonen, mit denen die Kollegen heimlich verabredet hatten, daß sie im wahrsten Sinne des Wortes den Trancezustand simulieren sollten. Sie erhielten keine Kenntnis über die Tests, die der Autor durchführen würde; diese waren nicht bekanntgegeben worden.

Diese Versuchspersonen wurden in einer großen Gruppe hypnotisiert, die im Kreis mit dem Blick nach außen saß, so daß sie sich nicht gegenseitig beobachten konnten; außerdem waren die Lichtverhältnisse schlecht, so daß der Autor sie nicht genau in Augenschein nehmen konnte. Als sie alle in tiefer somnambuler Trance zu sein schienen, wurde ihnen gesagt, daß sie, während sie weiter in tiefer Trance bleiben würden, eine Assistentin einzeln in einen anderen Raum führen werde. Wenn sie dort ein neunzig mal einhundertzwanzig Zentimeter großes Bild zu sehen bekämen, würden sie der Assistentin sagen, an welcher Stelle sie es aufhängen würden. Die Assistentin war ausgewählt worden, weil sie nichts über den Sinn und Zweck des ganzen Vorgehens wußte.

Die Assistentin berichtete, daß drei Versuchspersonen das hypothetische Bild „in einfühlsamer Weise" aufgehängt hätten, und sieben hätten eine „lachhafte" Wahl getroffen; sie habe die Ausführungen aber kritiklos, wie angeordnet, akzeptiert und sie pflichtgemäß aufgezeichnet. (Die Kollegen hatten tatsächlich mit Absicht sieben somnambule Versuchspersonen ausgesucht und drei weitere, die noch nie zuvor in Trance gewesen waren.)

Die drei „einfühlsamen" Versuchspersonen wurden sogleich vom Autor in Kenntnis gesetzt, daß sie offensichtlich nicht hypnotisiert waren und daß ihnen wohl aufgetragen worden sei, den Autor zu täuschen. Auf ihre neugierigen Fragen, wie sie sich denn verraten hätten, da sie nichts über ihre Darbietung als reale Personen wußten, wurde ihnen erklärt, sie würden noch Gelegenheit bekommen zu lernen.

Sie wurden alle in den Testraum gebracht, es wurde ihnen die Frage nach der Anordnung der Bilder gestellt, auf die sie den realen räumlichen Gegebenheiten entsprechend reagierten, und dann wurde ihnen eröffnet, daß ihre Reaktionsweise der von wachen Personen entspreche, daß wirkliche hypnotische Reaktionen anders seien. Dann wurden sie gebeten, ohne Diskussion untereinander zu versuchen, die Aufgabe so auszuführen, als ob sie in Trance seien, und sich mit diesem Problem in aller Ruhe zu befassen, bis sie sicher seien, daß sie es tun könnten. Wenn sie bereit wären, die Aufgabe „in der richtigen hypnotischen Art" zu erfüllen, sollten sie einen Bleistift aus der Jakkentasche nehmen und ihn als Zeichen für den Autor ruhig hochhalten. Indem sie so eine „angemessene hypnotische Stellung" einnahmen, konnte jegliches Gewahrsein dessen, was die anderen gerade taten, ausgeschlossen werden. Nach 15 Minuten gab eine Person dem Autor ein Signal. Man ließ weitere 15 Minuten verstreichen. Nachdem die beiden anderen anscheinend nicht weiterkamen, wurde demjenigen, der das Signal gegeben hatte, die experimentelle Frage gestellt, und er wählte einen Platz aus, der mit den Reaktionen im Trancezustand in Einklang stand. Die beiden anderen machten dazu kritische Bemerkungen, bis sie schließlich erkannten, daß ihr Kollege sich offensichtlich in tiefer somnambuler Trance befand und mit ihnen nicht mehr in Rapport stand, wohl aber mit dem Autor. Sie begannen, sein Verhalten und Auftreten mit großem Interesse zu studieren. Einer der beiden war ein Medizinstudent, der andere ein Psychologiestudent höheren Semesters, der ziemlich unvermittelt still und nachdenklich wurde, das Bild betrachtete, die Versuchsperson und die unmögliche Stelle an der Wand. Dann war zu beobachten, wie sich sein Blick einengte, als fokussierten seine Augen etwas an der Wand. Deutlich sichtbar entwickelte er einen Trancezustand ohne Rapport zu den anderen und zum Autor. Um ihn herzustellen, brachte der Autor das Bild, das die Versuchsperson näher ins Auge gefaßt hatte, dicht vor deren Gesicht. Der Autor befand sich nun hinter dem Bild und bewegte es immer wieder auf und ab, um auf sein Gesicht aufmerksam zu machen. Kurz darauf wich der verwirrte Gesichtsausdruck der Versuchsperson dem des Erkennens, und so wurde der Rapport zum Autor hergestellt.

Die zweite Versuchsperson wurde angewiesen, mit umfassender Erinnerung und vollem Verständnis ihres Verhaltens aus der Trance zu erwachen. Dies gelang nur teilweise zufriedenstellend. Im wesentlichen erklärte der Student:

> „Als ich die Absurdität seiner Platzwahl für das Bild erkannte, begann ich darüber nachzudenken, daß die Dinge in Trance wahrscheinlich anders gesehen werden. So schloß ich meine Augen zur Hälfte und versuchte, nicht mehr zu fokussieren, um die Dinge anders sehen zu können. Es erinnerte mich an die „Als-ob-Spiele" meiner Kindheit. Als nächstes wußte ich, daß ich ganz alleine dieses Bild betrachtete, das sich merkwürdig zu bewegen begann. Je mehr ich es beobachtete, desto mehr schien es sich in bedeutungsvoller Weise zu bewegen, und ganz plötzlich sah ich Sie und wußte, Sie wollten, daß das Bild irgendwo aufgehängt wird. So wählte ich einen Platz unmittelbar hinter und über Ihnen aus, und *da sah*

ich das Bild hängen, wie ich jetzt weiß, mitten in der Luft. Aber alles war völlig natürlich für mich, und nichts schien anders oder unwirklich. Ich verstehe es einfach nicht."

Auch andere introspektive Berichte fielen nicht informativer aus. Die dritte Person versuchte sogleich, eine Trance zu entwickeln, scheiterte aber. Die erste dieser drei Versuchspersonen, die Trance entwickelt hatte, wurde geweckt, und es stellte sich heraus, daß sie eine vollständige posthypnotische Amnesie hatte. Den drei Personen wurde nun erlaubt, die Ereignisse zu diskutieren. Die erste Versuchsperson glaubte nicht, in Trance gewesen zu sein oder daß ihr Kollege ein Bild tatsächlich so plazieren würde, wie es derjenige beschrieben hatte, der nicht in Trance gegangen war. Auch glaubte der Proband den Aussagen seines Kollegen nicht, der im Wachzustand eine Erinnerung an sein Tranceverhalten hatte. Ein Bild so aufzuhängen, so erklärte diese Versuchsperson, wäre „vollkommen unvernünftig". Als er informiert wurde, daß er sich in tiefer Trance befunden habe und in ähnlicher Weise ein Bild „vollkommen unvernünftig" plaziert hatte, leugnete er eine derartige Möglichkeit.

Experimentelle Probleme

Von Anfang an tauchten bei dem Experiment gewisse Probleme auf, die mit diesem selbst sowie mit den Versuchspersonen zu tun hatten. Diese Probleme jedoch machten das Experiment nicht ungültig, sondern sie förderten die Bedeutung der Ergebnisse.

Die Räume, in denen das Experiment durchgeführt wurde, stellten ein Problem dar, allerdings nur für Personen im Wachzustand. Als das Experiment formuliert wurde, ging man davon aus, daß jeder Raum für die Tests in den beiden Bewußtseinsstadien benützt werden könne. Bald stellte sich heraus, daß einige Räume nur für Versuchspersonen im Wachzustand Verwendung finden konnten, da nicht alle Versuchspersonen im hypnotischen Zustand getestet werden konnten bzw. auch an verschiedenen Orten getestet wurden. Es bot sich jedoch häufig die Gelegenheit, hypnotische Versuchspersonen sowohl im Wach- wie im Trancestadium in Räumen zu testen, in denen zunächst nur Personen im Wachzustand getestet worden waren. Dies diente als tatsächliche Kontrollmaßnahme, da nur in bestimmter Hinsicht die Räume ein bedeutender Faktor waren, was sogleich zu diskutieren ist.

Diese spezielle Bedeutung der Räume kam nur bei Personen im Wachzustand zum Tragen. Für sie mußten alle Räume „vernünftig" sein. Wenn ein Raum wie zum Beispiel eine Bibliothek, deren Wände alle vom Boden bis zur Decke mit Bücherregalen zugestellt waren, als Untersuchungsraum ausgesucht wurde, lehnten die Versuchspersonen im Wachzustand die Aufgabe als absurd ab und zweifelten an der experimentellen Aufrichtigkeit des Autors. Sie konnten einfach nicht glauben, daß der Versuchsleiter es mit seiner Forderung ernst meinte, und es bedurfte besonderer Anstrengung und Überredung, um auch nur eine halbherzige Reaktion von ihnen zu erhalten. Die hypnotischen Versuchspersonen in tiefer somnambuler Trance jedoch konnten in einem derartigen Raum dem ersten experimentellen Test unterzogen werden, und sie konnten einen durchaus angemessenen Platz zum Aufhängen des suggerierten Bildes oberhalb und hinter dem wirklichen Objekt anzeigen, selbst wenn es sich dabei um eine Person handelte, die an einem deckenhohen Bücherregal lehnte, oder um ein Photo, das bereits auf dem Bücherregal stand, oder um eine Obstschale auf dem Boden vor dem Bücherregal. Der einzige Effekt einer derartigen Anordnung auf dem Boden bestand darin, die Versuchsperson zu veranlassen, einen Platz an der „Wand" in Augenhöhe der Versuchsperson auszusuchen. Allerdings zeigten die gleichen somnambulen Versuchspersonen später im Wachzustand das typische Wachverhalten bezüglich eines solchen Raumes. Diese Ergebnisse sind in sich selbst eindeutig signifikant als Bestätigung der experimentellen Ergebnisse.

Was die Versuchspersonen anbetrifft, so konzentrierten sich die Schwierigkeiten bei ihnen auf zwei spezielle Typen, nämlich (1) auf den argumentativen und (2) auf den übermäßig gewissenhaften Typus. Ihre Zahl war aber relativ gering, und sie waren den experimentellen Ergebnissen eher förderlich, als daß sie sie beeinträchtigten.

Die argumentativen Versuchspersonen thematisierten sowohl den Untersuchungsraum als auch die Versuchsaufgabe. Es handelte sich bei ihnen durchweg um Versuchspersonen im Wachzustand, und sie bemängelten die Wandfläche und den Raum in bezug auf das Bild oder das Bild in bezug auf die Raumgröße, die Wandfläche, die Verwendung des Raumes oder die Zweckmäßigkeit der Bilder selbst. Die Aufgabe selbst als reiner „Als-ob"-Vorschlag wurde völlig mißachtet und zurückgewiesen. Sie wollten argumentieren und debattieren, was „passend" sei. Doch einige dieser Versuchspersonen, die für dieses Experiment wegen ihrer kritischen Einstellung im Wachzustand zurückgewiesen werden mußten, wurden anschließend bei anderer hypnotischer Arbeit eingesetzt, und ihr ausgezeichnetes hypnotisches Verhalten legte nahe, daß es von Interesse sein könnte, sie im somnambulen Zustand für dieses Experiment zu testen. Glücklicherweise wurden 18 solcher Versuchspersonen gefunden und getestet, teils vom Autor, teils von seinen Assistenten. Im somnambulen Zustand zeigten sie die typischen hypnotischen Reaktionen, ungeachtet ihres früheren ablehnenden Verhaltens im Wachzustand. Als sie danach in Räumen getestet wurden, an denen sie keinen Anstoß nehmen konnten, gaben sie die typischen Antworten des Wachzustands, außer daß sie stets Probleme hatten mit dem Aufhängen eines oder zweier hypothetischer Bilder und gewöhnlich beim Plazieren des Bildes oder des Photos der Obstschale widersprachen. Der ursprüngliche Testraum, der im somnambulen Zustand so bereitwillig akzeptiert worden war, wurde gewöhnlich im Wachzustand zurückgewiesen. In allen Fällen wurde der Test in Hypnose mindestens sechs Monate nach dem ursprünglichen Test im Wachzustand vorgenommen. Weitere sechs Monate darauf wurden elf Personen nochmals getestet, mit völlig vergleichbaren Ergebnissen, außer daß der ursprünglich zurückgewiesene Raum ausgelassen wurde. Drei Monate später waren nur sieben dieser Versuchspersonen verfügbar. Sie wurden im ursprünglichen Raum im Wachzustand getestet. Vier sagten in der Tat, daß sie sich wegen der Beharrlichkeit des Autors der sinnlosen Forderung fügen würden, und zeigten mögliche Wandflächen, aber zwei äußerten allgemein ablehnende Kritik an der Aufgabe und stellten laut ihre Mutmaßungen an, warum der Untersucher überhaupt einen so unpassenden Raum in Betracht ziehen konnte. Die übrigen drei lehnten die Aufgabe kurz und bündig ab und erinnerten den Autor daran, daß sie diesen Raum bereits viele Monate zuvor schon einmal zurückgewiesen hatten. Diese 18 Personen wurden in die experimentellen Ergebnisse der hypnotischen Versuchspersonen mit aufgenommen, nicht aber in die der Versuchspersonen im Wachzustand, aufgrund ihrer ablehnenden und kritischen Einstellung gegenüber der Aufgabe und wegen der besonderen Sorgfalt, die für die Antworten im Wachzustand nötig war.

Die übergewissenhaften Versuchspersonen waren in dem einen, im anderen oder in beiden Bewußtseinszuständen schwierig. Im Wachzustand zeigten sie große Unsicherheit, diskutierten über die Angemessenheit des Raumes, des Bildes, der Wandfläche, den günstigen Standort des Betrachters, die Lichtverhältnisse, und sie änderten wiederholt aus verschiedenen Gründen ihre Meinung. Daher wurden sie nicht als geeignet angesehen, als Versuchspersonen für den Wachzustand eingesetzt zu werden. Sie akzeptierten die experimentelle Aufgabe nicht, sondern entwickelten daraus eine andere Aufgabe mühseliger Entscheidungen, die andere Überlegungen beinhaltete.

Dreizehn dieser Versuchspersonen wurden in somnambuler Trance trainiert. Aber selbst im Trancezustand wirkten sich ihre Persönlichkeitsmerkmale störend aus. Bereitwillige einfache Mitarbeit bei der Aufgabe war nicht gegeben. Wenn sie beispielsweise gefragt wurden, wo das Bild der anwesenden Person aufgestellt werden sollte (die Person stand neben einem Schreibtisch mitten im Zimmer), dann betrachteten sie die Person aus verschiedenen Blickwickeln, baten sie vielleicht sogar, ihre Position zu ändern, oder verrückten gar den Schreibtisch, um sie anders sehen zu können. Dann erwogen sie das Problem gewöhnlich wieder von neuem bezüglich der unmittelbaren räumlichen Gegebenheiten oder in bezug auf den Schreibtisch, neben dem die Person ursprünglich gestanden hatte, und dann plazierten sie das Bild vielleicht an der Wand, an die der Schreibtisch gerückt worden war. Auch verlangten sie gewöhnlich, daß das Photo der Person oder der Obstschale anders angeordnet werde, während sie sich andere mögliche Positionen des hypothetischen Bildes überlegten. Kurzum, sogar in Trance schafften sie neue Probleme, anstatt das geforderte zu lösen.

Glücklicherweise war der Autor schon früher auf zwei dieser zwanghaften Personen gestoßen und dadurch veranlaßt worden, bewußt weitere auszusuchen und festzustellen, ob solche Personen eingesetzt werden können. Ob nun im Trance- oder im Wachzustand, sie zeigten stets den Drang, die experimentelle Situation zu verändern und anders zu gestalten. So wurden diese Personen nicht in das Experiment aufgenommen, und solche Persönlichkeiten wurden als mögliche versuchspersonen gemieden. Es wurde indessen festgestellt, daß sie im Trancezustand sehr entschieden versuchten, die hypothetischen Bilder eher hinsichtlich ihrer räumlichem Beziehung zum entsprechenden Objekt als zum vorhandenen Platz an der Wand zu plazieren, obwohl sie sich nicht an das Experiment hielten, wie es vorgegeben war.

Zur Frage, ob die Geschlechtszugehörigkeit ein beeinflussender Faktor in diesem Experiment sei: Nur hinsichtlich der soeben beschriebenen Schwierigkeiten war das der Fall. Mehr Frauen als Männer problematisierten die Wahl des Raumes und die Eignung der Bilder, diskutierten darüber und zeigten sich übermäßig gewissenhaft. Ansonsten war die Geschlechtszugehörigkeit der Versuchspersonen unwichtig, soweit es die experimentellen Resultate betraf. Frauen waren allerdings eher zur Mitwirkung bereit als Männer, so daß die Verteilung ungefähr 60 Prozent Frauen zu 40 Prozent Männer war.

Eine andere erwartete experimentelle Schwierigkeit, die anfangs große Besorgnis erregte und später als eher belanglos angesehen wurde, war die Frage der Kommunikation unter den Versuchspersonen. Eine Kontrollmaßnahme bestand in der Suggestion posthypnotischer Amnesie für die gesamte hypnotische Arbeit. Diese erwies sich als äußerst effektiv, außer bei den übergewissenhaften Versuchspersonen, die „sich Sorgen machten aus Angst, sie könnten sich an das erinnern, was sie eigentlich vergessen sollten". Diese wurden, wie bereits oben berichtet, als in beiden Bewußtseinslagen ungeeignet ausgesondert.

Bei den Versuchspersonen im Wachzustand war die Kommunikation untereinander gering und hatte keine Auswirkung auf die experimentellen Ergebnisse. Auch entstanden später keine Gerüchte, was für einen bedeutenden Effekt ausgereicht hätte; dennoch wurde eine sorgfältige indirekte Befragung durchgeführt, und später erwies sich sogar die direkte Befragung ohne Auswirkung auf die Durchführung der Aufgabe.

Indessen wurden intensive Anstrengungen unternommen, um die Kommunikation untereinander zu unterbinden und die Aufmerksamkeit in die Irre zu leiten. Wenn an einem einzigen Ort mit vielen Versuchspersonen umfangreiche Arbeit durchgeführt wurde, wurden deshalb gewöhnlich andere und viel interessantere und mehr Aufmerksamkeit fordernde Aufgaben ausgeführt, um sicherzustellen, daß über Tätigkeiten diskutiert wurde, die nicht mit dem eigentlichen Experiment zusammenhingen. So lenkte beispielsweise automatisches Schreiben, das sowohl im Wach- wie im Hypnosezustand möglich ist, eine große Collegegruppe wirkungsvoll ab von der eher unwichtig erscheinenden Aufforderung des Autors, die Bilder aufzuhängen; dies wurde als eine nebensächliche Angelegenheit betrachtet, mittels derer der Autor die Persönlichkeit hinsichtlich des automatischen Schreibens einschätzen wollte. So konnte eine sichere experimentelle Atmosphäre geschaffen werden. Hypnotische und nichthypnotische Handschuhanästhesie war ein weiteres fesselndes Thema. Und ebenso verhielt es sich mit hypnotisch induzierter Regression oder Regression als Traumerfahrung.

Um zusätzlich noch das Problem der Kommunikation untereinander oder spontane Erinnerungen und Nachgrübeln bei den Versuchspersonen sowohl im Wach- wie im Trancezustand zu überprüfen, erwiesen sich indirekte Befragung und beiläufige Bemerkungen als unverfänglich.

Wenn das Experiment nach seiner Durchführung in vollem Umfang aufgedeckt wurde, diente das lediglich dazu, die Versuchspersonen daran zu erinnern, daß sie soeben als Versuchspersonen im Wachzustand fungiert hatten, ohne die Bedeutung dessen zu realisieren. Auch die Eröffnung, daß mit anderen Versuchspersonen ebenfalls Untersuchungen unter Hypnose durchgeführt worden seien, diente nicht dazu, Erinnerungen an die eigene Beteiligung unter Hypnose wachzurufen. Selbst wenn den Versuchspersonen gesagt wurde, daß sie unter Hypnose teilgenommen hatten, erinnerten sie sich nicht spontan. Erst wenn der Autor, bisweilen auch nur seine Assistenten, die mit ihnen gearbeitet hatten, hypnotische Suggestionen erteilten, kamen Erinnerungen zustande, und dann stellte sich gewöhnlich auch echtes Interesse ein. Wiederholt entstand sehr deutlich der Eindruck, daß die posthypnotische Amnesie bezüglich ihrer Aufgabenausführung bei denjenigen Versuchspersonen, die zuerst unter Hypnose eingesetzt wurden, auf ihr Erleben im Wachzustand ausstrahlte.

Postexperimentelles hypnotisches Erinnern wurde bei Hunderten von Versuchspersonen induziert, wobei sie lediglich Befremden zeigten über die merkwürdige Anordnung der Bilder, welche sie vorgeschlagen hatten. Sie konnten sich das nicht erklären, und wenn sie sich ernsthaft bemühten zu verstehen, entwickelten sie höchstwahrscheinlich einen spontanen Trancezustand, in welchem sie die „Richtigkeit" dieser Anordnung bestätigten. Wurde mit ihnen in bestimmtem Ton darüber diskutiert, so pflegten sie das Bild gehorsam an der Wand unterzubringen, entsprechend der angeführten Argumente (da die Trance unweigerlich eine Wiederbelebung der urspünglichen Trance war). Wenn sie dann (gewöhnlich) spontan und langsam aus der Trance kamen, hatten sie in der Regel im Wachzustand eine Erinnerung an die in Trance vorgenommene Anordnung, aber sie boten dann eine „korrigierende" Anordnung gemäß dem Wachzustand an. Aber auch dann waren sie noch nicht in der Lage, die Anordnung zu erklären, die sie im Trancezustand getroffen hatten. „Da schien es einfach in Ordnung zu sein." Das war noch die informativste Antwort von ungefähr 150 Versuchspersonen. Andere Antworten gingen in die Richtung: „In Trance sehen Sie die Dinge anders", „Irgendwie ändert sich alles", „Alles sieht anders aus", und „Sie hängen das Bild einfach so auf, wie die Dinge aussehen, und so stimmt es dann auch". Allerdings wurden mehr als 20 Versuchspersonen, die man von dem Experiment voll in Kenntnis gesetzt hatte, was sie sowohl im Trance- wie im Wachzustand getan hatten, einem anderen Test unterzogen, um zu erfahren, welche Plazierung sie für ein konkretes Landschaftsbild vorschlagen würden. Man begriff sehr schnell, daß sie zuerst im Trancestadium getestet werden müßten, andernfalls würde ein zunächst im Wachzustand vorgenommener Test ihr Vorwissen beeinflussen, und dies würde sich auf ihr nachfolgendes Verhalten im Trancezustand auswirken. Wenn sie aber zuerst im somnambulen Zustand getestet würden, dann verhielten sie sich ähnlich wie im ursprünglichen Experiment. Wenn sie anschließend im Wachzustand getestet würden, wäre ihre Reaktion in Übereinstimmung mit der beim Experiment im Wachzustand und würde einen Beweis ihres Vorwissens darstellen.

Wenn die Versuchspersonen vor der detaillierten Aufklärung länger und eingehender befragt werden, können sie ihre Fähigkeit einbüßen, Trance zu entwickeln; oder sie lehnen es einfach ab, die Angelegenheit weiter zu diskutieren, oder sie weigern sich auch, weiter hypnotische Arbeit zu leisten. Der Autor selbst hat eine Reihe ausgezeichneter Versuchspersonen verloren, indem er sie zu eingehend über die hypnotische Arbeit befragte. Einige von ihnen waren erst Monate oder sogar Jahre später wieder gut auf ihn zu sprechen, und sie erklärten dann ihr früheres Aufkündigen der Freundschaft damit, daß sie sich auf nicht zu rechtfertigende Weise vom Autor zu Arbeitsleistungen mißbraucht gefühlt hätten, mit dem Empfinden, kaputtgemacht worden zu sein oder aber vom Autor in ihrer persönlichen Integrität in Frage gestellt worden zu sein. Die Wiederherstellung der ursprünglichen Freundschaft konnte zu weiterer gelungener hypnotischer Arbeit führen, aber eine eingehende Befragung wurde sogleich wieder zurückgewiesen, bisweilen auch wieder mit dem Gefühl, daß der Autor zu Unrecht die Ernsthaftigkeit und Ehrlichkeit ihrer Arbeit in Frage stellte.

Eine andere experimentelle Schwierigkeit ergab sich nicht aus dem Experiment selbst und aus dessen Ablauf, sondern entsprang dem übermäßigen Interesse einiger Versuchspersonen an der Arbeit des Versuchsleiters, bezogen auf andere Forschungstätigkeit und auf dieses Experiment. So versuchten sie herauszufinden, welche Arbeit mit ihnen durchgeführt worden ist, und sie befragten die verschiedensten Personen, von denen sie annahmen, sie könnten etwas wissen. Es handelte sich dabei um weniger als 50 Versuchspersonen, und diese wurden von allen Untersuchungen, sowohl denen im Wachzustand wie auch denen unter Hypnose ausgeschlossen. Der gleiche wichtigtuerische Zug wurde in anderer Hinsicht festgestellt und trat immer schon hervor, noch ehe der Autor seine Studien mit ihnen in einem der beiden Bewußtseinszustände beendet hatte. So wurden derartige Versuchspersonen nach einigen Experimenten gemieden.

Experimentelle Kontrollen

Ursprünglich waren 300 Versuchspersonen eingeplant, von denen 100 in der Lage sein sollten, somnambule Trance bei offenen Augen und mit posthypnotischer Amnesie zu entwickeln. Im Versuchsplan war auch der Einsatz von Assistenten vorgesehen, wobei einige Hypnosekenntnisse haben sollten, andere nicht, und manche einen somnambulen Trancezustand gar nicht erkennen konnten, wenn die Versuchspersonen darauf vorbereitet waren, ihn zu verbergen, und die Assistenten darauf beschränkt waren, lediglich am Experiment selbst mitzuwirken. Einige Assistenten waren dem Autor gar nicht bekannt, aber ihre Arbeit wurde von anderen überwacht, die wußten, was zu tun war. Auch sie wurden gelegentlich bei ihrer Kontrollaufgabe überwacht. Einige Assistenten wußten, daß ein Experiment durchgeführt werden sollte, andere nicht. Ein paar Assistenten dachten, daß das gerade laufende Experiment nichts weiter als ein „Zeitvertreib" zur Vorbereitung für die „tatsächlichen Experimente" sei. Kurzum, es wurde jede nur denkbare Kontrolle über die Versuchsleiter ausgeübt, dabei wurde aber immer deutlicher, daß nur sehr wenige Kontrollen notwendig waren, welche überwiegend darauf abzielten, die experimentelle Frage so schlicht zu stellen oder vorzulesen, als interessiere sich der Fragesteller lediglich dafür, die Antwort der betreffenden Person zu erfahren; diese Antwort sollte passiv und bedenkenlos angenommen werden.

Hinsichtlich der Kontrollen der experimentellen Versuchspersonen war es zunächst einmal notwendig, diejenigen hypnotischen Versuchspersonen zu erkennen, die in der Lage waren, einen somnambulen Zustand zu entwickeln, in welchem sich unterschiedliche halluzinatorische Verhaltensweisen und posthypnotische Amnesie ergeben konnte. Für den Autor hat sich seit seinem Medizinstudium immer deutlicher gezeigt, daß das persönliche Bedürfnis in engstem Zusammenhang steht mit der Intensität eines möglichen hypnotischen Zustands. Auch ist die Persönlichkeitsstruktur von Bedeutung. Um dies zu verdeutlichen: ein Patient, der vorzeitig von der Schule abgegangen ist, an Krebs erkrankt ist und beruflich, wirtschaftlich und sozial schlecht angepaßt ist, vermag eine gute somnambule Trance zu entwickeln, vergleichbar mit der eines anderen krebskranken, vorzeitigen Schulabgängers, der aber beruflich, wirtschaftlich und sozial gut zurechtkommt. Beide unterscheiden sich erheblich insoweit, als der erste Patiententyp nicht die Bereitschaft aufrechterhält, eigene Anstrengungen aufzuwenden, weiterhin ein reagibles hypnotisches Verhalten zu zeigen, während der zweite Patiententyp sich weiterhin bemüht, aus den therapeutischen und palliativen hypnotischen Suggestionen seinen Nutzen zu ziehen.

Diese bedeutsame Tatsache gilt auch für gewöhnliche hypnotische Versuchspersonen. Erheblich mehr somnambule Versuchspersonen entwickeln einen besseren und tieferen somnambulen Zustand, wenn ihnen eine gewisse Motivation vermittelt werden kann, welche sie als ihre eigene erleben, die für sie persönlich wichtig ist und die nicht die Motivation des Versuchsleiters ist. Um dies zu veranschaulichen: bei der Jahrestagung einer Anästhesisten-Gesellschaft in Newport Beach, Kalifornien, im August 1966 wurde der Autor gebeten, verschiedene hypnotische Phänomene an fünf ihm persönlich nicht bekannten Personen zu demonstrieren. Als diese vor das Publikum traten, sagte der Autor:

> „Das Mädchen im weißen Kleid soll einfach dort auf dem mittleren Stuhl Platz nehmen, und Sie setzen sich auf diesen Stuhl, und Sie auf jenen, und das Mädchen im weißen Kleid wird einfach dort auf dem mittleren Stuhl sitzen, und Sie sitzen einfach dort drüben, und das Mädchen im weißen Kleid sitzt einfach dort auf dem mittleren Stuhl, und Sie selbst setzen sich angenehm und bequem nieder, und Sie im weißen Kleid sitzen einfach da und tun nichts. Sie brauchen nichts weiter zu tun, einfach nur dasitzen und nichts tun, Sie brauchen nicht zu sehen, zu hören, überhaupt nichts, einfach dasitzen, und nun werde ich meiner Arbeit nachgehen, während Sie alle auf Ihrem Stuhl sitzen, eben wie das Mädchen im weißen Kleid auf ihrem Stuhl sitzt und überhaupt nichts tut, bis ich sie um etwas bitte, und dann wird sie tun, was nötig ist und getan werden sollte! Und so machen Sie es alle, während Sie angenehm und bequem auf Ihrem Stuhl sitzen."

Das obige Zitat ist nicht wortwörtlich, aber so gut wie möglich wiedergegeben, da Intonation und Modulation der Stimme, Pausen, Gestik und Richtungsänderungen des Blickes nicht schriftlich ausgedrückt werden können. Die redundante Wortwahl mit ihren Wiederholungen vermittelte den Versuchspersonen eine gewisse vage, aber tiefe Überzeugung, daß das Sitzen auf dem bezeichneten Stuhl für sie persönlich von großer Bedeutung sei, welcher Art blieb ungewiß. Sie spürten nur, daß dieses Erleben für sie unerläßlich war, während ich, der Autor, „meiner Arbeit" nachging. Und das Mädchen im weißen Kleid, das angewiesen war, auf dem Stuhl zu sitzen und nichts zu tun, das nichts zu hören oder zu sehen noch überhaupt etwas zu tun brauchte, nur auf dem Stuhl zu sitzen, bis es zu etwas anderem aufgefordert würde, wurde ohne weitere Verzögerung zur Demonstration eines spontanen somnambulen Zustandes mit Sattelblockanästhesie eingesetzt.

Gültigkeit der hypnotischen experimentellen Resultate

Wie jeder erfahrene Psychotherapeut weiß, kann bei einem Menschen eine äußerst wichtige und weitreichende Veränderung in seiner Anpassung bewirkt werden, selbst nach dem Scheitern einer strikten „orthodoxen" oder „klassischen" Psychoanalyse von wöchentlich sechs Stunden über sieben Jahre. Es gibt keine Möglichkeit zu beweisen, daß eine Kurzzeitpsychotherapie unter Anwendung von Hypnose im Anschluß an eine lange psychoanalytische Therapie therapeutische Resultate bewirkt habe. Man kann nur beweisen, daß die vorausgegangene, sieben Jahre dauernde Psychotherapie das gewünschte Resultat noch nicht gezeitigt hatte. Der einzig beweisbare Umstand betrifft das Zeitverhältnis. Allerdings haben über lange Zeit gewonnene Erfahrungen in der Psychiatrie häufig gezeigt, daß Hypnose in der Psychotherapie Ergebnisse ermöglicht hat, die anders nicht erreichbar gewesen wären.

Dem Autor sind große chirurgische Eingriffe, einschließlich Entfernung der Gallenblase bekannt, die an Patienten im somnambulen Zustand ohne irgendwelche Medikation vor oder während der Operation durchgeführt wurden; und diese Patienten erholten sich ausgezeichnet und ohne Komplikationen. Obgleich der Autor weiß, daß dies kein Beweis für das Vorhandensein einer Anästhesie des Körpergewebes während der Operation ist, so sind ihm doch keine derartigen Operationen bekannt, die wahlweise an einem Patienten im üblichen Wachzustand ausgeführt wurden oder von Operateuren, die dazu bereit wären, während doch viele Ärzte und Zahnärzte bereitwillig und erfolgreich Hypnose anstelle von Medikamenten einsetzen, manchmal nur teilweise, manchmal vollständig.

Kurzum, die Validität hypnotischer Trancezustände und hypnotischer Manifestationen hängt nicht davon ab, was Kritiker und Skeptiker belieben zu verstehen. Die Echtheit hypnotischer Phänomene liegt in den Phänomenen selbst begründet und kann nicht an den Normen gemessen werden, die einer anderen Kategorie von Phänomenen zugrunde liegen. Während sowohl Wasser als auch Eisen mittels eines üblichen standardisierten Maßes, nämlich mittels des spezifischen Gewichts, gemessen werden können, hängt es von der Form des Eisens ab, ob es im Wasser schwimmt; und die Form kann nicht mittels des spezifischen Gewichts ausgedrückt werden, noch ändert sie das spezifische Gewicht von Wasser oder Eisen. Die Formverhältnisse des Eisens jedoch können sein Sinken im Wasser verhindern, und doch sind die Grundlagen des Messens keineswegs von anderer Art als für das Messen des spezifischen Gewichtes. Der Wissenschaft wird immer von denjenigen das Leben schwergemacht, die darauf bestehen, das, was sie nicht verstehen, in Begriffen zu verstehen, die sie zu verstehen meinen.

Der Autor stellt nicht in Frage, daß somnambule Trancewirklichkeiten von ebenso echter Gültigkeit sind wie die Wirklichkeiten des Wachzustandes. Er hinterfragt nur Wesen und Eigenart dieser Kategorie experimentellen Verhaltens. Er weiß, daß Träume im Schlaf als Tatsachen erlebt werden können, ohne daß das Faktum tiefen Schlafs im Bett realisiert wird, sondern der Traum wird erlebt als tatsächliches Beisammensein mit anderen, als Fliegen im Flugzeug oder als eine Vielzahl von Erlebnissen, die äußerst angenehm sein oder auch extreme Furcht hervorrufen können. Der Autor respektiert auch die halluzinierten Erlebnisse geisteskranker Patienten, trotz des Fehlens jeglicher erkennbarer natürlicher Grundlage. Er erinnert sich jenes überraschenden Erlebnisses mit einer Patientin, bei der eine unerklärliche akute katatone Schizophrenie diagnostiziert worden war; diese Patientin erzählte ihm mit äußerster Bitterkeit, daß sie „fauligen, ekelhaften Gestank nach verdorbenem Fisch" rieche und daß Leute mehr als 30 Kilometer entfernt sie „verfluchten" und sie mit „gemeinen und verächtlichen Namen" belegten. Noch mehr verblüffte ihn, als sie ihn bat, sich zu ihrer Linken hinzusetzen, und ihm auf seine detaillierten Fragen anvertraute, daß sie „gute Gerüche" nur mit ihrem linken Nasenloch riechen könne und nur mit ihrem linken Ohr „gute Stimmen" hören könne. Der Autor äußerte die Vermutung, daß es sich um einen Tumor im olfaktorischen Zentrum des Temporallappens handeln könne. Der plötzliche Tod der Patientin und die folgende Autopsie ergaben eine wachsende Krebsgeschwulst im linken Temporallappen, dienten jedoch nurmehr der Bestätigung, daß es tatsächlich eine reale Grundlage für den gestörten mentalen Zustand der Patientin gab. Aber ihre Klagen über die Geruchs- und Gehörhalluzinationen blieben unerklärlich, ebenso ihre Fähigkeit, Gerüche mit ihrem linken Nasenloch korrekt zu identifizieren, nicht aber mit dem rechten, wenn ihr mit einer Pipette eine aromatische Flüssigkeit korrekt eingeführt wurde. Auch konnten die Autopsiebefunde nicht erklären, warum die Patientin den Autor verwünschte und ihm eine vulgäre Sprache vorwarf, wenn er von rechts zu ihr sprach, was sich aber ins angenehme Gegenteil verkehrte, sobald der Autor auf ihrer linken Seite zu ihr sprach, auch wenn sie den klagenden Ton beibehielt.

Auch Träume sind bereits seit langem als echtes subjektives Erleben anerkannt, für welches viele theoretische Erklärungen angeboten, bisweilen sogar gewaltsam denen aufgedrängt worden sind, die versuchten zu verstehen. Der Autor hat einen eigenen Traum aus den frühen dreißiger Jahren gewissenhaft aufgeschrieben. In diesem Traum fand er sich als Erwachsener wieder, und er wußte mit aller Gewißheit, daß er Psychiater am Worcester State Hospital in Worcester, Massachusetts, war und daß er aufgrund einer früheren Kinderlähmung hinkte. Er stand gerade an einer nördlichen Landstraße in Wisconsin, beobachtete einen kleinen barfüßigen Jungen, der einen frischen Durchbruch durch einen Hügel hinauf- und herabkletterte, wo soeben eine neue Straße angelegt wurde. Er schaute dem Jungen interessiert zu; er wußte, daß er den Jungen sehen konnte, dieser ihn aber nicht. Er freute sich über das Interesse des Jungen an den Wurzeln des Baumes, der im Zuge der Erdarbeiten beim Anlegen der Straße gefällt worden war. Es gefiel ihm, daß der Junge herauszufinden versuchte, welche Wurzeln zu der weißen Eiche und welche zum Wildkirschbaum gehörten. Der Junge bezweifelte, daß irgendwelche Wurzeln zum Haselnußbusch gehörten, der östlich der Eiche stand. Der Autor kannte all die Gedanken und Gefühle dieses kleinen barfüßigen Jungen und hieß sie gut. Ihn erheiterte der Gedanke, daß der kleine Junge keine Ahnung hatte, daß er heranwachsen und Psychiater am Worcester State Hospital werden würde.

Später fuhr der Autor mit dem Auto von Massachusetts nach Wisconsin und suchte im Straßenbauamt nach dem Jahr, dem Ort und den Arbeitern, die beim Anlegen der verschiedenen Landstraßen beschäftigt waren. Auf diese Weise fand er heraus, daß eine Straße in west-östlicher Richtung angelegt worden war, als er acht Jahre alt war, daß dabei ein Hügel durchstochen worden war, daß einige der beteiligten Arbeiter sich daran erinnerten, wie diese „Nervensäge von Erickson-Bengel immer im Weg war und Fragen stellte" und sich beim Durchgraben des Hügels gleich hinter einem Stacheldrahtzaun befand (der nicht im Traum vorkam). Oben am Einschnitt des Hügels, von Ost nach West, war ein Haselnußbusch gestanden, eine weiße Eiche und ein Wildkirschbaum; letztere sind mindestens 50 Jahre alt gewesen. Der Autor jedoch hat nur seine Traumerinnungen, jene, die er bei seinen Nachforschungen in den dreißiger Jahren und aus den Erklärungen der Arbeiter erhalten hatte. Zahlreiche andere vergleichbare Berichte weisen darauf hin, daß die Erfahrungen des Autors durchaus nicht einmalig sind und daß vergleichbare somnambule Erlebnisse in hypnotischer Trance von ähnlicher Art sind. Zum Beispiel erinnert sich einer unserer bekannten Leichtathleten deutlich, den Autor bei irgendeiner Geselligkeit zufällig in einem Hotel mehr als 2400 Kilometer von Phönix entfernt getroffen zu haben, und er beschreibt mit Vergnügen das „mutmaßliche Aussehen" einer Art Büro, das der Autor „wahrscheinlich hatte". Der Athlet ist sich sicher, niemals in diesem Büro gewesen zu sein, und er glaubt nicht, daß er in diesem Büro je eine somnambule Trance entwickelt hat, noch daß er jemals aufgrund von Schwierigkeiten im Sport hypnotische Hilfe gesucht hat. Indessen ergaben Terminkalender und Aktennotizen des Autors, daß der Sportler sehr wohl die Hilfe der Hypnose in Anspruch genommen hatte, um bestimmte Schwierigkeiten bei seiner Wettkampfteilnahme zu überwinden, und daß eine somnambule Trance angewandt worden war, um sein Problem zu lösen. Diese Tatsache ist seiner Steuerrückzahlung jenes Jahres zu entnehmen, aber soweit es sein Wachbewußtsein betraf, hatte er den Autor nur zufällig, weit weg von Phönix und nur so nebenbei getroffen. Wenn es um somnambule Patienten und Versuchspersonen geht, so ist dies kein ungewöhnliches Erlebnis.

Diskussion der Ergebnisse

Die experimentellen Ergebnisse der eigentlichen Untersuchung waren in ihrer Art durchgehend konsistent. Alle 750 somnasmbulen Versuchspersonen wandten den Zimmerwänden ihre flüchtige Aufmerksamkeit zu und hängten dann das angenommene Bild entsprechend dem Objekt selbst auf, ohne die tatsächlichen Gegebenheiten zu beachten. Unmögliche räumliche Verhältnisse bezüglich der Wände, ja der leere Raum stellten keinerlei Schwierigkeiten dar. Vom Versuchsleiter unbeeinflußt, „hängten" alle somnambulen Versuchspersonen das ihnen beschrieben Bild entsprechend dem Inhalt des Bildes auf. Die Wände des Raumes, räumliche Gegebenheiten, ein für den Betrachter günstiger Platz für die Bilder sowie Lichtverhältnisse waren ohne Bedeutung für die Aufgabe. Allein das Objekt, das das Bild darstellte, gab den Ausschlag.

Ein anderer bedeutsamer Umstand, der nicht erwartet und deshalb im eigentlichen Experiment auch nicht vorauszusehen war, betraf folgende Entdeckung: War den Versuchspersonen erst einmal die Aufgabe als solche präsentiert worden, so zeigten sie die deutliche Tendenz, diese auszuführen und danach, im Trancezustand, das Bild tatsächlich am ausgewählten Platz hängen zu sehen. Sogar bis zu drei Jahre danach konnte eine Versuchsperson im somnambulen Zustand in den Raum gebracht werden, den sie zuvor nur einmal betreten hatte, um das Experiment auszuführen, und sie konnte das Bild „sehen", nach welchem sie zuvor im Experiment befragt worden war. Sie konnte jedoch denselben Raum im Wachzustand betreten und das Gefühl haben, dies sei das erste Mal, ohne Erinnerung an die somnambule Bedeutung.

Keine der nichthypnotischen Versuchspersonen zeigte je ein vergleichbares Verhalten. Selbst wenn sie erkannten, daß sie den Raum zuvor schon einmal betreten hatten, und sich an die ihnen gestellte Aufgabe erinnerten, geschah dies etwa so: „Oh, das ist der Raum, in dem Sie mich fragten, wo ich einige Bilder aufhängen würde", und sie konnten wiederum die Wandflächen nach günstigen Möglichkeiten absuchen. Oft hatten sie das ihnen beschriebene Bild vergessen – im deutlichen Unterschied zu den somnambulen Versuchspersonen, die die angenommenen Bilder, welche ihnen in einer formalen Anweisung beschrieben worden waren, am ausgewählten Platz „sahen". Die hypnotischen Versuchspersonen machten häufig so überraschende Bemerkungen wie zum Beispiel: „Er hat nun einen Schnurrbart, seit ich dieses Bild von ihm dort aufgehängt habe", und wiesen dabei auf das „Bild" der ihnen bekannten Person.

Von großer Bedeutung war die Tatsache, daß der Versuchsleiter das Verhalten der somnambulen Versuchspersonen sehr leicht ohne Worte und gewöhnlich unbeabsichtigt beeinflussen konnte. Ein ungläubiger, zweifelnder Gesichtsausdruck des Versuchsleiters, ein Blick zu dem tatsächlich passenden Platz konnte genügen und die somnambule Versuchsperson veranlassen, die unausgesprochene, aber tatsächliche Kommunikation zu akzeptieren, so unbeabsichtigt sie auch gewesen sein mochte. Dazu folgendes Beispiel: Bei einigen Versuchspersonen des Autors fanden sich Ergebnisse, die sich von denen anderer Versuchsleiter unterschieden. Diesen Versuchsleitern wurden dann die Augen verbunden, und sie wurden jemandem übergeben, der mit dem Experiment nicht vertraut war; diese Person wurde gebeten zu berichten, was die Versuchspersonen taten, wenn ihnen vom Versuchsleiter mit den verbundenen Augen die experimentelle Frage gestellt wurde. Dabei wurden dieselben Versuchspersonen in einem anderen Raum befragt; manchmal war es auch derselbe Raum, falls der Versuchsleiter mit den verbundenen Augen es nicht bemerkte. Dann stimmten die erhaltenen und übermittelten Ergebnisse mit denen der weniger kommunikativen Versuchsleiter überein. Wiederholte Experimente mit Versuchsleitern mit Augenbinde, die lediglich die experimentelle Frage stellten und von jemandem zum Versuchsraum geleitet wurden, der mit der Versuchsperson nicht in bezug stand, zeigten die gleichen Ergebnisse wie jene von Versuchsleitern, die die Kommunikation nur auf die experimentelle Frage beschränkten. Als weitere Abwandlung wurde der Kontakt zwischen Versuchsperson und Versuchsleiter unterbunden, nur dessen Stimme war zu hören, „die von wer weiß woher kam" und die Aufgabe stellte, die von den Versuchspersonen erledigt werden sollte. In diesen Versuchsdurchgängen entsprachen – ungeachtet der Mitteilsamkeit des Versuchsleiters – die Reaktionsweisen der Versuchspersonen denen mit Versuchsleitern, die ihr eigenes Verhalten bei der Versuchsdurchführung kontrollierten. Eine andere Veränderung bestand darin, daß die Versuchsleiter sich von den Versuchspersonen abwenden sollten, die Frage nach jedem der vier Objekte stellen, sich dann umdrehen und die Versuchspersonen bitten sollten, die ausgewählten Stellen zu zeigen. Keines dieser Ergebnisse wurde in die experimentellen Resultate miteingeschlossen, obwohl dies durchaus korrekt gewesen wäre. Die Tatsache, daß es sich dabei um Abwandlungen der ursprünglichen Versuchsanordnung handelte, wurde als ausreichender Grund zum Ausschluß angesehen.

Indessen untermauerten diese Ergebnisse weiter die experimentellen Resultate, die zeigten, daß sich die Wirklichkeiten des somnambulen hypnotischen Zustands von denen des Wachzustands unterscheiden.

Jüngst (August 1967) bemerkte ein Collegestudent und Patient des Autors spontan, während er sich in einer Trance befand, die durch Levitation der rechten Hand induziert worden war:

> „Vom Verstand her weiß ich, daß dies (er zeigte mit seiner linken Hand) mein rechter Arm ist. Aber jetzt sagt mir mein ganzes Verständnis und Gefühl, daß das nicht mein rechter Arm ist, daß es etwas Fremdes, von mir Losgelöstes und Unterschiedliches ist. Es ist nicht einmal ein Teil von mir. Es ist etwas völlig Eigenständiges, und ich habe keine Kontrolle darüber, denn ich fühle nicht einmal, daß es an mir dranhängt. Es ist nur ein fremdes Ding, das ich als Arm erkennen kann, aber nicht als meinen eigenen. Mir ist klar, wenn ich nicht in tiefer hypnotischer Trance wäre, sondern einfach ganz normal wach, dann wüßte ich, daß dies mein Arm ist, und ich weiß, daß ich ihn für nichts anderes halten könnte als für meinen

> Arm. Aber gerade jetzt kann ich nicht fühlen, daß er überhaupt ein Teil von mir ist. Da ich nicht einmal weiß, was ich wüßte, wenn ich bewußt wach wäre, kann ich alles mögliche tun, außer daß ich dieses Ding als etwas mir völlig Fremdes ansehe."

Ein anderes Beispiel (September 1966) ist das einer Collegestudentin, die vor ein professionell ausgebildetes Publikum gerufen wurde und sehr schnell eine Trance entwickelte. Während des Trancezustands hob sich ihre linke Hand bei gebeugtem Ellbogen nach oben und leicht nach vorn. Die Studentin wurde ziemlich langsam geweckt, so, daß das Publikum sie befragen konnte, ehe sie vollen Kontakt zur Realität hatte. Sie hatte die Augen geöffnet, zeigte eine Amnesie für die Tranceinduktion und konnte sich nicht erklären, wie es dazu kam, daß sie aufwachte, wo sie doch nicht „eingeschlafen" war; was sie aber faszinierend und verwirrend fand, war eine Hand, die sie links in der Luft und leicht vor sich sah. Sie fragte sich, wo sich der Arm befand, an dem die Hand logischerweise angewachsen war, und wessen Arm das war. Zu diesem Zeitpunkt schien sie dem professionellen Publikum im Zustand gewöhnlichen Wachbewußtseins und auch für sich selbst keine ungewöhnlichen Dinge wahrzunehmen. Sie konnte jeden sehen, jeden hören, bereitwillig Fragen beantworten, und gleichzeitig wunderte sie sich, warum diese Hand sich mitten in der Luft befand und an wessen Arm und warum die betreffende Person die Hand in dieser Weise hielt. Verwundert ließ sie den Blick von der Hand zum Handgelenk und zum Arm wandern und fragte sich immer noch nach deren Zugehörigkeit. Plötzlich erkannte sie, daß es ihr eigener Arm war, woraufhin sie ihn seitlich herunternahm, ohne beunruhigt zu sein, daß sie die Hand nicht als die ihre erkannt hatte noch das Handgelenk bzw. den Arm. Sie akzeptierte es einfach als schlichte Tatsache, daß sie plötzlich den Arm, das Handgelenk und die Hand als ihr zugehörig erkannte.

Das oben beschriebene Verhalten erinnert an das von Kleinkindern, die ihre eigene rechte Hand als ein interessantes Objekt sehen und mit derselben rechten Hand danach greifen, um dann darüber verwirrt zu sein, wie sich das interessante Objekt offensichtlich wegbewegt. Daraufhin beugen sich kleine Kinder nach vorn und greifen um so heftiger nach ihrer rechten Hand, um nun wieder das unerklärliche Sichwegbewegen des interessanten Objektes zu erleben, nach welchem sie gegriffen haben. Zwischen diesen Kleinkindern, die die Realitäten des Lebens noch nicht kennengelernt haben, und dem Beiseitelegen von erlernter Wirklichkeit kann eine Parallele gezogen werden; letzteres kann als eine völlig spontane Manifestation hypnotischer Trance beobachtet werden, und zwar am klarsten im somnambulen Zustand.

Weitere Beispiele

Seit Beendigung des ursprünglichen Experiments hat der Autor in den Vereinigten Staaten, in Kanada, Mexico und Venezuela Hunderte von Hypnosevorlesungen und -demonstrationen gehalten; auch führt er eine private psychiatrische Praxis mit Schwerpunkt Psychotherapie und unter Anwendung von Hypnose. Beim ersten Treffen hat der Autor wiederholt somnambule Trancezustände bei Freiwilligen und Patienten gesehen, wobei hypnotisierte Personen ihre reale Umgebung in einer sehr realitätsfernen Weise wahrgenommen haben, die für sie selbst aber sehr wirklich war. Er ließ freiwillige Versuchspersonen vor einem medizinischen Publikum Hypnose demonstrieren, ließ sie visuelle und akustische Halluzinationen entwickeln und entdeckte dabei, wie Teilnehmer aus dem Publikum, die nie zuvor Hypnose erlebt hatten, in Trance gingen und mit der Versuchsperson vorn auf dem Podium über die Natur von deren Halluzinationen debattierten, weil sie selbst auch somnambule Trance und Halluzinationen entwickelt hatten, die aber ganz verschieden waren von denen der eigentlichen Versuchsperson. Darüber hinaus gaben sie von sich aus Erklärungen ab, daß sie irgendwie die Wirklichkeit verlassen hätten, in welcher sie als Teil des Publikums identifiziert werden konnten, und daß sie in eine andere Realität eingetreten seien, die nur ihrer eigenen Erfahrung angehörte. Dazu ein sehr verblüffendes und zum Nachdenken anregendes, unveröffentlichtes Beispiel einer somnambulen weiblichen Versuchsperson, die vor einigen Jahren in Phönix, Arizona, bei Lehrveranstaltungen für eine Ärztegruppe eingesetzt worden war. Sie stand in vollem Rapport zur ganzen Gruppe, so daß sie Fragen eines jeden einzelnen aus der Gruppe beantworten konnte. Der Autor arbeitete heraus, wie Suggestionen beschaffen sein müssen, die mit hoher Wahrscheinlichkeit hypnotische Anästhesie hervorrufen. Am Ende seiner Ausführungen rief er die Versuchsperson beim Namen, und sie antwortete: „Oh, entschuldigen Sie, ich bin gerade vom Schwimmen im See beim Lager in Maine zurückgekehrt, wo ich immer hingegangen bin, als ich noch ein kleines Mädchen war. Es war so köstlich – das Wasser war genau richtig und es tat so gut (dabei reckte und streckte sie sich). Die fehlende Luftfeuchtigkeit hier in Phönix hat gewiß mein Haar sehr schnell trocknen lassen (sie befühlt es). Was wollen Sie von mir wissen?“ Der Autor stellte sofort Fragen über die Vorkommnisse der Sitzung, um zu verhindern, daß die Gruppe sich in diese bemerkenswerte Aussage einmischte. Kurz danach wurde sie gebeten, noch während sie in Trance war, die Tonbandaufnahme eines früheren Teils der abendlichen Diskussion anzuhören. Am Ende ihrer spontanen Bemerkungen über das Schwimmen in Maine wurde dieses Band gestoppt und unauffällig ein anderes Gerät eingeschaltet. Ohne daß sie danach gefragt worden wäre, aber offensichtlich durch das Ausschalten des ersten Gerätes angeregt, sagte sie einfach: „Ich glaube, daß ich das letzte Mal, als ich ins Lager gegangen bin, erst 15 Jahre alt war. Manchmal war das Wasser unruhig und kalt, und wir durften natürlich nie nachts schwimmen oder allein hingehen. Aber das Schwimmen heute Nacht war in jeder Hinsicht wunderbar." Sie wurde gefragt, wie weit sie geschwommen war. Sie antwortete: „Oh, ich bin sogar über das Floß hinausgeschwommen. Dann kam ich zurück und setzte mich auf den Baumstamm dort am Ufer und betrachtete den Mond, wie er sich im Wasser spiegelt." Sie wurde gefragt, welchen Badeanzug sie getragen habe. Ihre Antwort kam sehr nachdenklich: „Ich kann mich nicht mehr erinnern, aber ich bin sicher, daß ich einen getragen habe, denn ich bin niemals nackt geschwommen, obgleich ich es gewollt hätte."

Der Autor lenkte das Gespräch sogleich auf andere Themen, um zu verhindern, daß die anderen Gruppenmitglieder sich in diesen gesamten Teil persönlichen Erlebens der hypnotischen Versuchsperson einmischten.

Später wurde sie mit einer spontanen Amnesie geweckt – d.h. mit einer Amnesie, von der die Versuchsperson nicht weiß, daß sie vom Autor oder von sonst jemandem aus der Gruppe suggeriert worden ist. Ihr wurde für ihre Hilfe gedankt, worauf sie lachte und bemerkte, falls sie eine Hilfe gewesen sei, so wisse sie doch ganz gewiß nicht, was sie getan habe. Sie wurde gefragt, ob sie sich erinnere, Anästhesie oder Katalepsie entwickelt zu haben. Sie antwortete, wenn dem so gewesen sei, dann habe sie jetzt eine Amnesie, denn sie erinnere sich an nichts mehr: „Nicht einmal an die Zeit, die vergangen ist, denn ich war so überrascht, als ich auf die Uhr sah."

Sie wurde gefragt, ob sie einen Teil der Bandaufnahme dieses Abends hören wolle. Sie stimmte zu, und das erste Band wurde an einer Stelle ungefähr 15 Minuten vor ihren Bemerkungen über das Schwimmen eingeschaltet. Gleichzeitig wurde das zweite Bandgerät gestartet.

Sie hörte aufmerksam zu, machte verschiedene sachdienliche Bemerkungen, mit denen sie ihr Erstaunen, ihr Interesse und ihre Verwirrung ausdrückte. Als sie dann ihre Aussagen über das Schwimmen in Maine hörte, lachte sie vergnügt und erklärte: „Das ist so völlig lächerlich, das ergibt keinerlei Sinn. Wie kann jemand nur so etwas sagen, sei es auch in Trance. Das ganze ist irgendwie nicht real, und doch weiß ich, daß es meine eigene Stimme ist, mit der da gesprochen wird. Ich kann das alles einfach nicht verstehen, denn ich versuche nie, mich selbst oder andere an der Nase herumzuführen. Ich verstehe es nicht. Es ist zu schwierig für mich, und ich würde Kopfschmerzen bekommen, wenn ich irgendeinen Sinn darin suchen müßte."

An dieser Stelle wurde die erste Bandaufnahme gestoppt und die zweite wurde zum Abspielen vorbereitet. Dies verwunderte sie nicht, da sie wußte, daß verschiedentlich sogar vier oder fünf Aufnahmegeräte bei vorhergehenden Lehrveranstaltungen eingesetzt worden waren.

Sie war jedoch sehr erstaunt, weiter ihre Stimme zu hören, wie sie sich über das Schwimmerlebnis ausließ; im Anschluß kam noch eine Aufnahme einer weiteren Diskussion über Hypnose. Danach folgten die Anweisungen zum Aufwachen, die allgemeine Unterhaltung und dann die Wiedergabe der ersten Aufnahme. Sie war völlig entsetzt, als sie ihre Bemerkungen im Wachzustand hörte, die ihre ersten Aussagen über ihr Schwimmen betrafen. Sie hörte sehr aufmerksam zu, und am Ende der Aufnahme erklärte sie:

> „Ich weiß mit absoluter Sicherheit, daß ich nicht im See in Maine schwimmen ging. Dies ist wahr, es muß wahr sein. Aber wenn ich meine Stimme höre, wie sie jetzt darüber spricht, weiß ich in meinem Innersten, daß ich tatsächlich schwimmen ging. Das erste Mal, als ich die andere Bandaufnahme anhörte, achtete ich nur auf die Worte und Gedanken, aber als ich begann, bei der zweiten Aufnahme zuzuhören, da vernahm ich, was ich sagte und spürte gleichzeitig, was ich fühlte. Nun ist es nach meinem Empfinden so, daß ich nicht schwimmen ging und doch schwimmen ging. Ich weiß, daß diese beiden Empfindungen sich widersprechen, wenn ich versuche, sie miteinander zu vereinbaren. Aber wenn ich nur eine der beiden Ideen betrachte, weiß ich, daß sie wahr ist. Und wenn ich dann die andere betrachte, weiß ich genausogut, daß sie stimmt. Es ist so, als ob man in zwei unterschiedlichen Welten des Verstehens und Fühlens wäre. Aber ich möchte sie einfach so lassen. Ich verspüre kein Verlangen, sie zusammenzubringen. Ich möchte nur in Phönix sein und mit Ihnen darüber sprechen, wie es ist, im Lager in Maine zu sein. Aber wenn Sie mich in tiefe Trance versetzen, weiß ich, daß ich überall sein kann, wo ich sein möchte, und der reale Ort, an dem ich bin, stört überhaupt nicht. Ich meine das so:

daß ich mit großem Genuß in Maine schwimmen gehen könnte, und gleichzeitig könnte ich in Phönix bleiben und imstande sein, all Ihre Fragen zu beantworten oder alles zu tun, was Sie wollen, ohne daß dabei das ganze Schwimmerlebnis gestört würde. Es ist wie etwas, was ich oft zu tun pflege. Ich schlafe die ganze Nacht tief und erholsam, aber ich kann aufwachen und noch die Forelle schmecken, die ich im Traum gefangen, gut gewürzt und gekocht und dann mit Vergnügen verspeist habe. Aber ich bin zum Frühstück hungrig, trotz der Forelle, die ich im Traum gegessen habe und immer noch schmecke."

Dies ist nur einer von vielen vergleichbaren Berichten, die der Autor spontan erhalten hat, indem er ganz einfach eine günstige Situation für derartige Mitteilungen schuf. Die erste entsprechende Aussage erhielt der Autor als Student der unteren Semester an der Universität von Wisconsin. Zu jener Zeit fragte er eine seiner Versuchspersonen: „Wenn man bedenkt, wieviel Zeit Sie mir für hypnotische Versuche zugestehen und wieviel Zeit Sie auf dem Footballplatz verbringen, wie schaffen Sie es, Ihr Leistungsniveau zu halten?" Die erstaunliche Antwort war: „Das ist einfach. Wenn ich draußen auf dem Footballplatz trainiere und das mache, was dort zu tun ist, dann lehne ich mich in Gedanken bequem in meinem Sessel zurück und wiederhole alles, was ich schon gelesen habe. Ich muß nur dann aus meinem vorgestellten Sessel raus, wenn ich renne und den Ball habe. Aber ich kehre in den Sessel zurück, wenn ich gestoppt worden bin oder wenn ich den Lauf zu Ende gebracht habe."

Dreißig Jahre später führte eine zufällige Begegnung mit diesem früheren Studenten und jetzigen Geschichtsprofessor dazu, die früheren Beziehungen als Kommilitonen anzusprechen. Dabei wurde der Professor über das „geistige Sichzurücklehnen im bequemen Sessel" befragt, während er mit Footballspielen beschäftigt war. Er erwiderte, daß er die gleiche Gepflogenheit fortgeführt habe, aber in einem anderen Bereich. Er könne, zum Beispiel, während er eine Vorlesung halte, „sich im Sessel in seiner Bude zu Hause zurücklehnen" und frühere Vorlesungen überdenken, um angemessene Fragen für den nächsten Test oder das Abschlußexamen festzulegen. Er gab an, daß diese Praxis sein Lehren viel interessanter, effektiver und weniger mühsam gestalte. Dieses Vorgehen wandte er auch bei anderen Tätigkeiten an, aber er hatte sehr schnell begriffen, daß es sich hier um einen Erfahrungswert handle, den er mit nur wenigen Menschen besprechen konnte, wegen der allgemeinen Tendenz, solche Äußerungen mit Unverständnis und Mißgunst zu betrachten. Indessen hatte er ein paar Psychologen, einige Psychiater und verschiedene bekannte Schriftsteller getroffen, die an diesem Phänomen echtes Interesse fanden – teils wissenschaftlicher teils persönlicher Art. Er erklärte auch, daß es ihm in seinem Geschichtsstudium so erschienen sei, als wäre der Gang historischer Ereignisse oft das Ergebnis unbewußter Beurteilung vergangener Ereignisse gewesen, ein Aussondern gewisser, allgemein unerkannter, scheinbar bedeutungsloser Details aus der Vergangenheit, und das Verfolgen eines Handlungsablaufs seitens des Anführers, der das Ziel zu erreichen vermochte.

Zweck der Studie

Zweck der vorliegenden Studie ist es nicht, hypnotische Wirklichkeiten zu definieren, zu werten oder zu messen. Vielmehr dient sie eher dazu herauszufinden, ob eine nennenswerte Zahl somnambuler hypnotischer Versuchspersonen auf ihren hypnotischen Zustand in der Art reagieren können, daß ihr Erleben der äußeren Wirklichkeit ihrer Realitätswahrnehmung im Wachzustand gegenübergestellt werden kann. Im Verlauf dieser Studie begegnete der Autor vielen verschiedenen Arten hypnotischer Wirklichkeit, wie zum Beispiel dem Wiedererstehen desjenigen Ortes, an dem eine Person ihre erste Trance erlebte, und das 15 Jahre später, sowie das Zusammentreffen mit einem Somnambulen, der sich im Weltraum befand und den Versuchsleiter lediglich als spaßigen Fremdling erkannte. Einige somnambule Versuchspersonen können Rapport zu jedem beliebigen Anwesenden haben, ohne zu bemerken, daß sie in Trance sind, dabei aber leicht die reale Situation umgestalten, beispielsweise in ein Restaurant, in welchem sie Musik hören und die innere Erfahrung des Essens haben, ohne jedoch den Anschein zu vermitteln, wirklich zu essen oder auch nur entsprechende Bewegungen auszuführen, die dies vermuten lassen. Etliche somnambule hypnotische Versuchspersonen regredieren in eine Zeit, in der sie sich wünschten, bestimmte Dinge zu tun, und sie erleben sich selbst, wie sie sie tun. Zum Beispiel entwickelte ein Mann während eines Experiments, in dem er in somnambule Trance ging, ein anderes Problem als das zuvor berichtete; dabei zeigte sich aber stets, daß er sich in einem Kino befand und den Film *Vom Winde verweht* anschaute. Er hatte ihn einmal gesehen und bedauerte, daß er ihn nicht ein zweites Mal angeschaut hatte. Dieser Collegestudent wurde über vier Jahre wiederholt als Versuchsperson eingesetzt, die schnell somnambule Trance entwickelte. Er bat den Autor um Ruhe mit der Erklärung, daß er es gerade genieße, den Film *Vom Winde verweht* zum zweiten Mal anzusehen. Der Autor mußte immer suggerieren, daß der Filmprojektor kaputtgegangen sei, damit der Student das Kino verlassen und sich entsprechend der Versuchsanordnung verhalten würde.

Der Autor hat diese verschiedenen Manifestationen beschrieben, um den Zweck dieser Studie zu erhellen; es ging darum herauszufinden, ob eine Art hypnotischer Wirklichkeit existiert, in welcher eine einfache experimentelle Frage gestellt werden kann, mit deren Hilfe die Aufmerksamkeit der Versuchspersonen in gleicher Weise auf die umgebende Wirklichkeit gelenkt werden kann wie bei einer Versuchsperson im Wachzustand. Ferner sollte geklärt werden, ob es eine angemessene Zahl derartiger Personen gebe. Der Autor weiß nicht, wie zu messen oder zu definieren wäre, was hinsichtlich der physikalischen Wirklichkeit abläuft, die die hypnotische Versuchsperson ebenso klar sieht wie die wache und auf die sie dennoch im Sinne hypnotischer Wirklichkeiten reagiert.

Bei der Auswertung der hier beschriebenen Experimente und bei der Planung einer möglichen Wiederholung ist eine gewisse Vorsicht geboten. Es ist Tatsache, daß die Realität, auf die sich die somnambulen Versuchspersonen beziehen, mit der objektiven Wirklichkeitssituation nicht übereinzustimmen braucht; die Trancerealität kann – falls vorhanden – mit früheren somnambulen Tranceerlebnissen der Versuchsperson übereinstimmen oder auch nicht. Diese ungewöhnlichen Tendenzen können bei den Versuchspersonen völlig spontan auftreten, und wenn dem Versuchsleiter diese Möglichkeit entgeht, so kann er das Experiment fortsetzen, ohne zu erkennen, daß ein neues Element eingeführt worden ist. Bei einigen Personen wußte man, daß sie sich spontan am Labor orientieren, am Klassenzimmer oder an irgendeiner anderen Örtlichkeit, an der ihr erstes hypnotisches Erlebnis stattgefunden hat, oder sie orientierten sich an dem Ort, wo sie ihre erste somnambule Trance entwickelten. Einige Personen halten sich an die tatsächliche objektive Wirklichkeit, aber erkennen den Ort eventuell nicht. Eine somnambule Trance kann als ein neues und fremdes Erlebnis zurückbleiben, oder es kann falsch identifiziert werden. Dabei entwickelt sich nicht nur diese neue Orientierung im Raum unerwartet, die Personen können sich auch in der Zeit spontan neu orientieren. Gewöhnlich handelt es sich um eine Reorientierung in die Zeit eines früheren Trancezustandes. Man weiß jedoch, daß Versuchspersonen auch in einen früheren Zeitraum regredieren, möglicherweise sogar in ihre Kindheit. So begann eine Versuchsperson die somnambule Trance immer, indem sie sich in eine friedliche ländliche Umgebung in New England zurückversetzte, wo sich eine alte, malerische Kornmühle befand. Eine andere Versuchsperson ging im Geist spontan an einen Meeresstrand, an dem sie viele angenehme Stunden verbracht hatte. Der Versuchsleiter kann spontan so erlebt werden, wie er tatsächlich ist, und dabei in seiner eigenen Identität in die Szene eingebaut werden, oder er kann als eine Person aus der eigenen Vergangenheit identifiziert werden oder vielleicht als ein Mensch, dessen Eindringen in die Szene als natürlich und annehmbar empfunden wird.

In die experimentelle Arbeit wurden nur diejenigen Personen aufgenommen, die sich entweder spontan in dem Raum mit der tatsächlichen Versuchsanordnung orientierten oder es so lange offenließen, die Örtlichkeit zu erkennen oder zu begreifen, bis die Information des Versuchsleiters sie dazu brachte.

Kein Simulationstest

In Anbetracht der einheitlich konsistenten Ergebnisse dieser experimentellen Arbeit könnte der Leser zu dem Schluß gelangen, daß ein reliabler Test zum Aufdecken von Simulation entwickelt worden sei. Es muß betont werden, daß dieses Experiment nicht konstruiert oder entwickelt worden ist, um in irgendeiner Weise den Kriterien zur Testung des Vorhandenseins eines Hypnosezustandes zu entsprechen.

Während der Versuchsleiter glaubt, und die Ergebnisse dies auch bestätigen, daß hypnotische Versuchspersonen sich in grundsätzlich anderer Art und Weise verhalten als Versuchspersonen im Wachzustand, könnte es zu falschen und irreführenden Ergebnissen kommen, wenn die hier beschriebene Vorgehensweise als definierter Test zum Aufdekken von Simulation gebraucht würde. Scharfsinnige Versuchspersonen würden sicherlich keine unüberwindlichen Schwierigkeiten haben, eine hypnotische Reaktion nachzuahmen, sobald sie erst einmal das Wesen dieser Reaktion erfaßt haben. Zweck dieser Arbeit war es aber nicht, einen Simulationstest zu konstruieren, sondern vielmehr die Wahrnehmung der Wirklichkeit in jenem Bewußtseinszustand zu erforschen, der als „hypnotischer Zustand“ bzw. als „Wachzustand“ gilt.

Zusammenfassung

Die Absicht des ursprünglichen Experiments war, zu bestimmen, ob die äußere Wirklichkeit im somnambulen hypnotischen Zustand anders wahrgenommen wird als im gewöhnlichen Zustand bewußter Wahrnehmung. Grundlage war ein Vorgehen, bei dem den Versuchspersonen eine definierte Aufgabe sowohl im Wachzustand als auch im somnambulen zugewiesen werden konnte, die so beschaffen war, daß die volle Verantwortung für die Ausführung bei den Versuchspersonen selbst lag. Man ging davon aus, daß die experimentelle Aufgabe in der Art ausgeführt werden mußte, daß Wünsche, Hoffnungen, Erwartungen und Anliegen auf Seiten der Versuchsleiter keinen Einfluß auf die Reaktionen der Versuchspersonen haben sollten. Das Experiment wurde so angelegt, daß die Durchführung seitens der Versuchspersonen gemäß deren eigener Realitätsauffassung erfolgen mußte, so wie sie die Gegebenheiten wahrnahmen, ohne daß sie überhaupt eigens darauf aufmerksam gemacht worden wären. Die somnambulen hypnotischen Versuchspersonen sollten nach Zufallswahl getestet werden, die eine Hälfte zuerst im Wachzustand, die andere Hälfte zunächst im somnambulen Zustand.

Wie ursprünglich geplant, sollten 300 Versuchspersonen eingesetzt werden, von denen ein Drittel aufgrund ihrer bekannten Fähigkeit zur somnambulen hypnotischen Trance ausgewählt werden sollte. Eine Reihe glücklicher Umstände führte zu einer Vergrößerung der Anzahl von Versuchspersonen von 300 auf über 2000 und der Anzahl der somnambulen hypnotischen Versuchspersonen auf über 750. Daraus ergab sich natürlich eine Ausdehnung des gesamten Untersuchungszeitraums bis zur Vollendung des Experiments. Und wiederum erhielten wir so die Möglichkeit, die Hilfe vielseitig bewanderter Assistenten als Versuchsleiter miteinzubeziehen. Diese kontrollierten sich sowohl gegenseitig als auch die anderen und den Autor selbst, und ebenso die einzelnen Aussagen der Versuchspersonen im Wach- und im somnambulhypnotischen Zustand bezüglich der räumlichen Gegebenheiten.

Auch erlaubte der verlängerte Untersuchungszeitraum, viele Versuchspersonen erneut zu testen, besonders diejenigen, die zuerst nur im Wachzustand eingesetzt worden waren. Des weiteren war es in dem ausgedehnten Zeitraum möglich, bei Versuchspersonen Kontrollen bis zu drei Jahre später durchzuführen sowie Wiederholungstests durch andere Assistenten vornehmen zu lassen, um die Reliabilität der ursprünglichen Ergebnisse zu ermitteln.

Klinische Arbeit und Lehrveranstaltungen in Hypnose vor Fachleuten ergaben zusätzliche Gelegenheiten für das unerwartete und spontane Auftreten von Verhaltensweisen, die denen unter den geplanten experimentellen Bedingungen voll vergleichbar waren. Desgleichen wurde die Lehrsituation auch gezielt benutzt, um relevante Verhaltensweisen herbeizuführen, die den experimentellen Ergebnissen in der eigentlichen Untersuchung entsprachen.

Der Bericht über die experimentellen Ergebnisse wurde über einen längeren Zeitraum hinausgezögert, da sich immer wieder vergleichbare Verhaltensweisen in anderen Situationen ansammelten, und man hoffte, irgendeine verständliche Definition dieses Verhaltens zu entwickeln.

Abschließend sei angemerkt: Nach ausgedehnter experimenteller Arbeit, unterstützt durch die unabhängige Tätigkeit von anderen, die das Vorgehen des Autors anwandten, sowie aufgrund der Ergebnisse aus jahrelanger klinischer und Lehrtätigkeit ist der Autor der Meinung, daß eine somnambule hypnotische Person die sie umgebende Wirklichkeit spontan anders wahrnimmt als eine Person im gewöhnlichen wachen Bewußtseinszustand und daß der eine Typ von Realitätswahrnehmung den anderen nicht ausschließt.

3. Eine spezielle Untersuchung mit Aldous Huxley zu Wesen und Natur verschiedener Bewußtseinszustände[1]

Milton H. Erickson

Einführung

Während fast eines Jahres brachten Aldous Huxley und ich eine Menge Zeit damit zu, eine gemeinsame Untersuchung unterschiedlicher Bewußtseinszustände zu planen, wobei jeder für sich arbeitete. Beide machten wir uns Notizen in Form einer Loseblattsammlung mit speziellen Fragestellungen, möglichen Methoden des experimentellen Zugangs und der Durchführung. Zweck war es, einen allgemeinen Hintergrund für die beabsichtigte gemeinsame Studie vorzubereiten, so daß unser beider Denken ohne gegenseitige Beeinflussung wiedergegeben werden sollte. Auf diese Weise hofften wir, einen möglichst weiten Rahmen für unsere Ideen zu stecken, indem wir diese getrennten Konzepte auf der Grundlage unserer deutlich unterschiedlichen Auffassungen vorbereiteten.

Anfang der fünfziger Jahre trafen wir uns in Huxleys Haus in Los Angeles, um dort einen intensiven Arbeitstag miteinander zu verbringen, die Ideen in unseren Notizbüchern zu überprüfen und um irgendwelche machbaren experimentellen Untersuchungen einzuleiten. Ich war besonders interessiert an Huxleys Art, psychologische Probleme anzugehen, an seiner Denkweise und wie er selbst sein eigenes Unbewußtes einsetzte, was wir früher einmal kurz andiskutiert hatten. Huxley interessierte sich besonders für Hypnose, und eine frühere, außerordentlich kurze Arbeit mit ihm hatte seine ausgezeichnete Fähigkeit zur tiefen Somnambulie gezeigt.

Wir waren uns klar, daß dieses Treffen einer vorläufigen oder Pilotstudie dienen würde, und dies diskutierten wir miteinander. Wir planten, das Ganze so umfassend wie möglich zu gestalten und nicht unnötig großen Wert darauf zu legen, die einzelnen Themen vollständig abzuschließen. Wenn die Arbeit dieses Tages erst einmal ausgewertet war, konnten zukünftige Treffen und spezielle Untersuchungen

---

1 Zuerst erschienen in: *The American Journal of Clinical Hypnosis* 8, July 1965, 14-33

geplant werden. Außerdem hatte jeder von uns auch seine eigenen Anliegen – Aldous hatte künftige literarische Arbeit im Sinn, während mein Interesse späteren psychologischen Experimenten auf dem Gebiet der Hypnose galt.

Die Arbeit begann morgens um acht Uhr und dauerte ohne Unterbrechung bis sechs Uhr abends, wobei wir am nächsten Tag nochmals gründlich unsere Notizen durchgingen, um allgemeine Übereinstimmung herzustellen und etwaige Unklarheiten auszuräumen, die durch Abkürzungen bei den Notizen des Vortages entstanden waren, und schließlich auch, um irgendwelche Versehen zu korrigieren. Insgesamt fanden wir, daß unsere Notizbücher im großen und ganzen übereinstimmten, daß aber selbstverständlich gewisse Eintragungen auch unsere jeweiligen speziellen Interessen widerspiegelten und daß aufgrund dieser Tatsache jeder von uns seine persönlichen Notizen hatte, die sich gegenseitig ergänzten.

Wir planten, diese Notizbücher bei Huxley aufzubewahren, da sein phänomenales Gedächtnis oft wie das vollkommene Erinnerungsvermögen erschien und seine vorzüglichen literarischen Fähigkeiten eine befriedigendere Niederschrift des gemeinsamen Artikels erlauben würden, der auf unseren Diskussionen und Experimenten dieses Arbeitstages basieren sollte. Allerdings machte ich ein Exzerpt einiger Seiten meines Notizbuches über Huxleys Verhalten in den Phasen, da er als experimentelle Versuchsperson selbst nicht zu umfassenden Aufzeichnungen imstande war, obwohl er es nach den Experimenten schon vermochte und auch tat, nur weniger vollständig als ich. Wir hatten vor, daß ich von diesen speziellen Seiten einen Artikel ausarbeiten sollte, der später in die längere Studie einbezogen würde, die Huxley schreiben werde. Also faßte ich eine gewisse Anzahl von Seiten zusammen, in der Absicht, zu einem späteren Zeitpunkt noch mehr festzuhalten. Die Seiten, die ich entnahm, kopierte Huxley schnell in sein eigenes Notizbuch, um sicher zu sein, daß seine Daten vollständig waren.

Unglücklicherweise zerstörte später ein kalifornisches Buschfeuer Huxleys Heim, seine umfangreicheBibliothek, die neben vielen anderen Schätzen zahlreiche seltene Bücher und Manuskripte enthielt, ganz zu schweigen von den Manuskripten, an denen Huxley damals gerade arbeitete sowie den besagten Notizbüchern unserer gemeinsamen Studie. Als Folge ließen wir unser gesamtes Projekt fallen, weil es zu schmerzlich gewesen wäre, darüber zu reden. Erst später veranlaßte mich Huxleys kurz zurückliegender Tod, einen Blick auf diese relativ wenigen Seiten zu werfen, die ich aus meinem Notizbuch exzerpiert hatte. Bei ihrer Überprüfung kam mir die Idee, dem Leser einen kleinen, aber informativen Teil der Arbeit jenes Tages vorzulegen. In diesem Zusammenhang muß berücksichtigt werden, daß die Huxley zugeordneten Zitate nicht unbedingt wörtlich sind, da seine ausführlicheren Äußerungen in abgekürzter Form notiert worden sind. Sie sind jedoch in ihrer wesentlichen Bedeutung korrekt wiedergegeben und entsprechen Huxley, so wie ich ihn kannte. Man muß auch bedenken, daß Huxley meine Notizen bei unserer gemeinsamen Arbeit gelesen und gutgeheißen hat.

Einleitung des Projekts

Das Projekt begann damit, daß Huxley Konzepte und Definitionen zum Thema Bewußtsein durchging, in erster Linie seine eigenen, zum Teil auch die anderer. Danach diskutierten wir über sein Verständnis hypnotischer Bewußtseinszustände. Der Sinn war, sicherzugehen, daß wir beide im Verständnis übereinstimmten oder aber unsere unterschiedlichen Positionen klar sahen, um so eine verläßlichere Untersuchung unseres eigentlichen Themas zu ermöglichen.

Es folgte dann ein sehr ausführlicher Überblick über seine verschiedenen psychedelischen Erfahrungen mit Meskalin, über die später in seinem Buch (*The Doors of Perception*, New York: Harper, 1954; dt.: *Die Pforten der Wahrnehmung,* 1954) berichtet werden sollte.

Huxley fuhr dann fort und beschrieb detailliert sein sehr spezielles Vorgehen, das er – mangels eines besseren, weniger unbeholfenen Ausdrucks, auf den er sich noch nicht festgelegt hatte – „tiefe Reflexion" nannte. In seiner Beschreibung (die von mir nicht vollständig festgehalten wurde, da es dafür keine guten Gründe gab, außer eben dem Interesse, ausführliche Notizen zu machen) handelt es sich bei der „tiefen Reflexion" um einen Zustand, der durch körperliche Entspannung bei vorgeneigtem Kopf und geschlossenen Augen gekennzeichnet ist, mit dem er einen tiefen, fortschreitenden psychischen Rückzug von den äußeren Gegebenheiten einleitete, jedoch ohne tatsächlichen Verlust der physischen Wirklichkeit, ohne Amnesie oder Orientierungsverlust, ein „Beiseiterücken" alles Unwichtigen, um sodann geistig völlig aufzugehen in Dingen, die ihn gerade interessierten. Und doch behauptete Huxley, in diesem Zustand des völligen Zurückgezogenseins und geistigen Aufgehens in einer Sache, sich ohne weiteres einen neuen Bleistift nehmen zu können, um einen stumpfen zu ersetzen, „automatisch" Notizen über seine Gedanken zu machen, und all dies tun zu können, ohne erkennbare Einsicht in die soeben ausgeführten Handlungen. Es war, als sei dies „kein integrierter Bestandteil meines Denkens". In keiner Weise schien derlei körperliche Aktivität zu bewirken, daß „der Gedankengang, der so ausschließlich mein Interesse beanspruchte", verlangsamt oder eingeschränkt wurde. „Es ist zugeordnete, aber völlig periphere Aktivität ... Ich würde sagen, eine Aktivität, die kaum an die Peripherie rührt." Um dies weiter zu veranschaulichen, führte Huxley das Beispiel einer anderen Art körperlicher Aktivität an. Er erinnerte sich, eines Tages im Zustand der „tiefen Reflexion" gewesen zu sein, während seine Frau gerade beim Einkaufen war. Er konnte sich nicht erinnern, welchen Gedanken oder Ideen er nachgehangen hatte, aber er wußte, daß seine Frau ihn bei ihrer Rückkehr fragte, ob er sich die spezielle Nachricht notiert habe, die sie ihm telefonisch durchgegeben hatte. Ihre Fragen verwirrten ihn, er konnte sich nicht an ein Telefonat erinnern, wie seine Frau behauptete, aber gemeinsam fanden sie die betreffende Nachricht auf einem Schreibblock neben dem Telephon, welches sich in bequemer Reichweite des Sessels befand, auf dem er gern seiner „tiefen Reflexion" nachging. Seine Frau und er kamen zu dem Schluß, daß er sich zur Zeit des Telephonanrufs in einem Zustand der „tiefen Reflexion" befunden habe, den Hörer abgenommen und wie gewöhnlich zu ihr gesagt habe: „Ich spreche hier, hallo", die Nachricht angehört und sie notiert habe – dies alles ohne Erinnerung an den Vorgang. Er erinnerte sich lediglich, daß er diesen Nachmittag an einem Manuskript gearbeitet hatte, das sein ganzes Interesse absorbiert hatte. Er erklärte, daß es für ihn etwas ganz Gewöhnliches sei, die Tagesarbeit damit zu beginnen, daß er sich in einen Zustand der „tiefen Reflexion" versetzte, als Eingangsprozeß, um seine Gedanken zu ordnen und dem Denken, das später am Tage in sein Schreiben eingehen würde, eine geregelte Abfolge zu verleihen.

Als weiteres Beispiel zur Veranschaulichung berichtete Huxley eine Begebenheit, bei der seine Frau nach kurzer Abwesenheit nach Hause zurückkehrte, das Haus wie gewöhnlich verschlossen fand, eintrat und ihr erster Blick auf einen außer der Reihe zugestellten Brief auf dem Flurtisch fiel, der für Post und spezielle Nachrichten usw. gedacht war. Sie hatte Huxley angetroffen, wie er ruhig in seinem speziellen Sessel saß, offensichtlich in einem Zustand tiefen Nachdenkens. Später am Tage hatte sie nach der Zeit gefragt, zu der der Brief zugestellt worden war, um zu erfahren, daß Huxley offensichtlich keine Erinnerung hatte, irgendeinen Brief erhalten zu haben. Und doch wußten sie beide, daß der Postbote zweifellos an der Tür geklingelt hatte, daß Huxley die Klingel gehört und unterbrochen hatte, was immer er gerade tat, zur Tür gegangen war, sie geöffnet und den Brief in Empfang genommen hatte, die Tür wieder geschlossen und den Brief an seinen richtigen Platz gelegt hatte, zu seinem Sessel zurückgekehrt war, wo sie ihn angetroffen hatte.

Diese beiden besonderen Vorkommnisse hatten sich vor nicht allzu langer Zeit ereignet. Er erinnerte sich daran nur als Begebenheiten, die seiner Frau wegen mit ihm zu tun hatten, aber ohne das Gefühl, daß diese Berichte tatsächlich bedeutungsvolles aktives Verhalten auf seiner Seite beschrieben. So weit er wußte, konnte er es sich nur so erklären, daß er sich in einem Zustand „tiefer Reflexion" befunden haben mußte, als diese Ereignisse stattfanden.

Seine Frau bestätigte später die Annahme, daß sein Verhalten völlig „automatisch" gewesen sei, „wie eine Maschine, die sich präzise und genau bewegt. Es ist köstlich zu sehen, wie er ein Buch aus dem Bücherschrank nimmt, sich wieder setzt, das Buch langsam öffnet, seine Lesebrille aufsetzt, ein bißchen liest und dann Buch und Brille beiseite legt. Einige Zeit, vielleicht ein paar Tage später, wird er das Buch bemerken und danach fragen. Der Mann erinnert sich einfach nie, was er tut oder worüber er nachdenkt, wenn er in seinem Sessel sitzt. Ganz unvermittelt findet man ihn dann, wie er sehr angestrengt an seinen Studien arbeitet."

Mit anderen Worten, während er sich im Zustand der „tiefen Reflexion" befindet, scheinbar völlig zurückgezogen von der äußeren Wirklichkeit, trafen externe Stimuli auf diesen Zustand innerer Unberührtheit, in welchem er seiner Aufgabe nachging; irgendein Teil peripheren Gewahrseins ermöglichte es ihm, diese externen Stimuli zu empfangen und sinnvoll auf sie zu reagieren, allerdings ohne offensichtliche Erinnerung, weder an den Stimulus, noch an die sinnvolle und angemessene Reaktion. Die Nachfrage bei seiner Frau hat später ergeben, wenn sie zu Hause war, hat Aldous der Türklingel oder dem Telephon, auch wenn es neben ihm stand, im Zustand der „tiefen Reflexion" keine Aufmerksamkeit geschenkt. „Er verläßt sich einfach völlig auf mich, aber wenn ich ihm zurufe, daß ich weg sein werde, dann wird er das Telephon oder die Türklingel niemals überhören."

Huxley erklärte, er glaube, in ca. fünf Minuten einen Zustand „tiefer Reflexion" entwickeln zu können, aber dann werfe er einfach alle Anker für jede Art Bewußtsein „über Bord". Was er meinte und fühlte, konnte er nicht beschreiben. „Es ist eher eine subjektive Erfahrung", in welcher er offensichtlich den Zustand „geregelter geistiger Sammlung" erreichte, der ihm einen folgerichtigen freien Fluß seiner

Gedanken beim Schreiben erlaubte. Dies war seine letzte Erklärung. Er hat nie in Betracht gezogen, exakt zu analysieren, was seine „tiefe Reflexion“ sei, noch hatte er das Gefühl, das überhaupt zu können, aber er bot an, es an jenem Tag zu experimentellen Zwecken auszuprobieren. Es war sogleich zu erkennen, daß er in der Tat „alle Anker über Bord warf“ und völlig außerhalb jeden Kontakts schien, sobald er begann, in seinen Gedanken aufzugehen, um den Zustand der „tiefen Reflexion“ zu erreichen. Bei diesem Versuch, die „tiefe Reflexion“ subjektiv zu erleben und sich an den Ablauf zu erinnern, wie er in diesen Zustand eintrat, entwickelte er ihn binnen fünf Minuten und tauchte zwei Minuten später wieder daraus hervor, soweit ich das bestimmen konnte. Sein Kommentar war: „Ich muß sagen, es tut mir verflixt leid. Plötzlich fühlte ich mich ganz und gar zur Arbeit bereit, ohne daß ich etwas zu tun gehabt hätte, und ich erkannte, daß es besser ist, wenn ich wieder herauskomme.“ Das war die ganze Information, die er geben konnte. Beim nächsten Versuch haben wir uns zuvor auf ein Signal geeinigt, das ich ihm geben sollte, damit er wieder „herauskäme“. Ein zweiter Versuch lief ebenso leicht wie der erste. Huxley saß einige Minuten ruhig da, und das vereinbarte Signal wurde dann gegeben. Huxley berichtete: „Ich merkte, wie ich auf etwas wartete. Ich wußte nicht worauf. Ich spürte, ‚Etwas‘ würde kommen, eine Leere ohne Zeit und Raum. Ich meine, das ist das erste Mal, daß ich dieses Gefühl bemerke. Immer hatte ich über etwas nachzudenken. Aber diesmal schien ich keine Arbeit zur Hand zu haben. Ich war nun völlig uninteressiert und gleichgültig, wartete nur auf etwas, und dann spürte ich das Bedürfnis, herauszukommen. Ich meine, haben Sie mir das Signal gegeben?“ Nachfragen ergaben, daß er keine offensichtliche Erinnerung an den Stimulus hatte. Er hatte nur das „Gefühl“, daß es Zeit war „herauszukommen“.

Etliche weitere Wiederholungen erbrachten ähnliche Resultate. Ein Gefühl der Leere ohne Zeit und Raum, ein gelassenes, angenehmes Warten auf „etwas“, das nicht näher definiert war, und ein wohliges Bedürfnis, zum gewöhnlichen Bewußtsein zurückzukehren – soviel hatten wir nun verstanden. Huxley faßte seine Ergebnisse kurz zusammen, als „eine völlige Abwesenheit von allem auf dem Weg dorthin und zurück und als ein erwartetes bedeutungsloses Etwas, wofür man in einer Art Nirwana ausharrt, denn dort gibt es nichts mehr zu tun.“ Er bekräftigte seine Absicht, später eine intensive Studie dieses Vorgehens zu beginnen, das er für so nützlich bei seinem Schreiben hielt.

Weitere Experimente wurden unternommen, nachdem Huxley erklärt hatte, er könne in den Zustand der „tiefen Reflexion“ eintreten mit dem einfachen unbestimmten Wissen, daß er auf jeden „signifikanten Reiz“ reagieren werde. Ohne ihn über meine Absichten zu informieren, bat ich ihn „aufzuwachen“ (dies ist mein eigener Ausdruck), wenn dreimal kurz hintereinander mit einem Bleistift auf den Stuhl geklopft würde. Er kam schnell in den Zustand der „tiefen Reflexion“, und nach kurzem Warten klopfte ich mit einem Bleistift in deutlich unterscheidbaren, aber unregelmäßigen Intervallen auf den Tisch. So klopfte ich einmal, pausierte, dann zweimal in rascher Folge, pausierte, klopfte einmal, pausierte, klopfte viermal rasch aufeinander, pausierte, dann fünfmal in rascher Folge. Ich versuchte viele Variationen, vermied aber das vereinbarte Signal. Ein Stuhl wurde geräuschvoll umgeworfen und währenddessen viermal geklopft. Erst als die speziellen drei Klopfzeichen gegeben wurden, zeigte er eine Reaktion. Sein Erwachen erfolgte langsam, mit einer fast unmittelbaren Reaktion auf das Signal. Huxley wurde über seine subjektiven Erfahrungen befragt. Er erklärte nur, daß sie den vorangegangenen glichen, mit einer Ausnahme, daß er nämlich mehrere Male das vage Gefühl gehabt habe, daß „etwas im Kommen war“, aber er wußte nicht was. Er war sich nicht bewußt, was vorgegangen war.

Ein weiteres Experiment wurde durchgeführt, in welchem er gebeten wurde, in die „tiefe Reflexion“ einzutreten und Farbe zu empfinden, wobei das zuvor vereinbarte Signal zum Erwachen das Schütteln seiner rechten Hand sein sollte. Er ging bereitwillig darauf ein, und als ich schätzte, daß er völlig in seinen Zustand der Reflexion eingetaucht war, schüttelte ich seine linke Hand kräftig, anschließend kniff ich ihn sehr fest in seinen rechten und linken Handrücken, so daß tiefe Abdrücke meiner Fingernägel zurückblieben. Huxley reagierte nicht auf diese physischen Reize, das zeigten seine Augen, die auf mögliche Augenbewegungen unter den Lidern beobachtet wurden und seine Atmung und Pulsfrequenz, die auf Veränderungen hin kontrolliert wurden. Nach circa einer Minute jedoch zog er langsam seine Arme entlang der Armlehnen des Sessels zurück, wo er sie zu Beginn seiner Reflexion hingelegt hatte. Sie bewegten sich langsam zwei bis drei Zentimeter, dann hörte jede Bewegung auf. Auf das vereinbarte Signal hin ließ er sich leicht und bequem wecken.

Sein subjektiver Bericht war, daß er sich „verloren“ hätte in einem „Meer von Farben“, im „Empfinden“, „Fühlen“, selbst Farbe zu „sein“, „zutiefst darin aufzugehen, ohne eigene Identität, nicht wahr“. Dann plötzlich hatte er einen Vorgang erlebt, bei dem sich die Farbe in einer „bedeutungslosen Leere“ verlor, nur um seine Augen zu öffnen und zu erkennen, daß er „da herausgekommen“ ist.

Er erinnerte sich an das vereinbarte Signal, wußte aber nicht, ob es gegeben worden war: „Daß es gegeben worden ist, kann ich nur aus der Tatsache herleiten, daß ich herausgekommen bin.“ Indirekte die Befragung ergab keine Erinnerungen an andere physische Reize, die er erhalten haben sollte. Auch schaute er weder gedankenverloren auf seine Hände noch rieb er sie sich.

Der gleiche Ablauf wie beim Farbsehen wurde wiederholt, aber als er den Zustand der „tiefen Reflexion“ erreicht zu haben schien, wurde er wiederholt und nachdrücklich aufgefordert, nach dem Erwachen ein bestimmtes Buch zu diskutieren, das sorgfältig in sein unmittelbares Gesichtsfeld gerückt worden war. Die Ergebnisse waren mit den vorhergehenden vergleichbar. Er fühlte sich „verloren“, „zutiefst versunken“,...„Man kann es fühlen, aber nicht beschreiben“,... „Ich meine, es ist ein äußerst verwirrender, faszinierender Zustand, sich selbst als vergnüglichen Teil einer endlosen Farbenflut zu empfinden, die sanft und freundlich ist, die nachgibt und alles aufnimmt.“ Er hatte keine Erinnerung an meine verbalen Aufforderungen, noch an andere, körperliche Stimuli. Er erinnerte sich an das vereinbarte Signal, aber wußte nicht, ob es gegeben worden war. Er konnte dies nur annehmen, da er sich wieder in einem gewöhnlichen wachen Bewußtseinszustand befand. Das Vorhandensein des Buches bedeutete ihm nichts. Eine weitere Aussage machte er noch: Wenn er sich in den Zustand der „tiefen Reflexion“ versetzte, indem er sich in Farbempfindungen verlor, so sei das in gewisser Weise vergleichbar, aber nicht identisch mit seinen psychedelischen Erlebnissen.

Zur letzten Untersuchung wurde Huxley gebeten, in den Zustand der Reflexion zu gehen mit dem Ziel, sich an die Begebenheiten mit dem Telefonanruf und dem gewissen Brief zu erinnern. Sein Kommentar war, daß solch ein Unterfangen wohl „ziemlich fruchtbar“ sein könnte. Trotz wiederholter Anstrengungen „kam“ er immer wieder „heraus“ und erklärte: „Da fand ich, daß ich nichts zu tun hatte, so kam ich heraus.“ Seine Erinnerungen beschränkten sich auf die Mitteilungen, die seine Frau ihm gegenüber gemacht hatte, und alle Einzelheiten hingen mit ihr zusammen und nicht mit irgendeinem Empfinden, einer Erfahrung auf seiner Seite.

Ein letztes Mal bemühten wir uns festzustellen, ob Huxley eine andere Person in seinen Zustand der „tiefen Reflexion“ miteinbeziehen konnte. Die Idee interessierte ihn sofort, und ich schlug vor, daß er in den Zustand der Reflexion gehen solle, um einige seiner psychedelischen Erlebnisse nochmals durchzugehen. Dies tat er auf sehr interessante Weise. Als der Zustand der Reflexion eintrat, begann Huxley, in einer äußerst losgelösten, dissoziierten Art bruchstückhafte Bemerkungen zu machen, vorwiegend in Form von an sich selbst gerichteten Kommentaren. Er hatte rasch Bleistift und Papier gereicht bekommen, machte kurze Notizen und gab dazu folgende Bemerkungen ab: „... Äußerst ungewöhnlich ... das habe ich übersehen ... Wie?... Seltsam, ich sollte das vergessen haben (er machte eine Notiz)?... faszinierend, wie anders es erscheint ... ich muß nachschauen ..."

Als er erwachte, hatte er eine vage Erinnerung, eine frühere psychedelische Erfahrung noch einmal erlebt zu haben, aber was er damals oder in der jetzigen Situation erlebt hatte, daran konnte er sich nicht erinnern, noch daß er laut gesprochen oder Notizen gemacht hatte. Als sie ihm gezeigt wurden, fand er sie so schlecht geschrieben, daß sie nicht zu lesen waren. Ich las die meinen vor, ohne irgendeine Erinnerung auszulösen.

Eine Wiederholung brachte dieselben Resultate, mit einer Ausnahme: dem erstaunten Ausdruck völliger Überraschung, mit dem Huxley plötzlich erklärte: „Ich muß sagen, Milton, dies ist ganz außerordentlich verwirrend, sehr außergewöhnlich. Ich benutze ‚tiefe Reflexion', um meine Erinnerungen kommen zu lassen, um mein ganzes Denken zu ordnen, dessen Tragweite zu ermessen, das Ausmaß meines geistigen Seins auszuloten, aber ich tue es nur, um jene Erkenntnisse, das Denken, das Verständnis und die Erinnerungen in die Arbeit einfließen zu lassen, die ich plane, ohne mir all dieser Dinge bewußt zu sein. Faszinierend ... ich war mir immer darüber im klaren, daß meine ‚tiefe Reflexion' stets einer intensiven Schaffensperiode voranging, in die ich völlig eintauchte ... ich meine, kein Wunder, daß ich eine Amnesie habe."

Als wir später unsere beiden Notizbücher durchgingen, zeigte Huxley heftiges Erstaunen und Verblüffung über das, was ich hinsichtlich der physischen Stimuli niedergeschrieben hatte, an die er keinerlei Erinnerung hatte. Er wußte, daß er auf mein Verlangen wiederholt in „tiefe Reflexion" gegangen war, daß er sowohl erfreut wie erstaunt war über seine subjektiven Gefühle des Verlorenseins in einem alles aufnehmenden Meer von Farben, daß er eine gewisse Zeit- und Raumlosigkeit empfunden hatte und das angenehme Gefühl, es werde etwas Bedeutsames geschehen. Er las meine Notizen immer wieder durch in dem Bemühen, irgendein Gefühl oder zumindest eine vage Erinnerung an ein subjektives Empfinden der verschiedenen physischen Reize zu entwickeln, die ich ihm gegeben hatte. Er blickte auch auf seine beiden Handrücken, um die Spuren des Kneifens zu sehen, aber sie waren verschwunden. Sein abschließender Kommentar lautete: „… außergewöhnlich, sehr außergewöhnlich, ich muß sagen, äußerst faszinierend."

Als wir übereinkamen, wenigstens eine Zeitlang weitere Untersuchungen der „tiefen Reflexion" hintanzustellen, erklärte Huxley wiederum, daß seine plötzliche Erkenntnis, wie häufig er sie benutzt hatte und wie wenig er darüber wußte, ihn dazu veranlaßte, weiter in das Thema einzudringen. Die Mittel und Wege, wie er sie zustande brachte, die Art, wie sie für ihn eine Vorbereitung darstellte, ins Schreiben einzutauchen, und ihn veranlaßte, unnötigen Kontakt zur Realität aufzugeben, dies alles waren Fragen von großem Interesse für ihn.

Huxley schlug dann vor, daß eine Untersuchung hypnotischer Bewußtseinszustände durchgeführt werden sollte, bei der er als Versuchsperson dienen wollte. Er bat um Erlaubnis, seine Trancezustände nach seinen Wünschen zu Diskussionen unterbrechen zu dürfen. Dies stand mit meinem Anliegen voll in Einklang.

Er bat, zuerst eine leichte Trance zu induzieren, vielleicht mehrmals, um eine Exploration seines subjektiven Erlebens zu ermöglichen. Da er früher bereits kurz als somnambule Versuchsperson fungiert hatte, wurde ihm überzeugend versichert, daß dieser Umstand es ermögliche, darauf zu vertrauen, daß er seinen Trancezustand nach Wunsch in jeder beliebigen Tiefe anhalten könne. Die einfache direkte hypnotische Suggestion dabei erkannte er nicht. Als er später mein Notizbuch las, amüsierte er sich, wie leicht er eine offensichtliche Suggestion angenommen hatte, ohne damals ihren Sinn zu erkennen.

Er fand mehrere Wiederholungen der leichten Trance interessant, aber „zu einfach konzipiert". Es sei, sagte er, „ein einfaches Zurücknehmen des Interesses von außen nach innen". Das heißt, man schenkt äußeren Dingen immer weniger Aufmerksamkeit und lenkt sie immer mehr auf innere subjektive Empfindungen. Die äußeren Dinge werden immer blasser und verschwommener, die inneren subjektiven Empfindungen immer zufriedenstellender, bis ein Zustand des Gleichgewichts besteht. In diesem Stadium der Ausgewogenheit hatte er das Gefühl, daß er – wenn ihm daran liege – „nach der Wirklichkeit greifen könnte", daß ein gewisser Zugriff auf die äußere Wirklichkeit erhalten bleibe, aber keine Motivation, sich damit zu befassen. Auch verspürte er keinen Wunsch, die Trance zu vertiefen. In diesem ausgewogenen Zustand schien keine besondere Änderung nötig, und er bemerkte ein damit einhergehendes Gefühl der Zufriedenheit und Entspannung. Er fragte sich, ob andere die gleichen subjektiven Reaktionen verspürten.

Huxley verlangte, daß die leichte Trance mittels vielfältiger Techniken induziert werden sollte, darunter auch mittels einiger nonverbaler. Die Ergebnisse in allen Fällen waren, wie Huxley das stark empfand, völlig von seiner mentalen Befindlichkeit abhängig. Er fand, daß er es annehmen und in leichter Trance *dahingleiten („drifting along“* – mein – Ericksons – Ausdruck) konnte, empfänglich für Suggestionen, die in erster Linie nur Reaktionen auf einer subjektiven Ebene hervorriefen. Er fand, daß die Anstrengung ihn belastete, sich unmittelbar in bezug zur physikalischen Umwelt zu verhalten; dann wünschte er sich, entweder aus der Trance zu erwachen oder noch tiefer zu gehen. Auf eigene Initiative hin stellte er sich selbst Aufgaben, um seine Trancezustände zu testen. So beschloß er bei sich, ehe er in leichte Trance gehe, ein bestimmtes, wichtiges oder unwichtiges Thema mit mir zu diskutieren, entweder so bald wie möglich oder auch zu einem späteren Zeitpunkt. In diesem Fall fand Huxley dergleichen unausgesprochene Wünsche schädlich für die Aufrechterhaltung der Trance. In ähnlicher Weise schwächte jeder Versuch, einen Teil der Wirklichkeit in die Trance einzubeziehen, „der nicht zu meinem Gefühl der subjektiven Zufriedenheit paßte“, diese Trance ab.

Ständig bestand ein „schwaches, aber leicht ansprechbares“ Gewahrsein dafür, daß man seinen Bewußtseinszustand willentlich verändern kann. Huxley empfand, ebenso wie andere, mit denen ich ähnliche Untersuchungen durchgeführt habe, den tiefen Wunsch, das Gefühl seines subjektiven Behagens und seiner Zufriedenheit zu erforschen, aber er erkannte sogleich, daß ihn dies in einen tieferen Trancezustand führen würde.

Als Huxley gebeten wurde mitzuteilen, worauf er zurückgreifen könne, um zu verhindern, daß er in eine tiefere Trance gehe, sagte er, er verfahre so, daß er sich eine bestimmte Zeit vorgebe, während der er in leichter Trance bleibe. Dies hatte zur Folge, daß es ihm in stärkerem Maße bewußt war, zu jedem Zeitpunkt „nach der äußeren Wirklichkeit greifen zu können“, und daß dann sein Gefühl des subjektiven Behagens und der Leichtigkeit abnehme. Wiederholte Versuche und Diskussionen hierzu zeigten, daß sorgfältig formulierte Suggestionen, die die Verfügbarkeit der äußeren Wirklichkeit betonten und das subjektive Wohlgefühl verstärkten, helfen konnten, die Trance zu vertiefen, obwohl sich Huxley des Gesagten und der Gründe dafür voll bewußt war. Ähnliche Resultate wurden mit anderen hochintelligenten Personen erreicht.

Beim Experimentieren mit mitteltiefen Trancezuständen erlebte Huxley, wie andere Personen auch, mit denen ich gearbeitet habe, viel größere Schwierigkeiten zu reagieren und ein relativ konstantes Tranceniveau aufrechtzuerhalten. Er fand, daß er ein subjektives Bedürfnis habe, tiefer in Trance zu gehen, und ein intellektuelles Bedürfnis, in mittlerer Trancetiefe zu bleiben. Als Folge erlebte er sich selbst, wie er wiederholt „nach dem Bewußtsein griff", um seine Umgebung wahrzunehmen, und dies bedingte dann eine leichte Trance. Dann lenkte er seine Aufmerksamkeit gewöhnlich auf sein subjektives Wohlbefinden und merkte, wie er eine tiefe Trance entwickelte. Nach mehreren Versuchen schließlich wurden ihm sowohl posthypnotische wie auch direkte hypnotische Suggestionen gegeben, um in einem mittleren Trancezustand zu bleiben. Dies, fand er, konnte er ohne allzu große Anstrengung tun. Er beschrieb, daß die mittlere Trance in erster Linie durch eine sehr angenehme Empfindung subjektiven Wohlgefühls und ein vages, schwaches, lückenhaftes Gespür gekennzeichnet sei, daß es da eine äußere Wirklichkeit gebe, wobei er ein Bedürfnis und eine beträchtliche Motivation empfand, diese untersuchen zu können. Wenn er jedoch versuchte, auch nur ein Quentchen der Wirklichkeit auf ihren inneren Wert hin zu untersuchen, wurde die Trance sofort leichter. Wenn er andererseits einen Teil der äußeren Wirklichkeit auf deren subjektive Werte hin untersuchte – zum Beispiel die weiche Behaglichkeit der Stuhlkissen als Kontrast zur inneren Stille des Raumes –, wurde die Trance tiefer. Aber sowohl leichte als auch mittlere Trancezustände waren gekennzeichnet durch ein Bedürfnis, die äußere Wirklichkeit in gewisser Weise zu spüren, nicht unbedingt klar, aber doch mit erkennbarem Bewußtsein.

Beide Arten von Tranceversuchen wurden durchgeführt, um zu entdecken, welche hypnotischen Phänomene sowohl in leichter wie in mittlerer Trancetiefe ausgelöst werden können. Das gleiche Experiment ist auch mit anderen geeigneten Versuchspersonen durchgeführt worden, mit solchen, die durchgängig nur leichte Trance entwickelten, und mit anderen, die beständig nicht dazu imstande schienen, tiefer als in eine mittlere Trance zu gehen. Bei allen derartigen Untersuchungen waren die Ergebnisse die gleichen. Am wichtigsten scheint zu sein, daß die Versuchspersonen mit leichter und mittlerer Trancetiefe das Bedürfnis haben, zumindest noch etwas Zugriff zur äußeren Wirklichkeit zu behalten und ihre Trance als Zustand getrennt von der externen Wirklichkeit einzuordnen. Dabei sollte die Versuchsperson aber den Eindruck haben, diese Orientierung an der Wirklichkeit – wie schwach auch immer sie sein mag – sofort verfügbar zu haben.

Ein anderer Punkt, den Huxley aus eigenem Antrieb entdeckte und der mir in all meiner Arbeit mit anderen Versuchspersonen voll bewußt war, betraf die Phänomene der tiefen Hypnose, welche sowohl in leichten wie in mittleren Trancezuständen entwickelt werden können. Nachdem Huxley tiefe Hypnose beobachtet hatte, wunderte er sich, daß es möglich ist, halluzinative Phänomene in leichter Trance entwickeln zu können. Er versuchte dies, indem er seinen subjektiven Zustand körperlichen Wohlbefindens genoß und eine weitere subjektive Qualität hinzufügte – nämlich die einer angenehmen Geschmacksempfindung. Er fand es ziemlich einfach, verschiedene Geschmacksempfindungen lebhaft zu halluzinieren, während er sich leise fragte, was ich wohl denken würde, wenn ich wüßte, was er gerade tat. Dabei bemerkte er sein vermehrtes Schlucken nicht. Von den Geschmacksempfindungen ging er weiter zu angenehmen und unangenehmen Geruchshalluzinationen. Er ahnte nicht, daß er dies durch sein Blähen der Nasenflügel verriet. Er meinte damals, wie er danach erklärte, er habe das „Gefühl", daß Halluzinationen, die eine völlig „innerliche Art von Geschehen" darstellen, d.h. innerhalb des Körpers ablaufen, einfacher seien als jene, die sich anscheinend außerhalb des Körpers abspielen. Von den Geruchshalluzinationen ging er weiter zu den kinästhetischen, propriozeptiven und schließlich zu taktilen Empfindungen. Seine kinästhetisch-halluzinatorische Erfahrung war, daß er halluzinierte, wie er einen langen Spaziergang unternahm und sich dabei doch ständig bewußt war, daß ich in irgendeinem undeutlich empfundenen Raum zugegen war. Für Augenblicke konnte er mich sogar vergessen, und sein halluzinierter Spaziergang wurde dann sehr lebendig. Dies erkannte er als Hinweis darauf, daß sich dann ein tieferer Trancezustand entwickelte, und er fühlte sich verpflichtet, daran zu denken, mir darüber in der Diskussion nach seinem Erwachen zu berichten. Die Veränderungen in Atmung und Pulsfrequenz während seines halluzinierten Spaziergangs bemerkte er nicht.

Als er zum ersten Mal visuelle und akustische Halluzinationen ausprobierte, fand er sie sehr viel schwieriger, und die Anstrengung bewirkte eine Tendenz, seine Trance abzuschwächen oder aufzuheben. Schließlich überlegte er, wenn er rhythmische Körperbewegungen halluzinieren könne, so gelänge es ihm wohl auch, eine akustische Halluzination an dieser halluzinierten Körperbewegung „festzumachen". Diese Maßnahme erwies sich als überaus erfolgreich, und wiederum ertappte er sich bei der Frage, ob ich die Musik denn auch hören könne. Sein Atemrhythmus veränderte sich, und es waren leichte Kopfbewegungen zu beobachten. Von einfacher Musik ging er weiter zu halluziniertem Operngesang und schließlich zu einem Wortgemurmel, das in meine Stimme überging, welche ihn zur „tiefen Reflexion" befragte. Ich konnte nicht erkennen, was vor sich ging.

Weiter ging er zu visuellen Halluzinationen über. Sein Versuch, die Augen zu öffnen, weckte ihn beinahe aus der Trance. Danach behielt er seine Augen sowohl in leichter als auch in mittlerer Trance geschlossen. Seine erste visuelle Halluzination bestand aus einer lebhaften Überflutung seines Geistes mit einer intensiven Farbempfindung in Pastelltönen wechselnder Schattierungen und in wellenförmigen Bewegungen. Er brachte dieses Erlebnis mit der „tiefen Reflexion" in Verbindung, die er mit mir erlebt hatte, und auch mit seinen früheren psychedelischen Erfahrungen. Dieses Erlebnis hielt er für seine gegenwärtigen Zwecke nicht für genügend valide, weil er meinte, daß rege Erinnerungen dabei zu viel Raum einnähmen. Daher entschied er bewußt, eine Blume zu visualisieren, wobei ihm der Gedanke kam, wenn bei akustischen Halluzinationen Bewegungsempfindungen eine Rolle spielten, dann könne er auf ein ähnliches Mittel zurückgreifen, um eine visuelle Halluzination zu entwickeln. Er erinnerte sich nach dem Erwachen aus der Trance, während sein Erlebnis besprochen wurde, daß er sich im Augenblick gefragt hatte, ob ich bei meinen Versuchspersonen je Halluzinationen hervorgerufen hätte, indem ich die Erfahrungen verschiedener sensorischer Bereiche vereint hätte. Ich sagte ihm, dies sei für mich ein Standardverfahren.

Er machte mit der visuellen Halluzination weiter, indem er „spürte", wie sein Kopf von einer Seite zur anderen und von oben nach unten einem fast nicht sichtbaren Gegenstand folgte. Dieser Gegenstand wurde jedoch bald immer deutlicher sichtbar, bis Huxley schließlich eine riesige Rose sah, die vielleicht einen Meter im Durchmesser maß. Das hatte er nicht erwartet, und so war er sich mit einemmal sicher, dies sei keine wiederbelebte Erinnerung, sondern eine befriedigende Halluzination. Indem er das realisierte, erkannte er auch, daß er sehr wohl zur Halluzination beitragen könne, indem er eine Geruchshalluzination von intensiver, für eine Rose untypischer, widerlich süßer Note produzierte. Auch hierin war er sehr erfolgreich. Nachdem er mit vielfältigen Halluzinationen experimentiert hatte, wachte Huxley aus seiner Trance auf und besprach mit mir ausführlich, was er vollbracht hatte. Es freute ihn zu erfahren, daß seine experimentellen Entdeckungen ohne jegliche Nachhilfe oder Suggestion von meiner Seite sehr wohl mit den planmäßigen experimentellen Befunden bei anderen Versuchspersonen übereinstimmten. Die Diskussion warf die Frage auf nach Anästhesie, Amnesie, Dissoziation, Depersonalisation, Regression, Zeitverzerrung und Hypermnesie (die bei Huxley aufgrund seines phänomenalen Erinnerungsvermögens schwierig zu testen sein würde) sowie nach der Erkundung vergangener, verdrängter Erlebnisse.

Dabei fand Huxley, daß Anästhesie, Amnesie, Zeitverzerrung und Hypermnesie in leichter Trance möglich seien. Die übrigen Phänomene förderten bei entsprechend ernsthaftem Bemühen stets das Entstehen tiefer Trance.

Die in leichter Trance entwickelte Anästhesie war sehr wirkungsvoll hinsichtlich einzelner Teile des Körpers. Als er eine generalisierte Anästhesie vom Hals abwärts versuchte, merkte Huxley, wie er in tiefe Trance „abglitt".

Amnesie und Anästhesie waren dann wirkungsvoll, wenn dabei eine Auswahl getroffen wurde. Jede Anstrengung in Richtung vollständiger Anästhesie führte zu fortschreitender tiefer Trance.

Zeitverzerrung fiel ihm leicht, und Huxley bemerkte, er sei sich nicht sicher, habe aber doch stark das Gefühl, daß er die Zeitverzerrung schon seit langem bei seiner „tiefen Reflexion" anwende, obgleich er erst durch mich ausdrücklich darin eingeführt worden sei.

Hypermnesie war ja wegen seines extremen Gedächtnisses so schwierig zu untersuchen, und auf seinen Vorschlag hin wurde er in leichter Trance gebeten, auf Nachfrage sofort anzugeben, auf welcher Seite verschiedener Bücher aus seinem Besitz bestimmte Abschnitte zu finden seien. Beim ersten Versuch kam Huxley aus der leichten Trance zurück und erklärte: „Also wirklich, Milton, das kann ich nicht. Wenn ich mir Mühe gebe, kann ich zwar den größten Teil dieses Buches vortragen, aber die Seitenzahl eines Abschnitts – das ist nicht fair!" Nichtsdestotrotz ging er wieder in leichte Trance, es wurde der Buchtitel genannt, ein paar Zeilen eines Abschnitts wurden ihm laut vorgelesen, und daraufhin sollte er die entsprechende Seitenzahl nennen. Es gelang ihm, mehr als 65 Prozent verblüffend rasch zu identifizieren. Nach dem Erwachen aus seiner leichten Trance wurde ihm gesagt, er solle nun im Wachzustand die gleiche Aufgabe ausführen. Zu seiner immensen Verwunderung merkte er, daß er im Wachzustand systematisch vorgehen mußte, während in leichter Trance die Seitenzahl „blitzartig" vor seinem inneren Auge auftauchte. Seine Methode im Wachzustand war folgende: Er ging im Geist den betreffenden Abschnitt vollständig durch, begann den folgenden, kehrte in Gedanken zum vorigen Abschnitt zurück und „riet" dann. Wurde er auf die Zeit eingeschränkt, die er in leichter Trance dazu benötigt hatte, so scheiterte er bei jedem Versuch. Wenn er so viel Zeit aufwenden durfte, wie er wollte, dann konnte er eine Trefferquote von ca. 40 Prozent erreichen, aber er mußte – anders als in leichter Trance – die betreffenden Bücher in jüngerer Zeit nochmals gelesen haben.

Huxley ging dann weiter und wiederholte alles in mittlerer Trance, was er zuvor in leichter Trance durchgeführt hatte. Er erledigte jetzt ähnliche Aufgaben mit viel mehr Leichtigkeit, aber immer mit dem Gefühl, in tiefe Trance „hineinzurutschen".

Huxley und ich diskutierten dieses hypnotische Verhalten recht ausführlich, wobei Huxley den größten Teil der Notizen machte, denn nur er selbst konnte seine subjektiven Erfahrungen zu den jeweiligen Diskussionspunkten wiedergeben. Aus diesem Grunde sind dem vorliegenden Bericht Grenzen gesetzt.

Dann wandten wir uns der Frage nach der tiefen Hypnose zu. Huxley entwickelte mit Leichtigkeit tiefe somnambule Trance, in welcher er spontan und vollständig in Raum und Zeit desorientiert war. Er war in der Lage, seine Augen zu öffnen, beschrieb sein Gesichtsfeld aber als eine „Lichtquelle", welche mich, den Stuhl, auf dem ich saß, ihn selbst und seinen Stuhl umhüllte. Er äußerte sich sogleich zu der bemerkenswert spontan auftretenden Einengung seines Gesichtsfeldes und zeigte ein Gespür dafür, daß er sich aus irgendeinem, ihm nicht bekannten Grund verpflichtet fühlte, mir „die Dinge" zu „erklären". Sorgfältiges Nachfragen brachte seine Amnesie für das zuvor Geschehene zutage, und es war ihm auch unsere gemeinsame Untersuchung nicht mehr bewußt. Sein Empfinden, daß er mir die Dinge erklären müsse, wurde zur beiläufigen Bereitwilligkeit, sobald er es in Worte faßte. Eine seiner ersten Bemerkungen lautete: „Also wirklich, ich kann meine Situation nicht begreifen, oder warum Sie hier sind – wo immer das sein mag –, aber ich muß Ihnen die Dinge erklären." Ihm wurde versichert, daß ich die Situation verstand und daß mir an jeglicher Erklärung gelegen war, die er mir geben wollte, daß ich ihn sogar ausdrücklich darum bitten würde. Sehr locker und unentschieden ging er darauf ein, es war aber offensichtlich, daß er seinen Zustand körperlichen Wohlbehagens in zufriedener und passiver Weise genoß.

Er beantwortete die Fragen kurz und bündig und ging nicht mehr und nicht weniger auf die eigentliche Bedeutung ein, als die Frage das erforderte. Mit anderen Worten, er zeigte die gleiche genaue Wort- und Sinntreue wie andere Versuchspersonen, vielleicht sogar in noch ausgeprägterem Maße aufgrund seiner Kenntnis der Semantik.

So wurde er gefragt: „Was befindet sich zu meiner Rechten?" Seine Antwort war schlicht: „Ich weiß es nicht." – „Warum nicht?" – „Ich habe nicht nachgesehen." – „Würden Sie es tun?" – „Ja." – „Nun?" – „Wie weit soll ich denn schauen?" Das war kein unerwartetes Frage-Antwort-Spiel, denn es ist mir schon unzählige Male begegnet. Huxley zeigte lediglich ein für diese tiefe Trance bezeichnendes Phänomen, wobei die visuelle Wahrnehmung in unerklärlicher Weise auf jene Dinge beschränkt ist, die für die Trancesituation relevant sind. Für jeden Stuhl, jedes Sofa, jede Fußbank, die er nach meinem Wunsch sehen sollte, waren eigens Anweisungen erforderlich. Später erklärte Huxley dies so: „Ich mußte um mich blicken, bis es (das spezielle Objekt) mir allmählich in den Blick kam, nicht mit einem Mal, sondern langsam, so als würde ich es Gestalt annehmen lassen. Ich meine wirklich, daß ich mich dabei vollkommen wohlfühlte, ohne eine Spur von Verwunderung beim Anblick der auftauchenden Dinge. Ich nahm alles als selbstverständlich hin." Ähnliche Erklärungen gaben schon Hunderte von Versuchspersonen ab. Dennoch hat mich die Erfahrung gelehrt, wie wichtig es ist, die Rolle desjenigen einzunehmen, der rein passiv fragt, der eine Frage nur stellt, um eine Antwort zu erhalten, ohne Ansehen ihres Inhaltes. Schwingt ein Unterton von Interesse an der Bedeutung der Antwort mit, so beeinflußt das die Versuchsperson wahrscheinlich, so zu antworten, als hätte sie Anweisungen erhalten, welche Antwort sie geben solle. In der therapeutischen Arbeit benutze ich Betonungen, um bei meinen Patienten angemessenere persönliche Reaktionen zu erlangen.

Bei Huxley habe ich das getestet, indem ich ihn in begeistertem Ton fragte: „Sagen Sie mir nun, was ist das, was sich in ungefähr viereinhalb Metern Entfernung vor Ihnen befindet?" Die korrekte Antwort hätte gelautet: „Ein Tisch." Statt dessen kam als Antwort: „Ein Tisch mit einem Buch und einer Vase darauf." Sowohl das Buch als auch die Vase befanden sich auf dem Tisch, aber an der entfernteren Seite, mehr als viereinhalb Meter weit weg. Später wurde die gleiche Frage nochmals in beiläufigem, gleichgültigem Ton gestellt: „Sagen Sie mir jetzt, was sich in ungefähr viereinhalb Metern Entfernung vor Ihnen befindet?" Trotz seiner früheren Antwort sagte er: „Ein Tisch." – „Sonst noch etwas?" – „Ja." – „Was noch?" – „Ein Buch." (Es befand sich näher bei ihm als die Vase.) „Noch etwas?" – „Ja." – „Sagen Sie es mir nun." – „Eine Vase." – „Noch etwas?" – „Ja." – „Sagen Sie es mir jetzt." – „Ein Fleck." – „Noch etwas?" – „Nein."

Diese Wortwörtlichkeit und eigenartige Einengung der Wahrnehmung auf jene konkreten Gegenstände, die genau die hypnotische Situation ausmachen, ist in hohem Maße kennzeichnend für eine angemessene somnambule hypnotische Trance. Gleichzeitig mit der visuellen Einengung tritt auch eine akustische Einschränkung auf, und zwar so, daß Geräusche, selbst diejenigen zwischen Versuchsleiter und Versuchsperson, wirken, als seien sie völlig außerhalb der hypnotischen Situation. Da kein Assistent zugegen war, konnte die akustische Einengung nicht getestet werden. Indessen wurde an einem für das Auge unsichtbaren schwarzen Faden hinter Huxley ein Buch vom Tisch gezogen und auf seinen Rücken fallen gelassen. Langsam, als hätte er ein Jucken verspürt, hob er die Hand und kratzte sich an der Schulter. Er zeigte keine Schreckreaktion. Auch dies ist kennzeichnend für das Reagieren auf unerwartete körperliche Reize. Sie werden im Sinne früherer Körpererfahrungen gedeutet. Recht häufig tritt als Begleiterscheinung einer sich entwickelnden tiefen somnambulen Trance bei den Versuchspersonen eine selektive allgemeine Anästhesie für solche körperlichen Reize auf, die nicht Bestandteil der hypnotischen Situation sind, ganz besonders für jene Körperreize, die nicht als frühere Körpererfahrung gedeutet werden können. Im Falle Huxleys konnte das nicht untersucht werden, denn es bedarf für entsprechende Tests eines Assistenten, damit die hypnotische Situation nicht beeinträchtigt wird. Eine veranschaulichende Maßnahme, die ich ergriffen habe, bestand darin, daß eine Nadel mit Faden durch den Jackenärmel gestochen wurde, während die Arme der Versuchsperson in eine entsprechende Position gebracht wurden, und dann ließ ich meinen Assistenten von einem verborgenen Platz aus den Faden hin- und herziehen. Häufig merkte die Versuchsperson aufgrund einer spontanen Anästhesie nichts von dem Reiz, den die Nadel verursachte. Es können leicht die verschiedensten einfachen Tests ausprobiert werden.

Huxley wurde sanft und indirekt aus der Trance geweckt, indem ihm einfach suggeriert wurde, er möge sich im Sessel zurechtsetzen, um die gleiche innere und äußere Haltung einzunehmen, die er bei der Entscheidung innehatte, jede weitere Untersuchung seiner „tiefen Reflexion" zu unterbrechen, bis er sie zu einem späteren Zeitpunkt wiederaufnehmen werde.

Huxley reagierte durch unmittelbares Erwachen, und er bemerkte sogleich, daß er ganz darauf eingestellt sei, in tiefe Hypnose zu gehen. Während diese Bemerkung an sich schon die tiefe posthypnotische Amnesie anzeigte, wurde auf eine Verzögerungstaktik zurückgegriffen, unter dem Vorwand einer Diskussion darüber, was nun möglicherweise zu tun sei. Auf diese Art konnten verschiedene Einzelheiten seines Verhaltens in tiefer Trance angesprochen werden. Deren Erwähnung beschwor bei Huxley keine Erinnerungen herauf, und sein Diskussionsbeitrag zu den genannten Punkten zeigte keinerlei weiteren Einblick, den er aus seinem Verhalten in tiefer Trance hätte gewonnen haben können. Er hatte dieselben Detailkenntnisse über sein Verhalten in tiefer Trance wie zuvor, ehe diese induziert worden war.

Es folgten weitere Erfahrungen mit tiefer Trance, wobei alle persönlichen Zusammenhänge vermieden wurden und Huxley gebeten wurde, partielle, selektive und totale posthypnotische Amnesie zu entwickeln; weiter sollte er die amnestischen Inhalte wiedererlangen und diese von neuem vergessen. Partielle Amnesie bezieht sich dabei auf einen Teil des gesamten Erlebnisses, selektive Amnesie betrifft das Vergessen ausgewählter, vielleicht miteinander verknüpfter Anteile der Erfahrung. Huxley entwickelte auch Katalepsie, die getestet wurde, indem er sich bequem im Sessel zurechtsetzen sollte, dann wurde eine Situation herbeigeführt, die eine direkte Aufforderung beinhaltete, sich aus dem Sessel zu erheben („Nehmen Sie das Buch da vom Tisch, legen Sie es dort hinüber auf den Schreibtisch, und tun Sie das jetzt"). So merkte Huxley, daß er unerklärlicherweise nicht fähig war, aus dem Sessel aufzustehen und zu begreifen, warum das so war. (Das bequeme Sichzurechtsetzen hatte zu einer Körperhaltung geführt, die erst einer Korrektur bedurft hätte, ehe er sich aus dem Sessel erheben konnte, und in der entsprechenden Anweisung waren keine impliziten Suggestionen für diese Korrektur enthalten. Daher saß er hilflos da, unfähig aufzustehen und unfähig zu begreifen, weshalb.)

Die gleiche Methode wurde angewandt, um vor Medizinern eine Sattelblockanästhesie zu demonstrieren. Die Versuchsperson wird dazu gebracht, sich sorgfältig zurechtzusetzen, dann wird eine beiläufige Unterhaltung geführt, die Versuchsperson mit einer zweiten Versuchsperson in Kontakt gebracht, welche dann gebeten wird, mit der ersten Versuchsperson den Platz zu tauschen. Die zweite Person geht darauf zur ersten hinüber und steht hilflos da, während die erste entdeckt, daß sie (1) unfähig ist, sich zu bewegen, und (2) daß das Zurückgehen der Unfähigkeit zu stehen sogleich zum Verlust des Gefühls für die untere Körperhälfte führt und weiter zur völligen Anästhesie, obgleich in der vorangegangenen Diskussion über Hypnose Anästhesie nicht einmal erwähnt worden war. Dieses unbemerkte Eintreten von Katalepsie, das die Versuchsperson gar nicht erkennt, ist eine äußerst wirkungsvolle Methode, um Trancezustände zu vertiefen.

Huxley war verwirrt über den Verlust seiner Bewegungsfähigkeit, noch verwirrter, als er den Verlust seines Gefühls für die untere Körperhälfte entdeckte, und völlig verblüfft, als ich ihm seine tiefe Anästhesie demonstrierte. Er konnte den gesamten Ablauf der Ereignisse nicht mehr verstehen, das bequeme Zurechtrücken seines Körpers brachte er nicht in Zusammenhang mit der unauffällig induzierten Katalepsie und der nachfolgenden Anästhesie.

Er wurde mit fortbestehender Katalepsie, Anästhesie und vollständiger Amnesie für seine Erlebnisse in tiefer Trance aus seinem Trancezustand aufgeweckt. Er dehnte meine Anweisungen spontan auf all seine Tranceerfahrungen aus; möglicherweise hatte er meine Worte auch nicht deutlich genug gehört. Er orientierte sich unmittelbar auf die Zeit zurück, als wir mit „tiefer Reflexion" gearbeitet hatten. Seinen unbeweglichen Zustand konnte er sich überhaupt nicht erklären, und er drückte seine Neugier und Verwunderung darüber aus, was er wohl im Zustand „tiefer Reflexion" getan haben mochte, aus dem er glaubte erwacht zu sein. Er fragte sich, was wohl zu dergleichen unerklärlichen Erscheinungen geführt haben mochte, die ihm zum ersten Mal begegnet waren. Er zeigte lebhaftes Interesse, murmelte Kommentare wie „extrem ungewöhnlich" vor sich hin, während er seine untere Körperhälfte in Augenschein nahm und mit den Händen überprüfte. Er stellte fest, daß er die Position seiner Füsse nur mit dem Blick bestimmen konnte, daß er von der Taille abwärts vollkommen unbeweglich war, und als er wegen der Katalepsie sein Bein flüchtig mit den Händen zu bewegen versuchte, entdeckte er den anästhetischen Zustand. Das testete er auf unterschiedliche Weise, und er bat mich um einige Dinge, damit er seine Untersuchungen vornehmen konnte. Beispielsweise wollte er, daß ich ihm Eis auf seinen nackten Knöchel lege, denn er konnte sich nicht genügend hinunterbeugen, um es selbst zu tun. Nachdem er vieles ausprobiert hatte, wandte er sich schließlich zu mir und sagte: „Ich muß sagen, Sie wirken gelassen und scheinen sich wohlzufühlen, während ich in einem ziemlichen Dilemma bin. Ich vermute, daß Sie auf irgendeine ganz unterschwellige Art mein Körpergefühl durcheinandergebracht haben. Ich frage Sie, ist das so etwas wie Hypnose?"

Die Wiederherstellung seines Gedächtnisses entzückte ihn, aber bezüglich des Ursprungs seiner Katalepsie und Anästhesie war er immer noch völlig ratlos. Er begriff indessen, daß irgendeine Kommunikationstechnik angewandt worden war, um diese Auswirkungen hervorzurufen, aber die Verbindung zwischen seinem Sichzurechtsetzen und dem, was sich daraus ergab, gelang ihm nicht.

Weitere Untersuchungen des Zustands tiefer Trance galten den visuellen, den akustischen und anderen Arten ideosensorischer Halluzinationen. Eine der Maßnahmen bestand darin, so zu tun, als hörte ich, wie sich die Tür öffnete, wie ich dann anscheinend jemanden hereinkommen sah, mich höflich erhob, auf einen Stuhl wies und mich dann zu Huxley wandte und der Hoffnung Ausdruck gab, er möge sich wohlfühlen. Er erwiderte, das sei der Fall, und er brachte seine

Überraschung zum Ausdruck, daß seine Frau unerwartet zurückgekommen war, denn er hatte damit gerechnet, daß sie den ganzen Tag außer Hauses sein werde. (Ich wußte, daß seine Frau den Stuhl gern zu benutzen pflegte, auf den ich gewiesen hatte.) Huxley plauderte mit ihr und halluzinierte offensichtlich ihre Antworten. Dann wurde er mit der Frage unterbrochen, wie er denn wissen könne, daß es seine Frau sei und nicht eine hypnotische Halluzination. Nachdenklich prüfte er diese Frage und erklärte dann, ich hätte keinerlei Suggestion gegeben, seine Frau zu halluzinieren; ich sei ja bei ihrem Eintreffen ebenso überrascht gewesen wie er, und sie sei genauso angezogen gewesen wie unmittelbar vor ihrem Weggehen und nicht so, wie ich sie davor gesehen hätte. Daher war es vernünftig, den Schluß zu ziehen, sie sei real. Nach kurzer gedankenvoller Pause kehrte er zurück zu seinem Plausch mit ihr und fuhr offenbar fort, Entgegnungen zu halluzinieren. Schließlich lenkte ich seine Aufmerksamkeit auf mich, und mit einer suggestiven Geste in Richtung des Stuhls, auf dem er seine Frau „sah", deutete ich an, daß jemand weggehe. Zu seinem vollkommenen Erstaunen sah Huxley seine Frau langsam verschwinden. Darauf wandte er sich mir zu und bat darum, daß ich ihn mit umfassender Erinnerung an dieses Erlebnis aufwecken möge. Das tat ich, und er besprach diese Erfahrung ziemlich ausführlich mit mir, machte sich eine Menge Notizen dazu, die er anhand der Antworten auf seine Fragen an mich ausarbeitete. Er wunderte sich über die Entdeckung, daß er – auf meine Bitte an ihn, zu erwachen und die Bewegungslosigkeit und Anästhesie beizubehalten – *dachte*, er sei aufgewacht, daß der Trancezustand jedoch – für ihn nicht erkennbar – fortbestanden hatte.

Er verlangte nach weiterer Arbeit zwecks hypnotischer, halluzinatorischer Erfahrungen, und es wurden die verschiedensten Phänomene erkundet (positive und negative visuelle, akustische, olfaktorische, gustatorische, taktile und kinästhetische Halluzination sowie halluzinierte Temperatur, Hunger, Sättigung, Ermüdung, Schwächegefühl und heftige, erregte Erwartung). Er erwies sich in jeder Hinsicht als sehr befähigt und es wurde festgestellt, daß sein Puls sich um mehr als 20 Schläge veränderte, als er gebeten wurde, sich beim Klettern im Gebirge in tiefer Erschöpfung zu erleben. Bei der Besprechung dieser vielfäligen Erfahrungen gab er die Information, daß eine negative Halluzination im Zustand tiefer Trance leicht zustande gebracht werden könne, während sie in leichter oder mittlerer Trance überaus schwerfällt, denn negative Halluzinationen wirkten äußerst destruktiv auf die Wirklichkeit, selbst auf die der hypnotischen Situation. Das heißt, im Zustand einer induzierten negativen Halluzination sah er mich mit verschwommenem Umriß, obgleich er eine tiefe Trance mit dazugehöriger negativer Halluzination aller externalen Gegebenheiten entwickeln konnte; davon ausgenommen blieben nur die Gegebenheiten der hypnotischen Situation, welche solange klar und fest umrissen waren, bis eine gegenteilige Suggestion erfolgt war. Nachfolgende Arbeiten mit anderen Versuchspersonen bestätigten Huxleys Befund. Davor hatte ich den Sachverhalt der negativen Halluzinationen in leichter und mittlerer Trance nicht untersucht.

An dieser Stelle erinnerte sich Huxley an seinen Versuch zur Erforschung der Hypermnesie, in leichter Trance Seitenzahlen zu bestimmen, und er wollte ähnliche Tests auch in tiefer Trance durchführen. Wir suchten gemeinsam die Bücherregale durch und wählten schließlich einige Bücher aus, von denen Huxley sicher war, daß er sie viele Jahre zuvor gelesen haben mußte, aber zwanzig oder mehr Jahre nicht angerührt hatte. (Eines hatte er offensichtlich nie gelesen, die anderen hatte er gelesen.)

In tiefer Trance und mit geschlossenen Augen hörte Huxley konzentriert zu, ich schlug ein Buch an einer beliebigen Stelle auf und las ein halbes Dutzend Seiten eines ausgesuchten Abschnitts vor. Ein paarmal identifizierte er die Seitenzahl fast sofort, konnte dann die Seite halluzinieren und an der Stelle fortfahren zu „lesen", an der ich unterbrochen hatte. Außerdem besann er sich auch auf die Gelegenheit, zu der er das Buch gelesen hatte. Bei zwei Büchern erinnerte er sich, daß er sie 15 Jahre zuvor zu Rate gezogen hatte. Bei zwei weiteren fand er es schwierig, die richtige Seitenzahl anzugeben und nannte sie mir nur annähernd zutreffend. Er konnte die Schrift nicht halluzinieren und nur wenig mehr als eine Zusammenfassung des vermuteten Inhalts geben; dieser aber stimmte im wesentlichen. Er konnte nicht sagen, wann er diese Bücher gelesen hatte, aber er war sich sicher, daß das mehr als 25 Jahre zurücklag.

Huxley war in der Diskussion im Anschluß an die Trance höchst verwundert über seine Leistung als Gedächtniskünstler, bezeichnete das in erster Linie als intellektuelle Erfahrung, da es der wiedererlangten Erinnerung an jeglicher emotionalen Bedeutung fehlte, so als gehöre sie nicht zu ihm als Person. Das führte zu einer allgemeinen Betrachtung über Hypnose und „tiefe Reflexion", wobei Huxley insgesamt das Gefühl hatte, es fehle ihm ein klares Konzept für seine Erfahrungen, um deren Stellenwert zu vergleichen. Einerseits war Huxley sehr begeistert von seinen hypnotischen Erlebnissen, weil sie spannend waren und ihm neue Einsichten vermittelten, andererseits fühlte er sich doch ein wenig ratlos. Er hatte den Eindruck, er beziehe aus der „tiefen Reflexion" als einer rein persönlichen Erfahrung einen gewissen, nicht näher bestimmbaren subjektiven Wert, den er von der Hypnose nicht erhalte, die ihm aber eine Fülle neuer Gesichtspunkte beschere. Er erklärte, die „tiefe Reflexion" vermittle ihm eine bestimmte dauerhafte Gefühlslage, die in seiner Lebensweise irgendwie eine bedeutende Rolle spiele. Im Verlauf dieser Diskussion fragte er plötzlich an, ob Hypnose dazu eingesetzt werden könne, seine psychedelischen Erfahrungen zu untersuchen. Dem wurde entsprochen, aber beim Erwachen aus der Trance drückte er das Empfinden aus, die hypnotische Erfahrung sei ganz anders als ein vergleichbares Durchfühlen („feeling through") mittels „tiefer Reflexion". Er erklärte, das hypnotische Erkunden vermittle ihm kein inneres Empfinden – d.h. ein kontinuierliches subjektives Gefühl –, sich selbst inmitten seines psychedelischen Erlebens zu befinden; es laufe hier ein geordneter intellektueller Inhalt parallel zum „gefühlhaften Inhalt", wohingegen die „tiefe Reflexion" einen zutiefst emotionalen beständigen Hintergrund herstellte, über den er dann „bewußt und mühelos ein intellektuelles Raster von Ideen legen" könne, auf das sein Leser dann voll und ganz reagieren könne. Huxley beendete die Diskussion mit der nachdenklichen Bemerkung, daß er seine kurze, intensive Erfahrung mit Hypnose noch nicht verdaut habe und daß er noch keine klugen Kommentare abgeben könne, ohne zuvor häufig darüber nachgedacht zu haben.

Er bat dringend, weitere Übungen in tiefer Hypnose mit ihm durchzuführen, wobei komplexere Phänomene induziert werden sollten, damit er sich selbst als Person gründlicher erforschen könne. Nachdem ich in Gedanken rasch durchging, was wir bereits gemacht hatten und was man noch tun könnte, fand ich, es wäre wünschenswert, ihm in tiefer Trance die Gelegenheit zu einer dissoziativen Regression auf zwei Ebenen (two-stage dissociative regression) zu geben; das heißt, er wird zurückgeführt, indem er aus einem ausgesuchten neueren Bereich seiner Lebenserfahrung dissoziiert wird, so daß er ihn gleichsam als Zuschauer vom Standort eines anderen, relativ neuen Lebensbereichs aus mit den entsprechenden Erfahrungen betrachten kann. Die beste Möglichkeit wäre nach meinem Empfinden wohl eine Konfusionstechnik (vgl. Kap, 10 „Die Konfusionstechnik in der Hypnose" in diesem Band). Meine Entscheidung für die Konfusionstechnik wurde weitgehend dadurch beeinflußt, daß ich mir der uneingeschränkten intellektuellen Fähigkeiten und Neugier Huxleys bewußt war; diese würden ganz erheblich dazu beitragen, daß er den Formulierungen der Konfusionstechnik seine eigenen, wohl sehr ausgefeilten Bedeutungen, Assoziationen und Sinngebungen hinzufügen würde und damit tatsächlich die Wirkung meiner eigenen Bemühungen noch steigern werde. Unglücklicherweise war kein Tonbandgerät vorhanden, damit die Einzelheiten der gegebenen Suggestionen hätten festgehalten werden können; sie sollten bewirken, daß Huxley tiefer und tiefer in Trance gehen werde, bis „die Tiefe eine Seite und ihm zur Seite war" („the depth was a part and apart"), bis vor ihm in „vollkommener Klarheit, lebendig und wirklich, in unmöglicher Wirklichkeit erscheint, was einmal war, aber nun in der Tiefe der Trance all deine Erinnerungen und Einsichten in verwirrender Gegenüberstellung in Frage stellen wird". Dies war eine absichtlich vage und doch permissive, umfassende Suggestion, und ich verließ mich einfach auf Huxleys Intelligenz, daß er sie mit seinem eigenen weitreichenden Bedeutungsgehalt ausgestalten möge, den ich nicht einmal versuchsweise würde erraten können. Es gab natürlich noch weitere Suggestionen, aber im wesentlichen sollten sie das gleiche bewirken wie die oben genannten. Ich hatte keine festumrissene Situation im Sinn, sondern wollte eher eine Plattform schaffen, so daß Huxley selbst dazukäme, seine Aufgabe zu definieren. Ich stellte nicht einmal Mutmaßungen darüber an, was meine Suggestionen für ihn bedeuten könnten.

Es war offensichtlich, daß Huxley während meiner fortgesetzten, sich wiederholenden Suggestionen eine intensive hypnotische Reaktion zeigte; dann erhob er seine Hand und sagte ziemlich laut und eindringlich: „Sagen Sie, Milton, haben Sie was dagegen, jetzt still zu sein. Hier drunten ist es außergewöhnlich interessant, und Ihr dauerndes Gerede ist furchtbar störend und lästig."

Über zwei Stunden saß Huxley mit offenen Augen da und starrte konzentriert vor sich hin. Sein Mienenspiel wechselte äußerst rasch und war sehr verwirrend. Es war zu beobachten, daß sein Herzschlag und seine Atmung sich unvermittelt, unerklärlich und zu wiederholten Malen in unregelmäßigen Intervallen änderten. Jedesmal, wenn ich versuchte, das Wort an ihn zu richten, hob Huxley seine Hand, möglicherweise auch den Kopf und sprach so, als ob ich mich in einer gewissen Höhe über ihm befände, und wiederholt verlangte er ärgerlich seine Ruhe.

Nach weit mehr als zwei Stunden blickte er plötzlich zur Decke und bemerkte verblüfft und mit Nachdruck: „Ich muß Ihnen sagen, Milton, das ist ein außerordentlicher Zwischenfall. Wir kennen Sie nicht. Sie gehören nicht hierher. Sie sitzen am Rande eines Abgrunds und beobachten uns beide, und keiner von uns weiß, wer von beiden mit Ihnen redet; und wir befinden uns im Vestibül und sehen einander mit höchst ungewöhnlicher Neugier an. Wir wissen, daß Sie jemand sind, der unsere Identität bestimmen kann, und ungewöhnlicherweise sind wir beide sicher, es zu wissen, auch daß der andere nicht wirklich ist, vielmehr ein rein geistiges Bild aus der Vergangenheit oder Zukunft. Aber Sie müssen es auflösen, trotz der Zeit und der Entfernung und obwohl wir Sie nicht kennen. Ich muß sagen, das ist ein ungewöhnlich faszinierendes Dilemma: Bin ich er oder ist er ich? Also los, Milton, wer immer Sie sein mögen!" Es fielen noch weitere Bemerkungen mit vergleichbarer Bedeutung, die nicht festgehalten werden konnten, und Huxleys Ton wurde plötzlich sehr dringlich. Die gesamte Situation wirkte sehr verwirrend auf mich, aber anscheinend waren zeitliche und andere Dissoziationen ganz gewiß mit im Spiel.

Erstaunt, aber äußerlich ruhig, ging ich daran, Huxley aus der Trance zu wecken, indem ich die einzelnen Hinweise aufgriff und im wesentlichen folgendes sagte: „Wo immer Sie sind, was immer Sie gerade tun, hören Sie genau zu, was gesagt wird, und langsam, nach und nach und behaglich fangen Sie an und folgen dem. Fühlen Sie sich ausgeruht und wohl, spüren Sie ein Bedürfnis, mehr und mehr mit meiner Stimme in Kontakt zu kommen, mit mir, mit der Situation, für die ich stehe, ein Bedürfnis, zu dem zurückzukehren, worum es mit mir geht, das ist gar nicht so lange, nicht so lange her und hat mit mir zu tun, und *lassen Sie hinter sich, aber* VERFÜGBAR NACH WUNSCH, *praktisch alles Wichtige*, SIE KÖNNNEN WISSEN, ABER AUCH NICHT WISSEN, daß es so ist, VERFÜGBAR NACH WUNSCH. Und nun, lassen Sie uns sehen, das ist gut so, Sie sitzen hier, hellwach, ausgeruht, behaglich und *bereit zum Gespräch über das wenige, das es gibt.*"

Huxley wachte auf, rieb sich die Augen und bemerkte: „Ich habe das äußerst merkwürdige Gefühl, daß ich in tiefer Trance war, aber es war eine überaus unfruchtbare Erfahrung. Ich erinnere mich, daß Sie die Suggestion gegeben haben, tiefer in Trance zu gehen, und ich hatte von mir aus das Gefühl, überaus willig zu sein, und obgleich ich merke, daß viel Zeit verstrichen ist, glaube ich wahrhaftig, daß ein Zustand der „tiefen Reflexion" fruchtbarer gewesen wäre."

Da er nicht ausdrücklich nach der Zeit fragte, kam eine halbherzige Unterhaltung in Gang, in welcher Huxley das eindeutige, wenn auch vage Erkennen der äußeren Realität in leichter Trance verglich mit dem entschieden verminderten Gewahrsein derselben in mittlerer Trance, die mit einem eigenartigen, etwas tröstlichen Gefühl einhergeht, daß die äußeren Dinge jederzeit zur sicheren Gewißheit werden können.

Dann wurde er nach der Realität in der tiefen Trance gefragt, aus der er gerade aufgewacht war. Nachdenklich antwortete er, er könne sich undeutlich erinnern, wie er spürte, daß er eine tiefe Trance entwickelt habe, aber es kamen ihm keine damit zusammenhängenden Erinnerungen in den Sinn. Nachdem wir uns etwas über hypnotische Amnesie und die Möglichkeit unterhalten hatten, daß er vielleicht ein derartiges Phänomen zeigen könne, lachte er amüsiert und meinte, dieses Thema zu besprechen wäre überaus faszinierend. Nach weiterer beiläufiger Konversation wurde er so nebenbei gefragt: „In welches ‚Vestibül' würden Sie diesen Sessel stellen?" Dabei wies ich auf den Lehnstuhl in der Nähe. Seine Antwort war bemerkenswert: „Wirklich, Milton, das ist eine ganz und gar ungewöhnliche Frage. Fürchterlich! Sie hat überhaupt keinen Sinn, aber dieses Wort ‚Vestibül' hat so einen seltsamen Beigeschmack von gewaltiger, banger Wärme. So etwas ungewöhnlich Faszinierendes!" Einige Minuten versank er in Gedanken, war verduzt und abwesend, und schließlich bemerkte er, wenn es einen Sinn dahinter gebe, dann zweifellos irgendeine flüchtige esoterische Assoziation. Nach weiterem beiläufigem Geplauder bemerkte ich: „Was den Platz am Rande der Schlucht betrifft, wo ich gesessen bin, so frage ich mich, wie tief die Schlucht wohl war." Darauf erwiderte Huxley: „Wirklich Milton, Sie können erschreckend kryptisch sein. Diese Worte ‚Vestibül', ‚Rand', ‚Schlucht' haben eine außerordentliche Wirkung auf mich. Das ist absolut unbeschreiblich. Ich möchte sehen, ob ich irgendeinen Sinn damit verbinden kann." Fast 15 Minuten schlug Huxley sich vergebens damit herum, irgendeine sinnvolle Assoziation zu diesen Worten zustande zu bringen. Dabei meinte er immer wieder, daß der offensichtlich absichtsvolle, aber nicht aufschlußreiche Gebrauch dieser Worte ganz gewiß zeige, daß sie eine wesentliche Bedeutung haben, die ihm zugänglich sein müßte. Schließlich verkündete er begeistert: „Jetzt hab ich's. Ganz ungewöhnlich, wie mir das abhanden gekommen war. Es ist mir völlig bewußt, daß Sie mich in einer tiefen Trance hatten, und diese Worte haben zweifellos mit dieser tiefen Trance zu tun, die mir so unergiebig vorgekommen ist. Ich frage mich, ob mir meine Assoziationen wieder einfallen."

Nachdem Huxley etwa 20 Minuten still und anscheinend intensiv nachgedacht hatte, stellte er fest: „Wenn diese Worte eine Bedeutung haben, dann kann ich wahrhaftig sagen, daß ich eine äußerst umfassende hypnotische Amnesie habe. Ich habe es mit „tiefer Reflexion" versucht, aber dabei gemerkt, daß meine Gedanken um meine Meskalin-Erfahrungen kreisen. Es war tatsächlich schwierig, mich davon loszureißen. Ich hatte den Eindruck, ich benutze sie, um meine Amnesie aufrecht zu erhalten. Sollen wir noch eine halbe Stunde mit anderen Themen weitermachen, um zu sehen, ob zu ‚Vestibül', ‚Rand' und ‚Abgrund' eine spontane Erinnerung der Assoziationen kommt?"

Es wurde über verschiedene Themen gesprochen, bis Huxley schließlich sagte: „Diese Worte vermitteln mir ein überaus bedeutsames Gefühl von Wärme, aber ich bin völlig, ich muß sagen entsetzlich hilflos. Ich nehme an, worum auch immer es gehen mag, ich muß mich dabei auf Sie verlassen. Es ist außergewöhnlich, ganz und gar außergewöhnlich."

Diese Bemerkung überging ich bewußt, aber in der nachfolgenden Unterhaltung war zu beobachten, daß Huxley einen sehr nachdenklichen, verwirrten Gesichtsausdruck zeigte, obgleich er nichts unternahm, um mich zu drängen, ihm zu helfen. Etwas später bemerkte ich in ruhigem Ton: „Nun gut, vielleicht können die Dinge jetzt *verfügbar werden.*" Huxley richtete sich aus seiner lässigen, bequemen Haltung verblüfft und verwirrt auf, und dann brach ein Wortschwall aus ihm hervor, der zu heftig war, als daß ich mehr hätte festhalten können als ein paar flüchtige Notizen.

Im wesentlichen berichtete er, „daß das Wort ‚verfügbar' gleichsam den Vorhang des Vergessens weggezogen und eine überaus erstaunliche subjektive Erfahrung offenbart hatte, die rätselhafterweise durch die Worte ‚hinter sich lassen' ausgelöscht worden war und nun durch die Stichworte ‚verfügbar werden' zur Gänze wieder aufgetaucht ist".

Er erklärte, es sei ihm jetzt deutlich geworden, daß er eine „tiefe Trance" entwickelt habe, einen psychischen Zustand, der sich erheblich von dem der „tiefen Reflexion" unterscheidet. In der „tiefen Reflexion" bestehe ein abgeschwächtes, aber unbeteiligtes und unwesentliches Bewußtsein für die realen Gegebenheiten, ein Gefühl, sich in einem als bekannt empfundenen Zustand subjektiven Gewahrseins zu befinden, die Kontrolle zu haben und den Wunsch, die eigenen Fähigkeiten zu nutzen, wobei Erinnerungen, Erlerntes und Erfahrungen aus der Vergangenheit ungehindert und leicht zugänglich sind. Im Zuge dessen bestehte durchgängig eine Empfindung, daß diese Erinnerungen, alles, was erlernt, erfahren und verstanden wurde, auch wenn es lebendig sein mag, doch nichts weiter ist, als die regelrechte, sinnvolle Ausrichtung psychischer Erfahrungen. Diese stellen die Grundlage eines tiefgehenden, angenehmen subjektiven emotionalen Zustands dar, aus welchem das umfassende Verständnis entspringt, das dann unmittelbar und mit geringer bewußter Anstrengung genutzt werden kann.

Huxley versicherte, er wisse jetzt, daß der Zustand tiefer Trance eine völlig andersgeartete Erfahrungskategorie ist. Äußere Gegebenheiten können durchaus Zugang finden, aber sie nehmen eine neue, andere Art subjektiver Realität an. Während ich zum Beispiel teilweise in seinen tiefen Trancezustand miteinbezogen war, erschien ich darin doch nicht als eine ganz bestimmte Person mit spezifischer Identität. Statt dessen kam ich Huxley lediglich vor wie ein entfernter, unwichtiger und nicht näher bestimmter Bekannter.

Neben meiner „Realität" bestand eine andere Art Wirklichkeit, wie man sie in lebhaften Träumen findet, die man nicht hinterfragt, sondern annimmt. Es gibt keine konfliktträchtigen Gegensätze, keine vergleichende Beurteilung oder Widersprüchlichkeiten, es wird also alles subjektive Erleben ohne nachzufragen und im Einklang mit allem anderen akzeptiert.

Huxley fand sich in seiner tiefen Trance in einer weiten, tiefen Schlucht, an deren Steilhang hoch droben, ganz am Rande ich saß, lediglich an meinem Namen zu erkennen, und ärgerlich viele Worte machte.

Vor ihm, auf einer ausgedehnten, weichen, trockenen Sandfläche lag ein nacktes kleines Kind auf dem Bauch. Huxley betrachtete es eingehend und voller Wohlwollen, ohne seine Anwesenheit in Frage zustellen, war äußerst neugierig auf sein Verhalten und begierig, das Herumrudern seiner Hände und die Krabbelbewegung seiner Beine zu begreifen. Verwundert spürte er, wie er ein undeutliches, seltsames Gefühl des Staunens empfand, so als wäre er selbst das kleine Kind, das den weichen Sand betrachtet und herauszufinden versucht, was das sei.

Während er beobachtete, wurde er ärgerlich auf mich, weil ich anscheinend versuchte, mit ihm zu reden; Ungeduld stieg in ihm auf, und er verlangte, ich solle still sein. Er wandte sich wieder dem Baby zu und stellte fest, daß es vor seinen Augen wuchs, krabbelte, saß, stand, herumtapste, umherlief, spielte und sprach. Er beobachtete dieses Kind höchst fasziniert, wie es größer wurde, empfand selbst dessen subjektive Erfahrungen mit dem Lernen, dem Wollen und dem Fühlen. Er folgte ihm durch die verzerrte Zeit und durch weitere Erfahrungen, wie es sich vom Säugling zum Kleinkind und zum Schulkind entwickelte und weiter ins frühe Jugendalter und in die Teenagerzeit. Er beobachtete seine körperliche Entwicklung, spürte dessen körperliche und persönliche geistige Erfahrungen, fühlte mit, war innerlich beteiligt und freute sich mit ihm, dachte nach, staunte und lernte mit ihm. Er fühlte sich gleichsam eins mit ihm, so als wäre er selbst es.

Und er fuhr fort, es zu beobachten, bis ihm schließlich klar wurde, daß er dieses Baby hatte großwerden sehen, bis es ein 23jähriger Erwachsener war. Er trat näher hinzu, um zu sehen, wonach der junge Mann schaute, und plötzlich begriff er, daß dieser junge Mann Aldous Huxley selbst war und daß dieser Aldous Huxley quer durch das Vestibül, in dem sie beide standen, einen anderen Aldous Huxley betrachtete, der offensichtlich Anfang Fünfzig war. Er, der 52jährige, sah sich selbst an, den 23jährigen Aldous. Und dann begriffen die beiden, Aldous mit 23 und Aldous mit 52 Jahren, offensichtlich gleichzeitig, daß sie sich gegenseitig ansahen, und auf einmal gingen beiden so merkwürdige Fragen durch den Kopf wie zum Beispiel: „Ist das meine Vorstellung, wie ich mit 52 sein werde?“ Und: „Habe ich wirklich so gewirkt, als ich 23 war?“ Jeder war sich der Fragen bewußt, die der andere im Sinn hatte. Jeder fand die Fragen „außerordentlich faszinierend und interessant“, und jeder versuchte festzustellen, was die „tatsächliche Realität“ war und was „die rein subjektive Erfahrung, die halluzinatorisch nach außen projiziert“ war.

Für jeden waren die vergangenen 23 Jahre ein offenes Buch; alle Erinnerungen und Ereignisse lagen klar auf der Hand, und beide erkannten, daß sie diese Erinnerungen gemeinsam hatten, und zu jeder Frage und Mutmaßung wurde eine mögliche Erklärung für jedes Lebensjahr zwischen 23 und 52 angeboten.

Sie blickten durch das Vestibül (dieses „Vestibül“ war nicht klar umschrieben) und hinauf zum Rand der Schlucht, wo ich saß. Beide wußten, daß diese Person, die da saß, irgendeine unklare Bedeutung hatte, den Namen Milton trug und daß beide mit ihr reden konnten. Beiden kam der Gedanke, ob er sie wohl beide hören könne, aber der Test mißlang, denn sie merkten, daß sie gleichzeitig redeten und auch gar nicht einzeln sprechen konnten.

Langsam und nachdenklich prüften sie einander. Einer mußte ja real sein. Einer mußte ein Erinnerungsbild oder die Projektion eines Selbstbildes sein. Sollte nicht der 52jährige Aldous alle Erinnerungen der Jahre zwischen 23 und 52 besitzen? Aber kann er dann den 23jährigen Aldous ohne die Spuren und Schatten der Jahre sehen, die seit seiner Jugendzeit verstrichen sind? Wenn er den 23jährigen Aldous klar sehen sollte, so müßte er alle nachfolgenden Erinnerungen auslöschen, damit er den jugendlichen Aldous genau so sehen könnte, wie er damals war. Aber sollte er nun tatsächlich der 23jährige Aldous sein, warum konnte er dann nicht spekulative Erinnerungen für die Jahre zwischen 23 und 52 fabrizieren, anstatt Aldous bloß als 52jährigen zu sehen und nichts weiter? Welche Art psychischer Sperre könnte es geben, die diese eigenartige Lage herbeiführte? Jeder hatte umfassende Kenntnis vom Denken und Trachten des „anderen". Jeder zweifelte „die Realität des anderen" an, und jeder fand vernünftige Erklärungen für derartige gegensätzliche subjektive Erfahrungen. Immer wieder erhob sich die Frage, mit welchem Mittel die Wahrheit festgestellt werden könne und wie diese nicht näher zu identifizierende Person, die nur einen Namen hatte und am Rande der Schlucht, jenseits des Vestibüls saß, in das Ganze hineinpaßte. Hat diese unklare Person vielleicht eine Antwort darauf? Warum nicht ihn anrufen und dann weitersehen?

Mit großem Vergnügen und Interesse schilderte Huxley ausführlich seine gesamte subjektive Erfahrung, rätselte über die Jahre der erlebten Zeitverzerrung und die Erinnerungsblockaden, die das unlösbare Rätsel der tatsächlichen Identität verursachten.

Schließlich bemerkte der Autor versuchsweise so nebenbei: „Natürlich konnte all das *zurückgelassen werden,* damit *es zu irgendeinem späteren Zeitpunkt* VERFÜGBAR *wird.*"

Die ursprüngliche posthypnotische Amnesie trat unmittelbar wieder ein. Es wurden Anstrengungen unternommen, die wiederinduzierte hypnotische Amnesie zu unterbrechen, indem versteckte Anspielungen und unverhüllte Bemerkungen gemacht wurden und erzählt wurde, was sich zugetragen hatte. Huxley fand meine Erzählungen von einem Baby im Sand, von einer tiefen Schlucht und einem Vestibül „seltsam interessant", fand, das seien einfach hintergründige Bemerkungen, für die ich nach seiner Meinung wohl meine Gründe haben müsse. Sie brachten aber nichts weiter zutage. Jede einzelne Bemerkung war für sich selbst tatsächlich bedeutungslos und sollte lediglich Assoziationen wecken. Dennoch kam nichts zustande, bis schließlich das Wort „verfügbar" die gleiche Wirkung wie zuvor hatte. Huxley erzählte die ganze Geschichte ein zweites Mal, ohne zu realisieren, daß er sich wiederholte. Die passenden Suggestionen am Ende seiner zweiten Erzählung führten zur vollständigen Erinnerung seiner ersten Schilderung. Nach seiner anfänglichen Verblüffung war seine Reaktion, die beiden Schilderungen Stück für Stück zu vergleichen. Ihre Ähnlichkeit erstaunte ihn, und er stellte lediglich unbedeutende Änderungen in der Reihenfolge des Erzählten und in der Wortwahl fest.

Wiederum wurde wie zuvor eine posthypnotische Amnesie induziert, und danach wurde ein drittes Mal die Erinnerung heraufbeschworen. Schließlich wurde veranlaßt, daß Huxley begriff, daß dies nun das dritte Wiedererinnern gewesen war.

Der gesamte Ablauf der Ereignisse wurde ausführlich und in allen Einzelheiten aufgezeichnet, wir verglichen unsere jeweiligen Niederschriften und fügten Anmerkungen zu den einzelnen Bedeutungen ein. Die vielen Details wurden nacheinander hinsichtlich ihres Bedeutungsgehalts durchgesprochen, und es wurden kurze Trancen induziert, um Verschiedenes wieder lebendig werden zu lassen. Indessen machte ich nur relativ wenig inhaltliche Notizen zu Huxleys Erfahrungen, denn genaugenommen war er ja derjenige, der sie in ihrem vollen Umfang entwickelt hatte. Meine Aufzeichnungen konzentrierten sich vorrangig auf den Ereignisablauf und eine ziemlich genaue Zusammenfassung, wie sich alles entwickelt hatte.

Die Gespräche wurden fortgeführt, bis Vorbereitungen für eine abendliche Verabredung dazwischenkamen; zuvor aber wurde noch vereinbart, das Ganze in der Folge zur Veröffentlichung vorzubereiten. Huxley plante, sowohl „tiefe Reflexion" als auch zusätzliche selbstinduzierte Trance zu benutzen, um diesen Artikel zu schreiben, aber aufgrund der unglücklichen Zerstörung durch den Brand wurde dies vereitelt.

Abschließende Bemerkungen

Es ist ein Unglück, daß der obige Bericht nur Bruchstücke unserer ausgedehnten Untersuchung verschiedener Bewußtseinszustände wiedergibt. Huxleys Zustand der „tiefen Reflexion" schien nicht hypnotischer Natur zu sein. Vielmehr handelte es sich wohl um einen Zustand höchster Konzentration mit reichlicher Dissoziation der äußeren Wirklichkeit, wobei die Fähigkeit erhalten blieb, mit wechselnder Bereitschaft auf die realen Gegebenheiten zu reagieren. Es handelte sich ganz und gar um eine persönliche Erfahrung, die offensichtlich unerkannt als Grundlage für das bewußte Arbeiten diente, indem er in die Lage versetzt war, freien Zugriff zu allem zu haben, was ihm während der „tiefen Reflexion" durch den Sinn ging.

Zwar kann ein Vergleich mit dem Traumgeschehen angestellt werden, und gewiß legt das bereitwillige Aufgreifen der Begriffe „Vestibül" und „Schlucht" in derselben subjektiven Situation dies auch nahe, aber solch merkwürdiges Miteinbeziehen ist ziemlich häufig bei hochintelligenten Personen anzutreffen und bedeutet eine spontane Entwicklung tiefer hypnotischer ideosensorischer Aktivität. Sein somnambules Verhalten sowie seine Reaktionsbereitschaft mir gegenüber, sein umfangreiches posthypnotisches Verhalten, all das weist darauf hin, daß fraglos Hypnose im gesamten Ablauf ausschlaggebend war.

Auch wenn man sich an Huxleys ursprüngliche Bitte um eine permissive Technik erinnert, damit er sein eigenes Wachstum und seine Entwicklung unter den Bedingungen einer Zeitverzerrung in Augenschein nehmen könne, so eröffnet die bemerkenswerte Entwicklung des dissoziativen Zustands doch äußerst interessante und lehrreiche Forschungsmöglichkeiten. Die Befragung nach den Experimenten ergab, daß Huxley keinerlei bewußte Gedanken oder einen Plan hatte, seine Lebenserfahrungen Revue passieren zu lassen; er interpretierte die ihm erteilten Suggestionen zum Zeitpunkt der Tranceinduktion auch nicht in dieser Richtung. Vielmehr wurde alles durch eine Tranceinduktion und durch diese spezielle Untersuchung in die Wege geleitet. Er erklärte, daß er, als er spürte, daß er „tief in Trance" war, nach etwas zu suchen begann, womit er sich beschäftigen konnte, und „plötzlich fand ich mich selbst – höchst ungewöhnlich".

Obgleich diese Erfahrung mit Huxley besonders bemerkenswert war, so handelte es sich doch nicht um meine erste Begegnung mit Regression bei einer hochintelligenten Versuchsperson. Eine dieser Personen bat darum, hypnotisiert und dann in Trance instruiert zu werden, daß er eine überaus interessante Art der Regression entwikkeln solle. Diese sollte in erster Linie ihm selbst dienen, während er darauf wartete, daß ich irgendeine Arbeit zu Ende bringen würde. Seinem Wunsch wurde entsprochen. Er blieb sich selbst überlassen und saß auf einem bequemen Stuhl an der Stirnseite des Labors. Etwa zwei Stunden später verlangte er, daß ich ihn aufwecken solle. Er berichtete, er habe sich plötzlich auf einem unbekannten Hang befunden, und als er sich umschaute, habe er einen kleinen Jungen gesehen, von dem er sofort „wußte", daß er sechs Jahre alt ist. Aufgrund dieser Gewißheit bezüglich eines fremden kleinen Jungen neugierig geworden, ging er hinüber zu dem Kind, um festzustellen, daß er selbst dieses Kind war. Sogleich erkannte er den Hügel wieder und schickte sich an, herauszufinden, wie er selbst es im Alter von 26 Jahren sein konnte, der sich als sechsjährigen beobachtete. Er begriff bald, daß er nicht nur sehen, hören und fühlen konnte wie sein Kindheits-Ich, sondern daß er auch dessen innerste Gedanken und Gefühle kannte. Als ihm das klar wurde, spürte er das Hungergefühl des Kindes und seinen Wunsch nach „braunen Plätzchen". Da drang eine Flut von Erinnerungen auf sein 26jähriges Ich ein, aber er bemerkte, daß die Gedanken des Jungen sich immer noch um die Plätzchen drehten und daß der Junge ihn ganz und gar nicht wahrnahm. Er war ein unsichtbarer

Mann, in gewisser Weise in der Zeit zurückgegangen, so daß er sein Kindheits-Ich vollkommen sehen und fühlen konnte. Meine Versuchsperson versicherte, mit diesem Jungen zu „leben", seine Erfolge und Fehlschläge zu beobachten, sein Innenleben voll und ganz zu kennen, mit dem Kind über die Ereignisse des nächsten Tages zu staunen, und daß es ihm wie dem Kind erging und er die Zukunft genausowenig voraussehen konnte. Obgleich er 26 Jahre alt war, merkte er zu seiner Verblüffung, daß für alle Ereignisse jenseits des gegenwärtigen Alters des Kindes eine umfassende Amnesie bestand. Er ging mit dem Kind zur Schule und in die Ferien, beobachtete ständig sein körperliches Wachstum und seine Entwicklung. Mit jedem neuen Tag entdeckte er, daß er eine Fülle von Assoziationen aus der Vergangenheit zu den aktuellen Ereignissen hatte, die bis zum jetzigen Zeitpunkt im Leben des Kindes reichten.

Er durchlief die Grundschule, die Mittelschule und machte dann einen langen Entscheidungsprozeß durch, ob er aufs College gehen und welche Fachrichtung er einschlagen sollte. Er litt unter dem gleichen Kampf mit seiner Unentschlossenheit wie sein damaliges Ich. Er empfand die Hochstimmung und Erleichterung seines anderen Ich, als die Entscheidung schließlich gefallen war, und seine eigenen glücklichen und erleichterten Gefühle entsprachen völlig denen seines anderen Ich.

Meine Versuchsperson erklärte, daß ihre Erfahrung buchstäblich das erneute Durchleben jedes Augenblicks seines Daseins bedeutete, mit der gleichen Bewußtheit, die sie damals hatte. Das hochgradig begrenzte und eingeengte Bewußtsein seiner selbst mit 26 war , ein unsichtbarer Mann zu sein, der sein eigenes Wachstum und seine Entwicklung von Kindheit an beobachtet und keine weiteren Kenntnisse von der Zukunft des Kindes hat wie dieses Kind selbst.

Über alles Erreichte hatte er sich gefreut vor dem weiten und lebendigen Hintergrund aus Erinnerungen an die Orte, an denen sich das zugetragen hatte. Am Punkt des Eintritts ins College endete das Erlebnis. Da bemerkte er, daß er in tiefer Trance war, aufwachen wollte und die Erinnerung an das, was er an Persönlichem erlebt hatte, in sein waches Bewußtsein mitnehmen wollte.

Erlebnisse der gleichen Art habe ich bei anderen männlichen und weiblichen Versuchspersonen ebenfalls angetroffen, aber jeder Bericht unterscheidet sich hinsichtlich der Ausgestaltung des Erlebens. Ein Mädchen beispielsweise, das Zwillingsschwestern hatte, welche drei Jahre jünger waren als es selbst, erlebte sich als „eineiige Zwillinge, die miteinander aufwuchsen und immer alles voneinander wußten".

In ihrem Bericht kam nichts über ihre tatsächlichen Zwillingsschwestern vor, alle diesbezüglichen Erinnerungen und Assoziationen waren ausgeschlossen.

Eine andere Versuchsperson, mit ausgeprägtem Hang zur Technik, schuf einen Roboter, den sie lebendig werden ließ, um festzustellen, daß es ihr eigenes Leben war, mit dem sie ihn versah. Der Mann beobachtete den Roboter dann über viele Jahre des Lernens und der Erfahrungen, die er alle selbst gemacht hatte, auch wenn er eine Amnesie für seine Vergangenheit hatte.

Wiederholte Bemühungen, dies als reguläre Untersuchung abzuwickeln, müssen als Fehlschlag gewertet werden. Gewöhnlich haben die Versuchspersonen Einwände oder weigern sich aus nicht ganz einsehbaren Gründen. Bei all meinen Erfahrungen mit diesem besonderen Ablauf in Trance, trat diese Art erneuten „Durchlebens" des eigenen Lebens immer spontan auf bei hochintelligenten, gut angepaßten Versuchspersonen.

Huxleys Erlebnis ist am besten festgehalten worden, und es ist ein überaus unglücklicher Umstand, daß die meisten Detailbeschreibungen, die bei ihm zurückgelassen worden waren, vernichtet worden sind, ehe er Gelegenheit hatte, sie in aller Ausführlichkeit niederzuschreiben. Huxleys bemerkenswertes Erinnerungsvermögen, seine Befähigung zur „tiefen Reflexion" und seine Begabung zur tiefen Hypnose, in welcher er bestimmte Vorhaben umsetzen und aus der er sich nach Belieben selbst aufwecken konnte, so daß er das volle Bewußtsein seiner Leistung in Trance hatte (er benötigte tags darauf nur geringe Anleitung, um geschickt mit Selbsthypnose umzugehen) – all das ließ auf eine höchst lehrreiche Untersuchung hoffen. Unglücklicherweise schloß die Vernichtung unserer beiden Notizbücher aus, daß er sich bemühte, sie aus der Erinnerung zu rekonstruieren; mein Notizbuch enthielt nämlich so viele Anmerkungen zum Vorgehen und Beobachtungen, zu denen er keine Erinnerung hatte, die für eine befriedigende Ausarbeitung aber unerläßlich waren. Indessen ist zu hoffen, daß der hier vorliegende Bericht trotz seiner Mängel als erste Pilotstudie dienen möge, um eine angemessenere und umfassendere Studie der verschiedenen Bewußtseinszustände zu erarbeiten.

4. Selbsthypnotische Erfahrungen von Milton H. Erickson[1]

Milton H. Erickson und Ernest L. Rossi

Im Laufe der vergangenen vier Jahre, zwischen seinem 70. und 74. Lebensjahr, berichtete der ältere der beiden Autoren von einer Reihe persönlicher Voraussetzungen und Erfahrungen, die zur Entwicklung seiner Interessen, Einstellungen und seiner Herangehensweise an Selbsthypnose, Trance und Psychotherapie beigetragen haben. Viele der frühesten Erinnerungen Ericksons haben damit zu tun, wie sich seine Erfahrung aufgrund seiner konstitutionellen Schwierigkeiten von der anderer Menschen unterschied: So hatte er eine ungewöhnliche Art Farbenblindheit, ferner Arhythmie, Tontaubheit und Dyslexie, lange ehe derartige Störungen in der ziemlich einfachen, ländlichen Umgebung, in der er aufwuchs, richtig erkannt und diagnostiziert werden konnten. Als Grundschulkind beispielsweise konnte er nie verstehen, warum Leute dieses Gebrüll und Gekreische von sich gaben, das sie „Singen" nannten. Obgleich er in gewisser Weise anders war, was weder er selbst noch andere verstehen konnten, verfügte er über einen scharfen, kritischen Verstand, der ihn zu lebenslangem Erforschen der Grenzen und Relativität menschlichen Wahrnehmens und Verhaltens führte. Als er zum Beispiel im Alter von vier Jahren zum ersten Mal seine Großmutter mütterlicherseits besuchte, war der kleine Erickson sehr beeindruckt vom ihrem ungläubigen Ton, in dem sie ein ums andere Mal zu seiner Mutter sagte: „Du bist das, Clara, bist wirklich und wahrhaftig du es?!" Die Großmutter war niemals weiter als zehn Meilen von zu Hause weggewesen und hatte wirklich keine Vorstellung, wie Menschen, die ihr nahestanden, jenseits dieser Grenze existieren konnten. Als ihre Tochter heiratete und weiter weg zog, erwartete sie wirklich nicht, sie jemals wiederzusehen. So war Erickson im Alter von vier Jahren bereits davon beeindruckt – wenn auch vague und ohne Worte –, wie unterschiedlich und begrenzt menschliche Sichtweisen sein können.

Eine weitere Erfahrung mit den Grenzen und der Starrheit der üblichen Bezugssysteme machte Erickson, als er knapp zehn Jahre alt war und die Methode seines Großvaters anzweifelte, die Kartoffeln

---

1 Zuerst erschienen in: *The American Journal of Clinical Hypnosis* 20, July 1977, 36-54

nur während einer bestimmten Mondphase und immer mit den „Augen" nach oben anzupflanzen. Der junge Bursche war verletzt und traurig, als der Großvater den Tatsachen keinen Glauben schenken wollte, nachdem Erickson ihm sein eigenes Stück Kartoffelacker vorführte, das in der „falschen" Mondphase angepflanzt war, mit den „Augen" in alle Richtungen, und die Kartoffeln gediehen doch genauso gut.

Erickson hatte das Empfinden, daß er aufgrund derartiger früher Erfahrungen eine Abneigung gegen alle starren Einstellungen entwikkelte. Auf der Grundlage dieser Erfahrungen entstand die spezielle Ausrichtung einiger seiner einzigartigen Therapieansätze, bei denen er Schock und Überraschung benutzte, um die gewohnten Einschränkungen im Bezugssystem der Patienten zu durchbrechen, damit eine rasche therapeutische Reorganisation ihrer Symptome und Lebensperspektiven erreicht werde konnte (Rossi 1973). In jüngerer Zeit wurde das Prinzip der Entkräftung der gewohnten Denkmuster und Bezugsrahmen von Patienten als ein wichtiger Schritt in der Einführung von Tranceerfahrungen erkannt (Erickson, Rossi und Rossi 1976).

Einsicht durch Licht und visuelle Halluzination

Als sechsjähriger Junge war Erickson offensichtlich durch Dyslexie (Legasthenie) behindert. Seine Lehrerin konnte anstellen, was sie wollte, und ihn doch nicht überzeugen, daß eine ‚3' und ein ‚m' nicht gleich seien. Eines Tages schrieb sie eine ‚3' und dann ein ‚m', indem sie seine Hand führte, doch selbst da konnte Erickson den Unterschied noch immer nicht erkennen. Plötzlich aber erlebte er eine spontane visuelle Halluzination, in welcher er den Unterschied in einem blendenden Lichtblitz sah.

E: Können Sie sich vorstellen, wie verwirrend das ist? Dann, eines Tages, erstaunlicherweise, explodierte plötzlich dieses Atomlicht. Ich sah das ‚m' und ich sah die ‚3'. Das ‚m' stand auf seinen Beinen, und die ‚3' lag auf der Seite und streckte die Beine von sich. Dieser blendende Blitz! So strahlend war er! Er tauchte alles andere ins Vergessen. Es gab nurmehr diesen grellen Blitz, und inmitten dieser schrecklich hellen Explosion befanden sich die ‚3' und das ‚m'.

R: Sahen Sie wirklich einen blendenden Blitz? Sahen Sie ihn vor sich, ist das nicht einfach eine Metapher, die Sie benutzen?

E: Ja, und alles andere verschwand im Dunkel, außer der ‚3' und dem ‚m'.

R: Merkten Sie, daß Sie sich in einem veränderten Bewußtseinszustand befanden? Haben Sie sich als Kind über dieses komische Erlebnis gewundert?

E: Auf die Art lernt man.

R: Ich meine, das ist es, was ich als kreatives Moment bezeichne (Rossi 1972, 1973). Sie haben eine echte Veränderung der Wahrnehmung erlebt: ein Lichtblitz mit der ‚3' und dem ‚m' in der Mitte; hatten die tatsächlich Beine?

E: Ich sah sie so, wie sie waren. (Erickson zeichnet ein einfaches Bild mit einer Art Wolke und der ‚3' und dem ‚m' in der Mitte.) Und alles andere war ausgeschlossen!

R: War das eine visuelle Halluzination? Sie haben demnach als sechsjähriges Kind eine bedeutsame intellektuelle Einsicht in Gestalt einer visuellen Halluzination erlebt?

E: Ja, sonst kann ich mich an nichts weiter erinnern, was diesen Tag betraf. Aber den grellsten, strahlendsten Blitz erlebte ich in meinem zweiten Jahr an der High School. In der Grundschule und in der High School hatte ich den Spitznamen ‚Lexikon', weil ich so viel Zeit damit zubrachte, im Lexikon zu lesen. Einmal in der Mittagszeit, kurz nachdem es zur Mittagspause geläutet hatte, saß ich in meinem üblichen Stuhl hinten im Zimmer und las im Lexikon. Plötzlich gab es einen grellen, strahlenden Blitz, denn ich hatte soeben gelernt, wie man ein Lexikon benützt. Bis zu diesem Zeitpunkt hatte ich, wenn ich ein Wort nachschlagen wollte, auf der ersten Seite angefangen, war jede Spalte, Seite um Seite durchgegangen, bis ich bei dem betreffenden Wort angelangt war. In diesem Blitzlicht begriff ich, daß man das Alphabet als Ordnungsprinzip benutzt, wenn man ein Wort nachschaut. Die Schüler, die sich ihr Mittagessen mitbrachten, aßen immer im Untergeschoß. Ich weiß nicht, wie lang ich da gesessen hatte, völlig verwirrt von dem blendenden Licht, aber als ich schließlich ins Untergeschoß kam, waren die meisten Schüler mit dem Mittagessen fertig. Als sie mich fragten, warum ich so spät herunterkomme, war mir klar, daß ich ihnen nicht erzählen würde, ich hätte gerade gelernt, wie man das Lexikon benutzt. Ich weiß nicht, warum ich so lange dazu gebraucht habe. Hat mir mein Unbewußtes dieses Wissen vielleicht absichtlich vorenthalten, wegen der enormen Menge an Bildung, die ich durch das Lesen im Lexikon erlangt habe?

Aus diesen frühen Erfahrungen können wir sehen, welche Verwirrung durch Dyslexie entsteht und welche Ausblicke selbst ein kleineres Kind erhalten kann, und wie es etwas lernen kann über veränderte Wahrnehmung und Bewußtseinszustände. Erickson erklärt, daß offensichtlich ein spontaner autohypnotischer Zustand eingetreten ist, wenn eine intensive Licht- oder visuelle Halluzination stattfindet, die jede andere Außenwahrnehmung auslöscht. Er nimmt den Zusammenhang zwischen derartigen veränderten Zuständen und „der Art, wie man etwas lernt" zur Kenntnis. Aus derartigen Erfahrungen entspringt auch sein „Utilisationsprinzip". Jahre darauf brachte er der 70jährigen „Maw" das Lesen und Schreiben bei, indem er deren eigene innere Bilder von Beinen, Hacken und anderem vorgestelltem Farminventar nutzte, damit sie die Bedeutung eines ansonsten sinnlosen Durcheinanders von Linien begreifen konnte, die Buchstaben und Wörter darstellen (Erickson 1959).

Den Zusammenhang zwischen seiner Dyslexie, seinen frühen Ausspracheproblemen und seinem therapeutischen Ansatz erklärt Erickson folgendermaßen:

E: Ich muß eine leichte Dyslexie gehabt haben. Ich glaubte mir absolut sicher sein zu können, wenn ich ‚co-mick-al, vin-gar, goverment' und ‚mung' sagte, dann wäre meine Aussprache im Klang völlig identisch mit der Aussprache und dem Klang bei anderen, wenn sie die Wörter ‚comical, vinegar, government' und ‚spoon' sagten. In meinem zweiten Highschooljahr verbrachte die Trainerin unserer Diskussionsgruppe vergebens eine Stunde damit, mir beizubringen, wie man ‚government' richtig ausspricht. Einer plötzlichen Eingebung folgend benutzte sie den Namen eines Mitschülers, ‚La Verne', und schrieb an die Tafel: ‚govLaVernement'. Ich las ‚govlavernement'. Dann bat sie mich, das Wort zu lesen und dabei das ‚La' von ‚La Verne' wegzulassen. Als ich das tat, gab es ein blendendes Blitzlicht, das alles andere, einschließlich der Tafel auslöschte. So verdanke ich Miss Walsh mein Verfahren, in ein feststehendes, starres Muster das Unerwartete, Unwesentliche einzuführen, um das Muster zu sprengen. Heute kam eine Patientin zu mir, die bebend und schluchzend sagte: „Ich bin rausgeworfen worden. Immer passiert mir das. Immer werde ich vom Chef schikaniert. Immer werfen sie mir etwas an den Kopf, und ich heule los. Heute schrie mein Chef mich an: ‚Dämlich, dämlich, dämlich! Raus mit Ihnen! Verschwinden Sie!' Und jetzt bin ich hier!" Da sagte ich ihr in sehr ernstem Ton: „Warum haben Sie ihm nicht gesagt, wenn er es sie nur hätte wissen lassen, dann hätten Sie sich glücklich geschätzt, die Arbeit noch viel dämlicher zu erledigen!“ Sie war sprachlos und schaute verständnislos und verwirrt drein, dann brach sie in Gelächter aus, und die weitere Sitzung verlief locker, wobei sie immer wieder, meist über sich selbst, loslachte.

R: Ihr Lachen zeigt, daß Sie ihr dazu verholfen hatten, ihre eingeschränkte Selbstwahrnehmung als Opfer zu durchbrechen. In Ihrer frühen Erfahrung mit Miss Walsh wird ein Grundprinzip Ihres *Utilisation*sansatzes verdeutlicht. Sie nutzte Ihre Fähigkeit, ‚La Verne‘ auszusprechen, und half Ihnen damit, von Ihrem festgefahrenen Aussprachefehler bei dem Wort *government* loszukommen.

Selbsthypnose in Lebenskrisen

Im Alter von 17 Jahren, als Erickson zum ersten Mal akut an Polio erkrankt war, hatte er folgendes Erlebnis:

E: Als ich an jenem Abend im Bett lag, hörte ich zufällig mit an, wie die drei Ärzte im Zimmer nebenan zu meinen Eltern sagten, ihr Junge werde am nächsten Morgen tot sein. Ich war sehr wütend, daß irgend jemand es wagte, einer Mutter zu sagen, ihr Junge sei am nächsten Morgen tot. Danach kam meine Mutter herein mit dem gelassensten Gesichtsausdruck, den sie nur irgend zustande bringen konnte. Ich bat sie, die Frisierkommode umzustellen, sie in einem bestimmten Winkel neben das Bett zu rücken. Sie begriff den Sinn nicht, nahm an, ich sei im Delirium. Meine Sprache war schwierig zu verstehen, aber unter diesem Winkel und dank des Kommodenspiegels konnte ich durch die Türöffnung und durch das Westfenster des Nachbarzimmers schauen. Ich wollte verdammt sein, wenn ich sterben würde, ohne noch einen Sonnenaufgang zu sehen. Mit ein wenig Zeichentalent könnte ich dann immer noch diesen Sonnenaufgang skizzieren.

R: Ihre Wut und Ihr Wille, noch einen Sonnenaufgang zu sehen, das hielt Sie am Leben während dieses kritischen Tages und trotz der Voraussagen der Ärzte. Aber warum bezeichnen Sie das als eine selbsthypnotische Erfahrung?

E: Ich sah den gewaltigen Sonnenaufgang, der den ganzen Himmel einnahm. Ich wußte durchaus, daß vor dem Fenster auch ein Baum stand, aber den blendete ich aus.

R: Den blendeten Sie aus? Dank dieser selektiven Wahrnehmung können Sie sagen, daß Sie sich in einem veränderten Bewußtseinszustand befanden?

E: Ja, ich tat das nicht bewußt. Ich sah den ganzen Sonnenaufgang, nicht aber den Zaun und jenen großen Felsblock. Außer dem Sonnenaufgang blendete ich alles aus. Nachdem ich ihn gesehen hatte, war ich drei Tage lang ohne Bewußtsein. Als ich schließlich wieder zu mir kam, fragte ich meinen Vater, warum sie diesen Zaun, den Baum und den Felsblock entfernt hätten. Mir war nicht klar, daß ich dies alles ausgeblendet hatte, als ich meine Aufmerksamkeit so intensiv auf den Sonnenaufgang gerichtet hatte. Als ich später wieder genas und zu begreifen begann, welche Fähigkeiten mir abhanden gekommen waren, fragte ich mich, wie ich meinen Lebensunterhalt bestreiten sollte. Ich hatte bereits in einer heimischen Landwirtschaftszeitung einen Aufsatz veröffentlicht, „Warum junge Leute den Hof verlassen". Ich verfügte nicht mehr über die Körperkräfte, um Farmer zu werden, aber vielleicht könnte ich es als Arzt schaffen.

R: Würden Sie sagen, daß die Intensität Ihres Erlebens, Ihre geistige Verfassung und Ihr Widerspruchsgeist es waren, die Sie am Leben gehalten haben, um den Sonnenaufgang zu sehen?

E: Ja, gewiß. Zu Patienten mit schlechter Prognose sagt man: „Nun gut, Sie sollten schon so lange leben, daß Sie nächsten Monat dies oder das tun können", und das tun sie dann auch.

Utilisation von echten Erinnerungen anstelle von Imaginationen

R: Wie gebrauchen Sie Selbsthypnose, um sich selbst bei Ihren Krankheiten und Schmerzen zu helfen?

E: Üblicherweise brauche ich nach dem Aufwachen eine Stunde, um all meine Schmerzen loszuwerden. Als ich jünger war, tat ich mich leichter. Heutzutage habe ich mehr Schwierigkeiten mit meinen Muskeln und Gelenken.

R: Wie waren Ihre ersten Erfahrungen im Umgang mit Ihren eigenen Muskel- und Gelenkschwierigkeiten? Wie lernten Sie es, zurechtzukommen? Hat jemand Sie in Selbsthypnose unterwiesen?

E: Ich habe es ganz allein gelernt. Ich kann mich erinnern, wie ich vorgegangen bin, als ich gelernt habe, ein Mikroskop zu benutzen. Wenn du wirklich etwas durchs Mikroskop sehen und dann zeichnen willst, was du siehst, dann mußt du beide Augen offenhalten. Mit dem einen Auge schaust du durch das Mikroskop und das andere hast du zum Zeichnen.

R: Was hat das mit Selbsthypnose zu tun?

E: Daß man einfach nichts anderes sieht.

R: Sie sehen also nur das, was für Ihre Aufgabe wesentlich ist, alles andere wird ausgeblendet. Dieser Aspekt der selektiven Wahrnehmung läßt Sie Ihren veränderten Bewußtseinszustand der Selbsthypnose erkennen. Wie sind Sie damals mit Ihren Schmerzen zurechtgekommen?

E: Meine ersten Bemühungen galten u.a. dem Erlernen von Entspannung und dem Aufbau meiner Körperkräfte. Ich bastelte mir Ketten aus Gummibändern, damit ich gegen einen Widerstand Zug ausüben konnte. Meine Übungen durchlief ich jede Nacht und soweit ich sie nur zustande brachte. Dann fand ich heraus, daß ich gehen konnte, um müde zu werden und so meinen Schmerz loszuwerden. *Langsam lernte ich, daß ich Erleichterung finden konnte, wenn ich an das Gehen, an Ermüdung und an Entspannung dachte.*

R: Ans Gehen und an Ermüdung zu denken, war genauso wirkungsvoll, um den Schmerz zu lindern, wie der tatsächliche körperliche Vorgang?

E: Ja, das war erfolgreich bei der Schmerzbekämpfung.

R: Als 17- bis 19jähriger haben Sie also aus eigener Erfahrung gelernt, daß Sie mit Hilfe Ihres Vorstellungsvermögens das gleiche bewirken können wie mit tatsächlichem körperlichem Einsatz.

E: Eher mittels *intensiver Erinnerung* anstatt vermöge meiner Vorstellungskraft. Sie erinnern sich daran, wie etwas schmeckt, Sie kennen dieses bestimmte Prickeln von Pfefferminze. Als Kind pflegte ich auf einen bestimmten Baum in einem Waldstück zu klettern und dann von einem Baum zum andern zu springen wie ein Affe. Ich konnte mich an die verschiedenen Drehungen und Wendungen erinnern und so herausfinden, wie man sich bewegt, wenn man über eine intakte Muskulatur verfügt.

R: Sie haben Ihre tatsächlichen Kindheitserinnerungen wiederbelebt. um zu erfahren, wieviel Muskelkontrolle Ihnen noch geblieben ist und wie Sie die Kontrolle wiedererlangen können?

E: Ja, man benutzt echte Erinnerungen. Mit 18 Jahren rief ich mir alle Kindheitsbewegungen ins Gedächtnis, um mit deren Hilfe zu lernen, meine Muskeln wieder zu koordinieren. (Erickson erinnert sich nun daran, wieviel Zeit und Mühe er aufwandte, um sich an die Empfindungen des Schwimmens wiederzuerinnern, wie es sich anfühlt, wenn das Wasser an den einzelnen Muskeln entlangströmt usw.).

R: Das wäre wohl eine Möglichkeit, Selbsthypnose leichter zu erlernen, indem man die Leute sich in ihre Sinneserinnerungen vertiefen läßt. So könnten autonome Sinnesreaktionen hervorgerufen werden, die Teil autohypnotischen Verhaltens sind: nicht Imagination, sondern echte Erinnerung der Sinne.

E: Wenn Sie beobachten, wie Buster Keaton im Film am Rand eines Gebäudes herumtaumelt, dann spüren sie, wie Sie Ihre eigenen Muskeln anspannen.

R: Der Film oder auch die reine Imagination bahnen einen assoziativen Weg zur eigenen Erinnerung der Sinne, die Sie dann tatsächlich auch in der Gestalt von Muskelanspannung spüren.

Dieser faszinierende Bericht über seine frühen autodidaktischen Maßnahmen zur eigenen Rehabilitation unter Verwendung von Sinneserinnerungen, mit deren Hilfe er sich auf seine Muskeln besann und sie wieder zu gebrauchen lernte, bedeutet eine Grundlage für einen großen Teil Ericksonscher experimenteller Arbeit über das Wesen der Trance (Erickson 1964, 1967) und über hypnotische Wirklichkeit (Erickson, Rossi und Rossi 1976). Die phantasievolle Beschreibung in einem Buch oder Film mag uns zwar in der Aufmerksamkeit nach innen lenken und uns den Zugang zu den eigenen Sinneserinnerungen erleichtern, aber es sind doch eher die realen Erinnerungen als die reine Vorstellung als solche, die ideomotorische und ideosensorische Abläufe hervorrufen, welche uns tiefer in Trance führen und uns neue Lernmöglichkeiten eröffnen. Während Erickson mit sechs Jahren eine ganz spontane Erfahrung hinsichtlich der Beziehung zwischen verändertem Bewußtseinszustand und dem Erlernen von Neuem machte, fing er mit 19 Jahren tatsächlich an, veränderte Bewußtseinszustände systematisch zu entwickeln, indem er sich in seine Sinneserinnerungen vertiefte, um den Gebrauch seiner Muskeln wieder zu erlernen. Noch bezeichnete er diese Erfahrungen allerdings nicht als veränderten Bewußtseinszustand oder als Selbsthypnose. Indessen ist der offensichtliche Zusammenhang zwischen jenen frühen Erfahrungen und seinem späteren Tranceverständnis klar, wenn er schreibt: *„Der hypnotische Zustand ist eine Erfahrung, die der jeweiligen Person zu eigen ist, deren eigenem angesammeltem Wissen und deren Erinnerung entstammt.* Dies muß nicht unbedingt bewußt erkannt werden, zeigt sich indessen möglicherweise in einem besonderen Zustand nichtwachen Bewußtseins. Daher gehört die hypnotische Trance einzig der betreffenden Person;

dem Hypnotiseur bleibt nichts weiter zu tun, als zu lernen, wie er Stimuli und Suggestionen vermitteln kann, um Reaktionen auf der Grundlage eigener früherer Erfahrungen der jeweiligen Person hervorzurufen.“ (Erickson 1967). Der Standpunkt, daß jegliche Hypnose im wesentlichen Selbsthypnose sei, findet sicherlich entsprechende Unterstützung in Ericksons persönlicher und beruflicher Erfahrung. Hypnotische Induktionstechniken können am ehesten als Maßnahmen verstanden werden, die es dem einzelnen ermöglichen, tief in sein eigenes Erleben einzutauchen, welches wir Trance nennen. Der kluge Hypnotiseur entfaltet seine Kunstfertigkeit, um in kreativer Weise mit dem inneren Erleben des einzelnen in Verbindung zu treten.

Frühe Übung im aktiven Träumen und in Somnambulie

E: Ich war immer ein Beobachter. Ich möchte Ihnen von meiner egoistischsten Handlung erzählen. Ich war 20 Jahre alt, am Anfang meines zweiten Studienjahrs im College und bewarb mich um einen Job bei der Lokalzeitung *The Daily Cardinal* in Wisconsin. Ich wollte gerne Leitartikel schreiben. Der Herausgeber tat mir den Gefallen und sagte mir, ich könne sie einfach jeden Morgen auf dem Weg zum College in seinen Briefkasten werfen. Ich mußte eine Menge lesen und studieren, um das literarische Ödland meiner bäuerlichen Herkunft urbar zu machen. Ich wollte mir jede Menge Bildung aneignen. Mir kam eine Idee, wie ich vorgehen könnte, indem ich mich daran erinnerte, wie ich früher bisweilen im Traum meine Mathematikaufgaben korrigiert habe.

Mein Plan war, abends zu lernen und dann um halb elf ins Bett zu gehen und sogleich einzuschlafen. Aber ich hatte meinen Wecker auf ein Uhr nachts gestellt. Ich hatte vor, dann aufzustehen, den Leitartikel zu schreiben, die Schreibmaschine auf die beschriebenen Seiten zu stellen und wieder schlafen zu gehen. Am nächsten Morgen beim Aufwachen war ich sehr überrascht, unter meiner Schreibmaschine einige getippte Seiten zu finden. Ich hatte keine Erinnerung daran, aufgestanden zu sein und geschrieben zu haben. Wann immer es sich ergab, schrieb ich auf diese Art und Weise meine Leitartikel.

Ich versuchte absichtlich, die Leitartikel nicht zu lesen, aber ich behielt einen Durchschlag. Ich warf die ungelesenen Leitartikel in den Briefkasten des Herausgebers und schaute dann täglich in die

Zeitung, ob etwas von mir darin stand, konnte aber nichts finden. Am Ende der Woche schaute ich meine Durchschläge an. Darunter waren drei Leitartikel, und alle drei waren veröffentlicht worden. Sie handelten meist vom College und dessen Beziehung zur Gemeinde. Ich hatte meine eigene Arbeit nicht wiedererkannt, als sie gedruckt war. Ich benötigte meine eigenen Durchschläge, um mir selbst sicher zu sein.

R: Warum haben Sie sich entschlossen, das, was Sie geschrieben haben, am Morgen nicht anzuschauen?

E: Ich war mir nicht sicher, ob ich überhaupt Leitartikel schreiben könnte. Wenn ich meine Worte gedruckt nicht wiedererkennen konnte, dann hieß das für mich, daß ich wesentlich mehr im Kopf hatte als mir klar war. Damit hatte ich den Beweis, daß ich begabter war als mir bewußt war. Wenn ich etwas Bestimmtes wissen wollte, dann wünschte ich, daß es nicht durch die unvollkommene Kenntnis eines anderen verzerrt würde. Mein Zimmergenosse war neugierig, warum ich um ein Uhr nachts aufsprang, um zu tippen. Er sagte, daß ich ihn anscheinend nicht hören konnte, als er mich an der Schulter rüttelte. Er fragte sich, ob ich schlafwandle und dabei tippe. Ich meinte, daß sei wohl die Erklärung. Und das entsprach damals voll und ganz meiner Auffassung. Erst in meinem dritten Collegejahr belegte ich das Seminar von Hull und begann mit meiner Hypnoseforschung.

R: Könnte das auch für andere ein praktisches, „natürliches" Vorgehen sein, somnambules Verhalten und Selbsthypnose zu erlernen? Man könnte sich den Wecker stellen, um mitten aus dem Schlaf aufzuwachen und irgend etwas zu erledigen, um es anschließend zu vergessen. Wäre das eine Möglichkeit, sich selbst in dissoziativem Handeln und in hypnotischer Amnesie zu üben?

E: Ja, und nach einiger Zeit bräuchte man den Wecker nicht mehr. Ich habe viele Studenten auf diese Art trainiert.

Selbsthypnose in Identitätskrisen

E: Am Anfang meiner medizinischen Ausbildung machte ich eine sehr bittere Erfahrung. Ich hatte den Auftrag, zwei Patienten zu untersuchen. Der erste war ein 73jähriger Mann. Er war in jeder Hinsicht ein unangenehmer Penner, Alkoholiker und Gelegenheitsdieb, der sein ganzes Leben der Allgemeinheit zur Last gefallen war. Mich interessierte diese Art Leben, so erhob ich sorgfältig die Krankengeschichte und erfuhr jedes Detail. Er hatte offensichtlich gute Aussichten, auch noch seine Achtziger zu erleben. Dann ging ich zu meiner nächsten Patientin. Ich glaube, sie war eines der schönsten Mädchen, das ich je gesehen habe, von reizendem Wesen und hochintelligent. Es war ein Vergnügen, sie zu untersuchen. Dann, als ich ihr in die Augen schaute, hörte ich mich sagen, ich hätte einen Auftrag vergessen, ich bat sie, mich zu entschuldigen, ich werde so rasch wie möglich zurückkommen. Ich ging ins Arztzimmer und tat einen Blick in die Zukunft. Dieses Mädchen hatte die Brightsche Krankheit (Nierenerkrankung mit Albumin im Urin) und konnte von Glück sagen, wenn sie noch drei Monate lebte. Hier sah ich die Ungerechtigkeit des Lebens. Ein 73jähriger Penner, der niemals etwas Nützliches getan hatte, nie etwas gegeben hatte und oft destruktiv war. Und auf der anderen Seite dieses bezaubernde, schöne Mädchen, das so viel zu bieten hatte. Da sagte ich mir: „Du tust gut daran, das zu überdenken und dir einen Standpunkt fürs Leben zuzulegen, denn genau damit wirst du als Arzt immer wieder konfrontiert sein: mit der völligen Ungerechtigkeit des Lebens."

R: Was war daran selbsthypnotisch?

E: Ich war dort allein. Ich weiß, daß andere den Aufenthaltsraum betraten und ihn auch wieder verließen, aber ich bemerkte sie nicht. Ich blickte in die Zukunft.

R: Wie meinen Sie das? Hatten Sie die Augen offen?

E: Ich hatte meine Augen offen. Ich sah die ungeborenen Kinder, die Kinder, die erst erwachsen werden sollten, Männer und Frauen werden sollten, die mit zwanzig, dreißig oder vierzig sterben würden, von denen manche bis achtzig oder neunzig leben würden, und ich sah ihre besondere Bedeutung als Menschen. Alle möglichen Leute. Ihre Arbeit, ihr Leben, alles lief vor meinen Augen ab.

R: War das eine Art Pseudoorientierung in die Zukunft? Haben Sie Ihr zukünftiges Leben in der Vorstellung gelebt?

E: Ja, man kann nicht den Arztberuf ausüben und gefühlsmäßig durcheinander sein. Ich mußte lernen, angesichts des Kontrastes zwischen diesem liebreizenden Mädchen und dem 73jährigen Penner, meinen Frieden zu machen mit der Ungerechtigkeit des Lebens.

R: Wann haben Sie bemerkt, daß Sie in einem selbsthypnotischen Zustand waren?

E: Ich wußte, daß ich ebenso versunken war wie damals, als ich meine Leitartikel schrieb. Ich ließ meine Versunkenheit einfach zu, aber ich versuchte nicht, sie zu untersuchen. Ich ging in diese Versenkung, um mich in meiner medizinischen Zukunft zurechtzufinden.

R: Sie sagten sich: „Ich muß mich in meiner medizinischen Zukunft zurechtfinden?" Dann übernahm Ihr Unbewußtes, und Sie haben diesen intensiven Tagtraum erlebt. Wenn wir uns also in Selbsthypnose begeben, stellen wir uns selbst eine Aufgabe und lassen unser Unbewußtes sie übernehmen. Kamen und gingen die Gedanken von selbst? Waren sie eher kognitiver oder imaginativer Natur?

E: Sowohl als auch. Ich sah tatsächlich dieses kleine Baby, das zum Mann heranwuchs.

Aus dieser Schilderung ersehen wir die spontane Heilkraft intensiven Tagträumens oder der Selbsthypnose im Verlauf einer Identitätskrise. Ein tiefer Zustand innerer Versenkung, den Erickson als Trance bezeichnet, diente als Zuflucht, damit er mit einem Problem zurechtkommen konnte, das für seinen bewußten Verstand offensichtlich überwältigend war. Dies ist ein weiteres Beispiel dafür, welche Verbindung zwischen Selbsthypnose und dem Erlernen von Neuem in Ericksons persönlicher Entwicklung besteht.

Selbsthypnose während experimenteller und klinischer Trancearbeit

E: Während der experimentellen Hypnosearbeit mit einer Versuchsperson im Labor wurde mir klar, daß wir ganz allein waren. Zugegen war lediglich die Versuchsperson, die Messinstrumente waren vorhanden, mittels deren ich ihr Verhalten aufzeichnete, und ich selbst war anwesend.

R: Sie waren so auf Ihre Arbeit konzentriert, daß alles andere verschwand?

E: Ja, ich entdeckte, daß ich mit meiner Versuchsperson in Trance war. Was ich als nächstes wissen wollte: Konnte ich in der realen Umgebung präsent sein und ebenso gute Arbeit leisten, oder mußte ich in Trance gehen? Ich stellte fest, daß ich unter beiden Bedingungen gleich gut arbeiten konnte.

R: Neigen Sie heute dazu, in Selbsthypnose zu gehen, wenn Sie mit einem Patienten in Trance arbeiten?

E: Gegenwärtig gehe ich dann in Trance, wenn ich irgendwelche Zweifel habe, ob ich in der Lage bin, die wichtigen Dinge zu erkennen. Wenn sich eine entscheidende Frage bei einem Patienten ergeben hat, und ich will keine einzige Spur übersehen, dann gehe ich in Trance.

R: Wie lassen Sie sich in solch eine Trance gehen?

E: Das geschieht ganz von selbst, denn ich bleibe jeder Bewegung, jedem Zeichen, jeder Verhaltensäußerung, die wichtig sein könnte, dicht auf der Spur. Und auch wie ich eben anfing mit Ihnen zu reden, ging mein Blick in eine Art Tunnel-Sehen über, und ich sah nurmehr Sie und Ihren Stuhl. Diese fürchterliche Intensität stellte sich ganz von selbst ein, indem ich Sie ansah. Der Ausdruck ‚fürchterlich' stimmt nicht, es ist angenehm.

R: Ist dies das gleiche Tunnel-Sehen, das sich manchmal einstellt, wenn man in eine Kristallkugel blickt?

E: Ja.

Erickson erzählt nun die höchst verwunderliche Begebenheit, wie er in den ersten Therapiesitzungen seiner Laufbahn mit einem bekannten, ziemlich dominierenden ausländischen Psychiater, einem erfahrenen Hypnotherapeuten, spontan in Trance gegangen ist. Erickson erklärt, er habe sich von der Aufgabe überwältigt gefühlt, sei aber an die erste Sitzung mit der Erwartung herangegangen, sein Unbewußtes werde ihm schon zu Hilfe kommen. Er erinnert sich, wie er die erste Sitzung begann und ein paar Notizen machte. Was er als nächstes wußte: daß er sich allein in seiner Praxis befand; es waren zwei Stunden vergangen, und es lag ein Stapel Therapienotizen in einem geschlossenen Aktenordner auf seinem Schreibtisch. Da begriff er, daß er in autohypnotischem Zustand gewesen sein mußte. Erickson brachte seinem Unbewußten genügend Wertschätzung entgegen und beließ die Notizen ungelesen im Aktenordner. Während der folgenden 13 Sitzungen ging er auf die gleiche Weise spontan und ohne genau zu wissen, wie es geschah, in Trance. Erst in der 14ten Sitzung erkannte der Psychiater und Patient plötzlich Ericksons Zustand. Da rief er aus: „Erickson, Sie sind in diesem Augenblick in Trance!" Dadurch schreckte Erickson auf und gelangte in einen normalen Wachzustand. Für den Rest der Sitzungen verblieb er im normalen Wachzustand. Auf Ericksons tiefe Achtung für die Autonomie des Unbewußten weist die Tatsache hin, daß er die Notizen nie gelesen hat, die er sich während seiner selbsthypnotischen Trance in den 14 Sitzungen gemacht hatte. Der jüngere

Autor hat die verblaßten Seiten kürzlich durchgesehen und fand nichts weiter als die üblichen Notizen, die ein Therapeut zu machen pflegt.

In jüngerer Zeit verhalf Erickson Dr.L. dazu, bei seiner ersten Trance eine visuelle Halluzination zu erleben. Wie Erickson nun zur Wartezimmertür blickte, wo Dr.L. einen langen Saal und ein Orchester halluzinierte, fing auch Erickson seinerseits an, dies zu halluzinieren. Als sie später die Notizen über ihre Visionen verglichen, hatten sie einen amüsanten Disput über die genaue Sitzordnung der einzelnen Orchestermitglieder.

Aus diesen Beispielen gewinnen wir einen Eindruck, welchen Stellenwert die selbsthypnotischen Erfahrungen Ericksons mit seinen Patienten hatten. Hauptmerkmal all dieser Erfahrungen ist, daß er mit seinen Patienten immer in vollständigem Rapport steht. Nie ist er dissoziiert oder hat den Kontakt mit den Patienten verloren. Die autohypnotische Trance stellt sich gewöhnlich spontan ein und begünstigt stets seine Wahrnehmung des Patienten und seine Beziehung zu ihm. Trance bedeutet äußerst verdichtete Aufmerksamkeit und erleichtert seine therapeutische Arbeit.

Das Bewußtsein und das Unbewußte in der Selbsthypnose

Dr. H. besuchte Erickson, um die Anwendung von Selbsthypnose zu lernen.

E: Sie wissen nicht alles, was Sie können. Benutzen sie Selbsthypnose, um das zu entdecken, in dem Bewußtsein, daß Sie etwas finden werden, wovon Sie noch nichts wissen.

H: Gibt es etwas, wie ich mein selbsthypnotisches Training steigern kann?

E: *Nichts, wie Sie bewußt Ihr Unbewußtes belehren können!*

H: Haben *Sie* eine Möglichkeit, wie Sie bewußt mein Unbewußtes anleiten können?

E: Ich will das nicht. Und ich würde das auch nicht tun, aus dem einfachen Grund, daß Sie die Dinge auf Ihre eigene Art und Weise tun müssen, und Sie wissen nicht, was Ihre Art und Weise ist. Nun geht Mrs. Erickson beispielsweise sehr tief in einen selbsthypnotischen Zustand, aber sie besteht darauf, ihre Augen offenzuhalten. Betty Alice mag es, sich hinzusetzen, ihre Schuhe abzustreifen, ihre Augen zu schließen und ihre Hand ans Gesicht zu heben. Roxie schließt einfach nur ihre Augen, ganz gleich in welcher Position sie sich gerade befindet. Wir haben alle unsere eigenen Muster.

H: Ich würde gern versuchen tiefer zu gehen. Kann ich das alleine?

E: Sie können so tief in Trance gehen, wie Sie es nur wünschen; das einzige ist, daß Sie nicht wissen, wann. Wenn ich Leute in Selbsthypnose unterrichte, sage ich ihnen, daß ihr Unbewußtes die Zeit, den Ort und die Gelegenheit auswählen wird, die dann gewöhnlich sehr viel günstiger sind, als wenn Sie dies bewußt bestimmen würden. Ich gab einer Psychiaterin in Ausbildung diese Anweisungen, und sie ging verschiedentlich in einen selbsthypnotischen Zustand. Einmal ging sie in die Stadt, frühstückte mit einem Psychologen, nahm den Bus, traf sich mit ein paar Freunden von der Highschool, die sie Jahre nicht gesehen hatte, begleitete den Psychologen zum Einkaufen – und er wußte nicht, daß sie in Trance war. Sie kehrte zum Krankenhaus zurück und wachte schließlich auf, als sie vor dem Spiegel stand und ihren Hut aufsetzte, um auszugehen. Dann stellte sie fest, daß es vier Uhr nachmittags war und die Sonne nun durch die Westfenster schien. Das jagte ihr wirklich Angst ein. Als sie vor dem Spiegel stand und ihren Hut aufsetzte, hatte sie ihren Gedankengang vom Morgen wiederaufgenommen, und sie erwachte wiederum in genau der gleichen Position. Dann rief sie mich an, kam zu mir und wollte wissen, was sie anfangen solle. Sie ging also in Trance und sagte mir, was sie tun wollte. Sie wollte sich in stimmiger zeitlicher Reihenfolge an alles erinnern, außer an das, was sie eingekauft hatte. Sie nahm an, daß sie alles besorgt hatte, was auf ihrer Einkaufsliste stand. Aber als sie heimging und nachschaute, stellte sie fest, daß sie all das gekauft hatte, was sie *früher* hatte besorgen wollen, aber immer vergessen hatte.

Ein andermal präsentierte sie einen Fall vor ihrer Kollegenschaft, ohne daß irgendwer erkannt hätte, daß sie in Trance war. Bei anderer Gelegenheit hatte sie den Vorsitz im Bücherclub und stellte fest, daß sie in Trance ging. Unerwartet kamen zwei Besucher herein, und ich wußte, sie würde sie weder sehen noch hören. Als einer von ihnen etwas fragte, war mir klar, daß sie das nicht hören würde, deshalb stand ich auf und sagte: „Ich schätze, Sie haben nicht gehört, daß Dr. X gefragt hat, ob …“ Ich wußte, meine Stimme würde sie hören, und wenn ich ‚Dr. X‘ erwähnte, dann war sie in der Lage, ihn zu sehen. Ich nannte auch Dr. Y's Namen, so daß sie ihn ebenfalls sehen konnte. Als die Veranstaltung zu Ende war, bedankte sie sich dafür, daß ich ihr die beiden zu Bewußtsein gebracht hatte. Sie sagte: „Ich vergaß, Vorkehrungen für unerwartete Besucher zu treffen.“ *Jedesmal wenn man in Trance geht, muß man auf alle Möglichkeiten vorbereitet sein.*

R: Das bewußte Ich kann dem Unbewußten nicht sagen, was zu tun sei?

E: So ist es.

R: Und doch möchten Leute sich genau deshalb der Selbsthypnose bedienen. Sie möchten gewisse Veränderungen bei sich erreichen. Wenn wir Selbsthypnose zur Schmerzlinderung einsetzen, gehen wir in Trance, und unser Unbewußtes wirkt mit unserem Wunsch zusammen, frei von Schmerz zu sein.

E: Ja.

R: Das Unbewußte kann eine allgemeine Anweisung aufnehmen, wie: ‚Lindere den Schmerz‘. Das Unbewußte folgt aber nicht einer speziellen Anweisung, wie das genau geschehen soll.

E: Das stimmt. Ich habe den Gedanken: ‚Ich wäre gern diesen Schmerz los:‘ Das reicht schon!

R: Es reicht, mit dem Gedanken in Trance zu gehen: ‚Wie werde ich nur mein Gewicht los?‘ – ‚Wie höre ich auf zu rauchen?‘ – ‚Wie lerne ich erfolgreicher?‘ Das sind wirkungsvolle Möglichkeiten, mit dem Unbewußten in Verbindung zu treten. Man stellt also einfach nur eine Frage und läßt dem Unbewußten die Freiheit, seinen eigenen Weg zu finden?

E: Ja. Warum nun sollte man wissen, daß man in autohypnotischer Trance war?

R: Der bewußte Verstand möchte es wissen und in der Lage sein, die Erfahrung zu bestätigen.

E: (E. führt das Beispiel eines Kindes an, das eine Mathematikaufgabe nicht lösen kann, sie dann im Traum herausbekommt oder am nächsten Morgen mit Leichtigkeit schafft. Offensichtlich hat das Unbewußte sich damit beschäftigt, während der bewußte Verstand geschlafen hat.) Man geht in einen selbsthypnotischen Zustand, um bestimmte Dinge zu erreichen oder ein bestimmtes Wissen zu erlangen. Wann benötigt man dieses Wissen? Wenn Sie ein Problem mit einem Patienten haben, machen Sie sich darüber Gedanken. In Ihrem Unbewußten legen Sie sich zurecht, wie Sie damit umgehen werden. Und wenn der Patient dann zwei Wochen später wiederkommt, sagen Sie zum richtigen Zeitpunkt die richtigen Worte. Aber Sie sollten sich dieses Wissen nicht schon im voraus zurechtlegen, denn sicher ist, sobald Sie es bewußt verfügbar haben, werden Sie anfangen, daran zu verbessern, und werden es verderben.

R: Sie glauben wirklich an das kreative Unbewußte!

E: Ich glaube an eine andere Ebene des Bewußtseins.

R: Wir können also sagen, das Unbewußte ist eine Metapher für eine andere Ebene des Bewußtseins, eine Metaebene?

E: Ich kann die Straße entlanggehen und brauche nicht auf die rote Ampel oder auf den Bordstein zu achten. Ich kann auf den Squaw Peak steigen und muß nicht jeden Schritt vorausberechnen.

R: All dies wird auf anderen Bewußtseinsebenen automatisch erledigt.

Ericksons Bestehen auf einer Trennung zwischen Bewußtsein und Unbewußtem in der Selbsthypnose stellt ein Paradoxon dar: Wir begeben uns in einen selbsthypnotischen Zustand, um bestimmte bewußte Ziele zu erreichen, und doch kann der bewußte Verstand dem Unbewußten nicht sagen, was es tun soll. Der bewußte Verstand kann einen allgemeinen Rahmen setzen und Fragen stellen, aber es muß dem autonomen Unbewußten überlassen bleiben, wann und wie das Gewünschte durchgeführt wird. Es folgen Beispiele für Schmerzlinderung.

Selbsthypnose zur Schmerzlinderung: Die segmentierte Trance

E: Gestern ging ich mittags um 12 Uhr ins Haus, um mich ins Bett zu legen. Ich mußte diesen qualvollen Schmerz hier (im Rücken) loswerden. Auf dem Weg ins Bett bat ich meine Frau, mir etwas Grapefruit vorzubereiten. Das nächste, von dem ich wußte, war, daß ich hinausging, die Grapefruit aß und wieder zu Ihnen in die Praxis ging, damit wir unsere Arbeit fortsetzen. Dann erst merkte ich, daß ich diesen entsetzlichen Schmerz nicht mehr hatte.

R: Was haben Sie gemacht? Haben Sie Selbsthypnose eingesetzt, um den Schmerz loszuwerden?

E: Ich legte mich nieder in dem Wissen, daß ich nun besser irgendwie mit Selbsthypnose anfangen sollte. Ich weiß aber nicht, wie ich sie benutzt habe, um den Schmerz loszuwerden.

R: Ach so, das ist eine besondere Trance, nur für diesen Schmerz.

E: Es ist eine segmentierte Trance.

R: Erzählen Sie mir Näheres über diese segmentierte Trance.

E: S., mit der wir gestern gearbeitet haben, sagte, ihre Arme seien taub; ihr übriger Körper nicht, nur ihre Arme. Wie schaffen Sie es, daß Ihre Arme taub werden? Indem Sie segmentieren.

R: Und die Segmentierung stimmt mit Ihrem Körperverständnis überein und nicht mit dem tatsächlichen Verlauf der Nervenbahnen.

E: Ja, so ist es. Schmerz ist lediglich ein Teil Ihres gesamten Erlebens, deshalb müssen Sie ihn in gewisser Weise aus Ihrem Gesamterleben herauslösen. Der Schmerz war ganz schön quälend hier in der Praxis; daher bin ich zu Bett gegangen, in der Absicht, den Schmerz loszuwerden. Dann habe ich das mit dem Loswerden vergessen. Als ich danach wieder hier herauskam, begriff ich plötzlich, daß ich den Schmerz gar nicht mehr hatte.

R: Im Zeitraum zwischen dem Sichhinlegen und dem Grapefruit-Essen hatte sich der Schmerz irgendwie verloren. Aber Sie wissen nicht wie, und auch nicht wann genau es geschehen ist.

E: Stimmt. Ich weiß nicht wie und nicht genau wann, aber ich *wußte*, er werde sich verlieren. Während er sich verliert, verlieren Sie auch das Bewußtsein, daß Sie Schmerzen hatten.

R: Wenn Sie Selbsthypnose benutzen, können Sie sich selbst auftragen, was Sie erreichen wollen, aber –

E: ... dann überlassen Sie es Ihrem Unbewußten.

R: Sie können nicht mit den Fragen fortfahren: ‚Wie werde ich ihn loswerden?' oder meinen, Sie können ihn bewußt loswerden. Dies ist sehr wichtig im Umgang mit Selbsthypnose. Sie können sich selbst vornehmen, was Sie erreichen wollen, aber wie das genau erreicht wird und wann, das müssen Sie schon Ihrem Unbewußten überlassen. Sie müssen sich damit zufriedengeben, nicht zu wissen, wie es erreicht wird.

E: Ja, das ist richtig, denn Sie können nicht wissen, wie es erreicht wird, ohne es dann ständig im Kopf zu haben.

R: So lange man zwanghaft über den Schmerz nachdenkt, wird er da sein. Man muß seinen bewußten Verstand dissoziieren von den Verknüpfungen mit dem Schmerz.

E: Man muß auch eine Erfahrung ähnlich der folgenden gemacht haben. (Erickson beschreibt hier ausführlich das Beispiel, wie er im Geist einen Vortrag vorzubereiten pflegt, während er in seinem Auto zu einer Konferenz fährt. Er konnte zuverlässig durch den schwierigsten und mühseligsten Verkehr steuern, um sich doch danach, wenn er merkte, daß er am Tagungsort angekommen war, nicht an das Geringste zu erinnern, denn sein Geist war ja mit dem Vortrag beschäftigt, den er vorbereitete.)

R: In Ihrem Geist fand also eine Dissoziation statt: ein Teil von Ihnen lenkte den Wagen automatisch und ein anderer bereitete den Vortrag vor.

In diesen Beispielen wird die klassische Rolle der Dissoziation und Ablenkung deutlich, wobei noch Ericksons fehlendes Wissen hinzukommt, wie oder wann genau die Schmerzlinderung erreicht worden ist. Dies alles ist ein unbewußter Prozeß. Obzwar Erickson begabt und erfahren ist, hat er dennoch Schwierigkeiten, wie die folgenden Bemerkungen seiner Ehefrau Elizabeth Erickson (EE) zeigen:

EE: Das Unbewußte mag wohl mehr wissen als der bewußte Verstand und sollte ohne Einmischung sein eigenes Lernen entwickeln dürfen; das ist aber nicht immer eine ganz glatte Angelegenheit und kann auch schon mal schieflaufen.

Manche Erfahrungen MHE's mit Schmerzkontrolle beruhten auf dem Prinzip von Versuch und Irrtum, mit einem ordentlichen Quantum *Irrtum*. So vergingen beispielsweise lange, beschwerliche Stunden damit, daß Erickson seine Empfindungen mit Worten zu analysieren versuchte, dabei Muskel für Muskel immer wieder durchging und darauf bestand, daß ihm jemand (gewöhnlich ich) nicht nur zuhörte, sondern ihm seine volle, hingebungsvolle Aufmerksamkeit widmete, ganz gleich, wie spät es sein mochte oder welch dringende Aufgaben warteten. Er hat keinerlei Erinnerungen an diese Sitzungen, und ich verstehe sie immer noch nicht. Ich habe das Gefühl, daß das Sackgassen waren, aber vielleicht fand da doch auch ein gewisses unbewußtes Lernen statt, oder auch nicht. Ich erwähne das aus dem Grund, weil ich meine, daß viele vielleicht mutlos werden, wenn ihr Unbewußtes sie zeitweilig in eine Sackgasse führt. Meine Botschaft lautet: ‚Bleiben Sie bei der Stange. Vielleicht geht's weiter.'

Ablenkung, Verschiebung und Neuinterpretation des Schmerzes

E: Zumindest bei mir verhält es sich so, daß physiologischer Schlaf gewöhnliche Hypnose zum Verschwinden bringt. Das bedeutet, daß Sie Ihren Patienten mit der Anweisung in Trance versetzen sollten, daß er bis zum nächsten Morgen in Trance verweile. Im physiologischen Schlaf löse ich einfach den hypnotischen Bezugsrahmen auf. Ich kann mit Schmerzen aufwachen, und dann muß ich meinen Bezugsrahmen wieder auf einen Zustand der Entspannung, der Behaglichkeit und des Wohlbefindens einrichten, von wo aus ich dann wieder in wohltuenden Schlaf gleiten kann, der möglicherweise die restliche Nacht über andauert. Manchmal dauert er aber nicht länger als zwei Stunden, ich werde wach und muß mich erneut um mein Wohlbefinden kümmern. Kürzlich erlangte ich allein damit Kontrolle über meinen Schmerz, daß ich mich im Bett aufsetzte, einen Stuhl dicht heranzog und meinen Kehlkopf gegen die Stuhllehne preßte. Das war sehr unbequem. Aber diese Unbequemlichkeit schuf ich mir aus freien Stücken.

R: Verdrängte sie den unfreiwilligen Schmerz?

E: Ja, ich glitt geruhsam in Schlaf; danach wachte ich mit schmerzendem Kehlkopf auf.

R: Du meine Güte, wie konnten Sie sich so eine ungewöhnliche Art aussuchen, sich selbst Schmerz zuzufügen?

E: Absichtlich herbeigeführter Schmerz ist etwas, das Sie unter Kontrolle haben. Und wenn Sie den Schmerz kontrollieren können, dann ist er erheblich weniger quälend als unwillkürlicher Schmerz. Sie wissen, Sie können ihn loswerden.

R: Er ist frei von der Zukunftskomponente des Schmerzes (Erickson 1967). Mit Ablenkung und Verschiebung können Sie eine Menge Schmerz loswerden.

E: Richtig! Mit Ablenkung, Verschiebung und Neuinterpretation.

R: Neuinterpretation – können Sie mir ein Beispiel geben, wie Sie sie eingesetzt haben?

E: Bitte. Ich hatte sehr schlimme Schmerzen in der Schulter, und mein Gedanke war, daß ich arthritischen Schmerz nicht leiden kann. Sie können ihn als scharf, schneidend, stechend und brennend bezeichnen. Und so dachte ich an einen rotglühenden Draht, der sich genau so scharf und brennend anfühlte. Und plötzlich hatte ich wirklich das Gefühl, als befände sich da ein heißer Draht! Der arthritische Schmerz hatte tief drinnen in der Schulter gesessen, aber nun hatte ich einen heißen Draht über der Schulter liegen.

R: Auf diese Art haben Sie den Schmerz langsam verschoben und neu interpretiert.

E: Ja, ich verschob meine Aufmerksamkeit. Ich hatte immer noch Schmerzen, aber ich spürte sie nicht durch das Schultergelenk hindurch.

R: Das war eine willentliche Neuinterpretation, deshalb war der Schmerz eher zu ertragen.

E: Er ist leichter zu ertragen, und dann wurde er mir langweilig und schließlich habe ich ihn vergessen. Man kann über eine solche Empfindung nur für eine bestimmte Zeit nachdenken. Hat man alle Gedanken ausgeschöpft, die man sich dazu machen kann, dann verliert man schließlich das Schmerzempfinden. Erst etwa vier Stunden später erinnerte ich mich daran, daß ich dieses Gefühl des heißen Drahtes gehabt habe. Ich konnte mich nicht genau darauf besinnen, wann ich es verloren hatte.

R: Demnach setzen Sie auch das Vergessen sinnvoll ein.

E: Man kann den Schmerz immer vergessen. Was ich bei Patienten nicht verstehen kann: warum sie fortfahren, ihre Spannung und ihren Schmerz beizubehalten.

R: Ja, indem sie ihre Aufmerksamkeit auf ihn konzentrieren, verhelfen sie ihm zum Fortbestehen.

Gebrauch früher Erinnerungen anstelle bestehenden Schmerzes

E: „Ich begebe mich in eine sehr schwierige Position auf dem Bett, damit ich nicht zu stark zucke. Von den Zuckungen meiner Arme, meiner Beine und meines Kopfes wurde ich durchgerüttelt, und ich ärgerte mich, weil mich schneidende, stechende Schmerzen durchfuhren, zuerst hier und da und sehr kurz. Beschwerden im ganzen Körper. Ich lag auf dem Bauch, mit erhobenen Füßen und gekreuzten Beinen. Den rechten Arm hatte ich unter meiner Brust, und damit nahm ich eine unbewegliche Position ein. So versetzte ich mich wieder zurück in das Gefühl, wie ich als Kind auf dem Bauch lag, die Arme vor meinem Körper, mit angehobenem Kopf, und auf jene wunderschöne Wiese blickte. Ich spürte sogar, wie kurz meine Arme waren, eben wie die eines Kindes. Ich schlief ein und erlebte im wesentlichen jene Kindheitstage wieder, als ich bäuchlings auf dem Hügel lag und über die Matten oder die grünen Felder blickte. Sie sehen so wunderbar, so paradiesisch und friedvoll aus. Oder ich sehe Bäume und Wälder oder einen langsam dahinfließenden Wasserlauf.

R: Sie zapfen jene inneren Bilder aus Kindertagen an, als Ihr Körper tatsächlich noch gesund und voller Wohlbehagen war. Dabei benutzen Sie die ideomotorischen und ideosensorischen Abläufe, die mit diesen frühen Erinnerungen verknüpft sind, und so fördern Sie Ihr gegenwärtiges Wohlbefinden.

E: Das war auch die Zeit, als ich lernte, mich an der Schönheit der Natur zu erfreuen. Das war indes eine passive Schönheit, die sanfte Bewegung des Grases im Windhauch, wozu das Gras selbst keinerlei Anstrengung unternahm.

R: Dieses Bild abwesender eigengesteuerter Aktivität brachte Ihnen inneren Frieden.

E: Ja, und der erfüllte mein ganzes Gemüt. Als ich dann später wieder hier herauskam, um eine Patientin zu empfangen, ließ ich meiner intensiven Beobachtung in der Arbeit völlig die Oberhand.

R: Sie lenkten sich auch weiterhin ab, so daß der Schmerz keine Gelegenheit hatte, wieder von Ihrem Bewußtsein Besitz zu ergreifen. Was geschieht dabei tatsächlich, wenn Sie sich ganz von diesen frühen Kindheitserinnerungen ausfüllen lassen? Haben Sie die Empfindung, daß Sie Ihre assoziativen Prozesse wiederbeleben und an die Stelle Ihrer gegenwärtigen Schmerzen im Körper setzen?

E: Ja, und diese Erinnerungen entstammen einem Lebensabschnitt ohne besondere Informationen, einer Zeit, wo alles einfach und ohne Spitzfindigkeiten war. Dadurch ist eine vollständige Regression möglich. Mir geht dabei mein Vater und meine Mutter durch den Kopf, so wie sie *damals* waren! Dann kann ich mir meine eigenen früheren Empfindungen vergegenwärtigen, wie ich auf dem Hügel an der Nordseite der Scheune bin, usf.

R: Und diese Empfindungen nahmen den Platz des Schmerzgefühls ein, das Sie heute gehabt haben?

E: Ja, ich bin ein visueller Typ, deshalb benutze ich visuelle Erinnerungen. (Erickson fährt fort mit der Erklärung, wie er zunächst die frühen Erinnerungen eines Patienten exploriert, um festzustellen, ob sie überwiegend visueller oder akustischer Art sind. Dann nutzt er die entsprechende Veranlagung in der späteren Trancearbeit. Ein Patient konnte sich zum Beispiel vom Schmerz ablenken, indem er sich auf die erinnerten Geräusche beim Cricketspiel konzentrierte, das er als Kind gerngehabt hat.)

Der kranke Heiler

R: Später, als Sie 51 Jahre alt waren, erkrankten Sie erneut an Polio. Wie haben Sie sich selbst geholfen?

E: Zu jener Zeit konnte ich Dinge an mein Unbewußtes zurückverweisen, denn ich wußte, daß ich all das schon einmal durchgemacht hatte. Ich bin dann einfach in Trance gegangen und habe gesagt: ‚Unbewußtes, erledige dein Pensum.' Links schreiben zu lernen war beim ersten Mal sehr mühsam. Als ich zum zweiten Mal Kinderlähmung bekam, war meine rechte Hand wieder außer Gefecht gesetzt, und ich merkte, daß ich meine Linke gebrauchen mußte, was ich ungefähr seit meinem 19. Lebensjahr nicht mehr getan hatte.

R: Die Übungen Ihres Sinnesgedächtnisses zwischen dem 17. und 19. Lebensjahr halfen Ihnen wirklich, daß Sie Ihre rechte Hand wieder gebrauchen konnten und auch wieder in der Lage waren zu gehen. Als Sie mit 51 Jahren wieder von der Kinderlähmung heimgesucht wurden, konnten Sie auf diese Grundlage an Erfahrung zurückgreifen und überließen es Ihrem Unbewußten im Zustand autohypnotischer Trance.

E: Gegenwärtig (mit 73 Jahren) habe ich wiederholt versucht, mit der linken Hand zu schreiben. (Erickson führt vor, wie er jetzt schreibt, indem er den Stift mit der rechten Hand hält und mit der linken, die kräftiger ist, führt.) Gegenwärtig halte ich sehr gewissenhaft an allem fest, was ich mit meiner rechten Hand tun kann, denn ich sollte mir alles, was ich kann, so lange wie möglich bewahren.

R: Ich verstehe; deshalb sehe ich Sie in der Küche Kartoffeln schälen. Sie sind gewiß ein Beispiel für jenen Archetypus des kranken Heilers, der lernt anderen zu helfen, indem er sich selbst hilft. Das war die Geschichte Ihres Lebens.

Das Problem der Angst in der Selbsthypnose: Das natürliche Vorgehen bei der Selbsthypnose

R: Gestern Nachmittag, nachdem wir über Selbsthypnose gesprochen hatten, erlaubte ich es mir, eine Trance zu erleben, legte mich bequem nieder und gab mir dabei selbst keine bestimmte Richtung vor; ich wollte Ihrem Rat folgen und meinem Unbewußten die Führung überlassen. Nach einiger Zeit hatte ich den Traum oder die traumähnliche Phantasie, daß jemand meinen treibenden, unbeweglichen Körper sorgsam in eine Ecke des Schwimmbeckens zog. Ich fühlte mich ein bißchen verlegen, weil ich zwar nicht ertrank, aber es zugelassen hatte, daß ich in einen Zustand geriet, in dem ich mich nicht rühren konnte. Dann begriff ich plötzlich, daß ich da auf der Couch in Ihrem Wartezimmer in Trance lag, und daß *ich meinen Körper wirklich nicht rühren konnte*. Ich spürte, wie mich plötzlich eine bedrückende Angst überflutete, aber dann versuchte ich mich damit zu beruhigen, daß mit mir alles in Ordnung sei und ich tatsächlich eine echte Katalepsie des Körpers erlebte, und zwar in einer tieferen Trance, als ich sie je zuvor erlebt hatte. Ich versuchte, mir selbst ein paar vernünftige Suggestionen zu geben, insbesondere die, daß ich wohl in der Lage wäre, zwecks weiterer hypnotischer Arbeit in diesen tiefen Zustand zurückzukehren. Aber vermutlich hatte ich einfach zu viel Angst. Im Geist trieb mich die irrationale Angst um, wie furchtbar es wäre, wenn ich mich wirklich nicht mehr bewegen könnte. Nach ein, zwei Minuten beschloß ich, meine ganze Aufmerksamkeit auf den kleinen Finger meiner rechten Hand zu richten und ihn einfach ein ganz klein wenig zu bewegen, um mich zu beruhigen und auch als erste Stufe zum Aufwachen. Ich tat das, aber jetzt schäme ich mich doch irgendwie, wie ich es mir nach all den Lehrjahren mit Ihnen erlauben konnte, in Angst zu verfallen, so daß ich diese tiefe Trance nicht länger als ein oder zwei Minuten aushalten konnte.

E: Die Angst hielt Sie davon ab, explorativ zu sein und etwa zu sich selbst zu sagen: ‚Hier habe ich die Chance, meinen Körper zu finden. Wie finde ich meinen Körper? Ich weiß, ich habe einen kleinen Finger. Daneben ist ein anderer Finger. Wenn ich meinen kleinen Finger bewegen kann, kann ich auch den nächsten Finger bewegen. Und dann kann ich nach und nach alle Finger dieser Hand bewegen. Und ich weiß, ich habe noch eine Hand. Soll ich zuerst den kleinen Finger dieser Hand bewegen, oder zuerst den Daumen? Und was will ich dann als nächstes tun? Soll ich mit meinen Zehen anfangen? Muß ich mit meinen Zehen anfangen? Was ist mit meiner Sinneserfahrung? Was kann ich sonst noch in diesem Zustand erkunden?‘

R: Worin besteht der Wert dieser schrittweisen Übung?

E: Sie gibt Ihnen die Gelegenheit, jeden beliebigen Teil Ihres Körpers dissoziieren zu lernen. Wenn Sie keine Angst bekommen, haben Sie die Chance, damit anzufangen, den Zustand der Selbsthypnose zu erforschen.

R: Also, wenn Sie irgendwie ganz natürlich in einen selbsthypnotischen Zustand gehen, dann fangen Sie an, damit zu experimentieren. Das kann eine Untersuchung der Dissoziation sein. Sie erlangen die Bewegungsfähigkeit einiger Finger, einer Hand zurück, und dann lassen Sie sie wieder (dissoziieren), während Sie mit der anderen Hand experimentieren. Sie üben, die Beweglichkeit und das Gefühl für verschiedene Teile Ihres Körpers wiederzuerlangen, und dann dissoziieren Sie sie wieder, während Sie fortfahren, mit einem weiteren Körperteil zu experimentieren. Das könnte eine wunderbare Übung zur hypnotischen Anästhesie mittels Dissoziation sein. Sie können auch mit wechselnden Empfindungen und Wahrnehmungen experimentieren: mit Wärme und Kälte, mit Farbe, mit Klängen usw. Das ist eine natürliche Vorgehensweise beim Einüben der Selbsthypnose.

E: Das ist richtig! Als ich einmal in einem Hotelzimmer erwacht bin und ein Auge aufmachte, fragte ich mich, wo ich sei, denn ich erkannte überhaupt nichts im Zimmer. Ich dachte mir: ‚Ich möchte wissen, ob ich dieses Auge schließen kann und das Zimmer mit dem anderen Auge wiedererkennen kann.' Ich tat es. Dann schloß ich dieses Auge und öffnete das erste wieder, und wieder war ich an dem Punkt, daß ich nicht wußte, wo ich mich befand.

R: Es hing also davon ab, welches Auge Sie offen hatten, ob Sie wußten, wo Sie sich befanden? Ein wunderbares Dissoziationsexperiment!

E: Wenn Sie in einen solchen Zustand geraten, dann erkunden Sie ihn und *genießen* Sie ihn!

R: Es ist nicht zu glauben, daß das Erkennen und das Wissen nur mit dem einen Auge verknüpft sein sollte und nicht mit dem anderen. Das ist eine sehr ungewöhnliche Form der Dissoziation.

E: Es kann sein, daß Sie etwas essen und völlig ausblenden, was Sie da essen. Und dann können Sie sich doch erlauben, es herauszufinden: ‚Ach ja, ich habe das ja früher schon mal gegessen.' Sie können für alle früheren Erfahrungen, das gegessen zu haben, eine Amnesie entwickeln und dann Stück für Stück entdecken, was daran vertraut erscheint. Manchmal erkennen Sie es daran, wie es sich anfühlt, manchmal daran, wie es riecht und wie es schmeckt. Sie trennen jede einzelne Eigenschaft, an der sie es wiedererkennen, von den übrigen.

R: Das ist eine Übung in Dissoziation und sensorischer Isolation, die jeder im Wachzustand machen kann, und später kann er diese Fertigkeit in Trance nutzen und sie sogar weiterentwickeln.

E: Sie können lernen, Ihre hypnagogen und hypnapompen (die ungewissen Bereiche zwischen Einschlafen und Aufwachen betreffenden) Zustände zu verlängern und mit sich selbst zu experimentieren. Sie können aus einem Traum erwachen und danach wieder einschlafen, um diesen Traum fortzusetzen. (Erickson führt als Beispiel an, wie er während eines Nickerchens träumte, seine Frau lehne sich an ihn und flüstere ihm verführerische Worte zu. Daraufhin wachte er auf, hatte aber immer noch das halluzinatorische Gefühl, wie ihr Körper sich angenehm an seinen Ellbogen schmiegt. Er konnte sie nicht mehr so sehen oder hören wie im Traum, aber er ergriff die Gelegenheit, um mit diesem warmen Druck ihres Körpers auf seinen Ellbogen zu experimentieren, ihn aufrechtzuerhalten, ihn aufzugeben und zu verändern. Allmählich breitete sich dieses angenehme Gefühl bis zu seinen Schultern aus, und Erickson genoß es eine Weile, ließ es gehen und wieder kommen. Wenn ihn künftig arthritische Schmerzen in seiner Schulter behelligten, erlaubte er es sich, in Selbsthypnose zu gehen, um diesen warmen und angenehmen Druck zu spüren, der dann allmählich an die Stelle des arthritischen Schmerzes trat. Dies ist ein anschauliches Beispiel dafür, wie er seine eigenen psychodynamischen Traumprozesse auf natürliche Weise nutzte.)

R: Dies alles könnte als Übung eingesetzt werden, um den bewußten Verstand damit vertraut zu machen, den Übergang zwischen Bewußtsein und Unbewußtem gelassener hinzunehmen. Allmählich kann der bewußte Verstand dann ein gewisses Geschick im Umgang mit dem Unbewußten entwickeln, so daß all die klassischen hypnotischen Phänomene und andere veränderte Zustände erfahrbar werden. Der bewußte Verstand kann diesen Prozeß nicht kontrollieren, aber er kann mit dem Unbewußten auf kreative Weise in Verbindung treten. Immer ist das eher eine Entdeckung und ein Abenteuer, das man genießen kann, anstatt eine zu erledigende Aufgabe. Der bewußte Verstand kann sich des Ausgangs nie sicher sein, er ist wirklich in der abhängigen Position. Aber sobald das Bewußtsein gewisse Fertigkeiten im Umgang mit dem Unbewußten entwickelt hat, kann es sie im Notfall auch einsetzen, um bestimmte sensorisch-perzeptuelle und Verhaltensprozesse oder was auch immer zu beeinflussen.

Bereicherung des Verhaltensrepertoires in der Selbsthypnose

E: Warum sollte man etwas nur in ein und derselben Weise tun? (Erickson führt zahlreiche Beispiele an, wie seine Angehörigen lernten, Dinge auf verschiedene Art zu tun: einen Text auf dem Kopf und unter Wasser zu lesen usw.)

R: Mittels Selbsthypnose versuchen wir, größere Flexibilität in unserem Handeln zu erlangen. Wir wollen uns nicht auf eine ‚generalisierte Realitätsorientierung' (Shor 1959) beschränken. Sie schlagen vor, daß wir Selbsthypnose einsetzen, um eine größere Flexibilität in bezug auf unser eigenes Verhalten, auf unsere sensorisch-perzeptuellen und unsere Erkenntnisprozesse zu erlangen. Wir können unsere Erfahrung praktisch auf jeder Ebene verändern und teilweise auch neu gestalten. Wir haben eben erst angefangen zu lernen, wie wir das tun können. Psychedelische Drogen und klassische Hypnosearbeit sind relativ unbeholfene Ansätze, auf die wir in der Vergangenheit zufällig gestoßen sind. Gegenwärtig erleben wir im sensorisch-perzeptuellen und im Verhaltensbereich einen Zuwachs aufgrund unserer Explorationen mittels Selbsthypnose. Mit anderen Worten: Wir brauchen Trance für das neue Lernen.

E: Wir beschreiten neue Wege.

R: Trance hilft uns dabei, unsere alten Programme zu entkräften, und ermöglicht es uns, etwas Neues zu lernen. Der einzige Grund beispielsweise, warum wir nicht nach freiem Willen eine Anästhesie herbeiführen können, besteht darin, daß wir nicht wissen, wie wir unsere gewohnte, generalisierte Realitätsorientierung aufgeben sollen, in der die Bedeutung des Schmerzes betont und ihm im Bewußtsein der Vorrang eingeräumt wird. Wenn wir jedoch den kleinen Kindern erlauben würden, mit ihren Sinneswahrnehmungen auf lockere Art zu experimentieren, dann könnten sie mit Leichtigkeit anästhetische Fähigkeiten entwickeln, die ihnen sehr nützlich wären, wenn sie sie erst brauchten. Das wäre in der Tat ein sehr interessantes Forschungsthema.

Selbstanalyse und Erinnerungen unter Selbsthypnose: Die Bedeutung des Vergessens und des Nicht-Wissens

E: Wenn Sie Selbsthypnose betreiben wollen, dann ziehen Sie sich dazu zurück, setzen Sie sich in einem ruhigen Zimmer nieder, und *nehmen Sie sich nicht vor, was Sie tun werden*. Gehen Sie einfach in Trance. Ihr Unbewußtes wird erledigen, was getan werden muß. Aber Sie können sich einen Wecker stellen, um aufzuwachen, denn Sie wissen noch nicht, wie Sie mit Ihrem Unbewußten die Zeit feststellen können. Und Sie sollten reichlich Zeit haben. Und denken Sie an den Comic von Mutt und Jeff, in welchem Mutt in all seinen Taschen nach seiner Brieftasche suchte, außer in einer, und fürchtete, tot umzufallen, weil sie nicht da war. Sie können sich einfach erlauben, sich selbst zu untersuchen, anstatt tot umzufallen, wenn Sie auf etwas stoßen, das Sie von sich selbst gar nicht wissen wollen. *Vergessen* Sie es einfach. Sie wissen schließlich nicht, wieviel Sie nach Meinung Ihres Unbewußten wissen sollen.

R: Haben Sie Selbsthypnose bei Gedächtnisproblemen eingesetzt?

E: Sie können wegen Gedächtnisproblemen durchaus in eine selbsthypnotische Trance gehen. Vielleicht möchten Sie sich daran erinnern, wo Sie diesen Brief hingelegt haben. Wessen Geburtstag habe ich vergessen? Sie fangen vielleicht mit einer Handlevitation an, aber Sie wissen nicht, wann Sie nichts mehr hören oder sehen oder wann Sie das Gefühl für Ihre Hand verlieren. Dann fällt Ihnen spontan die gesuchte Erinnerung wieder ein. (Erickson führt weitere Beispiele an, wie er seine Frau, die gerade liest, nach dem Namen eines bestimmten Dichters fragt. Sie fährt mit dem Lesen fort, und ein paar Minuten später schießt ihr der Name durch den Kopf. Eine Kollegin verweist ihre Gedächtnisprobleme an ein ‚kleines Männchen da oben in meinem Kopf', und das gibt ihr ein paar Minuten später die Antwort. Andere gehen nach einem bewußten, assoziativen Verfahren vor, indem sie sich die Begleitumstände dieser Erinnerung oder der Situation vergegenwärtigen, die sie sich wieder ins Gedächtnis rufen wollen.) Vor Jahren, nachdem wir ein Haus mit hinreißenden Dattelpalmen besichtigt hatten, das wir passend für unsere Familie fanden, wußte ich, daß ich noch einen anderen Grund hatte, es zu kaufen. Ich brachte eine Menge Zeit auf, um ihn herauszufinden. Ich hatte das Haus im April gekauft, und im September verspürte ich plötzlich den heftigen Drang herauszubekommen, warum ich das Haus gekauft hatte. Deshalb begab ich mich in Selbsthypnose, wobei aber nichts weiter zutage trat, als daß ich mich selbst in der vierten Klasse der höheren Schule sah. Ich wußte, daß das wichtig war, aber warum nur? An einem der darauffolgenden Tage war ich hinten im Hof, und da erinnerte ich mich, daß ich mir selbst in der vierten Klasse ein feierliches Versprechen gegeben hatte. Ich las damals ein Geographiebuch mit der Abbildung eines Jungen, der auf eine Dattelpalme kletterte. Ich gab mir selbst das Versprechen, daß ich als Mann einst eine Dattelpalme erklettern würde. Und ich kletterte wirklich auf diesen Baum und pflückte die Früchte.

R: Die Erinnerung kam in zwei Etappen zurück.

E: Während der Trance sah ich mich selbst als Viertklässler, wie ich ein Buch betrachtete, aber das reichte noch nicht. Ich suchte nach dem *Grund* und nicht nach der *Identität*. Ich kaufte das Haus, um den Wunsch eines Viertklässlers zu erfüllen, deshalb sah ich in der Trance einfach diesen Viertklässler am Schreibtisch sitzen. Erst als ich hinten im Hof saß und die Bäume betrachtete, kam mir das Ganze vollständig in den Sinn.

Dieses Beispiel verdeutlicht zumindest drei wichtige Faktoren in der Erinnerungsarbeit mit Selbsthypnose. (1) Häufig gibt es eine vorrangige Zeit für die Selbsthypnose, wenn man den „Drang" verspürt, etwas herauszufinden. Dieser „Drang" ist tatsächlich ein Zeichen, mittels dessen das Unbewußte das Bewußtsein wissen läßt, daß derzeit etwas verfügbar ist. (2) Das Unbewußte ist sehr wörtlich zu nehmen. In diesem Beispiel zeigte es Erickson, daß es um die „Identität" des Jungen aus der vierten Klasse ging, nicht aber um dessen „Beweggrund". Und schließlich: (3) Das Unbewußte brauchte seine Zeit, von April bis September, bis es mit dem ersten Teil des Grundes herausrückte, und dann noch ein paar weitere Tage, bis die Umstände stimmig waren und das Bewußtsein das Warum erfahren durfte. Das Bewußtsein nimmt nicht immer alle Seiten eines solchen Auffrischens der Erinnerung wahr. Deshalb bedarf es der Geduld, während es lernt, mit der Dynamik der unbewußten Prozesse zusammenzuarbeiten. Da der bewußte Verstand selten erkennt, was da alles mitspielt, ist es sehr wichtig, daß wir unserem Unbewußten möglichst viel Freiheit lassen, die Dinge zu Ende zu bringen. Wenn wir dennoch Suggestionen geben, dann sollten sie möglichst weit gefaßt sein (Erickson, Rossi u. Rossi 1976).

Nirwana oder Selbsthypnose als Dissoziation von allen Sinnesmodalitäten

Einmal arbeitete Erickson experimentell mit K. zum Thema des „angehaltenen Sehens" (*stopped vision*; Erickson 1967), wobei sie sich als „mitten im Nirgendwo" erlebte. Erickson erinnerte sich an folgendes:

E: Vor einem Jahr, im Sommer, hielt ich mich hinten im Hof auf. Ich fragte mich, welche Erfahrungen des Entrücktseins ich gern machen würde. Während ich daran herumrätselte, bemerkte ich, daß ich draußen, mitten im Nirgendwo saß. Ich war ein Objekt im All.

K: Da haben Sie's: die Mitte von Nirgendwo.

E: Ich war einfach ein Objekt im All. Ich konnte keinerlei Umrisse all der Gebäude sehen. Auch den Stuhl konnte ich nicht sehen, auf dem ich saß; tatsächlich konnte ich ihn auch nicht spüren.

R: Haben Sie diese Vision spontan erlebt?

E: Es war das Abgehobenste, wozu ich je in der Lage war.

R: Es war das Abgehobenste, wozu Sie je in der Lage waren?

E: Weiter weg können Sie sich nicht begeben!

R: Ist Ihnen das genau da passiert, als Sie sich gefragt haben, was Sie anfangen könnten?

E: Ja.

R: Ein unbewußtes Reagieren?

E: Und das war die umfassende Reaktion meines Unbewußten.

R: Ich verstehe; man kann sich nicht weiter entfernen.

K: Schwebten Sie einfach, oder war da schlicht das Nichts?

E: Ich war einfach ein Objekt, und das einzige, was mich umgab, war die vollkommene Leere. Keine Häuser, keine Erde, keine Sterne, keine Sonne.

K: Was für Gefühle erlebten Sie? War es – Neugier oder Angst oder Einsicht?

E: Es war eines meiner angenehmsten Erlebnisse. Was war das eigentlich? Ungeheueres Wohlbehagen. Ich wußte, daß ich etwas sehr Entrücktes tat. Und ich tat es wirklich! Und was kann einem größere Freude bereiten, als das zu tun, was man tun will? Inmitten der Sterne, der Planeten, der Meeresufer. Ich war schwerelos. Ich fühlte auch die Erde nicht. Ich konnte meine Füße so fest es ging nach unten stemmen und spürte doch ganz und gar nichts.

R: Das klingt wie eine spontane Nirwana- oder Samadhi-Erfahrung, von der die Inder sagen, sie erlebten ‚die Leere'. Haben Sie das Gefühl, daß dem so ist?

E: Ja. Die Erfahrung des Entrücktseins, wo alle wirklichkeitsbezogenen Reize nicht mehr vorhanden sind.

R: Genau darin üben sich die Yogis.

E: Ja, die Reize der Außenwelt völlig aufzuheben.

K: Und das hat Ihnen Spaß gemacht?

E: Es macht mir immer Spaß, wenn ich etwas tun kann.

Diskussion

Seit seinen frühesten Erinnerungen und seinen spontanen ersten Erlebnissen mit veränderten Bewußtseinszuständen entwickelte Erickson frühzeitig eine Haltung des Staunens über die Relativität menschlichen Erlebens. Seine eigenen konstitutionellen Schwierigkeiten brachten ihn gezwungenermaßen dazu, die individuellen Unterschiede im Bereich der sensorischen Wahrnehmung zu erkennen sowie die überraschend eingeschränkte allgemeine Sichtweise der meisten Menschen in seiner Umgebung. Die Motivation zu seinen ersten Hypnoseuntersuchungen mit Clark Hull, 1923, entsprang sehr persönlichen Quellen und Lebenserfahrungen. Ericksons früheste Erfahrungen in Selbsthypnose betrafen Lernprozesse; als er schließlich den Unterschied zwischen einer „3" und dem Buchstaben „m" in einem halluzinierten blendenden Blitz sah, war das ein kreativer Augenblick der Einsicht. Bei diesem frühen Erlebnis sehen wir, wie ein Muster entsteht, bei dem veränderte Bewußtseinszustände und neues Lernen gewöhnlich eng miteinander verbunden sind. In diesem Sinne ist Erickson ein Original in der Geschichte der Hypnose; seine früheste Motivation war persönlicher Natur und hatte eher mit Lernschwierigkeiten und anders gearteten Funktionen der sinnlichen Wahrnehmung zu tun als mit dem herkömmlichen Interesse an Psychopathologie, wie es die früheren Forscher kennzeichnete. Aus Ericksons frühesten Erfahrungen entstammte sein Verständnis der Selbsthypnose oder Trance; er sah sie als veränderten Bewußtseinszustand, in welchem wichtige, innere Prozesse der sinnlichen Wahrnehmung oder der Kognition das Bewußtsein derart ausfüllen konnten, daß unsere Alltagsrealität (die generalisierte Realitätsorientierung) ausgeblendet, ins Dunkel gerückt oder entkräftet werden konnte.

Anläßlich seiner frühesten Erfahrungen, die er mit seiner eigenen Rehabilitation machte, indem er seine frühen Sinneserinnerungen wiederbelebte, um so den Gebrauch seiner Muskeln wiederzuerlernen, werden wir Zeuge, wie er nach und nach einige Grundprizipien der Hypnose entdeckte. Beim Wiedererinnern früher Sinneserfahrungen setzte er ideomotorische und ideosensorische Prozesse in Gang, die als Grundlage für das Wiedererlernen der Funktionen dienen konnten, die ihm durch die Krankheit abhanden gekommen waren. Hier ist tatsächlich der Ursprung von Ericksons *Utilisation*sprinzipien der Tranceinduktion, die auch für das Hervorrufen und Fördern von Verhaltensmöglichkeiten in der Therapie organischer und psychischer Probleme gelten. Wenn er sagt: „Langsam lernte ich, daß ich, wenn ich an das Gehen, an Ermüdung und an Entspannung denken konnte, Erleichterung meiner Schmerzen erlangen konnte", dann entdeckte er mithin für sich selbst, wie Entspannung und Konzentration der Aufmerksamkeit auf seine innere Wirklichkeit an die Stelle der maladaptiven und schmerzhaften Seiten der allgemeinen Realitätsorientierung treten konnten.

Ericksons Betonung der wirklich erinnerten Sinneserfahrungen gegenüber der Imagination weckt Erinnerungen an Bernheims (1957)

Grundkonzept der Suggestion als einer Verstärkung ideomotorischer und ideosensorischer Prozesse, wodurch eine „unbewußte Umwandlung des Gedankens in Bewegung stattfindet ... in Empfindung oder in ein sensorisches Bild". Bernheim gibt anschauliche Beispiele, wie dergleichen ideodynamische Prozesse wirksam werden, indem er bei den Versuchspersonen „Erinnerungsbilder" hervorruft, welche dann als die suggerierten hypnotischen Phänomene wiedererlebt werden. Dieser Gebrauch der vorhandenen Erinnerungsbilder und des Erfahrungslernens der Patienten stellt die Grundlage von Ericksons *Utilisationstheorie der hypnotischen Suggestion* (Erickson und Rossi 1976) dar. Das Nutzen der früheren Lerninhalte der Patienten im Zustand hypnotischer Reaktionsbereitschaft ist von Weitzenhoffer (1953) diskutiert worden und wurde kürzlich auch experimentell bestätigt (Johnson und Barber 1976). Es bedarf weiterer Forschung, um den Stellenwert der Nutzung des Erinnerungs- und Lernrepertoires des Patienten für die hypnotische Reaktionsbereitschaft einerseits zu bestimmen und andererseits den der reinen Imagination (Sheehan 1972). Wir nehmen an, daß gewisse Aspekte der Tranceinduktion, der Trancevertiefung und inneren Beteiligung eine Funktion der Imagination sind, während spezielle ideodynamische Reaktionen eher aufgrund der wie auch immer gearteten Lernerfahrung und der Erinnerungen zustandekommen, die der Patient nutzen kann, um den Weg zu den suggerierten Phänomenen zu ebnen.

Auch als Erickson zufällig diesen anscheinend somnambulen Zustand erlebte, in welchem er seine studentischen Leitartikel schrieb, wurde daraus eine persönliche Quelle seines Tranceverständnisses. Die Amnesie, die man gewöhnlich für somnambule Tätigkeit hat, wurde später zum wichtigen Kriterium für tiefe Trancearbeit und einige Formen der Hypnotherapie (Erickson und Rossi 1974). Diese persönlichen, somnambulen Erfahrungen wurden auch zur Grundlage für den praktischen Unterricht im sogenannten „natürlichen Ansatz" selbsthypnotischer Erfahrung.

Erickson hebt gern hervor, daß das Bewußtsein nicht wisse, wie man Selbsthypnose durchführt; das Bewußtsein kann nur den Rahmen dafür schaffen. Die hauptsächliche Schwierigkeit beim Erlernen von Selbsthypnose liegt im Wunsch des bewußten Verstandes, Kontrolle auszuüben. Damit sich ein autohypnotischer Zustand entwikkeln kann, muß das Bewußtsein zuerst einmal die Kontrolle sowie sich selbst aufgeben, damit das Unbewußte hervortreten kann. Das Paradoxe an der Selbsthypnose ist, daß wir deshalb in Trance gehen, weil wir gern gewisse Anteile unseres Verhaltens, die gewöhnlich autonom oder unbewußt sind, in ihrem Ablauf kontrollieren oder zumindest verändern wollen. Indessen, und darauf besteht Erickson, kann der bewußte Verstand das Unbewußte nicht kontrollieren. Die paradoxe Situation wird durch folgendes aufgelöst: (1) Wir bereiten uns auf eine Trance vor, indem wir beispielsweise für eine Zeitspanne sorgen, in der wir uns wohlfühlen können, nicht gestört werden und dem Unbewußten erlauben, daß es uns nach seinem Willen lenkt. (2) Hat der bewußte Verstand erst einmal erkannt, daß ein veränderter Bewußtseinszustand herbeigeführt ist (aufgrund des Vorhandenseins spontaner Veränderungen der Sinneswahrnehmung, der motorischen und kognitiven Prozesse), so kann er anfangen, mit diesen Veränderungen zu experimentieren, indem er sie verstärkt und vermindert, sie irgendwie andere Gestalt annehmen läßt, sie verlagert usw. Auf diese Art und Weise wird der bewußte Verstand in ein neues Lernmuster eingebunden: Wie sind veränderte Funktionsabläufe zu erkennen und zu ertragen, und wie sind sie vielleicht sogar abzuwandeln und zu kontrollieren? Das Ausmaß, in welchem Anhänger des Yoga und anderer spiritueller Traditionen fähig sind, ihr inneres Erleben zu verändern und umzuwandeln, mag uns verdeutlichen, was uns mit genügend Einfühlungsvermögen in verändertem Bewußtseinszustand und für unser Empfinden hinsichtlich der physiologischen Funktionen möglich ist. Theoretisch können wir lernen, all jene Veränderungen durch Selbsthypnose herbeizuführen, die uns durch die Technik des Biofeedback leichter gemacht worden sind (Overlade 1976). In diesem Sinne bietet Selbsthypnose uns die Möglichkeit, die Reichweite menschlicher Erfahrung auszudehnen. Mit ihrer Hilfe können wir unser menschliches Potential erkunden und steigern. Dieses Erkunden kann begünstigt werden, wenn wir eine erwartungs- und achtungsvolle Haltung gegenüber den Fähigkeiten und neuen Funktionsweisen des Unbewußten einnehmen, die zu erlernen sind. Das Bewußtsein kann niemals dessen gewiß sein, was es erleben wird, aber es kann lernen, in konstruktiver Weise mit all den veränderten Funktionsweisen umzugehen, die das Unbewußte zugänglich macht.

Eine wesentliche Schwierigkeit beim neuen Lernen stellt die Angst dar, eine Art natürlicher Angst, die immer dann auftritt, wenn unsere „generalisierte Realitätsorientierung" (Shor 1959) unterbrochen und neu gestaltet wird. Erickson entwickelte sein Vorgehen auf dem Wege von Versuch und Irrtum, und wie wir aus den Bemerkungen seiner Frau ersehen konnten, mögen da durchaus viele zähe Bemühungen in die Sackgasse geführt haben, wo das Unbewußte oder vielmehr der kreative Austausch zwischen Bewußtem und Unbewußtem vom rechten Weg abgekommen ist. Dabei kann viel Zeit und Mühe verschwendet werden, und weniger entschiedene Menschen mögen dabei durchaus den Mut verlieren. Deshalb ist es klug, einen erfahrenen geistigen Berater zur Seite zu haben, der die Arbeit in Selbsthypnose überwacht. Dies kann im herkömmlichen Rahmen von Psychotherapie geschehen, in speziellen Workshops oder bei Forschungsvorhaben, wo sorgfältig Protokoll geführt und Anleitung gegeben wird (Fromm 1973, 1974).

II. Einführung in die Tranceinduktion

Die Beiträge zur Tranceinduktion in diesem Teil zählen zum Schöpferischsten, das Erickson zur Kunst der Hypnose und zum Verständnis ihrer Dynamik beigetragen hat. Früher verstand man unter einer Hypnoseinduktion etwas, das mit Versuchspersonen gemacht wurde, um sie in einen veränderten Zustand zu versetzen. Es gab vielerlei Mittel und Techniken, um ihre Aufmerksamkeit zu fesseln und ihnen das Bewußtsein zu nehmen. Die Geschichte der Hypnose ist weitgehend die Geschichte der unterschiedlichen Induktionsmethoden und der Theorien, die zur Erklärung dieser Methoden entwickelt worden sind. Nur allzu oft wurde die externe Manipulation und der Gebrauch von ausgefallenen Lichtquellen und Vorrichtungen überbetont, die angeblich Menschen in Trance versetzen sollten.

Im ersten kurzen Beitrag dieses Teils *„Historische Anmerkungen zur Handlevitation und zu ideomotorischen Techniken"* vollzieht Erickson die Entdeckungen und Erfahrungen nach, mit deren Hilfe er die Rolle ideomotorischer und ideosensorischer Prozesse bei der Tranceinduktion verstehen lernte. Er selbst bemerkt hierzu: Ausschlaggebend für den Einsatz ideomotorischer Techniken ist nicht, wie ausgefeilt oder neuartig sie sind, sondern daß sie einfach eine Bewegung in Gang setzen, die die Aufmerksamkeit der Versuchsperson fixiert und fokussiert und auf ihr inneres Erfahrungslernen und auf ihre geistigen Fähigkeiten lenkt. Dieser Satz enthält die grundlegende Frage, die für Ericksons Arbeit mit Hypnose bestimmend ist: Wie können wir Versuchspersonen helfen, mit ihrem je eigenen, einzigartigen Potential an innerem Erfahrungslernen und geistigen Fähigkeiten in Kontakt zu kommen, dem eigentlichen Rohmaterial hypnotischer Reaktionsbereitschaft ?

Im Bemühen um eine Antwort hat Erickson die meisten der unglaublich vielfältigen Methoden zur Tranceinduktion in seiner Laufbahn entwickelt. Im Kapitel *„Natürliche Hypnosetechniken"* werden die natürlich auftretenden Verhaltensweisen der Versuchspersonen im „Hier und Jetzt" genutzt, um ihre Aufmerksamkeit nach innen zu lenken und nach und nach die Entwicklung von Trance zu ermöglichen. Äußere Hilfsmittel werden nicht mehr benötigt, um Trance zu induzieren. Innere Vorstellungen und Erinnerungen an Kristallkugeln und tikkende Metronome erwiesen sich als wirkungsvoller als die tatsächlichen Gegenstände. Auch formelhafte Wendungen, Anweisungen im Befehlston und Beschwörungsformeln wurden überflüssig. Der Zugang über ein beiläufiges Gespräch zu den jeweiligen Interessen der

Versuchspersonen erwies sich allgemein als wirkungsvoller, um Wohlgefühl hervorzurufen und die Aufmerksamkeit nach innen zu lenken, wie es für eine Trance so kennzeichnend ist.

Erickson hat in Gesprächen häufig darauf hingewiesen, daß Konfusion Grundlage seiner meisten Tranceinduktionen sei. Auf die eine oder andere Art erwiesen sich flüchtige Verwirrungszustände als nützlich, um Patienten, die zur Überintellektualisierung neigen oder Widerstand zeigen, dabei zu helfen, ihre allzu rigiden Bewußtseinsmuster zu umgehen, und sie eher mit ihrer inneren Erlebnisfähigkeit in Kontakt zu bringen. Die „Überraschungs"-, die „Mein-Freund-John"- und die „Pantomime-Technik" zur Tranceinduktion haben alle eines gemeinsam, sie unterstützen die Versuchspersonen, ihre erlernten Einschränkungen zu überwinden. So können diese Personen ihr eigenes Potential besser verwirklichen und unwillkürlich reagieren, wie das für hypnotisches Verhalten kennzeichnend ist.

Weiterhin beinhaltet dieser Teil ein „Kommentiertes Transkript einer Tranceinduktion", das 1959 in Zusammenarbeit mit Haley und Weakland veröffentlicht wurde. Dieser Beitrag markiert den Beginn einer neuen Ära in der Rezeption von Ericksons außergewöhnlichem Werk. Er liefert die ausführlichste Analyse einer vollständigen Tranceinduktion, die bis zu diesem Zeitpunkt jemals erfolgte, und wurde Vorbild für viele spätere Untersuchungen, die sich mit Ericksons Arbeit beschäftigen. Zum ersten Mal wurden die Vorgänge während einer Tranceinduktion Wort für Wort und Satz für Satz bis ins kleinste analysiert. So konnte allmählich die komplexe Vielfalt der Arbeit mit Hypnose in ihrer Bedeutung erkannt werden, wie sie sich niederschlägt in der Stimmodulation, in minimalen sensorischen Hinweisreizen, in der Gestik, im Gebrauch von Metaphern und sprachlichen Implikationen sowie in vielelei sonstigen indirekten Suggestionen. Alle Bestandteile dieser scheinbar verwirrenden Anhäufung von Neuem in Ericksons Ansatz zur Tranceinduktion zeigen indessen einen wesentlichen gemeinsamen Hintergrund: *Sie veranschaulichen, wie indirekte Suggestionen und minimale Hinweisreize, die die eigenen Assoziationen der Versuchsperson hervorrufen und nutzen, die eigentliche Grundlage der Fähigkeiten des Hypnotiseurs sind.* Dies wird besonders deutlich in den drei letzten Artikeln dieses Teils, die hier zum ersten Mal veröffentlicht werden. Danach kann die Tranceinduktion nicht mehr als ein einfaches Ritual oder als seelenlose Technik betrachtet werden. Die Methoden der Tranceinduktion gründen nunmehr auf Beobachtung und Verstehen der inneren Beweggründe und allgemeinen Einstellung der Patienten. Dies erfordert von Seiten des Therapeuten ein tieferes Verständnis seines eigenen Umgangs mit verbaler und nonverbaler Kommunikation.

Aus dieser erweiterten Einsicht folgt, daß das Mißlingen von Tranceinduktionen nicht mehr dem Widerstand oder der Nichthypnotisierbarkeit der Versuchsperson zugeschrieben werden kann. Jeder kann Trance erleben, die Frage ist nur: Verfügt der Hypnotiseur über Verständnis und Fähigkeiten, um dieser bestimmten Person in dieser bestimmten Situation den Weg zu bereiten für seine eigene, besondere und befriedigende Tranceerfahrung? Damit sind höhere Anforderungen an Forscher und Praktiker gestellt, ihr Verständnis und ihre Fähigkeiten weiterzuentwickeln, wenn sie erfolgreich mit Hypnose arbeiten wollen. Andererseits sind sie jedoch von der Last der Kontrolle befreit, für die sie sich früher irrtümlicherweise verantwortlich gefühlt haben. Der Hypnotiseur ist vielmehr gefordert, gewisse Fähigkeiten zu entwickeln, um die Versuchsperson zu verstehen und Suggestionen so darzubieten, daß sie als angemessene Stimuli der hypnotischen Erfahrungen wirken. Der tatsächliche Inhalt dessen, was in Trance erlebt und erfahren wird, ist jedoch abhängig vom individuellen Repertoire an Möglichkeiten, Fähigkeiten und Lebenserfahrungen der betreffenden Person. Der Hypnotiseur eröffnet die Möglichkeit zu hypnotischem Verhalten, die Versuchsperson selbst leistet die Arbeit, zu lernen, wie sie Reaktionsfähigkeit auf einer hypnotischen Ebene erlebt.

5. Historische Anmerkungen zur Handlevitation und anderen ideomotorischen Techniken[1]

Milton H. Erickson

Im Frühjahr 1923 interessierte sich Clark L. Hull, zu dieser Zeit Psychologieprofessor an der Universität Wisconsin, für die experimentellen Arbeiten des Autors auf dem Gebiet der Hypnose. Er schlug vor, die Studien über den Sommer fortzusetzen und dann in einem Hypnoseseminar der psychologischen Fakultät für postgraduierte Studenten darüber zu berichten.

Dieser Vorschlag wurde aufgegriffen und es entstand daraus im September 1923 der erste offizielle Postgraduiertenkurs in Hypnose an der Universität Wisconsin, wahrscheinlich der erste in den Vereinigten Staaten überhaupt. Schwerpunkt des Seminars war die systematische Auswertung und Diskussion über die Durchführung und die Ergebnisse der experimentellen Untersuchungen des Sommers. Zusätzliche Forschungen des Autors aus dem laufenden Semester wurden ebenfalls in die Veranstaltung miteinbezogen.

In dieser Zeit, im Sommer 1923, stieß der Autor unter anderem auf das Phänomen des automatischen Schreibens, das zunächst bei Versuchspersonen in Trance, später auch durch posthypnotischen Auftrag hervorgerufen wurde. Dabei erhob sich die Frage, ob es möglich sei, Suggestionen zum automatischen Schreiben als indirekte Technik zur Tranceinduktion bei unerfahrenen Versuchspersonen einzusetzen. Obwohl das gelang, erwies sich dieses Vorgehen in den meisten Fällen als zu langsam und zu aufwendig. In Abwandlung wurde den Versuchspersonen suggeriert, daß die Bleistiftspitze, anstatt zu schreiben, sich lediglich auf dem Papier auf und ab oder von einer Seite zur anderen bewegen würde. Das Zeichnen von vertikalen oder horizontalen Linien, das auf diese Art induziert wurde, erwies sich später als hervorragende Methode, schwierigen Versuchspersonen das automatische Schreiben beizubringen.

Praktisch beim ersten Versuch schon war zu erkennen, daß Stift und Papier eigentlich überflüssig waren und die vorrangigen Überlegungen der ideomotorischen Aktivität an sich gelten mußten. Dem-

---

1 Zuerst erschienen in: *The American Journal of Clinical Hypnosis* 3, Jan. 1961, 196-199

gemäß induzierte der Autor somnambule Trance mittels einer einfachen Handlevitationstechnik, wobei seine jüngere Schwester Bertha zum erstenmal als Versuchsperson diente. In der Folge wurden zahlreiche Variationen dieser ursprünglichen Technik erprobt, bis offensichtlich wurde, daß die Wirksamkeit vieler vermeintlich unterschiedlicher Induktionstechniken aus dem grundsätzlichen Gebrauch ideomotorischer Aktivität herzuleiten ist, und nicht aus den Variationen im Vorgehen, wie dies zuweilen naiverweise angenommen und dargestellt wird. Es ist wohl davon auszugehen, daß von all den erdenklichen Variationen ideomotorischer Induktionstechniken folgende am ehesten brauchbar sind: 1) die einfache, unmittelbare Handlevitation, weil sie visuell zu verfolgen ist und 2) die etwas komplexere rhythmische Handlevitation, bei der visuelle und Erinnerungsprozesse beteiligt sind, die oft zu ideosensorischen Reaktionen führen, d.h. zu akustischen Halluzinationen von Musik und zur Entwicklung somnambuler Trancezustände.

Eine andere, sehr technische und komplizierte Vorgehensweise zur Tranceinduktion wurde ebenfalls in diesem Sommer entwickelt und in vielen Variationen wiederholt, ohne daß zu diesem Zeitpunkt die zugrundeliegenden Prozesse tatsächlich verstanden worden wären.

Als Beispiel sei ein 16jähriger Junge angeführt, der regelmäßig einen Milchwagen fuhr, und der noch nie hypnotisiert worden war. Er wurde gebeten, sich ruhig auf einen Stuhl zu setzen und sich in aller Stille die Gefühle in seinem Körper zu vergegenwärtigen, die sich einstellten, während er sich Schritt für Schritt an den Ablauf seiner Zwanzigmeilen-Tour erinnerte, die er mit einem Pferdefuhrwerk zurückzulegen pflegte. Weiter wurde ihm erklärt, daß man auch die verschiedensten Körperempfindungen erinnern kann, ebenso wie man sich an Namen, Plätze, Dinge und Vorfälle erinnert. Das sollte er tun, während er ruhig, mit geschlossenen Augen auf seinem Stuhl saß und sich vorstellte, wie er die Straße entlangfuhr, die Zügel in seiner Hand spürte und die Bewegungen des Wagens und des Kutschbocks empfand.

Nach kurzer Zeit war zu bemerken, wie er seine Hände und seinen Körper in eine Position brachte, die an die Haltung während des Kutschierens erinnerte. Plötzlich stemmte er seine Füße gegen den Boden, lehnte sich zurück und erweckte den Eindruck, als halte er die Pferde kräftig in Zaum. Er wurde sogleich gefragt: „Was machst du jetzt?“ Er antwortete, während er die Augen öffnete: „Den Coleman-Hügel ’runterfahren.“ (Der Autor ist selbst oft die gleiche Strecke mit demselben Milchwagen gefahren und erkannte die typische Art wieder, wie man auf dieser steilen und kurvenreichen Strecke die Pferde zügeln mußte!)

Obwohl er weiterhin auf seinem Stuhl saß, die Augen geöffnet hatte und offensichtlich in somnambuler Trance war, durchlebte er hernach langsam und in aller Ausführlichkeit die ganze Kutschfahrt. Er fuhr Rechtskurven, Linkskurven, bewegte die Schultern, als höbe er Milchkannen an und vollzog deutlich seine ganze Erfahrung mit dem Milchwagen nach. Da der Autor ebenfalls seine Erfahrungen mit dieser Strecke hatte, konnte er sogleich wiedererkennen, wo die Fahrt entlangführte.

An einem bestimmten Streckenabschnitt aber, an dem es keine Farmhäuser gab, machte der Junge Bewegungen, als ob er die Zügel anziehen würde und rief „Brrr!". Er wurde aufgefordert weiterzufahren und antwortete „kann nicht". Nach vielen vergeblichen Versuchen, ihn dazu zu bringen weiterzufahren, die er immer nur mit „kann nicht" beantwortete, wurde er gefragt, warum er denn nicht weiterfahren könne. Die lakonische Antwort war: „Gänse." Sofort erinnerte sich der Autor, daß auch auf seinen Fahrten ab und zu eine Gänseherde sich ausgerechnet den Moment der Ankunft des Milchwagens ausgesucht hatte, um auf ihrem Weg zu einem Teich im Gänsemarsch die Straße zu überqueren und den Verkehr lahmzulegen.

Diese erste Trance dauerte einige Stunden, in denen der Junge die Erlebnisse auf seinen Fahrten durchlebte, wobei es unmöglich schien, in das Erleben einzugreifen und es zu unterbrechen. Erst als er mit den Pferden in die heimatliche Auffahrt einbog, konnte die Trance beendet werden.

Diese spezielle Fahrt wurde später in ähnlich induzierten Trancezuständen mit ähnlichem Ergebnis wiederholt. Der Junge wurde auch aufgefordert, andere Fahrten nachzuerleben. In keiner dieser Fahrten tauchten die Gänse wieder auf. Auf einer Tour trat jedoch zutage, daß er der Gepflogenheit nicht nachgekommen war, die Pferde an einer bestimmten Stelle rasten zu lassen.

Zu dieser Zeit hatte der Autor die Bedeutung von kinästhetischen Erinnerungen und Vorstellungungen zur Induktion von Trance noch nicht erkannt, aber die Befunde führten zur systematischen und lohnenden Erforschung der Möglichkeit, die Prozesse einer jeden Sinnesmodalität als Grundlage zur Tranceinduktion zu nutzen.

Während der ersten Demonstration der Handlevitationstechnik zur Tranceinduktion in der erwähnten Lehrveranstaltung 1923/24 machte der Autor eine besondere Entdeckung: er erlebte nämlich das spontane Auftreten von halluzinierter ideomotorischer Aktivität bei einer freiwilligen Versuchsperson. Diese hatte zugestimmt, als Demonstrationsobjekt für das Phänomen zu dienen, das der Autor als „Handlevitations-Tranceinduktion" bezeichnete. Während sowohl die Versuchsperson selbst als auch die Gruppe aufmerksam ihre auf dem Schoß liegenden Hände beobachtete, gab der Autor wiederholte, eindringliche und passende Suggestionen zur Levitation der rechten Hand, die alle erfolglos blieben. Aus der Beobachtung der Versuchsperson, damit das Ausbleiben der Reaktion abgeschätzt werden konnte, ergab sich, daß die Versuchsperson vor sich in die Luft starrte. Nach ihrem Gesichtsausdruck schien sie völlig losgelöst aus der Umgebung und ließ erkennen, daß sich ein tiefer Trancezustand entwickelt hatte. Sie wurde aufgefordert, ihre linke Hand willentlich bis zur Höhe ihrer rechten Hand anzuheben. Ohne ihre Blickrichtung zu verändern hob sie die linke Hand bis auf Schulterhöhe. Als nächstes wurde sie aufgefordert, die linke Hand in den Schoß zurückzulegen und die rechte Hand zu beobachten, wie sie „langsam herabsinkt" auf den Schoß. Sobald die Hand im Schoß läge, sollte sie ausführlich über ihre Erfahrungen berichten. Daraufhin glitt ihr Blick langsam nach unten. Und als er den Schoß erreicht hatte, sah sie zur Gruppe auf und beschrieb erfreut und ausführlich die „Empfindungen" während ihrer halluzinatorischen Erfahrungen. Sie realisierte nicht, daß sie gerade ihre erste „offizielle" Trance erlebt hatte, allerdings mit einer Amnesie für die Realität des Trancezustands als solchem, nicht aber für dessen Inhalt.

Sie bat darum, ihre Tranceerfahrung wiederholen zu dürfen und begann auch sofort damit. Diesmal beobachtete die Gruppe ihre Augenbewegungen und ihren Gesichtsausdruck. Auch diesmal bewegte sich die Hand nicht, aber die Gruppe stimmte darin überein, daß sie sofort somnambule Trance entwickelte, sobald ihr Blick nach oben zu wandern begann. Diese Schlußfolgerung wurde auf der Stelle überprüft, indem die typischen Phänomene tiefer Hypnose mit ihr demonstriert wurden. Anschließend wurde sie geweckt, und es schloß sich eine ausführliche Diskussion über „kinästhetische Vorstellungen" bzw. „kinästhetische Erinnerungen" an, die als mögliche Techniken zur Induktion hypnotischer Zustände eingesetzt werden können. Der Autor wurde beauftragt, diese Gedanken bis zur nächsten Veranstaltung mit ihr durch experimentelle Untersuchungen weiter zu verfolgen und die Ergebnisse bei der nächsten Zusammenkunft vorzutragen.

Der entsprechende Bericht enthielt im wesentlichen die folgenden Erkenntnisse:

Trancezustände können bei erfahrenen und unerfahrenen Versuchspersonen durch Techniken induziert werden, die sich 1) auf die Visualisierung einer motorischen Aktivität stützen, wie zum Beispiel auf eine Handlevitation oder auf die visuelle Vorstellung, eine lange Treppe hinauf- oder herabzusteigen. 2) Die Induktion kann mittels Erinnerns von Körpergefühlen, von Empfindungen muskulärer Spannung und vielfältiger Bewegungsabläufe erfolgen. Hierzu wurden auch die Ergebnisse aus den Sitzungen mit dem 16jährigen Jungen vorgetragen.

Ungefähr 15 Jahre nach diesen früheren Studien zur Bedeutung ideomotorischer Techniken und ihrer Darstellung im Rahmen der Seminargruppe an der Universität von Wisconsin wurde das Thema in einer weiteren Studie aufgegriffen. Ausgangspunkt war die Beobachtung, daß bei Vorlesungen und Vorträgen, vor allem wenn Themen kontrovers diskutiert werden, einzelne Zuhörer unbewußt langsam nicken oder den Kopf schütteln, je nachdem ob sie dem Vortragenden zustimmen oder nicht. Diese Beobachtung gewann noch an Bedeutung durch die Feststellung, daß manche Patienten, während sie ihre Probleme darstellen, unwissentlich nicken oder den Kopf schütteln und zwar entgegen dem Inhalt ihrer Äußerungen. Diese aussagekräftigen Verhaltensweisen legten den Gedanken nahe, daß es möglich wäre, diese Art ideomotorischer Aktivität in einer Hypnosetechnik nutzbar zu machen; vor allem für schwierige Versuchspersonen oder solche, die Widerstand zeigen; aber auch bei unerfahrenen Versuchspersonen konnte diese Möglichkeit gut eingesetzt werden.

Die eigentliche Technik ist relativ einfach. Der Versuchsperson wird erklärt, daß Zustimmung oder Ablehnung durch ein einfaches Nicken oder Kopfschütteln zum Ausdruck gebracht werden kann. Weiterhin wird erläutert, daß bewußtes und unbewußtes Denken durchaus getrennt und unabhängig voneinander ablaufen kann, und daß die jeweiligen Inhalte nicht unbedingt übereinstimmen müssen. Dann schließt sich eine Frage an, die nach einer Antwort der betreffenden Person verlangt, unabhängig vom bewußten Denken. Eine solche Frage kann beispielsweise lauten: „Glaubt Ihr Unbewußtes, daß Sie lernen werden, in Trance zu gehen ?“ Nachdem eine Frage dieser Art gestellt wurde, wird die Versuchsperson aufgefordert, ihre Antwort, die Kopfbewegung, passiv und geduldig abzuwarten, denn dies sei die Antwort des „Unbewußten“. Eine rasche und entschiedene Reaktion deutet auf eine „bewußte“ Antwort hin. Eine langsame, leichte Kopfbewegung, die vom Betreffenden selbst manchmal gar nicht wahrgenommen wird, stellt eine direkte Mitteilung aus dem Unbewußten dar. Mit dieser Reaktion geht die Entwicklung einer Katalepsie einher, aus der sich rasch ein Trancezustand entwickelt.

In leichter Abwandlung kann man auch vorschlagen, daß die Levitation einer Hand ein „Ja“ bedeutet, die der anderen ein „Nein“, und die beider Hände ein „Ich weiß es nicht“. Anschließend wird die obengenannte oder eine vergleichbare Frage gestellt. Der Trancezustand entwickelt sich in Übereinstimmung mit der Levitation, unabhängig von der Bedeutung der Antwort.

Diese Techniken sind besonders wertvoll bei Patienten, die Hypnose wollen und von ihr profitieren könnten, die aber jeder formalen oder offenen Induktion gegenüber Widerstand entwickeln, deren hindernder Einfluß umgangen werden soll. Wesentlich beim Einsatz ideomotorischer Techniken ist nicht, daß sie elaboriert oder neuartig sein müssen, sondern einfach, daß der Anstoß zu motorischer Aktivität gegeben wird, sei es nun in der Realität oder in der Vorstellung. Damit wird erreicht, daß die Aufmerksamkeit der Versuchsperson auf ihr inneres Erfahrungslernen und ihre geistigen Fähigkeiten fixiert und fokussiert wird.

6. Tiefe Hypnose und ihre Induktion[1]

Milton H. Erickson

Vorüberlegungen

Ein grundsätzliches Problem aller hypnotischen Arbeit ist die Induktion zufriedenstellender Trancezustände. Dies gilt vor allem für Vorgehensweisen, die tiefe Trancezustände voraussetzen. Selbst leichte Trancezustände hervorzurufen und auf gleichbleibendem Niveau zu erhalten, erweist sich oft als schwierige Aufgabe. Vergleichbare hypnotische Zustände bei unterschiedlichen Versuchspersonen zu gewährleisten und ähnliche Zustände innerhalb derselben Person zu verschiedenen Zeitpunkten, stellt oft ein wesentliches Problem dar.

Diese Schwierigkeiten sind in der Tatsache begründet, daß Hypnose inter- und intrapersonalen Bedingungen unterliegt. Diese sind wandelbar, und verändern sich mit den persönlichkeitsabhängigen Reaktionen auf das aktuelle hypnotische Geschehen. Hinzu kommt, daß jede Persönlichkeit einzigartig ist, und somit die Muster ihres spontanen und reaktiven Verhaltens sich notwendigerweise ändern, je nach der Zeit, der Situation und den Absichten der beteiligten Personen.

Legt man Kriterien der Statistik an, so ist es wohl möglich, bestimmte Durchschnittswerte für hypnotisches Verhalten zu erzielen, die jedoch nichts über die Leistung des Einzelnen aussagen. Daher können Durchschnittswerte weder dazu verwendet werden, um individuelle hypnotische Reaktionensweisen einzuschätzen noch spezifische hypnotische Phänomene. Um Trancetiefe und hypnotische Reaktionen zu beurteilen, darf man nicht nur die Durchschnittswerte in Betracht ziehen, sondern muß auch die vielfältigen individuellen Abweichungen vom Durchschnitt beachten. Katalepsie beispielsweise ist eine ziemlich typische Verhaltensweise unter Hypnose, die sich gewöhnlich in leichter Trance einstellt und in tiefen Trancezuständen fortdauert. Indessen lehrt eingehende Erfahrung, daß manche Versuchspersonen niemals spontan eine Katalepsie als Einzelphänomen entwickeln, weder in leichter noch in tiefer Trance. Andere wiederum entwickeln sie nur in leichteren, wieder andere nur in tiefen Trance-

---

1 Zuerst erschienen als: „Experimental Hypnosis". In: Leslie M. LeCron (ed.) (1952): New York (Macmillan), 70-114. Copyright 1952 by Leslie M. LeCron.

zuständen und eine dritte Gruppe nur in der Übergangsphase. Noch verwirrender sind jene Versuchspersonen, die Katalepsie nur in Verbindung mit anderen Trancephänomenen wie zum Beispiel Amnesie zeigen. Wie gut Katalepsie als Indikator für Trancezustände im Durchschnitt auch immer sein mag, so muß ihr Vorhandensein oder Fehlen bei der jeweiligen Versuchsperson immer auf dem Hintergrund aller hypnotischen Verhaltensweisen insgesamt interpretiert werden.

Es wurden Versuche unternommen, einige dieser Probleme zu lösen, indem spezielle Techniken zur Induktion und Durchführung hypnotischer Trancen entwickelt wurden, die jedoch mitunter das Wesen hypnotischen Verhaltens wenig berücksichtigten. Tonbandaufzeichnungen zur Tranceinduktion gehören zu den absurdesten Bemühungen dieser Art und sind bezeichnend für die häufige Tendenz, Hypnose als Phänomen zu vernachlässigen zugunsten einer Induktionstechnik unter streng kontrollierbaren Bedingungen und unabhängig vom Verhalten der jeweiligen Versuchsperson. Vorgehensweisen dieser Art erfolgen aufgrund der Annahme, daß identische Suggestionen bei unterschiedlichen Versuchspersonen und zu unterschiedlichen Zeiten identische hypnotische Reaktionen hervorrufen würden. Völlig außer acht gelassen wurde dabei die individuelle Persönlichkeit der Versuchspersonen, ihre unterschiedlichen Fähigkeiten zu lernen und zu reagieren, sowie die Unterschiede in ihrer Einstellung, ihrem Bezugssystem und in ihren Gründen, sich auf Hypnose einzulassen. Auch die Bedeutung der *zwischenmenschlichen Beziehungen* wurde vernachläßigt, ebenso wie die Tatsache, daß diese Beziehungen bedingt werden und abhängig sind von *innerpsychischen oder intrapersonalen* Zusammenhängen.

Sogar in einem so etablierten Bereich wie der Pharmakologie stellt die standardisierte Dosierung einer Substanz, was die individuelle physiologische Reaktion betrifft, tatsächlich nur eine Annäherung dar. Bedenkt man, wie schwierig es ist, etwas derart Ungreifbares wie inter- und intrapersonale Beziehungen und Vorgänge zu standardisieren, so wird offenkundig, wie vergeblich eine rigide hypnotische Technik doch ist, um kontrollierte Ergebnisse zu gewährleisten. Das Wissen um die Variationsbreite menschlichen Verhaltens und die Notwendigkeit, darauf einzugehen, sollte die Grundlage aller hypnotischen Techniken sein.

Beim Versuch, allgemeine Techniken zur Induktion von Trancezuständen und zum Hervorrufen hypnotischen Verhaltens zu entwickeln, wurden unkritisch zahlreiche traditionelle Fehleinschätzungen bezüglich des hypnotischen Vorgehens übernommen. Der „durchdringende

Blick", die „Kristallkugel", die messmerschen Passes und ähnliche Hilfsmittel, die als Quelle mysteriöser Kräfte galten, sind von den wissenschaftlich ausgebildeten Vertretern der Hypnose verworfen worden. Dennoch ist die Literatur noch immer voll von Berichten über hypnotische Techniken, die auf dem Einsatz äußerer Hilfsmittel beruhen, vermittels derer das Verhalten der Versuchspersonen eingeschränkt und begrenzt werden soll, um Ermüdung oder ähnliches hervorzurufen, als ob dies wesentlich und wünschenswert für die Hypnose wäre. Kristallkugeln, die in einem bestimmten Abstand vor die Augen gehalten werden, rotierende Spiegel, Metronome und Stroboskope werden oft als der Weisheit letzter Schluß angesehen. Und die Folge ist, daß äußere Faktoren und die entsprechenden Reaktionen der Versuchspersonen überbetont werden. In erster Linie sollte das Augenmerk auf dem innerpsychischen Verhalten der Versuchsperson liegen anstatt auf Äußerlichkeiten. Bestenfalls können derlei Hilfsmittel begleitend eingesetzt werden, um sie frühestmöglich wieder beiseite zu lassen, damit das Verhalten der Person wieder utilisiert werden kann, welches durch derartige Hilfen vielleicht ausgelöst, nicht aber weiterentwickelt werden kann. Mag es auch der Müdigkeit und dem Schlaf dienlich sein, wenn man auf eine Kristallkugel starrt, so sind dergleichen Reaktionen doch kein wesentlicher Bestandteil einer hypnotischen Trance. Um dies zu verdeutlichen: Einige Versuchspersonen wurden von einem erfahrenen Hypnotiseur systematisch daraufhin trainiert, eine Trance zu entwickeln, indem sie eine Kristallkugel etwas oberhalb der normalen Blickrichtung in circa 15 Zentimeter Entfernung fixierten. Als Ergebnis dieser Konditionierung war es schwierig, in einigen Fällen sogar unmöglich, die Versuchspersonen ohne Kristallkugel zu hypnotisieren. Eigene Versuche des Autors mit diesen Versuchspersonen erbrachten, daß die Anweisung, sich einfach vorzustellen, auf eine Kristallkugel zu blicken, schnellere und nachhaltigere Trancezustände induzierte. Die Replikation dieser Vorgehensweise durch Kollegen und Studenten erbrachte ähnliche Befunde. Die Rückkehr zur tatsächlich vorhandenen Kristallkugel führte wieder – wie zuvor – zu den weniger tiefen Trancezuständen, die sich langsamer einstellten und eher von äußeren Faktoren abhängig waren.

Zahlreiche Experimente des Autors und seiner Kollegen, bei denen erfahrene Versuchspersonen geräuschlose Pendel beobachteten oder auf sanfte Musik oder Metronome hörten, ergaben, daß die vorgestellten Hilfsmittel wesentlich effektiver waren als die tatsächlich vorhandenen Gegenstände. Dieselben Ergebnisse wurden mit hypnoseunerfahrenen Versuchspersonen erzielt. Medizinstudenten wurden in zwei Gruppen unterteilt. In der einen Gruppe wurde eine Kristallkugel fixiert, in der anderen Gruppe versuchten die Teilnehmer, sich eine solche Kugel lediglich vorzustellen. Die zweite Gruppe erreichte schnellere und bessere Resultate. Das Experiment wurde wiederholt, wobei diesmal die zweite Gruppe auf ein Metronom horchte, während die erste Gruppe angewiesen wurde, sich auf die akustische Vorstellung eines Metronoms zu verlassen. Auch hier wiederum erwies sich die Vorstellung als wirksamer. Zahlreiche Variationen führten zu ähnlichen Ergebnissen. Die Utilisation der Vorstellungskraft erlaubt es den Versuchspersonen eher als die Anwendung von realen Objekten, ihre vorhandenen Fähigkeiten zu nutzen, und so kann ihnen auch nicht die Anpassung an unwesentliche Äußerlichkeiten hinderlich sein. Diese Befunde erwiesen sich als konsistent mit hypnoseerfahrenen wie mit hypnoseunerfahrenen Versuchspersonen und gelten für alle Modalitäten vom visuellen bis zum kinästhetischen Bereich.

Die Nutzung von Vorstellungsbildern bei der Tranceinduktion erleichtert fast immer die Entwicklung komplexeren hypnotischen Verhaltens. Eine Versuchsperson zum Beispiel, die es als sehr schwierig erlebt hat, Halluzinationen zu entwickeln, lernt dies oft, wenn eine Trance mittels bildhafter Vorstellungen eingeleitet wird.

Die subjektiven Schilderungen vieler Versuchspersonen, die diese Befunde erklären, lassen sich wie folgt zusammenfassen: „Wenn ich dem imaginären Metronom zuhöre, wird es schneller oder langsamer, lauter oder leiser, während ich beginne in Trance zu gehen, und ich lasse mich einfach treiben. Das echte Metronom bleibt quälend konstant, und es zieht mich ständig in die Realität zurück, anstatt mich fließend in Trance gleiten zu lassen. Das vorgestellte Metronom ist wandelbar und paßt sich immer der Art an, wie ich gerade denke und fühle. Dem echten Metronom aber muß ich mich anpassen."

In diesem Zusammenhang sollen auch Befunde aus der experimentellen und klinischen Arbeit erwähnt werden, die hypnotisch ausgelösten visuellen Halluzinationen galten. Eine Patientin zum Beispiel, die hinsichtlich ihrer persönlichen Identität sehr verwirrt war, wurde aufgefordert, eine Reihe von Kristallkugeln zu visualisieren, in die sie etliche bedeutsame Lebenserfahrungen hineinhalluzinieren konnte. Weiter sollte sie – während sie von einer halluzinierten Erfahrung zur nächsten fortschritt – objektive und subjektive Vergleiche anstellen und so Kontinuität in ihrem Leben herstellen. Mit einer echten Kristallkugel wären die halluzinierten Erfahrungen durch die physikalischen Gegebenheiten eingeschränkt worden, Szenenwechsel und -überlagerungen wären weniger befriedigend ausgefallen.

Eine andere wichtige Grundüberlegung bei der Tranceinduktion betrifft die Würdigung des Faktors Zeit an sich. Nach althergebrachter Vorstellung genügt die magische Kraft eines einzigen durchdringenden Blicks, um eine Hypnose einzuleiten. Dieses Mißverständnis ist noch immer nicht wirklich ausgeräumt, da sich in der gegenwärtigen Literatur immer noch Behauptungen finden, wonach zwei bis fünf Minuten ausreichten, um die tiefgreifenden neuro- und psychophysiologischen Veränderungen hypnotischen Geschehens herbeizuführen. Würden dieselben Autoren ein hochwirksames Medikament verabreichen, so würden sie durchaus eine vernünftige Zeit abwarten bis die Wirkung eintritt. Vom gesprochenen Wort eine praktisch unmittelbare Wirkung zu erwarten, weist auf einen unkritischen Zugang hin, der wissenschaftlich belegten Befunden widerspricht. Viele Veröffentlichungen basieren unglücklicherweise auf dem nicht klar realisierten Glauben an die unverzüglich wirksame Allmacht der hypnotischen Suggestion, und gleichzeitig mangelt es an der Einsicht, daß reagibles Verhalten bei hypnotisierten wie bei nicht hypnotisierten Personen vom Faktor Zeit abhängig ist. In Hypnosesitzungen wird von Personen oft erwartet, daß sie sich in wenigen Momenten psychisch und physisch völlig auf die Situation einstellen und komplexe Aufgaben erfüllen, die im nichthypnotisierten Zustand normalerweise unmöglich sind.

Personen unterscheiden sich hinsichtlich ihrer zeitlichen Bedürfnisse; die Zeit, die sie benötigen, hängt vom jeweiligen Verhalten ab und vom momentanen Bezugsrahmen. Einige Personen, die visuelle Halluzinationen unverzüglich entwickeln können, benötigen unter Umständen eine relativ längere Zeit, um akustische Halluzinationen zu erleben. Die jeweilige Stimmung vermag hypnotische Reaktionen zu erleichtern oder zu behindern. Zufällige Überlegungen können die Entwicklung hypnotischer Phänomene stören, die einer Person gewöhnlich gelingen. Die Tatsache, daß der Autor Psychiater ist, hat mehr als einmal der Bereitschaft der Versuchsperson im Wege gestanden, akustische Halluzinationen zu entwickeln.

Bestimmte Versuchspersonen sind in der Lage, in kurzer Zeit zufriedenstellende tiefe Trancezustände herbeizuführen und ohne weiteres komplexe hypnotische Phänomene zu entwickeln. Indessen erbringt die kritische Untersuchung solcher Personen ein häufiges Auftreten von „Als-ob"-Verhalten. Wird eine solche Person zum Beispiel angewiesen, negative Halluzinationen bezüglich anwesender Beobachter zu entwickeln, so wird sie sich verhalten, „als ob" diese Personen nicht anwesend wären, indem sie in erster Linie Vermeidungsverhalten zeigt und Reaktionen verhindert. Wird dieses Verhalten als valide und als

Optimum des zu Erwartenden angesehen, so wird die betreffende Person notgedrungen auf diesem Niveau stehenbleiben. Erhalten die betreffenden Personen jedoch genügend Zeit, ihre neuro- und psychophysiologischen Prozesse zu reorganisieren, so können sich negative Halluzinationen entwickeln, die der genaueren Überprüfung standhalten.

Die Leichtigkeit, mit der bei einer Person eine tiefe Trance eingeleitet werden kann, wird nur zu oft unkritisch als valides Kriterium für das anschließende Auftreten weiterer Trancephänomene akzeptiert. Unsere Erfahrungen mit vielen solchen Personen zeigen deren häufige Tendenz, in leichtere Trancezustände zurückzukehren, sobald sie schwierigere hypnotische Aufträge erhalten haben. Aus verschiedenen Gründen bemühen sich diese Personen, weiterhin den Eindruck angemessenen Funktionierens zu vermitteln, indem sie bewußte Prozesse zu Hilfe nehmen. Daraus ergeben sich oft unzuverlässige und widersprüchliche Untersuchungsergebnisse, obwohl die Durchführung des Experiments vollständig kontrolliert wurde.

Ebensowenig sollte die Leichtigkeit und Schnelligkeit einer Tranceinduktion mißverstanden werden als untrügliches Zeichen für die Fähigkeit, einen bestimmten Trancezustand aufrechtzuerhalten. Leichte Hypnotisierbarkeit kann ein Hinweis sein auf das Bedürfnis nach ausreichender Zeit zur Anpassung des gesamten Verhaltens dieser Person, damit vollständige und dauerhafte Trancereaktionen zustandekommen. Es ist naiv zu glauben, daß jemand, der ohne weiteres eine tiefe Trance entwickelt, auch unendlich lang in diesem Zustand verweilt.

Es gibt Personen, die leicht hypnotisierbar sind, ein reichhaltiges Repertoire komplexer hypnotischer Verhaltensweisen zeigen und dennoch nicht in der Lage sind, auch nur das Geringste in Hypnose zu verändern. Eine ausgezeichnete männliche Versuchsperson zum Beispiel, die zu erstaunlich komplexem hypnotischem Verhalten fähig war, zeigte enorme Schwierigkeiten hinsichtlich ihrer räumlichen Orientierung. Alle experimentellen Untersuchungen mußten mit diesem Mann in einer Laborsituation durchgeführt werden; andernfalls bestand immer eine Tendenz zu „Als-ob"-Verhalten. Indessen war eine halluzinierte Laborsituation für ihn ebenso zufriedenstellend wie ein echtes Labor. Eine andere kompetente, leicht hypnotisierbare Versuchsperson konnte keine Dissoziations- und Depersonalisationszustände entwickeln, wenn man ihr nicht zuvor suggeriert hatte, sie solle sich an einen anderen Ort halluzinieren, am besten in ihr Heim und wie sie dort ein Buch liest. War das geschehen, so verschwanden die Widersprüchlichkeiten in ihrem dissoziativen Verhalten. Trotz ihrer raschen

Hypnotisierbarkeit führte bei beiden Versuchspersonen das Bemühen, beim Etablieren der häuslichen, bzw. der Laborsituation, Zeit zu sparen, zu mangelhaften hypnotischen Reaktionen. Die Situation insgesamt sowie die Berücksichtigung des Zeitaspekts ist wohl ein grundlegender Faktor bei der Entwicklung und Aufrechterhaltung zufriedenstellender Trancezustände. Wird der Faktor Zeit in seiner Bedeutung für die Hypnose übersehen oder außer acht gelassen, und werden die individuellen Bedürfnisse der Person vernachlässigt, so ergibt sich hieraus wohl die Ursache für viele Widersprüche in Studien zur Hypnose. Die Einschätzungen der Hypnotisierbarkeit der Gesamtbevölkerung schwanken in den Veröffentlichungen zwischen 5 % und 70 % und mehr. Die niedrigeren Schätzungen beruhen oft auf der Vernachlässigung der Zeit als wichtigem Faktor bei der Entstehung hypnotischen Verhaltens. Meine persönliche Erfahrung von über 35 Jahren mit mehr als 3500 hypnotisierten Personen hat die Bedeutung der Individualität und des Faktors Zeit bestätigt.

Eine der fähigsten Versuchspersonen des Autors benötigte weniger als 30 Sekunden, um eine erste tiefe Trance zu entwickeln, worauf sich ebenso schnell ein durchweg verläßliches hypnotisches Verhalten einstellte. Eine zweite, überaus kompetente Versuchsperson benötigte 300 Stunden systematischer Arbeit, ehe eine Trance überhaupt eingeleitet werden konnte; danach war stets eine 20- bis 30minütige Trance-Einleitungsphase erforderlich, um valides hypnotisches Verhalten zu gewährleisten.

Gewöhnlich ist ein einführendes Induktionstraining von vier bis acht Stunden ausreichend. Einleitung und Utilisation einer Trance, sind unterschiedliche Phasen; deshalb muß der Person entsprechend ihrer persönlichen Lern- und Reaktionsfähigkeit Zeit eingeräumt werden, damit sie ihre Verhaltensprozesse mit den geplanten hypnotischen Aufgaben in Einklang bringen kann. Muskuläre Starre beispielsweise entwickelt sich für gewöhnlich in kürzester Zeit, während eine zufriedenstellende Anästhesie oder Analgesie zur Entbindung unter Umständen eines mehrstündigen schrittweisen Trainings bedarf.

Der zeitliche Rahmen ihres Umgangs mit Hypnose und die Bandbreite ihrer hypnotischen Erfahrungen sind seitens der Versuchspersonen wichtige Einflußgrößen in der Hypnoseforschung. Häufig werden Versuchspersonen nur vorübergehend bei ein oder zwei experimentellen Studien eingesetzt. Persönliche Erfahrung wie auch die von Kollegen hat gezeigt, daß eine Versuchsperson um so erfolgreicher bei komplizierten Problemen mitarbeiten kann, je ausführlicher und vielfältiger deren hypnotische Erfahrungen sind. Der Autor selbst bevorzugt für seine Forschung Versuchspersonen, die wiederholt und über einen langen Zeitraum Erfahrungen mit Hypnose gesammelt haben, und die bereits in der Lage sind, eine große Bandbreite hypnotischer Phänomene zu zeigen. Wo dies nicht der Fall ist, werden mit den Versuchspersonen zunächst systematisch verschiedene hypnotische Verhaltensweisen eingeübt. Beim Erlernen hypnotischer Anästhesie im Rahmen der Geburtshilfe kann vorbereitend automatisches Schreiben und negative visuelle Halluzination als Grundlage eingeübt werden; ersteres als Vorübung für die örtliche Dissoziation eines Körperteils, letzteres zur Vermittlung der Anweisung, auf einen Reiz nicht zu reagieren. Derlei Vorbereitung mag unwesentlich erscheinen. Die Erfahrung hat jedoch gelehrt, daß dies ein hochwirksames Vorgehen sein kann, um die Fähigkeiten einer Versuchsperson erschöpfend zu nutzen. Das angestrebte Ziel ist oft unendlich viel wichtiger als die augenscheinliche Logik der ganzen Vorgehensweise, und das bloße Untersuchen einer hypnotischen Prozedur als solcher sollte nicht verwechselt werden mit dem Überprüfen der Möglichkeiten hypnotischer Phänomene.

Die vorstehenden Bemerkungen sollen als Hintergrundinformationen dienen. Es folgt nun eine detailliertere Betrachtung der Natur tiefer Trancezustände und ihrer Induktion; dabei sollen allerdings keinerlei spezifische technische Vorgehensweisen beschrieben werden. Die individuellen Unterschiede von Personen, ihre allgemeinen und momentanen Bedürfnisse, ihre unterschiedlichen Anforderungen an zeitliche und situative Gegebenheiten, die je einzigartige Ausprägung ihrer Persönlichkeit und Fähigkeiten sowie die Anforderungen des jeweiligen Untersuchungsprojektes verunmöglichen ein starres vereinheitlichtes Vorgehen. Bestenfalls kann eine rigide Vorgehensweise dazu benutzt werden zu überprüfen, ob sie bestimmte Ergebnisse zu erzielen vermag. Damit wird in erster Linie die Technik selbst überprüft und nicht die eigentlich zugrundeliegende Natur der durch ihre Anwendung erzielten Resultate. Dies wird um so deutlicher, wenn man berücksichtigt, daß die Tranceinduktion zu experimentellen Zwecken tatsächlich die Vorbereitung der Utilisation ist, die indessen einer anderen Kategorie von Verhalten angehört. Die Utilisation ist nicht abhängig von der Art und Weise, wie der Trancezustand eingeleitet wurde, sondern von Verhaltensweisen, die sich im Anschluß an die Induktion entwickeln sowie vom Trancezustand selbst. Ganz gleich, wie „kontrolliert" eine Tranceinduktion auch sein mag, die Entwicklung hypnotischer Phänomene und die psychologischen Reaktionen darauf führen Variablen in das Geschehen ein, die durch keine noch so standardisierte Induktionstechnik kontrolliert werden können. Um einen

Vergleich zu gebrauchen: Wie sehr ein chirurgischer Eingriff auch abhängig sein mag von einer kontrollierten Anästhesie, die laufende Operation und deren Ergebnis gehören einer anderen Ereigniskategorie an, die durch die Anästhesie nur eben erleichtert wird.

Beschreibung der tiefen Hypnose

Ehe die Induktion tiefer Trance diskutiert wird, soll versucht werden, tiefe Trancezustände zu beschreiben. Klargestellt sein soll, daß eine noch so genaue und umfassende Beschreibung nicht die tatsächliche Erfahrung ersetzt und auch nicht für alle Personen gelten kann. Jede Beschreibung tiefer Trance muß notwendigerweise in den Details von Person zu Person differieren. Eine allgemeingültige Auflistung hypnotischer Phänomene und deren Zuordnung zu einzelnen Trancestadien ist nicht möglich. Einige Personen entwickeln in leichter Trance Phänomene, die gewöhnlich mit tiefen Trancezuständen einhergehen, andere zeigen in tiefer Trance Verhaltensweisen, die üblicherweise als charakteristisch für leichte Trance gelten. Bei manchen Personen, die in leichter Trance typisches Verhalten für tiefe Trance zeigen, verschwindet dieses Verhalten wieder, wenn sich tatsächlich ein tiefer hypnotischer Zustand entwickelt. So können beispielsweise Personen, die in leichter Trance ohne weiteres eine Amnesie entwickeln, wiederum die größten Schwierigkeiten haben, dieses Verhalten in tiefer Trance zu zeigen. Der Grund für diese auftauchenden Besonderheiten liegt in der grundlegend veränderten psychologischen Orientierung eines Menschen in tiefer Hypnose, im Gegensatz zu dem Zustand in leichterer Trance. Hier fließen bewußtes Verstehen und Erwartungen mit ein sowie ein gewisses Maß an bewußter Beteiligung. In tieferen Trancestadien erfolgen die Reaktionen viel eher auf unbewußter Ebene.

In tiefer Trance verhalten Menschen sich in Übereinstimmung mit unbewußten Wahrnehmungs- und Reaktionsmustern, die sich häufig von ihren bewußten Mustern unterscheiden. Dies trifft vor allem auf hypnoseunerfahrene Personen zu, bei denen dieser Mangel an Erfahrung und die Unkenntnis hypnotischer Phänomene unwillkürlich einen störenden Einfluß auf die Entwicklung der charakteristischen Erscheinungen tiefer Trance hat; erst die fortgeschrittene Erfahrung erlaubt einen Verständnisaustausch zwischen Bewußtem und Unbewußtem.

Häufig anzutreffen ist beispielsweise die Schwierigkeit, guten aber unerfahrenen Versuchspersonen beizubringen, in tiefer Trance zu sprechen. In leichter Trance fällt ihnen dies mehr oder weniger leicht. In tiefer Trance jedoch, wenn das Unbewußte unmittelbar hervortritt, erleben sie sich als unfähig zu sprechen, ohne daß sie aus der Trance erwachen. In ihrer gesamten bisherigen Erfahrung wurde das Sprechen auf einer bewußten Ebene vollzogen. Sie können sich nicht vorstellen, daß es möglich ist, völlig unbewußt zu sprechen. Versuchspersonen müssen oft erst unterwiesen werden, zu erkennen, daß sie fähig sind, sich angemessen zu verhalten, und zwar sowohl bewußt als auch unbewußt. Aus diesem Grunde hat der Autor so oft die Notwendigkeit betont, vier bis acht oder sogar mehr Stunden darauf zu verwenden, Trancezustände einzuleiten und mit den Versuchspersonen adäquate Reaktionen zu üben, bevor man mit Versuchen zu hypnotischen Experimenten oder mit der Therapie beginnt.

Widersprüchliche oder unbefriedigende Ergebnisse bei experimentellen Arbeiten, die tiefe Trance und verbale Äußerungen seitens der Versuchsperson erfordern, entsprangen oft deren Bedürfnis, in einen weniger tiefen hypnotischen Zustand zurückzukehren, um sprechen zu können, ohne daß der Versuchsleiter dies bemerkt hätte. Dennoch ist es relativ leicht, Versuchspersonen zu schulen, wie sie in tiefer Trance bleiben und sich genau so adäquat verhalten und sprechen können wie im bewußten Zustand. Diejenigen jedoch , die anscheinend nicht lernen können, in tiefer Trance zu sprechen, können in automatischem Schreiben unterwiesen werden; was sie dabei niedergeschrieben haben, können sie still lesen und dabei die Lippen mitbewegen; die motorische Aktivität des Schreibens und der Lippenbewegungen in tatsächliches Sprechen überzuführen, ist dann ein relativ einfacher Schritt. Mit ein wenig Übung wird unbewußtes Sprechen, entgegen der bisherigen Erfahrung der Person möglich. Mit anderen hypnotischen Phänomenen verhält es sich ähnlich: Schmerz ist eine bewußte Erfahrung, deshalb ist es oft notwendig, Analgesie oder Anästhesie in ähnlicher Weise zu vermitteln. Dasselbe kann auch für Halluzinationen, Regression, Amnesie oder andere hypnotische Phänomene gelten. Einige Personen benötigen eingehende Unterweisung in vielerlei Hinsicht, anderen gelingt es von selbst, das, was sie gelernt haben, auf ein anderes Gebiet zu übertragen.

Diese Ausführungen stellen eine Hinführung zur Beschreibung des Wesens tiefer Trance das: *Tiefe Hypnose ist der hypnotische Zustand, der es Menschen erlaubt, sich auf einer unbewußten Ebene spontan und angemessen zu verhalten, ohne daß das bewußte Denken sich einmischt.*

Menschen in tiefer Trance verhalten sich in Übereinstimmung mit unbewußten Vorstellungen, unabhängig von den Kräften, die ihr bewußtes Denken üblicherweise beeinflussen. Sie verhalten sich in Übereinstimmung mit der Wirklichkeit ihres unbewußten Denkens in der gegebenen hypnotischen Situation. Ihre Auffassungen, Erinnerungen und Ideen konstituieren ihre reale Welt, während sie in tiefer Trance sind. Ihr aktuelles Umfeld, in dem sie sich befinden, ist nur insofern von Bedeutung, als es in der hypnotischen Situation genutzt wird. Daher besitzt die äußere Wirklichkeit nicht unbedingt konkrete, objektive Bedeutung von immanentem Wert. Personen können auf Papier automatisch schreiben und lesen, was sie geschrieben haben. Sie können genausogut Papier, Stift und Schreibbewegungen halluzinieren und dann das „Geschriebene" lesen. Die immanente Bedeutung des realen Stifts und des Papiers leitet sich einzig aus dem subjektiven Erfahrungsprozeß her, den die Person erlebt hat; haben diese Hilfsmittel ihren Dienst getan, so sind sie nicht länger Bestandteil der hypnotischen Situation. In leichter Trance oder im Wachzustand sind Papier und Stift Objekte mit der ihnen innewohnenden Bedeutung, die zu den subjektiven Vorstellungen noch hinzukommt.

Die Realität der tiefen Trance muß notwendigerweise in Übereinstimmung sein mit der Struktur und den grundlegenden Bedürfnissen der gesamten Persönlichkeit. So ist es möglich, daß schwere Neurotiker in tiefer Trance innerhalb des hypnotischen Settings von ihrem ansonsten überwältigenden neurotischen Verhalten befreit sind; und damit kann eine Grundlage für ihre therapeutische Umerziehung gelegt sein, die mit den Grundzügen der jeweiligen Persönlichkeit übereinstimmt. Die neurotische Überlagerung, wie ausgeprägt sie auch immer sein mag, verformt nicht den Kern der Persönlichkeit, auch wenn sie deren Erscheinungsformen maskiert und verstümmelt. Ähnlich verhält es sich mit Versuchen, jemandem in beliebiger Trancetiefe Suggestionen aufzuzwingen, die dessen Gesamtpersönlichkeit zuwiderlaufen: Entweder werden die Suggestionen zurückgewiesen oder dergestalt umgeformt, daß sie auf der Stufe eines „Als-ob"-Verhaltens umgesetzt werden können (was in Untersuchungen zu hypnotisch induziertem anti-sozialem Verhalten so oft als gültig angenommen worden ist). Die Notwendigkeit, eine Versuchsperson als Individuum zu würdigen, dem man Achtung entgegenbringen muß, kann nicht genug betont werden. Wertschätzung und Respekt sind die Grundlage, um bewußtes und unbewußtes Verhalten zu erkennen und zu unterscheiden. Nur ein Gefühl dafür, wie Verhalten aus dem Unbewußten der Versuchsperson zustandekommt, befähigt den Hypnotiseur, tiefe Trancezustände einzuleiten und aufrechtzuerhalten. Einzig zur bequemen begrifflichen Faßbarkeit mag man tiefe Trancezustände klassifizieren als (a) somnambule und (b) stuporöse Trance. Bei geübten Versuchspersonen ist ersterer Typ eine Trance, in der die Person scheinbar wach ist und in der gesamten hypnotischen Situation angemessenes, ungezwungenes und gutes Verhalten zeigt, ähnlich dem einer nicht hypnotisierten Person im Wachzustand. Geübte Versuchspersonen sind nicht diejenigen, denen mühsam beigebracht wurde, sich auf eine bestimmte Art zu verhalten, vielmehr jene, die es gelernt haben, sich vollständig auf ihre eigenen unbewußten Reaktions- und Verhaltensmuster zu verlassen.

Zur Veranschaulichung mag die Situation dienen, in der der Autor als Lehrbeispiel für das Auditorium eine Versuchsperson veranlaßte, in tiefer somnambuler Trance, ohne Hilfe des Autors, vor einer Gruppe von Psychiatern und Psychologen eine Vorlesung und Demonstration zur Hypnose abzuhalten. Obwohl viele Teilnehmer dieser Veranstaltung bereits Erfahrung mit Hypnose hatten, erkannte keiner, daß die Versuchsperson sich in Trance befand. In einem ähnlichen Fall leitete eine Psychiaterin (eine Schülerin und Versuchsperson des Autors), ohne Kenntnis des Autors, als Versuch in Selbsthypnose, eine Teambesprechung und stellte erfolgreich eine Fallgeschichte vor, ohne daß ihr Trancezustand bemerkt worden wäre. Waren die Zuhörer jedoch von diesen Umständen unterrichtet worden, so konnten sie sofort die enormen Unterschiede zwischen gewöhnlichem bewußtem Verhalten und Tranceverhalten erkennen, so wurden weitere Wiederholungen des Versuchs aufgedeckt.

Stuporöse Trancezustände zeichnen sich hauptsächlich durch passive Reaktionen aus mit deutlicher physiologischer und psychologischer Verlangsamung. Es fehlen die spontanen und initiativen Verhaltensweisen, welche kennzeichnend sind für den somnambulen Zustand, soweit man sie zuläßt. Mit hoher Wahrscheinlichkeit findet sich ein deutliches Festhalten an unvollständigen Reaktionen, desgleichen der völlige Verlust der Fähigkeit zur Selbsteinschätzung. Kollegen aus dem medizinischen Bereich, die vom Autor aufgefordert wurden, Versuchspersonen im stuporösen Trancezustand zu untersuchen, ohne daß sie Kenntnis von der hypnotischen Situation hatten, haben wiederholt die Vermutung geäußert, die betreffenden Personen befänden sich in narkotisiertem Zustand. Nach der Erfahrung des Autors ist es bei vielen Personen schwierig, einen stuporösen Trancezustand herbeizuführen, offensichtlich aufgrund ihrer Abneigung, das Bewußtsein für die eigene Person zu verlieren. Der Autor beschränkte den Einsatz dieser Trancezustände vorwiegend auf physiologische Untersuchungen sowie auf die therapeutische Anwendung bei bestimmten schwer neurotischen Patienten.

Probleme bei der Induktion tiefer Trance

Im folgenden sollen die zahlreichen Probleme bei der Induktion tiefer Trance thematisiert werden. Es werden die wesentlichen Überlegungen diskutiert sowie die möglichen Vorgehensweisen und Anwendungsbereiche beschrieben. Der Autor gibt seine eigenen Erfahrungen wieder, die indessen auch durch die Erfahrung und praktische Arbeit seiner Schüler und Kollegen ihre Bestätigung fanden; deren Überlegungen werden gesondert dargestellt und diskutiert.

Tranceinduktion versus Tranceutilisation

Bei jeder Arbeit mit tiefer Hypnose muß vorrangig erkannt werden, daß Tranceinduktion und Tranceutilisation zwei völlig verschiedene Dinge sind. (So wie Operationsvorbereitung und Narkose etwas anderes ist als der anschließende chirurgische Eingriff.) Dies ist bereits erwähnt worden und soll hier noch einmal hervorgehoben werden. In allen Fällen, in denen es sich nicht ausschließlich um Studien zur reinen Tranceinduktion handelt, muß diese Unterscheidung von allen Beteiligten, der Versuchsperson und dem Hypnotiseur gemacht werden. Andernfalls können Verhaltensweisen der Tranceinduktionsphase im Trancezustand fortbestehen, und es kann zu einer Vermischung partieller und unvollständiger Reaktionen der Induktionsphase mit Anteilen bewußten Verhaltens und tatsächlichem Tranceverhalten kommen.

Unterscheidung zwischen Tranceverhalten und Verhalten im gewöhnlichen Wachbewußtsein

Mit den oben dargestellten Überlegungen hängt das Problem des Erkennens und Unterscheidens von bewußtem Verhalten im Unterschied zu Verhalten, das aus dem Unbewußten entspringt, unmittelbar zusammen. In diesem Bereich ist Erfahrung der einzige Lehrmeister, und es bedarf der sorgfältigen Beobachtung der unterschiedlichen Verhaltensweisen. Das gelingt am besten anhand der Verhaltensbeobachtung an realen Objekten. So können Versuchspersonen in tiefer Trance instruiert werden, einen tatsächlich vorhandenen Stuhl gut und genau zu betrachten. Wird dieser Stuhl insgeheim entfernt, so muß das die gestellte Aufgabe nicht unbedingt stören. Die Versuchspersonen können den Stuhl weiterhin in seiner ursprünglichen Position halluzinieren und ihn manchmal sogar gleichzeitig als Duplikat in einer neuen

Position sehen. Jedes dieser Bilder besitzt dann für die Versuchspersonen denselben Wirklichkeitsgehalt. Im gewöhnlichen Wachzustand wäre ein solches Verhalten nicht möglich oder ein „Als-ob"-Verhalten. Entdeckt eine Versuchsperson, daß der Stuhl bewegt wurde, so kann eine eingehendere Untersuchung andere mentale Anpassungsstrategien zutage fördern. Beispielsweise kann eine Versuchsperson eine Umorientierung vornehmen, so daß der Stuhl unverändert in der nord-östlichen Ecke des Raumes steht, der Richtungssinn der Person sich aber geändert hat, um den Anforderungen der Situation zu genügen.

Ähnlich verhält es sich, wenn bei induzierten Halluzinationen zwei unterschiedliche Bilder zustandekommen, und die Person mit der Frage konfrontiert ist, welches dieser Bilder wirklich ist. Die spontane Lösung, deren Zeuge der Autor bei mehreren Gelegenheiten mit Psychologie- und Medizinstudenten geworden ist, kann in dem stillen Wunsch bestehen, daß die beiden Gestalten eine bestimmte Bewegung ausführen mögen. Das Bild, das diesem stillen Wunsch entspringt, wird dann als die Halluzination angesehen. Das, was für die Versuchsperson und deren Tranceverhalten Realität ist, und auch das entsprechende Erkennen seitens des Hypnotiseurs ist wesentlich, um adäquates Tranceverhalten zu induzieren und aufrechtzuerhalten. Fehler im Erkennen dieser Realität führen dazu, daß inadäquate Reaktionen als valide angenommen werden, obwohl eigentlich noch weitere und intensivere Anstrengungen erforderlich wären, um die gewünschten Trancephänomene hervorzurufen.

Ausrichtung aller hypnotischen Vorgehensweisen auf die Versuchsperson

Um die volle Kooperation der Versuchspersonen zu erreichen, sollten alle Techniken innerhalb des hypnotischen Vorgehens auf deren jeweilige Bedürfnisse abgestimmt werden. Die geplante hypnotische Arbeit sollte nur ein Teil der gesamten hypnotischen Situation sein und auf die Versuchsperson ausgerichtet sein, nicht dagegen die Person auf das Vorgehen. Diese jeweiligen Bedürfnisse mögen wichtig oder unbedeutend sein, in der hypnotischen Situation können anscheinend belanglose Dinge entscheidende Bedeutung haben.

Eine Versuchsperson zum Beispiel war von einem anderen Hypnotiseur wiederholt zu experimentellen Zwecken eingesetzt worden, mit unklaren und nicht zufriedenstellenden Ergebnissen. Dabei war ein Plethysmograph an der rechten Hand der Versuchsperson angebracht worden. Als der Autor nun das unbewußte Bedürfnis der Versuchsperson erkannte, daß ihre Linkshändigkeit respektiert werde, indem der Plethysmograph eher an der linken als an der rechten Hand angelegt wurde, kooperierte sie mit guten Ergebnissen. Später stellte sich heraus, daß sie nunmehr auch gut mitarbeiten konnte, wenn ihre rechte Hand eingesetzt wurde. Bei einer beidhändigen Versuchsperson ergab sich während eines Experiments mit automatischem Schreiben und Zeichnen, daß sie unbewußt darauf bestand, beide Hände nach freier Wahl einzusetzen. Andere Versuchspersonen, vor allem Psychologie- und Medizinstudenten, verlangten auf einer unbewußten Ebene, daß auf ihre spontanen Launen eingegangen werde oder daß sie zunächst andere hypnotische Arbeit durchführten, bevor sie zur vollständigen Kooperation bei den hypnotischen Experimenten bereit waren, für die sie sich freiwillig gemeldet hatten.

Ein Patient mit einer umschriebenen neurotischen Störung war weder fähig noch bereit, für seine Therapie zu bezahlen. Gleichzeitig wollte er jedoch nicht ohne vorherige Bezahlung behandelt werden. Daher wurde er dazu veranlaßt, sich als freiwillige Versuchsperson für ausgedehnte experimentelle Untersuchungen zur Verfügung zu stellen. Auf seinen ausdrücklichen Wunsch hin wurden dabei keine Therapieversuche unternommen. Nach über einjähriger Mitarbeit bei den experimentellen Untersuchungen kam er unbewußt zu dem Schluß, daß seine Dienste als freiwillige Versuchsperson in Hypnose ein angemessenes Therapiehonorar darstellten, was er dann auch voll akzeptieren konnte.

Den psychischen Bedürfnissen einer Person – mögen sie auch trivial und irrelevant erscheinen – muß in der Hypnose mit ihren unverzichtbaren inter- und intrapersonalen Beziehungen so umfassend wie möglich entsprochen werden. Wird dies übersehen oder vernachlässigt, so kommen oft unbefriedigende, unklare oder sogar paradoxe Resultate zustande. In der Tat muß bei widersprüchlichen Ergebnissen die gesamte hypnotische Situation aus dem Blickwinkel der Versuchsperson neu überdacht und bewertet werden.

Die Notwendigkeit des Schutzes der Versuchspersonen

Versuchspersonen müssen jederzeit als Persönlichkeit geschützt werden in ihren Rechten, ihren Privilegien und in ihrer Privatsphäre. Es muß gesehen werden, daß sie als Personen in der hypnotischen Situation besonders verwundbar sind.

Wie gut informiert und intelligent Versuchspersonen auch sein mögen, so besteht doch immer – ob bewußt oder unbewußt – eine auf Antwort drängende Ungewißheit darüber, was in der Situation geschehen wird oder was vielleicht gesagt oder getan werden wird. Selbst Personen, die sich dem Autor in seiner Eigenschaft als Psychiater gegenüber frei und ohne Scheu offenbart haben, zeigen doch dieses Bedürfnis, sich selbst, ihre Person zu schützen und sich von der besten Seite zu zeigen, wie frei sie zuvor auch ihre schlechten Seiten dargestellt haben mögen.

Dieser Schutz sollte den Versuchspersonen sowohl im Wach- als auch im Trancezustand in angemessener Weise gewährt werden. Im Wachzustand geschieht dies am besten auf indirekte Art, im Trancezustand dann unmittelbar.

Als Beispiel hierfür soll eine 20jährige Frau angeführt werden, die sich als freiwillige Versuchsperson zur Verfügung gestellt hatte, sich jedoch immer nur in Gesellschaft einer taktlosen, scharfzüngigen Arbeitskollegin einfand, welche nun ein ernstes Hindernis für ihre Mitarbeit bei den hypnotischen Experimenten darstellte. Nach einer längeren Zeit der Zusammenarbeit meldete sie sich auch alleine zur Mitarbeit. Einige Zeit später erklärte sie in einer Mischung aus Heiterkeit und Verlegenheit: „Ich habe Ruth immer mitgebracht, weil ich wußte, sie ist so furchtbar gehässig, daß ich sicher sein konnte, nichts zu tun oder zu sagen, das ich nicht wollte.“ Danach sprach sie über ihren Therapiewunsch wegen einiger langverschwiegener phobischer Reaktionen. Ihre Mitarbeit bei den Experimenten sowohl vor als auch nach der Therapie war hervorragend.

Bei der Arbeit mit neuen Versuchspersonen und immer wenn die Induktion tiefer Trance vorgesehen ist, wird den Versuchspersonen systematisch und sorgfältig demonstriert, daß sie sich in einer vollständig behüteten Situation befinden. Die Maßnahmen hierzu sind relativ einfach und wirken merkwürdig unangemessen. Dennoch gewinnen sie ihre Effektivität aufgrund der individuellen Reaktionen. Eine graduierte Psychologin beispielsweise meldete sich freiwillig zu einer Demonstration in einer Seminargruppe. Mit einigen Schwierigkeiten wurde eine leichte Trance induziert, und ihr Verhalten verriet ihr Bedürfnis nach Sicherheit und Schutz. Unter dem Vorwand, sie in automatischem Schreiben zu unterweisen, wurde sie instruiert, irgendeinen interessanten Satz zu schreiben und ihn danach erst zu zeigen, wenn das Thema des automatischen Schreibens besprochen worden ist. Zögernd schrieb sie kurz etwas auf. Ihr wurde gesagt, sie solle das Blatt umdrehen, so daß sie selbst das Geschriebene auch nicht lesen könne. Danach bekam sie ein neues Blatt Papier und sie wurde aufgefordert, mittels automatischen Schreibens ihre bewußte und ihre unbewußte Antwort auf die Frage niederzuschreiben: „Möchten Sie, daß ich lese was Sie geschrieben haben ?" In beiden Fällen lautete die niedergeschriebene Antwort „Ja", und hinzugefügt war in automatischem Schreiben: „Jeder" .

Weiterhin wurde ihr die Suggestion angeboten, daß keine Notwendigkeit bestehe, ihren geschriebenen Satz zu lesen, da dies ihr erster Versuch mit automatischem Schreiben sei, und daß es vielleicht interessanter wäre, wenn sie den Zettel zusammenfalten und in ihre Handtasche stecken würde, um ihn später mit dem zu vergleichen, was sie bei eventuellen weiteren Versuchen schreiben werde. Im Anschluß daran konnte leicht eine tiefe Trance induziert werden.

Später erklärte sie: „Ich wollte wirklich in Trance gehen, aber ich wußte nicht, ob ich Ihnen trauen konnte; das war albern, weil ja alles direkt vor der ganzen Klasse geschehen sollte. Als Sie mich aufforderten zu schreiben, schrieb meine Hand spontan: ‚Liebe ich Jerry ?', und dann schrieb ich, daß Sie oder jeder andere es lesen könnten. Aber als Sie mir sagten, ich solle den Zettel wegstecken und später nur die Handschrift vergleichen, ohne auch nur im geringsten auf den möglichen Inhalt anzuspielen, da wußte ich, daß es keinerlei Grund gab zu zögern. Und ich wußte auch, daß ich meine eigene Frage später beantworten konnte, anstatt alles sofort zu erledigen und mich fragen zu müssen, ob ich recht habe."

Solches Verhalten konnte oft beobachteet werden, und dieser allgemeine Umgang mit dem Bedürfnis nach Schutz der eigenen Person hat sich als besonders erfolgreich erwiesen, eine weitreichende, unbewußte Kooperationsbereitschaft bei der Induktion tiefer Trance zu erlangen.

Eine andere, in diesem Zusammenhang oft angewandte Maßnahme besteht darin, die Versuchsperson in leichter Trance aufzufordern, einen sehr lebendigen, angenehmen Traum zu träumen, ihn zu genießen und nach Beendigung zu vergessen und ihn erst dann zu erinnern, wenn dies zu einem späteren Zeitpunkt, in einer geeigneten Situation gewünscht wird. Eine derartige Instruktion hat mannigfache Auswirkungen: Sie gibt der Person das Gefühl, alles Recht zu haben und somit ganz sicher zu sein und gleichzeitig doch in Einklang mit all den unbewußten Vorstellungen, wonach in Hypnose alles möglich und erlaubt sei.

Mit einer derartigen Instruktion wird die allgemeine Erfahrung des Vergessens und Verdrängens genutzt und ein Gefühl der Selbstsicherheit und des Selbstvertrauens vermittelt; außerdem wird auch noch eine posthypnotische Suggestion gegeben, die einzig auf Wunsch der

Versuchsperson selbst ausgeführt wird. Auf diesem Weg wird eine umfassende Grundlage geschaffen, die der Entwicklung tiefer Trancezustände förderlich ist.

Diese Art umfassender Suggestion wird vom Autor sehr oft verwendet, da sie eine Vielfalt hypnotischer Reaktionen hervorzurufen vermag, die den Versuchspersonen gefallen und für den Hypnotiseur konstruktiv sind und zwar in der Weise, daß die Versuchspersonen vollständig geschützt sind und dabei ihre Mitarbeit gewährleistet ist.

Eine andere Maßnahme mit leicht negativem Einschlag besteht darin, die leicht hypnotisierte Versuchsperson anzuweisen, dem Hypnotiseur eine bestimmte Information zu geben. Dabei sollte es sich möglichst um etwas eindeutig Persönliches handeln, dessen sich die Versuchsperson selbst gar nicht ganz sicher ist. Das kann zum Beispiel ihr zweiter Vorname sein, oder welchem Familienmitglied sie am ähnlichsten ist, oder der Vorname ihres besten Freundes aus der Kindheit. So machen die Versuchspersonen die ganz konkrete Erfahrung, daß sie keine hilflosen Roboter sind, daß sie die Zusammenarbeit mit dem Hypnotiseur genießen können, daß sie hypnotische Suggestionen erfolgreich ausführen können und daß ihr eigenes Verhalten und nicht dasjenige des Hypnotiseurs zum Erfolg führt. Jede dieser Reaktionen ist wesentlich, um tiefe Trancezustände zu erreichen. Weiterhin lernen Versuchspersonen unwissentlich, wenn sie eine *negative* Suggestion erfolgreich umsetzen können, daß das Gegenteil auch wahr ist.

Eine andere, oft übersehene Art, Versuchspersonen zu schützen, ist der Ausdruck der Anerkennung für ihre Dienste. Dem menschlichen Bedürfnis nach Erfolg muß Rechnung getragen werden sowie dem Wunsch, diesen Erfolg bei sich selbst und den anderen anerkannt zu sehen. Enthält man den Versuchspersonen diese Annerkennung vor, so bedeutet das, darin zu versagen, sie in ihrer Eigenschaft als empfindende Wesen zu schützen. Damit ist die Validität der Hypnosearbeit gefährdet, denn die Versuchspersonen empfinden das so, als würden ihre Anstrengungen nicht anerkannt und daraus resultiert eine verminderte Kooperationsbereitschaft. Dieser Umstand ist um so verständlicher, wenn man sich vergegenwärtigt, daß emotionale Reaktionen eben nicht rational sind, vor allem nicht auf der Ebene unbewußter Reaktionen. Die Erfahrung hat gezeigt, daß Wertschätzung auf die eine oder andere Art zum Ausdruck gebracht werden muß, am besten zuerst im Trancezustand und später im normalen Wachzustand. Ist bei bestimmten Forschungsvorhaben der Ausdruck von Anerkennung zunächst ausgeschlossen, so kann der Hypnotiseur doch bei Gelegenheit seine Anerkennung für die geleisteten Dienste aussprechen. Bei jeder

Art hypnotischer Arbeit muß sorgfältig auf den vollständigen Schutz der Persönlichkeit der Versuchspersonen geachtet werden, indem man bereitwillig auf ihre Bedürfnisse als Individuum eingeht.

Die Utilisation aller Reaktionen und allen Spontanverhaltens der Versuchsperson

Im Mittelpunkt vieler Hypnosetechniken steht die Frage, was der Hypnotiseur tut oder sagt, um eine Trance herbeizuführen. Dabei wird zu wenig Aufmerksamkeit darauf gerichtet, was die Versuchspersonen tun und erleben. Tatsächlich ist die Entwicklung einer Trance jedoch ein innerpsychisches Phänomen, das von internen Prozessen abhängt, bei denen der Hypnotiseur lediglich dazu dient, günstige Bedingungen zu schaffen. Analog hierzu bietet ein Brutschrank eine günstige Umgebung zum Ausbrüten von Eiern. Der eigentliche Brutvorgang aber kommt durch die Entwicklung natürlicher Lebensprozesse im Ei zustande.

Hypnotiseure, die keine große Erfahrung mit der Tranceinduktion haben, versuchen oft, das Verhalten der Versuchsperson so zu beeinflussen oder zu verändern, daß es ihrer eigenen Vorstellung entspricht, wie eine Versuchsperson sich verhalten sollte. Der Hypnotiseur sollte in seiner Rolle in den Hintergrund treten, damit die Versuchsperson mehr Raum erhalten kann. Dabei sei auf das Beispiel einer freiwilligen Versuchsperson verwiesen, die bei Lehrveranstaltungen für Medizinstudenten eingesetzt wurde. Im Anschluß an eine allgemeine Besprechung der Hypnose äußerte sie ihre Bereitschaft, sofort in Trance zu gehen. Es wurde ihr der Vorschlag gemacht, sich den Stuhl und die Position auszusuchen, die ihr am angenehmsten erschienen. Als sie sich bequem zurechtgesetzt hatte, äußerte sie den Wunsch, eine Zigarette zu rauchen. Sie bekam sofort eine und begann gelassen zu rauchen, versunken in den Anblick des aufsteigenden Rauchs. Im Plauderton wurden beiläufige Bemerkungen gemacht über die Annehmlichkeit des Rauchens, über das Beobachten des sich kräuselnden Rauchs, über das Wohlbehagen, wenn man die Zigarette zum Mund führt, das Gefühl der Zufriedenheit, wenn man völlig versunken ist und genüßlich raucht, ohne daß man es nötig hätte, äußeren Dingen irgendwelche Beachtung zu schenken. Alsbald folgten beiläufige Bemerkungen über das Ein- und Ausatmen, wobei diese Worte dem momentanen Atemrhythmus der Versuchsperson angepaßt wurden. Weiter wurde über die Leichtigkeit gesprochen, mit der sie die Zigarette fast automatisch zum Mund führen und anschließend die Hand wieder auf die Stuhllehne sinken lassen konnte. Diese Bemerkungen waren ebenfalls zeitlich auf ihr tatsächliches Verhalten abgestimmt. Bald nahmen die Worte „einatmen, „ausatmen", „heben" und „senken" konditionierenden Charakter an, was sie aufgrund der scheinbar beiläufigen Suggestionen gar nicht wahrnahm.

In ähnlicher Weise wurden beiläufige Suggestionen eingestreut, mit den Worten „Schlaf", „schläfrig" und „schlafend", in Übereinstimmung mit den Bewegungen ihrer Augenlider. Bevor sie die Zigarette zu Ende geraucht hatte, entwickelte sie bereits eine leichte Trance. Dann erhielt sie die Suggestion, daß sie fortfahren könne, das Rauchen weiter zu genießen, während sie tiefer und tiefer schlafe, daß der Hypnotiseur sich um die Zigarette kümmern werde, während sie sich mehr und mehr einem tiefen Schlaf hingeben könne und daß sie, während sie schlafe, weiterhin die angenehmen Gefühle und Empfindungen des Rauchens erleben könne. Hieraus entwickelte sich eine hinlänglich tiefe Trance, und es wurde ausführlich mit ihr geübt, wie sie in Übereinstimmung mit ihren eigenen unbewußten Verhaltensmustern reagieren konnte.

Danach wurde sie mehrmals zu verschiedenen Anlässen bei Gruppen von Medizinstudenten als freiwillige Versuchsperson vorgestellt, mit der es möglich war zu üben. Sie verhielt sich bei diesen Gelegenheiten grundsätzlich so wie in der Situation mit dem Autor. Mit Ihrem Wunsch, eine Zigarette zu rauchen, wurde jedoch von den Studenten unterschiedlich umgegangen. Einige redeten es ihr aus und verschoben damit die Induktion, andere rauchten mit ihr gemeinsam, andere wiederum warteten geduldig, bis sie zu Ende geraucht hatte. Erst nachdem die „Zigarettenfrage" auf die eine oder andere Art geklärt war, wurde ihr gestattet, sich der Aufgabe des Hypnotisiertwerdens zu widmen. In allen diesen Fällen mißlangen die Versuche. Bei einer abschließenden Veranstaltung mit allen Studenten, die mit ihr gearbeitet hatten, kamen zwei andere Studenten nacheinander in den Raum, um ebenfalls zu versuchen sie zu hypnotisieren. Diese beiden hatten unabhängig voneinander den obenstehenden Bericht erhalten, wie der Autor das spontane Verhalten der Versuchsperson nutzte. Beide induzierten tiefe Trance. Danach waren die anderen Studenten, die diesem Beispiel folgten, ebenfalls erfolgreich.

Dieser Fall ist deshalb so ausfürlich dargestellt worden, weil er sehr deutlich zeigt, wie wichtig es ist, daß sich der Hypnotiseur an das Verhalten der Versuchsperson anpaßt, unabhängig davon, welche konkrete Technik er jeweils anwendet. Den Wunsch zu rauchen bei der oben genannten Versuchsperson als aktiven Widerstand gegen die

Tranceinduktion zu interpretieren, wäre nicht richtig. Dies war eher der Ausdruck einer tatsächlichen Bereitschaft zu kooperieren und zwar entsprechend der ihr eigenen Bedürfnisse. In diesem Sinne mußte das Verhalten genutzt und nicht überwunden oder als Widerstand unterbunden werden.

Sehr oft ist der vermeintliche aktive Widerstand von Versuchspersonen nichts anderes als eine unbewußte Maßnahme, um die Bereitschaft des Hypnotiseurs zu überprüfen, ihnen auf halbem Wege entgegenzukommen, anstatt zu versuchen, sie dazu zu zwingen, sich vollständig nach den Vorstellungen des Hypnotiseurs zu verhalten. Eine ähnliche Situation war bei einer Versuchsperson gegeben, mit der bereits einige Hypnotiseure erfolglos gearbeitet hatten. Nachdem sie als Versuchsperson angenommen war, setzte sie sich in herausfordernder, starrer, aufrechter Haltung auf den Stuhl mit Blickrichtung zur Zuhörerschaft. Auf dieses offensichtlich ungnädige Verhalten wurde mit der beiläufigen Bemerkung an die Zuhörer eingegangen, daß Hypnose nicht unbedingt von vollständiger Entspannung oder Automatismus abhänge, sondern daß Hypnose bei jemandem, der dazu bereit ist, auch induziert werden kann, wenn der Hypnotiseur selbst willens ist, das Verhalten dieser Person vollständig zu akzeptieren. Die Versuchsperson reagierte auf diese Bemerkungen, indem sie aufstand und fragte, ob sie auch im Stehen hypnotisiert werden könne. Diese Frage wurde mit der Gegenfrage beantwortet: „Warum nicht zeigen, daß es gehen kann ?“ Eine Reihe weiterer Suggestionen führte dann zur raschen Entwicklung tiefer Trance. Nachfragen der Zuhörer ergaben, daß die Versuchsperson sehr viel über Hypnose gelesen hatte und sich energisch gegen die falsche, weitverbreitete Vorstellung wehrte, daß eine hypnotisierte Person wie ein passiver Automat reagiere, ohne eigenen Ausdruck und Gefühl. Weiterhin erklärte sie, es sollte klargestellt werden, daß spontanes Verhalten genauso möglich sei wie reines Reagieren, und daß man Hypnose auch erfolgreich nutzen könne, indem man dieser Tatsache Rechnung trägt.

Festzuhalten ist, daß die Antwort „Warum nicht zeigen, daß es gehen kann?“ die vollständige Akzeptanz ihres Verhaltens darstellte, und sie so völlig für die Erfahrung gewonnen wurde, hypnotisiert zu werden. Damit war Ihre volle Mitarbeit sichergestellt, und zwar um ihre eigenen Ziele und auch diejenigen des Hypnotiseurs zu erreichen. Während der Demonstration machte sie dem Autor oft Vorschläge, was er sie als nächstes bitten sollte zu demonstrieren und änderte manchmal sogar die vom Autor vorgeschlagenen Aufgaben. Zuweilen war sie auch völlig passiv in ihren Reaktionen.

Eine andere Versuchsperson, eine graduierte Psychologin, erlebte große Schwierigkeiten, als sie in tiefe Trance gehen sollte. Nach einigen Stunden intensiver Bemühungen erkundigte sie sich schüchtern, ob sie Hinweise zur Technik geben dürfe, obwohl sie ansonsten keine weiteren Erfahrungen mit Hypnose habe. Ihr Vorschlag wurde gern angenommen, woraufhin sie riet: „An dieser Stelle sprechen Sie zu schnell, Sie sollten das sehr langsam und nachdrücklich sagen und es mehrmals wiederholen. Sagen Sie das sehr schnell, warten Sie etwas und wiederholen Sie es dann langsam. Und bitte, machen Sie ab und zu eine Pause, damit ich mich ausruhen kann, und bitte, lassen Sie die Infinitive im Satz beieinander."

Mit ihrer Hilfe konnte in weniger als 30 Minuten eine tiefe, fast stuporöse Trance induziert werden. Diese Versuchsperson wurde später häufig bei einer Vielzahl experimenteller Untersuchungen eingesetzt und lehrte andere, tiefe Trance zu induzieren. Derlei Hilfen anzunehmen ist weder ein Zeichen von Unkenntnis noch von Inkompetenz, sondern vielmehr das ehrliche Anerkennen der Tatsache, daß tiefe Hypnose ein gemeinsames Unterfangen ist, bei dem die Versuchsperson die Arbeit tut und der Hypnotiseur versucht, sie anzuregen, die notwendige Anstrengung aufzubringen. Es ist das Eingeständnis, daß keiner die individuellen Lern- und Reaktionsmuster eines anderen vollständig verstehen kann. Obwohl diese Vorgehensweise am besten bei hochintelligenten, ernsthaft interessierten Versuchspersonen anzuwenden ist, wirkt sie doch auch bei anderen. Sie läßt ein Gefühl der Zuversicht, des Vertrauens und der aktiven Beteiligung an einer gemeinsamen Aufgabe entstehen. Darüber hinaus hilft sie, falsche Vorstellungen über die magischen Kräfte des Hypnotiseurs auszuräumen, und die Rollenverteilung zwischen Versuchsperson und Hypnotiseur wird indirekt definiert. Glücklicherweise machte der Autor diese Erfahrung zu einem frühen Zeitpunkt seiner Tätigkeit. Sie hat sich seitdem als ungeheuer wertvoll erwiesen bei der Induktion von Hypnose jeglicher Tiefe und beim Hervorrufen hochkomplexer hypnotischer Verhaltensweisen.

Man liest in der Literatur oft über Widerstand der Versuchsperson und über Techniken, ihn zu umgehen oder zu überwinden. Nach den Erfahrungen des Autors kann man am zufriedenstellendsten damit umgehen, wenn man den Widerstand wie jedes andere Verhalten auch akzeptiert und nutzbar macht. Denn richtig eingesetzt können all diese Verhaltensweisen die Entwicklung eines hypnotischen Zustandes fördern. Entsprechende Suggestionen können so formuliert werden, daß positive wie negative Reaktionen, oder auch das Ausbleiben von

Reaktionen definiert werden als reaktives Verhalten. Zu einer Versuchsperson, die Widerstand zeigt und eine Suggestion zur Handlevitation nicht aufgreift, kann gesagt werden: „In Kürze wird Ihre rechte Hand, – es könnte auch Ihre linke sein – beginnen sich zu heben, oder nach unten zu drücken, oder sie bewegt sich überhaupt nicht; wir werden einfach warten und sehen, was geschieht. Vielleicht wird es zuerst der Daumen sein, oder Sie spüren etwas in Ihrem kleinen Finger, aber es ist nicht wirklich wichtig, ob Ihre Hand sich hebt oder nach unten drückt, oder einfach still liegen bleibt, wichtig ist vielmehr Ihre Fähigkeit, genau zu spüren, welche Gefühle sich in Ihrer Hand entwikkeln." Mit dieser Formulierung sind alle Möglichkeiten abgedeckt, Bewegungslosigkeit, Hochgehen und Hinunterdrücken der Hand, und jedes Verhalten stellt eine adäquate Reaktion dar. Damit wird eine Situation geschaffen, in der die Versuchspersonen ihren Widerstand in konstruktiver und kooperativer Weise zum Ausdruck bringen können. Anzeichen von Widerstand der Versuchspersonen werden am besten genutzt, indem eine Situation herbeigeführt wird, in der der Widerstand zweckdienlich ist. Man kann sich der Hypnose nicht widersetzen, wenn keine Hypnose angestrebt wird. Der Hypnotiseur, der das erkennt, sollte deshalb die Situation so gestalten, daß jede Möglichkeit, Widerstand zu zeigen, mit hypnotischen Reaktionen in Einklang steht; der Widerstand sollte auf Nebensächliches gelenkt werden. Derjenigen Versuchsperson, deren Widerstand sich im Mißlingen einer Handlevitation ausdrückt, kann die Suggestion gegeben werden, daß ihre rechte Hand sich heben wird, die linke aber nicht. Um dieser Suggestion erfolgreich zu widerstehen, muß gegenteiliges Verhalten gezeigt werden. Das Ergebnis ist, daß die Versuchsperson auf die hypnotischen Suggestionen reagiert, aber zu ihrer eigenen Zufriedenheit. In den vielen Situationen, in denen diese Vorgehensweise gewählt wurde, bemerkten weniger als ein halbes Dutzend Versuchspersonen, daß eine Situation geschaffen worden war, in der ihre Ambivalenz aufgelöst wurde. In einer Arbeit über Hypnose verwendete der betreffende Autor unwissentlich ein ähnliches Vorgehen: Er forderte die Versuchspersonen auf, sich anzustrengen, nicht in Trance zu gehen, um zu zeigen, daß sie hypnotischen Suggestionen nicht widerstehen konnten. Die Versuchspersonen bewiesen kooperativ und bereitwillig, daß sie prompt Suggestionen befolgen konnten, um zu beweisen, daß sie es nicht konnten. Diese Studie wurde in völliger Verkennung ihrer tatsächlichen Bedeutung veröffentlicht.

Welches Verhalten auch immer von einer Versuchsperson angeboten wird, es sollte so akzeptiert und dazu genutzt werden, weiteres

Reaktionsverhalten zu entwickeln. Jeder Versuch, das Verhalten der Person zu „korrigieren“ oder zu verändern, oder sie zu Dingen zu zwingen, die sie nicht tun will, wirken der Induktion einer Trance und erst recht einer tiefen Trance entgegen. Gerade die Tatsache, daß sich Personen freiwillig zur Hypnose melden und dann Widerstand zeigen, spricht für eine Ambivalenz, die – wenn sie klar erkannt wird – dazu genutzt werden kann, erfolgreich sowohl den Absichten der Versuchsperson wie auch denen des Hypnotiseurs zu dienen. Diese Anerkennung und die Zugeständnisse an die Bedürfnisse von Versuchspersonen sowie die Nutzung stellen keine „unorthodoxe Technik“ auf der Grundlage „klinischer Intuition“ dar – wie einige Autoren das bezeichnet haben – sondern bedeuten vielmehr, daß gegebene Bedingungen zur Kenntnis genommen werden auf der Grundlage der umfassenden Würdigung der Versuchsperson in ihrer einmaligen Persönlichkeit.

Der Aufbau jedes weiterführenden Schrittes der Tranceinduktion auf bereits erreichten Leistungen und Fertigkeiten der Versuchsperson

Diese Fertigkeiten können der hypnotischen Situation entstammen oder auch der Alltagserfahrung der Versuchsperson entspringen. Allein der Schritt, sich als freiwillige Versuchsperson zur Verfügung zu stellen, kann schon das Ergebnis eines schweren inneren Kampfes sein. Sich bequem in einem Stuhl niederzulassen und äußere Ablenkungen auszublenden, ist eine Leistung. Keine Reaktion auf Suggestionen zur Handlevitation zu zeigen ist nicht notwendigerweise ein Versagen, denn genau diese Unbeweglichkeit der Hände ist auch schon eine Leistung. Auch bereitwillig und ruhig dazusitzen, während der Hypnotiseur mühsam und offensichtlich vergeblich eine Vielzahl von Suggestionen anbietet, ist wiederum eine Leistung. Und jede einzelne stellt eine Art Verhalten dar, das als ein erster erfolgreicher Schritt zur weiteren Entwicklung des Trancezustandes hervorgehoben werden kann.

Um dies zu verdeutlichen: Eine promovierte Frau, die der Hypnose ausgesprochen mokant und skeptisch gegenüberstand, forderte den Autor in Gegenwart einiger Zeugen, die sein Versagen dann würden bestätigen können, heraus, seine „kleine Schrulle“ bei ihr auszuprobieren. Allerdings bemerkte sie, falls es gelingen sollte, ihr zu zeigen, daß ein solches Phänomen wie Hypnose existierte, werde sie sich für jegliche zukünftigen Forschungsvorhaben des Autors zur Verfügung stellen. Ihre Herausforderung und ihre Bedingungen wurden akzeptiert. Ihr Versprechen, sie werde als Versuchsperson mitarbeiten, falls sie überzeugt werde, wurde sorgfältig und in aller Ruhe festgehalten, denn dies war ihr eigenes Verhalten, das die Grundlage für zukünftiges Tranceverhalten werden konnte. Dann wurde zunächst eine Suggestionstechnik eingesetzt, von der sicher zu erwarten war, daß sie fehlschlagen würde, was dann auch der Fall war. So wurde der Versuchsperson ein Erfolgserlebnis vermittelt, das für sie allerdings einen Beigeschmack des Bedauerns über die Enttäuschung des Autors hatte. Mit diesem Bedauern wurde der Grundstein für zukünftige Trancen gelegt. Dann wurde, anscheinend um dem Autor zu ermöglichen, sein Gesicht zu wahren, das Thema der ideomotorischen Aktivität angesprochen. Nach einer Diskussion hierzu führten indirekte Suggestionen dahin, daß sie sich bereit erklärte, beim Experimentieren mit ideomotorischer Aktivität mitzuarbeiten. Sie schwächte dies ab, indem sie sagte: „Versuchen Sie nicht, mir weiszumachen, daß ideomotorische Aktivität Hypnose sei, denn ich weiß, daß das nicht der Fall ist." Es wurde ihr die Beobachtung entgegengehalten, daß ideomotorische Aktivität zweifellos in Hypnose genausogut ausgeführt werden kann wie im Wachzustand. Und so wurde ein weiterer Grundstein für zukünftiges Tranceverhalten gelegt.

Als gutes Beispiel für ideomotorische Aktivität wurde die Handlevitation ausgewählt, und dem stimmte sie bereitwillig zu, da ihr nicht bekannt war, daß diese vom Autor häufig als einleitende Tranceinduktionstechnik verwendet wurde.

Eingebettet in eine minutiöse Diskussion wurden ihr eine Reihe Suggestionen zur Handlevitation gegeben, auf die sie schnell und angetan reagierte. Dann folgte die Suggestion, daß es vor der eigentlichen experimentellen Arbeit gut sein könnte, wenn sie sich vollständig in ihre subjektive Erfahrung versenken und währenddessen alle äußeren Reize ausblenden würde, außer den Bemerkungen des Autors. Und das war ein weiterer Grundstein. Innerhalb von zehn Minuten entwickelte sie eine tiefe somnambule Trance. Nach ein paar Minuten und weiteren abgewandelten Suggestionen zu ihren ideomotorischen Reaktionen wurde angemerkt, daß sie an dieser Stelle vielleicht unterbrechen und zu einem anderen Punkt der Ausgangsdiskussion zurückkehren möchte. Dies geschah, um ihr die Möglichkeit des Erwachens aus der Trance zu suggerieren, ohne daß sie irgendwelchen selbstkritischen Erwägungen ausgesetzt wäre. Sie stimmte zu und erwachte ohne Probleme, woraufhin der Autor sofort die ursprüngliche Diskussion wiederaufnahm. Kurz darauf wurde in gleicher Weise eine zweite Trance induziert, der im Laufe der nächsten vier Stunden vier weitere folgten.

Während der dritten Trance wurde sie auf Katalepsie getestet, die auch vorhanden war. Dies alarmierte und beunruhigte sie, aber ehe sie noch aus der Trance erwachen konnte, wurde dieses Phänomen zu ihrer Zufriedenheit als „gehemmte ideomotorische Aktivität" beschrieben, was sie nicht nur beruhigte, sondern sogar ihr weiteres Interesse weckte.

In den nächsten beiden Trancen war sie bereit, „andere mit ideomotrischer Aktivität verbundene Phänomene" zu erleben. Also wurde sie angewiesen, die als Zeugen anwesenden Zuschauer anzusehen und dabei festzustellen, wie sie aufhören werde, anderes wahrzunehmen, während ihre Aufmerksamkeit subjektiv immer stärker von der ideomotorischen Aktivität ihrer Hände absorbiert würde. Auf diese Art wurde ihr gezeigt, wie man negative Halluzinationen entwickelt, indem ihr Interesse an ideomotorischer Aktivität so gesteigert wurde, daß anderes Verhalten ausgeblendet wurde. In vergleichbarer Weise wurde sie in positiver Halluzination unterwiesen, indem sie ihre Hand bei der Levitation so klar in zwei unterschiedlichen Positionen visualisierte, daß es ihr nicht mehr möglich war, diese Hand von dem in anderer Position visualisierten Abbild derselben zu unterscheiden. Danach wurde zum Schein die Erklärung gegeben, daß je nach ihrem wechselnden Interesse für ihre ideomotorische Aktivität, sie abwechselnd die Anwesenden sehen oder nicht sehen und hören oder nicht hören könne, daß sie einige doppelt sehen oder deren Anwesenheit ganz vergessen könne, daß sie sogar jeden Gedanken an sie oder an sonst etwas aufgeben könne. Mit Hilfe dieser Maßnahmen und Induktionen durchlebte sie eine Vielfalt hypnotischer Phänomene.

Dann folgte die schwierigere Aufgabe, ihr zu vermitteln, daß sie hypnotisiert worden war. Dazu wurde ihr in der sechsten Trance suggeriert, sie werde ihre Gefühle „während der ersten Demonstration ideomotorischer Aktivität" erinnern. Während sie das tat, wurde darauf hingewiesen, daß ihre Selbstvergessenheit wohl mit einem irgendwie ähnlichen Zustand verglichen werden könne, wie er sich in Hypnose zeigt. Und zur „zweiten Demonstration" weitergehend wurde ihr suggeriert, ihr Verhalten sei schon fast wie in Trance gewesen. Dann wurde sie gebeten zu visualisieren, wie sie in der „dritten Demonstration" ausgesehen haben müsse. Als sie das tat, wurde sie gebeten, ihr kataleptisches Verhalten zu kommentieren und in ihrer Vorstellung zu hören, was zu ihr gesagt worden ist, und wie sie darauf reagiert hat. Diesmal wurde Hypnose direkt als wahrscheinliche Erklärung angesprochen und sie wurde einfühlsam für ihre Fähigkeiten gelobt, diese visuellen und akustischen Vorstellungen zustandezubringen, die es ihr ermöglichten, ihr Verhalten so klar zu beobachten. Sogleich wurde sie aufgefordert, sich an die vierte Demonstration zu erinnern. Als sie das tat, fragte sie schließlich zögernd, ob sie bei dieser Demonstration nicht tatsächlich in Trance gewesen sei. Nachdem ihr versichert worden war, daß sie alles nach Belieben und mit den angenehmsten Gefühlen auffassen könne, tatsächlich etwas erreicht zu haben, erklärte sie: „Dann muß ich auch wirklich jetzt im Moment in Trance sein". Dem stimmte der Autor zu, und sofort wurde ihr jeder einzelne Erfolg in Erinnerung gerufen, und wie ausgezeichnet sie es verstanden hatte, ihre ideomotorische Aktivität zu nutzen und ihre persönliche Erfahrung zu erweitern. Sie wurde weiterhin aufgefordert, den ganzen Abend in Gedanken Revue passieren zu lassen und dem Autor jeden von ihr nur gewünschten Rat zu erteilen. Nach einigem ruhigen Nachsinnen bat sie den Autor, er solle ihr nach dem Erwachen nicht sagen, daß sie hypnotisiert worden ist, sondern ihr Zeit lassen, ihre allgemeine Einstellung zur Hypnose und zum Autor als deren Vertreter neu zu überdenken, um sich mit dem Irrtum in ihrem bisherigen Denken abzufinden.

Dem wurde zugestimmt und es wurde ihr gesagt, daß sie mit einer Amnesie für ihr Tranceerleben aufwachen werde und mit dem angenehmen Gefühl des beiderseitigen Interesses an ideomotorischen Phänomenen. Weiterhin wurde die Suggestion gegeben, daß ihr Unbewußtes sehr viel Spaß daran haben könne, ihrem bewußten Verstand die Tatsache vorzuenthalten, daß sie hypnotisiert worden sei, und daß dies ein Geheimnis zwischen ihrem Unbewußten und dem Autor bleiben könne. Sie wurde instruiert, daß ihr Unbewußtes ihren bewußten Verstand so lenken könne und werde, daß sie über Hypnose und ihre hypnotischen Erfahrungen alles lernen könne, was für sie in ihrer gesamten Persönlichkeit informativ und befriedigend sei. Durch diese posthypnotische Suggestion wurde sie zusätzlich in Hypnose geschult bezüglich der voneinander unabhängigen Abläufe im unbewußten und im bewußten Denken, hinsichtlich der Entstehung von hypnotischer Amnesie und der Ausführung posthypnotischer Aufträge. Darüber hinaus wurde sie sich dessen ganz und gar bewußt, daß sie als Persönlichkeit vollständig geschützt war, und daß es in der Tranceinduktion in erster Linie um ihr Wohl anstatt um das des Hypnotiseurs geht, und daß ferner die Utilisation eines Verhaltensablaufs Grundlage für die Entwicklung ähnlicher, jedoch weit komplexerer Prozesse sein kann.

Das Ergebnis war hochinteressant. Zwei Tage danach entschuldigte sich die Versuchsperson für ihre „voreilige Skepsis" gegenüber der Hypnose und für ihre „unberechtigte" Herabsetzung der Arbeiten des

Autors. Sie fügte hinzu, sie amüsiere sich sehr über ihr Bedürfnis sich zu entschuldigen. Ein paar Tage darauf meldete sie sich als freiwillige Versuchsperson, und versicherte, sie sei nun ernsthaft interessiert und würde gern bei einigen Untersuchungen mitarbeiten. Über mehrere Jahre hinweg erwies sie sich als überaus produktive Versuchsperson.

Dieses ausführlich dargestellte Beispiel illustriert viele Überlegungen, die der Autor bei der Induktion tiefer Trancen als besonders wesentlich erachtet. Diese Kleinigkeit des „geheimen Einverständnisses" zwischen dem Unbewußten der Versuchsperson und dem Hypnotiseur hat sich vielfach als bemerkenswert effektiv erwiesen, um bei Personen mit ansonsten heftigstem Widerstand tiefe Trance zu induzieren. Dank dessen konnten sie ihn frank und frei zum Ausdruck bringen. Gleichzeitig konnten sie ein tiefes Gefühl für ihre vollständig abgesicherte und sinnvolle Mitarbeit entwickeln. Die daraus bezogene Befriedigung führte zu dem Wunsch nach weiteren erfolgreichen Leistungen. Aktiver Widerstand wird so rasch zerstreut oder konstruktiv genutzt. Kurzum: Welches Verhalten die Versuchsperson auch immer zeigen mag, es sollte als Unterstützung der Bemühungen des Hypnotiseurs betrachtet und anerkannt werden. Das Akzeptieren des Bedürfnisses der Versuchsperson, daß der Autor doch scheitern möge, führte zu ideomotorischer Aktivität. Und hierüber gelangte sie schrittweise zu einer Vielzahl von hypnotischen Phänomenen, die entweder direkt oder indirekt auf ideomotorischen Reaktionen aufbauten. Das Ganze gipfelte schließlich in einem Erfolg, der für sie genauso erfreulich war wie für den Hypnotiseur. Wäre irgendein Versuch unternommen worden, diese Versuchsperson an eine rigide Tranceinduktionstechnik anzupassen, so wäre ein Versagen die Folge gewesen und zwar zu Recht, denn es stand nicht an, daß mit der Entwicklung einer Trance der Autor seine Fähigkeiten unter Beweis stellte, vielmehr sollte die Versuchsperson Erfahrung und Einsichten erlangen.

Das Vorausgegangene ist im wesentlichen eine Darstellung grundlegender Erwägungen im Zusammenhang mit der Induktion tiefer Trancezustände. Im folgenden sollen einige spezielle hypnotische Vorgehensweisen zusammengefaßt und beschrieben werden, die für gewöhnlich erfolgreich sind. Auf eine detaillierte Darstellung wird an dieser Stelle aus Platzgründen verzichtet und auch wegen des ständig notwendigen Wechsels der Perspektive.

Die Konfusionstechnik

Mangels besserer Bezeichnungen wollen wir dieses erste spezielle Verfahren als „Konfusionstechnik“ bezeichnen. Diese wurde vielfach verwandt, um spezifische Phänomene hervorzurufen, aber auch zur Einleitung tiefer Trance. Für gewöhnlich ist sie am besten einsetzbar bei hochintelligenten Personen, die Interesse an hypnotischen Prozessen haben, oder bei solchen, die auf bewußter Ebene nicht bereitwillig in Trance gehen, obwohl unbewußt eine Bereitschaft vorhanden ist.

Im wesentlichen handelt es sich dabei lediglich um die Darbietung vielfältiger Suggestionen, die sich im einzelnen unterscheiden und widersprechen, d.h. die alle voneinander abweichen. Sie sind von unterschiedlicher Ausrichtung und verlangen einen ständigen Orientierungswechsel von der Versuchsperson. Beim Hervorrufen einer Handlevitation zum Beispiel wird nachdrücklich das Heben der rechten Hand suggeriert und gleichzeitig werden Suggestionen zur Immobilität der linken Hand gegeben. Bald darauf stellen die Versuchspersonen fest, daß der Hypnotiseur sich anscheinend verspricht, weil im weiteren Verlauf eine Levitation der linken und Immobilität der rechten Hand suggeriert wird. Während die Versuchspersonen sich an die scheinbare Konfusion des Hypnotiseurs anpassen, wobei sie unwillkürlich auf der ganzen Linie kooperieren, werden Suggestionen zur Unbeweglichkeit beider Hände gegeben, zusammen mit Suggestionen zum gleichzeitigen Heben der einen bei Herunterdrücken der anderen Hand. Gleich darauf folgen wiederum die ursprünglichen Suggestionen.

Die Versuchspersonen sind von ihren früheren kooperativen Reaktionen auf die anscheinenden Versprecher des Hypnotiseurs bereits geprägt und versuchen, sich an das Durcheinander der konfusen, widersprüchlichen Reaktionen anzupassen, die offensichtlich verlangt sind. Dazu sehen sie sich aber völlig außerstande, so daß sie jede positive Suggestion begrüßen, die ihnen erlaubt, eine derart unbefriedigende und verwirrende Situation zu beenden. Die Schnelligkeit, der Nachdruck und die Selbstverständlichkeit, mit der die Suggestionen gegeben werden, halten die Versuchspersonen davon ab, auch nur den Versuch zu machen, einen Anschein von Ordnung zustandezubringen. Sie können bestenfalls versuchen, sich selbst anzupassen und überlassen sich somit ganz dem Sinn der gesamten Suggestionskette.

Ein anderes Beispiel: Während einer erfolgreichen Induktion zur Handlevitation läßt sich systematisch ein Zustand der Konfusion aufbauen, welche Hand sich nun bewegt, welche sich schneller oder eher seitwärts bewegt, welche in ihrer Bewegung innehalten wird, welche sich weiterbewegen wird und in welche Richtung. Schließlich kann man sich dieser Konfusion entziehen, indem man sich die zuletzt ausgesprochenen Suggestionen vollkommen zu eigen macht und sie als innig gewünschtes Ziel annimmt.

Beim Induzieren einer weitreichenden Amnesie, bei der die Versuchspersonen auf frühere Verhaltensmuster regredieren, hat sich die „Konfusionstechnik" als überaus wertvoll und nützlich erwiesen. Sie beruht auf der Nutzbarmachung von Alltagserfahrungen, die jedem geläufig sind. Um eine Versuchsperson in eine frühere Zeit regredieren zu lassen, kann man mit beiläufigen Suggestionen im Plauderton beginnen, wie einfach es doch manchmal ist, die Wochentage durcheinanderzubringen, eine Verabredung falsch zu erinnern – sie sollte gestern anstatt morgen sein – und das Datum des vergangenen Jahres anstatt des neuen anzugeben. Wenn die Versuchsperson diese Suggestionen mit ihrem tatsächlichen eigenen Erleben in Zusammenhang bringt, kann man fortfahren, obwohl heute Dienstag sei, könnte auch angenommen werden, es sei Donnerstag. Aber da heute ja Mittwoch sei, und da es auch jetzt im Moment nicht wichtig ist, ob heute Mittwoch oder Montag ist, könne man sich ein Erlebnis am Montag letzter Woche in aller Deutlichkeit ins Gedächtnis rufen, das die Wiederholung eines Erlebnisses vom vorigen Mittwoch war. Dies wiederum erinnert an ein Ereignis am Geburtstag der Versuchsperson im Jahre 1948, zu einer Zeit, als sie nur vermuten, nicht aber wissen konnte, was an ihrem Geburtstag 1949, - und noch weniger was am Geburtstag 1950 geschehen werde, weil diese damals noch gar nicht stattgefunden hatten. Und weiter, da diese Geburtstage noch nicht gewesen sind, konnte es 1948 in ihrem Denken auch noch gar keine Erinnerung daran geben. Die Versuchspersonen erkennen, wenn sie diese Suggestionen erhalten, daß sie von schwerwiegender Bedeutung sind. Beim Versuch, sie zu verstehen, sind sie jedoch geneigt, vom Geburtstag 1948 auszugehen. Dann allerdings müssen sie 1949 und 1950 ausblenden. Kaum haben sie damit begonnen, wird ihnen auch schon eine weitere Reihe von Suggestionen dargeboten, über die Tatsache, daß man manche Dinge erinnern und andere vergessen kann, daß Menschen häufig Dinge vergessen, von denen sie sicher sind, sie zu erinnern, es aber nicht tun - daß manche Kindheitserinnerungen uns sogar lebendiger vor Augen stehen als Erinnerungen von 1947, '46, '45, - daß sie in der Tat jeden Tag etwas aus diesem Jahr vergessen, ebenso aus dem letzten oder von 1945 oder '44 - und sogar noch mehr von '42, '41, und '40. Und von 1935 werden nurmehr bestimmte Dinge deutlich als aus diesem Jahr erinnert, und während die Zeit vergeht, wird immer noch mehr vergessen werden.

Bei diesen Suggestionen wird ebenfalls der jeweils stimmige Wahrheitsgehalt anerkannt, und jedes Bemühen der Versuchspersonen, diese Suggestionen zu verstehen, führt dazu, daß sie akzeptiert werden. Darüber hinaus wurden damit gleichzeitig Suggestionen zur Amnesie angeboten, und es wurde das Schwergewicht auf Kindheitserinnerungen gelegt. Weiterhin wurde der Prozeß einer Reorientierung auf ein früheres Alter eingeleitet.

Diese Suggestionen werden zu Anfang nicht als Befehle oder Anweisungen gegeben, sondern als Bemerkungen, die zum Nachdenken anregen. Später, wenn die Versuchspersonen dann beginnenn darauf einzugehen, wird langsam und schrittweise zu direkten Suggestionen übergegangen, um die Erlebnisse von 1935 oder 1930 immer lebendiger zu erinnern. Wenn das geschehen ist, werden die Suggestionen zum Vergessen dessen, was aus dem ausgewählten Alter erinnert worden ist direkt, aber langsam und unmerklich gegeben. Diese Suggestionen werden nun folgendermaßen formuliert: Man kann „viele Dinge vergessen, so natürlich, wie man das eben macht, viele Dinge, Ereignisse aus der Vergangenheit, Mutmaßungen über die Zukunft, aber natürlich sind vergessene Dinge nicht wichtig - nur das, was zur Gegenwart gehört, Gedanken, Gefühle, Ereignisse, nur das ist lebendig und von Bedeutung". So wird der Beginn einer Ordnung in den Vorstellungen suggeriert, derer die Versuchspersonen bedürfen, die aber eine bestimmte Art der Reaktionen erfordert.

Als nächstes werden mit Nachdruck und zunehmender Intensität Suggestionen gegeben, daß bestimmte Ereignisse aus dem Jahr 1930 so lebhaft erinnert werden, daß sich die Versuchspersonen mitten in der Entwicklung eines Ereignisses aus ihrem Leben wiederfinden, das noch nicht abgeschlossen ist. Ein Mann zum Beispiel, der auf seinen sechsten Geburtstag rückorientiert wurde, sah sich daraufhin am Tisch sitzen, in ängstlicher Erwartung, ob seine Mutter ihm ein oder zwei Würstchen geben würde. Die Psychologin, von der oben berichtet wurde, war auch in ein früheres Kindheitsstadium rückorientiert und erlebte, wie sie in einem Klassenzimmer saß und wartete, daß die Aufgaben ausgeteilt würden.

An dieser Stelle begehen viele, die ernsthaft mit Hypnose arbeiten, einen unglaublichen Fehler in der nicht überdachten Annahme, daß die Versuchspersonen - wenn sie in eine Zeit zurückorientiert sind, ehe sie mit dem Hypnotiseur zusammengetroffen sind, sich auf ein Gespräch mit ihm einlassen können, einer Person also, die genaugenommen gar nicht existiert. Trägt der Hypnotiseur diesem Umstand jedoch in kritischer Weise Rechnung, so kann er ernsthaft und nicht nur als Vorwand in eine andere Identität schlüpfen. Die Psychologin, die noch einmal ihr Schulerlebnis durchmacht, würde den Autor erst fünfzehn Jahre später treffen. Also verwandelte sie ihn spontan in ihre Lehrerin. Die Beschreibung, wie sie ihn in der Situation wahrgenommen hat, erwies sich bei späterer Überprüfung als auf die tatsächliche Lehrerin zutreffend. Hätte er als Dr. Erickson im Klassenzimmer zu ihr gesprochen, so wäre das ein lächerlicher Anachronismus gewesen, der die gesamte Rückorientierung verfälscht hätte. Da er aber als Mrs. Brown gesehen wurde und auch die Reaktion erhielt, welche der Zeit, dem Klassenzimmer und eben der Mrs. Brown angemessen war, wurde die gesamte Situation eine stimmige Wiederbelebung der Vergangenheit.

Das vielleicht absurdeste Beispiel für unkritisches Verhalten in dieser Hinsicht ist das desjenigen Psychiaters, der ausführlich von einem Experiment zur Altersregression berichtete, bei dem die Versuchsperson in ein vorgeburtliches Stadium zurückkehrte, und dann eine persönliche Beschreibung intrauteriner Erfahrungen lieferte. Er ließ die Tatsache außer acht, daß das Ungeborene in utero weder spricht noch Gesprochenes verstehen kann. Er machte sich nicht klar, daß seine Befunde den Anstrengungen einer willfährigen Versuchsperson entsprungen waren, die einem unkritischen, gedankenlosen Untersucher einen Gefallen tun wollte.

Die Notwendigkeit, sich der hypnotischen Situation anzupassen, ist für den Hypnotiseur absolutes Gebot, um valide Ergebnisse zu erzielen, und dem kann auch leicht entsprochen werden. Eine Patientin wurde im Rahmen einer Therapie in ein Alter von vier Jahren zurückversetzt. Unabhängig von der Patientin eingeholte Informationen über sie ergaben, daß sie in diesem Alter Gefallen an der goldenen Sprungdeckeluhr eines Nachbarn fand, eine Tatsache, die sie längst vergessen hatte. Bei ihrer Regression, als sie die Stufe der Vierjährigen erreicht hatte, wurde ihr freundlich und ohne weitere Suggestion die goldene Sprungdeckeluhr des Autors vorgezeigt und von der Versuchsperson spontan und ohne Schwierigkeiten als die des Nachbarn wiedererkannt.

Eine derartige Transformation des Hypnotiseurs in eine andere Person ist nicht nur typisch für die Arbeit mit Regression. Auch bei der Induktion tiefer Trance bei einer neuen Versuchsperson stieß der Autor auf Schwierigkeiten, bis er erkannte, daß er als Dr. Erickson nur ein bedeutungsloser Fremder war, und daß die vollständige Entwicklung tiefer Trance davon abhing, daß er seine Transformation in eine andere Person annahm. So identifizierte ihn zum Beispiel eine

Frau, die hypnotische Anästhesie für die Entbindung wünschte, unentwegt mit einem früheren Psychologieprofessor. Erst kurz vor der Niederkunft wurde dem Autor seine wahre Identität wieder zugestanden. Diese Situation nicht ernsthaft zu akzeptieren, hätte die Möglichkeit zur Entwicklung tiefer Trance und zur Einübung der Anästhesie sehr behindert.

Unabhängig von der Erfahrung und Fähigkeit eines Hypnotiseurs ist es bei der Induktion tiefer Trance und dem Erreichen valider Reaktionen von übergeordneter Bedeutung, jede Versuchsperson als Persönlichkeit anzuerkennen, ihren Bedürfnissen zu entsprechen und ihre unbewußten Verhaltensmuster wahrzunehmen und zu akzeptieren. Der Hypnotiseur und nicht die Versuchsperson sollte dazu gebracht werden, sich der hypnotischen Situation anzupassen.

Die Rehearsal-Technik

Eine andere Art tiefer Tranceinduktion könnte als Rehearsal-Technik bezeichnet werden. Sie kann und sollte auch in vielen Fällen zur tiefen Hypnose und zum Hervorrufen spezieller Phänomene eingesetzt werden. Dabei ist sie ganz unterschiedlich zu verwenden, sowohl im experimentellen als auch und vor allem im klinischen Bereich. Bei dieser Technik wird ein bestimmtes Verhalten herausgegriffen, das offensichtlich eine gute weitere Entwicklung verspricht, und dann läßt man es zur Übung wiederholen. So kann es sein, daß Personen, die wenig auf Hypnose ansprechen, möglicherweise dennoch gute Versuchspersonen sind, aber auf Suggestionen zu automatischem Schreiben beispielsweise mit einem Fehlschlag reagieren. Die partiell unsichere Reaktion kann aufgegriffen werden als Beispiel für einen tatsächlichen Erfolg. Dann wird eine Reihe von Suggestionen gegeben, die dazu führen, daß die Versuchspersonen in ihrer Vorstellung üben, was sie hätten tun müssen, um diese spezielle Aufgabe zu erfüllen. Sie werden gebeten, vor ihrem geistigen Auge zu wiederholen, wie das Schreiben auf weißem Papier, auf liniertem Papier, mit Kugelschreiber, Bleistift oder Buntstift durchzuführen sei. Als nächstes sollen sie das, ebenfalls in der Vorstellung, in den verschiedenen Kombinationen üben, die mit diesen Mitteln möglich sind. Darauf können weitere Übungen und Wiederholungen folgen, wobei als neue Variablen halluziniertes Papier und Schreibgeräte, neuartige Buchstaben, Worte oder Sätze eingeführt werden. Bei diesem Vorgehen entwickeln die Versuchspersonen zunehmend eine immer tiefere Trance, vor allem wenn das Üben und Wiederholen auch auf andere Formen hypnotischen Verhaltens ausgedehnt wird.

Mitunter kann diese Technik auch auf völlig andere Art und Weise angewandt werden. Vor Medizinstudenten höheren Semesters versuchte der Autor z.B bei einer freiwilligen Versuchsperson, die einerseits in Trance gehen und gleichzeitig auch den Autor enttäuschen wollte, eine Amnesie hervorzurufen. Der Student bezweifelte, daß er Amnesie entwickeln könne und erklärte, daß er sein eigenes Kriterium für das Vorhandensein einer Amnesie vorschlage, und zwar das Ausziehen seines rechten Schuhs. Sollte das geschehen, so wäre das für ihn der Beweis, daß er eine Amnesie habe. Er entwickelte eine ziemlich gute Trance und erhielt eine ganze Reihe eindringlich wiederholter Anweisungen, verschiedene Handlungen auszuführen. So sollte er zum Beispiel von einem Studenten Zigaretten erbitten, von einem anderen die Brille usw. Wiederholt wurden weiterhin Anweisungen zum Vergessen all dieser einfachen Aufgaben gegeben. Ganz unauffällig wurde in diese Suggestionen die Bemerkung eingebettet, daß er nach dem Erwachen, während der allgemeinen Diskussion über Vorhandensein oder Abwesenheit von Amnesie, aufstehen und den Raum durchqueren werde, einen Satz an die Tafel schreiben und mit seinem Namen unterzeichnen werde und währenddessen weiter an der Diskussion teilnehme.

Nach dem Erwachen erklärte er, sich an alles zu erinnern, was zu ihm gesagt worden sei und was er getan habe. Seine Bemerkung wurde angezweifelt, woraufhin er erregt alle Aufgaben und deren Ausführung aufzählte. Ohne seine Rede zu unterbrechen, schrieb er einen Satz und unterschrieb. Nachdem er zu seinem Platz zurückgekehrt war, wurde er auf das Geschriebene aufmerksam gemacht, und er stritt ab, das geschrieben zu haben . Er betonte, daß seine Aufzählung Beweis seiner Erinnerung sei und streckte seinen rechten Fuß mit Schuh aus, um abschließend zu beweisen, daß er keine Amnesie habe. Während er weiterredete, zog er sich gedankenverloren seinen Schuh aus. Er bemerkte es nicht, bis die Seminarteilnehmer entlassen wurden. Nach systematischer Bewertung der Situation erkannte er, daß er eine Amnesie entwickelt hatte, ohne sich dessen bewußt zu sein. Die Seminarteilnehmer wurden wieder zusammengerufen und er wurde aufgefordert, den geschriebenen Satz noch einmal zu schreiben. Während er das tat, wurde mit ein paar Suggestionen eine tiefe Trance induziert und es schloß sich eine ausführliche Demonstration der Psychopathologie des Alltagslebens an.

Demnach wurde der Versuchsperson also eine ganze Reihe sich wiederholender einfacher Aufgaben gegeben, die scheinbar zu einer

Amnesie führen sollten, die es ihr aber in Wirklichkeit ermöglichten, entsprechend ihren persönlichen Bedürfnissen voll und ganz erfolgreich zu sein. So waren also die mißglückten Reaktionen tatsächlich gelungene Aktionen, die wiederum ein anderes erfolgreiches Verhalten, nämlich die Entwicklung einer Amnesie ermöglichten. Das unauffällige Einbetten der Suggestion zu Schreiben erlaubte es, sie von den anderen, wichtigeren abzukoppeln. Schließlich, nachdem der Student die zahlreichen Erfolge mit der nichtvorhandenen Amnesie hatte, wurde das erfolgreiche Reaktionsmuster noch vervollständigt durch das Vorzeigen des Schuhs an seinem Fuß. Dabei blieb jedoch sein Wunsch nach weiterem Erfolg unbefriedigt, daß er nämlich seinen Schuh auszöge – ein von ihm selbst gewähltes Verhalten – um so eine Amnesie zu demonstrieren. Diesen Wunsch erfüllte er mit einer doppelten Amnesie für das Schreiben und das Ausziehen des Schuhs – ein noch größerer Erfolg, als er ihn vorgesehen hatte. Danach, als er das Schreiben wiederholte, fand er sich wieder in der Situation, in der er seine für in befriedigendste Leistung erbracht hatte. Diese Situation führte dann leicht zu einer tiefen Trance aufgrund einer Rehearsal-Technik.

Eine weitere Variante dieses Vorgehens hat sich als nützlich zur Induktion tiefer Trance erwiesen, und zwar bei Untersuchungen zur Motivation, zur Assoziation, zur Regression, zur Analyse von Symbolen, zur Verdrängung und zur Entwicklung von Einsicht. Sie hat sich als sehr wirksames therapeutisches Vorgehen bewährt. Sie besteht im wesentlichen darin, die Personen im Trancezustand einen Traum oder – wenn auch weniger empfehlenswert – eine Phantasie in beständig wechselnder Form mehrfach wiederholen zu lassen. Das bedeutet, sie wiederholen einen spontanen oder induzierten Traum mit verschiedenen Mitwirkenden, vielleicht auch unterschiedlichen Szenarien, aber mit der gleichen Bedeutung. Nach dem zweiten Durchgang werden die nämlichen Anweisungen immer wieder gegeben, bis der Zweck erfüllt ist. Um das zu verdeutlichen: Ein Patient erzählte seinen spontanen Traum der vergangenen Nacht: „Ich war allein auf einer grasbewachsenen Wiese mit Hügeln und Buckeln. Es war warm und angenehm. Ich wollte etwas Furchtbares, ich weiß nicht was. Aber ich fürchtete mich, ich war starr vor Angst: Es war schrecklich. Zitternd wachte ich auf."

Bei der Wiederholung war der Traum folgendermaßen: „Ich ging ein enges Tal hinauf. Ich suchte etwas, das ich finden mußte, aber ich wollte es nicht. Ich wußte nicht, was ich suchte, aber ich wußte, etwas zwang mich, es zu suchen, egal was es sein mochte, ich fürchtete mich davor. Dann kam ich zum Ende des Tales, wo die Hänge zusammenrückten, und unter einem dichten Busch hervor entsprang ein kleiner Bach. Der Busch war übersät mit furchtbaren Dornen. Er war giftig. Etwas zwang mich näherzugehen, und ich wurde kleiner und kleiner und fürchtete mich immer noch."

Die nächste Wiederholung war: „Das scheint etwas mit einem Teil des letzten Traums zu tun zu haben. Es war Frühling und die gefällten Bäume lagen im Fluß und alle Holzfäller und alle Männer waren da. Jedem gehörte einer der Stämme, mir auch. Alle hatten große Stämme aus Hartholz, aber der, den ich bekam, war ein kleiner verfaulter Knüppel. Ich hoffte, niemand würde es bemerken und verlangte einen anderen. Als ich ihn bekam, war er genauso wie der erste."

Die nächste Wiederholung: „Ich war Fischen in einem Ruderboot. Alle fischten. Von den anderen fing ein jeder einen schönen großen Fisch. Ich fischte und fischte, und alles, was ich fing, war ein kleiner mickriger Fisch. Ich wollte ihn nicht, aber ich mußte ihn behalten. Ich fühlte mich furchtbar niedergeschlagen."

Und noch einmal: „Ich war wieder Fischen. Eine Menge großer Fische schoß im Wasser hin und her, aber ich fing nur erbärmlich kleine Fische, die vom Haken fielen und tot auf dem Wasser trieben. Aber ich mußte einen Fisch haben, also fischte ich weiter und fing einen, der etwas lebendig zu sein schien. Ich steckte ihn in einen Jutesack, weil ich wußte, jedermann sollte seine Fische in einen Jutesack stekken. Alle anderen taten das, und die Fische füllten ihre Säcke stets vollständig. Aber mein Fisch ging fast verloren im Jutesack. Und dann sah ich, daß der Sack ganz vergammelt war und ein Loch hatte. Eine ganze Menge Schleim und Dreck quoll hervor, und mein Fisch trieb davon in diesem furchtbaren Schleim, tot, mit dem Bauch nach oben. Ich schaute mich um und war wieder auf der Wiese, von der ich schon erzählt habe. Der Jutesack war unter dem Busch mit den ganzen Dornen, und mein unbrauchbarer Fisch trieb den Bach hinunter, von dem ich auch schon erzählt habe, und sah genauso aus wie ein vergammelter Knüppel."

Eine Folge von Wiederholungen führte schließlich zum Zusammenbruch tiefgehender Amnesien und Blockaden und damit zur Aufdeckung der Hintergründe.

Während seiner Pubertät in äußerst ärmlichen Verhältnissen fungierte er als Krankenpfleger seiner Mutter, die ihn seit frühester Kindheit zurückgewiesen hatte und die an einer völlig vernachlässigten genitalen Krebserkrankung starb. Zusätzlich berichtete er zum ersten Mal von seinen tiefsitzenden Minderwertigkeitsgefühlen aufgrund seines unterentwickelten Penis, von seinen starken homosexuellen Neigungen und seinen Gefühlen, daß sein einziger Schutz vor der Homosexualität darin bestehe, den „furchtbaren Druck und Zwang auf sich zu nehmen, den die Gesellschaft ausübt, um einen in Richtung der Heterosexualität zu stoßen".

Diese Beispiele aus einer Fallgeschichte veranschaulichen die unbewußten Prozesse: Jeder weitere Traum führte zu einer leichter zu induzierenden und aufrechtzuerhaltenden Trance. Gleichzeitig erhielt der Patient größere Freiheit im Denken und im Gebrauch leichter zu verstehender Symbole.

Eine notwendige Vorsichtsmaßnahme bei dieser Vorgehensweise besteht darin, bei experimentellen Untersuchungen oder Demonstrationen nach Möglichkeit angenehme Träume zu verwenden. Wenn das nicht möglich ist, empfiehlt es sich, positive Anteile einzuführen, um das Ausmaß der negativen Emotionen zu begrenzen. Auf jeden Fall sollte sorgfältig darauf geachtet werden, die Arbeit zu unterbrechen, wenn sich eine Situation entwickelt, die die Kompetenz des Hypnotiseurs übersteigt. Andernfalls können akute emotionale Störungen und aktive Verdrängung auftreten, die dem Ansehen des Hypnotiseurs bei der Versuchsperson schaden und ihr Kummer bereiten.

Eine weitere Variante der Rehearsal-Technik besteht darin, die Versuchspersonen visualisieren zu lassen, wie sie selbst bestimmte Aufgaben in Trance ausführen und anschließend dieser visuellen Vorstellung noch andere Sinnesqualitäten, wie die akustische, die kinästhetische usw. hinzuzufügen. So hatte zum Beispiel eine Patientin, die wegen einer neurotischen Fehlanpassung in Behandlung war, große Probleme, eine tiefe Trance zu erreichen und aufrechtzuerhalten. Zur Induktion wurde sie aufgefordert, in ihrer Vorstellung den wahrscheinlichen Ablauf jeder exploratorischen oder therapeutischen Sitzung durchzugehen und dann, so vollständig wie möglich, die dazugehörigen Erlebnisse zu halluzinieren. So war es möglich, tiefe Trancen zur vollen Zufriedenheit hervorzurufen und aufrechtzuerhalten. Indem sie diese „Vorausschau" erhielt, war sie in der Lage, in tiefe Trance zu gehen und dort zu bleiben. Nachdem die zugrundeliegenden Ursachen ihrer Schwierigkeiten exploriert worden waren, wurde im nächsten Schritt in der Therapie mit ihrer Hilfe ein detaillierter Entwurf aller Aktivitäten erstellt, die sie zu durchlaufen haben würde, um sich von ihren rigiden habituellen Verhaltensmustern aus der Vergangenheit zu befreien. Anschließend wurde sie drei Monate in die Zukunft vorausorientiert, und damit erhielt sie die Möglichkeit, „im Rückblick" über ihre Therapie und Genesung zu berichten. So konnte eine

Fülle neuen Materials zutage gefördert werden, das in die abschließenden Therapieschritte integriert wurde.

Ein vergleichbarer Fall ist der eines Mädchens, einer äußerst fähigen Versuchsperson – außer vor Zuschauern. In diesem Fall war es unmöglich, eine tiefe Trance zu induzieren oder eine unter Ausschluß der Zuschauer eingeleitete Trance aufrechtzuerhalten. Indem sie in der Vorstellung eine zukünftige öffentliche Demonstration durchging, dann ein paar Wochen weiter in die Zukunft orientiert wurde, war sie in der Lage, ihre Phantasie als eine zu ihrer vollen Zufriedenheit gelungene Demonstration aus der Vergangenheit zu betrachten. Sie wurde dann unmittelbar aufgefordert, ihre Demonstration vor einer Gruppe von Studenten zu „wiederholen“, was sie bereitwillig und mit Erfolg tat. Die Schwierigkeiten tauchten nicht wieder auf, obwohl sie vollen Einblick erhielt in die Art und Weise, wie sie manipuliert worden war.

Versuchspersonen, die von der Gegenwart in die jetzt laufende Zukunft versetzt und instruiert werden, auf die geplante hypnotische Arbeit zurückzublicken, als sei sie schon vollbracht, können dem Hypnotiseur durch ihr „Rückerinnern“ oft Einsichten vermitteln, die unmittelbar zu viel fundierterer Arbeit in tiefer Trance führen. Der Autor hat dieses Vorgehen sowohl in der Therapie als auch in experimentellen Studien als sehr effizient erlebt, da es die Durchführung hypnotischer Arbeit in besserem Einklang mit der Gesamtpersönlichkeit und den unbewußten Bedürfnissen und Fähigkeiten der Versuchsperson erlaubt. So ist eine Korrektur von Irrtümern und Versehen möglich, noch ehe es dazu gekommen ist, und es entsteht ein besseres Verständnis für angemessene Techniken. Versuchspersonen, bei denen so verfahren wird, leisten oft unschätzbare Dienste, indem sie Vorgehensweisen und Techniken entwerfen, die in experimentellen Studien und in der Therapie Anwendung finden können.

Multiple Dissoziationstechnik

Eine andere, vom Autor oft angewandte Vorgehensweise zur Induktion tiefer Trance oder ihrer Nutzung für komplexere therapeutische Arbeit, ist die Induktion multipler visueller Halluzinationen, bei denen unterschiedliche, aber dennoch miteinander zusammenhängende Dinge visualisiert werden. Vielen Versuchspersonen kann in leichter Trance das „Kristallkugel-Sehen“ gelehrt werden. Eine Patientin, in tief depressiver, mutloser Stimmung, ergriff bereitwillig die Gelegenheit, ihren unglücklichen Zustand durch ein Kontrasterlebnis noch zu verstärken. Sie griff die Suggestion auf, in einer Kristallkugel ein glückliches Erlebnis ihrer Kindheit ablaufen zu sehen, das ihr nicht mehr bewußt war. Unter Ausnutzung ihrer masochistischen Reaktion hierauf wurde eine zweite Kristallkugel suggeriert, in der sie simultan zum ersten ein weiteres Ereignis aus einer anderen Altersstufe sehen konnte. Bald waren insgesamt ein Dutzend halluzinierter Kugeln vorhanden. In jeder stellten halluzinierte Gestalten aus ihrer Vergangenheit Szenen ihres Lebens in verschiedenen Altersstufen dar. So wurde eine experimentell explorative und zugleich therapeutische Situation geschaffen, in welcher ihre eingeschränkte unmittelbare Bereitschaft zu einer kurzen Trance dazu diente, sie durch einen ausgedehnten, über Stunden andauernden Entwicklungprozeß zu führen, der den Bedürfnissen ihrer Persönlichkeit im therapeutischen Sinne dienlich war.

Diese Vorgehensweise ist nicht auf induziertes halluzinatorisches Verhalten beschränkt. Ein Musiker, der nicht auf direkte hypnotische Suggestionen ansprach, wurde veranlaßt, die Erfahrung zu erinnern, wie es ist, wenn ihm eine Melodie im Kopf herumspukt. Alsbald war er so sehr darin vertieft, sich wiederzuerinnern und schlug dazu den Takt als kinästhetisches Hilfsmittel, so sich eine tiefe Trance entwikkelte. Mit anderen Worten: Dissoziationsphänomene, ob nun spontan oder induziert, können durch Wiederholung dazu genutzt werden, den psychologischen Anstoß zu geben, auf den sich Versuchspersonen prompt und bereitwillig einlassen.

Posthypnotische Techniken

In einem Artikel gemeinsam mit E.M. Erickson wurde das Augenmerk auf die spontanen hypnotischen Trancezustände gerichtet, die sich im Zusammenhang mit der Ausführung posthypnotischer Aufträge einstellten. Beim Induzieren einer leichten oder tiefen Trance kann der Hypnotiseur unauffällig die eine oder andere Art posthypnotischer Suggestion einfließen lassen, die die spätere Entwicklung einer spontanen Trance erlaubt. Diese Trance kann dann als Ausgangspunkt für die Entwicklung eines neuen Trancezustandes genutzt werden. Nicht alle Personen reagieren auf dieses Vorgehen, aber es erweist sich oft als besonders wertvoll.

Manchmal kann Personen, die nur in einem leichten Trancezustand sind, eine einfache posthypnotische Suggestion gegeben werden. Während sie bei der Ausführung dieser Aufgabe eine spontane Trance entwickeln, können Suggestionen zur weiteren Vertiefung erfolgen. Dieses Vorgehen kann wiederholt werden und daraus kann eine weitere, noch tiefere Trance entstehen, bis schließlich eine hinreichende Anzahl von Wiederholungen einen tiefen Trancezustand hervorbringt.

Was die Formulierung dieser unauffälligen posthypnotischen Suggestionen angeht, so verwendet der Autor Sätze wie: „Jedes Mal, wenn ich Ihr Handgelenk nehme und Ihren Arm sanft in dieser Art bewege (Bewegung wird vorgeführt), wird das ein Signal für Sie sein, etwas zu tun, – vielleicht Ihre andere Hand zu bewegen, vielleicht mit dem Kopf zu nicken, vielleicht tiefer zu schlafen; aber jedes Mal, wenn Sie dieses Signal erhalten, werden Sie bereit sein, die Aufgabe auszuführen. Wenn diese Suggestion in der ersten Trance mehrmals wiederholt wird, verbinden die Versuchspersonen sie in ihrem momentanen Denken nur mit dieser Trancesitzung. Indessen kann die Wiederholung des Signals Wochen später in einem angemessenen Setting zur schnellen Induktion eines hypnotischen Zustandes führen. Diese Methode wurde vielfach eingesetzt, um Studenten unserer Fachrichtung zeitsparend sowohl zu Hypnotiseuren als auch zu hypnotischen Versuchspersonen auszubilden.

Eine einfache, beiläufige Tätigkeit eignet sich wesentlich besser als posthypnotische Aufgabe, die die Versuchspersonen durchführen sollen, als eine offene Handlung, die Aufmerksamkeit erfordert. Zuzusehen, wie der Hypnotiseur sich eine Zigarette anzündet und zu beobachten, ob das Streichholz, das in Richtung Papierkorb geworfen wird, auch trifft, oder zu beobachten, daß das Buch auf dem Tisch etwa fünf Zentimeter vom Rand entfernt liegt – dies alles eignet sich ungleich besser, als die Versuchspersonen zu veranlassen, in die Hände zu klatschen, wenn das Wort „Bleistift“ ausgesprochen wird. Je beiläufiger hypnotische Arbeit verrichtet werden kann, um so leichter fällt es den Versuchspersonen, sich darauf einzulassen. Beiläufigkeit erlaubt es, die Entwicklung des Verhaltens der gesamten hypnotischen Situation prompt zu nutzen.

Mit der Darstellung der vorausgegangenen Abschnitte wurde nicht die Absicht verfolgt, spezifische Techniken zur Durchführung von Hypnose zu umreißen; es war vielmehr unser Anliegen, zu verdeutlichen, daß Hypnose vorrangig aus einer inter- und intrapersonalen Situation entwickelt werden sollte, um den Absichten beider Beteiligter, des Hypnotiseurs und der Versuchsperson zu dienen. Man kann das nicht erreichen, indem man rigide Prozeduren und festgelegte Methoden befolgt, noch indem man ein einzelnes bestimmtes Ziel anstrebt. Die Vielschichtigkeit menschlichen Verhaltens und die ihm zugrundeliegenden Motivationen erfordern die Anerkennung der vielfältigen Faktoren einer jeden Situation, in der zwei Persönlichkeiten miteinander interagieren. Welche Rolle der Hypnotiseur auch immer spielen mag, die Rolle der Versuchsperson beinhaltet weit mehr Aktivität, die aus ihren Fähigkeiten, aus der Lerngeschichte und aus dem Erfahrungshintergrund der gesamten Persönlichkeit entstammt.

Hypnotiseure können nur führen, anleiten, überwachen und die Möglichkeit schaffen, daß die Versuchspersonen etwas zustande bringen können. Damit dies erreicht werden kann, müssen Hypnotiseure die Situation und ihre Erfordernisse begreifen, den Versuchspersonen umfassenden Schutz gewähren und in der Lage sein, Erreichtes anzuerkennen. Sie müssen entstehendes Verhalten annehmen und nutzen sowie die Fähigkeit haben, Möglichkeiten und Situationen zu schaffen, die für ein angemessenes Verhalten der Versuchspersonen günstig sind.

7. Natürliche Hypnosetechniken

Milton H. Erickson

Der „natürliche" Ansatz bei der Induktion hypnotischer Trancezustände – im Gegensatz zu formalisierten, ritualisierten Tranceeinleitungen – verdient viel mehr Forschungs-, experimentelle und Untersuchungsbemühungen als ihm bislang zuteil wurde.

Mit natürlicher Herangehensweise ist hier gemeint, daß die vorgefundene Situation aufgegriffen und genutzt wird, ohne daß versucht würde, sie psychologisch umzustrukturieren. Wenn man dies tut, wird das gezeigte Verhalten des Patienten weit eher zur eindeutigen Hilfe und zum tatsächlichen Bestandteil der Tranceinduktion als zum möglichen Hindernis. Mangels genauerer Fachbezeichnungen möge diese Methode als naturalistischer Ansatz bezeichnet werden, wobei hier eine Aspekt des Synergieprinzips mitschwingt.

Grundlegend für diesen naturalistischen Zugang sind die wechselseitigen Beziehungen und Abhängigkeiten, wie sie vom Autor 1943 dargestellt und in seiner weiteren Erfahrung wiederholt bestätigt worden sind. In diesen Studien wurde das Schwergewicht auf den Umstand gelegt, daß es wünschenswert sei, die Reaktion in einer Modalität als integralen Bestandteil beim Hervorrufen von Reaktionen in einer anderen Modalität zu verwenden. Weiter wurde die wechselseitige Abhängigkeit der verschiedenen Verhaltensmodalitäten beachtet, wie sie etwa bei der Steigerung des Kniesehnenreflexes auftritt, wenn man gleichzeitig die Armmuskulatur anspannt.

Um diese Punkte zu veranschaulichen und abzuklären, sei nun eine Reihe von Fallberichten angeführt

1. Fallbeispiel

Ein Mann, Mitte Dreißig, begann sich für Hypnose zu interessieren und meldete sich als freiwillige Versuchsperson zu einigen Untersuchungen an einer Universität. In der ersten Hypnosesitzung merkte er, daß er eine hervorragende hypnotische Versuchsperson war, verlor jedoch jedes Interesse an weiterer experimenteller Arbeit.

Einige Jahre später entschloß er sich, daß sein Zahnarzt bei ihm Hypnose anwenden sollte, da er eine umfangreiche Zahnbehandlung benötigte und sich sehr vor den möglichen Schmerzen fürchtete.

Er begab sich bei seinem Zahnarzt bereitwillig in einen Trancezustand und entwickelte gemäß entsprechender Suggestionen eine ausgezeichnete Anästhesie der Hand. Es gelang ihm jedoch nicht, diese Anästhesie oder auch nur eine Analgesie in irgendeiner Form auf seinen Mund zu übertragen. Statt dessen schien die Empfindlichkeit im oralen Bereich sogar zuzunehmen. Auch scheiterten Versuche, die Anästhesie oder Analgesie unmittelbar in diesem Bereich zu entwikkeln.

Es wurden vom Zahnarzt und von einem Kollegen weitere gewissenhafte, aber ebenso erfolglose Versuche unternommen, dem Patienten mittels verschiedener Techniken Anästhesie oder Analgesie beizubringen. Er konnte auf die beschriebene Art nur mit anderen Teilen seines Körpers reagieren, nicht aber mit dem Mund. Daraufhin wurde er dem Autor als ein Sonderfall vorgestellt.

Es konnte leicht ein Trancezustand induziert werden, und der Patient wurde beiläufig an seinen Wunsch nach einem angenehmen Gefühl auf dem Zahnarztstuhl erinnert. Weiter wurde er angewiesen, den Anordnungen aufmerksam zu folgen und sie vollständig auszuführen.

Dann erhielt er Suggestionen, daß seine linke Hand überaus, ja sogar schmerzhaft empfindlich für alle Reize werde. Dieser Zustand der Hyperästhesie würde andauern, bis er gegenteilige Instruktionen erhielte. Indessen werde während dieser Zeit in angemessener Weise dafür gesorgt, daß seine Hand vor schmerzhaften Kontakten geschützt sei.

Der Patient reagierte in umfassender und angemessener Weise auf diese Suggestionen. Zusätzlich zur Hyperästhesie seiner Hand und ohne jegliche weitere entsprechende Suggestion, entwickelte er eine spontane Anästhesie des Mundes, die eine umfangreiche Zahnbehandlung ohne Anwendung weiterer Betäubungsmittel ermöglichte.

Selbst in darauffolgenden Versuchen konnte keine Anästhesie oder Analgesie direkt oder absichtlich induziert werden, es sei denn als Teil dieses für den Patienten typischen Hyperästhesie-Analgesie-Musters. Allerdings ist derlei Verhalten kein Einzelfall. Von Zeit zu Zeit wurden vergleichbare Fälle beobachtet.

Offensichtlich war der Patient der festen, psychologisch begründeten Meinung, eine Zahnbehandlung habe unbedingt mit Überempfindlichkeit zu tun. Nachdem diesem festverankerten Verständnis entsprochen worden war, konnte die Anästhesie des Mundbereichs entsprechend dem Prinzip erreicht werden, wonach die Entspannung eines Muskels die Anspannung eines anderen ermöglicht.

2. Fallbeispiel

Ein Zahnarzt hatte mit einigen Kollegen bei seiner Frau wiederholt und ohne Erfolg versucht, Hypnose anzuwenden. Sie erklärte, sie sei jedesmal „starr vor Angst, so daß ich mich nicht mehr rühren konnte, und dann fing ich an zu weinen. Ich konnte nichts von dem tun, was sie verlangten. Ich konnte mich nicht entspannen, ich konnte keine Handlevitation zustande bringen, ich konnte meine Augen nicht schließen; alles, was ich vermochte, war, törichte Angst zu haben und zu weinen."

Auch hier wurde ein naturalistischer Ansatz unter Berücksichtigung der synergistischen Idee verwandt. Ihre allgemeine Situation wurde sinngemäß mit den folgenden Worten zusammengefaßt: „Sie wünschen sich Hypnose im Rahmen Ihrer Zahnbehandlung. Auch Ihr Mann und seine Kollegen möchten das, aber jedesmal, wenn ein Hypnoseversuch unternommen wurde, ist es Ihnen nicht geglückt, in Trance zu gehen. Sie waren starr vor Angst und haben geweint. *Es hätte wirklich genügt, einfach nur starr zu werden ohne zu weinen.* Nunmehr möchten Sie, daß ich Sie – falls nötig – psychiatrisch behandle, aber ich glaube nicht, daß das erforderlich ist. Statt dessen werde ich Sie einfach in Trance versetzen, damit sie Hypnose für Ihre Zahnbehandlung nutzen können."

Sie erwiderte: „Aber ich werde nur starr vor Angst werden und weinen."

Darauf erhielt sie die Antwort: „Nein, zuerst werden Sie starr werden. Das ist das erste, was Sie tun müssen, und so tun Sie es jetzt. Werden Sie einfach steifer und steifer, Ihre Arme, Ihre Beine, Ihr Körper, Ihr Hals – vollkommen steif – ja sogar noch steifer als Sie es bei Ihrem Mann waren.

Nun schließen Sie Ihre Augen und lassen die Lider steif werden, so steif, daß Sie sie nicht heben können."

Sie reagierte überaus angemessen.

„Das Nächste, was Sie nun zu tun haben, ist, törichte Angst zu bekommen und dann zu weinen. Natürlich wollen Sie das nicht, aber Sie müssen, weil Sie das so gelernt haben, *aber tun Sie es jetzt gerade noch nicht.*

Es wäre so viel einfacher, tief Luft zu holen, sich vollständig zu entspannen und tief zu schlafen.

Warum versuchen Sie das nicht, anstatt weiterzumachen, törichte Angst zu bekommen und zu weinen ?"

Auf diese alternative Suggestion reagierte sie unmittelbar und erstaunlich gut.

Die nächste Suggestion lautete: „Natürlich können Sie fortfahren, in Ihrem Trancezustand tiefer und tiefer zu schlafen und sich entspannt und wohl zu fühlen. Aber wenn Sie es möchten, können Sie jederzeit anfangen, starr vor Angst und töricht zu werden und zu weinen, aber vielleicht werden Sie jetzt, wo Sie wissen, wie es geht, einfach weitermachen und sich wohlfühlen in der Trance, so daß jegliche zahnärztliche oder ärztliche Behandlung, die Sie brauchen, für Sie angenehm durchgeführt werden kann."

Anschließend wurde eine einfache posthypnotische Suggestion gegeben, um künftig auch Trance induzieren zu können.

Danach wurde sie gefragt, ob sie Interesse daran hätte zu entdekken, daß sie eine sehr fähige Versuchsperson sei. Auf ihre Zustimmung hin wurden verschiedene tiefe somnambule Trancephänomene zu ihrer Freude und Zufriedenheit bei ihr hervorgerufen.

Seitdem war sie für fast ein Jahr eine sehr fähige Versuchsperson.

3. Fallbeispiel

Ein andersgelagerter Fall, bei dem prinzipiell gleich vorgegangen wurde, betraf eine seit einer Woche verheiratete Braut, die den Vollzug ihrer Ehe wünschte, aber bei jedem Versuch oder Angebot eines Versuchs einen extremen Panikzustand entwickelte, bei welchem sie ihre Beine scherenartig verschlossen hielt.

Sie betrat die Praxis mit ihrem Ehemann, erzählte stockend ihre Geschichte und erklärte, daß etwas geschehen müsse, da ihr die Annullierung ihrer Ehe drohte. Ihr Mann bestätigte ihre Geschichte und fügte weitere Einzelheiten zur Veranschaulichung hinzu.

Die angewandte Technik war im wesentlichen die gleiche wie in einem halben Dutzend ähnlicher Fälle.

Die junge Frau wurde gefragt, ob sie zu irgendeiner vernünftigen Maßnahme bereit sei, um ihrem Problem abzuhelfen. Sie antwortete: „Ja, zu jeder, wenn ich dabei nur nicht angefaßt werde, denn ich werde einfach verrückt, wenn ich berührt werde." Ihr Ehemann bestätigte diese Aussage.

Sie wurde darüber informiert, daß Hypnose eingesetzt werde. Sie willigte zögernd ein, aber bestand erneut darauf, daß kein Versuch unternommen werde, sie zu berühren.

Es wurde ihr gesagt, daß ihr Mann die ganze Zeit über auf dem Stuhl auf der gegenüberliegenden Seite des Raumes sitzen werde und der Autor daneben. Sie jedoch mußte selbst ihren Stuhl zur entgegengesetzten Seite des Raumes rücken, sich dort hinsetzen und ihren Mann ständig beobachten. Sollten entweder er oder der Autor zu irgendeinem Zeitpunkt vom Stuhl aufstehen, so müsse sie den Raum sofort verlassen, was für sie einfach war, da sie direkt neben der Tür saß.

Als nächstes sollte sie sich in ihrem Stuhl ausstrecken, weit zurückgelegt mit ausgestreckten Beinen und gekreuzten Füßen, alle Muskeln vollständig angespannt. Dann sollte sie ihren Mann fixieren, bis sie nur noch ihn sah und den Autor nurmehr aus dem Augenwinkel wahrnehmen konnte. Ihre Arme sollte sie verschränkt vor dem Körper halten und die Fäuste fest ballen.

Folgsam machte sie sich an ihre Aufgabe. Währenddessen wurde sie angewiesen, tiefer und tiefer zu schlafen und nichts zu sehen außer ihrem Mann und dem Autor. Während sie tiefer und tiefer schlief, würde sie ängstlich und panisch werden, unfähig sich zu bewegen oder irgendetwas anderes zu tun, als uns beide anzusehen und tiefer und tiefer in Trance zu gehen und zu schlafen, je mehr sie Panik entwikkelte.

Dieser Panikzustand, so wurde ihr gesagt, werde ihre Trance vertiefen und sie gleichzeitig starr und unbeweglich auf ihrem Stuhl halten.

Dann würde sie allmählich anfangen zu spüren, wie ihr Mann sie zärtlich intim berühre, obwohl sie ihn auch weiterhin auf der anderen Seite des Raumes sehen werde. Sie wurde gefragt, ob sie bereit sei, solche Empfindungen zu erleben und sie erhielt die Information, daß sie sich in der Starre ihres Körpers gerade ausreichend entspannen werde, damit es ihr möglich sei, mit einem Nicken oder Kopfschütteln zu antworten. Sodann werde sie ihre ehrliche Antwort langsam und voller Bedacht geben.

Langsam nickte sie zur Bestätigung. Sie wurde sodann gebeten, sie möge zur Kenntnis nehmen, daß ihr Mann und der Autor den Kopf von ihr wandten, denn sie werde die allmählich intimer werdenden Liebkosungen ihres Körpers durch ihren Mann nicht eher zu spüren beginnen, als bis sie sich schließlich vollkommen wohl, glücklich und entspannt fühle.

Etwa fünf Minuten später wandte sie sich an den Autor: „Bitte, schauen Sie sich nicht um, ich schäme mich so. Können wir jetzt heimgehen, denn es ist alles in Ordnung mit mir."

Sie wurde aus der Praxis entlassen, und ihrem Mann wurde gesagt, er solle sie nach Hause bringen und passiv die weitere Entwicklung abwarten.

Zwei Stunden später erhielt der Autor einen Telefonanruf von beiden, der schlicht und einfach besagte: „Alles in Ordnung".

Ein katamnestischer Anruf eine Woche später ergab. daß alles gut war. Ungefähr fünfzehn Monate später stellten die Eheleute voller Stolz ihr erstes Kind vor.

Ähnlich wurde in Fällen von Impotenz in der Hochzeitsnacht vorgegangen. Es handelt sich dabei um acht Fälle, von denen lediglich ein beispielhafter Fall zur Veranschaulichung berichtet werden soll.

4. Fallbeispiel

Der betreffende 24jährige Collegeabsolvent und Bräutigam kehrte völlig entmutigt von seiner zweiwöchigen Hochzeitsreise zurück. Seine Braut suchte sogleich den Anwalt auf, um die Ehe annullieren zu lassen, während er sich um psychiatrische Hilfe bemühte.

Er wurde dazu überredet, seine Frau mit in die Praxis zu bringen, und sie konnte ohne Schwierigkeiten davon überzeugt werden, bei der Hypnotherapie ihres Mannes mitzuwirken.

Diese verlief folgendermaßen: Er wurde aufgefordert, seine Frau anzuschauen und von neuem voll und ganz das Gefühl absoluter Scham, Demütigung und hoffnungsloser Hilflosigkeit zu erleben.

Währenddessen werde er merken, daß er alles, wirklich alles tun würde, um diesem durch und durch elenden Gefühl zu entkommen. Und während er das weiter so empfinde, spüre er, wie es ihm unmöglich werde, irgend etwas anderes außer seiner Frau zu sehen, nicht einmal den Autor könne er sehen, wohl aber dessen Stimme hören.

Gleichzeitig bemerke er, daß er in einen tiefen hypnotischen Trancezustand eintrete, in welchem er über seinen gesamten Körper keine Kontrolle mehr habe. Dann werde er anfangen, seine Braut nackt zu halluzinieren und schließlich auch sich selbst. Dies werde zu der Entdeckung führen, daß er seinen Körper nicht bewegen könne und auch keine Kontrolle über ihn habe. Im Gegenzug werde dies für ihn zu der überraschenden Entdeckung führen, daß er körperlichen Kontakt mit seiner Braut spüren werde, der immer intimer und erregender werde, und wie es nichts gebe, was er tun könne, um seine körperlichen Reaktionen zu kontrollieren. Diese unkontrollierten Reaktionen könnten jedoch nur zu ihrem Abschluß gelangen, wenn seine Braut darum bitte.

Sein Trancezustand entwickelte sich mühelos und in voller Übereinstimmung mit den oben dargestellten Anweisungen.

Zum Abschluß der Trance erhielt er die Anweisung: „Nun wissen Sie, Sie können, Sie sind zuversichtlich, Sie haben es tatsächlich bereits geschafft, und es gibt nichts, was Sie dagegen tun könnten, es wieder und wieder zu schaffen."

Die Ehe wurde noch am selben Abend mit Leichtigkeit vollzogen. Gelegentlich kam das Paar danach noch zur Beratung in Familienangelegenheiten, und die Ehe ist schon seit über zehn Jahren glücklich.

In eine andere Kategorie fiel der Fall eines kleinen Kindes, das unfreiwillig in Behandlung gebracht wurde, und dessen Eltern ihm im Zusammenhang mit dem Anruf in der Praxis gedroht und gleichzeitig Belohnungen in Aussicht gestellt hatten.

5. Fallbeispiel

Bei diesem Beispiel handelt es sich um einen achtjährigen Jungen mit Enuresis, der von seinen Eltern halb in die Praxis gezerrt und halb hineingetragen wurde. Sie hatten seinetwegen schon die Nachbarn um Hilfe gebeten, und es war auch bereits in der Kirche öffentlich für ihn gebetet worden. Nun wurde er als letzte Zuflucht zu einem „Irrenarzt" gebracht, mit dem Versprechen, daß es nach dem Gespräch ein „Hoteldinner" gäbe. Seine unwillige und feindselige Einstellung allen gegenüber war offensichtlich.

Es wurde eine Annäherung mit der Erklärung versucht: „Du bist wahnsinnig wütend, und du wirst fortfahren, wahnsinnig wütend zu sein, und du denkst, daß es nichts gibt, was du dagegen tun kannst, aber es gibt doch etwas. Du hast keine Lust, zu einem ‚Irrenarzt' zu gehen, aber jetzt bist du hier, und du würdest gerne etwas tun, aber du weißt nicht, was. Deine Eltern haben dich hergebracht, haben dich gezwungen zu kommen. Nun gut, du kannst dafür sorgen, daß sie die Praxis verlassen. Tatsächlich können wir beide dafür sorgen – also los, komm, wir sagen ihnen, sie sollen machen, daß sie rauskommen."

An dieser Stelle wurde den Eltern ein unaufdringlicher Wink gegeben zu gehen, auf den sie auch unverzüglich reagierten, zur unmittelbaren Überraschung und Zufriedenheit des Jungen.

Der Autor fuhr dann fort: „Aber du bist immer noch wahnsinnig wütend und ich auch, weil sie mir befohlen haben, dein Bettnässen zu heilen. Aber mich können sie nicht so herumkommandieren wie Dich.

Aber ehe wir sie uns deshalb vornehmen," - mit langsamer, ausdrucksvoller, die Aufmerksamkeit fordernder Geste - „schau dir diese jungen Hundchen dort an. Ich mag den braunen am liebsten, aber ich nehme an, du magst den schwarz-weißen, weil seine Vorderpfoten weiß sind. Wenn du ganz vorsichtig bist, kannst du meinen auch streicheln. Ich mag Hundebabies, du auch ?"

An dieser Stelle entwickelte das Kind in seiner vollkommenen Überraschung prompt eine somnambule Trance, durchquerte den Raum und vollführte Bewegungen, als ob es zwei junge Hunde streichelte, und zwar den einen mehr als den anderen. Als der Junge schließlich zum Autor aufsah, sagte der: „Ich bin froh, daß du nicht mehr so wahnsinnig wütend auf mich bist, und ich glaube nicht, daß wir, du oder ich, deinen Eltern etwas zu erzählen haben. Es würde ihnen vielleicht sogar recht geschehen – wenn man bedenkt, wie sie dich hierher gebracht haben – wenn du warten würdest, bis das Schuljahr fast vorbei ist. Aber eines ist sicher, du kannst darauf wetten, wenn du erst einen Monat lang ein trockenes Bett gehabt hast, werden sie dir so einen kleinen Hund schenken, genau wie den kleinen ‚Spotty' hier, auch wenn du ihnen gegenüber nie ein Wort darüber verlierst. Sie müssen einfach. Jetzt schließ deine Augen, hol tief Luft, schlaf tief und wach furchtbar hungrig auf."

Das Kind tat wie geheißen, wurde in die Obhut seiner Eltern entlassen, die gesondert instruiert worden waren. Zwei Wochen später wurde der Junge als Versuchsperson bei einer Gruppe von Ärzten eingesetzt. Eine Therapie wurde nicht durchgeführt.

Im letzten Monat des Schuljahres strich der Junge demonstrativ jeden Morgen den jeweiligen Tag im Kalender durch.

An den letzten Tagen des Monats sagte er in geheimnisvollem Ton zu seiner Mutter: „Ihr schaut am besten, daß ihr soweit seid."

Am 31. des Monats sagte ihm seine Mutter, sie hätten eine Überraschung für ihn. Seine Antwort darauf: „Es sollte schwarz-weiß sein." In diesem Moment kam sein Vater mit einem jungen Hundchen herein. In seiner freudigen Erregung vergaß der Junge weitere Fragen zu stellen.

Eineinhalb Jahre später war das Bett des Jungen immer noch beständig trocken.

6. Fallbeispiel

Ein letztes Fallbeispiel betrifft eine 16jährige Schülerin der High-School, deren Daumenlutschen für ihre Eltern, ihre Lehrer, ihre Schulkameraden und für den Schulbusfahrer ein Fluch war, – in der Tat hatten alle, die mit ihr zu tun hatten, einen Horror davor.

Nach vielen Versuchen seitens ihrer Eltern, Bitten um Unterstützung an die ganze Nachbarschaft, der Maßnahme öffentlicher Fürbitten in der Kirche (wie im vorangegangenen Fall), und nachdem die Schülerin sogar zwangsweise ein Schild trage mußte, das sie als Daumenlutscherin bloßstellte, wurde schließlich in der äußersten Verzweiflung beschlossen, den letzten und schambesetzen Ausweg zu suchen und einen Psychiater zu konsultieren.

Die erste Äußerung der Eltern gegenüber dem Autor bestand darin, daß sie ihre Hoffnung zum Ausdruck brachten, die Therapie ihrer Tochter möge in erster Linie auf die Religion gestützt sein. Als das Gespräch weiter gediehen war, wurde den Eltern das Versprechen abgerungen, daß – nachdem das Mädchen Patientin des Autors geworden war – keiner der beiden Eltern sich während eines ganzen Monats in die Therapie einmischen solle, ganz gleich, was immer geschehen werde, und daß auch kein einziges ermahnendes Wort oder ein tadelnder Blick erfolgen sollte.

Die Jugendliche erschien widerwillig mit ihren Eltern in der Praxis. Sie lutschte geräuschvoll am Daumen. Ihre Eltern wurden aus dem Behandlungszimmer geschickt und die Tür geschlossen. Als der Autor sich nach ihr umdrehte, nahm sie ihren Daumen gerade weit genug aus dem Mund, um ihre Abneigung gegen „Irrenärzte" zum Ausdruck zu bringen.

Sie erhielt zur Antwort: „Und ich mag die Art nicht, wie deine Eltern mich angewiesen haben, dein Daumenlutschen zu kurieren. Mir das aufzutragen, na! Es ist schließlich dein Daumen und dein Mund, und warum, zum Teufel, kannst du nicht daran lutschen, wenn Du's willst ? Mich anzuweisen, dich zu kurieren, so was! Das Einzige, was mich interessiert: wenn du agressiv am Daumen lutschen willst, warum wirst du dann nicht wirklich agressiv, sondern daddelst herum wie ein kleines Baby, das nicht weiß, wie man einen Daumen so richtig aggressiv lutscht.

Was ich am liebsten machen möchte, ist, dir beizubringen, wie du deinen Daumen so aggressiv lutschen kannst, daß du deinem alten Herrn und deiner alten Dame wirklich die Hölle heiß machst. Wenn's dich interessiert, bring ich's dir bei, wenn nicht, dann lach' ich dich einfach aus."

Der Gebrauch des Wortes „Hölle" fesselte ihre Aufmerksamkeit völlig. Sie wußte, daß ein Mann in meiner Position eine solche Redeweise nicht gegenüber einem Mädchen von der High-School gebrauchen sollte, das regelmäßig zur Kirche ging. Sie in der Unangemessenheit ihrer Aggressivität herauszufordern (zwei Begriffe, die sie vom Schulpsychologen hatte) fesselte ihre Aufmerksamkeit noch stärker. Das Angebot, ihr beizubringen, ihre Eltern zu ärgern, über die in so respektloser Weise geredet wurde, erzeugte eine noch vollständigere Fixierung ihrer Aufmerksamkeit, so daß sie sich in jeder Hinsicht in einer hypnotischen Trance befand.

Daraufhin wurde ihr in entschiedenem Ton gesagt: „Jeden Abend nach dem Abendessen geht dein Vater mit der Regelmäßigkeit eines Uhrwerks ins Wohnzimmer und liest die Zeitung von vorne bis hinten. Jeden Abend, wenn er das tut, gehst du ins Wohnzimmer, setzt dich neben ihn und lutschst deinen Daumen schön ausgiebig und laut, und machst ihm während der längsten 20 Minuten, die er je erlebt hat, die Hölle heiß.

Dann gehst du ins Nähzimmer, wo deine Mutter jeden Abend vor dem Geschirrspülen eine Stunde näht. Du setzt dich neben sie und lutschst schön laut und ausgiebig an deinem Daumen, und du machst der alten Dame die längsten 20 Minuten ihres Lebens die Hölle heiß.

Mach das jeden Abend, und mach es richtig gut. Und auf deinem Weg zur Schule überlege dir gut, welchen blöden Knilch du am meisten dick hast, und jedesmal, wenn du ihn triffst, stopfst du dir deinen Daumen in den Mund, und du beobachtest ihn, wie er seinen Kopf wegdreht. Und sei bereit, und steck ihn wieder rein, wenn er sich umdreht und wieder herschaut.

Und du gehst in Gedanken alle deine Lehrer durch, und du suchst dir denjenigen aus, den du wirklich am meisten dick hast, und behandle ihn jedesmal mit einem Daumenlutschen, wenn er oder sie dich ansieht. Ich hoffe nur, daß du wirklich richtig aggressiv sein kannst."

Nach ein paar flüchtigen und nebensächlichen Floskeln wurde das Mädchen entlassen und ihre Eltern wurden ins Ordinationszimmer zitiert. Sie wurden an ihr unumstößliches Versprechen erinnert, und es wurde ihnen erklärt, wenn sie sich getreulich an ihr Versprechen hielten, dann werde mit dem Daumenlutschen innerhalb eines Monats Schluß sein. Beide Eltern sicherten aus vollem Herzen ihre Mitarbeit zu.

Auf dem Heimweg lutschte das Mädchen nicht am Daumen, und sie war die ganze Fahrt über still. Die Eltern waren so erfreut, daß sie sofort anriefen, um ihre Dankbarkeit zu bekunden.

Am selben Abend allerdings befolgte das Mädchen zum Entsetzen seiner Eltern die Instruktionen, wie sie selbst das auch taten, was sie anderntags unglücklich am Telefon berichteten. Sie wurden an ihr Versprechen erinnert und auch an die Aussage des Autors bezüglich der weiteren Entwicklung des Mädchens.

An jedem der folgenden zehn Abende erfüllte das Mädchen sehr gewissenhaft seine Aufgabe.

Dann begann der Reiz nachzulassen. Sie fing an, die Zeit abzukürzen; sie begann später und hörte früher auf. Dann übersprang sie einzelne Abende, und schließlich vergaß sie es ganz!

In weniger als vier Wochen hatte die Jugendliche ihr Daumenlutschen aufgegeben, sowohl zu Hause als auch außerhalb. Sie begann sich immer mehr für die angemesseneren Teenageraktivitäten ihrer eigenen Gruppe zu interessieren. Sie wirkte in jeder Hinsicht besser angepaßt.

Etwa ein Jahr darauf ergab sich ein Zusammentreffen im geselligen Rahmen. Sie erkannte den Autor wieder, musterte ihn ein paar Minuten nachdenklich und meinte dann: „Ich weiß nicht, ob ich Sie mag oder nicht, aber ich bin Ihnen dankbar."

Diskussion und Zusammenfassung

Die wesentlichen Gedanken, wenn Hypnose induziert wird, sollten darauf gerichtet sein, den Patienten ihrer Persönlichkeit gemäß zu begegnen und ihren individuellen Bedürfnissen zu entsprechen. Zu oft wird der Versuch unternommen, den Patienten eher einer anerkannten formalen Suggestionstechnik anzupassen als vielmehr die Technik so auf den Patienten zuzuschneiden, daß sie mit dessen derzeitiger persönlicher Lage übereinstimmt. Immer wenn der Versuch zur Anpassung unternommen wird, besteht die dringende Notwendigkeit, den psychischen Zustand, die Auffassungen und die Haltung des Patienten in seiner jeweiligen Situation anzunehmen und zu nutzen. Diese Faktoren zugunsten einer ritualisierten Vorgehensweise zu vernachlässigen, kann und wird häufig dazu führen, daß die gewünschten Ergebnisse verzögert, geschmälert, eingeschränkt oder sogar verhindert werden. Werden diese Faktoren indessen akzeptiert und genutzt, so wird eine schnellere Tranceinduktion und die Entwicklung eines tieferen Trancezustands ermöglicht, die Therapie wird bereitwilliger angenommen, und die gesamte therapeutische Situation kann leichter gehandhabt werden.

Eine weitere wichtige Überlegung gilt der Notwendigkeit, das wiederholte Beackern des Offensichtlichen zu vermeiden. Haben Patient und Therapeut erst einmal eine klare Vorstellung davon, was zu tun sei, so ist von weiteren Wiederholungen nur noch Überdruß zu erwarten. Die endgültige Anerkennung der Wünsche und Bedürfnisse des Patienten und der notwendigen Maßnahmen, und dann das hoffnungs- und vertrauensvolle Abwarten, wie der Patient darauf reagiert, ist dem Auftauchen der gewünschten Resultate wesentlich dienlicher als wiederholte Anweisungen hinsichtlich bestimmter Reaktionen. Wie schlicht Anweisungen sein können, um angemessene Ergebnisse zutage zu fördern, zeigt sehr deutlich das obenstehende zweite Fallbeispiel.

Kurzgefaßt: In jedem der oben aufgeführten Fallbeispiele wurde der Versuch unternommen, zu verdeutlichen, wie Verhalten und Bedürfnisse der Patienten zur naturalistischen Tranceinduktion genutzt wurden. Weiter galt unser Bemühen dem Versuch, zu verdeutlichen, daß die Anpassung hypnotischer Techniken an den einzelnen Patienten und seine Bedürfnisse schnell und mühelos zu effektiven therapeutischen Ergebnissen führt.

Empfohlene Literatur

Hypnotic Investigation of Psychosomatic Phenomena: Psychosomatic Interrelationships Studied by Experimental Hypnosis. *Psychosom. Med.* 5, Jan. 1943, 51–58.

(mit Richard M. Brickner) The Development of Aphasia-Like Reactions from Hypnotically Induced Amnesias: Experimental Observations and a Detailed Case Report. *Psychosom. Med.* 5, Jan. 1943 59–66.

A Controlled Experimental Use of Hypnotic Regression in the Therapy of an Acquired Food Intolerance. *Psychosom. Med.* 5, Jan. 1943 67–70.

Experimentally Elicited Salivary and Related Responses to Hypnotic Visual Hallucinations Confirmed by Personality Reactions. *Psychosomat. Med.* 5, Apr. 1943,*5*, 185–187.

The Therapy of a Psychosomatic Headache. *J. Clin. and Exper. Hyp.* 1, Oct. 1953, 2–6.

The Development of an Acute Obsessional Hysterical State in a Normal Hypnotic Subject. *J. Clin. and Exper. Hyp.* 2, Jan. 1954, 27–41.

Special Techniques of Brief Hypnotherapy. *J. Clin. and Exper. Hyp.* 2, Apr. 1954, 109–129.

A Clinical Note on Indirect Hypnotic Therapy. *J. Clin. and Hyp.* 2, Juli 1954, 171–174.

8. Weitere klinische Techniken der Hypnose: Utilisationstechniken[1]

Milton H. Erickson

Die gebräuchlicheren Techniken hypnotischer Tranceinduktion basieren in erster Linie auf einer Veränderung der momentanen Aktivität der Versuchsperson und auf den verschiedensten Anweisungen zu verändertem Verhalten. Beispielsweise wird den Versuchspersonen gesagt, sie mögen ruhig und bequem auf ihrem Stuhl sitzen, ihren Blick fixieren, ihren Körper allmählich entspannen und dabei einen Trancezustand entwickeln. Oder sie können auch gebeten werden, ihre Augen zu schließen und ganz unterschiedliche Bilder kommen zu lassen, bis sich ein Trancezustand entwickelt. Ähnlich verhält es sich mit der Handlevitationstechnik, bei welcher innere Beteiligung an der experimentellen Situation suggeriert werden kann sowie die Entwicklung ideomotorischer Aktivität, und dies dient als Mittel der Tranceinduktion.

Derartige Techniken erfordern bereitwillige Akzeptanz und Kooperation hinsichtlich eines von außen suggerierten oder auferlegten Verhaltens, das sowohl passiv als auch aktiv sein kann. Tritt Widerstand gegen dieses Verhalten auf oder wird es gar zurückgewiesen, so wird der Hypnotiseur wohl auf eine andere Technik zurückgreifen müssen, die eher angenommen wird oder der Versuchsperson mehr zusagt. Vielleicht kann dem aber auch begegnet werden, indem die Versuchsperson ermüdet und sich so der Beharrlichkeit des Hypnotiseurs fügt; bisweilen ist es aber auch nötig, die Bemühungen, Hypnose zu induzieren, auf einen späteren Zeitpunkt zu verschieben. Üblicherweise wird die eine oder andere Maßnahme geeignet sein, um mit dem speziellen Widerstand des einzelnen Patienten umzugehen, aber es besteht immer eine gewisse Gefahr, daß der Wechsel zu einer anderen Technik, übertrieben langwierige Bemühungen oder das Verschieben der Hypnose auf einen späteren Zeitpunkt sich nachteilig auf die Bereitschaft des Patienten auswirken, Hypnose als eine persönliche Möglichkeit anzusehen, aus Erfahrung zu lernen.

Allerdings gibt es da einen weiteren Patiententyp, der tatsächlich leicht zugänglich ist für Hypnose, der aber nicht auf die üblichen

---

1 Zuerst erschienen in: *The American Journal of Clinical Hypnosis* 2, July 1959, 3-21

Induktionstechniken reagiert und Widerstand zeigt. Diese Patienten sind häufiger in der psychotherapeutischen Praxis anzutreffen, nicht selten jedoch auch in der allgemeinmedizinischen und in der Zahnarztpraxis, und nur zu häufig werden sie als hypnoseuntauglich angesehen. Diese Patienten sind nicht willens, irgendein suggeriertes Verhalten zu akzeptieren, ehe nicht ihr Widerstand, ihr Widerspruchsgeist oder ihr opponierendes Verhalten vom Hypnotiseur anerkannt wird. Aufgrund ihrer körperlichen Verfassung, ihrer Anspannung oder Angst, ihrer intensiven Neugier, ihrer Sorge oder wegen ihres völligen Aufgehens in eigenen Verhaltensweisen, sind sie unfähig, aktiv oder passiv die erforderliche Mitarbeit aufzubringen, damit eine effektive Verhaltensänderung zustandekommt. Für diese Patienten können oft sogenannte *Utilisationstechniken* dienlich sein und ihren besonderen Bedürfnissen entsprechen. Darüber hinaus aber eignen sich diese Techniken auch für die üblichen Patienten und können den Prozeß der Tranceinduktion erleichtern.

Im wesentlichen geht es bei diesen Techniken darum, das herkömmliche Verfahren einfach umzukehren. Gewöhnlich basiert die Tranceinduktion darauf, daß der Hypnotiseur beim Patienten eine gewisse anfängliche Akzeptanz und Kooperationsbereitschaft zu erreichen versucht. Bei den Utilisationstechniken wird das übliche Verfahren insoweit umgekehrt, als der Hypnotiseur davon ausgeht, die vom Patienten gezeigten Verhaltensweisen zu akzeptieren und ihnen zu folgen, wie ungünstig diese in der klinischen Situation auch erscheinen mögen.

Um die verschiedenen Möglichkeiten zu verdeutlichen, seien die folgenden Beispiele aufgeführt:

1. Fallbeispiel

Der Patient betrat sehr energiegeladen meine Praxis, erklärte sogleich, er wisse nicht, ob er hypnotisierbar sei, aber er sei willens, in Trance zu gehen, falls das überhaupt möglich sei und vorausgesetzt, ich sei bereit, die ganze Angelegenheit auf eine intellektuelle Art anzugehen und nicht mit Geheimnistuerei und wie ein Ritual. Weiter erklärte er, er benötige aus verschiedenen Gründen Psychotherapie, habe es bereits mit mehreren psychotherapeutischen Schulen intensiv und ohne Erfolg versucht, auch Hypnose sei schon verschiedentlich ausprobiert worden und unglücklicherweise fehlgeschlagen aufgrund des mystischen Getues und weil es daran fehlte, einem „intellektuellen“ Ansatz den Vorrang zu geben.

Auf Nachfrage hin wurde deutlich, daß für ihn ein „intelligentes" Vorgehen bedeutete, es würden ihm keine Gedanken einsuggeriert, sondern er werde nach seinem eigenen Denken und Fühlen hinsichtlich der Wirklichkeit befragt. So erklärte er, ich, der Autor, solle beispielsweise zugestehen, daß er auf einem Stuhl sitze, der Stuhl vor einem Schreibtisch stehe und daß das absolut reale Fakten seien, die daher nicht übersehen, vergessen, geleugnet oder ignoriert werden dürften. Zur weiteren Verdeutlichung wies er darauf hin, daß er erkennbar angespannt, ängstlich und besorgt sei über den Spannungstremor seiner Hände, die auf der Armlehne lagen, und daß er außerdem hochgradig ablenkbar sei und alles um sich herum bemerke.

Diese letzte Äußerung wurde sogleich aufgegriffen als Grundlage einer ersten Kooperation, und ich sagte ihm: „Bitte fahren Sie fort, mir Ihre Gedanken und Meinungen mitzuteilen, *gestatten Sie mir lediglich genügend Unterbrechungen, um sicherzugehen, daß ich Sie voll verstehe und Ihnen folgen kann.* Sie erwähnten beispielsweise den Stuhl, haben aber offenbar meinen Schreibtisch bemerkt und wurden von den Dingen darauf abgelenkt. Bitte, erklären Sie mir das ganz genau."

Wortreich kam seine Erwiderung, mit einer Fülle mehr oder weniger zusammenhängender Äußerungen über alles, was sich in seinem Gesichtsfeld befand, aber bei jeder winzigen Pause warf ich ein Wort oder einen Satz ein, um die Aufmerksamkeit des Patienten immer wieder zu lenken. Diese immer häufigeren Unterbrechungen liefen folgendermaßen ab: „Und der Briefbeschwerer; das Aktenregal; Ihr Fuß auf dem Teppich; das Deckenlicht; die Vorhänge; Ihre rechte Hand auf der Armlehne; die Bilder an der Wand; Ihr wechselnder Fokus, während Sie umherschauen; die interessanten Buchtitel; die Anspannung in Ihren Schultern; wie sich der Stuhl anfühlt; die störenden Geräusche; störende Gedanken; Gewicht der Hände; Gewicht der Füße; Gewicht der Probleme; Gewicht des Schreibtischs; der feste Standpunkt; die Aufzeichnungen über meine Patienten; die Erscheinungsweisen des Lebens, der Krankheiten, der Emotionen, des körperlichen und seelischen Verhaltens; die Geruhsamkeit der Entspannung; die Notwendigkeit, die eigenen Bedürfnisse zu beachten; der Drang, auf die eigene Anspannung zu achten während des Betrachtens von Schreibtisch, Briefbeschwerer und Aktenregal; die Annehmlichkeit, sich aus dem Umfeld zurückzuziehen; Ermüdung und wie sie sich entwickelt; das unveränderbare Wesen des Schreibtischs; die Eintönigkeit des Aktenregals; das Bedürfnis, auszuruhen; die Wohltat, seine Augen zu schließen; das entspannende Gefühl eines tiefen Atemzugs; die Freude passiven Lernens; die Fähigkeit des Unbewußten zu intellektuellem Lernen." Es wurden noch viele ähnlich kurze Bemerkungen eingeworfen, anfangs vereinzelt und dann immer häufiger.

Die ersten Einwürfe dienten rein der Ergänzung seines Gedankenflusses und seiner Äußerungen und stellten zunächst einen Anreiz für ihn dar, sich weiter zu bemühen. Nachdem diese Reaktion erreicht war, wurde es auch möglich, seine Akzeptanz dieser Verhaltensanreize weiter nutzbar zu machen, indem Pausen und Verzögerungen beim Ergänzen eines Einwurfs eingeführt wurden. So geriet er in eine *erwartungsvolle Abhängigkeit* von mir, auch weiterhin noch umfassendere Anregungen zu erhalten.Indem dieses Vorgehen weiter verfolgt wurde, erfuhr die Aufmerksamkeit des Patienten allmählich, für ihn selbst unmerklich, immer mehr eine Ausrichtung auf innere, subjektive Erfahrungsinhalte. In der Folge konnte dann eine fast direkte, schlichte, progressive Entspannungstechnik zur Tranceinduktion eingesetzt werden, und es gelang, eine leichte Trance von mittlere Tiefe zu induzieren.

Während des gesamten Therapieverlaufs bei diesem Patienten waren die Tranceinduktionen ähnlich, obgleich das Vorgehen mit der Zeit abgekürzt werden konnte.

2. Fallbeispiel

Der Fall einer Frau war dem dieses ersten Patienten ähnlich und bot auch in etwa ein ähnliches Problem. Diese Frau gab an, in allen früheren Versuchen sei sie in ihren Bemühungen um eine Therapie an ihrer zwanghaften Aufmerksamkeitshaltung gescheitert, die sie gegenüber dem kleinsten Detail ihrer Umgebung einnahm. Stets erlebte sie Schwierigkeiten, ihre Geschichte zu Ende zu bringen und zuzuhören, was man ihr sagte. Sie empfand ein überwältigendes Bedürfnis, alles um sich herum zu beachten und zu kommentieren. (Selbst diese kurze Schilderung wurde von ihren Zwischenfragen oder der einfachen Erwähnung der verschiedensten Gegenstände in der Praxis unterbrochen.) Weiter erklärte sie, ein Freund der Familie, ein Psychiater, der sie gut kannte, habe vermutet, daß Hypnose ihr vielleicht die Mitarbeit in der Therapie ermöglichen könne und hatte sie an mich verwiesen.

Da sie mir den Eindruck vermittelt hatte, sie könne vielleicht für Hypnotherapie geeignet sein, und da im Erstgespräch kaum ein Fortschritt erzielt werden konnte, wurde ein Versuch mit Hypnose unternommen. Dabei wurde ihr eigenes Verhalten als die am ehesten geeignete Technik eingesetzt. Es wurde folgendermaßen vorgegangen:

Als sie nach dem Briefbeschwerer auf dem Schreibtisch fragte, erhielt sie sogleich die Antwort: „Er liegt nahe der Ecke des Schreibtischs, gleich hinter der Uhr.“ Als sie einen raschen Blick auf die Uhr warf und eindringlich fragte: „Wie spät ist es?“ antwortete ich ihr: „Der Minutenzeiger steht auf der gleichen Ziffer, die auch auf dem Schreibtischkalender zu sehen ist.“

Es folgte dann von ihrer Seite eine ganze Reihe von Bemerkungen und Fragen, ohne daß eine Pause für eine Antwort blieb. Dabei wechselte sie rasch von einem Gegenstand oder Thema zum nächsten. Ihr Verhalten glich insgesamt dem eines unglücklichen kleinen Kindes, das mittels Fragen auf Abwehr geht und das Gespräch in irrelevante Bahnen lenkt.

War sie erst einmal in ihren Wortschwall eingetaucht, so gelang es nur mit großen Schwierigkeiten, sie verbal zu unterbrechen, und das führte auch nicht weiter. Indessen fühlte sie sich zu einer Bemerkung gezwungen, als sie sah, wie ich einen Brieföffner aus dem Etui zog. Nachdem sie darauf reagiert hatte und danach ihren Monolog fortsetzte, putzte ich meine Brille und zwang sie damit, entsprechend ihrem Verhaltensmuster eine Bemerkung zu machen. Und wiederum wurde sie unterbrochen, als ich die Brille ins Etui legte, sodann wechselte ich die Schreibunterlage aus, warf einen Blick auf das Bücherregal, schlug den Terminkalender auf und klappte ihn wieder zu. Jeden einzelnen Vorgang verfolgte sie und baute ihn in ihren zwanghaften Wortschwall ein. Zunächst führte ich die einzelnen Tätigkeiten mit Unterbrechungen und eher rasch aus, aber nachdem sie meinen wortlosen Unterbrechungen gegenüber eine Erwartungshaltung eingenommen hatte, verlangsamte ich absichtlich meine Bewegungsabläufe, legte winzige verzögernde Pausen ein, wodurch sie gezwungen wurde, ihr eigenes Verhalten auch zu verlangsamen und darauf zu warten, was ich mit ihrem Benehmen anfangen werde. Ich ging dann dazu über, meinem stillschweigenden Hinweis auf einen Gegenstand eine Benennung oder einen kommentierenden Satz hinzuzufügen.

Indem dieses Vorgehen weiter befolgt wurde, wirkte es sich bei ihr immer mehr als tiefe Hemmung aus, was zur Folge hatte, daß sie sich immer ausschließlicher auf mich verließ, der ich ihr mit Gesten und Worten den nächsten Gegenstand aufzeigte, über den sie etwas anmerken oder den sie benennen sollte. Nachdem auf diese Art etwa 40 Minuten vergangen waren, konnte ihr die Anweisung gegeben werden, die Augen zu schließen und alles, was sie gesehen hatte, in der Erinnerung aufzuzählen, bis sie schließlich in tiefen hypnotischen Schlaf fiel. Nachdem sie gehorchte, wurde sie ermuntert: „Und nun, ‚Briefbeschwerer', und tiefer schlafen; und nun ‚Uhr', noch tiefer in Trance gehen", usw., bis sich nach weiteren zehn Minuten ein tiefer somnambuler Trancezustand entwickelt hatte.

Mittels Utilisation ihres eigenen Musters resistenten Verhaltens als Induktionstechnik entwickelte sich ihre Bereitschaft zur Mitarbeit in der Therapie, die kennzeichnend war für den weiteren Therapieverlauf bei dieser vormals „unmöglichen" Patientin. Anfänglich zeigte sie zu Beginn einer jeden Sitzung ihr zwanghaftes Verhalten, das sogleich als Induktionstechnik für eine weitere therapeutische Trance genutzt wurde. Später genügte bereits eine einfache Geste, mit der ihr der Stuhl angeboten wurde, auf dem sie Platz nehmen sollte, um einen Trancezustand hervorzurufen.

3. Fallbeispiel

Im wesentlichen wurde das gleiche Vorgehen bei einem männlichen Patienten anfang Dreißig befolgt, der die Praxis betrat und anfing, im Zimmer auf und ab zu gehen.

Er erklärte wiederholt, er könne es nicht aushalten, ruhig dazusitzen oder auf einer Couch zu liegen und seine Probleme darzulegen. Wiederholt sei er von verschiedenen Psychiatern weggeschickt worden, die ihn mangelnder Mitarbeit „beschuldigten". Er bat darum, daß nach Möglichkeit Hypnotherapie eingesetzt werde, denn seine Ängste seien fast unerträglich, würden beim Psychiater immer heftiger und machten sein ständiges Aufundabgehen notwendig.

Er gab noch wiederholte Erklärungen für seinen Drang, im Zimmer auf und ab zu gehen, was schließlich mit Erfolg durch die Frage unterbrochen wurde: „Sind Sie bereit, mit mir zusammenzuarbeiten, *indem Sie weiter im Zimmer auf und ab gehen, genau so wie Sie es jetzt tun?"* Er erwiderte verblüfft: „Bereit? Lieber Himmel, Mann! Ich muß es tun, wenn ich in der Praxis bleiben möchte." Daraufhin bat ich ihn, er möchte mir gestatten, bei seinem Aufundabgehen mitzumachen und es dabei teilweise zu steuern. Dem stimmte er ziemlich befremdet zu.

Daraufhin bat ich ihn, vor und zurück zu gehen, nach rechts und nach links zu gehen, vom Stuhl weg und auf ihn zuzugehen. Zunächst gab ich diese Anweisungen in einem Tempo, das seiner Schrittgeschwindigkeit entsprach. Allmählich nahm ich das Tempo meiner Anweisungen zurück und änderte die Worte: „Nun, wenden Sie sich nach rechts, weg vom Stuhl, auf dem Sie sitzen können, wenden Sie sich nach links, auf den Stuhl zu, auf dem Sie sitzen können; gehen Sie auf den Stuhl zu, auf den Sie sich setzen können" usw. Mit diesen Worten wurde die Grundlage für kooperatives Verhalten geschaffen.

Das Tempo wurde weiter gesenkt, die Anweisungen weiter verändert und der Satz aufgenommen: „ ... der Stuhl, dem Sie sich bald nähern werden, als wollten Sie sich bequem hinsetzen." Daraus wurde in einer weiteren Veränderung: „Der Stuhl, auf dem Sie sich bald bequem sitzend wiederfinden werden." Sein Aufundabgehen wurde immer langsamer und er verließ sich immer mehr auf meine gesprochenen Anweisungen, bis ich ihm schließlich die direkte Suggestion geben konnte, sich auf den Stuhl zu setzen und tiefer und tiefer in eine tiefe Trance zu gehen, während er seine Geschichte erzählte.

In dieser Weise wurden 45 Minuten zugebracht und dabei eine mittlere Trance induziert, die die Anspannung und Angst des Patienten verringerte, so daß er danach bereitwillig bei der Therapie mitarbeiten konnte.

Der Wert dieser Art Utilisationstechnik besteht vermutlich darin, den Patienten wirkungsvoll zu demonstrieren, daß sie absolut annehmbar sind, und daß der Therapeut trotz ihres Verhaltens effektiv mit ihnen umgehen kann. Diese Technik *entspricht zum einen den vorgebrachten Bedürfnissen des Patienten und nutzt zum anderen als entscheidenden Teil der Induktion genau das Verhalten, das den Patienten beherrscht.*

Bei einer anderen Art Utilisationstechnik wird das innere, im Gegensatz zum äußeren Verhalten des Patienten genutzt, d.h. seine Gedanken und Auffassungen werden als Grundlage der Induktion verwandt. Diese Technik wurde im experimentellen Rahmen erprobt und auch öfter im therapeutischen Bereich eingesetzt, wenn die besondere Art von Widerstand des Patienten es geraten sein ließ. Obgleich diese Technik bei unerfahrenen Personen erfolgreich angewandt wurde, ist gewöhnlich doch Intelligenz und ein gewisses Maß an Scharfsinn und auch Ernsthaftigkeit hinsichtlich des Anliegens erforderlich.

Das Vorgehen selbst ist relativ einfach. Die Versuchspersonen oder Patienten werden gebeten oder erhalten die Erlaubnis, ihren Gedanken, Auffassungen und Meinungen offen Ausdruck zu verleihen. Tun sie das, so werden sie ermutigt, laut und immer eingehender ihre Mutmaßungen auszusprechen, wie ihre möglichen Gedanken und Gefühle verlaufen würden, sollten sie einen Trancezustand entwickeln. Kommen Patienten dieser Aufforderung nach oder wehren sie sich auch nur gegen die Unmöglichkeit derartiger Spekulationen, so werden ihre Äußerungen im wesentlichen wiederholt, so als bemühe sich der Hypnotiseur ernsthaft um weiteres Verständnis oder bestätige ihre

Aussagen. So werden weitere Bemerkungen der Hypnotisanden hervorgerufen und vom Hypnotiseur wiederholt. Bei gewitzteren Personen ist mehr Spontaneität anzutreffen, aber bisweilen zeigen sich auch unerfahrene, ja sogar ungebildete Personen bemerkenswert zugänglich.

4. Fallbeispiel

Der folgende Bericht dient der Veranschaulichung dieser Technik und ist beträchtlich gekürzt worden, was die erforderlichen vielfachen Wiederholungen betrifft. Bei dieser Technik können die Äußerungen der Patienten erheblich voneinander abweichen; das folgende Beispiel ist jedoch detailliert genug wiedergegeben, um die Methode zu verdeutlichen.

Auf der Suche nach psychiatrischer Hilfe erklärte die betreffende Patientin: „Ich habe in drei Jahren Psychoanalyse keinerlei Fortschritte gemacht, und das Jahr, das ich mit Hypnotherapie zugebracht habe, war völlig um sonst. Ich bin noch nicht einmal in Trance gegangen, obgleich ich es intensiv genug versucht habe. Ich bin einfach zu nichts gekommen. Ich bin an Sie verwiesen worden, aber ich sehe keinen Sinn dahinter. Wahrscheinlich noch ein Fehlschlag. Ich kann mir einfach nicht vorstellen, daß ich in Trance gehe. Ich weiß noch nicht einmal, was eine Trance überhaupt ist." Diese Bemerkungen und die zuvor vom überweisenden Arzt erhaltenen Informationen ließen es geraten erscheinen, die eigenen Worte der Patientin zur Induktion zu verwenden.

In der folgenden Darstellung sind meine Ausführungen kursiv gedruckt:

> *Sie können sich überhaupt nicht vorstellen, was eine Trance ist?* – Nein, kann ich nicht, was ist das? – *Ja, was ist das?* – Ein psychischer Zustand, nehme ich an. – *Ein psychischer Zustand, nehmen Sie an, was noch?* – Ich weiß nicht. – *Sie wissen es wirklich nicht.* – Nein, nicht. – *Sie wissen nicht, es nimmt Sie Wunder, Sie denken…* – Was denken – *Ja, was denken, fühlen, empfinden Sie?* – (Pause) – Ich weiß nicht. – *Aber es kann Sie wundernehmen…* – Schlafen Sie ein? – *Nein, müde, entspannt, schläfrig…* – Wirklich müde – *So müde und entspannt, was noch?* – Ich bin verwirrt. – *Verwirrt Sie, nimmt Sie Wunder, Sie denken, Sie fühlen, was fühlen Sie?* – Meine Augen… – *Ja, Ihre Augen, wie?* – Sie sehen verschwommen – *Verschwommen, schlie-*

ßen sich... – (Pause) – *Müde und entspannt, was noch?* – (Pause) – *Schlafen, müde, entspannt, schlafen, tiefer atmen...* – (Pause) – *Was noch?* – Ich fühle mich komisch. – *Komisch, so angenehm, wirklich lernen* – (Pause) – *Lernen, ja, mehr und mehr lernen.* – (Pause) – *Augen geschlossen, tief atmen, entspannt, angenehm, so angenehm, was noch?* – (Pause) – Ich weiß nicht – *Sie wissen wirklich nicht, aber wirklich lernen, tiefer und tiefer gehen...* – (Pause) – Zu müde zu sprechen, einfach schlafen. – (Pause) – *Vielleicht ein Wort oder zwei.* – Ich weiß nicht (mühsam gesprochen) – *Tiefer atmen, und Sie wissen wirklich nicht, einfach tiefer gehen, tief schlafen, immer tiefer schlafen, nicht kümmern, einfach lernen, weitermachen, immer tiefer und tiefer und mehr und mehr lernen mit Ihrem Unbewußten.*"

Von da an war es möglich, einfach und direkt mit ihr umzugehen, ohne irgendwelche besonders ausgearbeiteten Suggestionen, und später wurden Trancezustände durch posthypnotische Suggestionen herbeigeführt.

Bei dieser Darstellung handelt es sich einfach nur um eine verdeutlichende Zusammenfassung der Ausführungen und der Utilisationsmethoden. Im allgemeinen wird mit sehr viel mehr Wiederholungen gearbeitet, gewöhnlich nur einiger bestimmter Ideen, die von Patient zu Patient unterschiedlich sind. Bisweilen erweist sich diese Technik als ausgesprochen rasch wirksam. Bei ängstlichen Patienten dient sie der Beschwichtigung, daß sie in Sicherheit sind, daß ihnen nichts aufgenötigt wird, und sie spüren, daß sie sich in aller Ruhe jedes einzelnen Schrittes bei diesem Vorgehen bewußt sein können. Folglich sind sie in der Lage, voll mitzuarbeiten, was schwierig zu bewerkstelligen wäre, wenn sie das Gefühl hätten, es würden ihnen Verhaltensmuster gewaltsam aufgezwungen.

Das allgemeine Prinzip der oben beschriebenen Technik kann leicht in einer einzelnen Utilisationstechnik übernommen werden. Eine gewisse Parallele, aber doch ein deutlicher Unterschied, zeigt sich bei der Anwendung zur effektiven neuerlichen Induktion bei jenen Patienten, die zunächst gute hypnotische Subjekte gewesen sind, die aber aus dem einen oder anderen Grund großen Widerstand gegen Hypnose entwickelt haben, obgleich sie nach außen hin kooperativ wirken.

Das Vorgehen besteht darin, die betreffende Person von Anfang an dazu zu bringen, den Ablauf einer früheren erfolgreichen hypnotischen Trance in vernünftiger, folgerichtiger und detaillierter Weise zu erinnern. Wenn die Person sich in diese Aufgabe vertieft, läßt sie ihren früheren Trancezustand wieder lebendig werden, gewöhnlich indem sie subjektiv zu jener früheren Situation regrediert und einen besonderen Rapport zum Hypnotiseur entwickelt. Das folgende Beispiel soll als Zusammenfassung diese Utilisationstechnik verdeutlichen.

5. Fallbeispiel

Eine freiwillige Versuchsperson bei einer Vorlesung vor Universitätspublikum erklärte: „Vor einigen Jahren bin ich einmal hypnotisiert worden. Das war eine leichte, nicht besonders befriedigende Trance, und obgleich ich gern mit Ihnen kooperieren würde, bin ich mir doch ziemlich sicher, daß ich nicht hypnotisiert werden kann." – „Erinnern Sie sich an die äußeren Bedingungen jener Trance?" – „Oh ja, das war ein psychologisches Labor der Universität, die ich besucht habe." – „Könnten Sie, wie Sie so dasitzen, die äußeren Bedingungen jener Trancesituation erinnern und beschreiben?"

Netterweise fing der Mann an, den Versuchsraum detailliert zu beschreiben, in dem er damals eine leichte Hypnose erlebt hatte; er bezog auch den Stuhl mit ein, auf dem er gesessen hatte, sowie den Professor, der die Trance induziert hatte. Ähnlich reagierte er auf meine Bitte, er möge seine Erinnerungen an die damaligen Suggestionen so ordentlich und verständlich wie möglich beschreiben und auch seine Reaktionen darauf.

Langsam und nachdenklich beschrieb die Versuchsperson eine Lidschließ-Technik mit Suggestionen der Entspannung, der Ermüdung und des Schlafs. Wie er weiter seinen in Worte gefaßten Erinnerungen nachging, schlossen sich seine Augen allmählich, sein Körper entspannte sich, sein Sprechen wurde langsamer und zögernder, und es bedurfte immer mehr Nachfragen, bis schließlich offensichtlich war, daß er sich in einem Trancezustand befand. Daraufhin wurde er gebeten festzustellen, wo er sich befinde und wer anwesend sei. Er nannte seine frühere Universität und den ehemaligen Professor. Er wurde sogleich angewiesen, sorgfältig zuzuhören, was ich ihm zu sagen hätte, und dann wurden an ihm die Phänomene tiefer Trance demonstriert.

Die gleiche Technik, früheres hypnotisches Lernen zu nutzen, ist auch bei Patienten angewandt worden, insbesondere bei solchen, die gegen weitere Hypnose unerklärlichen Widerstand entwickelt hätten und erklärten, sie seien bereits anderswo in Hypnosetherapie gewesen; sie bezweifelten deshalb ernsthaft ihre Fähigkeit, für einen neuen Hypnosetherapeuten Trance zu entwickeln. Der einfache Weg, den Patienten Platz nehmen zu lassen und ihn zu bitten, detailliert über sein früheres Erlebnis zu berichten, führt zu einer Trance, und das gewöhnlich sehr schnell. Üblicherweise handelt es sich lediglich um eine Wiederbelebung der früheren Trance, bisweilen sogar um eine Regression in diese Trance. Diese Technik kann man auch bei den eigenen Patienten einsetzen, die Widerstand gegen weitere Hypnose entwickelt haben. In diesem Fall wird die Auflösung des Widerstands häufig erleichtert und die Therapie erheblich beschleunigt.

Eine weitere Utilisationstechnik, die mit der oben beschriebenen vergleichbar ist, wurde im experimentellen und im klinischen Rahmen bei unerfahrenen wie bei erfahrenen Personen angewandt. Sie wurde benutzt, um Widerstand zu umgehen, als Methode zu einer ersten, sowie zur erneuten Tranceinduktion. Diese Technik basiert auf dem unmittelbaren, direkten Hervorrufen bedeutsamen, unbewußt ausgeführten Verhaltens bei der Versuchsperson, das getrennt von der bewußt gesteuerten Aktivität verläuft und mit neugierigem Interesse verfolgt wird.

6. Fallbeispiel

Je nach dem Bildungshintergrund der betreffenden Person wird eine passende und zwanglose Erklärung zu den allgemeinen Konzepten des Bewußtseins und des Unbewußten bzw. des Unterbewußtseins abgegeben. Desgleichen wird auch die ideomotrische Aktivität besprochen, es wird dabei aber durchaus fundiertes Wissen vermittelt, und es werden bekannte Beispiele einschließlich der Handlevitation angeführt.

Dann wird der jeweiligen Person ganz schlicht gesagt, sie möge ruhig dasitzen, ihre Hände mit den Innenflächen nach unten auf ihren Oberschenkeln ruhen lassen und sich die Frage genau anhören, die an sie gerichtet wird. Es wird ihr erklärt, diese Frage könne nur von ihrem Unbewußten beantwortet werden, nicht jedoch von ihrem bewußten Verstand. Weiter wird noch angemerkt, daß sie durchaus eine bewußte Antwort geben könne, die indessen nur eine bewußte Äußerung darstelle, aber keine tatsächliche Antwort auf die Frage sei. Was nun die Frage an sich betreffe, so könne sie durchaus beliebig sein, das habe keinerlei persönliche Bedeutung. Der Zweck sei einzig und allein, dem Unbewußten Gelegenheit zu geben, sich selbst in der Antwort zu verwirklichen. Weiter wird noch erklärt, die Antwort werde in einer ideomotorischen Reaktion, in einer Aufwärtsbewegung der einen oder anderen Hand bestehen; dabei bedeute die Bewegung der linken Hand ein „Nein" auf die Frage an das Unbewußte, die der rechten ein „Ja".

Anschließend wird die Frage vorgelegt: „Denkt Ihr Unbewußtes, daß Sie in Trance gehen können?“ Und es wird nochmals eine zusätzliche Erklärung gegeben: „Bewußt können Sie nicht wissen, was Ihr Unbewußtes denkt oder weiß. Aber Ihr Unbewußtes kann Ihrem bewußten Verstand erlauben, zu entdecken, was es denkt oder versteht, und zwar durch den einfachen Vorgang, eine Levitation der rechten oder der linken Hand zu veranlassen. So kann Ihr Unbewußtes mit Ihrem bewußten Verstand sichtbar und erkennbar kommunizieren. Nun beachten Sie einfach Ihre Hände und sehen Sie, welche Antwort kommt. Weder Sie können wissen, was Ihr Unbewußtes denkt, noch kann ich das, aber wenn Sie sehen, wie Ihre eine oder andere Hand hochgeht, werden Sie es wissen.“

Wenn sich die Reaktion sehr verzögert, können zusätzliche Suggestionen gegeben werden: „Eine Ihrer beiden Hände geht in die Höhe. Versuchen Sie, die winzigste Bewegung wahrzunehmen, versuchen Sie das zu spüren und zu sehen, und genießen Sie das Gefühl, wie sie sich hebt, und freuen Sie sich zu erfahren, was Ihr Unbewußtes denkt.“

Ungeachtet dessen, welche Hand sich hebt, tritt gleichzeitig ein Trancezustand, häufig eine somnambule Trance ein. Gewöhnlich ist es ratsam, die Trance sogleich zu nutzen, anstatt sie zu testen, denn die Personen haben eine Tendenz, unverzüglich aufzuwachen. Meist geschieht das am besten, indem schlicht und beiläufig bemerkt wird: „Es ist sehr erfreulich zu entdecken, daß Ihr Unbewußtes lernen kann. Da es nunmehr erfahren hat, daß es einen Trancezustand gut zu entwikkeln vermag, kann es beispielsweise auch verschiedene Trancephänomene erlernen. So könnten Sie zum Beispiel daran interessiert sein, ...“ Und nun kann den verschiedenen Bedürfnissen entsprochen werden.

Ein wesentlicher Punkt dieser Technik ist die Nutzung des Interesses einer Person an ihrer eigenen unbewußten Aktivität. Für das Denken wird eine „Ja“- oder eine „Nein“-Situation entwickelt, und in Übereinstimmung damit findet eine Handlung statt, welche eine offene unbewußte Kommunikation darstellt; diese ist ein grundlegender Ausdruck und ein wesentlicher Bestandteil hypnotischer Trance. Mit anderen Worten: Es ist für die Personen notwendig, in Trance zu gehen, damit sie die Antwort auf die Frage finden.

Mehrere erfahrene Versuchspersonen, an die man mit dieser Technik herangetreten ist, haben sie sogleich durchblickt und entsprechende Bemerkungen gemacht: „Wie interessant! Gleichgültig welche Antwort man gibt, zuerst einmal muß man in Trance gehen.“

Kooperationswillige Versuchspersonen offenbaren von Anfang an ihr natürliches Interesse, während Versuchspersonen ohne entsprechende Bereitschaft Widerstand zeigen und ihre Einstellung deutlich machen, indem sie bei den einführenden Erklärungen Verständnisschwierigkeiten haben, wiederholt um Anweisungen bitten und die Handlevitation vorwegnehmen, indem sie absichtlich die linke Hand heben. Jene Personen, die der Tranceinduktion auf diese Weise entgegenwirken, neigen dazu, schon beim ersten Versuch, die Trance zu testen oder zu nutzen, wieder aufzuwachen. Allerdings kehren die meisten doch wieder bereitwillig in die Trance zurück, wenn ihnen gesagt wird: „Und Sie können so leicht und schnell in Trance gehen, wie Ihr Unbewußtes diese Frage beantwortet hat; Sie fahren einfach fort und beobachten, wie Ihr Unbewußtes weiter Ihre Hand hinaufgehen läßt zu Ihrem Gesicht. Während Ihre Hand sich hebt, werden sich Ihre Augen schließen und Sie werden in eine tiefe Trance gehen." In fast allen Fällen entwickeln die Versuchspersonen einen Trancezustand.

Ein wichtiger Punkt bei dieser Technik ist die Haltung des Hypnotiseurs, die voll positiver Erwartung, zwanglos und schlicht sein soll; damit überläßt er der Versuchsperson die Verantwortung für jegliche weitere Entwicklung.

Auch Mißverständnisse, Zweifel und Unsicherheit des Patienten können als Induktionstechnik genutzt werden. Ein entsprechendes Vorgehen mag durch das Beispiel zweier Patientinnen dargestellt werden, beide Collegeabsolventinnen, eine Ende Dreißig, die andere Anfang Vierzig.

7. Fallbeispiel

Die erste Patientin äußerte massiven Zweifel und Unsicherheit hinsichtlich der Gültigkeit hypnotischer Phänomene, sofern diese bei ihr selbst hervorgerufen werden sollten. Aufgrund ihrer verzweifelten Suche nach Hilfe sah sie sich aber gezwungen, als letzte Therapiemöglichkeit Hypnose auszuprobieren.

Die andere Frau gab ihrer Überzeugung Ausdruck, Hypnose und physiologischer Schlaf seien notwendigerweise identisch oder zumindest gleichwertige oder sich gegenseitig ergänzende Bestandteile einer einzigen psychophysiologischen Erscheinung; sie könne also unmöglich in Trance gehen, ohne zuvor in physiologischen Schlaf zu fallen. Dies aber, erklärte sie, würde Therapie ausschließen, und doch hätte sie den Eindruck, Hypnose sei die einzige, wenn auch fragwürdige Möglichkeit für sie, vorausgesetzt, die Hypnosetherapie werde so durchgeführt, daß physiologischer Schlaf ausgeschlossen sei. Daß dies aber möglich sein sollte, könne sie absolut nicht glauben.

Alle Bemühungen zur Erklärung waren vergebens und steigerten nur die Angst und Anspannung der beiden Patientinnen. Deshalb wurde eine Vorgehensweise gewählt, die ihre Mißverständnisse benutzte, wobei die Technik – abgesehen von unterschiedlichen Schwerpunkten – bei beiden Patientinnen im wesentlichen gleich war. Eine jede wurde in Kenntnis gesetzt, daß tiefe Hypnose angewandt werde, und daß sie mithelfen könnten in tiefe Trance zu gehen, indem sie die Gültigkeit und Echtheit eines jeden realen Objektes untersuchten, einschätzten, bewerteten und hinterfragten; genauso sollten sie mit jeder angesprochenen Einzelheit ihrer subjektiven Erfahrung umgehen. Dabei sollten sie sich verpflichtet fühlen, all dem keinen Glauben zu schenken und es abzulehnen, was ihnen ungewiß oder fragwürdig erscheine. Für die eine Patientin wurde das Schwergewicht in erster Linie auf subjektive Empfindungen und Reaktionen gelegt, wobei Bemerkungen über reale Objekte eingestreut wurden. Bei der anderen wurde die Aufmerksamkeit für reale Objekte als Beweis des Wachsein betont, und eingestreut wurden Suggestionen zu subjektiven Reaktionen. Auf diese Weise wurde bei jeder Frau das Bewußtsein allmählich eingeengt und entsprechend nahm die Abhängigkeit und Reaktionsbereitschaft mir gegenüber zu. In diesem Stadium konnte bei beiden mit Hilfe einer einfachen Lidschließtechnik und eines progressiven Entspannungsverfahrens eine somnambule Trance induziert werden; die Verfahren wurden entsprechend der besonderen Bedürfnisse einer jeden Patientin leicht abgewandelt.

Um den tatsächlichen Wortlaut darzustellen, sei das folgende Beispiel angeführt; die subjektiven Aspekte und die realen Objekte sind dabei annähernd zu gleichen Teilen angesprochen worden:

> „Während Sie bequem auf diesem Stuhl sitzen, können Sie das Gewicht Ihrer Arme spüren, die auf der Lehne ruhen. Und Ihre Augen sind geöffnet und Sie können den Schreibtisch sehen, und da ist nur das übliche Zwinkern der Augenlider, das Sie vielleicht bemerken oder nicht bemerken, so wie man etwa das Gefühl der Schuhe an den Füßen bemerken und dann auch wieder vergessen kann. Und Sie wissen wirklich, daß Sie das Bücherregal sehen können, und Sie können sich fragen, ob Ihr Unbewußtes irgendeinen besonderen Buchtitel bemerkt hat. Aber nun können Sie wieder das Gefühl der Schuhe an Ihren Füßen wahrnehmen, wie sie auf dem Boden ruhen, und gleichzeitig kann Ihnen bewußt werden, wie sich Ihre Augenlider senken, während Sie Ihren Blick

zu Boden lenken. Und Ihre Arme lassen noch immer ihr Gewicht auf den Armlehnen des Stuhls ruhen, und all das ist wirklich und Sie können darauf achten und es spüren. Und wenn Sie auf Ihr Handgelenk blicken und dann in die Zimmerecke schauen, können Sie vielleicht die Veränderung Ihres visuellen Fokus spüren oder empfinden und mag sein, Sie erinnern sich, wie Sie als Kind vielleicht mit der Erfahrung gespielt haben, einen Gegenstand anzusehen, als wäre er weit weg und dann ganz nah. Und während Ihnen die damit verbundenen Erinnerungen aus der Kindheit durch den Sinn gehen, können diese ganz einfacher Natur sein, bis hin zu dem Gefühl der Müdigkeit, das vom unbewegten Sitzen herrührt und das man ausgleichen kann, indem man die Muskeln entspannt und die Schwere des Körpers spürt, so wie Sie die Mattigkeit Ihrer Augenlider empfinden, während die Ermüdung und Entspannung mehr und mehr zunehmen. Und alles, was gesagt wurde, ist wirklich, und Sie können mehr und mehr fühlen und empfinden, während Sie Ihre Aufmerksamkeit auf Ihre Hand richten, oder auf Ihren Fuß oder auf den Schreibtisch oder auf Ihre Atmung, oder auf die Erinnerung an das angenehme Gefühl irgendwann, als Sie Ihre Augen schlossen und Ihren Blick ruhen ließen. Und Sie wissen, daß Träume wirklich sind, daß man Stühle und Bäume und Menschen sieht und in seinen Träumen die verschiedensten Dinge hört und fühlt, und daß visuelle und akustische Bilder so wirklich sind wie Stühle und Schreibtische und Bücherregale, die zu visuellen Bildern werden."

In dieser Art werden meine Ausführungen immer häufiger zu einfachen, direkten Suggestionen subjektiver Reaktionen.

Diese Technik der Utilisation von Zweifeln und Mißverständnissen ist auch bei anderen Patienten und bei Versuchspersonen in der Forschung angewandt worden und paßt auch gut zur Handlevitation als abschließender Maßnahme, denn ideomotorische Aktivität innerhalb des Blickfelds bietet ausgezeichnet Gelegenheit, objektive und subjektive Realität zu erfahren.

Eine weitere Utilisationstechnik dreht sich vor allem um Trancesubjekte, die eigentlich ausgezeichnet zur Trance befähigt wären, die aber das Bedürfnis haben, Widerstand zu leisten und Hypnose als persönliche Erfahrung vollständig ablehnen, bis sie dann doch paradoxerweise eintritt.

Gelegentlich kann eine solche Person aufgrund ihrer Naivität und ihres fehlgeleiteten Widerstands sogar tiefe somnambule Trance entwickeln, aber danach wird sie Hypnose wahrscheinlich völlig ablehnen, oder sie wird ihre Fähigkeiten zu hypnotischen Reaktionen ganz erheblich und unerklärlicherweise einschränken. Häufiger jedoch sind solche Personen dann offensichtlich nicht zu hypnotisieren, obgleich sie wohl zu den entsprechenden Reaktionen fähig sein können, bis schließlich ihren besonderen Bedürfnissen entsprochen wird und sie zufriedengestellt sind. Diejenigen, die sich eine begrenzte hypnotische Reagibilitätgestatten, entwickeln beispielsweise eine ausgezeichnete Anästhesie bei der Entbindung, sind beim Zahnarzt aber nicht dazu in der Lage, oder umgekehrt. Sollte sich indessen zufällig im zweiten Bereich ein Erfolg ergeben, so können die hypnotischen Fähigkeiten im ersten Bereich oder auch auf allen anderen Gebieten verlorengehen. Ein anderes Beispiel hierfür findet sich bei einem ähnlichen Patiententypus in der Psychotherapie, der nur in bestimmten, umschriebenen therapeutischen Problembereichen hypnotische Reaktionen zeigt.

Insgesamt verkörpern diese Individuen anscheinend unmögliche oder unberechenbare und unzuverlässige hypnotische Subjekte, solange ihren speziellen Bedürfnissen nicht entsprochen wird; geschieht dies aber, so können sie bemerkenswert kompetente Trancesubjekte werden.

Es folgen Berichte über diesen Trancetyp, der sowohl in der experimentellen, wie in der klinischen Arbeit anzutreffen ist.

8. Fallbeispiel

Eine 20jährige Frau, Mitglied einer Gruppe von Psychologiestudenten, arbeitete engagiert auf dem Gebiet der experimentellen Hypnose, sowohl in der Rolle der Versuchsperson als auch in der des Hypnotiseurs, scheiterte aber völlig beim Versuch, irgendein Trancephänomen zu entwickeln, obgleich sie sich Stunden abmühte, in Trance zu gehen. Ursprünglich hatte sie ihre Überzeugung zum Ausdruck gebracht, daß Hypnose als persönliche Erfahrung etwas Unmögliches sei, aber ansonsten hoffe sie doch zu lernen. Schließlich machten zwei ihrer Kollegen, die sowohl als Hypnotiseure wie als somnambule Versuchspersonen kompetent waren, den Vorschlag, als letzte Möglichkeit mir, dem Autor einen Besuch abzustatten. Die Situation wurde ihr in allen Einzelheiten erklärt, und Miss X sprach nochmals ihre Überzeugung sowohl als ihre Hoffnung aus und ersuchte mich, jede nur denkbare Anstrengung zu unternehmen, bei ihr eine Trance zu induzieren. Ihre gesamte Erscheinung und ihr Verhalten ließen darauf schließen, daß sie im Grunde ein sehr reagibles Wesen war.

Es zeigte sich, daß sie nach außen hin sehr kooperativ war, aber tatsächlich legte sie, was die Hypnose betraf, vollkommenen Widerstand an den Tag und reagierte selbst nach dreistündigem intensiven Bemühen und trotz Anwendung verschiedenster direkter und indirekter Methoden überhaupt nicht. Das bestätigte Miss X in ihrer Überzeugung, nicht hypnotisierbar zu sein. Mir schien es geraten, ihr Bedürfnis nach Widerstand und ihre Ablehnung der Hypnose als persönliche Erfahrung experimentell zu nutzen und als Mittel einzusetzen, paradoxe Trancephänomene für sie hervorzurufen.

Zu diesem Zweck wurde Miss X daran erinnert, daß ihre beiden Begleiter A und B hervorragende Somnambule seien, die im Nu in tiefe Trance gehen konnten. A und B wurden dann offen angewiesen, beständig in dem psychischen Bewußtseinszustand zu bleiben, in dem sie sich derzeit befanden und Miss X in keiner Weise zu verraten, ob sie als Reaktion auf meine Bemühungen mit ihr in Trance gegangen seien. (Sie hatten keinen Trancezustand entwickelt, was mir klar war, nicht aber Miss X).

Sie wurde dann aufgerufen, A und B sorgfältig zu überprüfen und eindeutig zu erklären, ob sie wisse, daß die beiden in Trance seien oder nicht. A und B wurden aufgefordert, mit einem einfachen Kopfschütteln oder Nicken ehrlich auf jede Frage zu antworten, wenn sie von mir dazu aufgefordert würden.

Miss X gestand ihr Unvermögen ein, den Bewußtseinszustand von A und B zu bestimmen. Sie wurde daran erinnert, daß sie selbst wach sei, keinen Trancezustand und daher auch keine Trancephänomene entwickeln könne, daß dagegen A und B als erfahrene Trancesubjekte dies sogleich vermochten. Sie stimmte dem zu, und es wurde erklärt, wenn A und B in Trance seien, dann könnten negative visuelle Halluzinationen hervorgerufen werden. Sie stimmte auch dem zu. Nun wandte ich mich von den Dreien ab, hin zu einer Wand der Praxis und gab die folgenden Anweisungen:

> „Miss X, ich möchte, daß Sie die Reaktionen von A und B sorgfältig beobachten, denn ich selbst werde sie nicht ansehen, und wenn ich meine Ausführungen beendet habe, werde ich eine spezielle Frage an die beiden richten, auf die sie mir mit Nicken oder Kopfschütteln antworten werden, wie ich das zuvor erklärt habe. Sie alle kennen den Fischteich (ein Wahrzeichen des Campus), nicht wahr, und Sie alle können als Antwort nicken. Sie haben ihn viele

> Male gesehen, Sie kennen ihn genau, und Sie können ihn sehen, wann immer Sie wollen. Nun, Miss X, beobachten Sie A und B sorgfältig, und halten Sie sich bereit, deren Antwort zu vermelden. Und Sie, A und B, während Miss X weiterhin auf Ihre Reaktion wartet, SEHEN NICHT (in sanftem, nachdrücklichem Ton gesprochen, mit konzentriertem Blick, wobei ich langsam und wohlüberlegt auf die Wand weise, die sich genau im Blickfeld von Miss X befindet) SEHEN NICHT DEN FISCHTEICH GENAU HIER. Und Sie sehen den Fischteich nicht, was?“ A und B schüttelten verneinend den Kopf und Miss X erklärte aufgeregt: „Sie sind beide in Trance. Sie zeigen eine negative Halluzination.“

Ohne weiter etwas zu ihr zu bemerken, fragte ich A und B, ob sie die Studenten jenseits des Fischteichs gehen sähen oder die Fische und Pflanzen im Teich wahrnähmen. Wieder schüttelten sie verneinend den Kopf.

Darauf schlug ich Miss X vor, A und B sich selbst zu überlassen, während wir beide uns über Hypnose unterhalten würden. Sie willigte ein und erklärte sogleich, daß die Demonstration negativer visueller Halluzinationen bei A und B sie in gewisser Weise davon überzeugt habe, daß sie hypnotisiert werden könne, und daß sie sich freuen würde, jederzeit als freiwillige Versuchsperson zu dienen und in Trance gehen zu können. Ferner sei sie sicher, auch in der Lage zu sein, in tiefe Trance zu gehen.

Anstatt einer direkten Antwort auf ihre Äußerung fragte ich sie, ob sie bereit sei, mit A und B zu sprechen. Nachdem sie zugestimmt hatte, bat ich die beiden, sie möchten Miss X die schriftlich niedergelegten Fragen stellen, die ich ihnen gerade übergeben hatte. Sie fragten sie, ob sie den Fischteich sehen könne sowie die Studenten, die jenseits desselben gehen. Nachdem sie das bestätigt hatte, wurde sie gebeten, genau anzugeben, wo sie sich befindet. Sie beschrieb, sie stehe mit den beiden anderen und mit mir etwa drei Meter vom Fischteich auf dem Campus entfernt.

Dann sagte ich ihr, A und B würden nun aus der „Trance“ geweckt, indem ich sie einfach die Augen schließen lasse, *während sie das auch tun solle*, und wenn ich dann bis drei zähle, wird sich ein volles Erwachen aus jeglichem Trancezustand einstellen, und es werde die Fähigkeit fortbestehen, zu jedem zukünftigen gewünschten Zeitpunkt wieder in Trance zu gehen, soweit der Zweck es rechtfertige. Sie erwachte wie geheißen aus ihrer Trance und hatte eine vollständige spontane Amnesie für die Tranceereignisse, und offensichtlich bestand ihre ursprüngliche Überzeugung auch weiterhin, daß sie nicht hypnotisierbar sei. Alle drei wurden dann entlassen, wobei A und B persönlich angewiesen wurden, nichts von Hypnose zu erwähnen.

Anderntags stand Miss X wiederum als freiwillige Versuchsperson für das psychologische Labor zur Verfügung und entwickelte rasch eine tiefe somnambule Trance. Sie war so angetan, daß sie mich am gleichen Abend mit dem Anliegen aufsuchte, ein weiteres Mal zu versuchen, sie zu hypnotisieren. Sie reagierte fast unmittelbar mit tiefer Trance, und später hat sie sehr häufig als Versuchsperson bei Experimenten mitgearbeitet.

9. Fallbeispiel

Ein Beispiel aus dem klinischen Bereich, bei welchem die gleiche Technik zur Anwendung kam, wird anhand eines schwierigen 25jährigen Patienten dargestellt, für den Hypnosetherapie nicht angezeigt war. Nichtsdestotrotz verlangte er wiederholt Hypnose und erklärte im gleichen Atemzug, daß er unhypnotisierbar sei. Eines Tages wollte er eine Entscheidung erzwingen und forderte kategorisch: „Hypnotisieren Sie mich, obwohl ich ja nicht hypnotisierbar bin."

Diesem Verlangen wurde entsprochen, indem ich ihm in sanftem Ton Suggestionen zu progressiver Entspannung, Müdigkeit und Schlaf gab. Während der Stunde, die das dauerte, saß der Patient auf der Stuhlkante, gestikulierte und prangerte das gesamte Vorgehen in bitterbösem Ton als stupide und ungeeignet an. Am Ende der Sitzung erklärte der Patient, er habe seine Zeit und sein Geld verschwendet, er könne „jede einzelne wirkungslose, dümmliche Suggestion erinnern", die ausgesprochen worden sei, und er „habe auch alles behalten, was die ganze Zeit über geschehen sei".

Ich griff diese Bemerkungen unvermittelt auf, um monoton zu wiederholen: „Gewiß erinnern Sie sich. Sie sind hier in der Praxis. Natürlich können Sie sich hier in der Praxis an alles erinnern. Es ist ja alles hier in der Praxis abgelaufen, und Sie waren hier, und hier können Sie alles erinnern." Ungeduldig verlangte der Patient einen weiteren Termin und ging ärgerlich davon.

Zum nächsten Termin wurde er absichtlich im Wartezimmer empfangen. Umgehend erkundigte er sich danach, ob er seinen vorausgegangenen Termin eingehalten habe. Er erhielt die ausweichende Antwort, daß er sich gewiß erinnerte, wenn dem so gewesen sei. Er erklärte, daß er sich an jenem Tag plötzlich zu Hause in seinem Auto wiedergefunden habe und sich nicht erinnern konnte, ob er gerade von seinem Termin zurückgekehrt sei oder soeben nach dort aufbreche. Diese Frage erörterte er eine ganze Zeitlang, ehe ihm einfiel, nach der Uhr zu sehen. Dabei entdeckte er, daß es schon viel später war als verabredet. Dennoch war er noch immer nicht in der Lage, die Angelegenheit zu klären, weil er nicht wußte, wie lange er diese Frage erörtert hatte. Er fragte nochmals, ob er den vorherigen Termin wahrgenommen habe, und wieder versicherte ich ihm ausweichend, daß er es sicher wisse, wenn das der Fall gewesen sei.

Als er das Sprechzimmer betrat, blieb er abrupt stehen und erklärte: „Und ich habe meinen Termin eingehalten; Sie haben meine Zeit verschwendet mit Ihrer törichten, sanften, netten, ineffektiven hypnotischen Technik, und Sie sind erbärmlich gescheitert."

Nachdem er noch einige abschätzige Bemerkungen gemacht hatte, komplimentierte ich ihn ins Wartezimmer zurück, wo er wiederum eine Amnesie für den vorherigen Termin zeigte, desgleichen für seine diesbezüglichen Fragen. Ich wehrte auch diesmal seine Fragen ab und geleitete ihn ins Sprechzimmer zurück, wo ihm zum zweiten Mal die volle Erinnerung an seinen vorigen Termin kam.

Und ein weiteres Mal wurde er dazu veranlaßt, ins Wartezimmer zurückzukehren, und wiederum stellte sich seine Amnesie ein, aber als er wieder das Sprechzimmer betrat, kam zu seiner unmittelbaren Erinnerung an den vorausgegangenen Termin auch die volle Erinnerung an sein wiederholtes Betreten des Wartezimmers mit den damit einhergehenden amnestischen Zuständen. Das befremdete und faszinierte ihn so sehr, daß er über eine Stunde damit zubrachte, vom Sprechzimmer ins Wartezimmer und wieder zurück zu gehen, wobei er im Wartezimmer eine völlige Amnesie erlebte und im Sprechzimmer das umfassende Wiedererinnern der Sprechzimmererlebnisse, einschließlich der Begebenheiten im Wartezimmer.

Der therapeutische Effekt dieser hypnotischen Erfahrung bestand in der fast unmittelbaren und weitgehenden Korrektur seiner feindseligen, streitbaren, überkritischen und fordernden Haltung. Nun gelang ein guter Rapport und der Therapieprozeß erfuhr eine Beschleunigung, obgleich keine weitere Hypnose eingesetzt wurde.

Die in den beiden vorausgegangenen Beispielen angewandte Technik ist in etwa mit dem Vorgehen vergleichbar, wie ich, der Autor es in dem Beitrag „Tiefe Hypnose und deren Induktion" (Erickson 1954) beschrieben habe, und das ich in verschiedenen Abwandlungen wiederholt eingesetzt habe. Patienten, die um die Anwendung dieser Technik bitten, haben gewöhnlich das erschreckende Bedürfnis nach einem Gefühl äußerster Sicherheit, das ihnen durch die Kompetenz des Therapeuten vermittelt werden soll. Diese therapeutische Technik bietet den Vorteil, daß sie dem Patienten erlaubt, dieses Sicherheitsgefühl durch Erfahrungslernen zu erlangen und zwar in einem einzelnen, separaten Prozeß und nicht durch die fortwährende Demonstration von Kompetenz, die ja immer der Kritik und Zurückweisung unterliegen kann.

Im Grunde ist diese Technik nichts weiter als die modifizierte Variante viel einfacherer, elementarerer Verfahren, wie Handklammer und Falltest, die bisweilen recht wirkungsvoll eingesetzt werden können, um leichtere Zweifel und Widerstände gegenüber der Tranceinduktion zurechtzurücken. Der Vorzug dieser Technik liegt in ihrer Effektivität, mit der sowohl tiefe Hypnosephänomene hervorgerufen werden können als auch die verschiedenen Probleme des Widerstands gegen Hypnose und Therapie zu beheben sind.

Eine weitere Utilisationstechnik wurde anläßlich einer Vorlesung mit Demonstration vor einer Gruppe von Medizinstudenten eingesetzt. Zu Beginn der Vorlesung trat ein Student vor und störte mich durch Zurufe, prangerte Hypnose als Betrug und mich als Scharlatan an und erklärte, jegliche Demonstration mit seinen Studienkollegen sei ein geplanter Trick, bei dem das Auditorium mißbraucht werde. Folgende Maßnahmen wurden ergriffen:

10. Fallbeispiel

Da er mit seinen lauten, feindseligen Bemerkungen während der Vorlesung fortfuhr, wurde es nötig, einzugreifen. So unterbrach ich die Vorlesung und ließ mich auf einen erbitterten Schlagabtausch mit dem Störenfried ein, wobei ich meine Worte sorgfältig so wählte, daß ich seinen heftigen Protest, sei es in Worten oder in Taten, heraufbeschwor.

So sagte ich ihm, er habe sich ruhig zu verhalten; er dürfe nicht noch einmal dazwischenreden; er solle es nur nicht wagen aufzustehen; er habe keine weiteren Betrugsbeschuldigungen zu äußern; er werde es nicht wagen, zum Mittelgang zu gehen oder vor die Zuhörer zu treten; er habe zu tun, was ich von ihm verlange; er solle sich hinsetzen; er solle auf seinen ursprünglichen Platz zurückgehen; er habe ja Angst vor mir; er wage es nicht, sich hypnotisieren zu lassen; er sei ein randalierender Feigling; er habe Angst, die freiwilligen Versuchspersonen vorne auf dem Podium anzusehen; er solle sich hinten hinsetzen; er wage es nicht, nach vorn aufs Podium zu kommen; er habe

Angst, einen freundlichen Händedruck mit mir auszutauschen; *er wage es nicht, still zu sein*; er fürchte sich, nach vorn zu kommen, zu einem der Podiumsstühle für freiwillige Versuchspersonen; er fürchte sich, den Zuschauern ins Gesicht zu sehen und sie anzulächeln; er wage es nicht, mich anzusehen oder anzuhören; er sei ja nicht in der Lage, auf einem dieser Stühle zu sitzen; er müsse seine Hände ja hinter seinem Rücken verstecken, anstatt sie auf seinen Schenkeln liegen zu lassen; er wage es ja nicht, eine Handlevitation zu erleben; er habe Angst, seine Augen zu schließen; er müsse ja wach bleiben; er habe Angst, in Trance zu gehen; er müsse sich beeilen, daß er vom Podium herunterkommt; er könne ja nicht bleiben und in Trance gehen; er könne noch nicht einmal eine leichte Trance entwickeln; er wage es nicht, in tiefe Trance zu gehen; etc.

Der Student widerlegte mit bemerkenswerter Leichtigkeit durch Wort oder Tat jeden einzelnen Schritt meines Vorgehens, bis er schließlich gezwungen war zu schweigen. Als er seine Ablehnung dann nurmehr im Tun ausdrücken konnte und auch im Muster seiner Widerrede gefangen war, wurde es relativ leicht, einen somnambulen Trancezustand zu induzieren. Anschließend wurde er in dieser Vorlesung äußerst wirkungsvoll als Versuchsperson zu Demonstrationszwecken eingesetzt.

Am Wochenende danach suchte er mich auf, berichtete von seinem tiefen persönlichen Unglück und seiner Unbeliebtheit und bat um Psychotherapie, in welcher er dann beispielhaft rasche und nachhaltige Fortschritte machte.

Diese Technik wurde immer wieder in Auszügen oder vollständig und in vielfacher Abwandlung verwendet, besonders bei Patienten, die sich auflehnen oder Widerstand zeigen, ganz besonders aber bei „unverbesserlichen“ jugendlichen Straftätern. Die Bedeutung dieser Technik besteht darin, daß die Ambivalenz des Patienten genutzt wird, und daß ein solcher Ansatz dem Patienten Gelegenheit gibt, widersprüchliche Ziele mit Erfolg zu erreichen und dabei das Gefühl zu haben, von ihrem eigenen Verhalten werde unerwarteter aber angemessener Gebrauch gemacht. Die Notwendigkeit, den Forderungen des Patienten zu entsprechen, sollte niemals unterschätzt werden.

Eine weitere Utilisationstechnik stellt im wesentlichen eine Kombination aus Utilisation, Zerstreuung und aktiver Beteiligung dar, was im folgenden Bericht verdeutlicht werden soll.

11. Fallbeispiel

Der siebenjährige Allan fiel auf eine zerbrochene Flasche und zog sich ernste Schnittverletzungen am Bein zu. Er kam in die Küche gerannt, weinte laut vor Schmerz und Angst und schrie dabei: „Es blutet, es blutet!" Beim Betreten der Küche ergriff er ein Handtuch und fing an, das Blut mit wilden Bewegungen abzuwischen. Als er sein Schreien unterbrach, um Luft zu schnappen, sagte ich in eindringlichem Ton zu ihm: „Wisch das Blut ab, wisch das Blut ab; nimm ein Badetuch, ein Badetuch, kein Handtuch, ein Badetuch", und er bekam eines gereicht. Er ließ das bereits benutzte Handtuch fallen und sofort sagte ich ihm in aller Eindringlichkeit und zu wiederholten Malen: „Nun wickle es um dein Bein, wickle es fest drum." Das tat er unbeholfen, aber effektiv genug, worauf ich ihm mit gleichbleibender Eindringlichkeit sagte: „Nun halt es fest, halt es fest; und jetzt steigen wir ins Auto und fahren zum Arzt, und halt es fest!"

Während der ganzen Fahrt in die Arztpraxis erklärte ich ihm eindringlich, daß die Wunde wirklich nicht groß genug sei, daß er garantiert ebenso viele Stiche bekommen werde wie seine Schwester, als die sich an der Hand verletzt hatte. Indessen ermahnte ich ihn eindringlich, daß er voll und ganz dafür verantwortlich sei und darauf achten müsse, daß der Arzt so viele Stiche wie möglich anbringt, und ich brachte ihm die ganze Fahrt über bei, wie er energisch auf seinem Recht bestehen könne.

In der Praxis angekommen, wartete Allan keinerlei Fragen ab, sondern sagte der Krankenschwester mit allem Nachdruck, daß er 100 Stiche haben wolle. Sie reagierte überhaupt nicht, sondern sagte nur: „Hier lang, mein Herr, zur Chirurgie." Wie wir hinter ihr hergingen, sagte ich zu Allan: „Das ist nur die Krankenschwester. Der Arzt ist im nächsten Raum. Nun vergiß nicht, ihm alles so zu sagen, wie du es haben willst."

Als Allan den Raum betrat, verkündete er dem Chirurgen: „Ich möchte 100 Stiche haben, klar!?" Er riß das Handtuch herunter, deutete auf sein Bein und erklärte: „Genau hier, 100 Stiche. Und machen Sie sie nicht zu weit auseinander. Und verdecken Sie mir nicht die Sicht, ich möchte was sehen. Ich muß mitzählen. Und ich möchte schwarzen Faden, damit man es auch sehen kann. He, ich will keinen Verband, ich will keinen Verband! Ich will Stiche!"

Dem Chirurgen erklärte ich, Allan begreife seine Lage voll und ganz, und er brauche keine Betäubung. Allan sagte ich, sein Bein müsse nun zunächst gewaschen werden. Dann solle er ganz genau beobachten und feststellen, wie die Stiche angelegt werden, um sicherzugehen, daß sie nicht zu weit auseinander sind, und daß er jeden genau mitzählen und sich ja nicht dabei verzählen solle.

Während der Chirurg seine Arbeit in befremdetem Schweigen ausführte, zählte Allan die Stiche, überprüfte sein Zählen, verlangte, daß die Stiche enger aneinander gesetzt werden und beklagte sich in weinerlichem Ton, daß es nicht so viele Stiche würden, wie bei seiner Schwester. Im Weggehen bemerkte er zu dem Chirurgen, wenn er sich etwas mehr Mühe gegeben hätte, dann hätte er schon mehr Stiche bei ihm unterbringen können.

Auf dem Heimweg tröstete ich Allan, weil es nur so wenige Stiche waren und beglückwünschte ihn in aller Form, daß er bei dem ganzen Hergang so gekonnt den Überblick behalten hatte. Ich riet ihm auch, beim Abendessen ordentlich zuzulangen und gleich danach ins Bett zu gehen, so daß sein Bein schneller heilen könne und er nicht ins Krankenhaus müsse, wie das bei seiner Schwester der Fall gewesen war. Mit Feuereifer war Allan bei der Sache und tat, wie ihm geraten wurde.

Zu keinem Zeitpunkt erwähnte ich Allan gegenüber etwas von Schmerz oder Betäubung, und ich sprach ihm auch keinen Trost zu. Auch gab es keine formale Tranceinduktion. Statt dessen nutzte ich verschiedene Aspekte der Gesamtsituation, um seine Aufmerksamkeit völlig von dem Gedanken an Schmerz abzulenken, auf die Belange zu richten, die für einen siebenjährigen Jungen von Bedeutung sind, und damit seine ungeteilte aktive Mitarbeit und innere Beteiligung zu gewinnen, so daß er mit dem ganzen Problem angemessen umgehen konnte.

In derartigen Situationen erlebt der Patient ein ungeheuer starkes Bedürfnis, selbst etwas zu tun. Dieses Bedürfnis anzuerkennen und bereit zu sein, es zu nutzen, indem etwas getan wird, das in unmittelbarem Zusammenhang mit dem Ursprung dieses Bedürfnisses steht, dies alles ergibt eine überaus wirkungsvolle Art der Suggestion, mit deren Hilfe die volle, adäquate Mitarbeit des Patienten zu gewinnen ist.

12. Fallbeispiel

Um ein weiteres, ähnliches Beispiel aufzuführen: Als die kleine Roxanna vor Kummer schluchzend ins Haus gelaufen kam und einen (allerdings für sie nicht) unbedeutenden Kratzer am Knie hatte, wäre es nicht angemessen gewesen, ihr zu versichern, daß die Verletzung zu gering sei als daß eine Versorgung gerechtfertigt wäre. Es wäre auch nicht passend gewesen, ihr zu beteuern, sie sei ja Mutters tapferes kleines Mädchen, Mutter werde ihr einen Kuß geben, dann werde der Schmerz nachlassen, und der Kratzer werde heilen. Die effektive Therapie bestand vielmehr darin, ihr persönliches Bedürfnis insoweit zu nutzen, als etwas getan wurde, das mit ihrer Verletzung in unmittelbarem Zusammenhang stand. Daher bewirkte für Roxie ein Kuß *rechts*, ein Kuß *links* und ein Kuß *mitten drauf* auf den Kratzer das augenblickliche Heilwerden der Wunde, und der ganze Zwischenfall wurde sogleich Teil ihrer Geschichte und Vergangenheit.

Diese auf die Utilisation starker persönlicher Bedürfnisse gestützte Technik, ist sowohl bei Kindern als auch bei Erwachsenen effektiv und kann ohne weiteres bei Gelegenheiten eingesetzt werden, die in gewisser Weise starke, aktive und intensive Reaktionen und eine ebensolche Beteiligung des Patienten erfordern.

Diese Techniken einer suggestiven Therapie gehören auf die eine oder andere Art zum Repertoire einer jeden erfahrenen Mutter, und sie sind so alt wie das Muttersein selbst. Jeder erfahrene praktische Arzt wendet diese Techniken regelmäßig an, ohne unbedingt zu wissen, daß sie sich ihrer Form nach auf Suggestion stützen. Mit der Entwicklung der klinischen Hypnose entstand das Bedürfnis, jene psychologischen Prinzipien zu untersuchen und zu verstehen, die der Vermittlung wünschenswerten Verständnisses in Zeiten der Belastung dienen.

Ein weiterer Typ der Utilisationstechnik basiert auf einem Konditionierungsprozeß von Verhaltensweisen, in die dann neues und korrektives Verhalten eingeschleust wird.

13. Fallbeispiel

Bezeichnend hierfür ist die Therapie, die bei dem siebenjährigen Robert angewandt wurde, um dessen Alpträume zu lindern, die sich während seiner Genesungszeit nach einem Verkehrsunfall entwickelt hatten, bei dem er einen Schädelbruch, eine Gehirnerschütterung, Oberschenkelbrüche und verschiedene andere Verletzungen erlitten hatte.

Als er im Gipsbett aus dem Krankenhaus zurückkehrte, litt er fast jede Nacht unter Alpträumen. Sie liefen im wesentlichen immer nach dem gleichen Muster ab. Es begann stets mit Stöhnen, dann folgte entsetzliches Schreien, hernach setzten Zittern und Schluchzen ein und das Ganze gipfelte schließlich in dem entsetzten Schrei: „Oh, oh, es trifft mich, es trifft mich!“ Danach brach er zitternd zusammen, war still und atmete langsam und flach, als sei er ohnmächtig geworden.

Bisweilen traten in einer Nacht mehrere Alpträume auf, manchmal nur einer und manchmal blieb er auch eine Nacht verschont. Im Wachzustand hatte er keine Erinnerung an die Alpträume und behauptete, er träume nichts.

Als die ersten Alpträume bemerkt wurden, bemühte man sich, ihn herauszuholen und zu wecken, aber die ersten Versuche waren vergebens. Wenn in seinem Schlafzimmer Licht gemacht wurde, zeigte sich, daß er die Augen offen hatte, seine Pupillen waren erweitert, sein Gesicht schreckverzerrt, und es war nicht möglich, seine Aufmerksamkeit zu erlangen. Wenn er aber diesen Satz wiederholte: „Es trifft mich“, dann schlossen sich seine Augen gewöhnlich, sein ganzer Körper entspannte sich und er verharrte ohne Reaktion, als sei er ein paar Minuten lang ohnmächtig. Anschließend schien er in physiologischen Schlaf zu fallen, aus dem er geweckt werden konnte; danach hatte er allerdings keine Erinnerung an den Alptraum.

Nachdem all diese Befunde sich mehrfach bestätigt hatten, wurde eine Technik entwickelt, um seine Aufmerksamkeit zu erlangen und seinen Alptraum zu beheben. Das entsprechende Vorgehen war relativ einfach, leicht verständlich und beruhte auf der Annahme, daß die Alpträume im wesentlichen aufgrund eines verzerrten, durcheinandergeratenen, möglicherweise fragmentierten Wiedererlebens des Unfalls bestanden. Deshalb konnten sie nicht einfach zerstreut oder übergangen werden, sondern sie mußten angenommen, abgewandelt und dann zurechtgerückt werden.

Dabei wurde folgendermaßen verfahren: Zu Beginn seines Alptraums, wenn er anfing zu stöhnen, wurde Robert im Rhythmus seines eigenen Aufschreiens gesagt: „Gleich geschieht etwas – es wird dir sehr wehtun – es ist ein Lastwagen – er kommt direkt auf dich zu – es wird dich treffen – dich treffen – dich verletzen – dich treffen – dir schrecklich wehtun.“ Diese Worte wurden seinem Aufschreien angepaßt und brachen mit seinem Zusammenbrechen ab. Mit anderen Worten, es wurde versucht, seinen inneren, subjektiven Erregungszustand zeitlich und vom Wesen her zu begleiten. So hoffte man, zwischen den beiden Arten der Erregung eine Verbindung herzustellen und möglicherweise eine Konditionierung herbeizuführen.

In der ersten Nacht, als dieses Verfahren angewandt wurde, hatte Robert zwei Alpträume, die Nacht darauf ebenfalls zwei. Nach einer langen Pause, während er friedlich schlief, wurde das Verfahren ein weiteres Mal eingesetzt und der dritte Alptraum entwickelte sich fast unmittelbar.

In der dritten Nacht, nachdem er einige Zeit ruhig geschlafen hatte und ehe sich ein Alptraum entwickelte, wurde das Verfahren gezielt zweimal eingesetzt. Beide Male ergab sich ein Alptraum und zwar offensichtlich als Reaktion auf dieses Vorgehen. In dieser Nacht wurde später nach dem gleichen Muster noch ein dritter Alptraum ausgelöst, allerdings wurden ein paar neue Wendungen eingefügt, deren Schwerpunkt auf seinen Wünschen und Gefühlen liegen sollte, ohne dabei die Realität zu entstellen. Es handelte sich um die Feststellung: „Ein weiterer Lastwagen ist auf der anderen Straßenseite, der wird dich aber nicht treffen, der fährt einfach vorbei." Diese Sätze wurden eingefügt, weil diese Idee wohl voll und ganz akzeptiert werden konnte und doch nicht das reale Geschehen abändern würde. Hatte er das erst angenommen, so war der Weg frei für sachdienlichere Einfügungen.

In der folgenden Nacht entwickelte er einen spontanen Alptraum, der auf diese modifizierte Art behandelt wurde. Später, in der gleichen Nacht, wurde ein zweiter Alptraum induziert und mit einer weiteren Abwandlung des gleichen Verfahrens behandelt; die Veränderung bestand in einem eingefügten: „Aber du wirst gesund, ganz gesund, ganz gesund."

Dieses allgemeine Vorgehen wurde sodann Nacht für Nacht wiederholt, allerdings immer nur dann, wenn ein spontaner Alptraum auftrat. Roberts Worte und Schreie wurden jeweils passend begleitet, wobei meine entsprechenden Worte immer weiter abgewandelt wurden, bis sie schließlich nurmehr folgendes beinhalteten: „Da kommt ein Lastwagen, und es ist zu dumm, daß er dich erwischt. Du wirst ins Krankenhaus müssen, aber das ist in Ordnung, denn du wirst wieder heimkommen, und du wirst ganz gesund werden. Und alle übrigen Autos und Lastwagen auf der Straße wirst du bemerken, und du wirst ihnen aus dem Weg gehen."

Mit der schrittweisen Veränderung der an ihn gerichteten Worte veränderte sich das Wesen seiner Alpträume allmählich, und auch deren Schwere ließ nach, bis Robert schließlich anscheinend nurmehr leicht aufwachte und den beschwichtigenden Worten lauschte.

Die Therapie der Alpträume dauerte insgesamt einen Monat und die letzten drei Male wurde er nur noch ganz leicht wach, so, als wolle er sich irgendwie meiner Anwesenheit versichern. Danach hat er bis zum heutigen Tag, da er 14 Jahre alt ist, immer gut geschlafen, ohne daß seine Alpträume wiedergekehrt wären.

Die im folgenden an zwei Beispielen beschriebene Utilisationstechnik beruht auf der Anwendung anscheinend inkonsequenter, irrelevanter Überlegungen; das eigentliche Thema ist anscheinend gar nicht beachtet worden.

14. Fallbeispiel

Eine 70jährige Frau aus einer ländlichen Gemeinde hatte keine Schule besuchen dürfen, da ihre Eltern nicht der Meinung waren, Mädchen brauchten eine Ausbildung. Mit 14 Jahren heiratete sie einen Sechzehnjährigen, dessen Schulbildung sich auf seine Unterschrift beschränkte, so daß er Schecks unterzeichnen und so tun konnte „als ob“. Die Braut war entzückt über die bessere Ausbildung ihres Mannes und beschloß, daß er sie unterrichten solle, denn sie ärgerte sich über ihre mangelnde Schulbildung. Ihre Hoffnung ging aber nicht in Erfüllung. Die nächsten sechs Jahre hielten Farmarbeit und Schwangerschaften sie auf Trab, allerdings lernte sie ausgezeichnet so zu tun „als ob“, aber nur in der Vorstellung, denn es war ihr offensichtlich unmöglich, Zahlen schreiben zu lernen. Auch war sie nicht fähig, mit ihrem Namen zu unterschreiben.

Mit 20 Jahren kam ihr die Idee, dem Landschullehrer Kost und Logis zu bieten, mit der Absicht, im Gegenzug den heißersehnten Unterricht im Lesen und Schreiben zu einem ermäßigten Preis zu erhalten.

Die nächsten 50 Jahre erneuerte sie diese Vereinbarung, und die Lehrer begannen hoffnungsfroh den Versuch. Schließlich aber gaben sie den Unterricht als aussichtslos auf, einige früher, einige nach langwierigeren Bemühungen. Als die Gemeinde wuchs, nahm auch die Zahl der Lehrer zu, bis sie schließlich Jahr um Jahr insgesamt vier Lehrer beherbergte. Keiner hatte Erfolg, trotz ihres ernsthaften Wunsches und ihrer ehrlichen Bemühungen. Ihre Kinder durchliefen die Grundschule, die High School und das College, und auch sie versuchten, ihre Mutter zu unterrichten – doch vergebens.

Jedesmal wenn sie Unterricht erhielt, entwickelte sie, wie ein ernstlich gestörtes kleines Kind, einen Zustand geistiger Leere, oder sie bemühte sich übereifrig und konfus, es recht zu machen, und das endete in der Sackgasse.

Nicht daß „Maw“ unintelligent gewesen wäre. Sie verfügte über ein ausgezeichnetes Gedächtnis, über kritisches Urteilsvermögen, konnte zuhören und war bemerkenswert gut informiert. Fremden Leuten vermittelte sie im Gespräch oft den Eindruck, daß sie das College besucht habe, auch wenn ihre Grammatik fehlerhaft war.

In der Zeit, als ich sie sah, waren sie und ihr Mann bereits seit ein paar Jahren im Ruhestand, sie beherbergte aber immer noch Lehrer, damals drei an der Zahl. Diese drei hatten es sich einige Monate zur gemeinsamen Aufgabe gemacht, ihr die Grundzüge des Lesens und Schreibens beizubringen, und schließlich sahen sie sich gezwungen, aufzugeben. Sie beschrieben sie folgendermaßen:

> „Es ist immer das gleiche. Sie geht den Unterricht zu Beginn begeistert und hoffnungsvoll an, und man selbst fühlt sich genauso. Aber binnen einer Minute möchte man darauf wetten, daß man in einer Fremdsprache zu ihr spricht, denn sie versteht rein gar nichts. Man kann sagen oder machen, was man will, sie sitzt mit ihrem eifrigen und verstörten Blick da und versucht, einen Sinn hinter dem Unsinn zu sehen, den man ihr anscheinend erzählt. Wir haben alles versucht. Wir haben mit Freunden geredet, die ihrerseits alles versucht haben. Sie ist wie ein schwer verstörtes Kind, das den völligen Blackout hat, nur wirkt sie nicht verstört sondern absolut verständnislos. Da sie so intelligent ist, konnten wir es einfach nicht glauben, daß ihr das Lernen nicht leichtfallen sollte."

Die Patientin selbst erklärte: „Meine Söhne, die das Ingenieurstudium abgeschlossen haben, sagen mir, ich hätte das Zeug zum Lesen und Schreiben, aber in einer anderen Größenordnung, deshalb greift nichts. Nun können Sie meine Fähigkeiten ins Lot bringen oder zurechtstutzen, denn ich muß lesen und schreiben lernen. Selbst drei Lehrer in Pension zu haben, für sie zu kochen und zu backen, zu waschen und zu bügeln, das genügt mir nicht, ich habe es so satt, herumzusitzen und nichts zu tun. Können Sie es mir beibringen?"

Diese und andere Geschichten legten nahe, daß es sich um eine langwierige, umschriebene psychologische Blockierung handelte, die vielleicht durch hypnotische Suggestion aufgelöst werden könnte. So nahm ich sie als Patientin an, mit dem voreiligen Versprechen, daß sie binnen drei Wochen lesen und schreiben werde, allerdings *ohne irgendetwas beigebracht zu bekommen, das sie nicht schon kann und bereits seit langem konnte.*

Obgleich diese Erklärung sie verwirrte, war ihr Verlangen zu lernen doch so groß, daß sie von mir leicht und in jeder Weise zur vollen Mitarbeit zu überreden war, *auch wenn ich sie nichts lehren würde, außer sie lesen und schreiben zu lassen, was sie ja bereits konnte.*

Der nächste Schritt bestand darin, mittels einfacher, direkter Suggestionen eine leichte Trance bei ihr zu induzieren, die auf den ihr eigenen neurotischen Bedürfnissen gründete und mit ihnen in Einklang stand. Dabei ging es um *ihr volles Verständnis, daß es etwas anderes sei und absolut nichts mit ihrem Lernproblem zu tun habe; daß nichts unternommen werde, um ihr irgendetwas beizubringen, was sie nicht schon kann; daß Trance nur eingesetzt werde, um sie etwas tun zu lassen, das sie ohnehin schon konnte; und daß alles, was getan werde, sie bereits vor langer Zeit gelernt hat.* Aufgrund ihrer Reaktion auf die Hypnose, die mit dieser Sichtweise übereinstimmte, war es möglich, Trance zu induzieren und sie anzuweisen, darin zu verharren, bis sie eine andere Instruktion erhalten würde; sie solle jeder Anweisung uneingeschränkt und ohne Widerrede folgen, *vorausgesetzt, daß es immer etwas mit den Dingen zu tun hat, die sie bereits vor langer Zeit gelernt hat.*

Darauf wurde ihr Bleistift und Papier hingeschoben und die Anweisung lautete, „*nicht zu schreiben*, nur den Bleistift auf irgendeine Art zu ergreifen und ihn irgendwie in der Hand zu halten. Sie und ich, wir beide wissen, daß Sie das können. Jedes kleine Kind kann einen Bleistift auf irgendeine Art fassen.

> „Gut. Nun machen Sie ein Zeichen aufs Papier, irgendein Gekritzel, *wie ein kleines Kind es macht, das nicht schreiben kann.* Irgendein schiefes Gekritzel! Das müssen Sie erst gar nicht lernen.
> Gut. Nun ziehen Sie eine gerade Linie auf dem Papier, so wie Sie es mit einem Nagel machen, wenn Sie ein Brett gerade durchsägen wollen oder mit einem Stab, wenn Sie im Garten eine gerade Reihe markieren wollen. Sie können die Linie kurz oder lang machen, aufwärts, abwärts oder einfach waagerecht.
> Gut. Und jetzt machen Sie ein Zeichen, wie das Loch in einem Krapfen und dann zwei Zeichen, wie die beiden Hälften, wenn Sie den Krapfen zerteilen.
> Gut. Nun machen Sie zwei schräggestellte Zeichen, wie die eine Seite des Dachgiebels des Heuschobers und wie die andere Seite.
> Gut. Nun machen Sie ein Zeichen wie der Schweifriemen eines Pferdes, der auf dem Kopf steht. Und nun bohren Sie den Stift aufs Papier und machen Sie einfach einen kleinen Punkt.
> Gut. Nun, diese Zeichen, die Sie da gemacht haben, können Sie unterschiedlich groß machen und an verschiedenen Stellen und in unterschiedlicher Reihenfolge auf das Papier setzen, sogar oben auf das nächste oder übernächste Blatt, ja?

> Nun, diese Zeichen, die Sie da gemacht haben und jederzeit wieder machen können (die aufrechten, die senkrechten, die waagerechten, die schrägstehenden Linien, die Kreise, Halbkreise usw.) *all das ist Schreiben, aber Sie wissen nicht, daß das Schreiben ist. Sie brauchen nicht zu glauben, daß das Schreiben ist* – alles was sie zu tun haben, ist zu wissen, daß Sie diese Zeichen machen können, und daß das nicht schwer zu können ist, denn Sie können es bereits. Nun werde ich Sie aufwecken und mache das gleiche nochmal, und ich möchte, daß Sie zu Hause üben und diese Zeichen machen. In Ordnung?"

Der gesamte Ablauf im Trancezustand wurde ohne zusätzliche Ausschmückung und mit den gleichen Anweisungen noch einmal im Wachzustand wiederholt. Sie war zwar nicht restlos begeistert, aber doch neugierig geworden und wurde mit der Anweisung entlassen, sie möge anderntags wiederkommen.

Sie ließ sich leicht in eine mittlere bis tiefe Trance versetzen und teilte mit, daß sie fast zwei Stunden damit verbracht habe „Zeichen zu malen". Dann erklärte ich ihr, der einzige Unterschied zwischen einem Stapel Bauholz und dem fertigen Haus bestehe darin, daß letzteres „einfach zusammengebaut" sei. Dem stimmte sie überrascht zu. Dann zeigte ich ihr ein Rechteck und sagte: „Das ist der Rohentwurf von der Seite einer 12-Meter-Scheune". Das Rechteck wurde dann längs zweigeteilt, und ich erklärte ihr: „Nun ist das der Rohentwurf für zwei Scheunen, die von einem Ende zum anderen je sechs Meter lang sind." Immer noch verwundert stimmte sie zu.

Weiter zeigte ich ihr eine saubere Kopie ihrer „Zeichen" vom Vortag und bat sie, die Zeichen auszusuchen, die man für einen „Rohentwurf" der Seitenansicht der 12-Meter-Scheune im verkleinerten Maßstab gebrauchen könne, und einen solchen Plan „aufzuzeichnen". Ich bat sie sodann, ihn „in der Mitte zu durchtrennen" und eine „sechs Meter lange Scheunenseite aufzuzeichnen, die auf einer Scheunenseite von gleicher Größe steht". Verwirrt führte sie das aus.

Dann bat ich sie, die schrägen Linien zu verwenden, um den Giebelteil des Daches „aufzuzeichnen" und danach eine der geraden Linien, um „auf halber Höhe von einer Seite zur anderen so etwas wie ein kleines Brett einzufügen, wie man es zur Verstärkung des Daches braucht". Gehorsam tat sie das, und ich versicherte ihr mit aller Deutlichkeit, daß sie jetzt wisse, wie man Zeichen zusammensetzt. Jetzt aber solle sie die Hälfte des Lochs im Krapfen nehmen, um damit immer wieder „die seitlichen Ecken der Scheune abzurunden". Auch das tat sie.

Dann machte ich ihr nachdrücklich klar, es sei eine unbestreitbare, ja eindeutige Tatsache, daß sie wisse, wie man schreibt. Diese dogmatische Behauptung verwirrte sie beträchtlich, konnte aber ihrer Mitarbeit nichts anhaben. Ehe sie einen weiteren Gedanken darauf richten konnte, wies ich sie strikt an, die „Zeichen" zu überprüfen und jeweils „zwei oder drei auf unterschiedliche Art und Weise zusammenzusetzen".

Mit etwas Geschick und vorsichtiger Führung meinerseits war es möglich, unter ihren verschiedenen „Kombinationen" das vollständige Alphabet in Druckschrift zusammenzustellen, manche Buchstaben waren auch schon abgerundet. Diese wurden sorgfältig auf ein anderes Blatt übertragen. Daraufhin legte ich ihr Zeitungs- und Zeitschriftenanzeigen und ein Kinderbuch vor und zeigte ihr systematisch auf, daß sie jeden Buchstaben des Alphabets ohne abzuschreiben in Druckschrift niedergeschrieben hatte. Anschließend wurde sie dazu veranlaßt, sich zum Wiedererkennen der Buchstaben nicht daran zu orientieren, ihre Druckbuchstaben mit denen im Buch zu vergleichen, sie sollte vielmehr die Buchstaben im Buch nach der Ähnlichkeit mit ihren eigenen Gebilden beurteilen. Dabei achtete ich sehr darauf, daß sie nicht die Orientierung verlor. Ihre Aufregung, Freude und Neugier waren überwältigend. Anschließend wurde die ganze Prozedur im Wachzustand wiederholt.

Das nächste Problem bestand darin, sie für das „Bauen von Buchstaben", von „Wörtern" und für das „Benennen" zu interessieren, sie ganz gewiß bei dieser Aufgabe zu halten und nicht jedes neue Gebilde zu lesen. Jeder Schritt wurde zuerst in Trance und danach im Wachzustand vollzogen. Schreiben und Lesen wurden nicht erwähnt, vielmehr benutzte ich Umschreibungen. So forderte ich sie beispielsweise auf: „Nehmen Sie ein paar von diesen geraden oder gekrümmten Linien und bauen Sie mir noch einen Buchstaben. Nun bauen Sie mir einige Buchstaben hintereinander auf, und geben Sie dem Wort einen *Namen*."

Dann brachte ich ihr bei: „Ein Wörterbuch ist kein Buch zum Lesen; es ist ein Buch, in dem man Wörter nachschlägt, so wie auch ein Bilderbuch nicht zum Lesen ist, sondern um Bilder nachzuschlagen." Mit dem Wörterbuch wurde sie in die Lage versetzt zu entdekken, daß sie senkrechte, waagerechte, schräge und gewundene Linien benutzen konnte, um jedes Wort darin zu „bauen", und mit großer Sorgfalt hob ich die Bedeutung hervor, die „der richtige Name für jedes Wort hat, so wie Sie niemals den *richtigen* Namen für die Egge, für die Scheibenegge oder für den Kultivator vergessen."

Im nächsten Schritt lernte sie das Spiel mit den Anagrammen, das ihr als ähnlich beschrieben wurde, wie wenn „die rückwärtige Veranda abgerissen wird, und aus dem alten Bauholz wird ein neuer Raum mit einem Küchenspülbecken gebaut". Die Aufgabe, den Wörtern „Namen" zu geben, wurde einfach faszinierend für sie.

Der letzte Schritt bestand darin, sie entdecken zu lassen, daß „Wörtern Namen zu geben genau das gleiche ist wie sprechen", und dies gelang schlicht dadurch, daß ich sie Wörter „bauen" ließ, die offenbar zufällig aus dem Wörterbuch herausgegriffen waren, die ich jedoch sorgfältig ausgewählt hatte, und die sie „hier und da auf diese gerade Linie setzen" sollte. Da die Wörter nicht in der korrekten Reihenfolge niedergeschrieben waren, wohl aber im richtigen Abstand, überraschte sie das Endergebnis, als Sie dazu aufgefordert war, alles beim „Namen" zu nennen. Die Wörter lauteten: „Mach vorwärts Mutter und stell etwas Futter auf den Tisch." Als sie fertig war mit dem „Benennen" der Wörter, rief sie aus: „Na so was, genau das sagt Pa immer – es ist genau wie sprechen!"

Der Übergang vom „Wörter sprechen" zum „Wörter lesen" war dann nur noch eine Kleinigkeit. Binnen drei Wochen verbrachte sie jede freie Minute mit ihrem Wörterbuch und einem *Reader's Digest*. Im Alter von 80 Jahren war sie noch immer eine äußerst fleißige Leserin und schrieb ihren Kindern und Enkeln häufig Briefe; sie starb schließlich an einer Gehirnblutung.

15. Fallbeispiel

Im folgenden Fall geht es um ein neunjähriges Mädchen, dessen schulische Leistungen immer schlechter wurden und das sich von allen zurückzog. Nach dem Grund befragt, antwortete sie entweder ärgerlich oder unter Tränen: „Ich bringe einfach nichts fertig."

Nachfragen ergaben, daß sie die Jahre davor in der Schule gut gearbeitet hatte, sich aber auf dem Spielplatz wenig angemessen verhalten hatte; sie war ungeschickt, zögerlich und linkisch. Allerdings waren ihre Eltern nur über ihre Schulleistungen besorgt und suchten bei mir psychiatrische Hilfe für ihre Tochter.

Da das Mädchen nicht in die Praxis kommen wollte, machte ich jeden Abend einen Hausbesuch bei ihr. Die ersten informativen Einzelheiten, die ich ihr herauslocken konnte, besagten, daß sie bestimmte Mädchen nicht mochte, weil die immer „Jacks" (Geschicklichkeitsspiel, bestehend aus sechseckigen Plättchen und einem Ball, den man hüpfen läßt und fängt, während man mit den Plättchen unterschiedliche Muster legt) spielten, Rollschuh liefen oder Seil sprangen. „Sie spielen nie etwas, das Spaß macht." Es zeigte sich, daß sie ein „Jacks"-Spiel und einen Ball hatte, aber daß sie „fürchterlich spielte". Ich forderte sie heraus, indem ich ihr sagte, mein rechter Arm sei von der Kinderlähmung verkrüppelt, so daß ich sicher „noch fürchterlicher" spielen würde als sie. Sie nahm die Herausforderung an und nach den ersten Abenden entwickelte sie einen gesunden Ehrgeiz und eine gute Beziehung zu mir; so war es ziemlich einfach, eine leichte bis mittlere Trance bei ihr zu induzieren. Einige Spiele liefen im Trancezustand, andere im Wachen ab. Binnen drei Wochen war sie eine ausgezeichnete Spielerin, obgleich es ihren Eltern aufs äußerste mißfiel, daß mir offenbar das Interesse an ihren schulischen Schwierigkeiten fehlte.

Nach drei Wochen „Jacks"-Spiel meinte ich, daß ich auf Rollschuhen wohl noch schlechter wäre als sie, denn auch mein Bein sei verkrüppelt. Es spielte sich das gleiche ab wie mit dem „Jacks"-Spiel, nur daß sie diesmal bloß zwei Wochen brauchte, um die richtige Geschicklichkeit zu entwickeln.

Als nächstes wurde sie zum Seilspringen herausgefordert und sollte versuchen, ob sie mir das vielleicht beibringen könne. Innerhalb einer Woche war sie Meister darin.

Dann forderte ich sie zu einem Fahrradrennen heraus und betonte, daß ich tatsächlich gut radfahren könne, wie sie ja wisse. Ich behauptete kühn, daß ich sie im Rennen schlagen werde, und sie konnte nur darauf eingehen, weil sie überzeugt war, ich werde sie besiegen. In Trance versprach sie indessen, daß sie sich mächtig anstrengen werde. Sie besaß schon über sechs Monate ein Fahrrad, war aber noch nie weiter als bis zur nächsten Ecke gefahren.

Zur vereinbarten Zeit erschien sie mit ihrem Fahrrad und verlangte: „Sie sollen aber ehrlich sein und mich nicht einfach gewinnen lassen. Sie müssen sich ins Zeug legen, und ich weiß, daß Sie schnell genug fahren können, um mich zu schlagen; ich werde Sie also beobachten, Sie können also nicht mogeln."

Ich bestieg mein Fahrrad und sie das ihre. Was sie nicht wußte, der Einsatz beider Beine beim Treten war für mich ein wirkliches Problem, gewöhnlich benutzte ich nur das linke Bein. Aber wie das Mädchen mich argwöhnisch beobachtete, sah es, daß ich mich mühsam mit beiden Beinen abstrampelte, ohne dabei besonders schnell zu sein. Da war sie schließlich überzeugt, überholte mich und gewann das Rennen zu ihrer vollen Befriedigung.

Das war das letzte therapeutische Treffen. Sie machte unverzüglich solche Fortschritte, daß sie die beste „Jacks"-Spielerin und Seilspringerin der Grundschule wurde. Auch ihre Schulleistungen verbesserten sich entsprechend.

Jahre später suchte das Mädchen mich auf, um zu erfahren, wie ich es bewerkstelligt hatte, daß sie mich beim Radfahren übertreffen konnte. Sie erklärte, „Jacks" spielen, Seilspringen und Rollschulaufen zu lernen hätte ihr Ego gewaltig aufgebaut, aber sie habe ihre Leistungen doch erheblich in Frage stellen müssen aufgrund meiner körperlichen Behinderung. Allerdings wußte sie, mit dem Radfahren sei das etwas anderes.

Sie erklärte, damals habe sie gewußt, daß ich ein guter Radfahrer sei, sie war dessen sicher, daß ich sie schlagen könnte und hatte nicht die Absicht, sich den Sieg schenken zu lassen. Die Tatsache, daß ich mich richtig anstrengte und sie mich besiegte, hatte sie überzeugt, daß sie „alles schaffen konnte". In Hochstimmung aufgrund dieser Überzeugung, empfand sie nun die Schule und alles, was damit zusammenhing, als eine höchst angenehme Herausforderung.

Bei einer ganz anderen Art Utilisationstechnik wird die allgemeine reale Situation als wesentlicher Bestandteil für die Induktion genutzt. Eine Grundlage ist die anscheinend zufällige oder unbeabsichtigte Vermischung von spontanen Reaktionen der Versuchsperson mit den realen Gegebenheiten. Das löst bei den Versuchspersonen einen Zustand der Unsicherheit, Frustration und Verwirrung aus, der wiederum bewirkt, daß Hypnose als Möglichkeit zur Auflösung dieser persönlichen Situation bereitwillig angenommen wird. Es handelt sich hier um eine kombinierte Utilisations-Konfusions-Technik, die im klinischen und experimentellen Rahmen bei Kindern und Erwachsenen eingesetzt werden kann. Diese Methode ist häufig die Technik der Wahl und läßt sich bei schüchternen, zurückhaltenden Kindern ebenso wie bei selbstbewußten Erwachsenen bisweilen einfach und rasch durchführen. Folgendes Beipsiel mag dies verdeutlichen:

16. Fallbeispiel

Anläßlich einer Vorlesung vor dem Fachpersonal eines Krankenhauses wurde eine Krankenschwesterschülerin von ihren Vorgesetzten in autoritärer Weise dazu bestimmt, mir als „freiwillige" Versuchsperson zu dienen; zuvor hatte sie Hypnose weder erlebt noch mitangesehen. Obgleich sie tatsächlich neugierig war, zeigte sie doch eindeutig Widerwillen, als sie zögerlich nach vorn kam. Ich nahm ihren emotionalen Zustand zum Anlaß, eine Utilisationstechnik einzusetzen, die zunächst einmal zu ihrer Verwirrung beitragen, ihren Widerstand umgehen würde und sodann eine leichte Induktion der Hypnose ermöglichen konnte.

Als sie aus einem Seitengang nach vorn kam, rückte ich demonstrativ einen Stuhl für sie zurecht. Als sie etwa zwei Meter davon entfernt war, fragte ich sie: „Möchten Sie auf *diesem* Stuhl *hier* sitzen? Als ich das Wort „diesem" aussprach, legte ich meine linke Hand mit Bedacht auf die Rückenlehne dieses Stuhls, als wollte ich besonders auf ihn hinweisen. Als ich das Wort „hier" aussprach, machte ich mit meiner Rechten eine Handbewegung, als wolle ich auf einen Stuhl hinweisen, der rechts neben dem betreffenden Stuhl stand. Sie hielt einen Augenblick in ihrer Bewegung inne, als sie aber näherkam, schob ich den Stuhl sanft auf sie zu und das verursachte ein leises, aber deutlich hörbares, schleifendes Geräusch am Boden. Als sie sich dem Stuhl weiter näherte, zog ich ihn seitlich etwas von ihr weg, und wie sie das zu bemerken schien, wurde der Stuhl sogleich ein paar Zentimeter zurückgeschoben, dann wieder einige Zentimeter nach vorn und seitlich auf sie zu. Dies alles bemerkte sie, denn meine linke Hand auf der Rükkenlehne des Stuhls stellte eine Art Fixationspunkt für ihren Blick dar.

Inzwischen hatte sie den Stuhl erreicht, sich umgewandt und war im Begriff, sich auf dem Stuhl niederzulassen. Sobald sie ihre Knie gebeugt hatte, wurde der Stuhl ziemlich geräuschvoll etwa drei Zentimeter gedreht, und während sie wieder einen Augenblick innehielt, um ihren Kopf zu wenden und nach dem Stuhl zu sehen, ergriff ich ihren rechten Ellbogen, bewegte ihn leicht vom Körper weg und dann etwas nach vorn. Als sie darauf reagierte und sich umdrehte, um nachzusehen, ließ ich ihren Ellbogen los, ergriff sachte ihre rechte Hand und das Handgelenk, führte sie etwas nach oben und dann nach unten. Als sie ihren Blick vom Ellbogen auf ihre Hand richtete, sagte ich ruhig zu ihr: „Setzen Sie sich nun *ganz* auf den Stuhl nieder, schließen Sie einfach Ihre Augen und gehen Sie weiter tief in Trance, und während Sie weiter hier sitzen, schlafen Sie immer tiefer, in hypnotischer Trance." Sobald sie auf dem Stuhl saß, fügte ich noch hinzu: „Und nun können Sie tief und wohlig Luft holen, während ich mit meinem Vortrag weitermache." Unverzüglich und ohne weiteren Übungsaufwand konnte sie dann sogleich eingesetzt werden, um somnambule Trance und zahlreiche andere Phänomene tiefer Trance zu demonstrieren. Etwa eine Stunde später wurde sie wieder aus der Trance aufgeweckt.

In dem Augenblick, als ich sie aufweckte, stellte ich einen Teil jener ursprünglichen realen Gegebenheiten wieder her, der Bestandteil der Utilisationstechnik gewesen war, indem ich wieder ihre rechte Hand und das Handgelenk hielt, so wie ich es bei der Tranceinduktion getan hatte. Dementsprechend kehrte sie sogleich in ihren ursprünglichen bewußten Verwirrungszustand zurück, der durch die rasche Entwicklung der tiefen Trance unterbrochen worden war. Zugleich hatte sie eine vollständige Amnesie für die Ereignisse der verflossenen Stunde und sagte: „Aber Sie haben mich so durcheinandergebracht, ich weiß überhaupt nicht, was ich machen soll. Ist es in Ordnung, wenn ich so dasitze, und was soll ich mit meiner Hand machen?" Ich erwiderte: „Würden Sie gern in Trance gehen?" Sie antwortete: „Ich weiß es wirklich nicht. Ich bin mir nicht sicher. Ich weiß noch nicht einmal, ob ich überhaupt hypnotisiert werden kann. Ich vermute, ja. Ich bin bereit, es zu versuchen, wenn Sie wollen." So war ihr immer noch nicht bewußt, daß sie in Trance war, und daß eine Stunde vergangen war. Die Amnesie bestand auch weiterhin. Ich fragte sie, was sie denn damit meine, wenn sie sage, sie sei durcheinander. „Na ja, als ich mich anschickte, nach vorn zu kommen, baten Sie mich, auf diesem Stuhl Platz zu nehmen, und dann fingen Sie an, diesen Stuhl hin und her zu rücken, und dann bewegten Sie meinen Arm, und ehe ich überhaupt wußte, was ich wollte, fingen Sie auch schon an, meine Hand zu bewegen, und ich bin immer noch durcheinander. Was meinen Sie denn, was soll ich machen?"

Mit dieser letzten Frage definiert die Versuchsperson in angemessener Weise das Ziel einer Konfusionstechnik, ob diese nun auf direkten Suggestionen beruht, mit denen bei der Versuchsperson verschiedenste und widersprüchliche Reaktionen hervorgerufen werden oder – wie in diesem Fall – daß im Sinne einer Utilisationstechnik verschiedene Aspekte der realen Situation benutzt werden. Seitens der Versuchsperson stellt sich dieses Ziel als ein dringendes Bedürfnis dar, daß das Verwirrende an der Situation geklärt werde. Daher nimmt sie die dargebotene Trancesuggestion als eine eindeutige Idee bereitwillig an und verhält sich entsprechend. In diesem Fall akzeptierte sie die Anweisungen sogleich, die lauteten: „Setzen Sie sich, schließen Sie die Augen, schlafen Sie tief und fest." Diese Anweisungen zerstreuten all ihre zuvor empfundene Verwirrung.

Für diese und auch für andere Versuchspersonen, bei denen diese Art Technik eingesetzt worden ist, war die Nutzung der realen Situation so geartet, daß die Versuchsperson nicht in einer für sie persönlich angemessenen Weise reagieren konnte. Daraus ergab sich ein immer stärker werdendes Bedürfnis, irgendeine Reaktion zu zeigen. Mit dem gesteigerten Wunsch wurde ihr eine Reaktionsmöglichkeit geboten, die in ihrer Art *dem Wesen der gesamten Situation völlig entsprach und wirkungsvoll war.* So wurde die Eigenart dieser Gesamtsituation bei der Induktionstechnik genutzt.

Insgesamt wurde also eine Reihe besonderer Techniken hypnotischer Tranceinduktion vorgestellt und an klinischen und experimentellen Beispielen verdeutlicht. Diese Methoden beruhen darauf, die eigenen Einstellungen, Empfindungen, Denk- und Verhaltensweisen der Versuchspersonen zu nutzen; des weiteren wurden Aspekte der realen Situation als wesentliche Bestandteile der Tranceinduktionen in verschiedenster Weise verwendet. In diesem Sinne unterscheiden sich die beschriebenen Techniken von den sonst eher üblichen, bei denen den Versuchspersonen reaktives Verhalten suggeriert wird, das der Versuchsleiter für sie ausgesucht hat. Diese speziellen Techniken sind bei den Versuchspersonen einerseits allgemein gut anzuwenden und zeigen andererseits insbesondere auch die Möglichkeiten der Hypnose unter verschiedensten Streßbedingungen auf; das Gleiche gilt für anscheinend ungeeignete Personen. Ferner verdeutlichen diese Techniken z.T. auch einige psychologische Grundprinzipien der Hypnose und Hypnoseinduktion.

9. Kommentiertes Transkript einer Tranceinduktion[1]

Milton H. Erickson, Jay Haley und John H. Weakland

Die Kunst, hypnotische Suggestionen so anzubieten, daß eine Versuchsperson sie akzeptiert und darauf eingeht, ist schwer zu vermitteln. Einen Ansatz dazu bietet die nachfolgende Darstellung einer Tranceinduktion. Darin soll geklärt werden, wie Suggestionen vorgebracht werden, weshalb sie vermutlich wirksam sind und wie man verschiedene Suggestionen ineinander schachtelt und die vielfältigen Reaktionen miteinander verknüpft. Ferner soll gezeigt werden, mit welcher Leichtigkeit es möglich ist, mit einer Versuchsperson auf getrennten, unterschiedlichen sowie auf miteinander verbundenen Ebenen zu kommunizieren.

Die Situation und Vorgehensweise wird dank der Bandaufnahme in allen Einzelheiten wiedergegeben; einziger editorischer Zusatz sind einige einführende Erklärungen, die dem Leser helfen sollen, die Gesprächssituation nachzuvollziehen.

Eines Abends im Jahr 1956 hypnotisierte Milton H. Erickson eine Versuchsperson während eines Seminars, das er allwöchentlich in Phoenix abhielt. Diese Tranceinduktion wurde auf Tonband aufgezeichnet. Am darauffolgeden Tag hörte er sich die Bandaufnahme an und diskutierte die Induktion mit Jay Haley und John Weakland. Auch diese Diskussion wurde aufgezeichnet. Es folgt ein wörtliches Transkript beider Aufnahmen: Die Tranceinduktion selbst wird in der linken Spalte dargestellt, das Gespräch über die Tranceinduktion (während des Anhörens des ersten Bandes) in der rechten Spalte.[2]

Die Versuchsperson, die im folgenden Sue genannt wird, war nicht völlig ahnungslos was Hypnose angeht. Ein Bühnenhypnotiseur hatte

---

1 Zuerst erschienen in: *The American Journal of Clinical Hypnosis* 2, Oct. 1959, 49-84

2 Die Diskussion war von Jay Haley und John Weakland im Rahmen ihrer Forschungen im Communications-Research-Projekt angeregt worden, das Gregory Bateson leitete. Dieses Forschungsprojekt wurde von der Macy Foundation finanziert, verwaltet von der Stanford University und fand am Veterans Administration Hospital in Palo Alto, Kalifornien, statt. Die in diesem Beitrag erwähnte „Double-bind-Theorie" wird in „Toward a Theory of Schizophrenia" (*Behavioral Science* 1, No. 4, 1956) dargestellt.

versucht, sie zu hypnotisieren und sie als ungeeignet zurückgewiesen, so daß sie glaubte, eine schlechte Versuchsperson für Hypnose zu sein. Erickson erzählt: „Ich traf sie das erste Mal bei Dr. M. Ich sah sie an und gab Dr. M. ein Zeichen, daß sie eine gute Versuchsperson sei. Ich ließ auch wissen, daß ich wünschte, Dr. M. solle später mit ihr weiterarbeiten. Wir stimmten uns durch Zeichen ab, die Sue nicht mitbekommen konnte. Bei diesem Treffen arbeitete ich dann mit einer anderen Versuchsperson weiter und danach bat ich Sue, sich auf den Stuhl an meiner Seite zu setzen. Ich fragte sie, ob sie gern hypnotisiert werden wollte. Sie sagte: „Ja, aber ich bin keine gute Versuchsperson." Ich sagte Ihr, daß ich sie für eine sehr gute Versuchsperson halte. Ich nahm ihren Arm und testete ihn auf Katalepsie. Gleichzeitig versuchte ich, eine Augenfixation zu erreichen. Sie reagierte mit recht guter Augenfixation, schüttelte dann ihren Kopf und sagte: „Ich glaube nicht, daß man mich hypnotisieren kann." Ich fragte sie, ob sie wünsche, daß Dr. M. mit ihr arbeite, und sie willigte ein. Dr. M. ließ sie die Lichtreflexion an der Türklinke fixieren. Er mühte sich sehr mit ihr ab, – praktisch ohne Ergebnis. Zwar schloß sie die Augen, aber es kam weder zur Katalepsie noch zur Handlevitation, und Sue war die ganze Zeit ziemlich unruhig. Als Dr. M. ihr sagte, sie solle aufwachen, meinte sie, sie sei nicht sicher, ob sie in Trance gewesen sei, daß sie sich aber sehr bemüht habe, mitzuarbeiten.Vielleicht hatte sie sich zu sehr „bemüht". Sie denke noch immer nicht, daß sie eine gute Versuchsperson sei, auch wenn Dr. Erickson etwas anderes gesagt habe. Sie dachte, daß ich mich vielleicht geirrt hätte. Den nächsten Versuch mit Hypnose machten wir bei ihr zu Hause. Ich hatte zwei gute Versuchspersonen mitgebracht und Sue beobachtete die beiden genau. Sie war die Gastgeberin, ging ans Telefon und sorgte dafür, daß die Kinder keinen Lärm machten. Sie sagte: „Ich würde gern hypnotisiert werden, fürchte aber, daß es nicht geht." Ich bat sie, sich zu setzen und Versuchsperson zu sein. Sie setzte sich und ich versuchte, sie zu hypnotisieren. Sie war unruhig und sagte: „Ich kann nicht hypnotisiert werden, ich tauge nicht als Versuchsperson. Ich höre Ihnen gar nicht richtig zu. Ich glaube nicht, daß ich Versuchsperson sein könnte, wäre es aber wirklich gern." Das war der zweite Versuch. Der dritte Versuch ist auf Band festgehalten.

Ehe Erickson an diesem Abend mit der Induktion begann, stellte er absichtlich eine bestimmte Sitzordnung für die im Raum Anwesenden her. Kurze Zeit später änderte er die Sitzordnung wieder, und Sue mußte wieder den Platz wechseln. Später sagte er dazu: „Ich ließ sie zuerst auf dem Stuhl sitzen, auf dem ich später saß, dann auf der Couch.

Ich war auf ihrem Platz. Und sie hat mir gehorcht und wechselte zur Couch hinüber. Sie ließ mich auf ihren Platz, mit all den damit zusammenhängenden subtilen Implikationen. Wäre noch ein anderer Stuhl vorhanden gewesen, so hätte ich mich doch auf den ihren gesetzt, auch wenn der andere bequemer gewesen wäre. Die Veränderung zu Beginn implizierte: wenn es zuvor Veränderungen gibt, kann es auch nachher Veränderungen geben. Ich brachte die Idee von Veränderungen frühzeitig ins Spiel, damit sie von ihr voll und ganz akzeptiert werden konnte. So gab es keine Möglichkeit mehr, daß sie der Veränderung Widerstand entgegensetzen würde." Erickson wies auch darauf hin, daß Sue auf der Couch auf dem Platz saß, auf dem schon zuvor eine gute Versuchsperson gesessen hatte.

Es folgt nun das Transkript der Induktion selbst sowie die Kommentare zur Induktion:

Induktion	Kommentar
	H: Ehe wir anfangen – könnten Sie vielleicht etwas dazu sagen, woher Sie wußten, daß Sue eine gute Versuchsperson sein würde? Woran erkennen Sie, ob jemand eine gute Versuchsperson ist?
	E: Wenn Sie einen Menschen sehen, der eindeutig mitgeht in seinem Verhalten. Stellen Sie sich zum Beispiel vor, John wird Ihnen vorgestellt. Und Sie sehen, wie er sich Gedanken macht: „Also, ich werde ihm zur Begrüßung die Hand reichen und dies und jenes sagen", und wie er sich den Kopf über Details der Begrüßung zerbricht. Diese Art Persönlichkeit ist schwierig. Wenn Sie aber jemandem vorgestellt werden, und der schaut Sie erwartungsvoll an, dann ist das ein offenes und natürliches Verhalten. Als ich Dr. M. besuchte und Sue vorgestellt wurde, zeigte sie ein solches Verhalten. Sie ging bereitwillig auf mich zu: „Einen schönen guten Tag, Dr. Erick-

son", sie gab mir spontan die Hand zur Begrüßung. Sie wartete auf Hinweise, bereit, auf das einzugehen, was ich tat. Ich habe sie dann noch beobachtet, wie sie anderen, sowohl Männern wie Frauen vorgestellt wurde. Diese vollkommene Bereitschaft, in ihrem Verhalten auf andere einzugehen, das ist etwas, woran man gute Versuchspersonen erkennt. Und Sue gehört zu diesen Menschen.

W: Was machte es ihr Ihrer Meinung nach bei den ersten beiden Versuchen schwer, hypnotisiert zu werden?
E: Sie hatte sich noch nicht dazu entschieden. Ihr Mann hatte schon vorher mit ihr darüber gesprochen, aber sie schlug es ihm aus. Sie wußte, daß er keine Erfahrung hatte. Sie hatte mich noch nicht kennengelernt und dieser Bühnenhypnotiseur hat sicherlich keinen guten Eindruck bei ihr hinterlassen. Das Ganze war noch immer eine offene Frage für sie. Warten wir einmal ab und schauen, was vor sich geht und dann kann ich darauf eingehen – das war ihre Einstellung.

E: Ich glaube, Sue, es ist Zeit für Dich, in Trance zu gehen.
S: O.K.
E: Du bist nicht zu Hause. Das ist eine schöne Couch. Nun,ich frage mich, was du gern hättest und in einer tiefen Trance erleben möchtest.

(Augenlider beginnen zu flattern)

W: Sie haben schon etwas anders gemacht als das letzte Mal.
H: Anscheinend wollten Sie gar nicht, daß sie auf Ihre letzte Frage antwortet. Sie sagten: „Ich frage mich, was du gern hättest", aber Sie sprechen es nicht aus wie eine Frage, die sie beantworten soll. Wollten Sie nur, daß sie darüber nachdenkt?
E: Sie werfen eine Frage auf, schaffen eine Bereitschaft zu antworten und verhindern die Antwort – Sie stellen die Antwort zurück bis auf weiteres.

H: Verstärkt es die spätere Reaktion, wenn Sie erst eine Reaktion heraufbeschwören und sie dann unterdrücken?

E: Sie sind in Reaktionsbereitschaft.

W: Ich meine, hier ist das wohl besonders angebracht, zum Teil weil sie diese Unsicherheit bezüglich der Reaktionen hatte.

E: Sie betonen die Tatsache, daß sie reagieren wird – so daß sie voll auf Reaktionen eingestellt ist.

E: Und langsam gehst du tiefer und tiefer. (Lange Pause.) Und während du immer tiefer und tiefer schläfst, kannst du deine Hände befreien, sie lösen. Und laß sie leicht, langsam, nach und nach, ohne dein Zutun sich heben. Hochgehen lassen, ein wenig.

W: Darüber sollten wir reden. Sie sagen „hochgehen lassen, ein wenig".Ich bin mir nicht sicher, ob Sie eine kleine, sehr, sehr minimale Aufwärtsbewegung, oder so, gesehen haben, aber Sie nehmen sicherlich.... Ich bin nicht sicher, ob Sie keine Reaktion als Reaktion auffassen, oder ob Sie die kleinste Reaktion aufgreifen und sagen „hochgehen lassen, ein wenig".Verschiedentlich haben Sie so etwas schon gesagt, und ich hätte nicht im geringsten sagen können, ob sich irgend etwas getan hat oder nicht.

E: Es hat sich etwas getan. Legen Sie Ihre Hand auf den Oberschenkel und atmen Sie tief ein. Was geschieht mit Ihrer Hand?

W: Sie hebt sich!

E: Sie passen Ihre Atmung an. Und keiner hat Gelegenheit, das zu leugnen... Später habe ich es dann noch mal unterstrichen, indem ich jeden zweiten Atemzug dafür genutzt habe, „hochgehen" zu sagen.

H: Jeden zweiten?

E: Ja.

W: Es geschieht wohl so manches unbemerkt.

H: Ich hatte hier das Einatmen überhaupt nicht wahrgenommen.

E: Niemand nimmt das Ein- und Ausatmen wahr. Man ist daran gewöhnt.

E: Hochgehen, noch ein bißchen mehr. Hochgehen – hochgehen – hochgehen – und deine Augen schließen sich.

H: Haben sich ihre Lider in diesem Moment geschlossen ? Gewöhnlich sagt man doch „Und deine Lider werden beginnen, sich zu schließen“ – man verlegt es in der Zukunft. Sie haben „schließen“ gesagt – die Gegenwart.

E: Ein leichtes Zittern der Lider. Sie *schließen* sich.

H: O.K.

E: Und deine Hände gehen hoch, noch ein bißchen mehr. Gehen hoch. Ein bißchen mehr hochgehen. Zeigefinger bewegen sich. Bewegen sich nur ein bißchen. Und gehen hoch, gehen hoch, und gehen hoch. Und der nächste Finger wird hochgehen. Die ganze Hand ist steif, geht hoch. Hochgehen, hochgehen, hochgehen und hochgehen, hochgehen, hochgehen.

E: Sie gehen mit der Stimme hoch: Hochgehen (führt vor, wie sich die Stimme beim Sprechen hebt). Und ich denke, Sie haben vermutlich das „Hochgehen“ bemerkt.

H: Die Bewegung des Körpers ebenfalls.

E: Die Bewegung meines Körpers. Und Ihre eigene unbewußte Lokalisierung des Tonfalls (führt es übertrieben vor, während er sich aufrichtet). Hochgehen. Und die Lageveränderung. Aber man achtet nie bewußt darauf, Geräusche zu lokalisieren, man nimmt sie einfach hin.

Der Ellbogen hat sich gebeugt. Das Handgelenk bewegt sich nach oben.

H: Hat sich der Ellbogen gebeugt?

E: Ein leichtes Zittern des Bizeps.

E: Der ganze Arm geht hoch. Langsam – hochgehen – hochgehen – noch ein bißchen. Und hochgehen (Pause) Hochgehen. Noch ein bißchen hochgehen.

E: Ich war versucht zu sagen: „Hochgehen – noch ein bißchen, hochgehen – noch ein bißchen hochgehen.“ In veränderter Lautstärke.

H: Lauter werden?

E: Lauter werden. Und nur dann lauter werden, wenn es *wirklich* geschieht. Die

Der Ellbogen beugt sich.

gleichen Worte, aber in unterschiedlicher Lautstärke. Und man setzt die Veränderung der Lautstärke mit ein.
W: Es gibt so viele Ebenen, auf denen man die suggestive Wirkung entsprechend begleiten kann. Anstatt auf unterschiedlichen Ebenen widersprüchliche Botschaften zu senden, kann man so verstärken.

E: Der Ellbogen geht hoch. Die Hand geht hoch – hochgehen, immer mehr und mehr. (Die Hand hat sich leicht gehoben. Lange Pause.) Und nun möchte ich, daß du immer tiefer und tiefer einschläfst. Und zum Zeichen, daß du das tun wirst, möchte ich, daß dein Kopf sich *langsam* nach vorne neigt und du nickst.

H: Sie hat tatsächlich langsam genickt.
W: Indem Sie sagen „langsam“ oder „einfach ein wenig“ oder dergleichen, wenn die Versuchsperson nur minimale Reaktionen zeigt…
E: Man akzeptiert ihre minimale Ausführung, und es ist gut.
W: Und Sie vermeiden es, mehr zu verlangen, als Sie im Augenblick erwarten können.
E: Sie sind zufrieden mit dem, was Sie bekommen und die Versuchspersonen spüren das. Und weil Sie zufrieden *sind*, *müssen* sie eben reagieren. Es ist unlogisch, ich weiß. Und es wäre Ihnen lieber, wenn sie tatsächlich, immer langsamer und langsamer würden. „Nur ein wenig mehr.“ Wie wenig ist „ein wenig“? Auf jeden Fall ein wenig mehr.

E: (Pause) Nicken, langsam nach vorne, noch mehr – noch mehr. (Pause)

E: Eine kleine Zeitverzögerung hat gezeigt, *daß* sich der Kopf nach vorne geneigt hat. (Unlogisch, aber subjektiv überzeugend.)

E: Und immer mehr. (Pause) Du kannst immer tiefer und tiefer schlafen. (Pause) Und ich möchte, daß du

W: Sie wechseln hier von „Du kannst immer tiefer und tiefer schlafen“, was gewiß hinsichtlich ihrer gegenwärtigen Trance eine vernünftige Aussage ist, zur immer tiefer und tiefer schläfst.

Aussage: „Ich möchte, daß du immer tiefer und tiefer schläfst."

E: Du *kannst*, und ich möchte daß du es tust – und wir sind Verbündete.

E: Und ich werde für *dich* zählen. Eins, …

H: Hat sie dieses Zählen bis 20 zuvor schon einmal gehört?
E: Ja.
H: Und falls sie es früher noch nicht gehört hätte, hätten Sie ihr dann sagen müssen…
E: Dann hätte ich es ihr erklärt.
H: Daß, wenn Sie bei 20 angekommen sind, sie ganz tief schlafen werde.
E: Aber sie hatte das zuvor schon gehört; sie hat schon einmal gesehen, wie das gemacht wird. Sie wußte bereits, was das Zählen bedeutet. Sie wußte, was das Zählen für eine gute Versuchsperson bedeutet. Und sie hat gesehen, wie eine gute Versuchsperson auf das Zählen reagiert. Als ich also anfing, für *sie* zu zählen, mußte sie all ihr Vorwissen und ihr Vorverständnis einbringen, aber eben das ihre.
W: Dadurch wird es…
E: Um so eher angenommen.
W: Um so mehr, wenn Sie es nicht erklären. Ich schätze, wenn Sie es erklären, heißt das auch, daß Sie es betonen müssen; hingegen, wenn Sie es nicht erklären, heißt das auch, daß sie es schon weiß.
H: Sie soll es freiwillig verstehen, in der Tat. Na gut – aber was würden Sie mit einer ahnungslosen Versuchsperson machen, die noch nie etwas über das Zählen gehört hat? Wie würden Sie das in Worte fassen?
E: Dann würde ich erklären, wie ich von 1 bis 20 zähle, daß die 5 bedeutet, zu

einem Viertel zu schlafen, und so weiter.

H: Ich bin an der Vorbereitung interessiert. Ich bin mir nicht sicher, ob Sie es erst erklären, oder ob Sie bis 5 zählen und dann sagen, „zu einem Viertel schläfst du", und Sie überlassen es der Versuchsperson herauszufinden, wenn 5 ein Viertel ist, dann ist 10 halb und 20 voll und ganz.

E: Das hängt von der Intelligenz der Versuchsperson ab und ob sie bereit ist, das zu begreifen. Manche Leute, selbst solche mit Collegeabschluß, können nicht verstehen, was gemeint ist, wenn man sagt, man kann in Einer- Zweier- Vierer- oder Fünferschritten bis zwanzig zählen. Dann muß man eben deutlicher werden. Manchen kann man sagen: „Ich kann bis zwanzig auf verschiedene Arten zählen", und dann denken sie: „in Einer-, Zweier-, Vierer- oder Fünferschritten":

H: Ist es wirkungsvoller, wenn sie es selbst herausfinden?

E: Wirkungsvoller, weil sie die Sache selbst in die Hand nehmen und draufkommen.

H: Je weniger Erklärungen nötig sind, desto besser.

E: Je mehr Sie sie zur Mitarbeit gewinnen, desto besser.

E: ...2, 3, 4, 5, 6, 7, 8, 9, 10 – und halb schlafen – 11, 12, 13, 14, 15 – zu drei Viertel schlafen – 16, 17, 18, 19, 20, und tief einatmen und tief und fest schlafen. Tief schlafen.

H: Sie suggerieren das tiefe Einatmen, indem Sie selbst tief einatmen.

E: Genau so (führt es vor und verändert dabei die Pausen und den Tonfall), indem ich sage, ‚16, 17, 18,19, 20, nun tief einatmen' (atmet bei 19 und 20 aus, hat keine Luft mehr, wenn er sagt: ‚nun tief einatmen').

W: Sie müssen einatmen, wenn Sie hier angelangt sind.
E: Die Stimme wird lauter.
H: Sie steigern die Lautstärke und senken die Stimme wieder, wenn Sie sagen, ‚tief einschlafen'.

E: ... Tief und fest schlafen. Und ich möchte, daß du immer tiefer und tiefer schläfst. Tiefer und tiefer. Nun gibt es bestimmte Dinge, die du lernen möchtest.

E: Es gibt *bestimmte* Dinge – die du lernen möchtest. Sehr speziell und doch so allgemein.
H: Und Sie hatten zu diesem Zeitpunkt nichts Bestimmtes im Sinn, das sie lernen will?
E: Die weitere Entwicklung an diesem Abend würde die „bestimmten Dinge" klar zutage bringen. Obwohl das so konkret klingt, ist es doch wirklich sehr allgemein.
H: Das stimmt.

E: Und ich möchte, daß du dir sicher bist, daß du etwas lernen willst, und ich möchte, daß du ganz klar und für dich an all die verschiedenen Dinge, denkst, die du lernen willst. Und dann möchte ich, daß du begreifst, daß du sie lernen *kannst*, und daß du lernen *wirst*.

E: Daß du *kannst*, und daß du *wirst*.
W: Sie wollen, daß sie das begreift, und das bedeutet natürlich auch, daß das absolut so ist, und daß sie das nur erkennen muß.
E: Und sie ist in jeder Hinsicht dazu verpflichtet. Sie hat Zeit, das zu begreifen.

(Das Band läuft weiter. Lange Pause.)

E: Und geh' *noch* tiefer. Immer noch tiefer und tiefer. (Pause) Und nun, Sue, werde ich dich gleich wieder aufwecken. Und es gibt verschiedene Dinge, und ich möchte, daß du sie tust. Und ich *möchte* wirklich, daß du sie tust.

H: Zu diesem Zeitpunkt hatten Sie bereits ihre beiden Arme angehoben. Als Sie ihr jetzt die linke Hand anhoben , da hatte sie – soweit ich mich erinnere – zuvor keinerlei Levitation.

E: Der Arm hat nur leicht gezittert.

H: Ja, als Sie ihren linken Arm anhoben , brachten Sie ihn in eine Position, in der er sehr bequem bleiben konnte – sogar im Wachzustand. Sie haben das abgesichert, und dann haben Sie den rechten Arm angehoben und in eine Position gebracht, die etwas mehr kataleptische Starre erfordert.

E: Das heißt: ich habe eine *leichte* Katalepsie hergestellt, – das ist eine subjektiv sehr überzeugende Erfahrung. Und sie ist real. Deshalb ist dies auch auf der rechten Seite real.

H: Ja. Warum haben Sie nicht weiter daran gearbeitet, um ihr zu einer Armleviation zu verhelfen?

E: Im Alltag ist sie eher schnell und aktiv. Wenn sie sich entspannt, ist sie langsam. Es dauert zu lange.

H: Wenn Sie im letzten Abschnitt sagen: „Und ich *möchte* wirklich, daß du das tust", so bezieht sich das auf etwas, das uns interessiert: Wie nutzen Sie Sues Interesse an Ihrer Person?

W: Ist es nicht sogar noch ein bißchen mehr als das, wenn ich so höre: „Ich *möchte* wirklich, daß du das tust."

E: Du willst bestimmte Dinge lernen, ich möchte wirklich, daß du das auch tust. Sie hatte bereits eine Suggestion bekommen, daß „es bestimmte Dinge gibt, die du lernen willst".

H: Aber war das eine zweite Suggestion bezüglich der verschiedenen Dinge, die sie tun wird?

E: Der Hintergrund war doch folgender: Es gibt bestimmte Dinge, die sie lernen will. Ich bin der Lehrer, deshalb möchte ich wirklich, daß sie bestimmte Dinge tut, denn ich als der Lehrer kann ihr helfen, die Dinge zu lernen, die sie wirklich lernen will. So wird daraus ein gemeinschaftliches Unternehmen.

H: Gut, gemeinschaftlich, aber schon dabei wird weitgehend ihr eigenes Anliegen benutzt.

E: Sie will, daß ich ihr Lehrer bin.

H: Das stimmt.

E:... und du kannst dich freuen, das zu tun.

H: Warum gebrauchen Sie hier die Wendung „Du kannst"? Stellt sich da nicht das Problem „Du kannst nicht", wenn Sie „Du kannst" sagen anstatt „Du wirst"?

E: Ich hatte ihr davor gesagt, „Ich möchte, daß du das tust. "Das ist schrecklich diktatorisch. Dann wollen wir mal permissive Wendungen dagegensetzen. „Du kannst dich freuen, das zu tun." Ich bin aus meiner diktatorischen Rolle in eine permissive Rolle geschlüpft.

E: Nachdem du erwacht sein wirst, Sue, möchte ich, daß du mir sagst, daß du nicht *wirklich* in Trance gewesen bist. Und ich möchte, daß du das auch glaubst.

H: Sind Sie davon ausgegangen, daß sie das ohnehin tut?

E: Es ist anzunehmen. Was immer sie also an Negativem äußerte, wird so unbedingt positiv.

H: Sie haben für einen Kontext gesorgt.

E: Und ich möchte, daß du deinen Standpunkt entschieden vertrittst. Sehr entschieden. Und du wirst entschieden sein, nicht wahr? (Pause) Und was immer du sonst noch tun mußt, das wirst du auch tun.

H: Was bezweckten Sie damit?

E: Was immer du sonst tun mußt, das wirst du auch tun.

E: (Pause) Und nachdem du aufgewacht bist, wirst du *nicht* glauben, daß du in Trance gewesen bist. du wirst ganz entschieden in deinem Glauben sein, du wirst deinen Standpunkt höflich vertreten. Aber du wirst wissen, daß du nicht in Trance gewesen bist.

W: Ist das nicht gleichermaßen eine Art Suggestion zu Amnesie?
E: Voll und ganz.
W: Sie greifen also ihre Neigung auf, Dinge zu leugnen und stellen damit ein Trancephänomen her.

E: Genau damit. Und wenn ich sage „entschieden", dann spreche ich das Wort „entschieden" auch entschieden aus. „Du wirst deinen Standpunkt höflich vertreten" - dieses „höflich vertreten" verstärkt ihr Bedürfnis, es zu leugnen, weil sie höflich sein wird: Sie steht unter enormem Zwang – einem Zwang der kulturellen Norm – höflich zu sein, höflich sein zu müssen. Das verlangt von ihr, zu leugnen, in Trance gewesen zu sein.
H: Sie steht unter dem Zwang, höflich zu sein bei etwas, das sie deutlich empfindet.
E: Ja. Aber sie steht auch unter dem Zwang, höflich sein zu müssen. Und da es in dieser Situation nur um eine Tatsache geht, und Sie in dieser Sache höflich sein muß, bestärkt Sie gleichzeitig die Existenz dieser Tatsache.

E: Und nun werde ich dich aufwecken, Sue. Und ich werde dich aufwecken. (Pause). Ich werde dich aufwekken, indem ich von 20 rückwärts bis 1 zähle. 20, 19, 18, 17, 16, 15, 14, 13, 12, 11, 10, 9, 8, 7, 6, 5, 4, 3, 2, 1, – aufwachen. Fühlst du dich etwas müde, Sue? (Sue räuspert sich.)

Glaubst du, ich habe recht, wenn ich dich für eine gute hypnotische Versuchsperson halte? (Sie schüttelt den Kopf) Nein.

S: Ich habe mich wirklich bemüht.

E: Ganz bestimmt. Was denkst du – wie oft müssen wir es noch probieren?

S: Oh, ich hoffe, es wird nicht lange dauern (lacht etwas).

E: (lacht mit) Ja, ich hoffe, es wird nicht lange dauern, bis ich diese Fliege erwische. (Er hält die Fliegenklatsche. Vor der Trance haben er und die Versuchsperson eine Fliege gejagt.)

S: Haben Sie sie noch nicht erwischt?

E: Nein.

S: Oh je!

E: Beachten Sie den Wechsel in meiner Stimme – damit sie jetzt mehr zu einer lockeren Unterhaltung paßt.

H: Heißt ihre Aussage „ich hoffe, es wird nicht lange dauern“ auch „ich hoffe, ich muß das nicht mehr lange leugnen“?

E: Das mag sein, aber mit dieser Fliege schalte ich wirklich um, von der Trance zu der Fliege.

H: Das stimmt.

E: Und sie folgt mir mit dieser Fliegengeschichte.

W: Sie schalten um; dadurch wird es für sie einfacher, zu glauben, es sei nicht geschehen.

E: Richtig.

H: Glauben Sie, daß Sie zu diesem Zeitpunkt schon eine Amnesie für die Trance hatte?

E: Ich weiß nicht. Aber wir kamen konkret auf das Thema mit dieser Fliege, sie konnte mir dabei folgen und wir hatten so etwas Gemeinsames.

H: Sie klang sehr kleinmädchenhaft, als Sie Ihnen folgte.

E: Wir konnten wirklich zwei gegen den Rest der Welt sein.

W: Ja.

E: Der Rest der Welt mochte das nicht gutheißen, aber wir waren zwei verwandte Seelen in unserer absurden Jagd auf die Fliege.

H: Ich erinnere mich, daß Sie so etwas schon vorher gesagt haben.

(Unverständliche Kommentare der Anwesenden über Fliegen.)

E: Können Sie sich vorstellen, wie spät es ist?

S: Nein.

E: Fünf vor acht.

S: Wirklich?

E: Vielleicht haben Sie geschlafen.

S: Ich glaube nicht.

E: Sind Sie sich da sicher?

S: Ziemlich sicher.

E: Wissen Sie, daß es eine ganz erstaunliche Redewendung in unserer Sprache gibt?

S: Ach ja?

E: Wenn man einen ganzen Menschen meint, sagt man „von Kopf bis Fuß" – stimmt's?

S: Ja.

E: Und – Sie *verstehen* wirklich, was man damit meint – „von Kopf bis Fuß", nicht wahr? Und dann, dann gibt es da noch eine Redewendung: „Alles von A bis Z." Das ist ganz schön einleuchtend, oder? Und sehr umfassend. Und Sie *verstehen* wirklich, was „alles von A bis Z" *bedeutet*.

W: Das überrascht mich jetzt, daß Sie hier die Frage der Zeit ansprechen, während Sie später darauf zurückkommen, wie viel Zeit nach ihrem Gefühl verstrichen sei – ist das ein spezielles Angebot?

E: Ja, das stimmt. Ich habe eine ganze Reihe solcher Angebote gemacht: hier und da, überall. Ich wußte, daß ich nicht alle diese Angebote nutzen würde, aber ich war mir sicher, auf einige zurückzukommen. Da man nie weiß, was sich entwickelt, ist es besser, viele solche Angebote zur Verfügung zu haben. Eine Vielfalt vorbereitender Suggestionen gibt einem später die Möglichkeit, auswählen zu können, welche man nutzen will.

H: An dieser Stelle war sie nicht besonders entschieden.

E: „Verstehen" ist das entscheidende Wort. Alles, was ich Ihr sage, heißt, daß sie sich darauf vorbereiten soll, zu *verstehen*. Dieses „von Kopf bis Fuß" und „von A bis Z" ist eine Ablenkung, *Verstehen* ist das Entscheidende.

H: Ist es nur eine Ablenkung, oder auch eine Aussage, daß es noch eine Ergänzung geben wird – von Kopf bis Fuß, von A bis Z, von 1 bis 20?

E: Ja, „Kopf bis Fuß" sagt ihr, um welche Art des Verstehen es geht. Sie kann anfangen, über „Kopf und Fuß" und „A bis Z" nachzudenken, aber das Wort

„*Verstehen*" bringt die Sache wieder auf den Punkt.

E: Und dann können Sie diese Redewendung verändern. Alles von 1 bis 20. (Pause) Von 1 bis 20 und … tief einatmen. Und einschlafen, ganz tief schlafen. (Pause)

H: Hierzu habe ich eine Frage. Mir fällt auf, daß Sie das „von 1 bis 20" zweimal sagen. Manchmal wiederholen Sie etwas, manchmal lassen Sie etwas beiläufig fallen und sagen es nur einmal. Ich frage mich, warum man das hier wiederholen muß.
E: Nun, ich wollte, daß sie in tiefe Trance geht.
H: Und die Wiederholung bewirkt das.
E: Ja.

E: So ist es recht. Du kannst das doch, oder etwa nicht?. (Pause)

E: Fügen Sie immer die positiven Formulierungen und die negativen gut zusammen. „Und du kannst …". Wenn jemand dann denkt „ich kann aber nicht", ist es besser, ihm zuvorzukommen.

Und du kannst – oder nicht?

H: Ich verstehe. Wenn Sie also sagen „Du kannst", denkt man nicht „ich kann aber nicht".
E: Ich komme der Versuchsperson zuvor. Ich habe gesagt,„kann nicht", also braucht sie es nicht zu sagen. Und weil sie es nicht sagen kann, kann sie sich auch nicht dementsprechend verhalten. Die Formulierung „oder nicht" hat eine positive Wirkung. „Und du *kannst* – oder nicht" – das ist etwas Negatives, positiv ausgedrückt. Es verhindert, daß die Versuchsperson sagt, „Ich kann nicht."
H: Ist es das gleiche mit der Formulierung „Und du wirst, oder nicht?"

E: Und du kannst das wirklich. Du kannst mit dem Kopf nicken. (Pause) Das hat dich doch überrascht, oder?

E: Ja.

H: Haben Sie dazu einen Hinweis von ihr bekommen, oder ist das einfach eine Vermutung?
E: Es hat sie überrascht.
H: Woher wußten Sie das?
E: Sie dachte an „von Kopf bis Fuß", „von A bis Z", „von 1 bis 20". Und dann war die Überraschung, daß Kopf bis Fuß, auch A bis Z und auch 1 bis 20 sein konnte.
H: Dann war es also eine Vermutung, daß sie überrascht sei – Sie haben es ihr nicht angesehen, das sie überrascht ist.
E: Von ihrer unmittelbaren Reaktion kann man zu Recht auf Überraschung schließen. Ich erinnere mich nicht, einen bestimmten Ausdruck der Überraschung bei ihr wahrgenommen zu haben.
H: Ich erinnere mich nur, daß ich mich an dieser Stelle gefragt habe, ob Sie etwas bemerkt haben, was ich nicht gesehen habe, oder ob Sie einfach davon ausgegangen sind, daß sie überrascht sei.

E: (Lange Pause.) Sue, nachdem du das nächste Mal wieder aufgeweckt wirst – und ich bitte Dich, in Trance zu gehen – möchte ich, daß du mir sagst, du hast das zweite Mal nicht geschlafen, aber das erste Mal. Und du bestehst gewiß darauf, und wirst das wiederholen, Sue nicht wahr?

W: Indem Sie jetzt das „Nein" auf die zweite Trance verlagern, bekommen Sie langsam mehr Zustimmung.
E: Ja. Zuerst ließ ich sie leugnen, das erste Mal in Trance gewesen zu sein. Jetzt hebe ich dieses Leugnen wieder auf.

W: Indem Sie ihr ein zweites „Nein“ geben, an dem sie arbeiten kann.

E: Und damit sie sich mit der zweiten Negation beschäftigen kann, muß sie die erste bestätigen.

H: Ein Beispiel für Doppelbindung!

E: Was kann sie noch machen?

W: Nun, man kann das Problem ansprechen, indem man sagt, „angenommen, jemand sagte das zu Dir, was würdest du tun“?

E: Auch jeder Manipulator arbeitet nach diesem Prinzip.

H: Nun, wenn man zwei solche Alternativen hat, dann wird sie in die Lage versetzt, die eine bestätigen zu müssen, um die andere zu leugnen.

E: Um eine leugnen zu können, muß sie der anderen zustimmen. Die Zustimmung für eine Alternative bedeutet die Ablehnung der anderen.

H: Da haben wir eine klassische Doppelbindung.

W: Und warum erkennt sie das nicht oder spricht darüber?

E: Mit anderen Worten, warum sagt sie nicht: „Ich habe beide Male nicht geschlafen“?. Wir sprechen über zwei voneinander getrennte (fraktionierte) Trancen.

H: Sie meinen also, sie konnte nicht über beide Trancen zugleich sprechen, indem sie zum Beispiel so eine Formulierung wie „weder noch“ gebraucht.

E: Richtig.

E: Und nun werde ich dich wieder aufwecken. Ich werde rückwärts zählen von 20 bis 1. 20, 15, 10 – halb aufgewacht – und 5, und 4, und 2, 3, 4, und 5, und 6, 7, 8, 9, 10 – halb im Schlaf

– und 9 und 8 und 7 und 6, 5, 4, 3 (kleine Pause) , 2, 1. Aufwachen.

W: Haben Sie die Pause gemacht, um zu unterstreichen, daß die „2“ wiederkommt? Es scheint, als ob Sie bis zur „3“ kommen, und vor der „2“ war dann der Umkehrpunkt.
E: Nur eine Winzigkeit lauter.
H: Was hat das für eine Auswirkung, wenn Sie ihr bis zur 10 so große Sprünge anbieten?
E: „Ich kann dich in jede beliebige Trancetiefe versetzen.“ Und zwar ganz einfach, leicht und angenehm. Und sie wird wissen, daß ich „4, 2 – 3, 4“ gesagt habe. Vielleicht habe ich die „3“ gesagt, um mich zu verbessern. Ich hätte die „3“ nicht auslassen sollen; das hätte ich vermutlich wirklich nicht tun sollen. Und es ist gut, daß ich „4, 5, 6“ gesagt habe. Und das Gute daran hat damit zu tun, daß sie wieder in Trance geht.

E: Durstig?
S: Ja.
E: Muß schrecklich sein, solltest du das Wasserglas nicht heben können, nicht wahr, Sue?
S: Ja.

H: Das sind die sanften Schritte.
H: O.K. Was ist damit?
W: Ja, wie hat das alles funktioniert?
E: Als sie mit einem erwartungsvollen Ausdruck aufgewacht ist, leckte sie sich die Lippen und dann das „muß schrecklich sein (nach einer Pause), solltest du das Wasserglas nicht heben können?“.
H: Ist das „muß schrecklich sein“ eine Anspielung auf ihr durstgefühl?
E: Ja. Was ich gesagt habe, war „muß schrecklich sein, solltest du das Wasser-

glas nicht heben können“. Ich sagte: „Muß schrecklich sein“, – *muß sein*, das war ein Befehl.

H: Sie haben ihr befohlen, Schreckliches zu empfinden.

E: Ja.

H: Und inwiefern hält sie das davon ab, nach dem Wasserglas zu greifen?

E: Das ist tröstlich, das ist angenehm, das ist nicht schrecklich. Und es wäre schrecklich, wenn sie das Glas Wasser nicht bekommen könnte.

H: Es wäre das gleiche, wenn Sie sagen würden „fühl dich unwohl“. „Du würdest dich unwohl fühlen, wenn du das Glas Wasser nicht erreichen könntest.“

E: „Es wäre unangenehm, wenn du nach diesem Glas Wasser nicht greifen könntest.“ Aber: „es wäre“ unangenehm.

H: Und was haben Sie gesagt? (Hören sich das Band noch einmal an.)

E: Es gab kein „wäre“.

H: Bestimmt nicht. Nun, warum haben Sie gesagt „muß schrecklich sein“.

E: Weil sie sich die Lippen leckte. Das nennt man nicht „unangenehm“, da nimmt man einen stärkerem Ausdruck.

H: Ja, und warum folgt sie dieser Suggestion, wenn sie doch wach ist?

E: Weil ich zuerst „durstig“ gesagt habe. Hören Sie sich noch einmal an, wie ich „durstig“ sage. (Das Band wird zurückgespult.)

E: Durstig!

H: Das ist keine Frage, meinen Sie. Wollen Sie sagen, daß der fragende Tonfall fehlt?

E: Es ist auch ein Befehl: „Durstig.“

H: Und durch diesen Befehl ist sie zurück in die Trance gegangen?

E: In welcher Verfassung wird sie sein, „durstig“? „Durstig“! Ist es eine Frage, ist es ein Befehl – was ist es nun? Wenn der nächste Satz folgt, dann wird aus „durstig" ein Befehl.

H: Ich versuche zu verstehen, ob Sie sie aufgeweckt haben, als sie „aufwachen" sagten.

E: Ja.

H: Und das „durstig" hat sie wieder in Trance versetzt?

E: Das „durstig" hat sie in ihrem Verhalten eingeengt. Was habe ich nun damit gemeint? War es eine Frage; war es ein Befehl? Was war es denn nun?

H: Und was hat dann das „muß schrecklich sein" bewirkt?

E: Das war ein Befehl.

W: An dieser Stelle können wir die generelle Frage ansprechen: Bei einer Induktion wie der vorliegenden – inwieweit gehen Sie einfach so vor, und unwieweit folgen Sie einem Schema: 1., 2., 3. usw.? Wenn wir jetzt über die einzelnen Schritte sprechen, dann können wir gewissermaßen so vieles aufgreifen und entdecken so mancherlei. Finden wir jetzt mehr heraus, als Ihnen zu dem Zeitpunkt der Induktion durch den Kopf gegangen ist? Das heißt, haben Sie das alles so bewußt gemacht, wie Sie es uns jetzt beschreiben?

E: Nun ja, ich habe gesehen, wie sie sich die Lippen geleckt hat, wohin sie geschaut hat, überhaupt ihre Körperbewegungen. Mir war nicht klsr, ob ich wollte, daß sie etwas trinkt, ob ich ihr suggerieren wollte, zu trinken, oder was ich sonst tun würde. Also habe ich dieses Wort fallenlassen, von dem weder sie noch ich wußten, was es bedeutet. Und nachdem ich es fallenließ habe, hatte ich genug Zeit, zu sagen, „nun werde ich das Wort nutzen", aber es war eine unbestimmte Nutzung, es war keine Frage.

W: Es war eine unbestimmte aber spezifische Reaktion auf das, was sie gerade tat.

E: Ja, aber das Wort wurde in unbestimmter Art geäußert. Weder als Frage, noch als Befehl, wirklich nur als Beobachtung eines irgendwie gearteten Zustandes; dadurch erhielt ich Zeit zum Überlegen, was ich damit anfange.

H: Und als Sie sagten, „muß schrecklich sein, Sue, solltest du das Wasserglas nicht nehmen können", ging sie dann in Trance? Und war sie im Moment davor wach?

E: Ja.

W: Ich frage mich, ob da noch ein anderer Anteil war: Beim Zuschauen hatte ich das Gefühl, als ob sie es sich nicht trauen würde, das Ganze bis zum Schluß auszureizen. Wenn ich jetzt „muß schrecklich sein" höre, klingt das fast wie „also, schlimm genug, wenn ich's nicht kriege, aber wenn ich mich sehr anstrengen würde, es zu kriegen, und bekäme es dann doch nicht – das wäre dann wirklich schrecklich".

E: Das kann gut sein.

H: Das ist also ein weiteres Beispiel. Bei den Induktionen, bei denen ich Sie beobachten durfte, gibt es in jeder einzelnen eine Art Herausforderung für die Versuchsperson, etwas zu versuchen, wobei sich herausstellt, daß sie es nicht tun kann. Versuchen Sie in jeder Induktion, etwas Derartiges herbeizuführen?

E: Ja. Und im Laufe des Abends wende ich das wiederholt an.

H: Das ist das einzige Beispiel, das mir einfällt.

E: Wir werden wahrscheinlich auf weitere Beispiele stoßen.

S: (Lacht leise.) Ich kann nicht.

E: Was bedeutet das?

S: Ich kann nicht.

E: Du wirst durstig.

S: Ich bin immer durstig.

E: Sie müssen in Trance gewesen sein.

S: Nicht wirklich.

E: Nicht wirklich?

S: Nein, nein. Ich glaube, es wäre besser, wenn Sie mit Ihrer Frau oder mit F. arbeiten würden.

E: Ja.

S: Ich glaube wirklich. Vielleicht würde ich besser, werden wenn ich dabei zuschaue.

E: Können Sie das Glas Wasser dort ergreifen?

S: (Pause) Ich glaube nicht.

E: Wie bitte?

S: Ich glaube nicht.

E: Sie müssen in Trance gewesen sein. Mir scheint es so, als wenn Sie sich so verhalten würden, als hätten Sie einen posthypnotischen Auftrag bekommen. Könnte sein, daß *Sie eines* der beiden Male in Trance gewesen sind. Besonders…

S: (Unterbricht) Na gut, ich glaube, ich (räuspert sich) war das erste Mal tiefer.

H: War dieses „Ich bin immer durstig“ eine Zustimmung, daß sie Ihrer Suggestion folgt, während sie sie gleichzeitig leugnet? Sie akzeptiert, daß sie durstig geworden ist, aber gleichzeitig ist das auch eine Feststellung: „Ich bin immer durstig, das hat nichts mit Ihnen zu tun.“

W: Dadurch wird es ihre Angelegenheit, ihre eigene Erfahrung.

H: Aber zum Teil streitet sie auch ab, daß sie deshalb durstig geworden ist, weil Sie es ihr gesagt haben.

E: Sie stellt einen Zusammenhang mit sich selbst her.

W: Geht sie da nicht schon wieder einen kleinen Kompromiß ein, wie sie mit Ihrer Suggestion umgeht und eine davon leugnet: Statt „Ja“ oder „Nein“ zu sagen, sagt sie „Nun, eher so und so…“.

E: Weil ich mit meiner Frage, ob sie einem posthypnotischen Befehl unterliege, die Frage angeschnitten habe, „Bist du jetzt noch immer in Trance?“ .

H: Gut, erst hat sie gesagt, Sie sollten besser mit jemand anderem arbeiten, und Sie haben dann gesagt, „Können Sie das Glas Wasser dort ergreifen“, und sie konnte das nicht, ist sie in diesem Augenblick wieder in Trance gegangen? Oder war sie es noch immer?

E: Es geht auf und ab, in die Trance hinein und heraus. Sie wartet auf einen Hinweis von mir, ihren Zustand zu konsolidieren.

H: So etwas habe ich schon häufiger gesehen, wenn jemand in Trance meint, er sei wach. Wenn man ihn dann fragt, ob er das Wasserglas ergreifen kann, dann merkt er, daß er es nicht kann und daß er vielleicht in Trance ist. Ich habe das aber noch nie gesehen, wenn jemand wach ist. Sie haben hier die Möglichkeit einer posthypnotischen Suggestion erwähnt; geschah das, um ihr leichte Zweifel bezüglich der Trance zu vermitteln? Ob sie tatsächlich eine posthypnotische Suggestion erhalten hatte, darüber wußte sie wohl nichts ?

E: Übrigens, wann haben Sie die posthypnotische Suggestion mit dem Wasserglas erhalten?

S: Ich erinnere mich an keine.

E: Sie erinnern sich nicht. (Pause) Sind Sie das erste

E: Sie zu verunsichern bezüglich ihres Bewußtseinszustandes. Falls sie dann über ihren Bewußtseinszustand unsicher ist, kann sie sich auf mich verlassen, um Klarheit zu gewinnen.

W: Mir scheint, wenn sie unsicher ist, dann *muß* sie sich auf Sie verlassen, um Klarheit zu erlangen.

Mal tiefer hineingegangen? Mir scheint, daß Sie mir gesagt haben, das erste Mal waren Sie nicht in Trance.
S: Na ja, (Pause) nicht so wie L. (Eine sehr gute Versuchsperson, die sie in Trance gesehen hatte.)
E: Ja?

E: Ja, sie muß sich auf mich verlassen. Deshalb muß sie meine Suggestionen befolgen.

E: Ein weiter Punkt, den Sie vermutlich übersehen werden, daß man in der Tranceinduktion sagt, „Ich möchte, daß du tiefer schläfst, noch tiefer“, eine Pause macht, „noch tiefer“, noch eine Pause. Und später, im Laufe einer ganz normalen Unterhaltung frage ich vielleicht, „Ist dein Kleid zart (Pause) farbig?“. Die Pause als solche kann zum Hinweisreiz werden.
W: Könnten Sie auch einen leicht zweifelnden Tonfall in Ihre Stimme legen, wenn Sie das wollen?

E: Vielleicht waren Sie das letzte Mal nicht in Trance.
S: Ich würde gern ja sagen.
E: Würden Sie gern? Und Sie würden auch gern einen Schluck Wasser haben, nicht wahr? Es ist angenehm zuzugreifen, oder?

E: Oh ja. Und man kann häufig Angst in die Stimme legen, um bestimmte Ergebnisse zu erzielen.
H: Wie wir das ausdrücken: Die Pause wird so zur Botschaft.
E: Eine Botschaft, die im Lichte der Auswirkungen vorheriger Pausen interpretiert wird. Das Nichtaussprechen von etwas, durch das sie zuvor konditioniert worden ist.
H: Warum haben Sie sie darauf hingewiesen, daß sie zuvor behauptet hat, das erste Mal nicht geschlafen zu haben?
E: Ich zwinge sie, anzuerkennen, daß ich ihre Aufmerksamkeit lenken *kann*. Erst lasse ich sie zustimmen, dann stimmt sie zu, es zu tun. Ich scheue mich nicht im geringsten, das zu tun.

H: Sie scheuen sich nicht, sie auf Widersprüche in ihren Äußerungen hinzuweisen?

E: Richtig.

H: Während sie zögert, auf Widersprüche in *Ihren* Äußerungen hinzuweisen.

E: Ich bin der, der sicher ist – sie sollte mir lieber folgen.

W: Das kann auch heißen, nicht nur dann, wenn Sie auf Widersprüche hinweisen, sondern auch im entgegengesetzten Fall. Ich meine, Sie könnten es ja auch unterlassen, auf Widersprüche hinzuweisen und trotzdem zu ähnlichen Ergebnissen kommen. Soll heißen, Sie könnten etwas Widersprüchliches sagen, und einfach fortfahren.

E: Es fällt mir kein spezieller Fall aus der Hypnose ein, aber die Geschichte, daß Soldaten bei einer Übung in den Sumpf geraten sind und der Offizier die Übersicht verlor, worauf die Soldaten in Panik gerieten und scließlich ein Rekru sagtet: „Hier geht's lang, Jungs", und dann zuversichtlich losmarschierte und das war das Ende der Panik. *Er* war sich sicher. So etwas geschieht im Kampf immer wieder: irgend jemand strahlt in einer bestimmte Situation Sicherheit aus.

H: Ist das auch der Grund, daß Sie einmal gesagt haben, es störe die Versuchspersonen bei einer Showhypnose, wenn der Hypnotiseur einen ängstlichen Tonfall annimmt?

E: Ja.

H: Es ist wirklich wichtig, daß in der Stimme des Hypnotiseurs keine Angst liegt.

E: Das stimmt. In den Übungssitzungen von Seminarteilnehmern entdecken deren Kommilitonen, die als Versuchspersonen dienen, die Angst in deren Stimme. Immer wieder höre ich, daß sie sagen: „Ich war gerade so schön dabei, in Trance zu gehen, und dann kam so eine Unsicherheit in deine Stimme.“

E: Es ist angenehm, es zu ergreifen, nicht wahr? (Lange Pause.) Oder? (Pause) Beobachte einfach deine Hand. Schau, was sie macht. Deine Hand wandert zu dem Glas. Schau hin. Sie bewegt sich ein Stück nach links. (Pause) Sie bewegt sich auf das Glas zu?

S: Ein bißchen.

E: Schau zu, wie deine Hand sich bewegt.

W: Sie haben ihr jetzt eine angenehme Erfahrung vermittelt.

H: War das alles nur, weil sie auf Ihre Erlaubnis gewartet hat, nach dem Glas zu greifen?

E: Die Bewegung in Gang zu setzen.

H: Sie hat gewartet, daß *Sie* die Bewegung in Gang setzen.

E: Und daß sie…

H: Ach so, daß *sie* die Bewegung in Gang setzt, und Sie es gutheißen?

E: Ja.

H: Als Sie erst einmal danach gefragt hatten, ob sich die Hand zum Glas bewegen würde, hat sie sich bewegt und zum Glas gegriffen.

E: So viel Anstrengung für so einen kleinen Schluck? Glaubst du nicht, daß du lieber noch einen Schluck nehmen solltest?

E: Na klar, sie hat einen Schluck genommen, weil sie durst hatte. Es war nur ein kleiner Schluck. Ich ließ sie noch einen nehmen. Das war doch wirklich großzügig von mir, oder? Für den einen zusätzlichen Schluck Wasser habe ich eine ganze Menge Glaubwürdigkeit hinsichtlich meiner Großzügigkeit gewonnen.

H: Und wie die Situation immer bedeutungsvoller wird! Indem ein kleiner Schluck Wasser zum Symbol für Ihre Großzügigkeit wird.

W: Deshalb, weil es ja auch gar kein Wasser hätte geben können. Und das alles geschieht innerhalb der ersten 20 Minuten.

(Langes Schweigen. Währenddessen hält E. seine Hand

H: Ja.

vor Sue und schließt sie langsam zur Faust. Das wiederholt er insgesamt viermal. Sue beobachtet konzentriert.)

E: Und jetzt fängst du an und weißt, du kannst schlafen wie L., nicht wahr. (Schweigen und lange Pause.) Und du kannst deine Augen schließen und tief einschlafen, indem du tief einatmest. Tief einatmen und ganz tief schlafen. So ist es richtig. Tief schlafen. (Pause) Ich spreche jetzt zu den anderen, aber du schläfst solange weiter. Und ich möchte, daß du dich für die Tatsache interessierst, daß du auch meine Hand sehen kannst. (Zu den anderen:) Das beantwortet Ihre Frage danach, wie man Ideen vermittelt, nicht wahr?

H: Haben Sie ihr zu diesem Zeitpunkt gesagt, sie könne Ihre Hand sehen, während Sie sich den anderen zugewandt und zu ihnen gesprochen haben? Waren ihre Augen nicht zu diesem Zeitpunkt geschlossen?

E: Sie konnte weiterhin meine Hand sehen, ob ihre Augen geöffnet oder geschlossen waren.

H: Das war also der erste Schritt hin zu eine Halluzination.

E: (Pause) Und tief und fest schlafen, Sue. Und wenn du diesmal aufwachst, möchte ich, daß du dich daran erinnerst, wie du dieses letzte Mal eingeschlafen bist, und daß du das der Gruppe erklärst. 20, 19, 18, 17, 16, 15, 14, 13, 12, 11, 10, 9, 8, 7, 6, 5, 4, 3, 2, 1. Und aufwachen.

E: Ich habe ihr den posthypnotischen Auftrag gegeben, sie solle der Gruppe erklären, wie und wodurch sie eingeschlafen ist. Je sicherer sie das erklären kann, um so mehr bestätigt sie nachhaltig, daß sie in Trance gewesen ist. Sie bestätigt es, sie bekräftigt es, sie macht es zum Gegenstand einer öffentlichen Erklärung, sie macht eine äußerst bestimmte Aussage, indem sie es einer interessierten und respektvollen Gruppe erläutert und so ihre eigene Erfahrung bestätigt.

H: Als Sie ihr die Frage stellten, wie sie in Trance ging, da haben Sie mit 20, 19,... angefangen – wollten Sie ihr damit einen Hinweis geben?

E: Das war das Signal zum Aufwachen.

H: Ich weiß, aber Sie haben ihr die Frage gestellt, und dann kam die „20" so schnell danach, als ob es da einen Zusammenhang gäbe.

E: Sie hat das unterschieden.

W: Täusche ich mich, oder haben Sie ihr auch einen posthypnotischen Auftrag gegeben, bei dem Sie und die Gruppe ihr helfen werden, ihn auszuführen? Weil die Suggestion sich auf etwas bezieht, über das Sie ohnehin sehr wahrscheinlich reden werden, nachdem Sie sie aufgeweckt haben ?

Mir scheint, daß diese Art Suggestion mehr oder weniger einfach in einer leichten Trance auszuführen ist, weil sie nicht so sehr wie eine Suggestion erscheint, d.h. sie unterscheidet sich nicht von anderen Dingen, sondern fließt ganz natürlich in die Diskussion ein, die so oder so entsteht.

E: Sogar bei einer leichten Trance bitten Sie die Versuchsperson hernach, zu erklären, wie leicht die Trance gewesen ist. Aber dadurch bestätigt sie, daß eine Trance vorhanden war.

H: Wenn Sie ihr diese posthypnotische Suggestion geben, damit darüber gesprochen werden kann, muß sie, sobald

sie aufwacht, dann nicht wieder zurückgehen in Trance oder aber noch in Trance sein ? Heißt das, daß Sie sie nicht wirklich aufwecken?
E: Ich wecke sie nicht voll und ganz auf.

E: Wie bist du dieses letzte Mal eingeschlafen, Sue?
S: Indem ich Ihre Hand beobachtet habe.
E: Was tat meine Hand?
S: Das hat sie gemacht. (Öffnet und schließt die Faust.)
E: Und was hast du gemacht?
S: Ungefähr das (schließt die Augen.)
E: Und was hat das für dich bedeutet?
S: (Pause) Gefaltete Hände.
E: Ja?
S: Die Bewegung, das Zusammenziehen der Muskeln. Ich habe es einfach beobachtet.

E: Ihre Erklärung ist sehr aufschlußreich. Sie beobachtete meine Hand, deren Bewegungen – das waren ihre bewußten Reaktionen. Sie war sich dessen nicht bewußt, daß sie unbewußt 20 gezählt hat. Da gibt es einen deutlichen Unterschied: Das Zählen, das war unbewußt, das Betrachten meiner Hand und ihrer Bewegungen – das war die bewußte Reaktion.
H: Können Sie sich vorstellen, wovon die Hemmung herrührte, zu wissen, daß sie gezählt hat.
E: Weil das Zählen zur Trance gehört. Genau so, als gäbe man die posthypnotische

Suggestion: „Wann immer ich eine Zigarettenpackung auf die andere lege, wirst du in Trance gehen." Und dann sagt man: „Das ist viel mehr als das." (Dabei legt er eine Packung auf die andere, nachdem er verschiedene Dinge auf seinem Schreibtisch hin und hergeschoben hat.) Und wenn man dann später die Versuchsperson bittet, zu erklären, was man gemacht hat, dann sagt sie: „Sie haben Ihre Aktenordner genommen, sie ordentlich hingelegt, Sie haben ihren Terminkalender gerade hingelegt, Sie haben den Kalender zurechtgerückt, und ich habe Ihnen dabei zugesehen." Und das ist etwas, was Sie nicht vollständig gesehen haben (legt eine Packung auf die andere). Dann sagt die Versuchsperson vielleicht, „Sie haben damit angefangen und haben nach Ihren Zigaretten gegriffen, und zuerst haben Sie dies und jenes gemacht". Das (die Packung) ist etwas anderes – das gehört zum Unbewußten.

W: Heißt das, daß der ganze Prozeß der Tranceinduktion, also wenn man eine Amnesie für die Zeit der Trance hat, daß die Amnesie bereits beim Beginn der Induktion anfängt? So, als ob die Induktion ein Teil der Trance wäre, den man vergessen hat.

E: Ja. „Ich habe mich auf den Stuhl gesetzt, Sie baten mich, meine Hände in den Schoß zu legen, und jetzt ist eine halbe Stunde vergangen" – so etwas ist ein typisches Beispiel.

H: Mich wundert, daß sie sagt, es wäre eine posthypnotische Suggestion, und da kann sie doch nicht wieder in Trance gegangen sein, um die Suggestion auszuführen. Dennoch liefert sie die be-

wußte Beschreibung der Situation und erwähnt nicht die Zahl. Das heißt, daß sie nicht einmal in der Trance den Grund weiß.
E: Ja, aber ich habe ihr keine Zahl vorgegeben.
H: Haben Sie nicht?
E: Nein, das war ihre Interpretation. Ich habe ihr keine Zahl vorgegeben. Sie hat es so verstanden.
H: Sie hat es so verstanden und wußte nicht, daß sie es so verstanden hat.

E: Richtig. Aber ich habe ihr keine Zahl vorgegeben. Alles was sie gesehen hat, war, daß ich meine Finger gestreckt habe.
H: Aber, Sie haben sie auch nicht gefragt, was Sie getan haben, damit sie in Trance geht. Sie haben sie gefragt, warum sie eingeschlafen ist.

E: Ja.

H: Und ihre Antwort war nicht, „Mmh, ich habe das als die Zahl 20 interpretiert".
E: Nein, weil in dem Moment, als sie es als „1-20" gedeutet hat – und das war ein unmittelbarer Eindruck– schon alles vorbei war.
H: Und das war ein Teil der Trance. Hat sie eine Amnesie für die ganze Trance?
E: Außer, daß sie wirklich nicht wußte, daß sie in Trance gewesen ist.
H: Das ist schon eine merkwürdige Angelegenheit. Sie wußte nicht, daß sie in Trance war, sie hatte eine Amnesie für die Trance, und gleichzeitig versucht sie zu erklären, was sie in Trance versetzt hat.

S: (Die Lampen werden für kurzer Zeit dunkler) Haben Sie das alle gesehen?
E: Ja, aber was haben Sie sich gedacht? Warum sind Sie eingeschlafen?
S: (Pause, räuspert sich.)
E: Sie haben eine Tiefkühltruhe.
S: Wie bitte?
E: Sie haben eine Tiefkühltruhe.
S: Wer hat eine? Ach so, Bill (der Gastgeber).

S: Ach, das war das mit dem Licht. Ich verstehe.
E: (Pause) Worüber haben Sie noch nachgedacht, als Sie meine Hand beobachtet haben?
S: Ja, für mich hat sowas (eine Faust) immer etwas mit Stär-

E: Ja, das waren verschiedene Ebenen von umschriebener Bewußtheit.
W: Hier wird es ganz schön kompliziert.
H: Das kann man wohl sagen.

H: Warum haben Sie es so gemacht?
E: Das war doch eine Antwort auf ihre Frage, oder?
W: Ja, Sie haben es nicht sofort gesagt, sondern erst nachdem Sie sie noch einmal danach gefragt haben, warum sie eingeschlafen ist.
E: Ja, ich brachte sie zum Grübeln, weshalb sie eingeschlafen ist. Und dann habe ich ihr eine irrelevante Beobachtung über die Tiefkühltruhe angeboten.
H: Sie hat gesagt, „Ach so, Bill!". Warum haben Sie das gemacht?
E: Um Ihnen den Unterschied vorzuführen zu ihrer Art zu reden und ihrem Tonfall, wenn sie über die Gründe für ihr Einschlafen nachdenkt. Ich habe ihr eine Beobachtung im gleichen Tonfall angeboten, der normales Wachverhalten hervorruft. Und ihre Stimme hat das so schön verdeutlicht.
H: Sicherlich.
W: Da ist noch ein anderer Punkt. Gleichzeitig werden Sie zu demjenigen, der die Frage nach dem flackernden Licht beantwortet.
E: Ja.
H: Und Sie haben auch die Frage danach beantwortet, worüber geredet werde soll.

ke zu tun. Ich kann Ihnen nicht direkt sagen, was…
E: Noch irgendwas?
S: Das Atmen.
E: Ja.
S: Die Art und Weise, wie Sie ein- und ausgeatmet haben und ich konnte fühlen, daß ich im gleichen Rhythmus geatmet habe.
E: Nehmen wir mal an, Sie lassen Ihr Unbewußtes mir eine Antwort geben. Also, warum..
S: Das Schließen der Augen.
E: *Schlaf* nun. (Pause)
S: Weil Sie wollten, daß ich es tue.

H: Haben Sie mitbekommen, daß ihr Mann in dem Moment aufgestanden ist und F. Feuer gegeben hat? Sie haben ihr Feuer gegeben und er ist aufgestanden, quer durch den Raum gegangen und hat F. Feuer gegeben.
E: Das ist richtig, das habe ich bemerkt.
H: Haben Sie das auf ihren Atemrhythmus abgestimmt?
E: Das weiß ich nicht mehr, vielleicht habe ich das automatisch gemacht.

E: Wann bist du das letzte Mal eingeschlafen?
S: Gerade jetzt.
E: Das ist richtig.

H: Ich weiß nicht, ob das die wirkliche Antwort war, „weil Sie wollten, daß ich es tue."
E: Das ist richtig. Aber, wie habe ich ihr beigebracht, daß ich das will? Wenn ich von 1 bis 20 zähle, dann ist das ein Zeichen dafür, daß ich möchte, daß sie einschläft „weil Sie wollten, daß ich es tue".
H: Als Sie Ihre Hand bewegt haben, da haben Sie sie eindringlich angesehen und dann die Hand bewegt. Das heißt, Ihr Blick sagte auch aus: „Ich möchte, daß du schläfst", genau so wie die Handbewegung.
E: Sie anzusehen heißt: „Ich bitte um deine Aufmerksamkeit". (Er zeigt, wie die Hand sich am Gesicht vorbeibewegt, den Stuhl umfaßt und sich dann ausstreckt.) „Ich bitte um deine Aufmerksamkeit."
H: Der Grund, daß Sie sie um ihre Aufmerksamkeit gebeten haben, war doch,

daß Sie sie in Trance versetzen wollten, oder?

E: Ja, obwohl ich ihre Aufmerksamkeit auch dadurch bekommen hätte, daß ich ihr eine Frage stelle.

E: Sue, was habe ich zu dir gesagt, als du eingeschlafen bist? (Lange Pause.) Du bist jetzt nicht wirklich wach, nicht wahr?

S: Ich glaube nicht.

E: Du glaubst also nicht. Du glaubst also wirklich nicht, oder? Und du glaubst also wirklich nicht, daß du wach bist. Und wenn du nicht glaubst, daß du wach bist, dann fängst du jetzt an zu glauben, daß du schläfst. Du beginnst nun zu denken und zu wissen, daß du schläfst? Das findest du heraus, indem sich deine Augen schließen. Sie schließen sich noch mehr.(Pause) Und mehr. (Pause) Und mehr. So ist es gut. Tief und fest schlafen. Ganz tief, ganz tief. Und du kannst rauchen, während du schläfst, Sue. Möchtest du? Dann nehme ich deine Zigarette. (Lange Pause.) Und nun, Sue, werde ich dich wieder aufwecken. Ich werde dir sagen, wann du einschlafen sollst, Sue, aber *du weißt das nicht*. Ich werde dir sagen, wann du einschlafen sollst, aber Sue, *du weißt das nicht*. Aber du wirst schlafen.

W: Was mich an dieser Stelle fasziniert, ist, daß Sie zu einem bemerkenswert späten Zeitpunkt sagen: „Du fängst an zu denken...". Schließlich haben Sie schon zwei oder drei solcher Manöver durchgeführt, und das „Du fängst an zu denken" scheint mir auffallend zu sein und ich frage mich, ob das irgendeine besondere Bedeutung hat.

E: Nein, das ist lediglich eine Wiederholung. Bei einer guten Technik stellt man immer wieder einen Bezug zu Vorangegangenem her.

E: Ich kann sie in den Schlaf zählen. Ich kann ihr befehlen, einzuschlafen.

E: Diese Stelle müssen wir vielleicht noch einmal zurückspulen, damit wir verstehen, was ich zu Sue gesagt habe. „Ich werde dir sagen, wann du einschlafen sollst, aber Sue, *du weißt das nicht*."

H: Ist das eine Art Verneinung – soll heißen, „Du wirst dich nicht weigern"?
E: Nein.
H: Es klingt aber so.
E: „*Du weißt das nicht.*" Das ist eine doppelte Aussage. Das heißt, du wirst nicht wissen, wann ich dir das sagen werde, du weißt es einfach nicht. Und es bedeutet auch, „*Du weißt das*, nicht?", wenn ich dir sage, daß du schlafen sollst.
W: Getrennt auf zwei Ebenen.
E: Getrennt auf zwei Ebenen. „Du weißt es nicht – du weißt es, nicht?" Das heißt, du wirst nicht mitbekommen, wenn ich dir sage, daß du schlafen sollst, du weißt, wenn ich dir sage, daß du schlafen sollst. Spielen Sie die Stelle noch einmal vor. (Band wird zurückgespult)
H: Mir fällt es schwer, den Unterschied zu erkennen.
E: Die Versuchspersonen sind viel scharfsinniger, als Sie es sind. (Das Band wird zurückgespult).
E: Du *weißt* es, nicht?
H: Ist es in beiden Wiederholungen das Gleiche oder ist es anders?
E: Im Grunde das Gleiche.
H: Ach so, ich habe versucht, einen Unterschied herauszuhören.
E: Beide sind gleich. Einmal geht die Stimme leicht nach unten bei dem „nicht", einmal geht sie ganz leicht nach oben bei dem „Du denkst", das ist aber nur eine winzige Änderung des Tonfalls.
H: Ja, jetzt merke ich das auch.

E: (Pause) Und du wirst wissen wollen, nicht wahr, wann ich dir das sage? Obwohl du es nicht wissen wirst. du wirst schlafen, oder? Wenn ich dir das sage. Obwohl du es nicht weißt.

H: Warum kamen Sie nach der ersten Serie von „Du weißt nicht" mit „Du wirst" und dann sagten Sie, „Du wirst..., oder?". Heißt das, „Du wirst es wissen, oder?"

E: Und du beginnst zu verstehen, daß du *schlafen* kannst, genau so wie L. du kannst es. Und du verstehst es immer mehr und mehr, nicht wahr? (Pause) Von 20 3 weg ist 17, davon 4 weg ist 13 – und noch 3 *mehr* weg macht 10 – du bist halb wach. Und 9 und 8 und 7, 6 und 5, 4, 3, 2, 1. Aufwachen. Irgendwo haben Sie in der Aufregung Ihre Zigarette verloren. Möchten Sie sie haben? Frau C., das hier sind Dr. Fingle und seine Frau.

S: Freut mich. Ich habe eine kalte Hand. Die hier ist kalt.

E: Ja.

E:Von 20 3 weg ist 17, davon 4 weg ist 13 und noch 3 *mehr* weg, macht 10.

H: Haben Sie das wirklich gesagt? (Band wird zurückgespult)

E: Ich wollte hier das Hinzuzählen anbringen, weil ich danach mit dem Addieren anfangen werde.

E: Möchten Sie Ihre Zigarette?

S: Ja.

E: Sue, sagen Sie, sind Sie in Trance gewesen?

S: Ich glaube schon.

E: Sie glauben also, ja?

S. Ja.

E: Sind Sie jetzt wach?

S: Ich glaube schon. Ich bin mir aber nicht sicher.

E: Tja, Mr. Haley und Mr. Weakland zeichnen das alles auf. Sie wollen hinterher darüber reden. Sie werden es wahrscheinlich in ihrem Forschungsprojekt verwenden.

S: Schön.

E: Sollen wir ihnen etwas wirklich Faszinierendes bieten?

S: (Leise) Ja.

W: Das ist die Hand, aus der Sie die Zigarette genommen haben. Das kommentierte sie. Das ist seltsam, ich frage mich, ob es da einen Zusammenhang gibt.

E: Ich glaube, das war lediglich eine subjektive Wahrnehmung.

W: Mir ist das bloß aufgefallen, weil Sie, als Sie ihr die Zigarette weggenommen haben, gesagt haben: „Möchtest du rauchen?“, und schließlich hat sie „nein“ gesagt und Sie haben die Zigarette genommen. Und dann haben Sie ihr die Zigarette wieder angeboten; da habe ich mich gefragt, ob es da einen Zusammenhang gibt.

E: Ich habe das nicht bis zum Ende verfolgt.

E: Ich habe acht Kinder.
S: Das weiß ich. Ich finde das wunderbar.
E: Und es gibt ein paar Leute, die haben gleich ein Dutzend. (Pause) Und das wissen Sie jetzt, nicht wahr?

H: Deshalb wollten Sie das mit dem Zahlenaddieren dabei haben!
E: Stimmt genau. Da können Sie sehen, wie weit im voraus ich das geplant habe.
W: Sehr weit im voraus für mich!
E: Mir war noch nicht ganz klar, wie ich das Dutzend unterbringe. Aber ich wollte das Addieren verwenden. „Und noch 3 *mehr* weg ist 10." Ich hatte hier bereits die Idee mit dem Addieren, und habe nur auf eine Gelegenheit gewartet. Die Grundlagen für das Addieren hatte ich gelegt, indem ich zuerst offensichtlich subtrahiert habe und dann „und noch 3 *mehr* weg ist 10" gesagt habe. Ist das nun Addieren oder Subtrahieren? Zwangsläufig würde damit auch das Thema des Addierens ins Spiel kommen.
H: Glauben Sie, daß sie auch auf die Addition von 8 plus 12 reagiert hätte, wenn Sie zuvor schon das Addieren erwähnt hätten?
E: Tja, als ich 3 von 20 abgezogen habe und daraus 17 gemacht habe, da wußte ich, daß ich die Addition brauchen würde. Als ich die 4 von 17 wegnahm, war mir klar, daß ich irgendwie die Addition hereinbringen mußte. Was konnte ich als beiläufige Bemerkung fallenlassen, um später zu 20 aufaddieren zu können? Die erste beiläufige Bemerkung war die über die Anzahl meiner Kinder. Und – wie konnte ich die „12" ausdrücken? Sollte ich daraus „ein Dut-

zend" machen? Im letzten Moment dachte ich, wenn ich das „Dutzend" nehme, dann wäre das „1, 2". Sie müßte das „Dutzend" dann in „12" übersetzen; und noch 8 mehr dazu sind 20. Also habe ich das umfassendere „Dutzend" gewählt.

H: Tja, wenn Sie diese Addition beim Zählen nicht schon vorher gehabt hätten, denken Sie, daß sie auch auf der Basis „8 plus ein Dutzend" in Trance gegangen wäre?

E: Vielleicht nicht. Ich wollte sichergehen. Außerdem wollte ich zeigen, wie man Suggestionen verankert.

H: Das haben Sie uns gut gezeigt. Gab es irgendeinen besonderen Grund dafür, das Bandgerät und das Forschungsprojekt nicht eher zu erwähnen?

E: Sie war in Trance gegangen – wenn ich eher erwähnt hätte, daß sie einer Untersuchung dienen soll, hätte sie das vielleicht geängstigt. Diese Frage wird unbeantwortet bleiben. Nachdem sie einige Male in Trance gewesen war, schien es mir sicher, das einzuführen, weil sie ja bereits aufgenommen worden war und der Forschung dienen würde. Das am Anfang zu erwähnen, hätte eine Bedrohung dargestellt, jetzt ist es eine vollendete Tatsache, daß sie der Forschung dient und weiterhin dienen wird. Das heißt also, daß sie eine echte Leistung vollbracht hat.

H: Sie verwenden eine seltsame Mischung aus vollendeten Tatsachen, die sich in nutzbringende Situationen wandeln.

E: So ist es richtig. Schließ deine Augen und schlaf und 12 und 8 sind 20, oder? Stimmt doch?

E: 3 von 20 weg sind 17 und 4 weniger sind 13 und 3 *mehr* weg sind 10, und du bist halb im Schlaf. (Lange Pause.) Und nachdem du wach bist, Sue, möchte ich dich einigen Leuten vorstellen. Du hast sie nie zuvor getroffen. Hast du *wirklich nie*.

H: Sie sagen also, „3 *mehr* sind 10“. Sie haben die Stimme bei der „10“ nicht fragend erhoben.

W: Doch, etwas, glaube ich. (Band wird zurückgespielt.)

E: Als ich sie aufweckt, ist „3 *mehr*“ wörtlich genommen wieder eine Addition. Dennoch wird es hier als Subtraktion verwendet. Beim Aufwecken sage ich später „halb *wach*“, weil ich da das Prinzip der Addition mit einbringen wollte – das kommt später. Hier sage ich „halb *im Schlaf*“ statt „halb wach“, später verwende ich dann wieder das „8 plus 12 sind 20“.

H: Warum sagen Sie, „hast du wirklich nie“?

E: Ich wollte eine Amnesie bewirken. Deren Auswirkung besteht darin, das Gedächtnis zu verändern: Die bewußte Erinnerung, sie schon einmal getroffen zu haben, wird in eine halluzinatorische Tranceerfahrung umgewandelt. Und die Identität der Erinnerung wird verändert. So könnte man das Ganze auf ein Tranceerlebnis und eine Amnesieerfahrung reduzieren.

E: ...und du wirst dich freuen, sie kennenzulernen. Ich werde dir jetzt ihre Namen sagen, aber du wirst ihre Namen wieder vergessen, bis du aufwachst. Aber dann wirst du dich erinnern, wenn ich sie dir sage: Dr. Fingle und seine Frau.

H: Wenn Sie also sagen, „hast du wirklich nie“, implizieren Sie, daß Ihre Äußerung etwas mit einer Halluzination zu tun hat, nicht wahr?

E: Oder aber der gesamte Induktionsprozeß stellt eine halluzinatorische Erfahrung dar, die zur Trance gehört und somit eine amnestische Erfahrung ist.

H: Was sie nach dem Aufwachen tat: Sie hat sich ein paarmal nach ihren Namen erkundigt, nicht wahr?

E: Zumindest einmal.

H: Ich versuche, das zu verstehen. Hier sagen Sie, „Du wirst ihre Namen wieder vergessen, bis du aufwachst, und dann wirst du dich an sie erinnern." Hat sie sich bemüht, sich auf jeden Fall an die Namen zu erinnern?

E: Richtig.

W: Einen Moment bitte, warum haben Sie ihr die Namen genannt und ihr dann gesagt, daß sie sie vergessen soll? Damit sie sie in die Trance zurückverlegt und sie wieder vergißt?

E: Ja.

H: Sie machen aus der Tranceerfahrung eine ziemlich losgelöste Angelegenheit.

E: Das geschieht, um bestimmte Phänomene leichter zu ermöglichen.

H: Sie sagen nicht, „20, 15, 10, 5, 1". Wäre das ein zu großer Sprung zum Aufwachen?

E: Vielleicht wacht sie nicht so schnell auf. Ich muß ihr etwas Zeit lassen, nachzukommen.

E: Jetzt werde ich dich aufwecken. 20, 15, 10, 5, 4, 3, 2, 1. Wach auf. Ich glaube, du hast wieder geschlafen.

S: Ja.

E: Und da ist auch wieder diese Fliege.

S. Ja.

E: Und da ist auch wieder diese Fliege.

S: Oh, die Fliege.

E: Oh, Sue, hier sind ein paar fremde Leute, Dr. Fingle und Gattin.

F: Freut mich, Sie kennenzulernen.

S: Freut mich auch. Wie war gleich Ihr Name?

E: Fingle.

S: Fingle.

E: Fingle.

W: Hier verstärken Sie Ihre vorhergehende Suggestion, indem Sie sagen: „neue Gäste".

E: Ja, das heißt, daß man die Aufwachsituation so glaubwürdig wie möglich macht.

H: Es waren auch „fremde Leute".

E: Wenn sie sie nicht schon vorher kennengelernt hätte, müßte ich meiner Aussage zustimmen – „fremde Leute". Es ist besser, wenn man konsistente Aussagen macht. Deshalb habe ich hier das Beispiel für Konsistenz eingebracht.

H: Und sie nimmt das als Vorbild – wenn Sie ein Beispiel für Konsistenz geben.

E: Ich bemühe mich immer, konstistent zu sein, weil ich möchte, daß meine Versuchspersonen sich wohl und sicher fühlen. Ich sorge dafür, daß meine Aussagen zutreffend sind.

W: Und wenn Sie widersprüchlich sind, dann sind Sie dabei sehr direkt. „Du hast sie nie vorher getroffen“.

E: „Hast du *wirklich* nie.“ Was bedeutet das „*wirklich* nie“? Das hat eine besondere Bedeutung.

H: In welcher Hinsicht ist das so besonders?

E: „Du hast nie *wirklich* einen Eintopf gegessen, bis du nicht einen von *mir* gegessen hast. Wirklich nicht.“

H: Das ist schon wieder so ein Spiel mit dem Wort „wirklich“.

E: Ja.

H: Das ist das trickreichste Wort bei der ganzen Angelegenheit. Es ist eines jener Worte, die in ihrer wörtlichen oder metaphorischen Bedeutung benutzt werden können oder irgendwo dazwischenliegen.

E: Wer schläft denn hier?

S: Ich gehe zurück.

E: Wie oft haben Sie geschlafen? Sagen Sie irgendeine Zahl.

S: Vier.

E: (Pause) Gar nicht schlecht.

S: (Lacht laut heraus) Ich meinte das nicht wirklich so. Das ist einfach so über mich gekommen. (Beide lachen)

E: Sie haben das nicht wirklich so gemeint, aber Sie haben es gesagt.

S: Ich weiß nicht.

E: Wollen Sie's noch ändern?

S: Mmmh.

E: Versuchen Sie's noch mal. Sagen Sie eine Zahl.
S: Mmmh.
E: Sie können keine Zahl sagen? Können Sie die gleiche nochmal sagen?
S: Vier.
E: Lassen Sie uns zählen.
S: Bis wieviel?
E: Egal – zählen Sie einfach!
S: 1, 2 – oh nein! (Sie fühlt offenbar, wie sie wieder in Trance geht.)
E: Was ist los?
S: Nichts.
E: Machen Sie weiter und zählen Sie.

H: Warum hörte sie an der Stelle auf, als Sie das sagten? Das habe ich jetzt vergessen.
E: Ich bat sie, mir irgendeine Zahl zu sagen, einfach zu zähen „1, 2, oh nein!" Sie hat plötzlich erkannt, daß sie auf die 20 zu gezählt hat.
W: Ja, sie hat gemerkt, daß sie anfängt, zu schlafen.
E: Wenn man einer Versuchsperson irgend etwas beweisen will, und der Beweis soll stichhaltig sein, dann sollte man sie selbst diesen Beweis erbringen lassen. Und man sollte versuchen, ihn möglichst überraschend entstehen zu lassen.
W: Da liegt der Unterschied. Ich habe das mal mit einer Versuchsperson mit sehr viel Widerstand ausprobiert. Ich ließ sie ihrer Hand sagen, sie solle hochgehen. Das war nun nicht überraschend, aber wenn es aus ihr selbst gekommen wäre, dann wäre es Beweis genug gewesen.
E: Ja.
W: Diese Versuchsperson war aber so zögerlich, ihrer Hand das aufzutragen. Sie wollte das gar nicht herausfinden,

S: 1, 2, 3, 4, 5, 6, 7, 8, 9, 10, 11, 12, 13, 14, 15, 16, (wird immer langsamer und leiser. Pause.)

E: Dieses Mal hast *du dich* wirklich *selbst* überzeugt, nicht wahr, Sue? Das hast du doch, oder? Und nun weißt du es auch, nicht wahr? Jetzt weißt du es. Du weißt es wirklich, oder etwa nicht?

also wollte sie das ihrer Hand auch nicht befehlen.

H: Als sie sagte: „Wie weit soll ich zählen?“, da ist ihr das offensichtlich noch nicht klar gewesen?

E: Nein, da noch nicht. „Oh, einfach nur zählen.“ – „1, 2, oh nein.“

H: Jetzt erinnere ich mich. Sie hat aufgehört, laut zu zählen, als sie die 17 erreicht hat. Sie haben dann noch gewartet, bis sie gleichermaßen die 20 erreicht hat, und dann haben Sie tief eingeatmet, stimmt das?

E: Ja.

E: „Und du weißt es wirklich, oder etwa nicht?“ Was ist denn gesagt worden, daß sie es jetzt wirklich weiß? Zu diesem Zeitpunkt ist wirklich nichts Besonderes gesagt worden. Aber ich habe ihr gesagt, daß sie es weiß. Und das deckt *alles* ab, was ich gesagt habe. Das ist umfassend. Und sie weiß es. Und wenn sie etwas Bestimmtes sucht, muß sie die gesamte Situation überblicken.

E: Und jetzt, Sue, möchte ich, daß du nach dem Aufwachen das Gefühl hast, das sehr, sehr, deutliche Gefühl, daß du lange, lange geschlafen hast. Mindestens zwei Stunden lang. Ich möchte, daß du das Gefühl hast, daß du zwei *lange* Stunden lang geschlafen hast. Sehr erholsam, sehr angenehm und du wirst deiner Uhr nicht trauen. Und du wirst es nicht glauben, nicht wahr? (Pause) Weil, nachdem du aufgewacht bist…

W: Mir fällt auf, daß Sie die Wörter sehr in die Länge ziehen.

E: „Du wirst deiner Uhr nicht trauen – und du wirst es nicht glauben, nicht wahr?“ Die Suggestion (bestimmt) „Du wirst deiner Uhr nicht trauen“, (sanft) „Du wirst es nicht glauben, nicht wahr?“ Das ist die Suggestion: „Du wirst es nicht glauben, nicht wahr?" Ich ziehe sie buchstäblich auf meine Seite, daß sie mir folgt.

H: Ja, und die zweite Aussage wird so zu einem Kommentar der Suggestion.

E: Ein Kommentar. Ein gemeinsamer Kommentar.

W: Ich bin mir nicht ganz sicher, ob ich das verstanden habe. „Du wirst deiner Uhr nicht trauen." Welche Wirkung hat die nächste Äußerung?

E: „Du wirst deiner Uhr nicht trauen – das wirst du doch nicht tun, oder?" Sehen Sie, das ist ein Kommentar und du stimmst mir bei diesem Kommentar zu, während du ihn hörst. Und wenn Sie einen Kommentar zu der Suggestion geben, dann ist die Suggestion Realität; sonst könnten Sie keinen Kommentar dazu geben.

W: Darüber sollten wir noch einmal nachdenken – diese Sache mit dem Kommentar. Wenn es keinen Kommentar gibt, dann ist es möglicherweise nicht Realität.

H: Was uns betrifft: Für uns ist das mal wieder Metakommunikation, d.h. Kommunikation über Kommunikation.

E: Bekräftige die Suggestion, indem du sie kommentierst. „Und du wirst nicht, oder?" – „Und du wirst deiner Uhr nicht trauen. Das wirst du nicht tun, oder?"

H: Ist die Formulierung „Und du wirst nicht, oder?" das gleiche wie „Das kannst du doch, oder nicht?" Wenn sie denkt „ich werde aber", dann haben Sie das bereits gesagt.

E: Ja.

H: Schon wieder das gleiche; das ist wirklich gut.

E: ...wirst du deinem Gefühl nach wissen, daß du zwei lange Stunden geschlafen hast. Und du wirst dich ausgeruht und erfrischt fühlen. Und jetzt sind einfach an die zwei Stunden vergangen...

W: Sie haben erwähnt, daß sie ihrem Gefühl nach wissen wird, daß sie erholt und erfrischt sein wird, weil sie zwei Stunden lang geschlafen hat. Dadurch entsteht die Ungläubigkeit gegenüber ihrer Uhr, weil nichts so sicher ist wie die eigenen, realen Gefühle?
E: Die eigenen, realen Gefühle.
H: Es ist nicht nur Ungläubigkeit gegenüber ihrer Uhr, sie wird allen Uhren im Raum mißtrauen.
E: Sie hatte ihre Gefühle.
W: Sie hatte schließlich ihre Gefühle, und eines dieser Gefühle haben Sie bestätigt. Sie hat das Gefühl gehabt, daß es zwei lange Stunden gewesen sind, und sie fühlte sich so erfrischt, wie man nur sein kann, wenn man zwei lange Stunden geschlafen hat. Das eine wird durch das andere unterstützt.

E:...und du fühlst dich wirklich ausgeruht und erfrischt. 20, 19, 18, 17, 16, 15, 14, 13, 12, 11, 10, 9, 8, 7, 6, 5, 4, 3, 2, 1. Wach auf, hellwach.

H: Gab es da ein absichtliches Zögern im Rückwärtszählen?
E: Man kann nie ganz gleichbleibend sein. Man kann nie wirklich auf die gleiche Weise von 20 bis 1 rückwärts, oder von 1 bis 20 vorwärts zählen. Man sollte immer leichte Verzögerungen und Betonungen einfügen. Im vorliegenden Fall habe ich einige eingestreut ohne besonderen Grund, nur um zu zeigen, daß ich variieren kann, wenn ich will. Und ich möchte auch nicht aufgrund einer

Versuchsperson stehenbleiben und ein starres Schema lernen.
H: Ich verstehe, Sie meinen, wie so viele der „traditionellen" Hypnotiseure, die starre Formeln benutzen.
E: Die starren Formeln.
H: Mir ist aufgefallen, Sie haben bei der 12 und bei der 8 verzögert, hat das mit den 8 Kindern und dem Dutzend zu tun?
E: Nicht daß ich wüßte.

S: Ich habe die Zigarette nie zu Ende geraucht, oder?

H: Das ist spaßig. Wenn sie zu diesem Zeitpunkt dachte, sie habe zwei Stunden lang geschlafen, wie konnte sie dann eine derartige Bemerkung über ihre Zigarette machen?
W: Was hat sie gesagt?
H: „Ich habe diese Zigarette nie zu Ende geraucht, oder?" Und da brannte sie noch im Aschenbecher. Ist das nicht ein Widerspruch?
E: Sicher ist das ein Widerspruch.
H: Wird ihr das erst ein wenig später klar, daß es zwei Stunden gedauert hat?
E: Sie kam aus einem Zustand der zeitlichen Desorientierung. Als sie wach war, fing sie an, die Zigarette zu rauchen. Dann kam eine lange Trance dazwischen, zwei Stunden. Dann erwachte sie und war wieder in ihrem normalen Wachzustand orientiert, denn es bestand eine Amnesie für den Trancezustand und ein allgemeines Empfinden, daß Zeit verstrichen war.
H: Einen Augenblick; als sie sagte: „Ich habe diese Zigarette nie zu Ende geraucht", nahm sie da an, sie habe die Zigarette gerade eben im Aschenbecher abgelegt?

E: (zeichnet)	Wachzustand
und Zigarette	Wachzustand
und Zigarette	Trance

Hier haben Sie das Diagramm. Die obere Zeile bezeichnet einen Verlauf bewußter Erinnerung. Was nun sie angeht: Bewußt erlebte sie ein Kontinuum, aber mit einem gleichzeitigen Empfinden für die Zeitdauer.
H: Ja.
E: Die untere Zeile bezeichnet die Amnesie. Gleichzeitig aber hat sie das Gefühl für die Zeit, die verstreicht.
W: Was Sie ein wenig weiterentwickelt haben, soweit ich mich erinnere, indem Sie anfingen, mit ihr über Zeit zu sprechen.
E: Ja. Denn sie sollte dieses langen Zeitverlaufs *gewahr* werden. So, wie wenn Sie einen Vortrag hören, und plötzlich wird Ihnen klar: „Meine Güte, ich bin ja schon länger hier, als ich das bemerkt habe."
W: Das ist eine spaßige Art, es zu begreifen, aber irgendwie hängen Kürze und Länge der Zeit miteinander zusammen.
H: Sie hatte eine Amnesie für die Trance, aber in dieser Trance wurde ihr gesagt, sie solle spüren, daß zwei Stunden vergangen sind.
E: Und was sie als erstes gemerkt hat: „Ich habe diese Zigarette nie zu Ende geraucht." Sie sind dabei, Ihren Gastgeber etwas zu fragen, durch irgendetwas werden Sie unterbrochen, Sie haben sich rundum gut unterhalten und

dann sagen Sie: „Ich habe diese Frage nie zu Ende gebracht. Meine Güte, es ist Zeit, daß ich gehe."
H: Ja, wollen wir mal sehen, wie sie das auf die Reihe bekommt.

S: Wissen Sie, als ich zu zählen anfing, da sah ich plötzlich nurmehr ein Auge. Es war nur ein Auge da.
E: Kein Auge hier?
S: Zuerst sah ich auf beide Augen, und dann war nurmehr eines da (weist auf Ericksons Augen).

E: Sie entwickelte spontan eine negative Halluzination. Sie sah nurmehr ein Auge.
H: Hat das eine metaphorische Bedeutung: Auge im Sinne von „ich"?[2]
E: Mag sein. Wenn ich im Augenblick daran gedacht hätte, hätte ich mir dafür Zeit genommen. „Was ist mit dem übrigen Raum geschehen?" Es war nurmehr ein Auge vorhanden. Ansonsten hat sie mich nur undeutlich wahrgenommen, aber ... nur das eine Auge, vage meine übrige Erscheinung, alle anderen abwesend.
W: Ich frage mich, ob es da noch einen wesentlichen Bezug zu der „eine" in einem anderen Sinne gibt. Wenn sie „eine" gezählt hätte - in Ordnung, aber wenn sie „zwei" gezählt hätte, wäre sie dann in Trance gegangen?
E: Nein, diese Reaktion mit dem einen Auge, das nurmehr vorhanden ist, erhält man auch in anderen Situationen.

E: Was ist sonst noch geschehen?
S: Nichts.
E: (Pause) Was ist geschehen, als Sie das erste Mal gezählt haben, bzw. angefangen haben zu zählen?
S: Habe ich zweimal gezählt? Ich kann mich nur an einmal erinnern.

2 'eye' in the sense of 'me'.

E: Haben Sie nicht angefangen zu zählen und sich dann geweigert, weiterzuzählen?
S: Ja.
E: Was für eine Erklärung gibt es dafür?
S: Ich hatte Angst.
E: Wovor hatten Sie Angst?
S: Ein ganz komisches Gefühl.
E: Wie kam dieses Gefühl über Sie?
S: Weiß ich nicht.
E: Was war denn das für ein Gefühl?
S: Als wenn ich versinke.
E: Beschreiben Sie es genauer.
S: Vergessenheit..
E: Noch etwas?
S: Es war sehr angenehm.

H: Das ist doch irgendwie eine widersprüchliche Beschreibung, oder? –Versinken, Vergessenheit, Angst, aber sehr angenehm?
E: Nun ja, haben Sie bemerkt, wie sie die Worte gebraucht hat?
H: Ich glaube schon. Was ist damit?
E: Wie kann man das teilweise bewußte Gewahrwerden während der Tranceentwicklung beschreiben? Ich frage mich, was das Wort „Vergessenheit" für sie bedeutet?
H: Na ja, sie hat das Wort „Angst" nicht falsch verwendet.
E: Es ist aus dem Zusammenhang gerissen: „angenehme – Angst", „angenehm" / zutiefst widersprüchlich.
W: Deshalb hat Jay ja die Frage gestellt.
H: Angst, versinken, Vergessenheit, aber sehr angenehm. Glauben Sie nicht, daß sie Angst vor der Trance hatte und sie gleichzeitig als angenehm empfand?

E: Ja, das ist möglich. Aber das verstehe ich eigentlich nicht unter „Vergessenheit“ und „Angst“ und „angenehm“.
H: Und „versinken“.
E: Und „versinken“. War es ein Versinken in eine angenehme, weiche Matratze? Einer meiner Patienten beschreibt das immer als ein Versinken in einer hübschen, weichen, angenehmen Wolke, die vorbeischwebt. Und so beschreiben es sehr viele Leute: Auf eine sehr angenehme Art versinken...
H: Wenn es so angenehm gewesen wäre, hätte sie nicht in dieser Weise beim Zählen bei der „2“ angehalten. Sie hat plötzlich aufgehört, erschreckt und ängstlich.
E: Erschreckt und ängstlich? „Oh, nein.“ (Mit sanfter Stimme.)
H: Sie glauben, daß es ein erfreutes „Oh nein“ war?
E: Das war der Ausdruck völliger Überraschung.
H: Sie meinen, mehr ein Ausdruck des Begreifens als der Angst?
E: Ja. Äußerste Überraschung.
H: Ich habe mich gerade gefragt, ob es so war, daß sie anfing, zu berichten, wie sie sich in Trance gefühlt hat: daß sie Angst davor hatte, und daß sie dabei war,in die Vergessenheit zu versinken. Und dann hat sie vielleicht gedacht, daß Sie das gegen sie aufbringen könnte und deshalb hat sie dann gesagt: „aber es war angenehm.“
E: Ich glaube nicht. Ich habe mich bloß darüber gewundert, wie sie die Worte verwendet.

E: Wollte T. jetzt nicht den Kaffee bringen?
S: Ich glaube, es ist soweit. Wie war der Film?

T: Hab ferngesehen.
S: So spät noch?
E: Schauen Sie mal auf die Uhr.
S: Das ist erstaunlich. (Gelächter.) Das Ding ist stehengeblieben!
E: Glauben Sie Ihrer Uhr?
S: Tja, sie ist schon dreimal heute stehengeblieben. (Gelächter.) Nein, sie geht. Ist wohl zwischendrin stehengeblieben. Wie spät ist es auf Ihrer Uhr?
IRGEND JEMAND: 8:30 Uhr.
S: Hat noch irgend jemand eine Uhr um?
JEMAND ANDERES: 8:30 Uhr.
S: 8:30 Uhr?
E: Können Sie diesen Uhren nicht glauben.
S: Nicht besonders. (Gelächter.)
E: Was denken Sie, wie spät es ist?
S: Na, so ungefähr halb zehn, zehn.
E: Und was ist alles heute abend passiert?
S: Vielleicht haben Sie sich mit jemand anderem unterhalten! (Gelächter.) Ich würde aber trotzdem nicht auf die Erfahrung verzichten wollen.
E: (Lacht.)
S: Probieren Sie das nicht mit mir!
E: Wissen Sie, ich habe so den Eindruck, Sie wären eine gute Versuchsperson!
S: Nichts lieber als das…

W: Hier sagen Sie, „ich habe so den Eindruck, Sie wären eine gute Versuchsperson". Und das, nachdem sie es ge-

schafft hat, da betonen Sie jetzt, daß man noch ein bißchen mehr machen könnte.
E: Ja.
W: Wohingegen Sie zuvor, als Sie versuchten, mit der Induktion anzufangen, alles, was sie getan hat, ganz groß hervorgehoben haben.
E: Ja, aber es ist noch ein bißchen mehr dran. Wenn man eine absolut wunderbare Zeit verbracht hat und danach sagt: „Ich glaube, wir könnten noch ein bißchen mehr Spaß haben", bestätigt man, daß es bisher toll war, und daß man sich noch mehr für die Zukunft verspricht.

S: Ich würde gerne das Hirschkalb sehen, daß L. gesehen hat.
E: Möchtest du? Dieses da oder ein anderes? Sag: Hast du in Maine kein Hirschkalb gesehen?
S: Nie – jedes Mal, wenn ich nahe komme, sehe ich nur noch die Spuren.
E: Hast du noch nie einen Hirsch gesehen?
S: Ich glaube nicht. Ich gehe auf die Jagd nach ihnen, aber ich finde sie nie.
E: Auch in Maine hast du noch nie einen Hirsch oder ein Hirschkalb gesehen.
S: Nicht von nahem.
E: Aus der Entfernung?
S: Nicht, daß ich mich erinnern kann. Richtig, ich glaube, ich habe mal eines gesehen.
E: War das in *Maine*?
S: Ich glaube, ich bin im

E: „Dieses da oder ein anderes?" Sie wird Zweifel haben; also muß man sie zerstreuen – die Zweifel, meine ich.
W: Oh, die Zweifel beziehen sich dann nicht mehr darauf, ob sie eines sehen wird, sondern welches sie sehen wird.
E: Ja, sie muß Zweifel haben. „Dieses da, oder ein anderes." So habe ich die Zweifel aufgeteilt.

Auto vorbeigefahren, aber ich kann mich nicht mehr erinnern.
E: Auf der rechten oder vielleicht auf der linken Seite?
S: Nein, es lief über den Weg.
E: Es lief über den Weg. War es denn ein breiter Weg?
S: Nein, ein Feldweg.
E: Ein Feldweg?
S: Mmmh.
E: War er trocken – ein trokkener Feldweg? Waren Steine auf dem Weg?
S: Ja, ich glaube...
E: Ja, es waren Steine darauf. Standen Bäume am Rand ?
S: Ja.
E: Ja. Schau genau hin. Schau es dir an. Ist doch schön, es zu sehen, nicht wahr? Schau noch genauer hin. (Pause) Schau es dir von nahem an, ganz ruhig. Schau hin. Schau noch genauer hin, ganz ruhig, bevor es wegläuft. Du siehst es ganz genau. (Pause) Ist es weg?
S: Ich konnte es nicht sehen.
E: Du konntest es nicht sehen; schau genau hin. Es steht bei dem Baum.
S: Es war zu schnell vorbei; ich hab's nicht gesehen.

H: Hat Sie gesagt: „es ging zu schnell vorbei"? Hat sie den Hirsch gemeint oder das Auto, in dem sie saß?
E: Ich glaube, den Hirsch.
H: Dessen war ich mir gestern abend nicht sicher. Ich wußte nicht, ob sie zu

schnell im Auto vorbeigefahren ist oder nicht.

E: Sie war jetzt im Wachzustand, und ich habe sie dazu gebracht, „Maine" zu sagen und dann noch einmal „Maine". Dann habe ich „Maine" mit veränderter Betonung ausgesprochen und genau darauf geachtet, daß meine Stimme sanfter wurde, um jeden Hinweis von ihr mitzubekommen.

H: Was bedeutet der veränderte Tonfall im Wort „Maine"?

E: „War das in *Maine*?" Ich habe meine Stimme viel sanfter werden lassen.

H: Um sich an den Hirsch anzupirschen?

E: Ja. Und „bei *dem* Baum". Das heißt, einem ganz bestimmten Baum.

W: Mir ist bei dieser Sequenz aufgefallen, wie Sie mit jeder Äußerung eine Äußerung von ihr widerspiegeln und dann …

E: etwas hinzufügen.

W: Ich verstehe.

E: Ich habe sie aus dem Wachzustand in einen halluzinatorischen Trancezustand geführt.

H: Und das ziemlich schnell!

E: Schau noch einmal hinter jenen anderen Baum. Da kommt er hervor. Ziemlich schnell. Hast du die Bewegung bemerkt?

S: Ja, aber ich habe den Hirsch verpaßt.

E: Du hast den Hirsch verpaßt. Siehst du die Bewegung, wie der Ast schaukelt.

S: Er fängt an.

E: Du siehst es das nächste Mal, oder? In der nächsten Trance wirst du es sehen.

E: Zukünftige Trancen. Sie wird den Hirsch sehen.[3]

3 Später erfuhren wir, daß sie in Wirklichkeit niemals einen Hirsch in Maine gesehen hatte.

(Pause) Schließ die Augen und schlaf tief. Nun atme tief ein. Schlaf tief. Und wach auf. Erzähl mir noch einmal davon, wie du - genau wie L. – das Hirschkalb sehen möchtest. Fang die Unterhaltung damit an ... Wach auf ... wach auf. Von 20 bis 1, wach auf. (Lauter) Sie möchten also das Hirschkalb sehen, das L. gesehen hat?

S: (Mit wacher Stimme) Sie hat es ganz deutlich gesehen.

E: Was gibt es denn noch für Dinge, die Sie gern sehen würden.

S: (Pause) Nichts.

E: Überhaupt nichts?

E: Aber Sie haben das Hirschkalb, das L. gesehen hat, wirklich nicht sehen können. Das war am Au Sable River.

S: Davon habe ich noch nie gehört.

E: Wo, außer in Maine, sind Sie sonst noch gewesen?

S: New York, Kalifornien. In Florida war ich kurz.

E: Sie sagen, daß Sie auf die Jagd gehen.

S: Ja.

E: Wo sind Sie jagen gewesen?

S: Hier draußen.

E: Kaibab Forest?

S: Nein, wir gehen nicht auf Wild, nur auf Tauben und Wachteln. Macht viel Spaß.

E: Ich esse sie gerne.

H: Was denken Sie, warum hat sie ihn diesmal nicht gesehen? Hängt es mit L. und dem Hirschkalb zusammen?

E: L. hat das Hirschkalb gesehen, ihr Wunschdenken – und sie nicht, sie würde gern, sie kam immer zu spät, sie war auf der Jagd und hat nur die Spuren gefunden. Und jedes Mal verpaßt Sie das Hirschkalb – das nächste Mal wirst du es sehen. Ich lege also den Grund für eine zukünftige Trance. Es ging zu schnell, deshalb habe ich ihr vom Schaukeln des Astes erzählt. Das habe ich eingefügt, damit dieses Schaukeln bestätigt wird.

H: Soweit ich mich erinnere, haben Sie sich genau in der gleichen Position zurückgelehnt, wie Sie vor ihrer Trance dagesessen haben, stimmt das?

E: Ja, das mache ich gewöhnlich so. (Das heißt, Körperhaltungen, Bewegungen und Bemerkungen so einzusetzen, daß Trance und Nicht-Trance hergestellt und wieder aufgelöst werden.)

E: Um das gewöhnliche und beiläufige der Situation zu betonen, sage ich: „Ich

S: Ich muß sie ausnehmen, wenn ich sie erlege. Nehmen Sie sie gerne aus?

E: Ja.

S: Und … oh, da ist sie wieder (die Fliege), auf Ihrer Nase. (S. und E. jagen auch nach der Fliege, kriegen sie aber nicht.)

S: Das ist ja eine richtige Jagd.

E: Wissen Sie, ich erwische lieber sieben auf einen Streich.

S: Das tapfere Schneiderlein?…

E: Würden Sie gern Wild jagen?

S: Ich glaube nicht. Ich glaube nicht, daß ich es töten könnte.

E: Haben Sie schon mal Wild gesehen, wenn Sie …

E: Da ist sie (die Fliege).

S: Komm her, komm her (verfolgt die Fliege mit der Fliegenklatsche). Jetzt haben wir sie gleich. Das ist wirklich ein großes Haus. In meinem Haus treibe ich sie schnell in die Enge.

E: Wann waren Sie das letzte Mal in Maine?

S: Letzten Sommer. Wenn's nach mir geht, keine Angst, komm ruhig zu mir. Ist eine junge Fliege, voller Energie. Da ist sie wieder! Direkt hinter Ihnen.

E: Verflixt nochmal, diese Fliege. (Pause) Wann waren

esse sie gerne." Das ist eine in hohem Maße persönliche Aussage, die gar nichts mit der ganzen Situation zu tun hat. „Ich muß sie ausnehmen." Eine sehr persönliche Aussage, und ohne weiteren Bezug zu der ganzen Situation. Also ist sie wirklich hellwach. Meine Aussage „Ich esse sie gerne" ebnet den Weg zu einem völligen Aufwachen.

E: Hier habe ich eine Gelegenheit verpaßt: „Ich glaube nicht, daß ich es töten könnte." Da habe ich hinsichtlich der Trance einen Hinweis verpaßt. „Sie können sie aber sehen", hätte ich da antworten müssen. Das habe ich verpaßt und habe mich hinterher darüber geärgert.

Sie das letzte Mal in Maine?
S: Letzten Sommer, am 19. Juni.
E: Sind Sie da so richtig in die Wälder hinausgegangen?
S: Nein, ich war mit den Kindern im Ferienlager.
E: Und da haben Sie das Autofahren gelernt, ja?
S: Ja.
E: Wie alt waren Sie, als Sie das Autofahren gelernt haben?
S: Oh, 15 oder 16.
E: Sie hatten so wenig Mitleid mit den Jungen, daß Sie versucht haben, sie umzufahren.
S: Oh, das war nur Spaß. Ich bin im Ferienlager immer aufgezogen worden, weil ich das einzige Mädchen in einem Ferienlager für Jungen war.
E: Und Autofahren haben Sie mit 16 gelernt.
S: Ja, ich hab' 'ne Menge Sachen in Maine gelernt.
E: Und alle sind zu den Kanus gestürmt?
S: Nein, wirklich nicht. Sie haben nur …
E: Sie sind aufgestanden.
S: Ja, daß hatten die K.s ihnen erzählt.
E: Wie viele Jungen waren in dem Ferienlager?
S: Damals, oh, ich glaube so 40, 45 vielleicht. Heutzutage sind es viel mehr.
E: Ah, ja.

E: Haben Sie mitbekommen, wie ich mit diesen Fragen nach ihrem Alter, als sie fahren gelernt hat, etwas aufgebaut habe. Ich baue sehr vorsichtig eine Halluzination auf, eine wiedererweckte Erinnerung an eine Zeit, die lange her ist. Es scheint so, als wäre es sehr langsam und beiläufig geschehen, aber im Grunde genommen doch sehr rasch.

S: Heute sind es 120.
E: Einhundertund *zwanzig.*
S: Mmmh.

H: Sie mußte „20" sagen, oder? Sie hat „120 Jungen im Lager" gesagt und Sie haben gesagt „einhundertund – zwanzig".

E: (Pause)Einhundert und *zwanzig.* Atme tief ein. Ich möchte nämlich, daß du etwas tust. Und du kannst dich an das Ferienlager *erinnern.* Du hast das Ferienlager viele Male gesehen. Und wenn du daran zurückdenkst, kannst du dich an diesen und jenen Jungen erinnern, - als du 16 warst. Und du kannst dir deine Erinnerungen an das Ferienlager anschauen. Und wenn du zurückblickst, kannst du dich an diesen Jungen erinnern, und an jenen Jungen, als du 16 warst. Und du kannst dir deine Erinnerungen an dieses Ferienlager anschauen.

E: Und wenn du zurückblickst, kannst du dich an *diesen* Jungen und an *jenen* Jungen erinnern.
H: Ach so, mit Hilfe der Bewegungen haben Sie sie erscheinen lassen?
E: Lasse ich sie erscheinen. Diesen *Jungen.* Jenen *Jungen.* Ein bißchen das Gewicht zurückverlagern (ändert seine Haltung im Stuhl).

E: „Und du kannst dir deine Erinnerungen an dieses Ferienlager anschauen." – „Du kannst" impliziert, „daß du jetzt zurückschauen kannst". Und ich schaue zurück. Das impliziert *jetzt.*
H: Haben Sie Jungen ausgesucht, aufgrund ihres Satzes, „ich hab' 'ne Menge Sachen in Maine gelernt"?
E: Nein, ihre Aussage war, daß sie in diesem Ferienlager war. Die Betreuer haben den Jungen immer gesagt: „Geht an den Strand, sie wird euch hinfahren." Da haben wir also eine emotionale Erinnerung. Ich glaube, daß ihrer Familie das Camp gehörte.
H: Na gut, Sie haben aber an der Stelle, wo Sie sagen „Du hast da fahren gelernt", und sie antwortet „Ich hab' 'ne Menge Sachen in Maine gelernt", impliziert, daß sie dort noch etwas gelernt

hat. Ich habe mich nur gefragt, ob das ein stückweit der Hintergrund war.

E: Und ich möchte, daß du schaust, ob es da Wiesen gab. Gab es einen Strand? War das Wasser angenehm? Gab es damals wirklich Bäume? Und waren sie grün? Und schau, schau da hin und sieh ein Kanu, oder sieh einen Jungen, oder sieh den Strand, oder sieh das Wasser. Du erkennst langsam, und ich möchte, daß du einen der Jungen erkennst, *der* dort war, als du 16 warst. Und das kannst du. Schau ihn dir an, ganz deutlich und klar, und ich möchte, daß du auf ihn zeigst. Zeig auf ihn, und langsam bewegt sich deine Hand. Sie wird auf ihn zeigen. Und schau und sieh. Nimm die linke Hand, um auf ihn zu zeigen. Zeig auf ihn. Das wär's. So, genau. Richtig. Nimm die Hand und zeig auf ihn. Nimm die Hand und zeig auf ihn, und *sieh ihn* immer deutlicher, und du kannst auf ihn zeigen. Zeigst du? Nick mit dem Kopf, wenn du ihn langsam erkennen kannst. Zeigst du auf ihn? Zeigst du auf ihn? (Pause) Schlaf tief. (Lange Pause)

E: Achten Sie auf meine Suggestion „Nimm die linke Hand, um auf ihn zu zeigen". Ich wußte, daß ich hier in Untiefen gelangen würde, d.h. in ernste Schwierigkeiten.

H: Warum Untiefen?

E: Richtige Untiefen, weil sie mir keine angemessenen Antworten gab. Also habe ich mich darauf konzentriert: „Nimm die linke Hand, um auf ihn zu zeigen". Ich wußte, daß ich hier an eine Untiefe gelangt war. Mir war nicht genau klar, was es war. Ich bat sie, zu deuten. Ihr Hand machte keine Zeigebewegung, also fing ich an, es einzuengen. Als sie das nicht machte, wußte ich, wie tief ich schon hineingeraten war. Spielen Sie das Band weiter.

E: Die Untiefe, in die ich geraten war: Ich war nicht mehr in Kontakt mit ihr.

Sie ist zurückgegangen, spontan regrediert.
E: Davon mußte ich mich leider überzeugen: Ich fand das bestätigt, indem ich zuerst versucht habe, sie mit der linken Hand zeigen zu lassen, dann dadurch, daß sie mit dem Kopf nicken sollte. Ich habe keinerlei Reaktion bekommen.
H: Ich erinnere mich, daß ich mich gewundert habe, warum Sie von Ihr keine Reaktion darauf bekommen.
E: Weil ich nicht da war. Sie war dort (in Maine, in der Regression). Ohne Kontakt zu mir. Sie ist beim Klang meiner Stimme da hineingerutscht. Ich habe weitergemacht. Und vielleicht ist Ihnen aufgefallen, daß meine Stimme immer leiser, leiser und leiser geworden ist. So daß ich einen Übergang zum Schweigen herstellen konnte. Spielen Sie das Band weiter.

E: Und nachdem du wach geworden bist, wirst du dich an einen der Jungen erinnern, an den du (Pause) lange nicht gedacht hast. Du wirst mir von ihm berichten, oder?

E: Moment, wie fing das an? (Meint das Tonband)
W: „Und nachdem du wach geworden bist, wirst du dich an einen der Jungen erinnern."
E: Eine lange Pause. Mit sanfter Stimme, eine lange Pause, und ich sage etwas, was ich zuvor schon gesagt habe, „nachdem du wach geworden bist". Ich ließ ihr genug Zeit, um sich den Jungen anzuschauen. Dann gebrauchte ich die Worte: „Du wirst dich an einen der Jungen erinnern, an den du lange nicht gedacht hast." Falls Sie lange nicht mehr an den Jungen gedacht hat, dann kann sie wahrscheinlich nicht mehr in ihrer Regression in Maine sein.

H: Das war Ihre Methode, sie da herauszubekommen?

E: Ja.

H: Warum wollten Sie sie nicht regredieren und dort bleiben lassen und das nutzen, ich meine, dort Kontakt zu ihr herstellen?

E: Man muß einen Grund dafür bereiten; in dem Fall hatte ich nicht die Grundlage geschaffen. Weil ich sie nicht verlieren wollte und sie für eine kleine Weile verloren hatte. Daraufhin mußte ich mich aufs Schweigen zurückziehen, um dann wieder mit einer Suggestion zu beginnen, die ich zuvor schon einmal gegeben hatte und die mit dem „schon lange nicht mehr" in Einklang stand.

H: Angenommen, Sie hätten gesagt: „Wer bin ich?" oder hätten sich da sonst eingebracht, auch ohne Grundlage – was wäre dann wohl geschehen?

E: Vielleicht wäre ich einer der Betreuer gewesen.

H: Was für eine Art von Grundlage wäre nötig gewesen, die gefehlt hat, weshalb Sie etwas derartiges nicht tun wollten?

E: Meine Stimme ist meine Stimme; das bin nicht wirklich ich. Meine Stimme kann man am Telefon hören. Man kann sie vom Tonband hören. Man kann meine Stimme an Orten hören, an denen ich nicht bin. Sie könnten meine Stimme in Florida, New York, Kalifornien oder Kaibab Forest hören, falls Sie einmal dort sind.

H: Wenn Sie das früher gebracht hätten, hätten Sie dann den Kontakt aufrechterhalten können, während sie dorthin zurückgegangen ist?

E: Ja, aber es wäre eine Stimme gewesen, und meine Stimme hätte sich in die eines Betreuers, ihres Vaters oder ihrer Mutter verwandeln können – oft erkennen Menschen in mir ihren Vater, ihre Mutter, den Onkel, Cousin, den Nachbarn oder den Lehrer.
H: Ist das teilweise der Grund, warum sie später sagte, wie alleine sie in Maine gewesen sei?
E: Ja, ich war nicht da. Wenn ich also den Grund gelegt hätte, hätte ich die Stimme von irgendjemandem dort sein können, der zu ihr spricht. Das ist eine schwierige Arbeit, weil die Fragen, die man stellt, so allgemein sein müssen, daß man sie Menschen in der spezifischen Situation in den Mund legen kann. Manche Versuchspersonen äußerten sich über meine rauhe Stimme: „Mein Lehrer hat mit mir in so einer rauhen Stimme geredet, die klingt mir noch heute in den Ohren"; und dann wiederholten sie das, was ich gesagt habe. Zu viele Hypnotiseure versäumen es, wenn sie den Kontakt verloren haben, einfach weiterzumachen, leiser zu reden und Techniken ohne Ton zu verwenden und langsam wieder in Kontakt zu kommen, indem man vorhergehende Äußerungen aufgreift. Und dann wirft man eine Bemerkung ein, die den regredierten Zustand aufhebt.
W: Dadurch, daß man seine Stimme immer weiter zurücknimmt, bis eine Pause entsteht, geht man mit und übernimmt dann wieder die Kontrolle.
E: Ja, denn ich habe den ganzen Abend mit ihr geübt, meine Art von Schweigen zu akzeptieren und darauf einzugehen. Es würde mich interessieren, wie

lange ihr Besuch gedauert hat. Es mögen vielleicht ein oder zwei Stunden gewesen sein.

E: (Lange Pause.) Schlaf tief, und nun wach auf. 20, 19, 18, 17, 16, 15, 14, 13, 12, 11, 10, 9, 8, 7, 6, 5, 4, 3, 2, 1. Wach auf. Und ich hab' die Fliege noch immer nicht erwischt.

S: Oh!

E: Ich hoffe, Sie haben mehr Glück mit Ihren Tauben als mit dieser Fliege.

S: Das hoffe ich auch.

H: Ist das wieder eine Amnesie?

E: Ja.

W: ... die Sie durch das Erwähnen der Fliege ausgelöst haben. Das Erwähnen der Fliege ist ähnlich dem vorherigen Erwähnen der Zigarette.

E: Ja.

H:Versuchen Sie sich normalerweise bewußt daran zu erinnern, was unmittelbar vor der Tranceinduktion war, damit sie das hinterher wieder so einrichten können?

E: Das versuche ich. Es fördert wirklich die Amnesie.

10. Die Konfusionstechnik in der Hypnose[1]

Milton H. Erickson

Allgemeine Gesichtspunkte und Gründe für die Entwicklung

Es ist oft die Bitte an mich herangetragen worden, daß ich für die Fachliteratur einen Bericht über die Konfusionstechnik verfassen möge, welche ich entwickelt und jahrelang benutzt habe. Dieser Bericht sollte eine Beschreibung, die Definition und Beispiele zur Veranschaulichung enthalten sowie vielfältige Beobachtungen, Einsatzmöglichkeiten und resultierende Ergebnisse.

Wir haben es hier in erster Linie mit einer verbalen Technik zu tun, obgleich auch Pantomime sowohl zur Konfusion wie zur Kommunikation eingesetzt werden kann, wie ich in einem anderen Artikel ausführen werde. Als verbale Technik beruht die Konfusiontechnik auf Wortspielen; ein verwirrendes Beispiel hierfür kann der Leser rasch erfassen, nicht so der Zuhörer: „Write right right, not wright or write." (Eine Entsprechung in deutsch: „War das wahr, daß was wahr war?") Sagt man das einem aufmerksamen Zuhörer ganz ernsthaft vor, so hat man ihm die Last aufgebürdet, sich einen Sinn zusammenzureimen, und ehe er das Ganze ablehnt, kann man eine weitere Bemerkung machen, um sich seiner Aufmerksamkeit sicher zu sein. Ein Wortspiel anderer Art ist in dem Satz enthalten: „A man lost his left hand in an accident and thus his *right* (hand) is his *left*." (Ein Mann verlor bei einem Unfall seine linke Hand und so ist seine rechte (Hand) die ihm verbliebene (bzw. „seine Linke".) So werden zwei Wörter mit gegensätzlicher Bedeutung in korrekter Weise gebraucht, um ein einziges Objekt zu bezeichnen, in dem Fall: die verbliebene Hand. Dann wird auch der Gebrauch der Zeiten eingesetzt, um die Versuchsperson ständig weiter damit zu beschäftigen, den Sinn dahinter herauszubekommen. So kann man beispielsweise in einer schlichten Bemerkung ganz einfach das Gegenwärtige und das Vergangene zusammenfassen: „That which now *is will* soon be *was* yesterday's *future* even as it *will be* tomorrow's *was*." (Das, was jetzt ist, wird bald gewesen sein; die Zu-

---

[1] Zuerst erschienen in: *The American Journal of Clinical Hypnosis* 6, January 1964, 183-207

kunft von gestern ist auch, was morgen gewesen sein wird.) So werden Vergangenheit, Gegenwart und Zukunft gemeinsam in ihrer Beziehung zur Realität des Heute eingesetzt.

Ein weiterer Programmpunkt in der Konfusionstechnik ist die Verwendung von Nebensächlichkeiten und Ungereimtheiten, die *jede für sich und aus dem Zusammenhang genommen* als vernünftige und sinnvolle Kommunikation erscheinen. *Im Kontext* aber verwirren sie, lenken sie ab, sind hinderlich, und lassen bei der Versuchsperson allmählich den ernsthaften Wunsch und schließlich das dringende Bedürfnis nach Mitteilungen aufkommen, die sie ihren immer frustrierteren Zustand leicht verstehen lassen und auf die sie mühelos reagieren kann. In vieler Hinsicht wird dabei gewöhnliches Alltagsverhalten übernommen, wie es uns insbesondere im Humor begegnet, wobei der Autor diese spezielle Form des Humors von Kindheit an genossen hat.

Wird die Konfusionstechnik verwendet, so sollte eine vorrangige Überlegung der beiläufigen, aber eindeutig beteiligten Haltung der Versuchsperson gegenüber gelten; dabei sollte man äußerst ernst und entschlossen seine feste und umfassende Erwartung zum Ausdruck bringen, daß die Versuchsperson verstehen wird, was gesagt und getan wird, und die verwendeten Zeiten sollten mit sehr viel Sorgfalt gewechselt werden. Von großer Bedeutung ist auch der angemessene Redefluß, rasch für den, der schnell denkt, langsamer für den langsameren Verstand, und immer darauf bedacht, den Versuchspersonen etwas Zeit zum reagieren zu lassen, aber niemals ausreichend Zeit. So werden sie beinahe dazu gebracht, eine Reaktion zu zeigen, werden aber in ihrem vergeblichen Bemühen frustriert, indem sie bereits mit einem weiteren Gedanken konfrontiert werden. Dieser Prozeß wird wiederholt, wobei das hemmende Moment so gesteigert wird, daß Konfusion entsteht, und gleichzeitig das zunehmende Bedürfnis nach präziser, verständlicher Kommunikation, auf die man mit Leichtigkeit und uneingeschränkt reagieren kann.

Folgende Begebenheit, bei der mein spontaner Humor eine Rolle spielte, führte dazu, Konfusion zu einer möglichen hypnotischen Technik zu erheben. Es war an einem windigen Tag, als ich zu meinem ersten offiziellen Hypnoseseminar unterwegs war, das Clark L. Hull 1923 an der Universität von Wisconsin, USA, abhielt. Ich referierte dort über meine experimentelle Arbeit und bereits graduierte Psychologiestudenten diskutierten meine Ergebnisse. Da kam ein Mann eilends um die Ecke und stieß heftig mit mir zusammen, als ich mich gerade gegen den Wind stemmte. Ehe er seine Fassung wiedererlangt hatte, um mit mir zu reden, starrte ich beflissen auf meine Uhr und bemerkte höflich, als habe er mich um die Uhrzeit gebeten: „Es ist genau zehn nach zwei", obgleich es eher schon gegen vier Uhr nachmittags war, und damit ging ich weiter. Ein paar Häuser weiter drehte ich mich um und sah, wie er mir immer noch nachschaute und aufgrund meiner Bemerkung zweifellos irritiert und durcheinander war.

Ich setzte meinen Weg zum Labor fort und begann, mir über diese Situation den Kopf zu zerbrechen. Ich erinnerte mich an die verschiedensten Gelegenheiten, bei denen ich meinen Klassenkameraden, meinen Laborkollegen, Freunden und Bekannten gegenüber ähnliche Bemerkungen gemacht hatte, und wie Konfusion, Verwirrung und das eifrige Bestreben entstanden waren, daraus etwas Sinnvolles und Verständliches zu machen. Besonders erinnerte ich mich daran, wie mein Kamerad aus dem Physiklabor seinen Freunden erzählt hatte, er beabsichtige, den zweiten (und interessanten) Teil des nächsten Experiments durchzuführen, während er mich den ersten (und mühsamen) Teil machen lassen wolle. Ich erfuhr davon, und als wir unsere Utensilien und Geräte für das Experiment zusammentrugen und aufteilten, sagte ich im entscheidenden Moment ruhig aber mit allem Nachdruck zu ihm: „*Dieser Spatz flog tatsächlich nach rechts, dann plötzlich nach links und schließlich nach oben, und ich weiß einfach nicht, was danach geschehen ist.*" Während er mich verständnislos anstarrte, nahm ich die Ausrüstung für den zweiten Teil des Experiments und begab mich eifrig an die Arbeit, und er folgte – immer noch verwirrt – einfach nur meinem Beispiel und begab sich mit der Ausrüstung für den ersten Teil des Experiments an die Arbeit. Erst kurz vor Abschluß brach er das Schweigen, das gewöhnlich herrschte, wenn wir zusammen arbeiteten und fragte: „Wie kommt es, daß ich diesen Teil durchführe? Ich wollte den anderen machen." Ich antwortete einfach: „Es hat sich einfach selbstverständlich so ergeben."

Als ich diese und zahlreiche andere Begebenheiten wieder durchging und überdachte, schienen allen ganz bestimmte psychologische Aspekte gemeinsam zu sein:

1. Es bestand eine Art zwischenmenschlicher Beziehung, die nach irgendeiner gemeinsamen Handlung oder Erfahrung verlangte.
2. Es kam zur unvermittelten und unerklärlichen Einführung einer irrelevanten Idee, die zwar in ihrem eigenen Kontext verständlich war, die aber in keinerlei Beziehung zur unmittelbaren Situation stand, für die sie völlig bedeutungslos war.
3. So war die betreffende Person (1) mit einer verständlichen Situation konfrontiert, für die sich leicht ein Reaktionsmuster finden wür-

de; (2) sah sich die Person einer äußerst irrelevanten – für sich genommen verständlichen – unlogischen Schlußfolgerung gegenüber. So blieb dieser Person keinerlei Reaktionsmöglichkeit, bis sie genügend Zeit für eine angemessene geistige Reorganisation hatte, damit sie die Ungereimtheit aus der Gesamtsituation aussondern konnte. So verlangte im ersten Beispiel der unbeabsichtigte Zusammenstoß nach dem herkömmlichen Austausch von Höflichkeitsfloskeln zwischen zwei Menschen; aber statt dessen kam diese unnötige Ungereimtheit, die als ernsthafte Mitteilung einer Tatsache dargeboten wurde, obgleich sie im Widerspruch zur Realität stand, und sie hinderte den Mann an jeglicher zu erwartenden herkömmlichen Reaktion. Die Ungereimtheit, die – für sich genommen – durchaus verständlich war, erforderte keine Reaktion, weil gar nicht darum gebeten worden war, und somit blieb der Mann in verwirrtem Zustand zurück, bis er wieder logisch zu denken vermochte, die Ungereimtheit ausblenden und wieder seiner Beschäftigung nachgehen konnte.

Im zweiten Beispiel beendeten wir, George und ich, unsere Aufgabe, unsere Utensilien und Geräte aufzuteilen. Genau in dem Augenblick als ihm klar war, was er tun würde, aber nicht wußte, was ich tatsächlich vorhatte, konfrontierte ich ihn eindrucksvoll mit einer irrelevanten Mitteilung, die – für sich genommen – schon verständlich war, die ihm aber keine Möglichkeit zu reagieren bot. Dann nahm ich ganz selbstverständlich den Teil der Gerätschaften, den ich mir ausgesucht hatte, und er, mit seiner Hemmung aufgrund der unbeantwortbaren irrelevanten Mitteilung, folgte automatisch und passiv meinem Beispiel und nahm sich das verbliebene Material. Wir setzten uns einfach und arbeiteten wie üblich schweigend. Als er schließlich so weit war und die irrelevante Mitteilung nicht mehr im Sinn hatte, war es viel zu spät, als daß er noch hätte sagen können: „Du machst das, und ich werde das machen."

4. Es findet also eine Strukturierung der Situation statt: einerseits werden eindeutige und angemessene Reaktionen gefordert, aber ehe sie erfolgen können, wird eine irrelevante oder ungereimte, für sich genommen durchaus sinnvolle Mitteilung gemacht, und damit wird die andere Person an ihrer ursprünglichen Reaktion auf die eigentliche Situation gehindert. Daraus ergibt sich ein Zustand der Verwirrung und Konfusion, der wiederum zu dem tiefen Bedürfnis führt, etwas zu tun, einfach irgend etwas, ganz unbedarft, ohne kritisch urteilen zu müssen. Im ersten Beispiel starrte

der Mann mir bloß hilflos hinterher; im zweiten Beispiel folgte George passiv meinem Beispiel und erledigte automatisch und ohne nachzudenken die ungewollte Aufgabe. Aber diese Aufgabe war *stimmig und entsprach der gesamten Laborsituation*, obgleich er sie zuvor, anscheinend ohne mein Wissen, abgelehnt hatte.

Tatsächlich gab es in psychischer Hinsicht keinen wesentlichen Unterschied im Benehmen der beiden Männer. Beide erlebten eine grundlegende Hemmung in ihrer natürlichen Reaktionsweise. Beide waren verwirrt und konfus und hatten das tiefe Bedürfnis, etwas zu tun, irgend etwas, das aber nicht ihr Kritik- oder Unterscheidungsvermögen erforderte. Der Mann im ersten Beispiel stand untätig und hilflos im Sturm und schaute mir nach, bis die verflossene Zeit oder irgendein anderer Reiz ihn aus seinem konfusen Zustand aufrüttelte. George wiederum war an seiner natürlichen Art zu reagieren gehindert und folgte rein passiv, automatisch und kritiklos meinem mit Bedacht gegebenen Beispiel.

5. Zusammengefaßt läßt sich also sagen: Wenn in irgendeine einfache Situation, die eine einfache natürliche Reaktion hervorruft, kurz vor Ausführung dieser Reaktion eine beiläufige, schlichte, irrelevante oder unlogische Handlung eingeführt wird, dann löst das Konfusion aus und eine Hemmung der natürlichen Reaktionen. Die unlogische Handlung ist für sich genommen völlig sinnvoll, hat aber keinerlei Bezug zur ursprünglichen Situation, die die Reaktion erfordert, *außer* daß sie *eine Unterbrechung* darstellt. Das Bedürfnis, auf die ursprüngliche Situation zu reagieren, und die unvermittelt eingetretene Hemmung dieser Reaktion durch die scheinbar sinnvolle Kommunikation, erzeugen den gesteigerten Drang, etwas zu tun. Es ist durchaus möglich, daß dieser verstärkte Drang sich summiert hat, einmal aus dem Bedürfnis, auf den ursprünglichen Reiz zu reagieren, und zum anderen aus dem Bedürfnis, diese unerklärliche, scheinbar sinnvolle, zusätzliche Kommunikation zu begreifen. Wird dieses Vorgehen zu hypnotischen Zwecken weitergeführt, so entsteht bei der dieser Prozedur unterworfenen Person oft ein unerträglicher Zustand der Verwirrung und Konfusion und dazu ein zwingendes und sich steigerndes Bedürfnis, auf irgendeine Art zu reagieren, um die zunehmende Spannung loszuwerden, so daß die betreffende Person auf die erste präzise und leicht verständliche Mitteilung anspringt, die sich bietet. In der Zwischenzeit wurde ihr aber schon eine Fülle von Ideen angeboten, die anscheinend alle miteinander zusammenhängen, bestimmte, allerdings nicht erkennbare Implikationen haben und zur Entwicklung von Hypnose oder hypnotischen Phänomenen führen.

Diese Überlegungen führten zu intensivem Experimentieren, indem ich in Gruppen und einzelnen gegenüber absichtlich untypische, irrelevante und unlogische Bemerkungen machte. Mit Einzelpersonen erwies sich das Vorgehen als wirkungsvoller, denn der Spielraum im Verhalten der einzelnen in Gruppensituationen konnte schon erheblich stören, machte die Aufgabe allerdings nicht unmöglich.

Wie ursprünglich bereits herausgearbeitet, beruht die Konfusionstechnik auf folgenden, unten aufgeführten Einzelschritten und wurde zunächst vorwiegend zur *Altersregression* eingesetzt, ehe erkannt wurde, daß sie leicht anzuwenden ist, um *andere hypnotische Phänomene* hervorzurufen.

Das ursprüngliche Vorgehen bestand aus folgenden Schritten:

1. Es wird irgend etwas Übliches aus dem alltäglichen Leben, wie zum Beispiel das Essen erwähnt.
2. Dieser Umstand wird als Tatsache oder als Möglichkeit mit dem heutigen Tag oder mit der *Gegenwart* und mit der betreffenden Person in Verbindung gebracht.
3. Die große Wahrscheinlichkeit wird angesprochen, daß dieser Umstand sich auch in *Zukunft* ereignen wird; dabei wird ein bestimmter Wochentag bezeichnet, vorzugsweise der gegenwärtige Tag.
4. Es wird eine Bemerkung zur Wahrscheinlichkeit gemacht, daß dieser Umstand (Essen) sich am gleichen Tag der *vergangenen* Woche auch ereignet hat.
5. Es wird erwähnt, daß der Tag, der dem genannten in der vorigen Woche vorausgegangen ist, identisch ist mit dem der *gegenwärtigen* Woche, und daß er sich auch in der *zukünftigen* Woche einstellen wird.
6. Weiter wird davon gesprochen, daß der gegenwärtige Tag auch in der vergangenen *Woche* vorkam, selbst im *vergangenen Monat*, und daß das Erlernen der Namen der Wochentage eine *Kindheitsaufgabe* war. (So wird der gewünschte Zeitpunkt der Altersregression auf subtile Weise eingeführt.)
7. Es wird erwähnt, daß in der Vergangenheit ein bestimmter Monat dem *gegenwärtigen Monat* folgt, so, wie dem *gegenwärtigen Monat* der *vorige Monat* vorausgegangen ist, an dem auch an dem genannten Wochentag eine bestimmte Mahlzeit eingenommen worden ist. Und diesem Wochentag war ein anderer Wochentag vorausgegangen, ebenso wie es in der vorhergehenden Woche auch einen Tag

gab, der vor dem genannten kam. (Um es dem Leser verständlich zu machen, wollen wir annehmen, der gegenwärtige Tag sei der zweite Freitag im Juni des Jahres 1963, die *nächste* Freitagsmahlzeit wird genauso stattfinden wie *diesen* Freitag und wie zweifellos auch *letzten* Freitag, dem ein Donnerstag vorausging, wie das auch im *gegenwärtigen Monat* der Fall ist und auch in den *zukünftigen Wochen* so sein wird. Tage, Wochen, Monate, Vergangenheit, Gegenwart und Zukunft, alles wird ineinander verwoben.)

Dann fährt man fort und erwähnt, daß der vergangene Monat (Mai) einen Donnerstag hatte – tatsächlich mehrere Donnerstage – und jedem ging ein Mittwoch voraus, wobei der Monat April dem Mai vorausging, eine weitere *Aufgabe der Kindheit*, die Monate des Jahres zu lernen. (So kann man von Freitag, dem 14. Juni 1963, mit einer schlichten, stimmigen Feststellung und einer unterschwelligen Implikation hinsichtlich der Zeit Gedanken an die *Kindheit* oder an beliebige andere Zeitpunkte der Vergangenheit heraufbeschwören, ohne daß entsprechende direkte Suggestionen gegeben werden.)

8. Diese wechselweise hin- und hergehende Bezugnahme auf Gegenwart, Zukunft und Vergangeheit wird fortgesetzt, wobei die Betonung der Vergangenheit mehr und mehr verstärkt wird. Dabei wird die jüngste Vergangenheit mehr der Gegenwart und dann auch der Zukunft zugerechnet. Um dem Leser wiederum das Verständnis zu erleichtern, könnte man sagen:

„Nicht nur, daß Sie (der Leser möge sich erinnern, es ist der zweite Freitag im Juni 1963) am Mittwoch vergangener Woche gefrühstückt haben, davor haben Sie auch am Donnerstag im Mai zu Mittag gegessen, *da war der Juni noch Zukunft*, aber vor dem Mai war der April und davor war März, und *im Februar haben Sie wahrscheinlich das gleiche zu Abend gegessen* und haben nicht einmal daran gedacht, daß Sie das auch *nächsten* April essen werden, aber natürlich haben Sie am ersten Januar, am Neujahrstag, *nie auch nur einen Gedanken an den 14. Juni 1963 gewandt* (eine Implikation bezüglich einer sich entwickelnden Amnesie), das lag noch *so weit in der Zukunft*, Sie konnten aber gewiß an das Weihnachten im Dezember 1962 denken, und haben Sie da nicht dieses hübsche Geschenk bekommen – an das Sie am Erntedankfest im November nicht einmal im Traum gedacht hätten, und was für ein Festessen am Erntedankfest, *so köstlich* (im Präsens wird eine Reihe von Ideen mit emotionalem Gehalt aus der jüngeren Vergangenheit beschrieben, so, als beträfen sie die Gegenwart und dann die Zukunft), Labor Day kam dann aber im September 1962, davor war jedoch noch der 4. Juli, am ersten Januar 1962 allerdings *konnten Sie wirklich nicht an den 4. Juli denken*, denn das war (dieser Gebrauch des ‚war' impliziert Präsens) gerade mal Anfang '62. Und dann war da natürlich Ihr Geburtstag 1961, und vielleicht haben Sie da schon *vorausgeblickt* auf Ihren Geburtstag 1962, *aber das war ja noch Zukunft, und wer kann schon ein Jahr im voraus die Zukunft erahnen?* Aber der wirklich wunderbare Geburtstag war der *Geburtstag im Jahr Ihres Abschlußes. Einundzwanzig und* endlich *mit Abschluß!"* (Ein Umstand, den Sie gewissenhaft in Erfahrung gebracht haben, zu dem Sie hinführen und den Sie schlußendlich als gegenwärtige Realität anführen und äußerst erfreut betonen. Man könnte auch wie oben fortfahren mit dem 17. Geburtstag oder mit dem zehnten, oder welchem Jahr auch immer man möchte.)

9. So wurden rasch und locker die realen Fakten der Gegenwart erwähnt, wobei man allmählich in die Zukunft hineinrutscht, die Vergangenheit zur Gegenwart werden läßt und dabei die angesprochenen Fakten, die tatsächlich aus der Vergangenheit stammen, aus der angenommenen Gegenwart immer mehr in die anscheinend entfernte Zukunft verlegt.
10. In sich selbst unstrittige, bedeutsame Daten werden ausgewählt, und während der in der Zeitorientierung rückwärts gerichtete Prozeß fortschreitet und zu dem gewünschten Zeitpunkt gelangt, wird ein stark emotional getöntes, wirklich positives Ereignis erwähnt.
11. Die Zeiten werden durchgehend sorgfältig beachtet und man spricht frei, wie im Beispiel vom 21. Geburtstag. Es *ist* jetzt das Jahr 1956, daher spricht man voll freudiger Erwartung über die Zulassung zum Lehramt, die *im September sein wird*, der noch bevorsteht. (Durch Implikationen erfolgt die Rückorientierung in der Zeit und emotionale Gültigkeit wird dadurch erreicht, daß die Gefühle aus der Vergangenheit wieder zum Leben erweckt werden.)
12. Durchgehend wird jede Äußerung mit sehr viel Nachdruck gemacht, in passendem und angemessenem Tonfall, aber ehe die Versuchspersonen aufmerksam werden und Gelegenheit finden, zu widersprechen, oder sich innerlich mit dem Gesagten auseinanderzusetzen, werden ihre Gedanken bereits von einer weiteren Äußerung in Bann geschlagen. Dadurch wird weitere Anstrengung erforderlich, um neue Einsichten zu erlangen; nur, die Bemühungen zu reagieren werden frustriert.

13. Schließlich wird eine klare, eindeutige, leicht aufzunehmende und zu verstehende Bemerkung gemacht, und die bemühte Versuchsperson stürzt sich darauf wie auf den Fels in der Brandung der anflutenden Suggestionen, denen sie hilflos folgen mußte (Tag des Abschlußes und Geburtstag – von emotionaler Stärke, dazu die Koinzidenz der Ereignisse, die gleichzeitig auch zutreffende Tatsachen sind).
14. Die Rückorientierung des Patienten in die Vergangenheit wird bekräftigt durch eine „spezielle Orientierung" und dann durch eine „allgemeine Orientierung", indem beispielweise vage Bezug genommen wird auf den „Beruf seines Vaters" und durch die Frage: „Überlegen wir mal, hat es letzte Woche geregnet?" und dann wird das Lehramt erwähnt. (Also zwei allgemeine, vage Möglichkeiten, gefolgt von dem zutreffenden Umstand des Lehramts: all das dient dazu, die Regression in die Vergangenheit als Geschehen in der Gegenwart fest zu verankern.)
15. Dann schließen Sie die spezielle Bemerkung an: „Nun, da alles vorbei ist (der Abschluß), was sollen wir jetzt machen?" Lassen Sie die Versuchsperson den Weg anführen, aber achten Sie darauf, Einwände auf unmögliche Äußerungen vorzubringen, wie zum Beispiel: „Gehen wir doch zum Mendota-See zum Schwimmen." (Das ist insofern „unmöglich", da dann real ein Badeanzug nötig wäre.) Statt dessen stimmt man zu, daß es hübsch wäre, zum Mendota-See zu gehen und die Wellen, die Vögel und die Boote dort zu beobachten; so leitet man zum Halluzinieren über und wenn es sich entwickelt, kann dann auch halluziniertes Schwimmen folgen.

An welchem Punkt entwickelt die Versuchsperson nun Trance und beginnt zu regredieren? Sie haben das Essen erwähnt, Wochentage, Monate und Jahre, haben Jahre zurückverfolgt und jede Äußerung hatte für sich genommen ihre Gültigkeit, aber im Zusammenhang mußte die Versuchsperson in ihrer zeitlichen Orientierung in Gedanken ständig hin- und herwechseln. So wurden durch die unentwegte Änderung im Gebrauch der Zeiten die auf die Vergangenheit bezogenen Emotionen immer lebendiger. (Hierzu sei ein persönliches Beispiel angeführt: Während ich einem Freund ausführlich die Begebenheiten anläßlich eines Ausflugs in die Rocky Mountains vor zehn Jahren schilderte, bei dem ich ein Auto mit Knüppelschaltung fuhr, nun aber seit über fünf Jahren ein Auto mit Lenkradschaltung hatte, sah ich plötzlich ein rotes Licht aufleuchten und suchte verzweifelt mit meiner rechten Hand nach dem Schaltknüppel unten am Boden, um ihn in die Leerlaufposition zu bringen, während mein Freund mich voller Erstaunen beobachtete. Ich konnte das Auto nur durch eine Vollbremsung stoppen und indem ich die Zündung ausschaltete, ehe ich begriff, daß meine lebhaften und intensiven Erinnerungen an den früheren Ausflug übergegriffen hatten auf die damit verknüpften unbewußten motorischen Erinnerungen.)

Es ist schwierig, die Frage nach dem Beginn der Hypnose zu beantworten. *Wenn man Hypnose mit dem Ziel einer Altersregression induzieren möchte*, dann fährt man fort, bis am offenen Verhalten der Versuchsperson (das aufgrund langer Erfahrung leichter zu erkennen ist) der gewünschte Trancezustand zu ersehen ist. Indessen kann dieser Prozeß an jedem beliebigen Punkt unterbrochen werden, je nach dem beabsichtigten Zweck. Das soll später noch verdeutlicht werden.

Im folgenden seien die Grundzüge der Konfusionstechnik zusammengefaßt. Es handelt sich dabei um eine allgemeine Form, die ich mit ganz unterschiedlichem Wortlaut häufig verwendet habe, wie dies im folgenden Grundriß teilweise veranschaulicht werden soll. Dieser Grundriß ist kurzgefaßt und wird dann so abgeändert, daß an der richtigen Stelle die passenden persönlich bedeutsamen Einzelheiten eingefügt werden können. Dies soll so geschehen, daß deren mögliche Bedeutung nicht erkannt werden kann, daß aber mit ihrer Hilfe der Fortschritt der Versuchsperson abgeschätzt werden kann.

Der folgende Grundriß kann als eine praktische Möglichkeit zu den vorausgegangenen Ausführungen angesehen werden; wird er eingesetzt, so werden zahlreiche Details hinzukommen, entsprechend den *spontanen Abwandlungen*, die sich durch die Reaktionen der Versuchsperson ergeben.

Ich bin sehr froh, daß Sie bereit sind, als freiwillige Versuchsperson zu dienen.	Gemeinsame Beteiligung an einer gemeinsamen Aufgabe.
Sie haben Ihr Essen heute wahrscheinlich genossen.	Irrelevant, höchstwahrscheinlich eine Tatsache.
Die meisten Menschen tun das, obgleich sie bisweilen eine Mahlzeit auslassen.	Ein gültiger Gemeinplatz.

Wahrscheinlich haben Sie heute morgen gefrühstückt.	Gebrauch des Präsens.
Vielleicht werden Sie morgen etwas zu sich nehmen wollen, das es heute bereits gab.	Gebrauch des Futur (als indirekte Implikation einer gewissen Identität zwischen der Vergangenheit, dem Heute und der Zukunft).
Sie haben das zuvor schon gegessen, vielleicht am Freitag, genauso wie heute.	Eine allgemeine Entsprechung in der Gegenwart und in der Vergangenheit.
Vielleicht werden Sie das auch kommende Woche essen.	Gegenwart und Zukunft.
Ob das nun die vergangene Woche war, diese Woche oder die kommende Woche, das macht keinen Unterschied.	Gegenwart, Zukunft und Vergangenheit werden gleichgesetzt.
Der Donnerstag kommt immer vor dem Freitag.	Irrelevante Unlogik, gleichzeitig stimmig.
Das war letzte Woche so, wird die kommende Woche so sein und trifft auch für diese Woche zu.	Irrelevant, bedeutungsvoll und wahr, aber was bedeutet es? (Die Versuchsperson müht sich im Geist ab, eine *zusammenhängende* Bedeutung für all dies Zukünftige, Gegenwärtige und Vergangene zu finden, das zusammen in einer bedeutungsvollen Bemerkung ohne Relevanz vorkam.).
Vor Freitag kommt Donnerstag und vor dem Juni der Mai.	Wie wahr! Zu beachten ist der *Gebrauch des Präsens* bei dem auf das Heute bezogenen Gestern und dem Mai.
Zuerst aber kommt „April, April, der macht, was er will".	Jetzt kommt der April der Vergangenheit (der weit zurücklie-

genden Vergangenheit), und damit *wird ein ganz bestimmter Bereich* aus dem Leben der Versuchsperson bezeichnet, nämlich *dessen Collegezeit.* (Eine vorausbestimmte Tatsache, die auch die Highschool betreffen könnte, zum Beispiel Chaucer einzuführen, beinhaltet auch das Problem, einen bedeutsamen Zusammenhang mit dem zuvor gesagten herzustellen – eine verwirrende Aufgabe.)

Und der März folgte dem verschneiten Februar – aber wer erinnert sich wirklich an den sechsten Februar?

Nun also zurück zum März, dann zum Februar, und man erinnert sich (Präsens) an den 12. Februar, den 14. und den 22. Der 6. Februar hat nur Verwirrung zu bieten. (Zuvor wurde ermittelt, ob der 6. Februar nicht ein Geburtstag oder ähnliches ist. Sollte er doch von Bedeutung sein, so würde er lediglich dazu dienen, daß die Versuchsperson auch diesen speziellen Tag in seiner Bedeutung anerkennt.)

Und am ersten Januar beginnt das Neue Jahr 1963 und *alles, was es bringen wird.*

Damit ist eine Erinnerungsaufgabe gestellt. *Es wird den Juni bringen* (der schon da ist); aber damit rutschen wir unerklärlicherweise in die ferne Zukunft, denn der Januar ist im Präsens genannt worden.

Aber der Dezember brachte uns Weihnachten.

Wahr, zutreffend, mit lebhaften Erinnerungen an den vergangenen Dezember und das implizierte kommende Jahr 1963, November 1962, mit dem, *was*

Aber das Erntedankfest ging Weihnachten voraus, und all die Einkäufe, die zu erledigen sind – was für ein köstliches Festmahl!

im kommenden Dezember bevorsteht und dringend getan werden muß, mit der zutreffenden emotionalen Erinnerung an das Festmahl, und das Ganze im Jahr 1962. (Und es gab viele Neujahrstage, Weihnachts- und Erntedankfeste, die stark emotional getönt waren.)

Nun wird allmählich in größeren Schritten weitergegangen, gestützt auf tatsächliche, zutreffende Ereignisse wie den Labor Day, den vierten Juli, den Neujahrstag, die Erinnerung, daß ein Wunsch vom Dezember 1961 wahr wurde und dann schließlich der 21. Geburtstag und der Collegeabschluß; alles ist aufgebaut, daß es schließlich in dem Chaucer-Zitat aus der Collegezeit gipfelt und auf eine ganz spezielle Regression in der Zeit abzielt, die weit zurückliegt, und nicht zu erkennen ist. Aber man wird sorgfältig darauf achten, einen solchen Bezug wie den zu Chaucer nur herzustellen, wenn man abgeklärt hat, daß Chaucer tatsächlich gelesen wurde. In ähnlicher Weise kann man auch auf ein Lied oder auf einen bestimmten Jahrgang anspielen. Einige geschickt angebrachte, unklar gestellte Fragen werden auch bei einer ganz fremden Person genügend Information zutage bringen, daß daraus die unmittelbaren Details der Technik zusammengestellt werden können. Aber bedenken Sie, daß Juni sowohl die Gegenwart ist, für diese Person ebenso zur Vergangenheit gehört und auch zu allen früheren Geburtstagen sowie zu jedem früheren Abschluß. Bei der Regression kann jegliche kurze Folge persönlich bedeutsamer Ereignisse, die genannt worden sind, verwendet werden und bereits frühzeitig, behutsam und unkenntlich gemacht in den Ablauf eingebaut werden.

In den Zwanzigerjahren war die Konfusionstechnik ursprünglich zur Induktion von hypnotischer Altersregression eingesetzt worden. Zahlreiche, zunächst zufällige, später systematische Beobachtungen führten zu der Einsicht, daß diese Technik auf vielfältige Art und Weise zur Induktion von Hypnose eingesetzt werden kann, oder aber um spezielle oder isolierte Phänomene sowohl für klinische als auch für experimentelle Zwecke hervorzurufen, und es schlossen sich viele Untersuchungen an.

Experimentelle Verfahren zur Veranschaulichung

Diese Studien führten zu speziellen Untersuchungen, als ich 1932 und 1933 versuchte, das Konzept einer gewissen Art räumlicher Orientierung darzulegen, die bei Schizophrenie gefunden wurde und mich schon seit 1929 interessiert hatte. Über dieses Thema hatte ich viel mit dem inzwischen verstorbenen Dr. Govindaswamy diskutiert, einem Vorreiter der psychologischen Medizin, der später Superintendent des Nervenkrankenhauses in Mysore, Indien wurde und damals 15 Monate in den USA verbrachte, um die amerikanische Psychiatrie zu studieren. Als ich versuchte, ihm zu erläutern, wie meiner Meinung nach schizophrene Patienten sich auf einem Stuhl sitzend und aus dem Fenster sehend erleben konnten und gleichzeitig auch mit geschlossenen Augen im Bett liegend, da wurde mir schmerzlich bewußt, wie unzulänglich meine Erklärungen waren. Er konnte meinen Erläuterungen über die Gleichheit und Koexistenz zweier getrennter räumlicher Konzepte des Selbst nicht folgen, ohne etwas Ähnliches oder Gegensätzliches zum Vergleich zu haben, und so zu einer Bewertung oder Einschätzung zu gelangen. Deshalb ließ ich ihn eine entsprechende Erfahrung als Augenzeuge und unmittelbar Beteiligter machen; es wurde Hypnose eingesetzt, an der auch er lebhaftes Interesse hatte. Dieses besondere Beispiel wird angeführt, weil es damals so gut dokumentiert worden ist und besonders klar den Aufbau der Konfusionstechnik zeigt.

Zu diesem Zweck stellte ich in einem leeren Raum in einem dreieinhalb Quadratmeter großen Bereich zwei Stühle auf der einen Seite auf und auf der anderen zwei Stühle für Dr. Govindaswamy und für mich. Es standen also Stühle auf Position A und B, und unsere Stühle standen auf Position C und D; dann wurde Miss K., eine ausgezeichnete somnambule Versuchsperson, hereingebeten, die ausgiebig bei Experimenten eingesetzt worden war. (Miss K. war für dieses Experiment absichtlich ausgesucht worden aufgrund ihrer hohen Intelligenz, ihrer schnellen Auffassungsgabe, ihrer Redegewandtheit und wegen ihres bemerkenswert guten Ohrs für Unterschiede im Tonfall und in der Richtung, aus der die Stimme kommt.) Wir alle reagieren, oft ohne es zu wissen, auf minimale Veränderungen der Stimme beim Sprechen, wenn der Kopf eine andere Position einnimmt und die Stimme dadurch aus einer anderen Richtung kommt; Miss K. hatte ein ungewöhnlich ausgeprägtes Gefühl dafür. Man rufe sich die Erfahrung ins Gedächtnis, wie ein langweiliger Redner unentwegt zu einem Punkt an der Wand spricht, während ein spannender Redner seinen Blick beständig über die Zuhörer wandern läßt, dabei ihre Aufmerksamkeit fesselt und jedem einzelnen das Gefühl gibt, persönlich angesprochen zu sein.

In Dr. G.'s Beisein wurde Miss K. erklärt, daß sie eine tiefe somnambule Trance entwickeln und dabei sowohl mit Dr. G. als auch mit mir vollständigen Rapport aufrechterhalten solle. Sogleich sah mich Miss K. mit weitgeöffneten Augen an, während sie regungslos auf weitere Anweisungen wartete.

Während Dr. G. zuhörte und beobachtete, klebte der Autor Papieretiketten, auf denen in kleiner Schrift die Buchstaben A und B standen, auf die Sitzflächen der beiden Stühle, und Dr. G. wurde gebeten, zur Kenntnis zu nehmen, daß der östlich stehende Stuhl das Etikett mit dem A erhielt, der westlich stehende das mit dem B. Weiter wurde er gebeten, eine Position nördlich des Stuhls B einzunehmen und einen kleinen Kreidekreis um seine Füsse zu zeichnen. Der Autor stand dreieinhalb Meter nördlich von Stuhl A und zeichnete mit Kreide ein kleines Quadrat um seine Füsse.

Währenddessen stand Miss K. ruhig da und sah ohne Lidschlag ins Leere. Dann wurde sie gebeten, sich auf den Stuhl A zu setzen, der dem Autor am nächsten und gegenüber Stuhl B stand, welcher Dr. G. am nächsten war. Miss K. nahm ihren Platz ein und wartete wieder regungslos auf weitere Anweisungen.

Da das gesamte Vorgehen einer speziellen experimentellen Anordnung folgte, mußte sowohl Dr. G. als auch der Autor umfassende Aufzeichnungen vornehmen. (Außerdem verließ der Autor, ohne seine Absicht preiszugeben, kurz den Raum, indem er sich entschuldigte, er müsse etwas korrigieren, was er übersehen habe. Insgeheim rief er Miss F., eine Assistentin, die zuvor schon für ihn gearbeitet hatte und geübt war, sein gesamtes experimentelles Vorgehen sowohl im verbalen als auch in Handlungsteil schriftlich festzuhalten. Sie wurde gebeten, sich außer Sicht hinter einem Vorhang aufzuhalten, wo sie alles im Blick hatte und ein Stenogramm aller Ereignisse aufnehmen konnte.)

Langsam und deutlich wurde Miss K. mitgeteilt:

> „Ich möchte Dr. G. etwas über Geographie beibringen (‚räumliche Orientierung' wurde als Fachausdruck absichtlich vermieden), und ich benötige Ihre Hilfe. Sie sollen genau das tun, was ich sage und nichts weiter, mit *einer Ausnahme*. (Die Hervorhebungen im Text bedeuten hier eine besonders langsame und bedeutungsvolle Betonung, wobei die Stimme ein wenig tiefer wird.) Diese Aus-

nahme (hier wurde das Wort ,Ausnahme'nicht besonders betont) betrifft folgendes: Sie werden zur Kenntnis nehmen und im Gedächtnis behalten, wann immer ich etwas mache, was Dr. G. nicht tut und umgekehrt. Dies werden Sie gesondert und neben allem anderen tun, das Sie tun sollen; und morgen, wenn Sie für Dr. G. und für mich etwas tippen, werden Ihnen diese gesonderten Erinnerungen in den Sinn kommen, und sie werden sie in den Text einfügen, ohne einem von uns beiden irgend etwas zu sagen.

Und nun zu unserer heutigen Arbeit: Die besondere Aufgabe, die ich für Sie habe, ist folgende: Sie sollen genau da sitzen, wo Sie sind, *unentwegt, unentwegt, unentwegt* (der gleiche besondere Tonfall wie im vorhergehenden Abschnitt bei der Wendung *,eine Ausnahme*' wird nun bei ,unentwegt' gebraucht), ohne jede Bewegung. Dr. G. wird Sie beobachten und ich auch. Allerdings möchte ich, daß Sie wissen, daß der Stuhl (zeigt auf A), auf dem Sie sitzen, der für Sie *hier* ist (zeigt auf B) *dort* ist, aber für Dr. G. ist *dieser* Stuhl (A) *hier* und *jener* Stuhl (B) ist *dort*, aber wenn wir jetzt *so herum im Karree* (der oben beschriebene Tonfall wird für ,so herum im Karree' eingesetzt) *gehen*, dann bin ich *hier* und Sie sind *dort*, aber Sie wissen, Sie sind *hier*, und Sie wissen, ich bin *dort*, und wir wissen, *jener* Stuhl (B) und Dr. G. sind *dort*, er aber weiß, er ist *hier* und Sie sind *dort* und *jener* Stuhl (B) ist *dort* und ich bin *dort,* und er und ich wissen, daß Sie und *jener* Stuhl (B) *dort* sind, während Sie wissen, ich bin *hier*, und Dr. G. und jener Stuhl (B) sind *dort*, aber Sie wissen, daß Dr. G. weiß, daß er *hier* ist, und Sie sind *dort* und *jener* Stuhl (A) ist *dort*, und dieses Ich, das *hier* ist, ist wirklich *dort*, und wenn *jener* Stuhl (B) denken könnte, würde er wissen, daß Sie *dort* sind, und daß Dr. G. und ich, wir beide denken, wir sind *hier*, und daß wir wissen, daß Sie *dort* sind, obgleich Sie denken, Sie sind *hier*, und so wissen wir drei, daß Sie *dort* sind, während Sie denken, Sie sind *hier*, aber ich bin *hier* und Sie sind *dort*, und Dr. G. weiß, daß er *hier* ist, wir aber wissen, daß er *dort* ist, aber dann weiß er, daß Sie *dort* sind, während er *hier* ist."

Das alles wurde langsam, sorgsam und mit Nachdruck gesagt, während Miss K. konzentriert zuhörte und der Autor bestrebt war, seine Äußerungen zu notieren, und auch Dr. G. die Gelegenheit dazu zu geben. (Später zeigte sich, daß seine Aufzeichnungen äußerst verworren und unvollständig waren, ebenso die des Autors, aber glücklicherweise hatte Miss F. eine vollständige und genaue Mitschrift, dank ihres Trainings beim Protokollieren der Konfusionstechniken des Autors).

Kurzfristig schien Dr. G. nicht in der Lage zu sein, irgendeine der nachdrücklichen Äußerungen des Autors zu notieren, er starrte auf die Kreidezeichnung um die Füße des Autors und malte sie mit seinem Finger nach. Die Anweisungen wurden fortgesetzt:

> „Und nun, Miss K., fangen Sie langsam an und werden Sie dann immer schneller, bis Sie ein gutes Redetempo haben, und erklären Sie Dr. G., während er denkt, er ist *hier* und Sie sind *dort*, daß Sie *hier* sind und er ist *dort*, selbst wenn ich denke, *jener* Stuhl ist *dort* und ich bin *hier* und Sie sind *dort*, und sobald Sie das rasch sagen und Dr. G. anfängt zu verstehen, daß er *hier* ist und Sie *dort*, während Sie immer noch rasch sprechen, wechseln Sie langsam von *diesem* (zeigt auf A) Stuhl zu *jenem* (zeigt auf B) Stuhl, aber halten Sie ihn in seiner Aufmerksamkeit bei Ihrer Erklärung dessen, wie jeder von uns denken kann, *sei hier und sei dort* oder *sei dort* und denke *sei hier*, und wenn er dann sieht, daß Sie *dort* sitzen und denkt, Sie sitzen *hier*, dann kehren Sie sachte zurück, indem Sie weiter erklären und sogar über ihn lachen, daß er denkt, Sie sind *dort*, wenn Sie *hier* sind und dann nicht merkt, daß Sie *dort* sind, während er immer noch denkt, Sie sind *hier*."

Dann übernahm Miss K., indem sie zuerst langsam und dann zunehmend rascher sprach. Zuerst hörte Dr. G. auf mit seinem Versuch, weiter Notizen zu machen, und bald wurde es auch für den Autor unmöglich, die raschen Ausführungen von Miss K. mitzuschreiben und deren häufig wechselndes *hier* und *dort* zu identifizieren.

Etwa zu diesem Zeitpunkt bemerkte der Autor in Dr. G.'s Augen einen horizontalen Nystagmus, und Miss K. redete immer noch rasch, und wiederholte immer wieder die Erklärungen des Autors bezüglich *hier* und *dort*. Dann glitt sie sachte von Stuhl A auf Stuhl B. Dr. G. blickte prüfend auf seinen Kreidekreis und auf des Autors Kreideviereck und rief dann plötzlich aus: „Sie sitzen *hier* auf diesem Stuhl", worauf Miss K. schlicht erwiderte: „Ja, ich sitze *hier* (dabei wechselte sie den Platz wieder) auf jenem Stuhl *dort* (und sie wechselte erneut den Platz)."

Dr. G.'s Nystagmus verstärkte sich, er ergriff ein Stück Kreide, ging hastig hinüber und malte vor dem einen Stuhl ein kleines „x", vor dem anderen ein kleines „o". Der Autor gab Miss K. sofort mit seiner rechten Hand ein Zeichen, zeigte mit der linken auf die Markierungen und deutete mit seinem Fuß eine zudeckende Bewegung an. Miss K. redete weiter von *hier* und *dort* und glitt dabei immer wieder von einem Stuhl zum anderen. Sie setzte sich jeweils auf einen der beiden Stühle und verdeckte jedesmal das „x“ bzw. das „o“ mit ihrem Fuß, während Dr. G. sagte: „Sie sitzen auf dem „x“-Stuhl – nein, das „x“ ist verschwunden, aber das „o“ ist *dort*, Sie sitzen also auf dem „o“-Stuhl, aber das „o“ ist weg (Miss K. hatte sich rasch hinübergesetzt) und das „x“ ist *dort*, aber das „x“ ist ja weg und das „o“ ist *hier* und demnach sind Sie *dort*.“

Sein Nystagmus verstärkte sich noch beträchtlich, und er klagte über schweren Schwindel, Übelkeit und Kopfschmerzen. Das Experiment wurde nicht fortgesetzt, Miss K. wurde geweckt und verabschiedet, und der Autor setzte gezielt die ursprüngliche Diskussion über die zweifache räumliche Orientierung der Schizophrenen fort. Allmählich verschwanden Kopfschmerz, Übelkeit und Schwindel bei Dr. G., er nahm seine Notizen, fing an zu lesen und schien plötzlich eine unvermittelte partielle Erinnerung an das experimentelle Vorgehen zu haben.

Er erklärte, daß er als der Autor seine ersten Anweisungen hinsichtlich *hier* und *dort* gegeben hatte, sich sehr konfus fühlte; aber als Miss K. dann übernommen hat und immer schneller sprach, spürte er, wie ihm schwindelig wurde und der Raum sich plötzlich immer mehr zu drehen begann. Er versuchte, alles anzuhalten, indem er das „x“ und „o“ aufzeichnete, aber die Zeichen schienen sich zu verschieben und unerklärlicherweise zu verschwinden, obgleich der Kreidekreis und das Viereck bestehen geblieben waren. Er schien nicht bemerkt zu haben, daß Miss K. tatsächlich von einem Stuhl auf den anderen gewechselt war, nur der Raum drehte sich immer weiter und er fühlte sich dabei immer unwohler und konfuser.

Am Tag darauf wurde Miss K. gebeten, ihre Erinnerungen an das experimentelle Vorgehen des Vortags in die Maschine zu tippen. Sie entwickelte sogleich eine spontane Trance und verharrte untätig. Sie erhielt die Anweisung, sich zu erinnern sowie die posthypnotische Suggestion, ihre Erinnerungen anschließend niederzuschreiben. Im Trancezustand erklärte sie: „Ich war so sehr damit beschäftigt, Sie und Dr. G. zu beobachten und mir das *Hier* und *Dort* zu merken, daß ich mich nicht erinnern kann. Ich konzentrierte mich einfach darauf, *hier* und *dort* auf unterschiedliche Art zu sagen und mir über das im klaren zu sein, was zu mir gesagt worden ist, und was aufgrund Ihres unterschiedlichen Tonfalls zu uns beiden, zu Dr. G. und zu mir gesagt wurde. Als Sie zuerst sagten ‚mit einer Ausnahme‘ und dann, ich solle ‚unentwegt, unentwegt, unentwegt‘ sitzenbleiben und wie Sie das dreimal im gleichen Tonfall sagten, da wußte ich, das eine galt Dr. G., mir aber galt etwas anderes, und ich mußte wiederum auf den Tonfall achtgeben, denn ich wußte, Sie meinten etwas Bestimmtes.“

Dennoch tippte sie dann im Wachzustand bereitwillig meine und Dr. G.'s Aufzeichnungen, es war aber zu beobachten, daß sie kurze spontane Trancen entwickelte, wenn sie nebenbei sowohl in meine wie auch in Dr. G.'s Aufzeichnungen verschiedenes einfügte. Sie erwachte spontan und fuhr mit dem Tippen fort, ohne offenbar ihre Einfügungen zu bemerken. (Viel später dachte ich an Zeitverzerrung und deren mögliche Auswirkungen auf Miss K.'s spontane Trancezustände und Texteinfügungen, ohne daß sie ihr Schreiben unterbrochen hätte. Vielleicht, oder auch mit ziemlicher Sicherheit, erlebte sie in den verzerrten Zeitabschnitten die Ereignisse des Vortages noch einmal, obgleich sie in Trance versichert hatte, sie könne sich nicht mehr erinnern. Diese beiläufigen Einfügungen waren nicht so vollständig, stimmten aber doch gut mit der kompletten Niederschrift von Miss F. überein.)

Bei Dr. G.'s Aufzeichnungen vermerkte Miss K. vor allem sein Scheitern bei bestimmten Notizen, wie er das „x" und das „o" aufzeichnete, wie er seinen Kreidekreis und mein Viereck anstarrte und mit dem Finger nachzeichnete, seine offensichtliche Verwirrung, als er verkündete, sie sitze auf Stuhl A und dann bemerkte, daß sie tatsächlich auf Stuhl B saß, ohne daß er bemerkt hätte, wie sie hinüberwechselte. Sie vermerkte auch seine Verwirrung über das Erscheinen und Verschwinden der beiden Zeichen „x" und „o" und hatte auch den Nystagmus beobachtet. (Letzteren hatte Miss F. nicht aufgeführt, da sie ihn nicht sehen konnte, aber sie notierte sein Schwanken und seine rudernden Armbewegungen, als versuche er das Gleichgewicht zu halten. Auch Miss K. schrieb das auf.)

Sie vermerkte auch die zahlreichen Lücken in der Aufzeichnung des Autors, aufgrund seiner tiefen Konzentration auf die Aufgabe, und sie verstand des Autors Notation richtig, der die „x" und „o" aufgeschrieben und von Fall zu Fall durchgestrichen hatte, was soviel bedeutete wie „zugedeckt" oder „sichtbar".

Miss F.'s Bericht war lückenlos, aber Dr. G. konnte ihn trotz wiederholter Versuche nicht lesen, ohne wieder Schwindel, Übelkeit und Kopfschmerzen zu entwickeln. (Dieses wiederkehrende Verhalten stellt eine sehr suggestive experimentelle Induktion tiefgehender psychischer und physiologischer Reaktionsweisen dar.) Beim Lesen seiner Aufzeichnungen mit Miss K.'s sporadischen Einfügungen wurden bei Dr. G. plötzliche, aber nicht vollständige Erinnerungen hervorgerufen, und er sagte beispielsweise: „Das stimmt, sie hat ja den Platz gewechselt, nur habe ich nicht gesehen, wie sie das tat", und weiter: „Sie hat ihren Fuß auf das ‚x' gestellt, deshalb ist es verschwunden."

Indessen konnte er das ganze Erlebnis doch nicht völlig erinnern. Nach diesem Experiment suchte sich Dr. G. schizophrene Patienten mit veränderter räumlicher Orientierung für spezielle Interviews aus und erklärte, daß deren Beteuerungen nun viel mehr Bedeutung für ihn hätten. Er hatte auch Mitgefühl für jene Patienten, die klagten, weil sie unter der veränderten räumlichen Orientierung litten. Es sei noch angemerkt, daß er nicht gewillt war, als hypnotische Versuchsperson zu dienen, aber er fragte verschiedentlich nach, ob er damals hypnotisiert worden sei. Dem Autor schien eine ausweichende Antwort angebracht und Dr. G. nahm sie auch jedesmal bereitwillig an. Wahrscheinlich wollte er es nicht ganz genau wissen.

Um dieses Vorgehen mit Dr. G. weiter zu erkunden, wurde es bei drei weiteren Versuchspersonen, promovierten klinischen Psychologen, jeweils einzeln angewandt. Der erste, Mr. P. von der Princeton University, konnte den Autor persönlich nicht ausstehen, war aber ein begeisterter Experimentator, der sich nicht durch persönliche Gefühle in seiner Arbeit beeinträchtigen ließ. Tatsächlich neigte er dazu, gegen viel zu viele Leute etwas zu haben, aber wenn er experimentell mit ihnen zusammenarbeitete, dann tat er es mit Hingabe.

Die zweite Versuchsperson, Miss S. vom Smith College, interessierte sich für Hypnose, wollte aber nicht Versuchsperson sein und wußte nicht weshalb. Sie hatte beobachtet, wie andere unerwartet in Trance gegangen waren, ohne darum gebeten worden zu sein und ohne sich freiwillig gemeldet zu haben, nur indem sie bei der Tranceinduction für eine freiwillige Versuchsperson zugesehen hatten. Sie bemerkte dem Autor gegenüber, sie sei zu mißtrauisch, um das je bei sich selbst zuzulassen, und als sie gefragt wurde, was sie täte, wenn ihr das geschähe, erwiderte sie: „Einmal wäre genug und dann würde ich dafür sorgen, daß es nie mehr passiert."

Mr. Y. von der Yale University hatte kurz mit Hull zusammengearbeitet und als experimentelle Versuchsperson öfter versucht, in Trance zu gehen, dabei aber nie Erfolg gehabt. Hull bezeichnete ihn als „unmögliche Versuchsperson". Obgleich er hochintelligent war und außerordentlich befähigt, zu Kontrollzwecken angemessene Protokolle für die Versuchspersonen und das gesamte Procedere auszuarbeiten, bestand er immer auf einigen Wiederholungen seiner Experimente mit Leuten, die keine Versuchspersonen waren, selbst wenn es sich um Untersuchungen zum Lernen sinnloser Silben handelte.

Alle Versuchspersonen einschließlich Dr. G. waren zwischen 27 und 31 Jahre alt. Bei ihnen wurde in der gleichen Weise vorgegangen wie bei Dr. G. Der Autor hatte mit jedem einzeln über das Problem der räumlichen Orientierung bei einigen schizophrenen Patienten diskutiert und vorgeschlagen, zu diesem Thema ein hypnotisches Experiment mit einer seiner Versuchspersonen durchzuführen. Ein jeder äußerte sein Interesse, als Beobachter dabei zu sein.

Das Vorgehen entsprach also dem bei Dr. G., mit der einzigen Ausnahme, daß hier der Ausdruck „räumliche Orientierung“ anstatt „Geographie“ (wie bei Dr. G.) gebraucht wurde. Das geschah deshalb, weil der Autor sich im Fall von Dr. G. nicht sicher war, was Miss K. unter „räumlicher Orientierung“ verstehen würde, aber er wußte, sie werde das Spiel „ich bin hier und du bist dort und New York ist dort“ usw. verstehen.

Ein weiterer Unterschied ergab sich daraus, daß Miss F. alle Berichte über Dr. G. gelesen hatte und so gesetzt wurde, daß sie die Augen der Versuchspersonen beobachten konnte, und für sie doch nicht zu sehen war. Insgeheim hatte Miss K. die hypnotische Anweisung zur Amnesie für Miss F.'s Anwesenheit erhalten.

Wiederholtes Durchlesen des Berichts von Dr. G. hatte den Autor in die Lage versetzt, nun lockerer und gelassener vorzugehen, und sowohl Miss K. als auch Miss F. waren schon geeigneter für ihre Aufgabe, da sie sie zuvor schon einmal ausgeführt hatten.

Die mit diesen drei Versuchspersonen erzielten Ergebnisse waren – mit geringfügigen individuellen Unterschieden – denen bei Dr. G. vergleichbar. Keiner von ihnen benutzte die Kreide, die ihnen ebenso zur Verfügung stand wie Dr. G., um die Stühle A und B zur Identifizierung mit einem „x“ oder „o“ zu kennzeichnen. Jeder inspizierte die Stuhlsitzflächen, auf die der Autor die Buchstaben A und B geklebt hatte. Mr. Y. wiederholte das sogar drei Mal bei jedem Stuhl, während Dr. G. sich mit der Erklärung des Autors zufriedengab. Miss S. und Mr. P. beobachteten lediglich, wie der Autor den Kreidekreis und das Quadrat um ihre Füße zog, Mr. Y. hingegen betrachtete den Kreis und das Quadrat gründlich.

Bei Dr. G. war eine gute Stunde verstrichen, ehe das Experiment abgeschlossen war. Bei Dr. P., der als erster an der Reihe war, genügten 35 Minuten. Miss S. kam als zweite und benötigte 45 Minuten, und Mr. Y. brauchte nur 25 Minuten.

Alle drei entwickelten einen Nystagmus, Mr. P. und Mr. Y. zeigten durch ihre Bewegungen, daß sie schwindelig waren, während Miss S. sich auch darüber beklagte, daß sich ihr alles drehte.

Keiner bemerkte, daß Miss K. von einem Stuhl auf den anderen glitt.

Bei Mr. P. fiel auf, daß er zunächst ärgerlich auf Miss K. wurde und dann auch noch auf den Autor. Beide Berichte, der von Miss K. und der von Miss F., die am nächsten Tag getippt wurden, zeigten das („ärgerlich über mich, noch ärgerlicher, noch wütender auf mich und Dr. E., schreit uns an, wutentbrannt und wird verrückt wegen K., noch verrückter, völlig verrückt wegen beiden, schreit beide an, Miss K. und Dr.E").

Beide notierten, daß Miss S. plötzlich befremdet im Raum umherschaute und sich über schwere Kopfschmerzen und allgemeines körperliches Unwohlsein beklagte.

Bei Mr.Y. wurde vermerkt, daß er mit den Armen umherruderte, als müsse er sich im Gleichgewicht halten, als sein Nystagmus sich verschlimmerte. Dann schloß er unvermittelt seine Augen und stand regungslos da, wobei er wie in tiefer hypnotischer Trance wirkte.

Für Mr. P. wurde das Experiment beendet, indem Miss K. ein Zeichen erhielt, zu schweigen, und der Autor auf Mr. P. zutrat, ihn behutsam aus dem Untersuchungsraum führte, die Tür schloß und das Gespräch über räumliche Orientierung an dem Punkt wiederaufnahm, an dem er zuvor die Tür zum Untersuchungsraum geöffnet hatte, um das Experiment zu beginnen. Auf diese Weise wurde er auf den Zeitpunkt zurückorientiert, als er im Begriff war, den Untersuchungsraum zu betreten; gleichzeitig wurde er damit aus seiner offensichtlichen hypnotischen Trance geweckt und hatte eine Amnesie für seinen Trancezustand. Ich sah ostentativ auf meine Uhr und bemerkte, wir hätten nun so viel Zeit mit der Diskussion zugebracht, daß das Experiment verschoben werden müsse, und ihm wurde vorgeschlagen, sich für einen späteren Termin zu verabreden. Dann wurde er im gewöhnlichen Wachzustand entlassen.

Bei Miss S. und Mr.Y. wurde in gleicher Weise und mit ähnlichem Ergebnis vorgegangen.

Alle diese Experimente wurden an einem einzigen Tag durchgeführt, und alles wurde so geplant, daß die drei an diesem Tag keine Gelegenheit hatten, sich noch zu treffen.

Tags darauf tippten Miss K. und Miss F. ihre beiden Berichte über jede Versuchsperson. Nachdem sie durchgelesen, miteinander und mit den Erinnerungen des Autors verglichen worden waren, wurden sie ein paar Tage beiseite gelegt.

Indessen kam am nächsten Tag Miss S. mit einer eigenartigen Beschwerde zum Autor, sie müsse irdendwelches Material aus dem „Beobachtungsraum" haben, sie habe aber „plötzlich eine sonderbare Phobie" entwickelt. Es handelte sich um die Furcht, jenen Raum (den

Untersuchungsraum) zu betreten, und als sie sich gezwungen hatte, die Tür zu öffnen, hatte sie mörderische Kopfschmerzen bekommen. Sie wollte wissen, was da los sei. Sie erhielt zur Antwort, sie sei schließlich klinische Psychologin und habe gerade ein Phänomen beschrieben, welches sie vielleicht selbst einen Tag lang explorieren wolle, besonders da sie doch gesagt habe, der Kopfschmerz sei nach dem Schließen der Tür sofort verschwunden.

Es wurde sorgfältig darauf geachtet, angemessenen Kontakt zu Mr. P. und Mr. Y. aufrechtzuerhalten. Es gab nichts Neues oder Ungewöhnliches. Auch bei Miss F. und bei Miss K. wurde nichts von Belang festgestellt.

Am Wochenende danach wurde jeder einzeln in das Büro bestellt und erhielt die Berichte über die beiden anderen Versuchspersonen zu lesen. Sie lasen diese Berichte mit Interesse, aber anscheinend ohne Erinnerung an das eigene Erleben. Alle hielten sie das ganze Vorgehen für ein hochinteressantes, kompliziertes hypnotisches Experiment und baten darum, als Beobachter zugegen sein zu dürfen, falls der Autor eine Wiederholung plane. Dann wurde jedem der Bericht über Dr. G. übergeben. Ehe sie ihn zu Ende gelesen hatten, begriffen sie, daß es sich bei Dr. G. um Dr. Govindaswami handelte. Danach nahmen sie die anderen Berichte zur Hand, studierten sie und spekulierten über die mögliche Identität der anderen Versuchspersonen, allerdings ohne Erfolg (jeder hatte den Anfangsbuchstaben der Institution erhalten, von der er kam). Nur Miss S. wagte die Vermutung, Mr. P.'s Bericht klinge etwas nach Dr.M. (tatsächlich Mr. P.'s Anfangsbuchstabe), aber weiter ging sie nicht.

Jeder bekam seinen eigenen Bericht zu lesen, Mr. P. las den seinen und bemerkte, er würde wahrscheinlich das gleiche empfinden, wenn das mit ihm geschehen wäre.

Mr. Y.'s einziger Kommentar war: „Nun, dieser Bursche hat einen guten Ausweg für sich gefunden."

Miss S. las und las den Bericht über sich selbst mehrere Male ganz vertieft und mit dem Ausdruck wachsenden Verständnisses.

Schließlich blickte sie zum Autor hoch und sagte: „Das ist es also! Kein Wunder, daß ich dieses phobische Gefühl und die Kopfschmerzen bekam. Das ist ein Bericht über mich selbst !" Damit sprang sie vom Stuhl auf, rannte den Korridor hinunter, kam ein paar Minuten später zurück und sagte: „Das bin ich, na gut, ich bin totsicher. Ich habe eine völlige Amnesie, aber ich habe Angst vor diesem Raum. Ich bekam im gleichen Augenblick Kopfweh, als ich die Tür öffnete. Es verschwand, als ich sie mit einem Ruck zuknallte. Aber ich erinnere mich noch immer nicht an irgend etwas, bin mir allerdings vollkommen sicher, daß das ein Bericht über mich ist.“ Dann verlangte sie eine Antwort auf die Frage: „Was gedenken Sie mit meiner Phobie und mit meinem Kopfweh zu tun?“

Der Autor erwiderte: „Das ist ganz einfach. Damit kann ich sehr effektiv umgehen, aber ich würde es gern auf eine Art tun, die für Sie auch instruktiv ist.“ Sehr mißtrauisch fragte sie nach: „Und was soll das sein?“ Ich nahm den Telefonhörer auf und bat Dr. T. (Mr. Y.), in mein Büro zu kommen. Als er eingetroffen war, fragte ich ihn: „Haben Sie etwas dagegen, Dr. W. (Miss S.) etwas zu zeigen?“ Er verneinte und wir drei gingen den Gang entlang zum „Beobachtungsraum“. Ich schlug vor, daß wir alle hineingehen und daß Dr. T. vorausgehen möge. Er tat es bereitwillig, entwickelte aber sogleich beim Betreten des Raumes einen tiefen Trancezustand. Ich gab Dr. W. ein Zeichen, sie solle zur Seite treten, so daß sie nicht gesehen werden kann, trat ein, nahm Dr. T. am Arm, führte ihn behutsam hinaus und nahm meine ursprüngliche Diskussion über räumliche Orientierung wieder auf, so daß Dr. T. wieder zurückorientiert war auf den Zeitpunkt, als er ursprünglich diesen Raum betreten hatte. Er erwachte mit völliger Amnesie und ich bemerkte, es sei nun wirklich zu spät, an diesem Tag noch ein Experiment durchzuführen. Wir kehrten in mein Büro zurück und Dr. W. folgte mir unauffällig. Ich bedeutete ihr einzutreten, und als wir uns alle gesetzt hatten, übergab ich ihm seinen Bericht. Er starrte abwechselnd mich und den Bericht fragend an, und dann rief er verwirrt und voller Verwunderung aus: „Das bin ich ja, das bin ich!“ Er fügte hinzu: „Das war letzten Montag, und als wir in das Büro kamen, dachte ich, es sei immer noch Montag.“

Dr. W. bemerkte: „Und dieser Bericht über Miss S. ist der meine. Als ich dieses bemerkenswerte Wiedererinnern bei Dr. T. wahrnahm, erlebte ich das gleiche Phänomen.“ Sie hielt nachdenklich inne, stürzte aus dem Büro, kam kurz darauf zurück um zu fragen: „Warum habe ich jetzt nicht die Phobie und den Kopfschmerz?“

Sie erhielt zur Antwort, daß sie zuvor schon gesagt habe, sie sei „zu mißtrauisch“, als daß sie eine unerwartete Tranceinduktion zulassen würde, wenn es aber doch geschähe, dann würde sie zusehen, daß es nie mehr passierte. Daher hat ihr eigenes Unbewußtes sie davon abgehalten, den Raum zu betreten, in dem sie unwillkürlich in Trance gegangen war, damit nicht eine spontane Trance auftreten könne, wie Dr. T. sie soeben gezeigt hatte. Über diese Möglichkeit war sich ihr Unbewußtes im klaren, daher ihre „protektive Phobie“. Dies hatte sie unverzüglich zum Autor geführt, obgleich sie auch zahlreiche andere

Ärzte hätte aufsuchen können. So hatte ihr Unbewußtes erkannt, daß er verantwortlich war, und daß seine Erwiderung zugleich beinhaltete, es sei keine Gefahr, aber es biete sich die Möglichkeit, etwas zu lernen. Daher hatte sie die Äußerung bereitwillig aufgegriffen, da sie ja klinische Psychologin sei, könne sie sich ein paar Tage Zeit nehmen, darüber nachzudenken. Die entsprechende Implikation war: Ihre Phobie und ihr Kopfschmerz können und werden wieder verschwinden.

Als sie dann Zeuge von Dr. T.'s vehement wiederkehrender Erinnerung wurde, nötigte sie ihre eigene wiedererstarkte Erinnerung, nachzuprüfen, zum Beobachtungsraum zu stürzen und ihn ohne die Angst zu betreten, dabei unabsichtlich eine spontane Trance zu entwickeln.

Es erhob sich nun die Frage nach Mr. P., über den Dr.W. unvermittelt gesagt hatte: „Wenn Dr. M. diesen Bericht über Mr. P. lesen würde, dann würde er sagen, daß dies genau die Reaktion sei, die er selbst in solchen Situationen zeigen würde. Rufen wir ihn also herein, und wie sollen wir vorgehen?"

Der Autor schlug vor, wenn Dr. M. hereinkomme, werde er jedem einzelnen nochmals seinen eigenen Bericht aushändigen und sie bitten, ihn nochmals zu lesen. Er selbst wolle sich so hinsetzen, daß er die Seitenzahlen in Dr.M.'s Bericht erkennen könne. Er werde sie dann anweisen, die bereits zuvor durchgelesenen Berichte nochmals durchzugehen; sie (Dr.W. und Dr. T.) sollten so umblättern, als läsen sie tatsächlich; in erster Linie aber sollten sie Dr. M.'s Gesicht beobachten. Wenn der Autor sich dann räusperte, sollte Dr.W. ganz ruhig sagen: „Ich bin Miss S." Dr. T. sollte sich dann anschließen und erklären: „Ich bin Mr.Y." Dr.M. las Mr. P.'s Bericht gewissenhaft, und als er zu der Stelle kam, wo Miss F. beschrieb, wie Mr. P. „Miss K. und Dr. E. anschreit", räusperte sich der Autor und Dr.W. und Dr. T. machten ihre vereinbarten Äußerungen. Dr.M. fuhr heftig hoch, wurde tiefrot und erklärte in äußerster Verwirrung: „Mann! Da war ich ja wohl verrückt vor Wut!".

Er fuhr fort: „Jetzt ist mir das Ganze wieder völlig klar im Gedächtnis. Die ganze Woche über quälte mich das Gefühl, etwas zu wissen, was ich nicht wußte. Kein Wunder, daß ich sagte, ich würde mich wie dieser Bursche verhalten, wenn man mit mir so etwas anstellen würde."

Unverzüglich ergriff Dr. W. die Hand von Dr. M. und führte ihn den Korridor entlang zum Beobachtungsraum. Sie öffnete die Tür und bat ihn einzutreten. Dr. M. begab sich ohne zu zögern hinein, blickte sich um und bemerkte: „Ja, richtig. Da ist es passiert.“ Dann begann er aus dem Gedächtnis die ursprüngliche experimentelle Anordnung im Raum zu beschreiben.

So konnte Dr. W. zu ihrer Befriedigung demonstrieren, wenn unbewußtes Wissen dem bewußten Verstand mitgeteilt wird, so wird eine spontane Trance verhindert, wie Dr. T. sie entwickelt hatte. Sie fragte, was wohl geschehen wäre, wenn sie sich in den Beobachtungsraum begeben hätte, ehe ihr das Wiedererinnern ermöglicht worden war. Sie erhielt zur Antwort: „Sie hätten eine spontane Trance entwickelt, jenes Gesicht unbewußt wiedererkannt und wären sogleich mit höchst unfreundlichen Gedanken und Empfindungen mir gegenüber erwacht, und es hätte lange gedauert, bis Sie wieder gut auf mich zu sprechen gewesen wären.“

Später wünschte Dr. W. Hypnotherapie aufgrund chronischer Dysmenorrhoe begleitet von schweren Kopfschmerzen; Dr. T. diente bei verschiedenen Experimenten als Versuchsperson und Dr. M.'s Verhalten wurde mir gegenüber erheblich freundlicher.

Fallbeispiele aus dem klinischen Bereich

Die beinahe identische Vorgehensweise mit *hier* und *dort*, *dieses* und *jenes* befolgte der Autor wiederholt im klinischen Bereich. Patienten, die die Praxis betreten und offen eingestehen, daß sie Widerstand verspüren, oder die lediglich offenen Widerstand gegen die Therapie zur Schau tragen und sie doch offensichtlich suchen, werden mit der beiläufigen Äußerung empfangen, wenn sie auf *jenem* Stuhl sitzen, dann leisten sie Widerstand, würden sie aber Widerstand zeigen, dann säßen sie auf *diesem* anderen Stuhl, oder wenn sie keinen Widerstand empfänden, säßen sie auf *diesem* Stuhl und würden so ihren Widerstand auf *jenem* Stuhl lassen, auf dem sie nun sitzen; daß sie somit im Geiste erwägen können, die Stühle zu wechseln und auf *diesem hier* sitzen können und ihren Widerstand auf *jenem* Stuhl *dort* lassen können, oder auf *jenem* Stuhl *dort* sitzen können, während ihr Widerstand *hier* auf *diesem* Stuhl *hier* bleibt; daß sie versuchen könnten, auf *jenem* Stuhl *dort* ohne Widerstand zu sitzen und dann nach *hier* auf *diesen* Stuhl *hier* zurückzukommen und ihre Widerstände wieder aufzunehmen, um sie entweder beizubehalten oder aufzugeben und sie *dort* auf *diesem* oder *jenem* Stuhl zu lassen, oder *hier* oder *dort*. Dies wird so oft und in so vielen Abwandlungen wie nötig wiederholt.

Auf diese Art und Weise erhalten die Patienten konfuse Botschaften für ihren Widerstand, die sie sich selbst nicht erklären können. Dann entwickeln sie Widerwillen gegen ihre Konfusion und neigen dazu, ihren Widerstand aufzugeben und bei der Therapie, die sie wünschen, auch mitzuarbeiten. Manchmal kommt es anschließend zu einer Trance, manchmal auch nicht, je nachdem, wie tief das Bedürfnis ist.

Im klinischen Bereich ist die Konfusionstechnik auch bei vielen anderen Beispielen angewandt worden. Es sollen zwei ähnlich gelagerte Fälle geschildert werden, wobei beide Patienten für die Konfusionstechnik geeignet schienen und ähnliche Beschwerden aufwiesen. Im einen Fall handelte es sich um eine 28jährige Frau, im anderen um einen 45jährigen Mann. Beide litten sehr unter der vollständigen hysterischen Lähmung ihrer rechten Hand, sobald sie versuchten zu schreiben. In beider beruflicher Stellung war es nötig zu schreiben und beide waren Rechtshänder. Bei allen übrigen Tätigkeiten hatten sie keine Schwierigkeiten mit ihrer rechten Hand, nicht einmal beim Maschineschreiben. Aber eine Feder, ein Bleistift, ein Griffel, ja selbst ein großer Stock, mit dem sie auf dem Boden ihren Namen, einen Buchstaben oder auch nur eine gerade oder krumme Linie aufzeichnen sollten, führte zur völligen Starre und Lähmung der rechten Hand. Wie alle derartigen Patienten, die der Autor gesehen hat und über die ihm von Kollegen berichtet wurde, weigerten sie sich hartnäckig, links schreiben oder auch nur unterschreiben zu lernen. Auch hatte den Autor seine eigene Erfahrung und die seiner Kollegen gelehrt: Insistierte man, daß der Patient links schreiben lernte, so verlor man ihn mit großer Wahrscheinlichkeit.

Erinnern wir uns an das alte Kinderspiel: „Nimm deine *rechte* Hand vor deinen Körper und leg sie auf dein Herz; jetzt tu so, als würdest du deine linke Hand wirklich von dir werfen, indem du sie hinter dich auf deinen Rücken legst. Nun, welche Hand ist *links/übriggeblieben* (left)?“ Das Kind vermag es nicht zu erklären, aber es ist nun in der schwierigen Lage, seine *rechte* Hand so zu beschreiben, als sei sie seine *linke*. Darüber hinaus kann man nur *recht schreiben*, von *links* nach *rechts*, *recht schreiben* kann man nicht von *rechts* nach *links* ... („and *write* is not *right* nor is *right write* while *left*, though *left*, can *write* though not be *right*, yet *left* and *write right* from *right* to *left* if not from *left* to *right*.“)

Mit derlei Gedanken wurde die Leidensgeschichte eingehend erhoben (die in Grunde gar nicht so gravierend war, denn diese Patienten sind nach den Erfahrungen des Autors sehr eingeschränkt in ihren Informationsmöglichkeiten), um wesentliche persönliche Einzelheiten zu erfahren.

Jeder Patient erhielt einen weiteren Termin, damit der Autor Gelegenheit hatte, seine Vorgehensweise auszuarbeiten. Dabei legte er sorgfältig die Grundzüge der Konfusionstechnik fest, die die Begriffe *right, left* und *write* beinhalten sollten und dazu die jeweiligen persönlich bedeutsamen Details , die beiläufig einfließen sollten, neben weniger persönlichen Dingen, die auf jeden Patienten anwendbar sind.

Zuerst kam die Frau und als die Konfusionstechnik allmählich in die anfängliche Unterhaltung einfloß, wurde sie immer konfuser und unsicherer und entwickelte schließlich eine gute Trance, nachdem ihr ausführlich beschrieben worden war: „Es ist gut und *richtig*, daß Ihre *linke* Hand nun *rechts*/an der rechten Stelle ist (der Autor hatte sie mit Fleiß und fast schon gewaltsam auf ihrer *rechten* Schulter plaziert), und daß Ihre *rechte* Hand, die nicht *schreiben* kann, *nun links*/auf dem Rückzug ist („your *right* hand which cannot *write* is on the *left“) (*auf dem linken Oberschenkel, um eine vordergründige anatomische Beziehung herzustellen). Und nun ist Ihre *rechte* Hand, die nicht schreiben kann, *links*, Sie haben die Hand *rechts* (Schulter), um zu *schreiben* [„you have the hand on the *right* (shoulder) to *write*“].

Nachdem das verschiedentlich weiter ausgeführt und wiederholt worden war und nach einigen weiteren Trancen mit sorgfältig formulierten posthypnotischen Suggestionen, übertrug die Patientin ihre rechtshändige Unfähigkeit zu schreiben auf ihre linke Hand. Zusätzlich erhielt sie noch durch eine posthypnotische Suggestion „einen eigentümlichen, nicht unangenehmen, aber interessanten dollargroßen kühlen Punkt auf ihrem linken Handrücken“. Drei Jahre später arbeitete sie immer noch stetig, hatte auch noch ihre Lähmung der linken Hand, wenn sie versuchte, damit einen Stift zu ergreifen, und der „kühle Punkt“ war ebenfalls noch vorhanden, was sie mit kindlichem Stolz erfüllte. Im klinischen Sinne konnte sie als Therapieerfolg gelten, obgleich vieles an ihr eine Veränderung gerechtfertigt hätte, aber sie war es so zufrieden, was beispielsweise ihre extreme Unordentlichkeit im Haushalt betraf oder ihr krasses Zuspätkommen bei vielen Gelegenheiten; so kam sie zum Beispiel zwei Stunden zu spät zu einem für sie arrangierten Geburtstagsessen bei einem Freund, der wiederholt bei ihr angerufen hatte, damit sie rascher eintreffen sollte und die anderen Gäste nicht warten müßten. Dennoch wurde sie gemocht oder zumindest außerordentlich gut ertragen, und die Funktionstüchtigkeit ihrer rechten Hand konnte sie in angemessener Weise beibehalten.

Eine noch sorgfältiger geplante Konfusionstechnik war für einen Mann von überragender Intelligenz und raschem Verstand ausgearbeitet worden, dessen Fall schwieriger lag. Da er im Versicherungswesen arbeitete, wurden bei ihm die Worte „*Versicherung, Zusicherung, versichern, zusichern, weiterversichern* und *beruhigen* („insurance, assurance; insure, assure, reinsure, reassure") mit *schreiben, rechts* und *links* („write, right, left") vermischt. Zufällig hatte er auch noch einen Verwandten „namens Wright, der aber kein Radmacher war, obgleich er das Rad richtig in die rechte Richtung lenken konnte, um so nach links abzubiegen, was richtig ist" (..."named Wright but was not a wheelwright, though he could wheel right around right and thus go left which would be right"). Mit anderen Worten waren für die schwierigere Technik einfach nur ausgefeiltere Wortspiele nötig, mehr Nutzanwendung verschiedener Themen aus der Lebensgeschichte des Patienten, dazu raschere und verwirrendere Zeitenwechsel. Eine Verlagerung seiner Schreibunfähigkeit von der rechten zur linken Hand konnte nicht erreicht werden. Indessen gelang es, ihn im Trancezustand – vielleicht um seiner Konfusion zu entgehen – dahin zu bekommen, daß er sich mit seiner Unfähigkeit abfand und sie akzeptierte, aufhörte, dagegen anzukämpfen, um sie doch noch zu überwinden und statt dessen eine Beförderung anzunehmen, die ihm kürzlich wiederholt angeboten worden war und kein Schreiben erforderte; er hatte sie stets zurückgewiesen mit der Begründung: „Ich werde diese Sache (die Unfähigkeit zu schreiben) in den Griff kriegen, und wenn es das Einzige ist, was ich je schaffen werde." Er wurde ebenfalls als therapeutischer Erfolg eingestuft, obgleich er ein paar Jahre später wiederum den Autor wegen seiner Schreibunfähigkeit aufsuchte. Er war aber leicht zu vertrösten, er solle es ein andermal versuchen, wenn es günstiger für ihn wäre. Er hat keinen passenden Zeitpunkt gefunden, um einen Termin zu vereinbaren.

Verschiedene Reaktionen auf die Konfusionstechnik

Die erste, in diesem Beitrag zur Diskussion gestellte Konfusionstechnik, die vom Autor zunächst ausgearbeitet worden war, um auch eine Desorientierung in der Zeit zu bewirken, bot eine relativ einfache Möglichkeit, Konfusion zu entwickeln und diese dann zur Altersregression zu nutzen. Indessen ergab die sorgfältige Beobachtung bald andere Varianten und Nutzungsmöglichkeiten. Dementsprechend wurde eine ganze Reihe von Vorgehensweisen erarbeitet, zunächst nur in den Grundzügen, um später die Einzelheiten einzufügen, die es erlaubten, einen Hypnosezustand spezifischer Art oder aber einzelne Phänomene auszulösen.

Bei der Konfusionstechnik ist weiterhin die Reaktion sowohl der experimentellen Versuchspersonen als auch die der Patienten von besonderem Interesse. Letztere geben aufgrund ihrer therapeutischen Motivation häufig ihren Widerstand auf und so können einfachere Techniken angewandt werden. Gelegentlich scheinen Wiederholungen der Konfusionstechnik in gleicher oder abgewandelter Form sie nicht zu stören, obzwar ihr Widerstand fortbesteht.

Bei experimentellen Versuchspersonen weisen die Reaktionen erhebliche, bisweilen faszinierende Unterschiede auf. So waren bei Miss K. viele Varianten der Konfusionstechnik ausprobiert worden, und sie reagierte immer bereitwillig. Außerdem zeigte sie im Trancezustand viel mehr Geschick als der Autor, ihrerseits die Konfusionstechnik bei anderen Versuchspersonen anzuwenden, und es spielte dabei keine Rolle, ob diese spezielle Technik zuvor bei ihr selbst praktiziert worden war oder ob sie ihr lediglich erstmals in Trance beschrieben wurde.

Auch Miss F. reagierte zu wiederholten Malen auf die gleiche oder auf andere Konfusionstechniken. Allerdings konnte sie selbst keine Konfusionstechnik anwenden, weder in Trance noch im Wachzustand. Tatsächlich scheinen die meisten Versuchspersonen in Trance oder wenn sie mittels Konfusionstechnik hypnotisiert worden sind, unfähig, sie selbst anzuwenden, obgleich sie sich im Trancezustand erfolgreich der herkömmlichen Techniken bedienen, selbst wenn es ihnen nicht gelingt, im Wachzustand eine Trance zu induzieren. Die Erfahrung hat gelehrt, daß die einfachste und schnellste Methode, Trance induzieren zu lernen, darin besteht, Hypnose zuerst selbst zu erleben, um so das Gefühl dafür bekommen.

Auch ist es von Bedeutung, daß Versuchspersonen, die leicht und zu wiederholten Malen auf Konfusionstechniken ansprechen, wahrscheinlich auch dann Trance entwickeln werden, wenn sie bei einer Konfusionstechnik zuhören, die bei einer anderen Person angewandt wird. Miss K. und Miss F. indessen waren derart bemerkenswert tüchtige Sekretärinnen, daß sie bei einer Konfusionstechnik, die zuvor bei ihnen selbst angewandt worden war, zuhören konnten, wie sie für jemand anderen eingesetzt wurde, und später konnten sie Wort für Wort niederschreiben und einen vollständigen Bericht erstellen, ohne daß dabei ihre persönlichen Reaktionen eingeflossen wären. Offensichtlich wirkte ein gespitzter Bleistift, und die Aufgabe selbst, einer hypnotischen Reaktion effektiv entgegen. Die beiden konnten auch auf Verlangen im Trancezustand die Konfusionstechnik mitstenografieren, die bei jemand anderem angewandt wurde. Dabei ist folgende Feststellung von Interesse: Wurde bei ihnen eine Konfusionstechnik angewandt, um sie in Trance zu versetzen und sie dann mitschreiben zu lassen, und wurde die gleiche Technik mit geringfügigen, feinen Veränderungen von persönlicher Bedeutung bei anderen eingesetzt, so beeinträchtigte dies weder ihren Trancezustand, noch ihre Fähigkeit mitzuschreiben.

Miss H. und Mr. T. waren ausgezeichnete Versuchspersonen sowohl für traditionelle als auch für Konfusionstechniken. Allerdings reagierten sie nach etwas Erfahrung mit der Konfusionstechnik so, daß sie sie einfach umgingen und sofort Trance entwickelten, unabhängig davon, wie subtil der Autor vorging. Im Trancezustand erklärten sie: „Sobald ich auch nur das geringste Gefühl von Konfusion empfand, glitt ich einfach in tiefe Trance." Sie wollten nicht gern konfus sein. Keine dieser bei den üblichen Verfahrensweisen uneingeschränkt tauglichen Versuchspersonen schien den Gebrauch einer Konfusionstechnik erlernen, oder auch nur in groben Zügen beschreiben zu können. Auch andere Personen reagierten ähnlich.

Mr. H. (kein Verwandter von Miss H.) reagierte mit Leichtigkeit auf die verschiedensten Konfusionstechniken, entdeckte spontan, daß er sie im Trancezustand nutzen und bei anderen Versuchspersonen zu experimentellen Zwecken anwenden konnte, während er immer noch in seiner ursprünglichen Trance war, die ich mittels Konfusionstechnik bei ihm induziert hatte. Später konnte er seine Fähigkeiten im Wachzustand erproben, sich selbst Konfusionstechniken ausdenken und sie anwenden. In diesem Zusammenhang soll das informative und interessante Beispiel geschildert werden, wie er seine Fähigkeit zur Nutzung von Konfusionstechniken spontan entdeckt hat.

Professor M. von der Yale University hatte gegenüber der dortigen Arbeit von Clark L. Hull eine äußerst kritische Einstellung und glaubte nicht, daß Hypnose tatsächlich ein eigenständiges Phänomen sei. Zur weiteren Aufklärung suchte er sich den Autor aus, um zu erfahren, ob er einige hypnotische Studien der Universität Yale replizieren könne. Er war selbst Psychologe, hatte nie selbst mit Hypnose zu tun, und die bisherigen Studien in Yale konnten ihn nicht von der Gültigkeit der Hypnose überzeugen. Er vertrat seinen Standpunkt ganz offen, und fragte, ob der Autor für ihn Hypnose demonstrieren und vielleicht irgend etwas replizieren wolle, was Hull und dessen Studenten gemacht hatten.

Nach kurzem Nachdenken willigte der Autor ein und bestellte telefonisch zwei ausgezeichnete somnambule Versuchspersonen ein. Bei ihrem Eintreffen wurden sie Professor M. vorgestellt, der seine Einstellung und Wünsche einfach und offen darlegte. Beide Versuchspersonen erklärten sich bereit, alles zu tun, was er wünsche, soweit der Autor es gutheiße.

Das war der Fall und Miss R., einer promovierten Psychologin, wurde vorgeschlagen, sie möge Mr. M. hypnotisieren und – gemäß der Bitte von Professor M. – hypnotische Phänomene in ihrer ganzen Reichweite demonstrieren. Der Autor entschuldigte sich sodann, nachdem er Miss R. und Mr. H. erklärt hatte, sie würden in Kontakt mit ihm bleiben, obgleich er gezwungenermaßen abwesend sei, da er zusammen mit einem Kollegen an einer ergographischen Studie zur hypnotischen Aufhebung von Müdigkeit weiterarbeiten müsse. Er fügte noch hinzu, er werde etwa eine Stunde, vielleicht auch länger abwesend sein, daher könne Miss R. sich Zeit nehmen für alles, was Professor M. wünschte.

Als der Autor etwa eine Stunde später zurückkehrte, bot sich ihm ein befremdlicher Anblick. Professor M. saß am Schreibtisch und versuchte vergeblich, mit abwesender, verwirrter Miene Notizen zu machen. Miss R., die den Auftrag hatte, Mr. H. zu hypnotisieren, befand sich offenbar in tiefer somnambuler Trance. Einzig Mr. H. zeigte noch Rapport zum Autor, indem er zu ihm aufsah, als er den Raum betrat. Miss R. bemerkte den Autor offensichtlich nicht, obgleich ihre Augen weit geöffnet waren und der Autor auch sogleich gefragt hatte: „Was ist denn vorgegangen, Miss R.?"

Die Tatsache, daß sie den Autor offenbar nicht hören konnte sowie die gesamte Situation legten es nahe, eine Aufzeichnung des Ganzen vorzunehmen. Miss K. wurde unverzüglich herbeigerufen, und als sie mit Notizblock und Bleistift eintraf, sagte der Autor: „Behalten Sie den Status quo bei. Nun, Mr. H., sind Sie in Trance? Und ist Miss R. in Trance?" Beide Fragen beantwortete H. mit „Ja". „Haben Sie beide Rapport mit mir?" – „Nein." – „Wer sonst und weshalb?" – „Nur ich. Ich habe Miss R. gesagt, sie solle nur mit mir Rapport aufrechterhalten."

Der Autor sagte sogleich: „Bleiben Sie so, wie Sie sind, behalten Sie den jetzigen Zustand bei, tun Sie nichts weiter. Ich nehme Professor M. eine Weile mit hinaus, und Sie beide bleiben so wie Sie sind und tun gar nichts. Möchten Sie irgendeine Anmerkung zu Professor M. machen?"

Mr. H. sagte schlicht: „Jetzt erkennt er Hypnose als etwas Eigenständiges an." Auf die Anwesenheit von Miss K. oder dem Professor reagierte er nicht.

Professor M., Miss K. und der Autor begaben sich in den angrenzenden Raum. Professor M. wurde systematisch befragt, was geschehen sei.

Zusammengefaßt erklärte er, Miss R. habe bei Mr. H. durch Handlevitation eine „tiefe Trance" induziert und habe dann an ihm Anästhesie, Katalepsie, Amnesie, positive und negative ideomotorische und ideosensorische Phänomene, Hypermnesie, posthypnotische Suggestionen, Erwachen aus der Trance sowie deren neuerliche Induktion demonstriert.

Bei jeder einzelnen Demonstration hatte sie Professor M. gebeten, seinerseits die einzelnen Phänomene zu überprüfen. Dies hatte ihn davon überzeugt, daß er ein hochinteressantes und unbedingt gültiges Phänomen beobachtete.

Als Miss R. erneut einen Trancezustand bei Mr. H. induzierte, äußerte Professor M., Miss R. habe Mr. H. gefragt, ob man sonst noch etwas tun könne, um Professor M. weitere Kenntnisse zu vermitteln. Darauf hat Mr. H. mit einem schlichten „Ja" geantwortet. Weiter fragte sie, ob er dazu bereit sei. Wiederum antwortete er einfach mit „ja", tat aber sonst nichts weiter. Sie fragte: „Und was wäre das?" Worauf er erwiderte: „Kann ich nicht sagen, nur tun!"

Der Professor fuhr fort:

> „Da wurden mir wirklich die Augen geöffnet. Mr. H. erhob sich langsam von seinem Stuhl, mit geöffneten Augen und erweiterten Pupillen, ohne Lidschlag und offenbar auch ohne peripheres Sehvermögen. Er ging hinüber zu Mis R., ergriff sehr behutsam ihre Hand, hob ihren Arm langsam und sagte mit sanfter Stimme zu ihr, sie möge fest einschlafen und in tiefe Trance gehen. Als sie dann etwas sagen wollte, fing er auf gänzlich konfuse Art an zu reden, über Sie und mich und Miss R., über sich selbst, über Hypnose, Demonstrationen, Ergogramme und Phänomene und ich wurde derart durcheinander, daß ich nicht wußte, was vor sich ging, bis ich plötzlich begriff, daß Miss R. in Trance war und er ebenfalls. Keiner nahm mich zur Kenntnis, und er bat Miss R., eine ganze Menge ähnlicher Dinge zu tun, wie sie sie ihn zuvor hatte tun lassen, er tat aber noch einiges mehr. So sagte er ihr beispielsweise, sie solle erwachen und bezüglich ihres Namens und ihres Verbleibs eine Amnesie entwickeln. Zunächst glaubte ich, sie sei wach und fragte sie nach ihrem Namen, sie schien mich aber nicht zu hören, ebensowenig wie Mr. H. Ich schüttelte beide an den Schultern, aber sie zeigten keine Reaktion. Dann schien sie Angst zu haben und er sagte ihr, sie solle tief schlafen und sich behaglich und wohl fühlen. Ich versuchte, das alles zu überdenken, als Sie hereinkamen. Aus den Fragen, die Sie stellten, vermute ich, daß Sie die Lage erfaßt haben."

Wir kehrten in den Raum zurück, in dem Miss R. und Mr. H. regungslos warteten.

Mr. H. wurde gesagt, er solle aufwachen. Er tat dies sogleich, und einige einfache Fragen zeigten, daß er auf jenen Zeitpunkt rückorientiert war, als der Autor angekündigt hatte, er müsse wegen seines ergographischen Experiments weggehen.

Der Autor richtete dann das Wort an Miss R., aber sie konnte keinerlei Reaktion zustande bringen. Mr. H. sah erstaunt und verwirrt drein, aber ehe er etwas sagen konnte, schritt der Autor rasch ein und bat Mr. H., er solle Miss R. beauftragen, dem Autor zuzuhören. So geschah es und der Autor sagte: „Gibt es irgend etwas, das Sie mir gern sagen würden, *nun, nachdem ich zurück bin?*" (Das war eine versteckte Anweisung, daß sie aus dem Trancezustand erwachen solle.)

Sie reagierte darauf, indem sie sogleich erwachte und vorübergehend auf den Zeitpunkt rückorientiert war, als sie bei Mr. H. erneut einen Trancezustand induziert hatte. Sie erwiderte einfach, sie habe für Professor M. alle üblichen Trancephänomene demonstriert, aber nun wünsche der Autor vielleicht selbst fortzufahren; Professor M. sei im übrigen noch immer in Trance. Sogleich erklärte Mr. H.: „Nein, wer in Trance ist, das sind Sie. Ich mußte ja gerade den Rapport an Dr. Erickson weiterleiten, damit er Sie ansprechen konnte, und noch hat er Ihnen nicht gesagt, daß Sie aus der Trance kommen sollen."

Voller Verwirrung antwortete sie: „Nein, Sie sind in Trance, aber ich verstehe Ihr Verhalten nicht."

Wir überließen die beiden für eine weitere Stunde dem Versuch, die Situation ins reine zu bringen, während Miss K. Notizen machte.Sie hatten beide für ihre eigene Trance eine Amnesie, beide nahmen vom anderen an, daß er in Trance sei, beide konnten erkennen, daß der andere sich wie im Wachzustand verhielt, und keiner konnte beim anderen Tranceverhalten hervorrufen, selbst über die Zeit konnten sie sich nicht einigen. (Ich hatte die Uhren von Miss K. und Professor M. an mich genommen, meine eigene weggeräumt und so hatte keiner eine Uhr.)

Miss R. war sicher, daß ich nach einstündiger Abwesenheit soeben zurückgekommen sei, und Mr. H. war sich ebenso gewiß, daß ich im Begriff sei wegzugehen, und Miss R. gerade mit ihrer Aufgabe beginne. Beide konnten die Anwesenheit von Miss K. nicht begreifen und auch nicht, daß sie Notizen machte, noch konnten sie Professor M.'s und meine Weigerung verstehen, Licht in die ganze Angelegenheit zu bringen.

Immer noch in Diskussionen begriffen, wurden sie schließlich verabschiedet, und Miss K. schrieb ihren Bericht in die Maschine. Später kam Professor M. wiederum vorbei und Miss K. und die beiden wurden hergebeten. Für Miss R. und Mr. H. war die Angelegenheit immer noch nicht erledigt, und keiner von beiden schien in der Lage, beim Durchlesen von Miss K.'s Bericht das Tranceerlebnis des anderen wiederzuerkennen.

Als sie allerdings in tiefer Trance getrennt befragt wurden, erinnerten beide alle Ereignisse während der Trance, mit Ausnahme der Tatsache, daß Mr. H. Miss R. zuerst bitten mußte, den Rapport zu mir an dem Punkt wiederaufzunehmen, als ich mich zurückzog, ehe sie auf meine Bitte hin fortfahren konnte, ihre Erlebnisse zu erzählen.

Die posthypnotischen Suggestionen zum umfassenden Wiedererinnern ihrer Gedächtnisinhalte aus dem Wachzustand waren erfolgreich, und daraus ergab sich ein heftig diskutiertes Thema, das sie untereinander und auch mit anderen beschäftigte.

Was Professor M. angeht, so arbeitete er später intensiv auf experimentellem Gebiet, sowohl mit Hull als auch mit dem Autor.

Einige Jahre nach dieser Begebenheit mit Miss R. und Professor M. verlor Mr. H. während etlicher Jahre aus unbekanntem Grund jegliches Interesse an Hypnose, nicht aber die Wertschätzung ihr gegenüber.

Eines Tages dann wurde er mit den Aussagen des Anästhesisten und der Chirurgen konfrontiert, daß eine ältere Freundin, bei der eine Operation lebensnotwendig war, die Kombination aus Operationsschock und medikamentöser Anästhesie wohl nicht überleben werde. Da Mr. H. nun zugelassener Arzt war, überzeugte er die zögerlichen Chirurgen, die Patientin zu operieren, während er mittels Konfusionstechnik einen Trancezustand auslösen und sie dann räumlich und situativ desorientieren wolle, um eine hypnotische Anästhesie herbeizuführen. Die Patientin unterzog sich dann einer großen Operation im Bauchraum, während sie in Hypnose einen Besuch bei Dr.H. zu Hause halluzinierte. Der Grund für die Anwendung der Konfusionstechnik bestand darin, daß die Patientin und ihre Angehörigen informiert worden waren, sie werde den Eingriff nicht überleben. Tatsächlich aber durchlief die Patientin einen ausgezeichneten Genesungsprozeß, und nunmehr macht Mr. H. oder vielmehr Dr.H. ausführlich von Hypnose Gebrauch. Er selbst möchte aber nicht in Trance gehen und kann dem Autor auch keinerlei Erklärung dafür und für sein langandauerndes Desinteresse geben.

Es gibt auch noch einen anderen Typ von Versuchsperson, die zuerst gut auf die Konfusionstechnik reagiert und sich dann heftig dagegenstellt. Dies mag die folgende Äußerung beredt belegen:

> „Die Konfusionstechnik hat mich immer etwas geärgert und gestört und ich konnte nicht leiden, wenn sie angewandt wurde, aber anfänglich war ich bereit, zuzuhören, und so gut ich konnte mitzuarbeiten. Ein Teil meines Ärgers hatte zweifellos mit meinem eigenen Denkmuster zu tun; ich möchte immer jeden Gedanken erfassen und meine eigenen Gedanken ordnen, ehe ich weitergehe. Dennoch befolgte ich die Suggestionen zur Konfusion, und ich weiß, sie taten bei mir durchaus ihre Wirkung, obschon nicht so gut, wie andere Techniken.
>
> Zum gegenwärtigen Zeitpunkt zeigen sie keinen Erfolg bei mir. Es spielt überhaupt keine Rolle, wie tief meine Trance ist und wie kooperativ ich bin, ich höre einfach auf zuzuhören, wenn mit dieser Art Suggestion angefangen wird. Ich tue nicht einmal so, als hörte ich zu. Wenn der Hypnotiseur darauf besteht, mit seinem Reden fortzufahren, schalte ich mein Gehör ab (selbst herbeigeführte hypnotische Taubheit) und gegebenenfalls wache ich auch auf mit einem äußerst ärgerlichen Gefühl.
>
> Ich kann den Wechsel von widerwilliger, etwas ärgerlicher Bereitschaft mitzuarbeiten bis hin zur blanken Weigerung, auf irgendeine Suggestion zur Konfusion zu hören, genau aufzeigen. Eines Tages versuchte ich zu entscheiden, ob ich dem Hypnotiseur einiges an Information zukommen lassen sollte; ich bin mir nicht sicher, worum es sich handelte, glaube aber, es betraf die aktuelle Arbeit, bezüglich derer ich mir nicht sicher war, ob ich die Informationen geben sollte oder nicht. Der Hypnotiseur wollte diese Informationen und versuchte es plötzlich mit einer Taktik, die mein Denken verwirren sollte. Es wurde nämlich ein Thema angesprochen, das mich ablenken sollte, während ich mit etwas anderem beschäftigt war, und der Hypnotiseur meinte, daß diese Information dringend erforderlich sei. Ich kann mich nicht an die verwirrende Art und Weise erinnern, in welcher der Hypnotiseur diese Information dringend verlangte und versuchte, mich abzulenken. Ich spürte, wie die Wut in mir aufstieg – und ich antwortete nicht. Wenn ich jetzt darüber nachdenke, dann merke ich, daß ich diese Taktik für unfair hielt, zu versuchen, mich zu drängen und konfus zu machen, damit ich antworte, anstatt mir zuzugestehen, eine Entscheidung auf der Grundlage meines ernsthaften Urteils zu tref-

fen. Ich begriff auch, entweder unmittelbar oder möglicherweise beim nächsten Mal, als man es wieder mit der Konfusionstechnik bei mir versuchte, daß es sich grundsätzlich um das gleiche handelte, und das machte mich auch wütend. Ich bin fertig damit. Ich werde nicht mehr mitarbeiten."

Und so geschah es auch. Dennoch ist diese Versuchsperson anderen Techniken gegenüber bemerkenswert reagibel. Wie der sorgfältige Beobachter feststellen wird, haben sowohl experimentelle Versuchspersonen als auch Patienten eindeutige Vorlieben, die auch respektiert werden sollten. So mag eine Versuchsperson sich hartnäckig gegen eine Entspannungstechnik verwahren, eine Handlevitationstechnik indessen mögen und zu einem anderen Zeitpunkt nur auf eine dritte Technik reagieren.

Vorzüge der Konfusionstechniken

Die Konfusionstechnik ist in zweifacher Hinsicht wertvoll. Bei der experimentellen Arbeit ist sie ein ausgezeichnetes Mittel, um den Experimentator Leichtigkeit im Wortgebrauch zu lehren, geistige Beweglichkeit, damit er seine eingefahrenen Denkmuster ändern kann, und sie ermöglicht ihm die passenden Zugeständnisse, damit er die Aufmerksamkeit und Reaktionsbereitschaft seiner Versuchspersonen aufrechterhalten kann. Weiter kann der Untersucher mit Hilfe der Konfusionstechnik lernen, die minimalen Hinweisreize auf Verhaltensänderungen der Versuchspersonen zu erkennen.

Im klinischen Bereich ist die Konfusionstechnik insbesondere bei denjenigen Patienten von besonderem Wert, die verzweifelt eine Therapie suchen, jedoch durch ihre klinischen Probleme und durch ihren unkontrollierbaren Widerstand derart eingeschränkt und beherrscht werden, daß die Aufnahme einer Therapie vereitelt wird. Kann der Widerstand erst einmal umgangen werden, dann besteht die Möglichkeit, die Kooperationsbereitschaft des Patienten zu gewinnen, um sowohl die klinischen Probleme zu regeln, als auch den Widerstand zu zerstreuen. Und schließlich ist es von besonderem Wert, daß langer und häufiger Gebrauch der Konfusionstechnik oft eine außerordentlich rasche Hypnoseinduktion auch unter ungünstigen Bedingungen wie akutem Schmerz, oder einer bösartigen, tödlich verlaufenden Erkrankung ermöglicht, oder auch bei interessierten, aber feindseligen und aggressiven Patienten mit Widerstand.

Vielleicht ist es angebracht, das Beispiel einer Konfusionstechnik anzuführen, die im Umgang mit ungläubigen Krebspatienten benutzt wurde, die Widerstand zeigen. Einer von ihnen litt unter chronischen Schmerzen, der andere hatte unregelmäßig wiederkehrende, mörderische Schmerzanfälle, die zwischen 10 und 30 Minuten und oft auch länger andauerten. Nach der Erfahrung des Autors liegt der einzige wirkliche Unterschied im Patienten selbst, da im wesentlichen die gleiche Technik bei jedem Patiententypus angewandt werden kann, wobei nur geringfügige Veränderungen gemäß der jeweiligen Persönlichkeit vorgenommen werden.

Eine Patientin, die unter chronischen Metastasenschmerzen im ganzen Körper litt, hatte sehr große Wut in bezug auf ihren bevorstehenden Tod, war aber nicht bereit, Betäubungsmittel zu akzeptieren, denn sie fand nur Erleichterung, wenn sie davon vollkommen benommen war. Dabei war sie sehr darauf bedacht, so viel Zeit wie möglich mit ihrer Familie zu verbringen. Ihre ganze Familie stand der Hypnose aufgrund religiöser Ideen ablehnend gegenüber, obgleich ihr Hausarzt, ein Glaubensbruder, zugeraten hatte. Glücklicherweise konnte die Familie durch einen medizinischen Artikel in einer Enzyklopädie überzeugt werden sowie durch einen persönlichen Brief eines Missionars ihrer Glaubensrichtung an den Autor, in welchem vom erfolgreichen Einsatz der Hypnose im Rahmen einer medizinischen Behandlung bei Konvertiten die Rede war.

Bei dem anderen Patienten handelte es sich um einen Mann in den Fünfzigern, der in unregelmäßigen, aber häufig und unerwartet wiederkehrenden Intervallen unter mörderischen Schmerzattacken litt, die allmählich immer länger wurden, zwischen 10 Minuten und einer Stunde dauerten, wobei die kurzzeitigen Anfälle immer seltener und die langandauernden immer häufiger wurden.

Er nahm eine verächtliche, ungläubige und spöttische Haltung ein, empfand Wut und Erbitterung über sein Schicksal und verhielt sich jedem gegenüber feindselig, vor allem , wenn es sich um Vertreter der medizinischen Berufe handelte, weil sie „dem Krebs so blöde und hilflos gegenüberstanden".

Es wurde in allen Fällen die gleiche allgemeine Konfusionstechnik angewandt, abgesehen vom speziellen Bezug auf den jeweiligen persönlichen Hintergrund.

Die Vorgehensweise:

„Sie *wissen* und ich kann *wissen*, und die Ärzte, die Sie *kennen*, *wissen*, daß es *eine Antwort* gibt, die Sie *wissen*, und die Sie nicht *wissen* wollen, und die ich *wissen* kann, aber nicht *wissen* will, die Ihre Familie *weiß*, aber nicht *wissen* will, *nein*, wie sehr Sie auch *nein* sagen wollen, Sie *wissen*, daß das *Nein* wirklich ein *Ja* ist, und Sie wünschen, es könnte ein gutes *Ja* sein, und so können Sie *wissen*, daß das, was Sie und Ihre Angehörigen *wissen*, ein *Ja* ist, und doch wünschten Sie, daß Ja *Nein* wäre, und Sie *wissen*, daß alle Ärzte *wissen*, was sie *wissen*, ist *Ja*, und doch wünschen Sie immer noch, es wäre *Nein*. Und während Sie wünschen, Sie sind *schmerzfrei*, *wissen* Sie: *Nein*. Aber was Sie nicht *wissen*, *schmerzfrei* sein, das können Sie *kennen*. Nein, *Sie kannten keinen Schmerz*, und das ist besser als was Sie *wissen*, und natürlich, was Sie *kennen wollen*: Wie geht das, *schmerzfrei* sein und *Sie werden es wissen*, *schmerzfrei* sein. (All das wird langsam, aber äußerst eindrucksvoll gesagt, ohne anscheinend irgendwelche Unterbrechungen wie Schmerzenslaute oder Aufforderungen, doch den Mund zu halten, zu beachten.) Esther (John, Dick, Harry oder Evangeline, Familienmitglieder oder Freunde) *kennt* Schmerz und *kennt Schmerzfreiheit*, und so möchten Sie *Schmerzfreiheit kennen*, *Wohlbehagen*, und wirklich, *Sie können Wohlbehagen kennen* und *Schmerzfreiheit*, und während *das Wohlbehagen zunimmt*, können *Sie wissen*, *Sie können nicht Nein sagen zu angenehmen Gefühlen* und *Wohlbehagen*, aber *Sie können Ja sagen zu Schmerzfreiheit* und *Schmerzfreiheit kennen*, aber *Sie können Schmerzfreiheit sagen* und *Schmerzfreiheit kennen* und *Wohlbehagen und angenehme Gefühle kennen*, und es ist *so gut*, *Schmerzfreiheit zu kennen* und *Wohlbehagen* und *angenehme Gefühle* und *Entspannung kennen* und es *nunmehr und später wissen* und *noch länger und länger*, wie *mehr und mehr Entspannung* sich ausbreitet, und es *nunmehr und später wissen* und *noch länger und länger*, während *mehr und mehr Entspannung und Verwunderung und Überraschung Ihren Sinn ausfüllen*, und *Sie fangen an und kennen eine Freiheit und ein Wohlbehagen*, das Sie so sehr gewünscht haben, und während *Sie spüren*, *wie es mehr und mehr wird*, *wissen Sie*, *Sie wissen wirklich*, *diesen Tag*, *diese Nacht*, *morgen*, *die ganze kommende Woche und den kommenden Monat*, und bei Esthers (Johns) 16. Geburtstag – und was ist das für eine Zeit gewesen, und jene *wunderbaren Gefühle*, die Sie damals hatten, spüren Sie fast so klar, *als wären sie heute*, und *die Erinnerung an alles Gute* ist etwas Herrliches …“

Man kann unendlich improvisieren, aber die langsame, eindrucksvolle, äußerst intensive und ruhige Art zu sprechen, die sanfte Einfühlsamkeit, mit der die Wortspiele dargeboten werden, wie unauffällig neue Gedanken eingeführt werden, alte glückliche Erinnerungen, Gefühle des Wohlbehagens und angenehme Empfindungen der Entspannung angesprochen werden, führten gewöhnlich dazu, daß der Patient in seiner Aufmerksamkeit innehält, daß seine Augen fixiert werden, daß sich eine körperliche Unbeweglichkeit bis hin zur Katalepsie einstellt und er den intensiven Wunsch entwickelt, zu verstehen, was der Autor mit so viel Gewicht und Ernst vorbringt. Früher oder später ist der Patient in seiner Aufmerksamkeit dann völlig gebannt. Dann demonstriert der Hypnotiseur mit gleicher Sorgfalt den völligen Verlust von Angst und Besorgnis hinsichtlich negativ getönter Worte, indem er sie nun wie zur Erklärung einführt, tatsächlich aber, um weitere hilfreiche Suggestionen anzufügen.

> „Und nun *haben Sie* etwas *vergessen*, so wie *wir alle vergessen*, vieles vergessen, *Gutes* und *Schlechtes*, besonders das *Schlechte*, denn *Gutes* ist *gut zu erinnern*, und *Sie können Wohlbehagen, angenehme Gefühle und Entspannung und erquickenden Schlaf erinnern*, und nun *wissen Sie, daß Sie keinen Schmerz brauchen* und *es ist gut, keinen Schmerz zu kennen* und *gut zu erinnern, immer zu erinnern*, daß Sie an *vielen Plätzen, hier, dort, überall Wohlbehagen und angenehme Gefühle gespürt* haben, und *nun*, da Sie das *wissen*, *wissen* Sie auch, es ist *kein Schmerz nötig*, aber daß *Sie wirklich alles Wissen nötig haben, alles, was zu wissen ist über angenehme Gefühle, Wohlbehagen und Entspannung und Taubheitsgefühle und Dissoziation*, und *die Gedanken und geistigen Energien wieder aufzurichten*, und *all das zu wissen und zu kennen, das Ihnen die Freiheit geben wird, Ihre Familie zu erkennen, und alles, was sie tun, und ungestört das Vergnügen zu genießen, mit ihr zusammenzusein, in aller Behaglichkeit und Freude, die möglich ist, so lange wie möglich, und genau das werden Sie auch tun*."

Gewöhnlich ist die Aufmerksamkeit des Patienten in etwa fünf Minuten zu gewinnen, es kann aber sein, daß man eine Stunde oder noch länger fortfahren muß. Auch, und das ist sehr wichtig, gebrauche man die Wörter, die der Patient versteht. Die beiden oben genannten Patienten waren Collegeabsolventen.

Wenn mir derartige Fälle überwiesen werden, habe ich es mir zur Gewohnheit gemacht, schon von vornherein Informationen über deren spezielle Persönlichkeit, Geschichte, Interessen, Ausbildung, und Einstellung zu erhalten und dann erstelle ich einen handschriftlichen Entwurf, in welcher Reihenfolge und wie oft ich diese einzelnen Fakten in den endlosen Fluß der Worte einfügen muß, den ich mit aller Ernsthaftigkeit übermittle.

Beginnt der Patient erst einmal, eine leichte Trance zu entwikkeln, so beschleunige ich den Prozeß, indem ich einzelne Schritte überspringe, dennoch beharre ich auf meinem Recht, den Schmerz anzusprechen, so daß der Patient weiß, ich scheue mich nicht, ihn beim Namen zu nennen, und daß ich absolut zuversichtlich bin, er werde von ihm befreit, weil ich so locker und frei mit dem Begriff umgehe (und das gewöhnlich in einem Umfeld, in dem der Schmerz vollständig negiert wird), zugunsten seiner völligen Abwesenheit, seiner Verringerung oder seiner Umwandlung.

Ferner sollte man nicht vergessen, daß diese Patienten hochmotiviert sind, und ihre Feindseligkeit, Streitlust und Ungläubigkeit sind tatsächlich als Verbündete im Bemühen um mögliche Ergebnisse anzusehen; auch zögert der Autor nie, das zu nutzen, was sich bietet. Der wütende, kämpferische Mann kann zum Schlag ausholen, der ihn selbst am Kopf trifft und dessen nicht gewahr werden. Der Ungläubige verschließt sich einem langweiligen Vortrag, aber so wird auch der Schmerz ausgeblendet, und hieraus entwickelt sich bei den Patienten unbewußt eine andere innere Ausrichtung, die der Hypnose überaus dienlich ist und die die Patienten für jegliche Suggestion empfänglich macht, die ihren Bedürfnissen entgegenkommt. Dazu wird man auch in aller Feinfühligkeit die Suggestion einfließen lassen, wann immer sich der Schmerz wieder einstellen sollte, so daß Medikamente nötig würden, so wären eine oder zwei Aspirintabletten zur Linderung ausreichend. „Und wenn je ein wirklicher Notfall eintreten sollte, so wird eine kleine Spritze wirkungsvoller denn je sein." Bisweilen mag schon steriles Wasser genügen.

Kurze Konfusionstechniken

Aus dem vorangegangenen wird deutlich, daß die Konfusionstechnik ein umfangreiches, kompliziertes und differenziertes Verfahren ist, das auszuarbeiten und dessen Gedankengänge darzulegen langwierige, harte Arbeit bedeutet. Hat man sie aber mehr als einmal geleistet, und gelernt, die zugrundeliegenden Prozesse zu erkennen, so hat man eine sehr einfache, bequeme und rasche Möglichkeit zur Tranceinduktion zur Hand, auch unter sehr ungünstigen Bedingungen. Um dies zu veranschaulichen, soll sowohl ein Beispiel aus dem experimentellen als auch eines aus dem klinischen Bereich angeführt werden. Das erste trug sich während einer Vorlesung vor Medizinern zu. Einer der anwesenden Ärzte war überaus interessiert, Hypnose zu erlernen; während der Vorlesung hatte er aufmerksam zugehört, aber in der anschließenden Gesprächsrunde hatte er mehrfach feindseliges, aggressives Verhalten gegenüber den meisten seiner Kollegen gezeigt. Als er mir vorgestellt wurde, schüttelte er mir die Hand, als wolle er mir sämtliche Knochen brechen, brachte mich beinahe aus dem Gleichgewicht (der Mann war mindestens 20 Zentimeter größer als ich und etwa dreißig Kilo schwerer), und erklärte ohne Vorrede in aggressivem Ton: „Den verflixten Idioten möchte ich sehen, der versucht, mich zu hypnotisieren."

Als um Freiwillige für eine Demonstration gebeten wurde, kam er mit Riesenschritten nach vorn und kündigte mit dröhnender Stimme an: „Na schön, ich werde allen zeigen, daß Sie mich nicht hypnotisieren können." Als er auf das Podium trat, erhob ich mich langsam von meinem Stuhl, als wolle ich ihn mit Handschlag begrüßen. Er streckte seine Hand aus und schickte sich an, mir eine weiteres Mal die Hand zu zerquetschen. Ich aber beugte mich vor, band langsam und umständlich meine Schnürsenkel und ließ den Mann hilflos mit ausgestrecktem Arm stehen. Befremdet, verwirrt und ganz und gar betroffen über mein unangemessenes Verhalten, ohne zu wissen, was er jetzt tun sollte, war der Mann der ersten verständlichen Botschaft ausgeliefert, die *in die Situation paßte*. Nachdem der zweite Schnürsenkel gebunden war, sagte ich zu ihm: „Holen Sie einfach tief Luft, setzen Sie sich auf den Stuhl, schließen Sie die Augen und gehen Sie tief in Trance."

Unsicher und zögerlich setzte sich der Mann hin, seufzte tief, schloß die Augen und hatte innerhalb von Sekunden somnambule Trance entwickelt. Es wurden verschiedene Phänomene demonstriert und danach wurde er aufgeweckt; zuvor hatte er den posthypnotischen Auftrag erhalten, mich höflich zu fragen: „Schön, wann fangen wir mit der Hypnose an?" Und weiter, wenn ich meinen Stuhl verrückte, werde er sich vollständig an alles erinnern. Er erwachte und stellte die Frage, auf die ich ausweichend antwortete. Nach kurzer, zwangloser Unterhaltung wollte ich nach einem Glas Wasser greifen, mußte dazu aber meinen Stuhl verrücken. Völlig verblüfft sagte meine Versuchsperson: „Ja, verflixt nochmal! Aber wie ist das zugegangen? Jetzt machen Sie das nochmal, daß ich erfahren kann, wie Sie das bewerkstelligen."

Es wurde ihm eine Auswahl verschiedener traditioneller Techniken angeboten. Er wählte die Methode der Handlevitation, die ihm am interessantesten erschien. Zu seinem eigenen Nutzen und dem des Publikums wurde sie mit allem Bedacht ausgeführt, und es kam dabei zu einer weiteren somnambulen Trance.

Als experimentelle Versuchsperson in dieser Situation stellte er das Problem vorzüglich dar, wie man sich am besten den eigenen Verhaltensmustern entsprechend verhält und reagibles Verhalten zeigt, was in erster Linie für das Publikum von Interesse war. Daran lag ihm zwar ebenfalls, aber sein vorrangiges persönliches Anliegen war vollkommen entgegengesetzt. Er wollte vom Autor Reaktionen, die dessen vergebliches Bemühen ausdrückten, aber selbst das bedeutete die stillschweigende Anerkennung der Hypnose als gültiges Phänomen.

Die Erklärung hierfür ist ziemlich einfach. Der Mann betrat das Podium mit der entschiedenen Absicht, etwas zu tun. Als der Autor sich erhob, um ihn mit Handschlag zu begrüßen und sich dann bückte, um seine Schnürsenkel zu binden, verharrte der Mann mit ausgestrecktem Arm, unfähig, irgend etwas zu tun, da er so plötzlich in seinem Vorhaben unterbrochen worden war, zu sehr überrascht von dem völlig unangemessenen Verhalten des Autors, völlig ratlos, was er tun sollte und daher uneingeschränkt aufnahmebereit für jeden klar verständlichen Vorschlag, der in die gesamte Situation paßte. So reagierte er erleichtert auf die einfache, ruhige Anweisung, die der Autor ihm gab. Und selbstverständlich wurde die grundsätzliche Einstellung des Mannes gegenüber der Hypnose deutlich in seiner unverzüglichen Forderung nach Wiederholung, als er merkte, was geschehen war.

Entsprechend zeigen auch viele Patienten aus dem klinischen Bereich vergleichbar feindseliges, aggressives Verhalten und Widerstand; trotzdem bemühen sie sich ernsthaft um Therapie. Die Konfusionstechnik wandelt die Wettkampfsituation zwischen zwei Personen in eine therapeutische um, die nunmehr von Zusammenarbeit und Beteiligung an der gemeinsamen Aufgabe gekennzeichnet ist. Diese ist jetzt klar definiert: Es geht um das Wohl des Patienten, nicht um einen Wettkampf, der zugunsten des therapeutischen Ziels vermieden werden muß.

Um nun mit einem Beispiel aus dem klinischen Bereich fortzufahren, das ähnlich gehandhabt wurde: Eine Patientin betrat zögernd und unsicher meine Praxis zu ihrem ersten Termin; ihr Schritt aber wirkte eher kräftig und trotzig. Sie setzte sich steif und aufrecht hin, ihre Hände umklammerten starr ihre Knie, und mit schwacher Stimme erklärte sie zögernd: „Dr X hat mich zu Ihnen geschickt, er hat stundenlang mit mir gearbeitet. Davor hat sich Dr. Y stundenlang mit mir befaßt. Und vor diesem war es Dr. Z, der sich 30 Stunden mit mir abgemüht hat. Alle sagten sie mir, ich hätte zu viel Widerstand, als daß ich hypnotisiert werden könnte, aber Sie würden es schaffen. Zu den beiden anderen ging ich, weil sie in der Nähe meines Wohnorts sind.

Ich wollte nicht die weite Reise nach Phoenix machen, um mich hypnotisieren zu lassen, aber selbst mein Hausarzt sagte mir, dies werde mir helfen, meinen Widerstand gegen die Therapie zu überwinden." Ihre zaghafte, unsichere, zögernde und leidende Stimme, ihr entschiedener Schritt, ihre steife, aufrechte Haltung, die übertriebene Betonung der Stunden, die sie schon vergeblich mit dem Versuch zugebracht hat, daß bei ihr eine Trance induziert werde, ihr Bedauern, als sie zum Ausdruck brachte, sie habe nicht eigens nach Phoenix kommen wollen, um sich hynotisieren zu lassen, wie sie ferner darauf bestanden hatte, zu zwei weiteren Ärzten zu gehen, obgleich bereits der erste und desgleichen die beiden anderen mich, den Autor empfohlen hatten, all das legte folgende Gedanken nahe: (1) Sie würde Widerstand gegen die Hypnose leisten; (2) sie war verwirrt von ihrer Ambivalenz; (3) eine übliche, zu erwartende Induktionstechnik würde sie nicht erreichen können; (4) sie wollte ganz entschieden Therapie haben; (5) sie würde versuchen, mich in einen Wettstreit hineinzuziehen, anstatt die Therapie zu akzeptieren.

So sagte ich eher unwirsch zu ihr: „Also, daß das klar ist: Drei Ärzte, lauter gute Leute, genau so gut wie ich, haben hart und lange mit Ihnen gearbeitet. Sie befanden, daß Sie zu viel Widerstand zeigen, *so wie ich das auch finden werde. Daß wir das also sogleich richtig verstehen.*" In deutlich verändertem Tonfall und Tempo fuhr ich dann folgendermaßen fort, und zwar in Form einer Feststellung, die aus zwei Teilen bestand: „ICH KANN SIE NICHT HYPNOTISIEREN, *nur Ihren Arm.*"

Verwirrt erwiderte sie: „Können mich nicht hypnotisieren, nur meinen Arm – ich versteh' nicht, was Sie meinen."

Ich wiederholte in bedeutungsvollem Tonfall und indem ich die Worte langsam sprach: „GENAU DAS MEINE ICH. ICH KANN SIE NICHT HYPNOTISIEREN." Dann fügte ich mit sanfter Stimme und als sei das ein einziges Wort, rasch an: *„nur Ihren Arm, schau!"*

Als ich das Wort „Schau!" sagte, „hob" ich ihren Arm, wobei die Berührung meiner Finger lediglich dazu diente, die Aufwärtsbewegung anzuzeigen, *nicht den Arm tatsächlich anzuheben.* Sachte zog ich meine Finger zurück und ließ ihren Arm kataleptisch in der Luft stehen. Während sie ihren Arm in seiner Aufwärtsbewegung beobachtete, sagte ich sanft und von einem Seufzer begleitet: „Schließen Sie einfach Ihre Augen, holen Sie tief Luft, und schlafen Sie ein, so, tief schlafen, und während Sie das tun, wird Ihre linke Hand langsam auf Ihren Schenkel niedersinken und ausruhen und ständig dort bleiben, während Sie tief und wohltuend schlafen, bis ich Ihnen sage, daß Sie aufwachen sollen."

Binnen fünf Minuten, nachdem sie die Praxis betreten hatte, war sie in tiefer, wie sich herausstellte, somnambuler Trance. Was war geschehen? Die Frau war verzweifelt auf der Suche nach Therapie und war dazu aufgrund mehrfachen Rates von weit her angereist. Sie kam mit einem unbeugsamen Widerstand gegen jeder Art, herkömmliche, als Ritual gehandhabte oder sonstige Technik, die sie hätte beobachten, hören und verstehen können. Voller Überzeugung und Zustimmung hörte sie mich klar und verständlich sagen: „Ich kann Sie nicht hypnotisieren." Rasch und behutsam – während sie sich noch in einer gläubigen und akzeptierenden inneren Haltung befand – fügte ich die unerklärlichen drei Wörter an: *„Nur Ihren Arm."*

So war genau das, weshalb sie gekommen war, und was sie *beweisen* wollte, bereits bestätigt; diese Angelegenheit war erledigt. Wir befanden uns in vollem Einklang; sie hatte ihren Zweck bereits erfüllt, zu beweisen, daß sie nicht zu hypnotisieren sei, ihr Widerstand gegen die Hypnose war überflüssig und nutzlos. Aber jene drei seltsamen Wörter *„Nur Ihren Arm"* konfrontierten sie mit der äußerst verwirrenden Frage, was das wohl zu bedeuten habe. Dadurch war sie buchstäblich gezwungen, nach einer Erklärung zu fragen. Die erneute Bestätigung wurde mit besonderer Betonung ausgesprochen, und während ihr Geist immer noch empfänglich war, wurden rasch noch vier weitere Worte hinzugefügt, wobei das vierte einen Befehl darstellte: „Schau!" Von frühester Kindheit an lernen wir, bestimmte taktile Stimuli als Aufforderung zu verstehen: „Beweg dich!" *Und sie reagierte automatisch auf diesen taktilen Stimulus.* Das konnte sie nicht verstehen, dagegen hatte sie keinen Widerstand parat, und sie konnte sehen, wie ihr Arm sich auf eine Art verhielt, die ihr unverständlich war. Auch erhielt sie gar keine Gelegenheit zu verstehen. Ist erst einmal eine hypnotische Reaktion hervorgerufen, so wird damit leicht übergeleitet zu einer weiteren, der Katalepsie, zur Pupillenerweiterung, und anschließend folgte eine Reihe umfassender Suggestionen, um damit tiefe Trance und deren Fortbestehen zu sichern.

Bei dieser Patientin wurde Hypnotherapie und Psychotherapie im Wachzustand eingesetzt. Sie machte phänomenale Fortschritte, aus dem einfachen Grund, weil nicht zugelasssen wurde, daß sie ihren Widerstand zwischen sich und der Therapie aufbaute; vielmehr wurde sie in die Lage versetzt, diesen Widerstand objektiv zu hinterfragen. Dieser Prozeß wurde fast unmittelbar mit der Bemerkung eingeleitet: „Schön, nun können wir zur Therapie übergehen, anstatt Zeit mit einer Frage zu verschwenden, auf welche weder Sie noch ich eine Antwort wußten, auf die Sie aber doch so leicht die richtige Antwort gefunden haben, nämlich: *Sie können eine tiefe Trance entwickeln und aufrechterhalten* und Sie benötigen keinerlei Widerstand."

Zusammenfassung

Die vorangegangene Diskussion und die Fallbeispiele bedenkend, können wir die Konfusionstechnik zusammenfassend als ein Spiel mit Worten oder Mitteilungen bezeichnen, wodurch die Frage nach dem dahinterliegenden Sinn nach und nach mit Elementen der Konfusion durchsetzt wird. Dadurch werden die Reaktionen, zu denen aufgefordert wurde, zugleich auch verhindert, sie werden nicht zugelassen und so wird das dringende Bedürfnis zu reagieren immer stärker. Das erinnert an die Wortspiele aus der Kindheit, wie beispielsweise: „Ich sehe nirgends keine Kinder, also sehe ich überall Kinder" („If it isn't *not raining*, then it *is raining*"), oder: „ Wenn ich *hier* bin und Du bist *nicht hier* und New York ist *nicht hier*, dann mußt Du in New York sein, denn Du bist *dort, nicht hier*, und New York ist *dort, nicht hier.*"

Der Autor ist von diesen einfachen Ideen ausgegangen und hat die Wortspiele weiter abgewandelt, scheinbare Widersprüchlichkeiten, Banalitäten oder zusammenhanglose Dinge mitaufgenommen, ferner Ungereimtheiten und alle möglichen Ideen auf die verschiedenste Art und Weise übermittelt. Jedes für sich und *nicht im Kontext* betrachtet, der gerade gilt, stellt eine einfache und vernünftige Behauptung dar, die an und für sich vollständig ist und Bedeutung hat. *Innerhalb des Kontextes* werden derartige Mitteilungen bedeutungsvoll und mit Entschiedenheit vorgebracht und zwar zusammen mit stimmigen, sinnvollen Gedanken. Auf diese Art wird das Ganze ein Potpourri anscheinend gültiger, irgendwie miteinander zusammenhängender Gedankengänge, welche die Versuchsperson veranlassen, eine Gesamtbedeutung herauszulesen, die einer Reaktion förderlich ist – sie im wahrsten Sinne zu einer Reaktion zwingt. Allerdings verhindert die rasche Abfolge der Mitteilungen jegliches wirkliche Verstehen, Reaktionen sind somit ausgeschlossen, und es ergibt sich ein Zustand der Konfusion und Frustration. Daraus erwächst zwangsläufig das dringende Bedürfnis nach irgendeinem klaren, verständlichen Gedanken. Wenn dieser Zustand sich einzustellen beginnt, bietet man einen Gedanken von eindeutiger Klarheit an, der leicht zu begreifen ist, der auch sogleich erfaßt wird und dazu dient, bei der betreffenden Person bestimmte Assoziationen zu wecken. Danach wird das Potpourri fortgesetzt, ein weiterer verständlicher Gedanke geboten, der wiederum Assoziationen an das weckt, was zuvor klar zu verstehen war. Dazwischen streut man immer wieder Nebensächlichkeiten und Ungereimtheiten ein, als seien diese sachdienlich, und so wird die Konfusion begünstigt. In gewissen Situationen ergibt sich daraus die Art von Humor, wie er aus der Scherzfrage bekannt ist: „Zwei Enten vor einer Ente, zwei Enten hinter einer Ente und eine Ente in der Mitte. Wie viele Enten sind es?" Selbst diejenigen Spielkameraden, mit denen ich das früher ausprobiert habe und die die Antwort kannten und wußten, daß es drei Enten sind, wurden hoffnungslos verwirrt, wenn ich ernst und hilflos hinzufügte: „Natürlich darf man nicht vergessen, daß sie sich neben der *Tür zur Linken* befanden." Und für jene, die die Antwort nicht kannten und mit der *zwei*, nochmals der *zwei* und der *eins* zu kämpfen hatten, stellte die *Tür zur Linken* häufig ein unüberwindliches Hindernis dar, einfach eine Antwort zu geben, weil die natürliche Tendenz besteht, diese Nebensächlichkeit bei der Problemlösung zu berücksichtigen.

Indessen ist die Konfusionstechnik für manche, die Hypnose einsetzen, bisweilen äußerst schwierig zu erlernen und zwar sowohl in der experimentellen wie in der klinischen Arbeit. Wer die Konfusionstechnik in der Hypnosearbeit nicht anwenden möchte, kann daraus doch erheblichen Nutzen ziehen, denn wiederholte Bemühungen, sich eine Konfusionstechnik auszudenken und sie auszuführen, verhilft demjenigen, der sonst gebräuchlichere, eher standardisierte, traditionelle verbale Verfahren anwendet, zu mehr Redegewandtheit, zu größerer Unabhängigkeit von rein mechanischen Suggestionen, zu einem besseren Verständnis der Bedeutung von Suggestionen, zu mehr Leichtigkeit im Wechsel der eigenen Verhaltensmuster in Reaktion auf beobachtete Veränderungen beim Patienten und zu mehr gedanklicher Flexibilität. In meiner Lehrtätigkeit bei Medizin- und Psychologiestudenten und Krankenhauspsychiatern habe ich wiederholt die Erfahrung gemacht, daß die Aufgabenstellung, eine Konfusionstechnik zu entwickeln und zu analysieren, den Teilnehmern einen erheblichen Lerngewinn in den herkömmlichen verbalen Techniken eingebracht hat, selbst denjenigen, die anscheinend nie lernen würden, eine Konfusionstechnik spontan oder absichtlich in einer hypnotischen Situation einzusetzen.

In diesem Sinne beruht die Konfusionstechnik auf der Darbietung von Ideen und Kenntnissen, ist der geistigen Aktivität und Reagibilität förderlich, gleichzeitig aber durchsetzt von anscheinend damit zusammenhängenden, wahren, aber tatsächlich nicht sachdienlichen Mitteilungen, so daß Reaktionen verhindert und Frustration und Unsicherheit gefördert werden. Der Kulminationspunkt wird in einer letzten Suggestion erreicht, die eine unverzügliche und leichte Reaktion möglich macht, welche die Versuchspersonen zufriedenstellt und aus der Erfahrung eines jeden einzelnen für gültig befunden wird, auch wenn dies auf bewußter Ebene vielleicht gar nicht erkannt wird.

11. Die Dynamik der Visualisation, der Levitation und Konfusion in der Tranceinduktion[1]

Milton H. Erickson

Hypnotische Techniken sind lediglich Methoden zur Vermittlung von Suggestionen und Gedanken. Für sich genommen sind sie ohne besondere Bedeutung. Wesentlich sind nur die Reaktionen und Verhaltensweisen, die durch sie bei einer Person angeregt werden. Daher sollte die erste Überlegung bei der Beschreibung einer Technik nicht der sklavischen Wiedergabe der Formulierungen gelten, sondern dem Bemühen, aufzuzeigen, wozu das Ganze dienen soll. Unglücklicherweise besteht allgemein die Tendenz, eine Technik mit einem Etikett zu versehen und sie dann gemäß diesem bisweilen unsinnigen Etikett zu gebrauchen.

Visualisierungstechniken

Eine ausgezeichnete Methode, die sich der Visualisation bedient, wurde als „Haus-Baum-Mann-Technik" bezeichnet. Eine wesentlich angemessenere Bezeichnung wäre: „Beispiel einer Visualisierungstechnik" oder „Eine Technik auf der Grundlage bildhaften Sehens", oder „Bildhaftes Sehen als Technik". In technischer Hinsicht nämlich unterscheidet sich das „Haus-Baum-Mann-Verfahren" im wesentlichen nicht von der „Garten-Frau-Sonnenuhr-Technik" oder der „Schulhaus-Lehrer-Schüler-Pult-Tafel-Kreide-Technik". Die wichtigste Überlegung gilt dem Hervorrufen von visuellen Vorstellungen, die mit Erfahrungslernen verknüpft sind, damit jenseits äußerer Bedingungen bei der betreffenden Person Antwortreaktionen entstehen können, die dann allmählich in einen Trancezustand überleiten. Es ist ohne jegliche Bedeutung, daß ein Haus, ein Baum oder ein Mann erwähnt wird, wenn man die „Haus-Baum-Mann-Technik" verwendet. Einzig und allein wichtig ist, daß bei dieser Technik Visualisierungsprozesse in Gang gesetzt und genutzt werden; die Objekte, die zur bildhaften Vorstellung verwendet

1 Unveröffentlichtes Fragment, um 1940

werden, sollten so ausgewählt sein, daß sie mit den jeweiligen Personen etwas zu tun haben und nicht mit irgendwelchen bedruckten Seiten. Grundlage dieses Vorgehens ist, jede hypnotische Technik auf die jeweilige Person auszurichten, die ja der reaktive Teil in der Situation ist.

Handlevitationstechniken

Um ein anderes Beispiel anzuführen: In der Entwicklung und Lehre der Handlevitationstechnik bemühte sich der Autor klarzustellen und hervorzuheben, daß bei diesem Verfahren die betreffenden Personen auf motorischer Ebene offen beteiligt sind, daß es sich also um eine Technik mit direkter motorischer Beteiligung handelt. Die Bezeichnung „Handlevitation" wird aus verschiedenen Gründen benutzt.

Die Hand wird deshalb eingesetzt, weil der Gedanke an motorische Aktivität im Zustand passiver Erwartung leicht mit der Hand der jeweiligen Person in Verbindung gebracht wird, ohne daß die allgemeine körperliche Inaktivität unterbrochen würde. Es besteht eine lebenslange Erfahrung darin, die Hände zu bewegen, während der Körper sich in Ruhe befindet.

Welche Hand sich bewegt, spielt keine Rolle; indessen haben unkritische, übereifrige Neulinge versucht, zur Verfeinerung Einzeltechniken zur Levitation der rechten, der linken und beider Hände gleichzeitig oder abwechselnd zu entwickeln sowie des rechten und linken Zeigefingers, usw.. Dabei wurde völlig übersehen, daß es um die Bewegungsaktivität und nicht um einen bestimmten Körperteil geht. Nur dann ist der Körperteil bedeutsam, wenn ein anderes, bestimmtes Ziel erreicht werden soll, das unmittelbar mit dem Gebrauch eines speziellen Körperteils zusammenhängt, wie zum Beispiel beim Fingersignalisieren oder beim Antworten durch Gesten.

Die Bezeichnung „Levitation" wird benutzt, um vor allem den subjektiven Charakter der motorischen Aktivität zu bezeichnen, nicht aber die Bewegungsrichtung. Vielmehr geht es vorrangig um das subjektive Gefühl von Leichtigkeit, von freier, unwillkürlicher oder bewußt müheloser Bewegung. Daher kann „Levitation" eine Aufwärts-, eine Abwärts-, eine Seitwärts- oder eine kreisende Bewegung bedeuten. Es ist noch nicht einmal wesentlich, daß eine tatsächliche Bewegung stattfindet, *gewünscht ist vielmehr das subjektive Empfinden unwillkürlicher oder bewußt müheloser Bewegung und nicht die tatsächliche Bewegung durch den Raum.* Folglich wird der Begriff „Handlevitation" korrekt angewandt, wenn in leicht verständlicher Form die Suggestion zur Bewegung eines beliebigen Teils des Körpers in je besonderer, subjektiver Weise dargeboten wird.

Konfusionstechniken

Ähnlich müssen zahlreiche andere Techniken bezüglich ihrer eigentlichen Bedeutung diskutiert werden. So beispielsweise die häufig erwähnte, in der Literatur nie wirklich beschriebene „Konfusionstechnik", die tatsächlich häufiger eingesetzt als auch wirklich erkannt wird, die als ziemlich komplex und verwirrend gilt, und die doch eine eher schlichte Vorgehensweise ist. Gewöhnlich handelt es sich dabei um eine verbale Technik, nonverbale Elemente können aber leicht eingefügt oder auch zum Hauptbestandteil erhoben werden.

Um die „Konfusionstechnik" einfach zu definieren, es handelt sich grundsätzlich darum, der betreffenden Person eine Reihe anscheinend nur lose verbundener Gedanken darzubieten, die tatsächlich doch einem nicht so leicht erkennbaren roten Faden folgen, und zu einem sich verstärkenden Auseinanderdriften von Assoziationen führen; dabei werden deutliche Bemerkungen über Offensichtliches eingestreut. *Dies alles hält die betreffende Person davon ab, einer einzelnen Assoziation zu folgen, stachelt aber zunehmend deren Bedürfnis an, etwas zu tun, bis sie schließlich bereitwillig die erste klare und eindeutige Suggestion aufgreift, die ihr angeboten wird.* Wie bereits erwähnt, kann das Vorgehen rein verbal erfolgen oder sich aus verbalen und nonverbalen Anteilen zusammensetzen und sowohl zur schnellen oder auch langsamen Tranceinduktion eingesetzt werden, entsprechend der jeweiligen Situation oder dem beabsichtigten Verwendungszweck. [Anmerkung des (amerikanischen) Herausgebers.] Die Lesart des Herausgebers bezüglich dieses komplexen Absatzes ist folgende:

(1) „Eine Reihe anscheinend nur lose verbundener Gedanken, die tatsächlich doch einem nicht so leicht erkennbaren roten Faden folgen" ist eine Reihe *indirekter Suggestionen*, deren gemeinsamer Nenner eine therapeutisch bedeutsame Reaktion ist, welche auf hypnotischem Wege hervorgerufen werden soll;

(2) „ …die zu einem sich verstärkenden Auseinanderdriften von Assoziationen führen" spricht die unbewußten Suchprozesse an, die durch die indirekten Suggestionen heraufbeschworen werden, während die betreffende Person darum ringt, deren Bedeutung, deren gemeinsamen Nenner zu erkennen;

(3) „…dabei werden deutliche Bemerkungen über Offensichtliches eingestreut" meint im wesentichen die Ja-Haltung, die durch eine Reihe offensichtlicher Wahrheiten von seiten des Therapeuten hervorgerufen wird, und die den bewußten Verstand der betreffenden Person während der Trance in einer einfachen akzeptierenden Haltung offenhält;

(4) „Dies alles hält die betreffende Person davon ab, einer einzelnen Assoziation zu folgen" bedeutet, wir wollen nicht, daß die Trancepersonen eine bewußte Assoziationskette in ihrem üblichen, gewohnten Bezugsrahmen und mit den entsprechenden Fehlern entwickeln, denn hierin liegen die erlernten Einschränkungen, die sie daran gehindert haben, ihr Problem zu lösen und dabei ihre eigenen unbewußten Potentiale zu nutzen;

(5) „…stachelt aber zunehmend ihr Bedürfnis an, etwas zu tun." Dies bedeutet: Nachdem der übliche Bezugsrahmen der Tranceperson nicht greift, erlebt sie einen Zustand instabilen Gleichgewichts oder eine *Erwartungshaltung*;

(6) „…bis sie schließlich bereitwillig die erste klare und eindeutige Suggestion aufgreift, die ihr angeboten wird." Damit wird die Erwartung erfüllt und ein Abschluß erreicht, indem eine *direkte therapeutische Suggestion* herangetragen wird. [An diesem Ablauf können wir ersehen, wie Erickson zunächst das unbewußte Potential des Patienten mit einer Reihe indirekter Suggestionen anspricht und aktiviert (1. und 2. Schritt), während er den bewußten Verstand des Patienten offen und aufnahmebereit hält (3. und 4. Schritt). Gleichzeitig wird im 5. Schritt eine gewisse Spannung und ein Bedürfnis zu reagieren erzeugt, und im 6. Schritt folgt die Auflösung in Gestalt einer direkten therapeutischen Suggestion. Diese wunderbare Integration indirekter (Schritt 1) und direkter (Schritt 6) Suggestionen folgt dem 5-Stufen-Paradigma der Mikrodynamik von Trance und Suggestion, das später, im ersten Teil des zweiten Bandes dargestellt wird.]

So wurde beispielsweise anläßlich einer Vorlesung vor dem Fachpersonal eines Krankenhauses eine Krankenschwesternschülerin von ihrem Vorgesetzten gedrängt, sich freiwillig als Versuchsperson zu melden. Zum Glück war sie neugierig darauf, aber sie mochte es nicht, solche Anweisungen zu erhalten. Diese Gefühlslage wurde in einer vorwiegend nonverbalen Konfusionstechnik genutzt, um bei der Versuchsperson, die nie zuvor Hypnose gesehen oder erfahren hatte, in kürzester Zeit eine tiefe Trance hervorzurufen.

Als sie von einem Seitengang im Vorlesungssaal nach vorn kam, wurde demonstrativ ein Stuhl für sie zurechtgerückt. Als sie auf etwa zwei Meter an den Stuhl herangekommen war, wurde sie gefragt: „Wollen Sie *hier* auf *diesem* Stuhl sitzen?" Bei dem Wort „diesem" legte ich, der Autor meine linke Hand mit Bedacht auf die Rückenlehne des Stuhl, so, als würde er auf ihn weisen. Bei dem Wort „hier" gestikulierte ich mit meiner rechten Hand, als wolle ich einen Stuhl rechts daneben bezeichnen. Sie hielt einen Augenblick inne, aber als sie sich dann weiter näherte, schob ich den Stuhl ein klein wenig zu ihr hin, so daß ein leises Kratzgeräusch am Boden entstand, das gut zu hören war. Als sie noch näher an den Stuhl herankam, schob ich ihn etwas von ihr weg zur Seite, und dann, als sie dies zu bemerken schien, rückte ich ihn unvermittelt wieder etwa drei Zentimeter zurück und anschließend nochmals ca. drei Zentimeter seitlich nach vorn und auf sie zu. Dies alles bemerkte sie, weil meine linke Hand auf der Lehne ihren Blick auf sich zog.

Zu diesem Zeitpunkt hatte sie den Stuhl erreicht, hatte sich leicht umgewandt und war dabei, ihren Körper darauf niederzulassen. Sobald sie ihre Knie gebeugt hatte, drehte ich den Stuhl um etwa drei Zentimeter, und als sie wieder einen Augenblick innehielt, um einen Blick auf den Stuhl zu werfen, ergriff ich ihren rechten Ellbogen und bewegte ihn leicht von ihrem Körper weg und nach vorn. Als sie sich daraufhin umdrehte, um nachzusehen, gab ich ihren Ellbogen frei, ergriff ihre rechte Hand sanft am Handgelenk und bewegte sie leicht nach oben und dann nach unten. Als sie ihren Blick vom Ellbogen zur Hand wandern ließ, sagte ich ihr in ruhigem Ton: „Setzen Sie sich nun ganz auf den Stuhl nieder, und während Sie das tun, schließen Sie einfach Ihre Augen und, gehen Sie weit weg, tief in Trance, und während Sie weiter hier sitzen, schlafen Sie immer tiefer in hypnotischer Trance."

Als sie sich auf dem Stuhl niedergelassen hatte, kam die zusätzliche Bemerkung: „Und nun können Sie tief und wohlig Luft holen, während ich mit meiner Vorlesung fortfahre." Danach wurde sie unverzüglich und ohne weitere Übung eingesetzt, um somnambule Trance und andere tiefe Trancephänomene zu demonstrieren. Etwa eine Stunde später wurde sie geweckt und zeigte spontan eine völlige Amnesie, indem sie äußerte: „Sie haben mich so durcheinandergebracht, daß ich überhaupt nicht weiß, was ich tun soll. Ist es in Ordnung, so dazusitzen, und was soll ich mit meiner Hand machen?"

Sie erhielt die Erwiderung: „Würden Sie gern in Trance gehen?"

Sie antwortete: „Ich weiß es nicht genau. Ich bin mir nicht sicher. Ich weiß noch nicht einmal, ob ich überhaupt zu hypnotisieren bin. Ich vermute, es könnte gelingen. Ich bin bereit, es zu versuchen, wenn Sie wollen."

Sie wurde gefragt, was sie damit meinte, wenn sie sagt, sie sei verwirrt.

„Nun ja, als ich mich anschickte, hier heraufzukommen, baten Sie mich, daß ich auf diesem Stuhl Platz nehme, und dann fingen Sie an, ihn erst in die eine und dann in die andere Richtung zu schieben, und dann begannen Sie, meinen Arm irgendwie zu bewegen, und ehe ich wußte, was Sie wollten, waren Sie bei meiner Hand, und ich bin immer noch durcheinander. Was möchten Sie denn nun, das ich tun soll?"

Mit dieser letzten Frage gibt die Versuchsperson eine passende Definition für das Ziel einer Konfusionstechnik; dieses besteht nämlich in dem dringenden Bedürfnis nach einem eindeutigen, leicht zu erlangenden Verständnis dessen, was gewünscht wird. In diesem unangenehmen Zustand der Konfusion, ob sie nun auf verbalem, nonverbalem oder auf beiderlei Weg zustande gekommen ist, zeigt die Versuchsperson eine übergroße Bereitschaft, den nächstbesten, einfachen, suggerierten Gedanken, der ihre Konfusion zu beenden vermag, aufzugreifen und auf ihn zu reagieren. In diesem Fall akzeptierte sie sogleich die Suggestionen: „Setzen Sie sich nun vollends nieder", „schließen Sie Ihre Augen", und „schlafen Sie tief". Dies bedeutete in der Tat eine Erleichterung. Als sie aus der Trance erwachte, geriet sie wiederum in den Zustand bewußter Verwirrung, der durch die unvermittelte Entwicklung einer tiefen Trance unterbrochen worden war.

Zusammenfassend sei gesagt: Bei dieser Versuchsperson wurde eine Reihe körperlicher Aktivitäten eingeleitet. Während sie dieser Entwicklung folgte, erhielt sie zunächst eine und sogleich eine weitere Suggestion im motorischen Bereich; diese nahmen gerade so viel Raum ein, daß die Versuchsperson sie bemerken konnte; ehe sie aber darauf reagieren konnte, trat bereits die nächste Suggestion an die Stelle der ersten. Jede einzelne Suggestion für sich genommen war annehmbar, aber die entsprechende Reaktion darauf wurde sofort ausgeschlossen, obgleich das Bedürfnis danach immer stärker wurde. Darüber hinaus wurde mit jeder neuen Suggestion ein Gemisch widersprüchlicher Bedeutungen eingeführt (z.B dieses vorwärts – rückwärts, bzw. rechts – links), das nachgerade dazu zwang, aus diesen vielfältigen Wahlmöglichkeiten, die immer wieder abgeändert wurden, etwas herauszugreifen. Als nach klinischer Erfahrung die Versuchsperson an dem psychischen Punkt angelangt sein mußte, wo sie ihr zunehmendes

Reaktionsbedürfnis in die Tat umsetzen wollte, erhielt sie eine direkte, einfache Anweisung.

In einem einzigen Satz können wir die Konfusionstechnik definieren als ein Verfahren, bei welchem eine Reihe miteinander zusammenhängender, annehmbarer Simuli, die gewöhnlich in reaktives Handeln umgesetzt werden, in einer Weise dargeboten werden, daß eine Reaktion verhindert wird, bis schließlich die Versuchsperson in einer Art kumulativem Effekt auf die erste eindeutige, klare Idee eine nachdrückliche Reaktion zeigt.

Wäre im angeführten Beispiel die Versuchsperson noch nicht bereit gewesen, einen Trancezustand zu entwickeln, so hätte der Autor ohne weiteres fortfahren können, ihre Aufmerksamkeit von der rechten zur linken Hand zu lenken, dann zum rechten Ellbogen und weiter zum linken Knie, anstatt auf die Gegenstände in ihrer Umgebung zurückzugreifen. Der Grund besteht darin, daß in der Versuchsperson selbst das Reaktionsbedürfnis gesteigert werden sollte.

12. Ein weiteres Beispiel zur Konfusion in der Tranceinduktion[1]

Milton H. Erickson

Anläßlich eines Vortrags über Hypnose, den Erickson vor einer Ärztegruppe hielt, wurde er von einem Arzt unterbrochen, der zwei weibliche, freiwillige Versuchspersonen hereinbrachte, welche gern Hypnose erleben wollten, und die er Erickson vorstellte. Im folgenden beschreibt er die Situation, so wie er sie erlebt hat.

E: Ich begann damit, daß ich ihnen erzählte, daß sie nun wirklich überhaupt nichts von mir wüßten, daß ich aber doch zumindest über eine durchschnittliche Erziehung verfüge; ich sei zur Grundschule gegangen; ich hätte für Ärzte Vorlesungen gehalten; ich hätte zählen gelernt, ich könne mit Leichtigkeit bis zwanzig zählen ; ich könne in Einerschritten bis zwanzig zählen, in Zweierschritten, in Vierer-, Fünfer- und in Zehnerschritten; ich könne meinen Namen schreiben. Ich erzählte ihnen eine ganze Menge Unsinn, zusammen mit der wichtigen Mitteilung über das unterschiedliche Zählen bis zwanzig. Und dann sagte ich: ‚Nun, Sie können natürlich immer in hypnotische Trance gehen, wenn ich bis zwanzig zähle.‘ Sie sahen mich einfach nur an, und ich fuhr mit meiner unsinnigen Erörterung unwesentlicher Tatsachen über meine Person fort. Daß ich Corned Beef mochte, daß ich goldäugige Forellen mochte, usw. Dann schaute ich die beiden bedeutungsvoll an und sagte: ‚Ich hatte vier Jungen und vier Mädchen – macht zusammen acht. Im Dutzend sind sie wirklich billiger, müssen Sie wissen.‘ Und dabei gingen sie beide in Trance. Acht und zwölf ist zwanzig. Die Frauen waren mit der Erwartung hereingekommen, daß sie in Trance gehen würden. Sie wußten überhaupt nicht, was eine Tranceinduktion ist, deshalb fing ich mit meinem unsinnigen Gerede über meine Erziehung und über das Zählen bis zwanzig an. Dann erzählte ich ihnen, wenn ich bei zwanzig angelangt sei, würden sie in Trance gehen – darauf ließ ich die Bemerkung von den vier Jungen und vier Mädchen einfließen – und daß sie im Dutzend billiger sind; vier plus vier plus zwölf macht zwanzig.

1 Persönliche Mitteilung an den amerikanischen Herausgeber aus dem Jahr 1976.

Davor hatte ich bereits erwähnt, daß ich auf alle möglichen Arten bis zwanzig zählen könne, ‚und wenn ich bei zwanzig angelangt bin, dann gehen Sie in Trance.‘ So rasch gingen sie also in Trance. Dieser ganze Unsinn war in Wirklichkeit gar kein Unsinn, – es war ein Konfusionsspiel. Während sie sich verzweifelt bemühten, sich einen Reim auf all den Unsinn zu machen (denn es ist schließlich unsinnig, daß jemand vor einer Ärztegruppe vorträgt und auf diese Weise spricht), fragten sie sich vermutlich: ‚Warum redet er so? Weshalb sagt er das? Warum erzählt er uns das?‘ Sie versuchten verzweifelt, irgend eine Bedeutung herauszubekommen, und der erste mögliche Sinn ergab sich aus vier plus vier plus zwölf; sobald sie sich diesen Sinn erschlossen hatten, gingen sie in Trance. Das ist eine hübsche Demonstration der Konfusionstechnik und ein Beispiel für Versuchspersonen, die sich damit herumschlagen, in dem, was man sagt, einen Sinn ausfindig zu machen, ferner auch ein Beispiel dafür, wie man selbst merkt, daß die Versuchspersonen tatsächlich dem, was man sagt, einen Sinn beimessen. Man soll ihnen ein reichhaltiges Angebot machen und sie dann auswählen lassen.

13. Eine hypnotische Technik für Patienten mit Widerstand: Der Patient, die Technik, die Grundlagen und Feldexperimente[1]

Milton H. Erickson

Es gibt die verschiedensten Arten schwieriger Patienten, die Psychotherapie aufsuchen und sich dennoch offen feindselig und widerspenstig geben, die Widerstand leisten, auf Abwehr gehen und alle Anzeichen der Ablehnung zeigen, die Therapie auch anzunehmen, deretwegen sie gekommen sind. Diese ablehnende Haltung ist zum Teil der Grund, warum sie in Therapie gegangen sind; hierin wird ihre neurotische Einstellung gegenüber der Therapie deutlich, ihre Unsicherheit, was den Verlust ihrer Abwehrmechanismen anbetrifft, und so stellt sie einen Teil ihrer Symptomatologie dar. Deshalb sollte eine derartige Haltung respektiert werden, anstatt sie als aktive, bewußte oder sogar unbewußte Absicht anzusehen, sich dem Therapeuten entgegenzustellen. Der Widerstand sollte offen, ja wohlwollend entgegengenommen werden, stellt er doch die Mitteilung eines Problemanteils von vitaler Bedeutung dar und kann häufig als Einstieg in ihre Abwehrmechanismen genutzt werden. Den Patienten selbst ist das nicht klar; vielmehr mag es sie oft gefühlsmäßig belasten, weil sie ihr Verhalten eher als unkontrollierbar, unerfreulich und unkooperativ empfinden und nicht als aufschlußreichen Ausdruck bestimmter wesentlicher Bedürfnisse.

Der Therapeut, der sich dessen bewußt und insbesondere in Hypnotherapie bewandert ist, vermag diese offenen, anscheinend unkooperativen Verhaltensweisen mit Leichtigkeit und oft auch rasch in eine gute Beziehung umzuwandeln, in das Gefühl, verstanden zu werden, in eine hoffnungsvolle Erwartungshaltung, daß die angestrebten Ziele auch erreicht werden.

Gewöhnlich haben diese Patienten bereits mehr als einen Therapeuten aufgesucht, haben therapeutische Fehlschläge erlebt, und ihre Schwierigkeiten haben sich verschlimmert. Dieser Umstand allein schon erfordert mehr Fürsorglichkeit und Sorgfalt, ihren Bedürfnissen zu entsprechen, besonders wenn man im Auge behält, daß so ein anscheinend unfreundlicher Beginn der therapeutischen Beziehung oft auf

---

1 Zuerst erschienen in: *The American Journal of Clinical Hypnosis* 7, July 1964, 8-32

einen beschleunigteren Verlauf der Therapie schließen läßt, wird dieser Beginn nur gelassen und locker als Symptom und nicht als Widerstand gehandhabt.

Daher wird der Therapeut dem Patienten helfen, seine unangenehmen Empfindungen und Einstellungen sogleich und unverhohlen auszusprechen, wird ihn offen und aufmerksam aufnehmen und ermutigen und wird sich in angemessener Weise äußern, so daß die Gefühle des Patienten bereits in der ersten Sitzung in vollem Umfang zutage treten.

Vielleicht kann das anhand eines ziemlich extremen Beispiels eines neuen Patienten verdeutlicht werden, der mit seiner Eingangsbemerkung beim Betreten der Praxis alle Psychiater mit einem gebräuchlichen unflätigen Ausdruck belegte. Sogleich erhielt er die Erwiderung: „Zweifellos haben Sie einen verflixt guten Grund, *das und vielleicht noch etwas Schlimmeres* zu sagen.“ Die im Text hervorgehobenen Worte erkannte der Patient nicht als direkte und absichtliche Aufforderung mehr mitzuteilen, aber sie taten ihre Wirkung. In sehr gewöhnlicher Ausdrucksweise, voller Verbitterung und Verärgerung, verächtlich und feindselig berichtete er über seine unglücklichen, wiederholten und oft vergebens fortgesetzten Bemühungen um eine Therapie. Als er eine Pause einlegte, kam beiläufig die schlichte Bemerkung: „Nun gut, Sie müssen teuflisch gute Gründe haben, *bei mir um Therapie nachzufragen.*“ (So wurde sein Besuch bei mir definiert, ohne daß es ihm klargeworden wäre.)

Die im Text hervorgehobenen Worte waren wiederum nichts weiter als Teil eines anscheinend erstaunten Kommentars, der in seiner eigenen Sprache abgegeben wurde. Er bemerkte nicht, daß somit für ihn eine therapeutische Situation definiert worden war, trotz seiner Antwort: „Nur keine Sorge, ich werde hier keine positive Übertragung oder sonst ... (Fäkalsprache) zu Ihnen entwickeln. Ich werde mein gutes Geld hinlegen, daß Sie Ihren Job mit mir erledigen, klar? Ich mag Sie nicht, und ich kenne eine Menge Leute, die Sie auch nicht mögen. Der einzige Grund, weshalb ich hier bin: Ich habe eine Reihe Veröffentlichungen von Ihnen gelesen und stelle mir vor, daß Sie mit einem unangenehmen, querulierenden, unkooperativen ... (Fäkalsprache) umgehen können, und ich werde jeder verflixten Kleinigkeit Widerstand entgegensetzen, wenn Sie versuchen, etwas für mich zu tun. Ich kann überhaupt nicht anders, entweder sagen Sie mir also, ich soll machen, daß ich hier abhaue oder aber den Mund halten, und Sie fangen mit Ihrer Arbeit an, aber versuchen Sie's nicht mit Psychoanalyse. Von dem Geschwafel habe ich genug. Hypnotisieren Sie mich, bloß weiß ich, daß Sie's nicht können, trotz Ihrer ganzen Schreiberei. Also, machen Sie vorwärts!"

Gelassen und mit einem Lächeln antwortete ich ihm: „In Ordnung, Ruhe jetzt, setzen Sie sich hin, halten Sie Ihren verflixten Mund und hören Sie zu; und damit wir uns richtig verstehen, ich werde jetzt *vorwärts machen* (ich gebrauche die Worte des Patienten), aber *ich mache so verflixt langsam oder schnell, wie es mir paßt*!" Die Art, wie ich seiner Anfrage nach Therapie zustimmte, entsprach seiner Ausdrucksweise, obgleich ich einen gelassenen Ton ohne mißliebige Zwischentöne beibehielt. So wurden dem Patienten Dinge von wesentlicher Bedeutung (kursiv gedruckt) auf wirkungsvolle Weise mitgeteilt, ohne daß er das bewußt aufgenommen hätte.

Der Patient setzte sich und starrte den Autor schweigend und kampfbereit an. Er merkte nicht, daß er sich damit einer therapeutischen Situation anheimgab. Statt dessen mißverstand er sein eigenes Verhalten als unkooperative Mißachtung. Da er in seiner Aufmerksamkeit und seiner Meinung nun so festgelegt und konzentriert war, wandte ich eine hypnotische Technik an, die über die Jahre hin, ohne daß es eigentlich beabsichtigt war, anhand all der schwierigen und unkooperativen Patienten entwickelt worden ist, die Widerstand leisteten. Dabei hatte ich viel darüber nachgedacht, deren eigene Äußerungen in Suggestionen von grundlegender Bedeutung umzuwandeln, um damit deren Verhalten wirksam und fürs erste unmerklich zu lenken.

Die Technik und ihre Grundlage

Die Technik, die hier sogleich im Detail beschrieben werden soll und manchmal fast wörtlich verwendet wird, kann verkürzt oder mittels weiterer Wiederholungen oder Ausschmückungungen verlängert werden, je nach den Fähigkeiten des Patienten, zu verstehen und zu reagieren. Es ist vorteilhaft, sie gemäß dem jeweiligen Sprachstil des Patienten abzuändern, sei er nun schroff, unhöflich oder sogar maßlos unflätig. Allerdings höre ich dabei ziemlich bald mit den Ruppigkeiten der Patientensprechweise auf; die grammatikalisch inkorrekten Wendungen, die vielleicht für die Redeweise des Patienten typisch sind, werde ich wahrscheinlich eher beibehalten. So wird die Gewalttätigkeit des Patienten (im sprachlichen Sinne) unmerklich beiseitegelegt, und Patient und Therapeut gelangen zu einem sicheren, angenehmen Sprachniveau, das dem Patienten der Form nach vertraut ist. Der Patient weiß nicht, wie es dazu gekommen ist, noch daß dies aufgrund des indirektem Vorgehens geschehen ist, und es besteht auch kein Grund, warum er zu einem Verständnis der Technik und der verschiedenen Kommunikationsebenen gelangen sollte, – schließlich braucht auch der Patient in der Chirurgie keine Kenntnisse der angewandten Operationstechniken.

Ist erst einmal genügend Material von dem aggressiven, feindseligen, ablehnenden, auf Abwehr eingestellten und unkooperativen Patienten vorhanden, um seine unglücklichen Verhaltensweisen und Einstellungen einordnen und seinen Persönlichkeitstyp beurteilen zu können, so wird er durch ein paar einführende Bemerkungen unterbrochen. Diese sind sowohl positiver als auch negativer Art, scheinen angemessen und auch von Bedeutung, und werden in der Sprache an den Patienten gerichtet, die er im Augenblick am besten verstehen kann. Indessen enthalten diese Bemerkungen verdeckt die verschiedensten direkten und indirekten, permissiven Suggestionen, die die Reaktionen der Patienten in Richtung aufnahmebereiten reagiblen Verhaltens lenken sollen.

Dem oben vorgestellten Patienten habe ich beispielsweise gesagt: „Ich weiß nicht, ob Sie in Trance gehen werden oder auch nicht, wie Sie es verlangt haben." (Man muß diesen Satz schon sehr genau untersuchen, um alle positiven und negativen Implikationen herauszufinden, was nicht möglich ist, wenn man ihn lediglich hört.) Ausgehend von dieser Eingangsbemerkung wurde bei diesem speziellen Patienten sodann folgende Technik benutzt. Tatsächlich ist sie eher beiläufiger Art und grammatikalisch nicht korrekt, ausgestattet mit Erklärungen in Form von direkten und indirekten permissiven Suggestionen und Anweisungen, die allerdings nicht ohne weiteres als solche zu erkennen sind. Daher werden sie im Text zum leichteren Erkennen weitgehend kursiv gesetzt. Anmerkungen in Klammern oder Erklärungen sind lediglich zum besseren Verständnis für den Leser gedacht und waren selbstverständlich nicht Teil des gesprochenen Textes dieser Technik.

„Sie sind zur Therapie gekommen, Sie haben Hypnose verlangt, und die Schilderung, die Sie von Ihrem Problem gegeben haben, veranlaßt mich zu dem festen Glauben, daß Hypnose Ihnen helfen wird. Allerdings behaupten Sie mit noch mehr Überzeugungskraft, daß Sie der Hypnose Widerstand entgegensetzen, daß andere trotz fortgesetzter Bemühungen gescheitert sind, bei Ihnen Trance zu induzieren, daß die verschiedensten Techniken erfolglos waren, und daß namhafte Leute dazu beigetragen haben, die Hypnose bei Ihnen selbst und auch allgemein als hilfreiches therapeutisches Verfahren in Mißkredit zu bringen. Sie haben offen Ihre Überzeugung zum Ausdruck gebracht, daß ich bei Ihnen keine Trance zu induzieren vermag, und ebenso unverhohlen haben Sie festgestellt, Sie seien sicher, daß Sie allen Versuchen mit Hypnose widerstehen werden, und daß dieser Widerstand bestehen bleibe trotz Ihres ernsthaften Wunsches und Bemühens um Mitarbeit. (Indem man der Hypnose Widerstand entgegensetzt, erkennt man ihre Existenz an, denn es gibt keinen Widerstand gegenüber etwas, das gar nicht vorhanden ist, und ihr Vorhandensein schließt auch ihre Möglichkeiten mit ein. So steht nicht die Realität oder der Wert der Hypnose in Frage, sondern einfach der Widerstand des Patienten. Folglich ist die Induktion von Hypnose vermittels jeder Induktionstechnik in den Bereich des Möglichen gerückt, was aber für ihn nicht zu erkennen ist.)

Da Sie nun zur Therapie hergekommen sind, und Sie behaupten, daß Sie ein querulierender, unkooperativer Patient sind, lassen Sie mich ein paar Dinge erklären, *ehe wir beginnen. Damit ich Ihrer Aufmerksamkeit sicher sein kann*, setzen Sie sich einfach bequem hin und stellen Sie Ihre Füsse flach auf den Boden, legen Sie Ihre Hände auf die Schenkel, und *lassen Sie Ihre Hände in keiner Weise sich gegenseitig berühren* (dies ist die erste Andeutung, daß hier mehr übermittelt wird als das Ohr hört.)

„Nun denn, *Sie werden stillsitzen* während ich spreche, und nun schauen Sie diesen Briefbeschwerer an, ein ganz gewöhnlicher, handlicher Gegenstand. Während Sie ihn ansehen, werden Sie Ihre Augen stillhalten, das wird Ihren Kopf stillhalten und das wiederum wird Ihre Ohren stillhalten, und *es sind Ihre Ohren, zu denen ich spreche*. (Das ist die erste Andeutung auf dem Wege zur Dissoziation.) Nein, sehen Sie nicht zu mir, einfach nur auf den Briefbeschwerer, denn ich möchte, daß Sie mit Ihren Ohren stillhalten, Sie bewegen sie aber, wenn Sie sich umdrehen und mich ansehen. (Die meisten Patienten neigen dazu, ihren Blick wandern zu lassen, deshalb gelingt eine Augenfixation, wenn verlangt wird, die Ohren nicht zu bewegen, und selten ist es öfter als dreimal erforderlich, diese einfache Anordnung zu wiederholen.) Nun, als Sie hier in diesen Raum kamen, brachten Sie *beide Seiten Ihres Bewußtseins* mit, die Vorderseite Ihres Bewußtsein und die Rückseite Ihres Bewußtseins. (Die Bezeichnungen ‚bewußter Verstand' und ‚Unbewußtes' können benutzt werden, je nach Bildungsniveau des Patienten; und damit ist eine zweite Andeutung hin zur Dissoziation erfolgt.) Nun kümmert es mich wirklich nicht, ob Sie mir mit Ihrem bewußten Verstand zuhören, denn wie auch immer, *er versteht Ihr Problem nicht*, denn sonst wären Sie ja nicht hier, also, *ich möchte einfach zu Ihrem Unbewußten sprechen,* denn es ist hier und nahe genug, um mich zu hören; Sie können also Ihren bewußten Verstand auf den Straßenlärm konzentrieren, oder auf die Flugzeuge über uns oder auf die Schreibmaschine im Zimmer nebenan. Oder Sie können über jeglichen Gedanken nachdenken, der Ihnen bewußt in den Sinn kommt, systematische Gedanken, zufällige Gedanken, denn *alles, was ich tun möchte, ist, zu Ihrem Unbewußten sprechen, und es wird mir zuhören,* denn es ist in Hörweite, selbst wenn es *Ihrem Bewußtsein langweilig wird* (Langeweile führt zu Desinteresse, Ablenkung, sogar Schlaf). Wenn Ihre Augen müde werden, ist es in Ordnung, sie zu schließen, aber gehen Sie sicher und seien Sie wohl auf der Hut (ein entwaffnender Ausdruck, soweit es um eine mutmaßliche Bedrohung durch Hypnose geht), halten Sie *ein wirklich gutes geistiges oder visuelles Bild bereit* in Ihrem Bewußtsein (eine nicht erkennbare Anweisung zur Entwicklung möglicher ideosensorischer, visueller Phänomene, während das Wort ‚bereit' eine Rückversicherung gegenüber der Hypnose ist). *Fühlen Sie sich einfach wohl, während ich zu Ihrem Unbewußten spreche, denn ich kümmere mich nicht darum, was Ihr bewußter Verstand tut.* (Damit wird seine bewußte Aufmerksamkeit unbemerkt entlassen, und zwar unmittelbar nachdem Wohlgefühl und Kommunikation nur mit dem Unbewußten suggeriert worden ist.)

Nun, ehe *die Therapie beginnen kann,* möchte ich sicher sein, daß Sie begreifen, *Ihre Probleme werden nicht wirklich verstanden von Ihnen,* aber *Sie können lernen, sie mit Ihrem Unbewußten zu verstehen.* (Das ist eine indirekte Versicherung, daß die Therapie durchgeführt werden kann, und wie sie mit mehr Betonung der Dissoziation erfolgen kann.)

Etwas, das jeder weiß, ist: Menschen können verbal miteinander kommunizieren (‚in Worten miteinander reden' falls ein niedriges Bildungs- oder Intelligenzniveau dies erforderlich macht) oder in Zeichensprache. Die bekannteste Zeichensprache ist natürlich, wenn Sie *Ihr Ja oder Nein mit Kopfnicken oder Kopfschütteln anzeigen.* Jeder kann das. Man kann mit dem Zeigefinger ‚komm her' signalisieren und mit der Hand ‚Adieu' winken. Das Fingerzeichen bedeutet gewißermaßen ‚ja, komm her', und das Winken mit der Hand sagt wirklich ‚nein, bleib nicht'. Mit anderen Worten, man kann den Kopf, den Finger oder die Hand gebrauchen, um die Bedeutung Ja oder Nein zu vermitteln. Wir alle tun das. *Und Sie können* das auch. Manchmal, wenn wir jemandem zuhören, können wir zustimmend oder ablehnend *nikken oder den Kopf schütteln und wissen es nicht. Es wäre genau so leicht mit dem Finger oder mit der Hand.* Nun würde ich Ihrem Unbewußten gern eine Frage stellen, die mit einem einfachen Ja oder Nein beantwortet werden kann. *Nur Ihr Unbewußtes kann antworten* auf diese Frage. Weder Ihr bewußter Verstand, noch mein bewußter Verstand, in diesem Fall weiß noch nicht einmal mein Unbewußtes die Antwort. *Nur Ihr Unbewußtes weiß*: welche *Antwort kann mitgeteilt werden*, und es *wird entweder ein Ja oder ein Nein als Antwort zu denken haben. Es kann ein Nicken oder ein Kopfschütteln sein, ein Heben des Zeigefingers* – sagen wir, der rechte Zeigefinger für Ja, der linke Zeigefinger für Nein, da das bei Rechtshändern gewöhnlich so ist und bei Linkshändern umgekehrt. *Oder die rechte Hand könnte hochgehen, oder die linke Hand könnte hochgehen. Aber nur Ihr Unbewußtes weiß*, welche Antwort es sein wird, wenn ich nach diesem Ja oder Nein frage. Und noch nicht einmal Ihr Unbewußtes wird wissen, wenn die Frage gestellt ist, ob *es antworten wird mit einer Kopfbewegung oder einer Fingerbewegung*, und *Ihr Unbewußtes wird diese Frage zu durchdenken haben* und *entscheiden, wie es antworten wird, nachdem es seine eigene Antwort formuliert hat.* (Die gesamte Erklärung ist im wesentlichen eine Reihe von Suggestionen, die so formuliert sind, daß ideomotorisches Verhalten unweigerlich als Reaktion auftreten wird, und zwar kontingent dazu, daß der Patient ‚*zu durchdenken haben wird*' und zu ‚*entscheiden*', wobei ausdrücklich gar keine ideomotorischen Reaktionen verlangt werden. Es ist nur die Implikation gegeben, und Implikationen kann man nur schwer widerstehen.)

Also, *in dieser schwierigen Situation, in der wir uns befinden* (dies begründet eine ‚Bezogenheit' auf den Patienten), werden wir uns beide zurücklehnen müssen und *warten und warten* (teilnehmendes Verhalten) *auf Ihr Unbewußtes, daß es die Frage durchdenkt, seine Antwort formuliert, dann entscheidet, daß die Antwort kommen mag*, sei es nun mit dem Kopf, mit dem Finger oder der Hand. (Damit werden zum zweitenmal Suggestionen und Anweisungen unter dem Deckmantel der Erklärung erteilt. Scheinbar ist die Person gebeten worden, nichts zu tun, aber tatsächlich ist ihr direkt gesagt worden, sie solle passiv sein und es zulassen, daß auf unbewußter Ebene eine ideomotorische Reaktion erfolgt, die eine Antwort darstellt, von der ihr sorgfältig nahegebracht worden ist, sie solle sie ‚zulassen' als ein andersartiges und eindeutig kontingentes Ergebnis mentaler Prozesse. Während des gesamten Ablaufs wurden eingebettete oder indirekte Suggestionen gegeben, daß der bewußte Verstand die unbewußte geistige Tätigkeit nicht bemerken solle; im Klartext: daß er eine Amnesie für den Trancezustand entwickeln werde.)

Mit anderen Worten, ich werde eine Frage stellen, auf die *nur Ihr Unbewußtes die Antwort geben kann*, und Ihr bewußter Verstand kann – wenn überhaupt – nur raten, vielleicht richtig, vielleicht falsch, vielleicht hat er nur irgendeine Meinung, wie dem auch sei, jedenfalls nur eine Meinung, *keine Antwort.* (Damit verringert sich – für ihn nicht erkennbar – die Bedeutung seines bewußten Denkens und implizit wird weiter der Trancezustand gefördert.)

Ehe ich die Frage stelle, möchte ich gern zwei Möglichkeiten vorschlagen:

(1) Ihr bewußter Verstand möchte die Antwort vielleicht gern wissen.

(2) Ihr Unbewußtes *möchte nicht,* daß Sie die Antwort wissen. Ich habe das Gefühl, und ich denke, Sie stimmen zu, daß Sie aus Gründen in Therapie kamen, die *außerhalb der Reichweite Ihres bewußten Verstandes* liegen. Deshalb denke ich, wir sollten diese Angelegenheit mit der Frage, die ich Ihrem Unbewußten stellen werde, damit es *seine eigene Antwort* gibt, so angehen, daß *Ihre eigenen, tiefen, unbewußten Wünsche, die Antwort zurückzuhalten oder mit Ihrem bewußten Verstand zu teilen, angemessen geschützt und respektiert werden.* Dies scheint mir ein fairer und gerechter Weg im Umgang mit dem eigenen Ich und den eigenen Problemen zu sein. (Er weiß, daß er das von den anderen will, hat aber noch nicht bemerkt, daß er eine faire und gerechte Behandlung von sich selbst möchte.)

Nun, um auf Ihre Bedürfnisse einzugehen, werde ich diese Frage stellen, die ein Ja oder Nein erfordert, und *seien Sie bereit und freuen Sie sich, Ihrem Unbewußten die Antwort zu erlauben* (das ist eine nicht erkennbare autoritäre, aber permissiv formulierte Suggestion, deren Befolgung bereits vorweggenommen ist), und dabei entweder die Antwort mit Ihrem bewußten Verstand zu *teilen,* oder *sie zurückzuhalten, ganz wie Ihr Unbewußtes es für besser hält.* Das Wichtigste natürlich *ist die Antwort, nicht das Mitteilen noch das Zurückhalten.* Das Zurückhalten wird ja nur für die unmittelbare Gegenwart gelten, *denn der therapeutische Gewinn, den Sie machen werden* (ebenfalls eine unerkannte autoritäre Behauptung unter dem Deckmantel der Erklärung), wird Ihnen die Antwort tatsächlich enthüllen, *zu der Zeit, die Ihr Unbewußtes für Sie als am passendsten und hilfreichsten einschätzt.* So *können Sie sich darauf freuen, die Antwort* früher oder später *zu wissen,* und *Ihre bewußten Wünsche ebenso wie Ihre unbewußten Wünsche sind, Therapie zu suchen und Ihre Bedürfnisse zu befriedigen – auf die richtige Art, zur richtigen Zeit.* (Dies ist eine genau umschriebene und darüber hinaus eine äußerst nachdrückliche, positive Suggestion, die in Form einer Erklärung übermittelt worden ist.)

Nun, wie soll diese Frage beantwortet werden? In Worten? Kaum! Da müßten Sie nämlich Worte finden und gleichzeitig hören. Dann wäre das kein *fairer Handel* (ein Ausdruck mit großem Anspruch sowohl im persönlichen wie im sozialen Rahmen) mit Ihrem Unbewußten, falls es zu Ihrem Wohl die Antwort gern vor Ihrem bewußten Verstand zurückzuhalten wünscht. Wie denn dann? Ganz einfach durch eine Muskelbewegung, *die Sie vielleicht bemerken oder nicht bemerken,* eine Muskelbewegung, die entweder auf spürbarer, willentlicher Ebene erfolgt, oder *eine, die unwillkürlich und unbemerkt geschieht,* so wie Sie nicken oder den Kopf schütteln können, ohne es zu bemerken, wenn Sie mit einem Sprecher übereinstimmen oder nicht übereinstimmen, oder die Stirn runzeln, wenn Sie gerade versuchen, sich an etwas zu erinnern.

Was für eine Muskelbewegung soll das sein? Ich denke, es ist besser, einige Möglichkeiten zu erwähnen (einfach ‚denken' und ‚erwähnen', also keine Ausdrücke wie ‚fordern', ‚befehlen', ‚nahelegen'), aber ehe ich das tue, lassen Sie mich den Unterschied beschreiben zwischen einer voll bewußten Muskelreaktion und einer unbewußten. (Die Muskelreaktion wird angesprochen, während seine Aufmerksamkeit fixiert ist, was deshalb geschieht, damit die Aufmerksamkeit auch erhalten bleibt, wenn später verwandtes aber verzögerndes Material eingeführt wird. Der Leser wird bemerken, daß dieser psychologische Schachzug bereits zuvor benutzt worden ist, wobei ein bestimmtes Thema angeschnitten wird um dann eine vorläufige Erklärung abzugegeben.) Die Antwort aus dem bewußten Verstand kann Ihnen nicht vorenthalten bleiben. Sie erkennen sie sogleich. Sie akzeptieren sie und glauben sie, wenn vielleicht auch widerstrebend. Da gibt es keine Verzögerung. Sie kommt Ihnen sofort in den Sinn, und Sie zeigen sogleich Ihre Reaktion.

Eine Reaktion aus dem Unbewußten ist anders, denn *Sie wissen nicht, wie sie sein wird. Sie haben zu warten, daß sie sich einstellt,* und bewußt können Sie nicht wissen, ob sie Ja oder Nein sein wird. (Wie kann eine Muskelbewegung ein Ja oder ein Nein sein?. Der Patient muß konzentriert zuhören, daß irgendeine vernünftige Erklärung erfolgt.) *Sie braucht nicht übereinzustimmen mit Ihrer bewußten Antwort,* welche gleichzeitig und in Übereinstimmung mit Ihrem bewußten Denken vorhanden sein kann. *Sie werden zu warten haben,* und vielleicht warten und warten, und *sie geschehen lassen. Und sie wird geschehen in ihrer eigenen Zeit und in ihrer eigenen Geschwindigkeit.* (Das ist ein autoritärer Befehl, der aber wie eine Erklärung klingt und Zeit verschafft für anderes Verhalten als das bewußte, und in sich selbst schon von zwingender Kraft ist. Außerdem sagt man dem Patienten niemals, daß eine unbewußte Antwort fast immer durch ein starkes Element der Perseveration gekennzeichnet ist. Offenbar hindert das veränderte

Zeitgefühl, das dem veränderten Realitätsbezug in Hypnose entstammt, selbst erfahrene Trancesubjekte daran, diesen Umstand zu erkennen. So ergibt sich ein ausgezeichnetes Kriterium zur Einschätzung der Reaktion. Diese ideomotorische Perseveration ist allerdings von wesentlich kürzerer Dauer, wenn das Unbewußte wünscht, daß der bewußte Verstand die Antwort weiß; dann sind Zeitverzögerung und Dissoziation erheblich verringert, obgleich die unbewußte Reaktion stark verzögert sein kann, weil das Unbewußte den Prozeß durchlaufen muß, die Antwort zu formulieren sowie zu entscheiden, ob sie mitgeteilt werden soll oder nicht. Schließt der Patient spontan die Augen, so kann man fast sicher sein, daß die erfolgte Antwort dem bewußten Verstand des Patienten auch spontan vorenthalten wird. Wird die Antwort ‚mitgeteilt', und insbesondere bei gegenläufigem Standpunkt des bewußten Verstandes, so zeigt der Patient Verblüffung, und bisweilen gesteht er seinem Selbst widerwillig das Bewußtsein oder das starke Gefühl zu, daß die unbewußte Antwort fraglos richtig ist, und dadurch verstärkt sich seine hypnotische Reaktion. Der Hypnotiseur kann zum Vergleich eine Wiederholung herbeiführen, indem er eine weitere einfache Frage stellt, die sorgfältig formuliert werden sollte, so zum Beispiel: ‚Aber Sie *können* eine Antwort zurückhalten, oder können Sie nicht?' Dies sollte so beiläufig geschehen, damit der Patient nicht merkt, daß eine zweite Frage gestellt worden ist. So kann eine zweite ideomotorische Reaktion erzielt werden, die dem bewußten Verstand vorenthalten oder nicht von ihm bemerkt wird. Sorgt man dafür, daß der Patient lernt, unbewußte Aktivität vor dem bewußten Verstand sowohl zurückzuhalten, als sie ihm auch mitzuteilen, so wird der Psychotherapieprozeß erheblich beschleunigt. So hatte ich einen Patienten mit Widerstand, der als Antwort auf meine Frage bewußt und unverzüglich seinen Kopf schüttelte, und zwar kurz und energisch; und dann saß er da und wunderte sich über mein offensichtliches Zögern, auf seine Antwort zu reagieren. Er wußte ja nicht, daß ich ruhig abwartete, um zu sehen, ob er seinen Kopf in langsamen Wiederholungen von links nach rechts drehen oder aber nicken werde. Meine Untersuchungen mit solchen Patienten haben zur Entdeckung dieser perseverierenden Bewegungen, besonders des Kopfes geführt, die bis zu fünf Minuten andauern können, ohne daß der Patient bemerkt, was vorgeht. Befindet sich der Patient erst im Trancezustand, so kann die ideomotorische Reaktion so rasch ablaufen wie im gewöhnlichen Wachzustand, obgleich im allgemeinen doch ein kataleptischer Einschlag vorhanden ist, der sehr aussagekräftig hinsichtlich des hypnotischen Zustands des Patienten ist. Dies ist ein weiteres Kriterium für den anleitenden Hypnotiseur, das von der betreffenden Person nicht bemerkt wird.)

Nun, wie soll die Bewegung denn sein? Die meisten Menschen nicken oder schütteln den Kopf, um mit Ja oder Nein zu antworten, und die Frage, die ich stellen werde, ist solcher Art, daß sie entweder ein einfaches Ja oder ein einfaches Nein erfordert. Andere mögen gern mit einer Aufwärtsbewegung des Zeigefingers ein Zeichen geben; eines bedeutet Ja, das andere Nein. Was mich betrifft, so gebrauche ich gewöhnlich, wie die meisten Leute (die Wendungen ‚ich gewöhnlich' und ‚die meisten Leute' weisen darauf hin, daß *natürlich von uns beiden Verhalten zu erwarten ist, wie von den meisten Leuten*) gern den rechten Zeigefinger für Ja und den linken für Nein, aber bei Linkshändern ist es oft umgekehrt. (Es sollte keine willkürliche Forderung angedeutet werden, da dies ja ein Patient mit Widerstand ist; die erteilte Suggestion erlaubt eine freie Reaktion, auch wenn die Freiheit illusorisch ist.) Dann gibt es wiederum Leute mit sehr ausdrucksvollen Händen, die mit Leichtigkeit sowohl willkürlich als auch unwillkürlich ihre rechte Hand nach oben bewegen können, um ein Ja anzuzeigen, oder die linke, um Nein anzuzeigen. (‚Ausdrucksvolle Hände' ist bloß ein verstecktes Kompliment, aber sehr verführerisch für den Narzißmus. Tatsächlich ist es keinesweg ungewöhnlich, daß jemand mit dem Finger Zeichen gibt oder droht.)

Ich weiß nicht, ob Ihr Unbewußtes möchte, daß Ihr bewußter Verstand einen bestimmten Gegenstand ansieht oder auf Ihren Kopf, Ihre Finger oder Ihre Hände achtet. Vielleicht möchten Sie gern Ihre Hände beobachten, und falls Ihre Augen verschwimmen, wenn Sie sie unverwandt beobachten, während Sie darauf warten, zu sehen, welche sich bewegen wird, wenn ich meine einfache Frage stelle, – nun, ein solches Verschwimmen ist verständlich. Das bedeutet nur, daß Ihre Hände nahe bei Ihnen sind, und daß Sie sie konzentriert ansehen. (Selbst wenn die Augen des Patienten geschlossen sind, kann diese Passsage unbesorgt verwendet werden. Sie ist im Kern in vielerlei Hinsicht hochsuggestiv und doch unaufdringlich. Tatsächlich besteht der einzige Zweck dieser vorgeblichen, wiederholten Erklärungen darin, die verschiedenen Suggestionen und Anweisungen zu erteilen und zu wiederholen, ohne dies offensichtlich werden zu lassen. Es werden damit auch vielfältige Möglichkeiten eingeräumt, die im Grunde eine indirekte Double-bind-Situation herstellen und es äußerst schwierig machen, die Antwort zu verweigern. Die einzelnen Verhaltensweisen werden alle so suggeriert, daß der Patient anscheinend nichts weiter zu tun hat als *seine Wahl* zu treffen, tatsächlich aber ist er *nicht gebeten worden*, unter den bloß erwähnten Möglichkeiten auszuwählen. Er ist sich nicht bewußt, was ihm sonst noch offen oder unterschwellig gesagt worden ist. Persönlich bevorzuge ich eine ideomotorische Kopfbewegung, die mühelos ohne den bewußten Verstand vollzogen werden kann, aber ungeachtet der spezifischen Bewegungsart, die der Patient zeigt, wechselt der Autor sogleich zu einer zweiten und vielleicht auch dritten Art ideomotorischer Reaktion, um das gesamte reaktive Verhalten des Patienten zu verstärken. Die Handbewegung bietet bestimmte klare Vorteile, indem sie leicht dazu führt, daß weitere Phänomene hervorgerufen werden können, die später beschrieben werden sollen.)

Nun (schließlich und endlich ist die Neugier des Patienten bereits sehr groß), dann kommen wir zu der Frage! Ich muß wirklich nicht wissen, welche Art der Bewegung Sie wählen werden. Sie haben Ihren Kopf auf den Schultern, Ihre Finger an Ihren Händen, und Sie können Ihre Hände bequem auf den Schenkeln oder auf den Armlehnen des Stuhls ruhen lassen. *Wichtig ist, sich wohlzufühlen, während Sie auf Ihre unbewußte Antwort warten.* (Irgendwie werden Wohlbefinden und die unbewußte Antwort unbemerkt zu kontingenten Reaktionen, und der Patient wünscht sich natürlich Wohlbefinden. Ebenso natürlich ist er in gewissem Maße neugierig auf die ‚unbewußte Antwort'. Und dann wird auch noch eine weitere verzögernde vorläufige Erklärung gegeben.) Nun sind Sie bereit für jede einzelne Bewegung oder für alle nur möglichen (eine unerkannte autoritäre Suggestion). Was die Frage angeht, die ich stellen werde, so ist auch sie nicht wirklich wichtig. Wichtig ist, *was Ihr Unbewußtes denkt, und was es tatsächlich denkt, wissen weder Sie bewußt, noch ich. Aber Ihr Unbewußtes weiß es schon, denn es vollzieht sein eigenes Denken, aber nicht immer in Einklang mit Ihren bewußten Gedanken.*

Da Sie mich gebeten haben, eine Trance zu induzieren, könnte ich eine Frage stellen, die mit Ihrem Wunsch zusammenhängt, aber ich möchte eher eine einfachere Frage stellen (eine mögliche Bedrohung durch Hypnose ist beseitigt). Also lassen Sie *uns* (wir arbeiten zusammen) eine so allgemeine Frage stellen, daß sie von einer jeden der verschiedenen beschriebenen Muskelbewegungen beantwortet werden kann. Nun, hier ist die Frage, und ich möchte, daß Sie sorgfältig zuhören und dann geduldig warten, damit Sie sehen oder vielleicht auch nicht sehen, was Ihre unbewußte Antwort ist. (Nach so viel anscheinend einleuchtender Verzögerung ist der Patient in seiner Aufmerksamkeit völlig gebannt, er ist sozusagen ‚ganz Ohr' in seinem Wunsch, die Frage zu erfahren, und dieser Wunsch muß sich wohl auf die unerkannte Akzeptanz des Gedankens stützen, daß sein Unbewußtes antworten wird.) Meine Frage ist (langsam, konzentriert und ernst gesprochen): ‚*Denkt* Ihr Unbewußtes, daß es Ihre Hand oder Ihren Finger anheben wird, oder Ihren Kopf bewegen wird?‘ (Es sind drei Möglichkeiten angeboten, daher kann der bewußte Verstand es nicht wissen.)

Warten Sie einfach geduldig und voller Staunen, und lassen Sie die Antwort kommen.“

Was der Patient nicht weiß, und was er auch nicht realisieren kann: es wird mit ihm auf zwei Ebenen kommuniziert, er befindet sich in einer Double-bind-Situation, wenn nicht sogar in einer Dreifach-Bindung. Er kann nicht leugnen, daß sein Unbewußtes denken kann. Durch das Wort „denken“ ist er unentrinnbar gebunden. *Jegliche ideomotorische oder unwillkürliche Bewegung*, sei sie nun positiv oder negativ, ist *eine direkte Mitteilung aus seinem Unbewußten* (aber sein Denken reicht nicht so weit, dies zu begreifen). Wenn sein leichtes Kopfschütteln Nein bedeutet, wird mein sanftes Anheben seiner „Ja“- oder seiner „Nein“-Hand zur Katalepsie führen. Auch diese kataleptische Reaktion ist hypnotischer Natur; dies ist eines der hypnotischen Phänomene. Ich kann ihn dann bitten, sich noch wohler zu fühlen, und wenn seine Augen offen sind, füge ich hinzu: „vielleicht indem Sie Ihre Augen schließen, *tief Luft holen und erfreut sein, daß Ihr Unbewußtes so frei ist, mit mir zu kommunizieren, so wie es das wünscht.“*

So kommuniziert der Patient, ohne sich dessen bewußt zu sein, und ehe er Zeit hat, der Tatsache auf den Grund zu gehen, auf unbewußter Ebene mit mir, geht er dabei buchstäblich in Trance, und das trotz seiner vorausgegangenen bewußten Überzeugung, daß er unweigerlich gegen seinen eigenen Wunsch Hypnose ankämpfen werde. Mit anderen Worten ist sein Widerstand überbrückt worden, indem seine hypnotischen Reaktionen im Zuge einer anscheinend unhypnotischen Diskussion verschiedener Themen mit seinen Denkprozessen in Übereinstimmung gebracht wurden. Sein irrtümlicher Glaube, wonach er nicht zu hypnotisieren sei, wurde zunichte gemacht durch das erfreuliche unbewußte Begreifen seiner Kooperationsfähigkeit. Wenn er dessen inne wird, daß er mit ideomotorischer Aktivität reagiert, dann muß er erkennen, daß sein Unbewußtes die Verantwortung über die Situation übernommen hat. Das setzt ihn einer weiteren Double-bind-Situation aus, daß er nämlich seinem Unbewußten erlaubt, seinem bewußten Verstand mitzuteilen, was immer es möchte; und damit steht er in einer weiteren Doppelbindung völlig ahnungslos unter der Verpflichtung, daß sein Unbewußtes seinem bewußten Verstand auch etwas *vorenthalten* kann, was eine hypnotische Amnesie auf der bewußten Ebene zur Folge hat. So ist ohne offensichtlich angestrengte Tranceinduktion, von der der Patient wohl ausging, ein Tranczustand herbeigeführt worden.

Glücklicherweise bedeutet sowohl für den Hypnotiseur wie für den Patienten das Hervorrufen eines einzelnen hypnotischen Phänomens oft eine ausgezeichnete Technik zur Tranceinduktion, und zum Wohle des Patienten sollte öfter Gebrauch davon gemacht werden. Dies erkannte ich erstmalig im Sommer des Jahres 1923, als ich Untersuchungen mit automatischem Schreiben vornahm. Zur Verblüffung des Autors entwickelte die Versuchsperson, des Autors Schwester Bertha, die nie zuvor hypnotisiert worden war oder eine Hypnoseinduktion beobachtet hatte, eine tiefe somnambule Trance, und dabei wurden nur Suggestionen gegeben, daß ihre rechte Hand, die einen Bleistift auf einem Blatt Papier hielt, langsam und allmählich anfangen solle, sich ruckartig zu bewegen und krakelige Zeichen zu machen, bis sie schließlich Buchstaben und dann Wörter schreiben würde, die einen Satz bildeten, während ihr Blick starr auf den Türknopf gerichtet war, um ihren Körper stillzuhalten. Es wurde der Satz niedergeschrieben: „Großmutters Hund mag diese Knochen fressen." Der Autor fragte nach, was sie damit meinte, und er erhielt, während sie kataleptisch zur Tür deutete, zur Antwort: „Schau, er frißt diese ganze Schüssel voller Knochen, und er mag sie." Erst jetzt erkannte der Autor, daß unbeabsichtigt eine Trance ausgelöst worden war, und daß sie visuell halluzinierte, was sie geschrieben hatte, denn Großmutters Hund war meilenweit entfernt. Danach wurde automatisches Schreiben sehr oft als indirekte Technik der Tranceinduktion verwandt, aber schließlich verworfen, weil Schreiben ein systematisches Anordnen einer bestimmten Fertigkeit verlangt und deshalb zu zeitraubend ist. Als nächstes wurde ein Ouija-Brettchen benutzt, aber trotz seiner relativen Tauglichkeit zur indirekten Tranceinduktion wieder beiseite gelegt, weil es mit Übersinnlichem in Verbindung gebracht wird. Dann wurde vernünftigerweise auf die einfachen, automatisch und prompt erfolgenden Bewegungen zurückgegriffen, die keine besonderen Fähigkeiten erfordern. Zunächst verwendeten wir eine Modifikation des automatischen Schreibens, die von einer Reihe unterschiedlicher Versuchspersonen spontan und unabhängig voneinander entwickelt worden war; eine senkrechte Linie bedeutet „Ja", eine waagerechte „Nein" und eine schräge „ich weiß nicht". Dies ist bereits andernorts von Erickson und Kubie beschrieben worden (In: *Psychoanalytic Quarterly* 8, Oct.

1939, 471-509). Dieses Verfahren hat sich oft als rasche indirekte Technik der Tranceinduktion erwiesen.

Ist erst einmal eine ideomotorische Reaktion erfolgt, so kann diese unverzüglich und unmittelbar weiter genutzt werden. Wenn beispielsweise ein Patient verneinend seinen Kopf schüttelt, wird seine „Ja"-Hand sanft angehoben, und es tritt eine spontane Katalepsie auf. Falls der „Ja"-Finger ideomotorisch reagiert, wird die andere Hand angehoben, um Katalepsie zu bewirken; oder es kann dem Patienten auch gesagt werden, daß sein Kopf seinem Finger zustimmen kann. Wenn er seine Augen offen hat (häufig schließen sie sich spontan, wenn die ideomotorische Aktivität beginnt), kann die einfache Suggestion gegeben werden, daß er sein körperliches Wohlbefinden steigern kann, indem er sich wohlig entspannt, seine Augen schließt, sich gemütlich ausruht, tief Luft holt und *dabei voller Zufriedenheit begreift, daß sein Unbewußtes sich unmittelbar und angemessen mitteilen kann und so frei ist, Verbindung in der Art aufzunehmen, wie es das nur wünscht*, entweder in Zeichensprache oder in Worten oder auf beiderlei Art und Weise. Der Patient wird eindringlich gebeten zu begreifen, daß es keine Hast oder Eile gibt, daß *seine Ziele zur Zufriedenheit und nicht eilig erfüllt werden sollen, und daß er die Kommunikation aus dem Unbewußten unbegrenzt fortsetzen kann*. Auf diese Art werden die Bezeichnungen „Trance" bzw. „Hypnose" vermieden, und doch können vielfältige hypnotische und posthypnotische Suggestionen vermittelt werden in Gestalt deutlich bekundeten Interesses am Wohlergehen des Patienten, in Erklärungen und Versicherungen, die alle so formuliert werden, daß sie unbegrenzt für die Zukunft gelten, wobei implizit eine zeitliche Begrenzung durch die *zur Zufriedenheit erfüllten Ziele* gegeben ist. (Die kursiv gesetzten Worte bedeuten in dieser Situation eine Doppelbindung.) Auf diese Weise wird eine sehr tragfähige Grundlage für einen guten Rapport, für zukünftige Trancen und für einen raschen therapeutischen Fortschritt geschaffen, und gewöhnlich kann das in der ersten Sitzung geschehen. In außergewöhnlichen Fällen sah sich der Autor durch den Patienten gezwungen, bis zu 15 Stunden aufzubringen, die der Patient damit zubrachte, den Autor und den zu erwartenden Fehlschlag der therapeutischen Bemühungen anzuprangern, und hernach stellten sich dann gute Trancezustände und ein rascher therapeutischer Erfolg ein.

Bei dem obengenannten Patienten, dessen heftige, unglückselige Streitsucht diese Technik geraten sein ließ, führte sie zu einer tiefen Trance, die genutzt wurde, um die Anamnese zu erheben und posthypnotische Suggestionen zu vermitteln, die den Gang der zukünftigen hypnoanalytischen Therapiesitzungen bestimmten.

Er wurde mit der einfachen beiläufigen Bemerkung aus der Trance geweckt, die den Anschein vermittelte, als sei inzwischen überhaupt keine Zeit vergangen: „Na ja, das *ist* (die Präsensform ist zu beachten) ja schon eine ganze Menge an Gemeinheiten, die Sie mir da an den Kopf geworfen haben." So wurde der Patient behutsam zu dem Zeitpunkt rückorientiert, als er mich verbal angegriffen hatte, und entsprechend erwachte er „spontan" aus seinem Trancezustand, schien ziemlich verwirrt, verglich seine Uhr mit der des Autors und bemerkte dann voller Erstaunen: „Ich habe Sie mehr als 15 Minuten lang beschimpft, aber es ist erheblich mehr als eine Stunde vergangen! Was ist mit der übrigen Zeit geschehen?" Er erhielt die Antwort: „Demnach haben Sie mich 15 bis 20 Minuten beschimpft (eine bewußte, allerdings nur geringfügige Erweiterung seiner Zeiteinschätzung), und *dann haben Sie die übrige Zeit verloren!* (So wird dem Patienten indirekt vermittelt, daß er vergessen kann.) Na ja, das ist meine Sklavenarbeit, und da Sie nun wissen, daß Sie Zeit verlieren können, sollten Sie auch wissen, daß Sie ein paar Dinge ebenso leicht und unerwartet loswerden können, die Sie nicht behalten wollen. Dann *machen Sie sich jetzt mal auf*, und kommen Sie nächsten Freitag zur gleichen Zeit wieder, und *bezahlen* Sie bei dem Mädchen nebenan." Es wurden die eigenen Worte des Patienten gebraucht, aber nun fielen sie auf ihn zurück. Obgleich diese Worte ursprünglich gebraucht worden waren, um die Therapie in Gang zu bringen, wurden sie jetzt im Zusammenhang mit den Instruktionen des Therapeuten bezüglich seiner, des Patienten Rolle in der Therapie verwendet. Und da er gesagt hatte, er lege sein „gutes Geld" für die Therapie hin, wurde ihm durch die Aufforderung, unmittbar zu zahlen, unbewußt der Gedanke nahegebracht, er erhalte das, was er so eindringlich und unhöflich gefordert hatte.

Als er am Freitag wiederkam, nahm er Platz und fragte in verwirrtem, übertrieben angespanntem Ton: „Muß ich Sie denn mögen?" Was diese Frage bedeutet, ist klar, die Anspannung in seiner Stimme war ein Zeichen seiner inneren Unruhe, und so mußte er beruhigt werden, ohne daß die dahingehenden Bemühungen für ihn erkennbar gewesen wären. Dementsprechend wurde die Stimmung der ersten Sitzung wiederhergestellt, indem ich beiläufig und locker dahinsagte: „Zum Teufel, sie elender Spinner, *wir haben eine Menge zu tun.* Der Seufzer der Erleichterung und die nachfolgende körperliche Entspannung auf diese anscheinend unhöfliche und unprofessionelle Erwiderung bestätigten sein Bedürfnis, und damit wechselte seine Aufmerksamkeit zu dem Zweck, der in den kursiv gesetzten Worten ausgedrückt ist; er war von seiner inneren Angst befreit, die tatsächlich eine mögliche Gefährdung für die Fortsetzung der Therapie darstellte.

Während er sich entspannte, sagte ich so nebenbei: „Schließen Sie einfach Ihre Augen, holen Sie tief Luft, und *nun lassen Sie uns an die Arbeit gehen, die wir zu tun haben.*" Kaum war dieser Satz zu Ende gesprochen, befand sich der Patient auch schon in einer tiefen somnambulen Trance, und später genügte es schon, daß er sich auf diesen Stuhl setzte, und schon war eine Trance eingeleitet. Wenn der Therapeut nicht wollte, daß der Patient in Trance geht, dann bat er ihn einfach, sich auf einen anderen Stuhl zu setzen.

In der vierten (Trance-)Sitzung fragte er: „Ist es in Ordnung, Sie zu mögen?" Er erhielt die Antwort: „Wenn Sie das nächste Mal kommen, dann setzen Sie sich auf den Stuhl mit der geraden Rückenlehne, und dann wird Ihnen die Frage und die Antwort einfallen." (Diese Bemerkung gehört auch zur Beschreibung der Technik.)

In der nächsten Sitzung setzte er sich „spontan" auf den geradlehnigen Stuhl, schaute verwirrt und erklärte: „Ja verflixt nochmal, ich kann wirklich machen, was ich will!" Darauf wurde ihm erwidert: „Na, Sie lernen wohl langsam?" Und er antwortete: „Mit mir ist alles in Ordnung." Darauf erhob er sich, setzte sich auf den üblichen Stuhl und ging in Trance. (Er wollte kein „Geschwafel" von „Übertragung" und deren „Auflösung" hören, aber er konnte *„wirklich alles machen, was er wollte"*. Auf diese Art erkannte er eine gewisse emotionale Reaktion an, gestand sie sich zu und nahm dann auch wieder Abstand von ihr, indem er „an die Arbeit ging" und keine Zeit mit mühseligen Versuchen verschwendete, „seine Übertragungsneurose zu analysieren". Er war vielmehr einzig daran interessiert „vorwärtszumachen", wie er das eingangs genannt hatte.

Die Therapie dauerte keine 20 Stunden, jede Sitzung war außerordentlich fruchtbar und er wurde immer mitteilsamer. Heute, nach 10 Jahren, ist er nach wie vor gut angepaßt und dem Autor ein warmherziger Freund, obgleich wir uns nicht regelmäßig sehen.

Die oben beschriebene Technik wurde mit geringfügigen Veränderungen oft und über viele Jahre benutzt. Die verschiedensten Patienten haben zu ihrer Entwicklung beigetragen, indem sie mir die Möglichkeit boten, neue Suggestionen einzufügen, zusätzliche indirekte Kommunikation und unterschiedliche Double-bind-Strategien. So wie diese Technik oben dargestellt wurde, ist sie im wesentlichen vollständig. In dieser Form wurde ausführlicher Gebrauch von ihr gemacht, mit den jeweils erforderlichen Modifikationen, die der Intelligenz und Einstellung des betreffenden Patienten Rechnung trugen. Um diesen Beitrag zu erstellen, wurden alte Aufzeichnungen durchgesehen, und die eigentliche Technik war zunächst separat beschrieben worden. Für diesen Artikel wurde sie noch einmal überarbeitet, mit wörtlichen Einfügungen und Erklärungen versehen, um die Technik klar darzustellen. Bei der nun folgenden Darstellung der Feldexperimente, die ursprünglich gar nicht geplant war, wird die Technik ohne Einschübe wiedergegeben, damit sie bei diesen Patienten leichter und eleganter gebraucht werden kann.

Erstes Feldexperiment

Die endgültige Fassung dieses Artikels war bis zu diesem Punkt bereits ausgearbeitet und am gleichen Abend noch sorgfältig korrigiert worden. Am nächsten Morgen ereignete sich ein glücklicher Zufall.

Ein neuer Patient, 52 Jahre alt und erfolgreicher Geschäftsmann aus der Oberschicht, betrat die Praxis. Er war schamrot, verlegen und stand offensichtlich unter schwerer seelischer Belastung. Er betrachtete ostentativ meine staatliche Zulassung zur Ausübung der Medizin in Arizona, die gemäß dem Gesetz an der Wand hing, studierte das Zertifikat der Amerikanischen Gesellschaft für Psychiatrie und Neurologie, das den Autor als Mitglied auswies, hob das Facharztverzeichnis von meinem Bücherbord für Lexika, schaute dort meine Qualifikation nach, nahm das Psychologen-Verzeichnis und las auch dort meine Qualifikation nach, ging zum Bücherschrank und suchte sich die Bände *Praktische Anwendung der medizinischen und zahnmedizinischen Hypnose* sowie *Zeitverzerrung in der Hypnose* aus, wies auf meinen Namen auf den Schutzumschlägen und bemerkte sarkastisch: „Mit diesem Zeug geben Sie sich also ab!" Ich stimmte beiläufig zu (um noch mehr Öl ins Feuer zu gießen) und fuhr fort: „Und gestern abend habe ich gerade einen Artikel über Hypnose fertiggestellt, und außerdem bin ich auch Herausgeber von *The American Journal of Hypnosis.*" Er erwiderte: „Ja, ich habe schon gehört, daß Sie ein Irrer sind, aber ich habe Schwierigkeiten, und ich brauche Hilfe" (als er bemerkte, daß ich alle seine Aussagen notierte, sprach er spontan langsamer und paßte sich meiner Schreibgeschwindigkeit an, fuhr aber ansonsten ohne Unterbrechung mit seinen Klagen fort).

„Und es wird immer schlimmer. Es begann vor etwa acht Jahren. Ich fuhr zur Arbeit, bekam plötzlich Panik und mußte das Auto am Bordstein parken. Etwa eine halbe Stunde später konnte ich den Weg ins Büro fortsetzen. Nicht kontinuierlich, aber allmählich nahmen die Attacken an Häufigkeit zu, bis eines Tages eine Veränderung eintrat. Ich konnte nicht am Bordstein parken. Ich mußte nach Hause fahren.

Manchmal geschah es auf meinem Heimweg vom Büro, und dann mußte ich dorthin zurückkehren. Vielleicht nach einer Stunde, manchmal auch nur nach einer halben Stunde, konnte ich dann ohne Schwierigkeiten entweder ins Büro gehen oder nach Hause fahren. Meine Frau versuchte mich zu fahren, um mir diese Panikattacken zu ersparen. Das machte alles nur noch schlimmer. Ich konnte sicher sein, daß ich dann eine Panikattacke bekommen und sie anschreien würde, schneller zu fahren. Also, das funktionierte nicht. Die Taxifahrer glaubten, daß ich übergeschnappt sei, weil ich sie plötzlich anschrie, sie sollten umkehren und versuchte, sie dahin zu bringen, gegen die Geschwindigkeitsbeschränkung zu verstoßen, um mich nach Hause oder ins Büro zurückzubringen. Einmal habe ich es mit dem Bus versucht und geglaubt, ich würde verrückt. Der Busfahrer wollte mich nicht rauslassen, ehe wir nicht an der nächsten Haltestelle waren. Ich habe mich fast umgebracht, wie ich nach Hause zurückrannte. Anfangs ist das nicht jeden Tag passiert, aber immer öfter, bis es vor drei Jahren dann täglich geschah, und ich kam immer zu spät ins Büro und auch sehr spät nach Hause. Ich mußte mir mein Mittagessen mitnehmen, denn ich würde einen Panikanfall erleiden, wenn ich zum Mittagessen heimginge oder von dort zurückkäme.

Vor drei Jahren begab ich mich dann in intensive Behandlung bei Dr. X. Er hatte seine dreijährige psychoanalytische Ausbildung in der Y-Klinik erhalten und selbst eine zweijährige Eigenanalyse absolviert. Ich sah ihn über zweieinhalb Jahre lang vier- oder fünfmal pro Woche für jeweils eine Stunde, mußte mir aber jedesmal zwei Stunden Zeit nehmen, um rechtzeitig dort zu sein, und zwei weitere Stunden, um wieder heimzukommen. Nicht immer brauchte ich die ganze Zeit. Manchmal kam ich viel zu früh an und konnte dann auch rechtzeitig wieder gehen. Aber es wurde einfach immer schlimmer mit mir. Vor sechs Monaten dann stellte mich der Analytiker auf hochdosierte Beruhigungsmittel ein, weil keine Besserung eingetreten war; er fuhr aber doch mit meiner Analyse fort. Sie brachte überhaupt keine Besserung. Einige Medikamente halfen ein oder sogar zwei Wochen, aber dann hatte sich die Wirkung erschöpft. Die meisten haben mir nichts gebracht. Nennen Sie irgend ein Beruhigungsmittel, Sie können sicher sein, ich habe es eingenommen. Aufputschmittel! Dämpfende Mittel! Und auch zusätzliche Analysesitzungen. Dann habe ich vor ein paar Monaten angefangen, es mit Whiskey zu versuchen. Bislang habe ich nie nennenswert getrunken, aber was für eine Erleichterung bedeutete dieser Whiskey. Ich konnte morgens einen Drink nehmen, die Tagesarbeit im Büro hinter mich bringen, wieder einen Drink nehmen, nach Hause fahren und mich gut fühlen. Mit den Beruhigungsmitteln, die gewirkt hatten, war ich nicht in der Lage gewesen, meine Büroarbeit zu erledigen, und selbst die wirkungslosen Medikamente hatten meine Arbeit im Büro entsetzlich behindert. Ich hatte eine einfachere Aufgabe übernehmen müssen. Einen Monat lang brauchte ich zwei Drinks pro Tag, einen am Morgen und einen bei Büroschluß, und alles war in Ordnung. Aber dann, vor etwa einem Monat, hatte ich die Menge am Morgen verdoppeln müssen, hatte auch nachmittags etwas zu mir nehmen müssen und am Abend dann das doppelte Quantum, um nach Hause zu gelangen. Dann ging es mit der dreifachen Menge am Morgen los und auch tagsüber noch einzelne Drinks. Ich wohne 20 Minuten entfernt von hier, und ich brauchte drei Drinks, um es hierher zu schaffen, aber gut eingeschenkte. Ich bin sehr frühzeitig hergekommen, damit ich ein paar Stunden zu warten habe, um nüchtern zu werden, und ich werde sehr schnell nüchtern.

Als ich gerade meine Analyse begonnen hatte, hörte und las ich über Hypnose und erfuhr auch von Ihnen. Der Analytiker erzählte mir unumwunden, was Sie für ein Spinner seien, und daß Hypnose nutzlos und gefährlich sei, aber selbst wenn Sie ein Spinner sein sollten, so weiß ich doch zumindest, daß Sie ordnungsgemäße medizinische und psychiatrische Referenzen aufzuweisen haben. Und ganz egal, wie gefährlich, nutzlos und dumm Hypnose auch sein mag, so schlimm wie Alkohol kann sie nicht sein. Der Whiskey, den ich täglich zu mir nehmen muß, macht mich jetzt zum Alkoholiker.

Nun, Sie können mit Hypnose nichts Schlimmeres anrichten als der Alkohol es mit mir tut. Ich werde versuchen, mit Ihnen zusammenzuarbeiten, aber nach allem, was ich von meinem Analytiker über Hypnose gehört habe und den Veröffentlichungen, die er mir gab und die die Hypnose schlechtmachen, kann ich mir niemanden denken, der bei Verstand ist und sich hypnotisieren läßt. Zumindest können Sie es ja versuchen."

Diese Schilderung erhielt ich, während mein soeben fertiggestellter Artikel über hypnotische Techniken für Patienten, die aus den verschiedensten Gründen nicht mitarbeiten, vor mir auf dem Schreibtisch lag. Dies brachte mich auf den Gedanken, sogleich etwas auszuprobieren. Daß nämlich der Patient mir ganz einfach gestatten solle, diesen gerade fertiggestellten Artikel laut vorzulesen, dabei aber nicht die Absicht offenzulegen, damit eine Induktionstechnik anzuwenden. Der Mann stimmte angewidert zu, weigerte sich aber, seinen Blick unverwandt auf irgend einen Gegenstand zu richten. Er ließ seinen

Blick weiter im Raum umherwandern, legte auch nicht die Hände auf seine Schenkel, aber auf die Armlehnen des Stuhls.

Langsam und sorgfältig wurde die Beschreibung der Technik fast wörtlich vorgelesen, bisweilen wurde ein Abschnitt wiederholt, je nachdem, wie es sich nach seinem Gesichtsausdruck empfahl.

Schließlich begann der Patient zunächst seine eine Hand zu betrachten, dann die andere. Endlich war sein Blick auf seine rechte Hand fixiert. Der linke Zeigefinger, der „Nein"-Finger, ging ganz leicht nach oben, dann folgte der linke Mittelfinger. Es folgte der rechte Zeigefinger, der anfing, in einer ruckartigen, stetigen, zahnradähnlichen Bewegung nach oben zu gehen. Der linke Zeigefinger senkte sich wieder, aber der Mittelfinger blieb kataleptisch. Sein Kopf fing dann an, fortgesetzt und zustimmend zu nicken, was so lange dauerte, bis er durch die Induktion einer Katalepsie beider Hände unterbrochen wurde. Seine Augen hatten sich spontan mit dem Senken seines linken Zeigefingers geschlossen.

Er durfte in Trance bleiben, und die Beschreibung der Technik wurde ihm noch einmal langsam und ausdrucksvoll vorgelesen.

Er durfte die Trance noch weitere 30 Minuten beibehalten, während ich kurz den Raum verließ, zurückkam, die auch weiter aufrechterhaltene kataleptische Position überprüfte und dann auch noch an meinem Manuskript arbeitete.

Schlußendlich wurde der Patient aus seiner offenbar tiefen Trance geweckt, indem die Bemerkung über das Vorlesen des Manuskripts wiederholt wurde. Er kam langsam zu sich, änderte seine Haltung und wiederholte nochmals, daß sie (die Hypnose) keineswegs schädlicher sei als Alkohol. Plötzlich bemerkte er überrascht die Uhr, verglich sie sogleich mit seiner eigenen Uhr und mit der meinen. Sein verblüffter Kommentar lautete: „Ich kam vor einer halben Stunde her. Die Tischuhr und unsere beiden Uhren zeigen aber an, daß ich mehr als zwei Stunden, fast zweieinhalb Stunden hier bin. Ich muß gehen."

Er stürzte aus der Tür, kam zurückgelaufen, und fragte, während er mir die Hand schüttelte, ob er bald einen weiteren Termin haben könne. Er erhielt einen Termin in drei Tagen, und ich sagte zu ihm: „Denken Sie daran, auf jeden Fall eine volle Flasche Whiskey mitzubringen." (Er konnte nicht durchblicken, was das zu bedeuten hatte, sagte aber zu; die Flasche in seiner Hosentasche sei ohnedies fast schon leer, obgleich sie morgens, als er das Haus verlassen hatte, noch voll gewesen war.) Dann verließ er das Wartezimmer, kam abermals zurück, schüttelte mir nochmals die Hand und stellte einfach fest, er habe vergessen, sich zu verabschieden.

Drei Tage darauf betrat er lächelnd die Praxis, machte ein paar beiläufige Bemerkungen über Tagesereignisse, setzte sich bequem auf den Stuhl und machte eine nette Bemerkung über den Briefbeschwerer. Er wurde gefragt, was die vergangenen drei Tage geschehen sei. Seine wortreiche Antwort lautete: „Nun, ich habe mir Gedanken gemacht über das Problem, das mich zu Ihnen geführt hat. Mir ist fast der Kragen geplatzt, ich hatte eine Menge zu sagen und habe es auch gesagt, und Sie haben Wort für Wort mitgeschrieben. Ich habe versucht herauszubekommen, was mich das pro Wort kostet, wenn ich Ihnen die Zeit lasse, alles niederzuschreiben. Das hat mich gewaltig gestört, und als ich merkte, daß ich zweieinhalb Stunden hier gewesen bin, nur damit Sie wörtlich festhalten konnten, was ich zu sagen hatte, da entschloß ich mich, nur eine Stunde zu bezahlen, und über den Rest können Sie streiten. Als Sie mir dann auftrugen, beim nächsten Mal eine volle Flasche Whiskey mitzubringen, fühlte ich mich so wie mit all den nutzlosen Beruhigungsmitteln und war schon halbwegs entschlossen, nicht mehr wiederzukommen. Als ich dann aber draußen war, merkte ich, daß ich mich ungewöhnlich frei von Spannung fühlte, obgleich ich schon spät dran war für meinen geschäftlichen Termin; deshalb kam ich zurück, um mich zu verabschieden. (Der Leser wird feststellen, daß dies nicht dem genauen zeitlichen Ablauf entspricht, wie er oben wiedergegeben ist.) Dann vergaß ich, einen Drink zu nehmen, um zu meiner Verabredung zu fahren, vielleicht weil ich von Ihrer Erwähnung der vollen Flasche Whiskey irritiert war.

Am darauffolgenden Tag, noch ehe es mir klar war, befand ich mich rechtzeitig im Büro, fühlte mich gut, habe an diesem Tag etwas geleistet, ging zum Mittagessen weg und fuhr nach Hause. Am nächsten Tag das gleiche. Heute früh fiel mir dann ein, daß ich einen Termin bei Ihnen habe. Ich war immer noch wütend über die ‚volle Flasche‘, die Sie erwähnten, aber ich habe mir eine genommen, um sie in meine Tasche zu stecken. Ich nahm aus einer anderen Flasche einen kleinen Drink, habe aber vergessen, die volle Flasche in meine Tasche zu stecken. Ich vermute, Sie werden das jetzt als Widerstand oder Mißachtung Ihrer Autorität deuten. Aber ich kann nur sagen, ich hatte die Absicht, es zu tun und habe es schlichtweg vergessen. Ich war rechtzeitig im Büro, habe eine Menge Arbeit erledigt, aber mittags schaute zufällig und unerwartet ein Freund aus alten Zeiten herein, und wir hatten ein längeres gemeinsames Mittagessen und tranken auch eine Flasche Bier. Dann bin ich zur Arbeit zurückgegangen und schaffte es gerade noch, mich rechtzeitg an unseren Termin zu erinnern, um herzukommen. Es sieht also allmählich so aus, als könnten Sie in der Lage sein, mir zu helfen, wenn Sie nur erst einmal anfangen wollten, anstatt immer nur aufzuschreiben, was ich sage. Das hat nämlich letztes Mal so viel Zeit gekostet. Den Drink heute morgen habe ich gar nicht gebraucht, aber ich konnte nicht unter falschen Voraussetzungen hierher kommen, deshalb nahm ich eben einen. Ein Cocktail zum Abendessen ist ja in Ordnung, aber am Morgen schon zu trinken, ist wirklich nicht gut. Irgendwie fühle ich mich gar nicht schlecht dabei, daß Sie sich die Zeit nehmen und alles aufschreiben, was ich sage."

Es wurde ein wenig über die laufenden Ereignisse geredet, und dann wartete der Autor mit einer für den Patienten unerwarteten Bemerkung auf: „Also, dann schauen wir mal. Sie haben früher als Redakteur bei einer großen Zeitung Leitartikel geschrieben, und Leitartikel sollen angeblich die Meinung der Massen bilden. Nun sagen sie mir, wird die Meinung im bewußten Verstand einer Person gebildet, und wie würden Sie den ‚bewußten Verstand' und ‚das Unbewußte' definieren?" Er erwiderte: „Sie durchlaufen nicht zweieinhalb Jahre Psychoanalyse und sind mit ganzem Herzen dabei, machen dann ein weiteres halbes Jahr Gehirnwäsche mit Beruhigungsmitteln plus Analyse durch, ohne dabei eine Menge zu lernen und eine Menge zu verlieren. Ich kann Ihnen lediglich eine ganz gewöhnliche, laienhafte Definition geben, nämlich: Ihr bewußter Verstand ist die Vorderseite Ihres Geistes, und Ihr Unbewußtes ist die Rückseite Ihres Geistes. Aber Sie wissen vermutlich mehr darüber als ich oder als Dr. X" Er wurde gefragt: „Und ist es möglich, daß die beiden jemals zusammenfinden?" Darauf antwortete er: „Das ist eine verquere Frage, aber ich vermute, ich verstehe, was Sie meinen. Ich denke, daß das Unbewußte dem bewußten Verstand bestimmte Dinge sagen kann, aber ich denke nicht, daß der bewußte Verstand dem Unbewußten irgend etwas zu sagen vermag, noch überhaupt weiß, was im Unbewußten vorgeht. Ich habe reichlich Zeit damit zugebracht, mit Dr. X in meinem Unbewußten herumzugraben, und bin nirgendwo hingelangt, tatsächlich ist es mit mir nur schlimmer geworden." Er wurde weiter gefragt: „Soll ich mit Ihnen eines Tages über den bewußten Verstand und das Unbewußte diskutieren?" Darauf er: „Nun, wenn Sie auch weiterhin alles aufschreiben, was ich sage und was Sie sagen, und wenn ich ebenso viel Glück mit meinem Problem habe wie das letzte Mal, als Sie die ganze Zeit damit zugebracht haben, meine Klagen niederzuschreiben – ach, übrigens, gestern verbrachte ich einen wunderbaren Nachmittag beim Golfspielen mit einem Kunden, das erste gute Spiel seit Jahren, und es wurde auch nichts getrunken – also, machen Sie nur weiter und diskutieren sie den bewußten Verstand, das Unbewußte, die Politik, die Hypnose, was immer Sie wollen."

Er wurde gefragt, warum er so geantwortet habe und erwiderte: „Nun, das bringt mich ein bißchen in Verlegenheit. Ich bin 52 Jahre alt und sprudle innerlich über wie ein kleiner Junge, und dabei habe ich Gefühle, die ich als Glaube und Hoffnung bezeichnen würde, so wie ein Kind, das sich absolut gewiß ist, daß seine innigsten Träume sich erfüllen werden und er zum Zirkus gehen wird. Das klingt töricht, nicht wahr, aber ich fühle mich tatsächlich wie ein hoffnungsfroher, glücklicher und erwartungsvoller kleiner Junge."

Darauf kam die Frage: „Erinnern Sie sich, in welcher Haltung Sie auf dem Stuhl gesessen sind?" Sogleich stellte er seine übereinandergeschlagenen Beine nebeneinander, ließ seine Hände auf den Schoß fallen, schloß seine Augen, senkte langsam den Kopf und war in wenigen Augenblicken in tiefer Trance.

Die restliche Stunde wurde mit einer „Erklärung der Bedeutung zugebracht, seine Verhaltensmuster für morgen neu zu ordnen, für den darauffolgenden Tag, für die kommende Woche, das kommende Jahr, kurz für die Zukunft, damit die befriedigenden Ziele im Leben erreicht werden können, die man sich herbeiwünscht." Dies wurde alles vage und allgemein gehalten, hatte den Anschein von Erklärungen, tatsächlich aber waren das sorgfältig ausgewählte posthypnotische Suggestionen, die von ihm in dem Sinne interpretiert werden sollten, daß sie seinen Bedürfnissen entsprechen. Er wurde mit der beiläufigen Bemerkung aus der Trance geweckt: „Ja, genau so haben Sie das letzte Mal auf dem Stuhl gesessen." Damit wurde er auf den Zeitpunkt unmittelbar vor seiner zweiten Trance reorientiert. Als er aufwachte und seine Augen öffnete, schaute der Autor ostentativ zur Uhr hin. Der Patient war wiederum verblüfft, als er feststellte, daß die Zeit so schnell vergangen war, bat um einen weiteren Termin in drei Tagen, war aber einverstanden, fünf Tage zu warten. Auf seinem Weg durch das Wartezimmer hielt er inne, um einige Holzschnitzereien zu betrachten und bemerkte, er beabsichtige unverzüglich, ein bißchen mit Holz zu arbeiten, was er so lange aufgeschoben habe.

Fünf Tage später kam der Mann lächelnd herein, setzte sich bequem auf seinen Stuhl und gab sich in Gesprächslaune. Er wurde gefragt, was denn am Wochenende und während der übrigen drei Tage geschehen sei. Seine Antwort kam langsam und geduldig und war, wie aus der Mitschrift des Autors hervorgeht, äußerst informativ.

„Ich war nun zweimal bei Ihnen. Sie haben nicht das mindeste für mich oder mein Problem getan, und trotzdem geht hier etwas. Dreimal hat mir mein Problem zu schaffen gemacht. Ich bin in die Stadt A gefahren, um mit Freunden essen zu gehen, meine Frau saß auf dem Beifahrersitz und ich fuhr. Ich spürte, wie die alte Panik wieder hochkam, ließ es meine Frau aber nicht wissen. Ich war die Strecke seit Jahren nicht gefahren, und beim letzten Mal hatte ich an der gleichen Stelle eine Panikattacke, an der sich die aktuelle jetzt anscheinend entwickeln wollte. Damals hielt ich an und tat so, als wolle ich die Reifen überprüfen, und dann bat ich meine Frau zu fahren. Diesmal konnte mich nichts daran hindern weiterzufahren, und die Panik verschwand; ich kann mich allerdings nicht erinnern, wann das genau war. Wir hatten alle Spaß, und ich fuhr zurück, ohne mich an die drohende Panik auf dem Hinweg zu erinnern. Heute Mittag nun ging ich in ein Hotel, in dem ich seit Jahren wegen Panikattacken nicht mehr gegessen hatte, und wie ich gerade dabei war, wieder zu gehen, kam ein alter Freund, begrüßte mich und erzählte mir eine umständliche, langweilige Geschichte, so daß ich allmählich verrückt wurde – ich wollte zurück ins Büro. Ich war einfach nur sauer, nicht aber in Panik. Später habe ich dann das Büro verlassen, um hierherzukommen, und ein Kunde erwischte mich noch an der Tür und erzählte mir einen Witz, und da bin ich ausgerastet, weil er meine Fahrt in Ihr Büro hinauszögerte. Als ich endlich wegkonnte, wurde mir klar, daß ich nur eine leichte Panikattacke erlitten hatte, die ich allein in den Griff bekam, und dann Zustände von – wie Sie es vielleicht nennen würden – Verrücktheit, weil ich von jemandem aufgehalten worden war und mich gehindert fühlte, dorthin zu gehen, wo ich hingehen mußte. Nun müssen Sie mir aber sagen, was hier eigentlich abläuft. Ja, richtig, meine Frau und ich haben an einem Abend vor dem Essen zwei Drinks genommen. Sie meinte, ein paar Drinks würden schmecken und so war's auch.

Aber was läuft hier eigentlich ab? Sie sitzen da und schreiben auf, was Sie und ich sagen. Sie hypnotisieren mich nicht, Sie machen auch keinerlei Analyse. Sie reden mit mir, sagen aber nichts besonderes. Ich nehme an, wenn Sie dazu kommen, werden Sie mich hypnotisieren, aber zu welchem Zweck, das weiß ich nicht. Dieses Problem, mit dem ich zu Ihnen kam, zwei Jahre ergebnislos analysiert und ein weiteres halbes Jahr Gehirnwäsche mit Beruhigungsmitteln und Psychoanalyse, und nun, nach zwei Sitzungen bei Ihnen, wo Sie überhaupt nichts getan haben, bin ich ziemlich sicher, daß ich über meine Schwierigkeiten hinweg bin." Es wurde beiläufig bemerkt, daß Therapie gewöhnlich innerhalb des Patienten abläuft, und daß der Therapeut in erster Linie als Katalysator wirkt. Darauf antwortete er: „Na schön, also Katalysator, wenn Sie soweit sind. Wenn ich drei Jahre mit Psychoanalyse und Beruhigungsmitteln verschwenden kann und es einfach nur schlimmer wird mit mir, und wenn ich dann innerhalb von zwei Sitzungen in einem besseren Zustand bin (bemerkenswert das Personalpronomen in der ersten Person), wobei ich Ihnen beim Schreiben zuschaue, dann können Sie so viel Zeit von mir haben, wie Sie nur wollen. Es ist wunderbar, wieder ins Büro zu gehen, nach Hause und zum Mittagessen zu fahren, es tat auch gut, diesen alten Freund im Hotel zu treffen, und die Geschichte, die unser Kunde erzählt hat, war gar nicht so übel. Wann habe ich meinen nächsten Termin?"

Er wurde angewiesen, in einer Woche wiederzukommen und sein Unbewußtes „nach Bedarf" an seinem Problem arbeiten zu lassen.

Nach einer Woche betrat der Mann die Praxis und erkundigte sich einigermaßen verwirrt: „Es geht wohl alles seinen richtigen Gang. Ich habe die ganze Woche über Panikgefühle gehabt, keine schlimmen, aber es war doch irritierend. Sie haben sich alle am falschen Ort abgespielt. Ich erledige meine übliche Arbeit so, wie ich es möchte, ich habe sogar mein Pensum gesteigert. Ich komme und gehe in mein Büro, alles in Ordnung. Aber was passiert, ist sehr komisch. Ich schlüpfe in aller Ruhe in meinen einen Schuh, aber wenn ich nach dem zweiten greife, dann überfällt mich meine Panik für einen Augenblick mit Macht, verschwindet dann wieder, und ich schlüpfe auch gelassen in den zweiten Schuh. Ich fahre in die Garage, schalte die Zündung aus, steige aus, schließe das Garagentor ab, und dann trifft mich plötzlich die Panik, aber wenn ich die Autoschlüssel dann in meine Tasche gesteckt habe, ist die Panik wieder vorbei. Und mehr noch: Jede Panik, die ich bekomme, amüsiert mich mehr, dieses Gefühl ist so komisch und von so kurzer Dauer. Ich mache mir nicht einmal was draus. Es ist schon lustig, wie ein Mann derartige Panikzustände entwickeln und so lange derart darunter leiden kann, wie ich es tat, und nun dauert das nur so kurz und ist so amüsant.

Ich frage mich, ob der Grund für diese Panikanfälle darin zu suchen ist, daß meine Frau meinetwegen so durcheinander ist. Sie wollte immer, daß ich die Dinge so sehe wie sie, und das hat mich schon immer verrückt gemacht. Deshalb frage ich mich nun, ob ich in diese Panikzustände gerate, weil sie sie völlig aus dem Häuschen bringen. Wissen Sie, ich denke wirklich, das ist der tiefere Grund. Ich habe den Verdacht, daß Sie mich irgendwie dazu bringen, das alte Problem wieder hervorzuzerren und es wie Konfetti in der Gegend zu verstreuen. Ich frage mich wirklich, ob ich nicht genau das mache, mein Problem hervorzerren und es in den Wind streuen. Ich frage mich, warum ich in den drei Jahren meinem Analytiker niemals etwas von der Feindseligkeit meiner Frau erzählt habe. Vier, fünf oder mehr Stunden pro Woche, und das drei Jahre lang, müßten einem Menschen ja wohl jeden Gedanken aus dem Kopf ziehen. Warum habe ich Ihnen das erzählt? Sie haben mich nie danach gefragt! Oh ja, ich habe zwei Tage Golf gespielt, so wie ich spielen möchte, kein Alkohol, keine Panik! Auf dem Weg hierher bekam ich dann eine Panik, als ich aus dem Bürohaus trat, deshalb ging ich in die Bar nebenan, bestellte drei doppelte Whiskeys, bezahlte sie, schaute sie mir an, wie sie so aufgereiht dastanden, und ich habe in meinem ganzen Leben nichts Törichteres gesehen. Und während der Barkeeper mich und meine unangetasteten Drinks anstarrte, schlenderte ich hinaus. Ich hatte keine Panik.

Nun haben Sie etwa eine halbe Stunde aufgeschrieben, was ich Ihnen erzählt habe, und auf der Uhr sehe ich, daß es schon eine halbe Stunde später ist, und ich möchte wirklich darauf wetten, wenn ich das nächste Mal auf die Uhr schaue, dann wird sie schon die volle Stunde anzeigen." (Die Implikationen dieser Bemerkung sind offensichtlich.)

Langsam und voller Ernst wurde die Antwort gegeben: „Sie haben vollkommen recht." Sogleich schloß er die Augen und es trat auf der Stelle eine tiefe Trance ein. Er wurde unverzüglich gebeten, die erfolgreichen Schritte, *die er gemacht hat*, noch einmal an sich vorbeiziehen zu lassen, und der Bericht über das soeben erfolgte Gespräch wurde ihm langsam vorgelesen. Während er zuhörte, nickte er fortwährend langsam in zustimmender Weise.

Genau zur vollen Stunde wurde ihm gesagt: „Es ist so, wie Sie gesagt haben, die Uhr zeigt genau die volle Stunde." Er erwachte, streckte sich, gähnte und fragte: „Wie wär's mit nächster Woche zur gleichen Zeit?"

Der Termin wurde vereinbart.

Im Hinausgehen sagte er: „Ich lese gerade dieses köstliche Buch (er zog es aus seiner Jackentasche). Würden Sie es auch gern lesen, wenn ich damit fertig bin?" Ich versicherte ihm, es wäre mir ein Vergnügen.

Das nächste Treffen war überaus aufschlußreich. Im Hereinkommen bemerkte er: „Ich genieße diese Gespräche. Ich verstehe jetzt. Jahrelang habe ich meiner Frau unbewußt etwas übelgenommen. Ihr Vater starb, als sie noch klein war, und ihre Mutter hat sich geschworen, sie werde diesem kleinen Kind ein Vater sein. Und das war sie auch. Und das ist sie heute noch, und meine Frau ist wie ihre Mutter. Sie hat zu Hause die Hosen an, auch was meinen Sohn und mich betrifft. Sie ist in jeder Hinsicht und ohne Einschränkung der Mann im Haus. Aber sonst sind wir uns in allem einig, und wir lieben einander sehr, und sie trifft auch immer die richtigen Entscheidungen. Es ist nur so, ich hätte gern von ihr die Erlaubnis zu entscheiden, was sie ohnehin bestimmt. Nein, das ist falsch. Ich will keine Erlaubnis. Ich möchte einfach selbst Entscheidungen treffen und sie soll zustimmen, weil meine Entscheidung richtig ist, anstatt daß ich in ihre Entscheidungen einwillige, weil das zufällig auch die sind, die ich selber treffen würde. Merkwürdig, ich habe in all den drei Jahren meiner Psychoanalyse noch nicht einmal darüber gesprochen; nun frage ich mich, weshalb ich Ihnen all das erzählt habe, wo ich noch nicht einmal große Stücke auf die Hypnose gehalten habe. Und letzten Sonntag mußte ich über mich selbst lachen. Meine Frau verkündete, sie werde mich und die Kinder zu einer Unterhaltungsveranstaltung mitnehmen, die ich – wie sie wußte – besuchen wollte. Ich aber entschied einfach, zu Hause zu bleiben und sagte ihr das. Ich habe das wirklich genossen und das belustigte mich sehr. Es lohnte sich wirklich, diese Veranstaltung zu versäumen. Ich fühlte mich wie ein kleiner Junge, der erfolgreich etwas für sein Selbstbewußtsein getan hat.

Mit Ihrer Erlaubnis werde ich jetzt gehen, um – nein, ich will Ihre Erlaubnis gar nicht, denn ich habe mich dazu entschlossen und mach' das schon seit fast einer Woche. Und zwar mach' ich folgendes: Am ersten Tag bin ich in mein Auto gestiegen und hatte absichtlich nach der ersten oder zweiten Kreuzung eine kurze Panik, dann fuhr ich gemütlich ins Büro. Am Tag darauf fuhr ich noch ein Stück weiter, hatte wieder mit voller Absicht eine kurze Panik und fuhr weiter. Das gleiche geschieht, wenn ich nach Hause fahre. Mir bleibt jetzt nur mehr genügend Strecke für vier oder fünf weitere kurze Panikanfälle. Dann bin ich durch. Aber ich werde nicht aufhören, zu Ihnen zu kommen. Es lohnt sich, einmal die Woche ein Gespräch mit Ihnen zu führen, falls es Ihnen nichts ausmacht, und natürlich erwarte ich, daß Sie mir das in Rechnung stellen."

Die Therapie ging in diesem Stil weiter; zuerst gab der Patient jeweils einen einfachen Bericht über „sein eigenes Verhalten", ohne daß er einen Kommentar des Autors erwartete, und es wurde eine allgemeine Unterhaltung über verschiedene Themen in diesem Zusammenhang geführt. Auf diese Art übernahm der Patient die Verantwortung für seine Therapie und führte sie in der ihm gemäßen Art und Geschwindigkeit durch.

Er kommt weiterhin zu wöchentlichen Terminen, manchmal nur auf freundschaftlicher Basis, manchmal bespricht er das Verhalten seiner Kinder, die im Teenageralter sind, und zwar problematisiert er es nicht, sondern sieht es als interessanten Kontrast zu seinem Verhalten. Sein eigenes Problem ist, soweit es ihn in persönliche Schwierigkeiten brachte, verschwunden. Daß er bereit ist, dem Psychiater für freundschaftliche Besuche ein Honorar zu zahlen, legt die Vermutung nahe, daß der Mann sich unbewußt für eine gewisse Zeit einer weiterbestehenden Freundschaft versichern will, die ihm von einem Menschen entgegengebracht wird, der ihm dabei behilflich war, einen befriedigenden Sinn für männliche Dominanz zu entwickeln, ihn dabei aber nicht gezwungen hat, auf seiner Suche nach Heilung eine langwierige, fruchtlose Beziehung der Abhängigkeit und Unterwerfung einzugehen, der statt dessen einfach ihm und seinem Unbewußten die Last der Verantwortung für die Therapie auferlegt hat. Indessen zeigt sich im Verlauf der Wochen, daß er bald seltener kommen wird. Er hat bereits öfter seine Pläne für den Frühsommer erwähnt, und so wie es aussieht, werden seine Besuche dann nicht mehr möglich sein. So informiert sein Unbewußtes mich über das bevorstehende Therapieende. Unverändert geht er immer noch in eine spontane fünf- bis zehnminütige Trance, ehe die Stunde endet, in der er – ebenso wie der Autor – schweigt.

Ähnliche therapeutische Vorgehensweisen sind in der Vergangenheit befolgt worden, die zwar nicht völlig identisch, aber doch weitgehend vergleichbar waren. Ein Patient wird seine Bitte um einen Termin vielleicht so formulieren: „Damit meine Batterien wieder aufgeladen werden können", womit er eine Trance meint, die zuweilen hilfreiche Suggestionen beinhaltet, manchmal aber auch nur eine Trance ist. Andere Patienten kommen anscheinend zu nichts weiter als einer „zwanglosen" Unterhaltung vorbei und hören schließlich auch wieder damit auf. In der Vergangenheit hat sich ein solches therapeutisches Vorgehen als ausreichend erwiesen, um langfristig zufriedenstellende Ergebnisse zu erzielen, wie durch Follow-up-Befragungen nach fünf oder zehn Jahren belegt wird.

Zweites Feldexperiment

Es hat sich eine weitere unerwartete Gelegenheit geboten, die oben beschriebene Technik zu überprüfen. Ein 24jähriges Mädchen, das 1961 eine akute Störung mit visuellen und akustischen Halluzinationen und wahnhaften Vorstellungen entwickelte, wurde aggressiv gegenüber Geschwistern (sie war die Jüngste) und Eltern. Schließlich mußte sie als Notfall ins Krankenhaus eingewiesen werden, wo bei ihr eine paranoide Schizophrenie mit zweifelhafter Prognose diagnostiziert wurde.

Verschiedene psychoanalytisch ausgebildete Psychiater begannen psychodynamisch orientierte Therapie mit ihr. Das Mädchen, eine Collegestudentin von überragender Intelligenz, machte sich über die Psychiater lustig, zog die psychoanalytischen Konzepte ins Lächerliche, versetzte die Analytiker in die Lage, sich verteidigen zu müssen, oder brachte sie auf andere Weise gegen sich auf und wurde von ihnen schließlich als „nicht zugänglich für Psychotherapie irgendwelcher Art" angesehen. So wurde Elektroschocktherapie empfohlen, was aber sowohl von den Angehörigen als auch von ihr selbst abgelehnt wurde. (Der Vater, ein Zahnarzt, hatte diesbezüglich den Rat von zwei anderen, psychiatrisch ausgebildeten Psychotherapeuten eingeholt, die davon abgeraten hatten, diese Methode so früh schon einzusetzen. Es ist nicht genau bekannt, ob nun der Vater, die Patientin, oder beide, sich dagegen ausgesprochen haben, die Patientin jedenfalls hatte lapidar erklärt: „Ich würde es nie dulden, daß mein Gehirn durch einfachen Knopfdruck, das Stück zu 30 Dollar, durcheinandergequirlt wird.").

Sie wurde gefragt, was sie vom Autor wünsche. Sie sagte: „Ich habe eine Familie, die annimmt, Sie könnten mich wieder gesundhypnotisieren, wie sie es nennen. Meine Güte, wie ich sie hasse. Sie haben mich einfach in der Landesklinik abgemeldet und mich nolens volens hierher gebracht. Also, wie wollen Sie sich hier jetzt selbst verarschen?"

„Überhaupt nicht, ich hoffe, daß ich Sie trotz meiner Möglichkeiten nicht analysieren werde. Ich werde nicht Ihre Lebensgeschichte aufnehmen, werde mich nicht um Ihren Ödipuskomplex oder Ihre anale Phase kümmern, werde keinen Rorschach-Test oder T.A.T. (Thematical Apperception Test) mit Ihnen machen. Ich werde Ihnen einen Brief Ihres Vaters zeigen (aus dem im wesentlichen hervorgeht: „Meine 22jährige Tochter, die studiert, ist geistig sehr verwirrt. Sind Sie bereit, sie in Therapie zu nehmen?") sowie meine Antwort darauf (die im wesentlichen lautet: „Ich würde mich freuen, Ihre Tochter in meiner Sprechstunde zu sehen.") Ich möchte Ihnen eine Frage stellen: Was ist Ihr Hauptfach?"

Sie antwortete: „Ich wollte im Hauptfach Psychologie studieren, aber irgendwie fing alles an schlecht zu laufen, so habe ich im ersten Studienjahr auf Englisch umgesattelt, aber ich habe eine Menge von dem psychologischen Schitt gelesen. Und Psychoanalyse hängt mir überhaupt zum Halse heraus."

„Gut, *ich muß also nicht Ihre oder meine Zeit verschwenden.* Sehen Sie, daß einzige, was ich möchte, *ich möchte herausfinden, ob wir einander verstehen können.* Nun haben Sie also Geduld mit mir, und lassen Sie mich weiterschwafeln. Sie haben einen Termin von zwei Stunden, und so lange Sie sich langweilen, lassen sie es sich so langweilig sein, wie es nur irgend geht."

Sogleich sagte sie: „Na gut, wenigstens sind Sie ehrlich; die meisten Psychiater halten sich für interessant."

Ich erklärte ihr dann eilends, daß ich ihr einen Artikel vorlesen wurde, den ich soeben verfaßt hätte (sie warf ein: „Sie würden wohl alles tun, damit man Ihnen zuhört, oder?"), und ich bat sie unverzüglich – so wie im vorangegangenen Fall, die Füsse nebeneinander auf den Boden zu stellen, die Hände auf die Schenkel zu legen, unverwandt auf die Uhr zu blicken, um sicherzugehen, die Langeweile „voll zu empfinden, anstatt einzuschlafen". (Sie wußte, daß ich Hypnose einsetzte, und das hielt sie davon ab, zu glauben, es werde Hypnose angewandt.)

Systematisch und fast wörtlich wurde wiederum die oben beschriebene Technik eingesetzt. Einziger Unterschied war, daß ich langsamer vorging und zunächst mit vielen Wiederholungen arbeitete,bei denen ich die Wortwahl, nicht aber der Sinn leicht veränderte.

Zunächst zeigte sie einen verächtlichen und spöttischen Gesichtsausdruck, aber plötzlich erklärte sie voller Verwunderung: „Meine rechte Hand hebt sich, ich kann's nicht glauben, aber es ist so und ich bin nicht in Trance. Stellen Sie mir irgendeine andere Frage."

Ich fragte sie, ob Ihr Unbewußtes annehme, es könne mit mir kommunizieren. Erstaunt erklärte sie: „Mein Kopf nickt und bejaht, und ich kann damit nicht aufhören, meine rechte Hand geht in die Höhe, und ich kann das nicht unterbrechen, und auch mein rechter Zeigefinger geht hoch. Vielleicht kann mein Unbewußtes tatsächlich mit Ihnen kommunizieren, aber machen Sie, daß diese Bewegungen da aufhören."

„Wenn Ihr Unbewußtes möchte, daß das aufhört, dann wird es schon selbst dafür sorgen," antwortete ich ihr.

Fast unmittelbar sagte sie: „Oh, alles hat aufgehört; wenn Sie mir jetzt vielleicht einfach die Frage stellen, dann kann ich möglicherweise an einiges Zeug herankommen, von dem ich weiß, ich habe es unterdrückt. Würden Sie bitte weitermachen?"

Ihre Augen schlossen sich, eine spontane Trance entwickelte sich, ehe die zwei Stunden vergangen waren, konnte ein guter Rapport hergestellt werden, und die Tochter dieser Leute ist jetzt eine beflissene, kooperative und auf der ganzen Linie ansprechbare Patientin, die ausgezeichnete Fortschritte macht.

Dies ist lediglich ein weiteres Feldexperiment aus dem Stegreif, das durch die offene Feindseligkeit der Patientin zu Beginn der Sitzungen veranlaßt worden war. Sie hatte weniger als 10 Sitzungen, als ihre Familie der Überzeugung Ausdruck gab, daß ihr Gesamtbefinden besser sei als jemals zuvor in ihrem Leben. Allerdings bemerkte sie lachend: „Sie können nicht über einen so langen Zeitraum mit derart verworrenen Ideen leben wie ich, ohne zu lernen, daß in Ihrem gesamten Denken ein schreckliches Tohuwabohu herrscht. Ich möchte in Therapie bleiben und damit fortfahren, mich selber verstehen zu lernen."

Nach den ersten 10 Sitzungen schrieb sie sich wieder im College ein, wo sie sich ausgezeichnet entwickelt; einmal in der Woche sucht sie mich auf. Sie argumentiert gut und objektiv und versteht ihre zurückliegende Symptomatik als Manifestation emotional gewaltsamer Erlebnisse, die der Vergangenheit angehören; ihre Therapiesitzung beendet sie gewöhnlich mit einer 15- bis 20-minütigen Trance.

Drittes Feldexperiment

Ehe dieser Beitrag in seiner endgültigen Form in die Maschine geschrieben war, fand sich eine dritte Patientin mit einer völlig anderen Art von Widerstand in meiner Praxis ein. Beim Gehen hielt sie ihren Körper kontrolliert steif und trat sachte auf. Ihre rechte Gesichtshälfte wirkte wie in kontrollierter Unbeweglichkeit eingefroren; sie sprach klar und verständlich, mit stereotypen linksseitigen Mundbewegungen; der Lidschlag ihres rechten Auges war deutlich vermindert; die Bewegungen ihres rechten Arms waren eingeschränkt und zögerlich, und wenn sie die Hand zu ihrer rechten Gesichtshälfte führte, dann war ihre Bewegung langsamer und deutlich vorsichtiger als die Bewegungen ihres linken Arms, die frei, locker und entschieden ausdrucksvoll waren.

Um die Patientin zu schonen, wurde sie sogleich gefragt: „Wie lange haben Sie schon diese Trigeminusneuralgie? Antworten Sie so kurz und so langsam wie möglich, denn ich benötige nicht so viel Krankengeschichte, um *Ihre Therapie einzuleiten*."

Sie antwortete: „Mayo-Klinik, 1958, gegen Operation, gegen Alkohol-Injektionen, keine Behandlung verfügbar, muß mich damit abfinden, es mein ganzes Leben aushalten (Tränen liefen ihr über die

Wangen). Befreundeter Psychiater sagte, vielleicht können Sie helfen."

„Sie arbeiten?"

„Nein, bin beurlaubt, befreundeter Psychiater hat geraten, Sie aufzusuchen – Hilfe zu finden."

„Sie wollen Hilfe?"

„Ja."

„Nicht schneller, als ich sie zu geben vermag?" (Das heißt: Würde sie bereit sein, die Hilfe in dem Zeitraum zu akzeptieren, den ich als am günstigsten erachtete? Ich wollte nicht, daß sie eine „Wunderheilung" erwartete.)

„Ja."

„Kann ich jetzt anfangen, mit Ihnen zu arbeiten?"

„Ja, bitte, aber das bringt wohl nichts, Auskunft aller Kliniken: hoffnungslos, schmerzhaft. Jeder hat Spaß, nur ich nicht. Kann nicht mit meinem Ehemann leben, nichts, nur Schmerzen, ohne Hoffnung. Die Ärzte lachen über mich, weil ich zur Hypnose zu Ihnen gehe."

„Vermutet jemand Schmerzen psychischer Ursache?"

„Nein, Psychiater, Neurologen, Mayo-Leute – alle sagen organisch, nicht psychisch."

„Und was raten sie Ihnen?"

„Aushalten; Operation, Alkohol als letzte Rettung."

„Denken Sie, daß Hypnose helfen wird?"

„Nein, ist ja organisch, Hypnose ist psychisch."

„Was essen Sie?"

„Flüssiges."

„Wie lange dauert es, ein Glas Milch zu trinken?"

„Stunde, auch länger.

„Druckempfindliche Stellen?"

Zaghaft zeigte sie auf ihre Wange, ihre Nase und ihre Stirn.

„Sie denken also wirklich, Hypnose wird nichts bringen! Warum sind sie dann zu mir gekommen?"

„Nichts hilft, ist nur ein weiterer Versuch, kostet nur wenig mehr. Jeder sagt, Heilung gibt's nicht. Ich lese medizinische Bücher."

Das war weit entfernt von einer ausreichend informativen Krankengeschichte, aber die Schlichtheit und Ehrlichkeit ihrer Antworten, ihre ganze Art und ihr Verhalten überzeugten mich von ihrer Krankheit, deren akutem und einschränkenden Charakter, der Realität ihrer qualvollen Schmerzen und ihrem Gefühl der Verzweiflung. Ihren Schmerz hatte sie nicht unter Kontrolle, keine günstige Bedingung für Hypnose; innerhalb von 60 Monaten hatte sie (wie später zu erfahren war) einen 30 bis 40 Monate andauernden Zeitraum der Konditionierung erlebt, in welchem schwerste, unkontrollierbare Schmerzen von gelegentlicher, kurzfristiger Remission unterbrochen wurden, und alle angesehenen medizinischen Autoritäten hatten ihren Zustand als unheilbar bezeichnet und ihr den Rat gegeben, „zu lernen, damit zu leben und als letzten Ausweg eine Operation oder Alkoholinjektionen ins Auge zu fassen." Sie war informiert worden, daß nicht einmal eine Operation mit Sicherheit erfolgreich sei, und daß häufig Beschwerden zurückbleiben könnten. Nur einer, ein Psychiater, der den Autor kannte, riet ihr, es mit Hypnose als „möglicher Hilfe" zu versuchen.

Angesichts dieser festeingefahrenen Lern- und Konditionierungsgeschichte, die auf Erfahrung beruhte, konnte Hypnose eigentlich nur einen weiteren Mißerfolg heraufbeschwören. Dementsprechend wurde die Technik für Patienten mit Widerstand angewandt. Ihr wurde gestattet, dazusitzen und mich zu beobachten, was sie mit verzweifelter Aufmerksamkeit tat. Es wurde ihr keinerlei Suggestion angeboten, außer einer Bemerkung, die in betont fester Stimme erging: „*Ehe ich auch nur mit irgend etwas anfange, möchte ich Ihnen eine allgemeine Erklärung zukommen lassen.* Danach können wir anfangen." Sehr behutsam nickte sie zur Bestätigung.

Ich ging dann sogleich zur oben beschriebenen Technik über, wobei ich mich offen an das maschinegeschriebene Manuskript hielt, um es möglichst wörtlich wiederzugeben.

Sie reagierte auf die Technik mit bemerkenswerter Leichtigkeit und zeigte ideomotorische Kopfbewegungen und eine Katalepsie des Arms.

Zusätzlich zur üblichen Technik wurde die Bemerkung aufgenommen, daß nur eine unzureichende Krankheitsgeschichte erhoben worden sei, daß ihr Unbewußtes all ihre Erinnerungen durchgehen werde und daß sie jegliche Information frei mitteilen werde (und „frei" bedeute auch „locker"), die gewünscht wird; ihr Unbewußtes solle sorgfältig durchforscht werden nach allen Mitteln und Wegen, zu kontrollieren, zu verändern, umzuwandeln, zu modifizieren, neu zu interpretieren, abzumildern oder nach jeder anderen Möglichkeit, alles Erdenkliche zu tun, was nur ihren Bedürfnissen entgegenkommen könnte. Dann erhielt sie die posthypnotische Suggestion, sie sitze nun wieder auf dem gleichen Stuhl und verlasse sich auf ihr Unbewußtes, um den Autor und dessen Wünsche zu verstehen. Langsam und unermüdlich nickte sie zur Bestätigung.

Sie wurde mit den Worten aus der Trance geweckt: „Wie ich gerade gesagt habe: ‚Ehe ich auch nur mit irgend etwas anfange, möchte ich Ihnen eine allgemeine Erklärung zukommen lassen. Dann können wir anfangen.“ Hinzugefügt wurde mit ganz besonderer Betonung: „Ist das für Sie in Ordnung?“ Langsam, über zwei Minuten lang öffnete sie ihre Augen, änderte ihre Haltung, bog und knetete ihre Finger und ihre Hände, und dann antwortete sie leicht und locker, ganz im Gegensatz zu ihrer vorigen mühsamen und zurückhaltenden Redeweise: „Das ist vollkommen in Ordnung.“ Unmittelbar darauf rief sie äußerst verblüfft aus: „Oh, du meine Güte, was ist denn geschehen? Meine Stimme ist in Ordnung und das Sprechen tut mir nicht weh.“ Damit schloß sie vorsichtig ihren Mund und spannte langsam ihre Kaumuskeln an. Sogleich öffnete sie dann den Mund wieder und sagte: „Nein, die Neuralgie ist genau so stark wie sonst auch, aber ich spreche ohne Schmerz. Das ist komisch. Ich versteh' das nicht. Seit diese Attacke begonnen hat, war es mir fast unmöglich zu sprechen, und ich spüre keinen Luftzug auf meinen druckempfindlichen Stellen.“ Sie fächelte sich die Wange, die Nase und die rechte Seite der Stirn, berührte dann vorsichtig ihre Nase, was einen extrem schmerzhaften Krampf auslöste.

Als dieser nachgelassen hatte, sagte sie: „Ich werde die anderen druckempfindlichen Stellen nicht ausprobieren, auch wenn mein Gesicht sich anders anfühlt und ich normal sprechen kann.“

Sie wurde gefragt: „Wie lange sind Sie schon hier in diesem Raum?“ Verwundert erwiderte sie : „Oh, fünf Minuten, äußerstenfalls zehn Minuten, aber eigentlich doch nicht so lang.“ Die Uhr wurde mit dem Zifferblatt zu ihr hin gedreht (während der Trance war sie geflissentlich umgedreht worden). In gröster Verwunderung rief sie aus: „Aber das ist unmöglich! Auf der Uhr ist es über eine Stunde später!“ Sie unterbrach sich und streifte den Ärmel über ihrer Armbanduhr zurück und sagte dann wieder (da ihre Uhr mit der Tischuhr übereinstimmte): „Aber das ist ja vollkommen unmöglich,“ worauf der Autor mit sehr viel Intensität sagte: *„Ja, es ist – ich zitiere – vollkommen unmöglich – Zitatende, aber nicht in dieser Praxis.“* (Diese indirekte hypnotische Suggestion ist für den Leser offensichtlich, nicht aber für die Patientin.)

Sie bekam einen Termin für den darauf folgenden Tag und entfernte sich rasch aus der Praxis.

Als sie am nächsten Tag wiederkam, wurde sie – noch ehe sie sich gesetzt hatte – gefragt: „Und wie haben Sie letzte Nacht geschlafen? Haben Sie etwas geträumt?“

„Nein, keine Träume, aber ich bin die ganze Nacht über immer wieder aufgewacht, und ich hatte dabei die komische Idee, daß ich aufwachte, um mich vom Schlafen zu erholen oder so etwas."

Ich sagte ihr: „*Ihr Unbewußtes versteht sehr gut und kann sehr hart arbeiten*, aber zuerst möchte ich die ganze Geschichte von Ihnen hören, *ehe wir arbeiten,* also setzen Sie sich und beantworten Sie einfach meine Fragen."

Eingehende Nachfrage ergab ein geordnetes Elternhaus, eine glückliche Kindheit, eine ausgezeichnete Collegeausbildung, eine gute Ehe, günstige wirtschaftliche und soziale Verhältnisse und eine entsprechende berufliche Entwicklung. Dann erfuhr ich, daß ihr Krankheitsausbruch auf 1958 datiert, daß die erste Krankheitsphase 18 Monate hindurch ununterbrochen angedauert hatte, während deren sie vergeblich medikamentöse oder operative Hilfe in verschiedenen renommierten Kliniken gesucht hatte; auch hatte sie sich psychiatrischen Untersuchungen unterzogen, um psychogene Faktoren auszuschließen und hatte verschiedene bekannte Neurologen konsultiert. Sie war Sozialarbeiterin in der Psychiatrie und hatte die lustige Angewohnheit, sei es nun in der Arbeit oder wenn sie die Straße entlangging, ständig leise irgendwelche fröhlichen Weisen vor sich hin zu pfeifen. Sie war außerordentlich beliebt bei ihren Kollegen und erklärte, daß sie von einem alten Freund des Autors geschickt worden sei, alle anderen hatten sich sehr ungünstig zur Hypnose geäußert. Sie fügte noch hinzu: „Allein schon die Tatsache, einen Mediziner zu treffen, der Hypnose anwendet, hat mir geholfen. Ich kann mit Leichtigkeit sprechen, und heute morgen brauchte ich weniger als fünf Minuten, um mein Glas Milch zu trinken, dabei dauert es gewöhnlich eine Stunde und länger. Es war also kein Fehler, daß ich hergekommen bin."

Ich antwortete ihr: „Das freut mich." Ihre Augen wurden glasig, und sie entwickelte spontan eine tiefe Trance.

Die Einzelheiten der indirekten Suggestionen werden hier nicht wiedergegeben, gingen aber darum, daß ihr Unbewußtes tun könne, was es wolle. Die unvollständigen Bemerkungen, die Wendungen mit impliziter Bedeutung, die Doppelbindungen und die Entwicklung von Kontingenzen zwischen Dingen, die beim Lesen ohne Zusammenhang scheinen, sind vielleicht zu wenig bedeutsam, als daß sie hier schriftlich festgehalten werden müßten. Wird das alles im gesprochenen Wort übermittelt, so sorgen der unterschiedliche Ton, die Stimmlage, die Betonung, die Pausen dafür, daß die ganzen Implikationen, Kontingenzen und Doppelbindungen, die so entstehen, eine große Fülle von Aktivitäten in Gang setzen, für die sonst die verschiedensten indirekten Anweisungen benötigt würden. So wurde beispielsweise bemerkt, wenn sie eine Paranuß mit ihren Zähnen auf der rechten Mundseite knacken würde, so wäre das wirklich sehr schmerzhaft, aber zum Glück habe sie ja was Besseres vor, als Paranüsse oder Hickorynüsse mit ihren Zähnen zu knacken, besonders nicht auf der rechten Mundseite, und zwar deshalb, weil das so schmerzhaft wäre und *keineswegs so wie Essen*. Die Implikation hier ist ganz ausdrücklich die: Essen ist nicht schmerzhaft. Eine weitere implizite Bedeutung: „Es ist einfach zu dumm, daß der erste Bissen Filet Mignon so schmerzhaft ist, wo man doch sagen muß: *alles übrige ist so gut.*" Wieder war die Implikation gar nicht voll erkennbar, denn ich kam sogleich wieder von ihr ab und ging zu einer anderen Art Suggestion weiter.

Sie wurde mit der einfachen Bemerkung aus der Trance geweckt: „Nun gut, das wär's für heute." Langsam erwachte sie und blickte mich erwartungsvoll an. Ich lenkte ihre Aufmerksamkeit gezielt auf die Tischuhr. Sie rief aus: „Aber ich bin doch gerade erst hergekommen und habe Ihnen von der Milch erzählt, und (mit Blick auf ihre Armbanduhr) jetzt ist schon eine ganze Stunde vorbei! Wo ist sie nur geblieben? So obenhin und voller Heiterkeit (damit die Antwort keinen Verdacht erregte) sagte ich: *„Oh, die verlorene Zeit ist weggegangen, um sich mit dem verlorenen Schmerz zu treffen";* und sie bekam ihren schriftlichen Termin für den folgenden Tag ausgehändigt und entfernte sich rasch aus der Praxis.

Tags darauf betrat sie die Praxis, um zu erklären: „Gestern abend habe ich Filet Mignon gegessen, und der erste Bissen tat zum Sterben weh. Aber das übrige war dann wunderbar. Sie können sich überhaupt nicht vorstellen, wie gut es gewesen ist; und was komisch war: als ich heute morgen mein Haar kämmte, hatte ich ein dringendes, törichtes Bedürfnis, meine Locken zu schütteln. Ich kam mir ganz dumm dabei vor, aber ich tat es doch, und dabei beobachtete ich mein merkwürdiges Verhalten und stellte fest, daß meine rechte Hand rechts an meiner Stirn liegenblieb. Da ist keine empfindliche Stelle mehr. Schauen Sie (sie führt es vor), ich kann meine Stirn überall berühren."

Nach vier einstündigen Sitzungen war ihr Schmerz verschwunden und in der fünften warf sie die Frage auf: „Vielleicht müßte ich jetzt wieder nach Hause zurückgehen." In scherzhaftem Ton meinte ich: *„Aber Sie haben nicht gelernt, wie Sie über die Rückfälle hinwegkommen!"*

Sie bekam sogleich einen glasigen Blick, ihre Augen schlossen sich, es entwickelte sich eine tiefe Trance und ich bemerkte: *„Immer ist es so, du kannst dich so gut fühlen, wenn du aufhörst, mit dem Hammer auf deinen Daumen zu schlagen."*

Es trat eine Pause ein, ihr Körper versteifte sich in einem kurzen schmerzhaften Krampf und entspannte sich dann fast ebenso rasch, und sie lächelte glücklich. In scherzhaftem Ton sagte ich: „Oh, pfui, Sie brauchen einfach mehr Übung, *kommen Sie erst mal ins Schwitzen, und machen Sie das ein halbes Dutzend mal*, dann merken Sie auch, daß Sie wirklich geübt haben." (Ein scherzhafter Ton hat nichts zu suchen in gefährlichen oder bedrohlichen Situationen, und ist nur dort angebracht, wo der Ausgang erfreulich ist.) Folgsam tat sie wie geheißen, und es bildeten sich Schweißperlen auf ihrer Stirn. Als sie zum Schluß wieder entspannt war, wurde folgender Kommentar abgegeben: „Sich ehrlich zu plagen treibt den Schweiß auf die Stirn – hier gibt's eine Schachtel Papiertücher, warum trocknen Sie sich nicht das Gesicht?" Noch in Trance nahm sie die Brille ab, griff nach einem Taschentuch und wischte sich das Gesicht. Sie trocknete ihre rechte Wange und ihre Nase so flott, wie sie das mit ihrer schmerzfreien linken Gesichtshälfte getan hatte. Dies wurde nicht direkt angesprochen, aber es wurde der anscheinend belanglose Kommentar abgegeben: „Wissen Sie, es ist schön, Dinge bemerkenswert gut zu machen und es doch nicht zu wissen." Abgesehen von einem sonderbaren kleinen befriedigten Lächeln schaute sie lediglich etwas verwirrt drein. (Ihr Unbewußtes teilte das Wissen über den Verlust der druckempfindlichen Stellen an den Wangen und der Nase noch nicht mit.)

Sie wurde mit der Bemerkung geweckt: „Und dann bis morgen", die Karte mit dem Termin wurde ihr überreicht, und sie wurde sogleich entlassen.

Als sie zum nächsten Termin in die Praxis kam, bemerkte sie: „Heute ist einfach alles weg. Ich habe es eigentlich nicht nötig, zu kommen, aber ich bin hier und weiß nicht warum. Alles was ich weiß ist, das Steak schmeckt mir, und ich kann auf meiner rechten Seite schlafen und alles ist in Ordnung, aber hier bin ich." Ich antwortete ihr: „Gewiß sind Sie hier; nehmen Sie einfach Platz, und ich werde Ihnen sagen, weshalb. Heute ist Ihr „Tag des Zweifels", denn jeder, der so eine gewaltige Trigeminusneuralgie so rasch losgeworden ist, hat das Recht auf ein paar Zweifel. Also, schlagen Sie sich kräftig auf Ihre linke Wange." Sofort verabreichte sie sich einen raschen, derben Hieb, lachte und sagte: „Na, ich bin folgsam und dieser Schlag hat wirklich gesessen."

Gähnend und sich streckend sagte ich: „Nun, jetzt schlagen Sie sich genau so auf die rechte Wange". Es war ein deutliches Zögern zu bemerken, gefolgt von einem schnellen Schlag, dessen Wucht im letzten Sekundenbruchteil deutlich zurückgenommen wurde. Sogleich bemerkte ich ziemlich spöttisch: „Verzögerter Schlag, verzögerter Schlag, wohl Zweifel gehabt, was? Aber wie fühlt sich Ihr Gesicht an?" Mit dem Ausdruck des Erstaunens antwortete sie: „Wieso, alles ist in Ordnung, die druckempfindliche Stelle ist weg und ich habe keine Schmerzen." – „Richtig. Nun, machen Sie's, wie ich es Ihnen gesagt habe *und kein Verzögern des Schlages.*" (Mit einem Patienten, der vielleicht mörderische Schmerzen hat, spricht man nicht spöttisch und unter Gähnen, und dehnt und streckt sich auch nicht dabei; sie aber wußte das nicht zu deuten.)

Sehr rasch und mit Gewalt versetzte sie sich einen heftigen Schlag auf die rechte Wange und an die Nase und bemerkte: „Das erste Mal hatte ich tatsächlich meine Zweifel, aber jetzt nicht mehr, nicht einmal bezüglich meiner Nase, denn die habe ich auch getroffen, obgleich ich das gar nicht beabsichtigt hatte." Sie hielt nachdenklich inne und dann schlug sie sich mit der Faust gegen die Stirn. Sie meinte in scherzhaftem und doch äußerst erfreutem Ton: „Nun, das ist das Ende der Zweifel." In ähnlicher Weise bemerkte ich: „Erstaunlich, wie manche Leute es nötig haben, daß ihnen das bißchen Einsicht buchstäblich eingebleut wird." Auf der Stelle erwiderte sie: „Offensichtlich war dafür noch Platz." Wir lachten alle beide, und dann sagte ich ihr in plötzlich verändertem Ton mit großer Eindringlichkeit und Ernsthaftigkeit langsam und überdeutlich: *„Da ist noch etwas, das ich Ihnen sagen möchte."* Sie bekam einen glasigen Blick, und es entwickelte sich eine tiefe Trance. In sorgfältiger und eindrücklicher Artikulation erhielt sie folgende posthypnotische Suggestion: „Sie pfeifen gern, Sie mögen Musik, Sie mögen Lieder, die etwas bedeuten. Nun möchte ich, daß Sie aus folgenden Worten ein Lied machen und eine Melodie dazu finden: ‚Ich kann Dich immer haben, wenn ich Dich will, aber, mein Schatz, nie wird die Zeit kommen, wo ich Dich will', und immer und ewig, wenn Sie diese Melodie pfeifen, werden Sie es wissen, und ich muß es nicht erklären, weil Sie es ja wissen!" Langsam und wiederholt nickte sie bestätigend. (Die Last der Verantwortung lag nun bei ihr, und sie besaß auch die Mittel dazu.)

Sie wurde mit der schlichten Feststellung geweckt: „Die Zeit vergeht wirklich schnell, nicht wahr?" Sie erwachte sogleich, sah auf die Uhr und sagte: „Ich werde es nie begreifen." Ehe sie fortfahren konnte, wurde sie mit den Worten unterbrochen: „Nun, die Tat ist vollbracht und kann nicht mehr rückgängig gemacht werden, so laß die Vergangenheit ihre Toten begraben. Geben Sie mir nur noch morgen einen weiteren guten Tag, und Sie werden morgen mit einem weiteren guten Tag nach Hause gehen und noch und noch mehr gute Tage, und all die anderen guten Tage sind für immer die Ihren. Gleiche Zeit" (soll heißen, der Termin am darauffolgenden Tag ist zur gleichen Zeit). Sie verließ unverzüglich die Praxis.

Die letzte Konsultation bestand einfach nur in einer tiefen Trance, einem systematischen, zusammenfassenden Rückblick, den sie bei sich hielt, und der all das umfaßte, was sie erreicht hatte sowie das freundliche Ersuchen, mit aller Kraft daran zu glauben, daß ihr eigener Körper mit allen Möglichkeiten gesegnet sei, ihren Bedürfnissen zu entsprechen und sich gleichzeitig „köstlich zu amüsieren, wenn die Skeptiker Ihnen einreden wollen, Sie haben Remisssionen gehabt, ehe die Rückfälle folgen würden." (Ich bin mir der vernichtenden Wirkung skeptischer, abschätziger Bemerkungen wohl bewußt, desgleichen der Möglichkeit, daß dadurch iatrogene Entwicklungen begünstigt werden.) In den Briefen seit ihrer Rückkehr bestätigte sich ihre Schmerzfreiheit und ebenso die langatmige Erklärung eines der Hypnose gegenüber feindselig eingestellten Neurologen, daß die Erleichterung, die sie erlebe, von äußerst kurzer Dauer sein werde, und daß es zum Rückfall kommen werde (ein unabsichtlicher Versuch, ein iatrogenes Leiden herbeizuführen). Sie berichtete das mit der Bemerkung, diese Erklärung habe sie „köstlich amüsiert", wobei sie unmittelbar aus meiner posthypnotischen Suggestion zitierte.

Diskussion und Kommentar

Bereits in früheren Veröffentlichungen habe ich wiederholt direkt und indirekt darauf hingewiesen, daß die Induktion eines hypnotischen Zustands und hypnotischer Phänomene in erster Linie Sache der Kommunikation von Ideen und des Hervorrufens von Gedankengängen und Assoziationen beim Trancesubjekt ist sowie der daraus folgenden Reaktionen auf der Verhaltensebene. Es geht nicht darum, daß der Hypnotiseur mit den Versuchspersonen etwas *tut* oder sie *nötigt*, bestimmte Dinge zu tun, noch ihnen *sagt, was zu tun sei und wie es zu geschehen habe.* Werden Trancezustände wie oben beschrieben ausgelöst, so stellen sie nach wie vor das Ergebnis von Ideen, Assoziationen, mentalen Prozessen und von Kenntnissen dar, die bereits vorhanden sind und lediglich bei der betreffenden Person zum Leben erweckt werden. Allerdings betrachten zu viele Forscher, die sich auf diesem Gebiet betätigen, ihre eigenen Maßnahmen, ihre Absichten und ihre Wünsche als die eigentlich wirksamen Kräfte, und sie glauben tatsächlich in unkritischer Weise, ihre eigenen Äußerungen gegenüber der

Tranceperson würden deren spezifische Reaktionen auslösen, einleiten und zutage treten lassen. Dabei scheinen sie nicht zu bemerken, daß ihr Reden oder Tun nur als Mittel dient, das, was die Versuchspersonen früher teils bewußt, teil unbewußt gelernt, erkannt und als Erfahrung gewonnen haben, wieder lebendig werden zu lassen. So handelt es sich beispielsweise beim zustimmenden Kopfnicken oder dem ablehnenden Kopfschütteln nicht um bewußtes, absichtliches und unter Aufsicht erworbenes Lernen, und doch wird es Teil offener verbaler oder nonverbaler Kommunikation, oder Ausdruck mentaler Prozesse einer Person, die glaubt, sie höre lediglich einem Vortragenden zu, der sich an ein Publikum wendet; für sie selbst bleibt dieser Vorgang unerkannt, die anderen nehmen ihn wahr. Als weiteres Beispiel sei angeführt, wie man sprechen lernt und Sprache mit Hören assoziiert. Beobachten wir doch nur, wie ein Kind beim Lesenlernen begreift, daß das geschriebene Wort, wie das gesprochene mit Bewegungen der Lippen verknüpft wird, sowie – das haben Untersuchungen ergeben – mit subliminalen Sprechbewegungen des Kehlkopfs. Wenn daher ein schwerer Stotterer sich angestrengt bemüht zu sprechen, muß der Zuhörer sich alle Mühe geben, nicht seine Lippen und Zunge zu bewegen, und er muß sich zurückhalten, nicht stellvertretend für den Stotterer die Worte auszusprechen. Dennoch sind Zuhörer nicht systematisch oder auch nur indirekt darin unterwiesen worden, ihre Lippen und ihre Zunge zu bewegen oder auch nur die Wörter für den Stotterer auszusprechen. Auch möchte der Stotterer gar nicht, daß das irgend jemand für ihn tun soll; er nimmt das vielmehr sehr übel. Aber dieses Erfahrungslernen ist unbewußt erworben und wird durch Reize ausgelöst, die noch nicht einmal dazu gedacht sind und doch geistige Prozesse in Gang setzen, die beim Zuhörer auf unwillkürlicher, oft unkontrollierbarer Ebene ablaufen, und von denen sogar bekannt ist, daß sie auf Seiten des Stotterers wahrscheinlich tiefe Erbitterung hervorrufen. In diesem Zusammenhang sei an den klassischen Witz von jenem Stotterer erinnert, der an einen Fremden herantrat und gequält seine Frage nach dem Weg stammelte. Der Fremde deutete auf seine Ohren und schüttelte verneinend den Kopf. Der Stotterer wiederholte seine Frage, und ein anderer Passant gab ihm Auskunft. Dieser fragte daraufhin den Mann, der angedeutet hatte, er sei taub, warum er denn nicht geantwortet habe und erhielt die grauenhaft gestotterte Erwiderung: „Meinen Sie vielleicht, ich hätte mir den Schädel einschlagen lassen wollen!“ Diese seine Erwiderung legte beredtes Zeugnis für seinen eigenen riesigen Zorn ab, wenn jemand versuchte, ihm beim Spechen zu „helfen“, oder sich über ihn lustig zu machen schien.

Obwohl der Stotterer den anderen weder direkt noch indirekt gebeten hat, für ihn die Worte auszusprechen, und der Zuhörer weiß, daß ihm das übelgenommen wird und er es eigentlich auch nicht will, üben die gestotterten Worte doch so einen bedauerlichen Reiz aus und aktivieren die seit langem etablierten Sprachmuster. Ebenso verhält es sich mit den verbalen oder sonstigen Stimuli, die in Induktionstechniken verwendet werden; keiner kann mit letzter Gewißheit voraussagen, wie ein Trancesubjekt dergleichen Stimuli nutzen wird. Man benennt oder zeigt bestimmte Möglichkeiten auf, die Trancepersonen aber verhalten sich gemäß ihrer eigenen Lerngeschichte. Daher rührt die Bedeutung offener, weit gefaßter, permissiver Suggestionen im Vergleich zur relativen Bedeutungslosigkeit ritualisierter, traditioneller Techniken, die auf mechanische Weise und ohne genau hinzusehen gebraucht werden.

Verschiedentlich hatte ich Gelegenheit, speziell mit von Geburt an tauben Patienten zu arbeiten und mit solchen, die ihre Taubheit im Kindesalter aufgrund eines Nervenleidens erworben hatten, in einem Fall sogar erst nach dem 40sten Lebensjahr. Alle waren sie im „Lippenlesen" ausgebildet worden, obgleich die meisten dem Autor erklärten, „Lippenlesen" sei in Wahrheit „ein Lesen des Gesichtsausdrucks", und alle beherrschten sie die Zeichensprache. Um dies zu beweisen, nahm einer der Tauben mich mit zur Sonntagspredigt eines Pfarrers mit dichtem Vollbart und „übertrug" die Ansprache in Zeichensprache, welche ich zu jener Zeit verstand, um zu beweisen, daß es sich um „Lesen des Gesichtsausdrucks" handelte. Weitere Untersuchungen mit diesem tauben Mann ergaben, wenn der Pfarrer monoton sprach oder flüsterte, konnte seine Mimik nicht „gelesen" werden.

Mit diesen tauben Personen wurde eine Untersuchung durchgeführt, wobei ihnen erklärt wurde, ein Assistent werde verschiedene Wörter auf eine Tafel schreiben, und einige erwachsene Personen mit Collegeausbildung würden zur Tafel blicken und den Schreibvorgang lediglich schweigend beobachten und keinerlei Kommentar abgeben. Diesen erwachsenen Personen wurde getrennt erklärt, es würden fremde Leute hereingebracht und so hingesetzt, daß sie ihnen ins Gesicht sehen konnten und dabei der Tafel den Rücken zudrehten; sie würden damit fortfahren, während der Assistent schreibe. Nicht gesagt wurde ihnen, daß die fremden Leute taub waren und das „Lippenlesen" beherrschten.

Die tauben Personen waren sich völlig im klaren darüber, daß sie den jeweiligen Gesichtsausdruck lesen sollten, und daß sie in aller Stille lesen würden, was der Assistent schreiben würde; ein weiterer Umstand wurde ihnen allerdings nicht offenbart.

In wunderbarer Spencer-Schrift und in großen Buchstaben schrieb der Assistent Wörter mit unterschiedlicher Silbenzahl an die Tafel. Was nur der Autor und der Assistent wußten: Die Wörter wurden in einer Weise geschrieben, daß sie ein Quadrat, einen Rhombus, einen Stern und ein Dreieck bilden sollten, indem die Buchstaben jeweils an die entscheidenden Stellen der Figuren gesetzt wurden. Ein Kreis (die letzte Figur) war zuvor schon auf schwarzen Karton gezeichnet und an der Tafel aufgehängt worden. Er war aus den wenigsten und kürzesten Worten, die möglich waren, zusammengesetzt, damit das Lesen und auch das Erkennen der Figur leichter fallen sollte.

Die tauben Personen saßen hinter einer Barriere, die gerade hoch genug war, um ihre Hände zu verbergen. Während der Assistent schrieb, saß ich in einer solchen Position, daß ich nur die Hände der tauben Personen sehen konnte. Die Tafel konnte ich nicht sehen, und ich kannte auch weder die Reihenfolge der Zeichnungen noch die der einzelnen Wörter. Ich wußte lediglich, daß ich und mein Assistent eine Liste möglicher Wörter erstellt hatten, daß aber nur ein Drittel benötigt würde, und daß der Assistent sie selbst auswählen werde. Darüber hinaus sollte für jede taube Person jede einzelne Zeichnung mit Ausnahme des Kreises eine andere Reihenfolge haben.

Eine Versuchsperson, nämlich die taube Frau, die ihr Leiden nach dem 40sten Lebensjahr erworben hatte, zeigte ein perfektes Ergebnis. Sie hatte nicht nur die geschriebenen Wörter aus den Gesichtern der Versuchspersonen abgelesen, welche den Schreibvorgang beobachteten, sie hatte ebenso die Zeichnungen erkannt. Darüber hinaus teilte sie mir in Zeichensprache mit, daß mit den Worten „Quadrat", „Rhombus" und „Dreieck" „etwas nicht stimme", daß mit dem Wort „Stern" etwas „ein bißchen komisch" sei und mit dem Wort „Kreis" etwas „sehr komisch" sei. Man muß allerdings hinzufügen, daß die Frau außerordentlich paranoid, ja psychotisch war. Niemand sonst hatte ein perfektes Ergebnis. Ein Mann identifizierte alles außer dem „Kreis" zutreffend. Er signalisierte in Zeichensprache, daß die letzte Wortserie anders geschrieben sei, aber er konnte nicht erklären, wie er alle geschriebenen Wörter erkannt hatte, die den Kreis bildeten. Die anderen Versuchspersonen identifizierten alle geschriebenen Wörter, waren etwas verwirrt hinsichtlich der Wörter, die den Kreis bildeten, und erkannten den „Stern" und den „Kreis" nicht. Alle aus dieser Gruppe hatten gespürt, daß sie zwei „Wörter" nicht erkannt hatten. Alle außer der paranoiden Psychotikerin durften sich dann die Tafel ansehen, und die Beobachter waren überrascht, daß die Fremden aus ihrem Gesichtsausdruck sowohl die Zeichnungen als auch die geschriebenen Wörter erkannt hatten.

Dieses Experiment ging mir lange Zeit im Kopf herum, und zwar hinsichtlich der Entwicklung meines eigenen Ansatzes zur Induktion von Hypnose. Deshalb behalte ich sehr wohl meine momentanen Wünsche klar im Blick, aber ich biete in beiläufiger und permissiver (oder anscheinend permissiver) Art eine Fülle scheinbar zusammenhängender Ideen an, die sorgfältig darauf abzielen, die Aufmerksamkeit der Tranceperson zu erlangen und zu fixieren, was mir wichtiger ist, als den Blick der betreffenden Person zu fixieren oder einen speziellen Zustand der Muskulatur herbeizuführen. Dagegen gehen alle Bemühungen dahin, die Aufmerksamkeit der Person auf ihre internen Prozesse zu lenken, auf deren eigene Körperempfindungen, Erinnerungen, Emotionen, Gedanken, Gefühle, Einfälle, Lerninhalte, Erfahrungen und Konditionierungen aus der Vergangenheit, und dabei gleichzeitig aktuelle Konditionierungen, Erkenntnisse und Ideen einzuleiten.

Ich glaube, daß Hypnose auf diese Art und Weise am besten induziert werden kann, und daß eine so aufgebaute gute hypnotische Technik höchst wirksam sein kann, selbst unter anscheinend außerordentlich widrigen Bedingungen. Allerdings scheiterte ich bislang immer bei Verhaltensweisen, gegen die lediglich persönliche Einwände seitens der Tranceperson bestanden haben, die aber ansonsten legitim waren. Ein entsprechender Fallbericht findet sich im vorhergehenden Kapitel dieses Bandes (vgl. „Ein weiteres Beispiel zur Konfusion in der Tranceinduktion“), und mehr als eine ansonsten willfährige Versuchsperson hat „ihre Ohren vor mir verschlossen“ oder ist aufgewacht.

In diesem speziellen Aufsatz wird von insgesamt vier Personen berichtet, die alle nach einer einzigen Technik behandelt worden sind, wobei nur geringfügige Veränderungen je nach Geschlechtszugehörigkeit, Intelligenz und Bildungsgrad vorgenommen worden sind. Diese vier Personen unterschieden sich in der Art ihres jeweiligen Widerstands, ihres Hintergrunds und ihrer Probleme. Ein Mann litt an einer ziemlich schweren Anpassungsstörung, der zweite war auf recht unglückliche Weise von merkwürdigen, umschriebenen unkontrollierbaren Fehlanpassungen beherrscht; die dritte Person hatte eine lange Geschichte allgemeiner Anpassungsprobleme, die schließlich zur Einweisung in ein psychiatrisches Landeskrankenhaus führten, wo die Patientin als „paranoid psychotisch, wahrscheinlich schizophren“ diagnostiziert wurde. Der vierten Patientin wurde in namhaften Kliniken und von kompetenten Neurologen und Psychiatern wiederholt die Diagnose gestellt, sie leide unter einer hoffnungslosen organischen Erkrankung, die durch gelegentliche kurzfristige Remissionen gekennzeichnet sei, und nur bedingt medizinisch-chirurgisch zu behandeln sei, wobei sich unerwünschte Nebenwirkungen einstellen würden. Fünf Jahre Erfahrung mit qualvollen Schmerzen hatten diese Patientin überzeugt und zugleich konditioniert, daß ihr Leiden mit psychologischen Mitteln nicht behandelbar sei, und nur ihre hoffnungslose Verzweiflung brachte sie dazu, sich in Hypnotherapie zu begeben.

Die Technik, die so erfolgreich bei vier derart unterschiedlichen Patienten eingesetzt wurde, bestand im wesentlichen darin, daß deren Aufmerksamkeit strikte unterbrochen und fixiert wurde; dann wurden sie in die Situation versetzt, aus meinen Worten bestimmte Bedeutungen und wesentliche Dinge zu entnehmen, die ihren eigenen Mustern zu denken und zu verstehen entsprachen, ihren Emotionen und Wünschen, ihren Erinnerungen, ihren Lernerfahrungen und Konditionierungen, ihren assoziativen und durch Erfahrung geprägten Annahmen, und die auch mit ihren Reaktionsmustern auf Stimuli übereinstimmten. Ich gab ihnen nicht eigentlich Anweisungen. Ich machte meine Bemerkungen eher beiläufig, mit Wiederholungen, permissiv und dennoch autoritär, aber in so versteckter Weise, daß die Patienten in ihrer Aufmerksamkeit nicht von ihrer eigenen inneren Erfahrungswelt abgelenkt wurden, um sich etwa auf mich zu konzentrieren, anstatt tatsächlich bei ihren eigenen inneren Prozessen zu bleiben. Infolgedessen entwickelte sich ein hypnotischer Trancezustand, in dem sie für allgemeine Ideen jeder Art höchst aufgeschlossen waren, soweit sie diese untersuchen, bewerten und für sich selbt etwas entdecken konnten, das auf ihr jeweiliges Problem anwendbar war. So war dem zweiten Patienten beispielsweise nicht gesagt worden, er solle keine kurzen, „törichten" Panikattacken entwickeln, und er hatte auch nicht den Auftrag, einen Plan auszuarbeiten, der ihm ermöglichte, seine täglichen Autofahrten unter Kontrolle zu bekommen. Noch wurde jemals nach dem Ursprung seines Zustands gefragt; sein Verstand sagte ihm, daß es schon eine Ursache geben müsse, und es bestand keine Notwendigkeit, ihm aufzutragen, er möge nachforschen.

Bei der Trigeminusneuralgie-Patientin wurde weder Analgesie noch Anästhesie suggeriert. Und es wurde auch keine ins einzelne gehende biographische Anamnese erhoben. Bei ihr war mehrfach in renommierten Kliniken und von kompetenten Neurologen und Psychiatern ein schmerzhaftes, organisches Leiden, aber kein psychisches Problem diagnostiziert worden. Diese Tatsachen waren ihr bekannt, und ich konnte dies ohne weitere wiederholte Erwähnung verstehen. Es wurde ihr auch kein ausführliches, „hilfreiches" Gespräch über die Natur des Schmerzes angeboten oder über die verschiedenen Methoden, ihr

Leiden abzuschwächen, zu verringern, zu verändern oder neu zu konditionieren. *Was auch immer ich sagen mochte, sie verließ sich nur auf ihre eigenen Ressourcen.*

Daher wurde nur das Nötigste gesagt, um ihren eigenen Verhaltens-, Reaktions- und Funktionsprozessen, die ihr dienlich sein würden, einen Anstoß zu geben. Darum wurde direkt angesprochen, daß der erste Bissen des Filet Mignon schmerzhaft sein werde, *aber alles übrige werde sehr gut sein.* Aus dieser schlichten, aber doch wirklich anteilnehmenden Bemerkung mußte sie allen Sinn und alle Implikationen herleiten, und dabei wurde ihr der unbewußte und zum Glück schiefe Vergleich nahegelegt, wie sie all die langen Jahre angenehm, zur vollen Zufriedenheit und frei von Schmerz essen konnte, verglichen mit den paar Jahren des Essens unter Schmerzen.

Zusammenfassend sei noch einmal betont, daß beim therapeutischen Einsatz der Hypnose in erster Linie den Bedürfnissen der Patienten unter deren Bedingungen Rechnung getragen werden soll. Die Aufmerksamkeit der Patienten wird dann dadurch auf ihre eigenen geistigen Verarbeitungsprozesse fixiert, daß deren Art und Weise, das jeweilige Problem darzustellen, angemessen und respektvoll genutzt wird. Dies gelingt durch beiläufige, aber ernstgemeinte und aufrichtige Bemerkungen, die anscheinend der Erklärung dienen sollen, aber ausschließlich mit der Absicht erfolgen, die Fülle eigener Muster psychischen Verarbeitens bei den Patienten anzuregen, damit sie ihre Probleme mittels ihres bereits erworbenen Lernens lösen können oder aber die notwendigen Lernschritte im Laufe der weiteren Entwicklung vollziehen.

14. Pantomimetechniken in der Hypnose und deren Bedeutung[1]

Milton H. Erickson

Bei den frühen Untersuchungen des Autors zur hypnotischen Taubheit war die verbale Kommunikation im Zuge der induzierten Taubheit verloren gegangen; dabei ist der Wert der Pantomime entdeckt und genutzt und später durch schriftliche Anweisungen als einfachere Möglichkeit ersetzt worden. Die Pantomimetechnik als vollständiges Verfahren hatte sich anläßlich einer Einladung zu einem Vortrag bei einer Schwestergesellschaft der Amerikanischen Gesellschaft für klinische Hypnose ergeben, nämlich bei der Grupo de Estudio sobre Hipnosis Clinica y Experimental in Mexico City, im Januar 1959.

Unmittelbar vor Veranstaltungsbeginn war ich, der Autor, informiert worden, daß er zur Einführung seines Vortrags Hypnose demonstrieren solle, und zwar werde ihm als Versuchsperson eine von den Veranstaltern ausgesuchte Krankenschwester dienen, die nichts über Hypnose oder über den Autor wußte und die Englisch weder sprach noch verstand. Daß ich selbst Spanisch nicht sprechen oder verstehen konnte, wußte man bereits. Sie hatten ihr zuvor vertraulich mitgeteilt, daß ich ein nordamerikanischer Arzt sei und ihre stillschweigende Assistenz benötigte; sie hatten sie auch über unser beider Verständigungsschwierigkeiten unterrichtet und ihr versichert, daß sie respektvoll von mir behandelt werde. Sie war sich also völlig im unklaren, was von ihr erwartet würde.

Dieses unvermutete Ansinnen ließ mich in aller Eile darüber nachdenken, wie ich mich früher teilweise schon der Pantomime in Form von Gesten und Gesichtsausdruck usw. bedient hatte. So kam ich zu dem Schluß, daß dieses unerwartete Ansinnen eine einmalige Gelegenheit darstellte. Es müßte eine vollständige Pantomimetechnik verwendet werden, und die Ungewißheit und Beflissenheit der Versuchsperson, zu begreifen, würde zu der gleichen Art von Bereitschaft führen, jede verständliche Kommunikation durch Pantomime aufzugreifen, wie sie sonst in der Konfusionstechnik durch klare, eindeutige Anweisungen gegeben wird (vgl. Kapitel 10 im zweiten Teil dieses

1 Zuerst erschienen in: *The American Journal of Clinical Hypnosis* 7, July 1964, 64-70

Bandes über „Die Konfusionstechnik in der Hypnose").Die Krankenschwester wurde dann durch einen Seiteneingang zu mir hereingebracht. Schweigend sahen wir einander an, und dann tat ich das, was ich schon so oft in den USA mit Seminarteilnehmern praktiziert hatte, wenn ich mir nach meiner klinischen Einschätzung mutmaßlich „gut ansprechbare" Versuchspersonen heraussuchte, ehe das Seminar begonnen hatte und ich daher den Teilnehmern noch nicht bekannt war: Ich ging forsch und mit einem Lächeln auf sie zu, streckte meine rechte Hand aus und sie streckte die ihre aus. Ich schüttelte ihr langsam die Hand, blickte ihr voll in die Augen, wie sie es auch mit mir tat, und langsam hörte ich auf zu lächeln. Als ich ihre Hand losließ, tat ich das unentschieden und ungleichmäßig, zog meine Hand ganz langsam zurück, verstärkte dann leicht den Druck mit meinem Daumen, dann mit dem kleinen Finger, hernach mit dem Mittelfinger, stets in ungewißer, ungleichmäßiger und zögerlicher Art und Weise, und als ich meine Hand schließlich ganz sachte zurückzog, hatte sie keinen klaren Eindruck, wann ich ihre Hand schließlich losgelassen hatte und welchen Teil ihrer Hand ich zuletzt berührt hatte. Gleichzeitig veränderte ich langsam den Fokus meines Blicks und mein konvergentes Sehen und gab ihr damit einen winzigen aber merklichen Hinweis, daß ich ihr anscheinend wohl nicht in die Augen sah, sondern durch sie hindurch und weiter in die Ferne. Langsam erweiterten sich ihre Pupillen und währenddessen ließ ich ihre Hand endgültig ganz sanft los, und sie blieb kataleptisch im Raum stehen. Ein leichter Aufwärtsdruck an ihrer Handwurzel brachte ihre Hand etwas nach oben. Dann wurde auch an ihrem anderen Arm Katalepsie demonstriert und sie verharrte ohne Lidschlag.

Langsam schloß ich meine Augen und sie tat das ebenfalls. Ich öffnete meine Augen sogleich wieder, trat hinter sie und begann auf Englisch zu erklären, was ich gemacht hatte, denn die meisten Zuhörer beherrschten Englisch recht gut. Sie reagierte nicht erschrocken, ja sie schien mich nicht einmal zu hören. Ich berührte vorsichtig ihren Knöchel und hob dann sanft ihren Fuß an und ließ sie kataleptisch auf einem Bein stehen. Einer der Ärzte wußte, daß ich ein paar Brocken Deutsch verstand, hielt seine Faust hoch, öffnete sie und sagte in fragendem Ton: „Die Augen". Sachte berührte ich ihre geschlossenen Lider und übte geringen Druck nach oben aus. Sie hob sie langsam und blickte mich mit immer noch erweiterten Pupillen an. Ich deutete auf meine Füße, dann auf ihren erhobenen kataleptischen Fuß und signalisierte eine Abwärtsbewegung. Sie schaute irritiert und verwirrt beim Anblick ihrer erhobenen Hände und ihres angehobenen Fußes, lächelte dann auf meinen Wink hin, nur den Fuß herunterzunehmen und setzte ihren Fuß mit einer Miene ab, die mir leichte Verlegenheit oder Verwirrung auszudrücken schien. Die Katalepsie der Arme blieb unverändert.

Einige Ärzte riefen sie beim Namen und sprachen sie auf Spanisch an. Sie aber sah mich unverwandt an und bewegte ihren Kopf und ihre Arme nicht unwillkürlich, wie das so üblich ist, wenn man von jemandem aus einiger Entfernung angesprochen wird, und schien auch ihren Händen keinerlei weitere Aufmerksamkeit zukommen zu lassen.

Ich wurde auf Englisch gefragt, ob sie die Zuhörer wohl sehen könne, nachdem sie sie offenbar nicht hörte. Ich bewegte ihre Hände nach oben, nach unten und überkreuzte sie, während die Versuchsperson anscheinend abwechselnd ihre Hände und meine Augen zu beobachten schien. Dann wies ich zunächst auf meine Augen und hernach auf die ihren, indem ich meine Finger dicht heranführte; anschließend führte ich zum Publikum gewandt eine vergebliche, hoffnungslose Wischbewegung mit meiner rechten Hand aus, die blankes Erstaunen und Verwunderung ausdrücken sollte, während ich den Zuhörern wie ein Pantomime gegenübertrat, der gar niemanden sehen konnte. Sie machte es genauso, reagierte voller Verblüffung und fragte – wie man mir später sagte – auf Spanisch,: „Wo sind sie? Eigentlich sollten die Ärzte doch hier sein?“ Einige redeten auf sie ein, um sie zu beruhigen, aber sie schaute weiterhin erschreckt drein.

Ich lenkte ihre Aufmerksamkeit sogleich auf mich, indem ich meine Finger nah an ihre und dann an meine Augen brachte, dann hob ich ihre Hand an und betrachtete mit erfreutem Lächeln den Ring an ihrem Finger, so als ob ich ihn bewunderte, und ihr Schreck ließ offensichtlich nach.

Ein Teilnehmer fragte mich, wie ich sie aufzuwecken gedenke. Ich zeigte ihr den Sekundenzeiger meiner Uhr und bezeichnete 10 Sekunden, indem ich meine Fingerbewegung mit der Bewegung des Sekundenzeigers synchronisierte. Sie beobachtete mich eingehend. Dann brachte ich sie dazu, wahrzunehmen, wie meine Augen sich schlossen und ich etwa 10 Sekunden den Takt schlug. Anschließend öffnete ich die Augen und richtete mich dabei mit einer wachen, raschen Kopfbewegung auf. Ich lächelte und wies sie mit einem Kopfnicken und einer Handbewgung an, es mir gleichzutun. Ich trat rasch zurück, und als sie ihre Augen öffnete, erblickte sie mich am anderen Ende des Podiums. Sogleich trat ich wieder forsch nach vorn, lächelte sie erfreut an und streckte ihr meine Hand zum Gruß entgegen. Dadurch entstand wieder die ursprüngliche Situation, in der wir uns begegnet waren; sie erwachte sogleich und schüttelte mir die Hand, während sie mich ansah. Ich verneigte mich und sagte, als wolle ich sie entlassen: „Ich bedanke mich sehr; ich weiß das sehr zu schätzen." Ein Arzt übersetzte meine Worte; ich wiederholte sie nochmals und schüttelte ihr wiederum die Hand als verabschiede ich sie. Sie sah verwirrt und unschlüssig drein, und so erklärte ihr schließlich ein Teilnehmer, sie könne sich nun entfernen. Sie verließ den Raum, wie mir schien, höchst verwirrt.

Später teilte man mir mit, daß sie für das ganze Erlebnis eine völlige Amnesie entwickelt habe, und daß sie ihr Erstaunen über ihre plötzliche Verabschiedung ausdrückte, nachdem doch geplant war, daß sie mir assistieren sollte. Sie brachte auch ihren Unglauben der Hypnose gegenüber zum Ausdruck, stellte sich aber freiwillig als Versuchsperson zur Verfügung, entwickelte sogleich eine tiefe Trance, erinnerte alles, was sie mit mir erfahren hatte, einschließlich des „Weggehens der Zuhörer" (negative Halluzination) und ihrer „Verwirrung", als sie entlassen wurde. Nachdem sie aber aus dieser Trance aufgeweckt wurde, zeigte sie wiederum für beide Trancen völlige Amnesie. In der Folge wurde sie von Mitgliedern dieser Gruppe sehr häufig als Assistentin und als Versuchsperson sowohl zu experimentellen als auch zu Demonstrationszwecken eingesetzt.

Die zweite unvorhergesehene, vollständige, pantomimische Tranceinduktion wurde im Januar 1961, während einer Reise nach Caracas, Venezuela vorgenommen. Ich war eingeladen worden, mich im Hospital Concepcion Palacios umzuschauen, und bei einer improvisierten Zusammenkunft im Konferenzraum hatte man mich gebeten, zum Mitarbeiterstab über den Einsatz von Hypnose in der Geburtshilfe zu sprechen. Jemand aus der Zuhörerschaft schlug vor, daß ich auch demonstrieren möge, während ich die hypnotischen Phänomene bespreche. In Erinnerung an meine Erfahrung in Mexico City fragte ich, ob für meine Arbeit irgend eine junge Frau zur Verfügung stehe, die den Zweck meines Besuchs nicht kannte, kein Englisch verstand und zuvor keinerlei Erfahrung mit Hypnose gemacht hatte. Es wurden drei junge Frauen hereingebracht, ich sah sie mir an und wählte diejenige aus, die mir unter klinischen Gesichtspunkten das aufzuweisen schien, was ich als „reaktionsbereite Aufmerksamkeit" bezeichne. Ich bat darum, die anderen gehen zu lassen und ihr zu sagen, ich wünschte ihre Mitarbeit während meines Vortrags. Mein Übersetzer informierte sie sehr sorgfältig, ohne ihr weitere Hinweise zu geben, und sie nickte zustimmend.

Ich trat auf sie zu, stand ihr von Angesicht zu Angesicht gegenüber und erklärte für diejenigen, die es verstehen konnten, auf Englisch, daß sie beobachten sollten, was ich tun werde. Mein Übersetzer schwieg, und die junge Dame betrachtete mich mit großer Aufmerksamkeit und Verwunderung.

Ich zeigte ihr meine leeren Hände, dann streckte ich meine rechte Hand aus und umfaßte mit meinen Fingern ganz sanft ihr rechtes Handgelenk, wobei ich es kaum berührte, nur meine Fingerspitzen vermittelten eine Art ganz unregelmäßiger, ungewisser und sich verändernder taktiler Stimulation. Damit gewann ich ihr ungeteiltes, aufmerksames und erstauntes Interesse. Mit meinem rechten Daumen übte ich ganz wenig Druck auf den seitlichen inneren Ulnarbereich ihres Handgelenks aus, als wollte ich es nach oben drehen; gleichzeitig nahm ich mit meinem dritten Finger einen leichten Druck auf ihren vorstehenden Daumenbereich nach unten vor und zugleich auf das seitliche, obere Handgelenk; weiter berührte ich mit meinen übrigen Fingern – ohne eine bestimmte Richtung zu suggerieren – ähnlich behutsam auch noch andere Stellen ihrer Hand. Sie reagierte automatisch auf den sanften Druck in bestimmter Richtung, ohne diesen jedoch von den anderen Berührungen zu unterscheiden, und indem sie offenbar zuerst auf eine Berührung achtete und dann auf die nächste. Als sie anfing zu reagieren, verstärkte ich abwechselnd die verschiedenen richtunggebenden Berührungen, ohne dabei die Zahl oder den Wechsel der übrigen ablenkenden taktilen Stimuli zu verringern. Auf diese Art suggerierte ich seitliche und nach oben führende Bewegungen ihres Armes und ihrer Hand, wobei ich die taktilen Reize mit einer geringer werdenden Anzahl nondirektiver Berührungen durchsetzte. Diese reaktiven automatischen Bewegungen, deren Ursprung sie wohl erkannte, verblüfften sie, und während ihre Pupillen sich erweiterten, berührte ich ihr Handgelenk in einer Weise, daß ihr eine Aufwärtsbewegung suggeriert wurde, und ihr Arm begann sich nach oben zu bewegen; ich unterbrach die Berührung so behutsam, daß sie nicht merkte, als diese aufhörte, während die Aufwärtsbewegung sich fortsetzte. Ich nahm eine rasche Veränderung vor und brachte meine Fingerspitzen mit den ihren zusammen und veränderte die Berührungen so, daß ihre Handinnenfläche sich unbemerkt nach oben drehte. Weitere Berührungen ihrer Fingerspitzen dienten dann dazu, einige Finger auszustrecken, andere zu beugen und eine besondere Berührung der Spitzen ihrer ausgestreckten Finger setzte sich dann in der Beugung ihres Ellbogens fort. Dies führte dazu, daß ihre Hand sich langsam in Richtung ihrer Augen bewegte. Als das geschah, fing ich mit meinen Fingern ihren Blick ein und lenkte ihre Aufmerksamkeit auf meine Augen; ich richtete meinen Blick in die Ferne, als blickte ich durch sie hindurch und über sie hinweg, brachte meine Finger dicht an meine Augen, schloß meine Augen langsam, atmete mit einem tiefen Seufzer ein, ließ meine Schultern entspannt sinken und deutete dann auf ihre Finger, die sich ihren Augen näherten.

Sie befolgte meine pantomimischen Anweisungen und entwickelte eine Trance, die allen Bemühungen der Anwesenden widerstand, ihre Aufmerksamkeit zu erlangen oder sie mit englischen Suggestionen und Befehlen aufzuwecken.

Ich fragte nach ihrem Namen und ein Mitarbeiter nannte ihn mir rasch auf Spanisch. Der Übersetzer wiederholte und sprach den Namen so umständlich aus, daß ich ihn genau erfassen konnte. Sie reagierte auf gar nichts, was von den Mitarbeitern oder dem Übersetzer kam, sondern stand einfach nur passiv da. Versuchte einer sie anzustoßen, so wurde sie aktiv und machte sich steif, aber sonst kam keine Reaktion. Ich führte sie durch den Raum, berührte ihre Lider, um anzuzeigen, daß sie sie öffnen solle und wies sie auf einen Stuhl hin, auf dem sie dann Platz nahm. Selbst mit offenen Augen schien sie niemanden wahrzunehmen und auch keine Geräusche aufzunehmen.

Ich erfuhr, daß sie Krankenhausärztin war und Hypnose bisher noch nicht kennengelernt hatte. Während sie mit offenen Augen dasaß und offensichtlich nichts sah und nichts hörte, sprach ich über Hypnose.

Gegen Ende meiner Ausführungen weckte ich sie auf, indem ich mich ihr zuwandte und ihr bedeutete, sie solle aufstehen. Indem ich mir die Hände rieb als Zeichen, daß alle Arbeit erledigt ist, lächelte ich ihr zu und verbeugte mich. Ihr hypnotischer Gesichtsausdruck verschwand, sie blickte im Raum umher und fragte, wie mir später berichtet wurde: „Was soll ich denn tun?“ Ich verbeugte mich unterdessen und sagte, da ich ja nicht verstand: „Gracias, Señorita.“ Sie schaute verwirrt drein, mein Übersetzer erklärte, ihre Aufgabe sei erledigt, und sie ging verwirrt weg. Ich beantwortete dann noch die Fragen der Zuhörer.

Im August des gleichen Jahres, d.h. sechs Monate später, machte ich dort einen weiteren Besuch und hielt auch wieder einen Vortrag vor den Mitarbeitern. Meine frühere Versuchsperson befand sich unter den Zuhörern, und als ich sie zu mir aufs Podium winkte, folgte sie meiner Aufforderung erfreut, entwickelte indessen spontan eine tiefe Trance, noch ehe sie das Pult erreicht hatte, an dem ich saß.

In der Zwischenzeit hatte sie nicht nur anderen als Tranceperson zur Verfügung gestanden, sie hatte Hypnose vielmehr auch bei ihren Patienten angewandt. Deshalb konnte sie auch einige Phänomene schon voraussehen, die ich demonstrieren wollte. Außerdem übermittelte ihr ein Übersetzer – nachdem auch zu ihm der Rapport hergestellt war – meine Wünsche. Diese Übertragung des Rapport wurde so bewerkstelligt, daß ich auf meine rechte Hand deutete, dann auf die ihre, dann zog ich meine Hand zurück, zeigte auf sie, streckte sie aus und schüttelte meinem Übersetzer die Hand, während ich ihr mit meiner linken bedeutete, sie solle den Übersetzer wahrnehmen und ebenso verfahren wie ich; während sie ihm nun die Hand schüttelte, begrüßten sie sich auf Spanisch.

Die nächste unerwartete und vollständige erste Tranceinduktion mittels Pantomime wurde im gleichen Monat in Venuzuela vor der medizinischen Gesellschaft in Caracas durchgeführt. Als ich gerade mit meiner Vorlesung beginnen wollte, wurde ich höflich von einigen Vorstandsmitgliedern unterbrochen, die mir erklärten, daß viele der anwesenden Ärzte nicht an Hypnose glaubten, sondern der Überzeugung seien, ich hätte wohl einen Komplizen, mit dessen Hilfe ich einen Trick vorführen werde. Sie waren offensichtlich sehr verlegen, mir das sagen zu müssen, erklärten aber, als Vorstände der Gesellschaft seien sie beauftragt worden, mich zu bitten, Hypnose in völligem Schweigen zu demonstrieren und jemanden aus der Zuhörerschar auszusuchen, über dessen wahre Identität sie sich sicher sein könnten. Ich erwiderte, ich hoffe, die von mir ausgewählte Versuchsperson werde kein Englisch verstehen. Hinten im Saal sah ich unter den Zuhörern eine etwa 30jährige Frau, mit allen Anzeichen dessen, was ich als Ansprechbarkeit bezeichne, und die ich persönlich als hilfreichste Bedingung für Hypnotisierbarkeit ansehe. Ich machte meinen Übersetzer auf die Frau aufmerksam, sie wurde gefragt, wer sie sei, und es ergab sich, daß sie die Ehefrau eines Arztes war, ebensowenig wie ihr Mann an Hypnose glaubte und auch noch nie etwas in der Richtung gesehen hatte. Dennoch kam sie – im Gegensatz zu der Krankenschwester aus Mexico City – bereitwillig zum Podium, da sie ja wußte, daß es um Hypnose ging. Als sie auf mich zukam, fragte ich: „Und würden Sie bitte, … wie heißen Sie?" Sie wandte sich an den Übersetzer und fragte ihn, was ich denn gesagt habe, und dies wurde über Lautsprecher übertragen und somit war klar, daß sie kein Englisch verstand. Im wesentlichen wurde die gleiche Technik wie in Mexico City angewandt, die auch zum gleichen hypnotischen Ergebnis führte. Etwas wurde indessen noch hinzugefügt. Während der Demonstration tätschelte ich sanft meinen Handrücken und lächelte dazu, als würde ich das Gefühl mögen. Dasselbe tat ich mit ihrer Hand und auch sie lächelte.

Dann strich ich über meinen Handrücken, als würde ich alle Empfindungen wegwischen. Danach zwickte und verdrehte ich die Haut an meiner Hand in offensichtlich schmerzhafter Weise, trug dabei aber eine Miene tiefer Verblüffung und Verwunderung zur Schau, als spürte ich gar nichts, und dabei lächelte ich glücklich. Ich ergriff ihre Hand, tat mit ihr das gleiche, und sie drehte sich ganz erstaunt zu meinem Übersetzer um, der sich meinetwegen unbehaglich fühlte. Als sie das Podium betrat, hatte er ihr zugesichert, er werde – ebenso wie die Vorstandsmitglieder – auf dem Podium bleiben, und sie könne ihn jederzeit ansprechen.

Wie ich mit Gewalt an der Haut ihrer linken Hand herumzwickte und -drehte, versammelten sich die Vorstände um uns, probierten es auch, ebenso wie die Frau selbst. Sie fragte die Vorstände, was mit ihrer Hand geschehen sei und ob sie abgestorben sei; später berichtete der Übersetzer, sie habe in kummervollem Ton gesprochen. Ein Arzt und auch einige andere Zuhörer beruhigten sie. Sie schien sie nicht zu hören und zeigte hinsichtlich der Zuhörer spontan eine visuelle und akustische negative Halluzination. Die Erklärungen des Übersetzers und auch die der Vorstandsmitglieder auf dem Podium konnte sie indessen ohne Schwierigkeiten hören. Mit anderen Worten: Sie hatte die Situation auf dem Podium samt den hier Anwesenden, von vornherein als bedeutsamen Rapport angesehen, im Gegensatz zum Publikum, obgleich sich auch ihr Ehemann dort befand.

Ein ungläubiger Thomas aus dem Publikum erklärte auf Spanisch, er sei voll und ganz von der Gültigkeit der Hypnose überzeugt und fragte die Vorstandsmitglieder, ob er als freiwillige Versuchsperson fungieren dürfe. Seine Anfrage wurde mir übersetzt. Während ich die Frau noch bei mir behielt, ging ich auf sein Angebot ein und konnte bei ihm ähnliche Ergebnisse erzielen wie bei ihr. Indessen erwachte er mit einer vollständigen Amnesie aus der Trance und bat den Übersetzer, er möge mir sagen, daß ich mit der Hypnose beginnen solle. Diese Bitte wurde über Lautsprecher übertragen. Er wurde nochmals in Trance versetzt und der Übersetzer sagte ihm auf Spanisch: „Erinnern Sie sich nach dem Erwachen an alles." Beim Erwachen war er ganz überschwenglich vor Aufregung und Freude, und auch die Frau war tief beeindruckt von dem, was sie bei dem spanischen Arzt erlebt hatte. Das Erwachen der Versuchspersonen war jeweils so herbeigeführt worden, daß ihre Hände ergriffen und fest gedrückt wurden, und da sie beide die Augen offen hatten, schüttelte ich ihre Hände und auch meinen Kopf energisch, so als erwachte ich und wollte einen klaren Kopf bekommen. Da der Arzt dieses Vorgehen bei der Frau bereits gesehen hatte, sprach er schneller darauf an als sie.

Kurz zusammengefaßt: Hypnose ist eine gemeinsame Erfahrung, die auf der Kommunikation von Gedanken beruht, gleichgültig welche Möglichkeiten verfügbar sind; sprachliche oder mehr als Ritual ablaufende Techniken oder auch traditionelle Induktionstechniken nach feststehender Formel sind nichts weiter als Einstieghilfen, um zu lernen, wie man Ideen und Auffassungen übermitteln kann in dem gemeinsamen Unterfangen, bei welchem eine Person aus freien Stücken die Hilfe oder die Kenntnisse einer anderen in Anspruch nimmt.

Bei der Hypnose mit zwei Taubstummen wurde Zeichensprache eingesetzt; außerdem wurde mittels Pantomime dargestellt, der Hypnotiseur habe nun keine Lust mehr, sich weiterhin der Zeichensprache zu bedienen und sei ihrer müde. Bei diesen beiden Versuchspersonen ging der Rapport verloren, wenn sie die Augen schlossen, und es war nötig, auf das Hilfsmittel zurückzugreifen, sie kräftig an der Schulter zu schütteln, um sie aufzuwecken; dieser Schlüsselreiz war zuvor schon bei den Suggestionen zur Tranceinduktion verankert worden. Als ihnen suggeriert worden war, daß sie während der tiefen Trance ihre Augen offen lassen sollten, nahm ihr peripheres Sehvermögen in so erheblichem Maße ab und verengte sich so sehr, daß sie womöglich nurmehr das Fingerzeichen eines Buchstabens gesehen hätten, bis sie eine anderslautende Anweisung erhalten hätten. Allerdings kann nach insgesamt vier hypnotischen Trancen mit zwei derartigen Versuchspersonen korrekterweise nur die Einschätzung abgegeben werden, daß bei neurologisch taubstummen Menschen eine übliche hypnotische Trance mit den üblichen Begleitphänomenen vermittels Zeichensprache induziert werden kann, daß es aber zu einem entscheidenden Verlust des peripheren Sehvermögens zu kommen scheint, woraus wohl eine gewisse Einbuße an Rapport resultiert. Daraus ergibt sich die faszinierende Frage, warum Trance bei Versuchspersonen, die so sehr auf ihr Sehvermögen angewiesen sind, eine viel größere Einbuße an peripherem Sehen verursachen sollte, als der Autor es jemals bei den Trancen vieler Tausender Versuchspersonen mit normalem Sprach- und Hörvermögen vorgefunden hat, bei denen ein viel geringerer Verlust an peripherem Sehvermögen üblich ist. Wenn indessen bei den taubstummen Versuchspersonen die Trance mit pantomimischen Anweisungen induziert wird, denen zufolge sie die Augen offenlassen und die Mundbewegungen ablesen sollen, dann erfolgt kein derartiger Verlust peripheren Sehvermögens, auch wenn sie zuvor spontan nurmehr die Einheit eines Drei-Finger-Zeichens gesehen hatten. Als Erklärung für diesen Befund führte eine Versuchsperson an: „Von den Lippen abzulesen, heißt wirklich aus der Mimik zu lesen; Zeichensprache bedeutet, jeweils ein Zeichen zu lesen."

Ähnlich verhält es sich, wenn während der Induktion in Zeichensprache die Anweisung gegeben wird, nachdem sich bereits eine Trance entwickelt hat, würden weitere Instruktionen schriftlich gegeben; in diesem Fall ist die Einbuße an peripherem Sehvermögen minimal. Die gleiche Versuchsperson erklärte dies damit: „Beim Lesen sehen Sie ja auch das Papier oder die Tafel." Unglücklicherweise sind die Daten über diese Versuchspersonen nicht ausreichend, um eine weitere Diskussion zu erlauben.

Der erste und nur vorläufige Bericht über das Thema der Induktion bei Taubstummen, der dem Autor bekannt ist, wurde von Dr. Alfredo Isasi aus Barcelona, Spanien, beim 5. Europäischen Kongress der Psychosomatischen Medizin im April 1962 vorgelegt und erschien im September 1962 in *La Revista Latino-Americana de Hipnosis Clinica* (Band 3, S. 92-94) unter dem Titel: „Dos casos de sofrosis en sordomundos" (Zwei Fälle von Hypnose bei Taubstummen). In diesem Bericht ist eine hypnotische Induktionstechnik bei Taubstummen, die bei der Demonstration auch gefilmt worden waren, in allen Einzelheiten beschrieben worden. Nachdem die Verständigung eingangs vermittels Zeichen und Gesten erfolgte, wurde der hypnotische Zustand durch Streicheln und sanften Druck auf Stirn, Augenlider und Kieferbereich herbeigeführt und durch sanftes Anheben und Loslassen der Arme getestet. So konnte Entspannung, Analgesie und Blutungskontrolle erreicht werden, wodurch erfolgreiches zahnärztliches Arbeiten bei zuvor ängstlichen und unkooperativen Patienten möglich wurde. Zwei Fallgeschichten von jungen taubstummen Männern wurden detailgenau dargestellt.

Anmerkungen

Bei dieser Thematik der Tranceinduktion mit Hilfe der Pantomime hat vielleicht der Aspekt der Leichtigkeit die meiste Relevanz, mit der Ideen und Kenntnisse vermittelt werden können, ohne daß sie in Worte gefaßt werden müßten, und das in Situationen, in denen die Versuchsperson sogar völlig im unklaren sein kann über die Art der Aufgabe, die zwei Personen aus unterschiedlichen Kulturkreisen zusammenführt, die verschiedene Sprachen sprechen und unterschiedliche Sitten und Gebräuche haben. Denkt man dann an die zahlreichen sogenannten kontrollierten Studien und Fallberichte, die in der Literatur der Hypnose zu finden sind, bei denen zwei homogene Gruppen, eine experimentelle und eine Kontrollgruppe, vom gleichen Versuchsleiter betreut werden, der einen Wortlaut mit nur geringfügigen Unterschieden gebraucht und genau weiß, welche Ergebnisse er erhalten will, so kann man sich nur wundern, wie „kontrolliert" diese Experimente sind.

Aber wenn die „Kontroll-Versuchspersonen" zuvor schon vom Versuchsleiter oder von anderen hypnotisiert worden sind oder Hypnoseinduktionen oder -experimente des gleichen Versuchsleiters mit anderen Personen beobachtet haben (wobei der Versuchsleiter selbstverständlich weiß, daß er das hypnotische Verhalten auch bei den „Kontroll-Versuchspersonen" und in deren „Wachzustand" herbeiführen möchte), dann kann man erst recht am wissenschaftlichen Scharfsinn dieser Forscher zweifeln. Der Autor jedenfalls stellt sowohl die Intelligenz als auch die wissenschaftliche Integrität dieser Forscher ernsthaft in Zweifel!

Ausgang der Zwanziger- und in den Dreißiger- und Vierzigerjahren verglich ich in etlichen Forschungsarbeiten die Traumsymbolik geisteskranker Hindus mit der von Patienten, die aus Massachusetts und Michigan stammten; die entsprechenden Informationen hatte ich von Dr. Lalkaka aus Bombay und Dr. Govindaswami aus Mysore erhalten. Entsprechend verwandte ich dann auch Bilder, die neu in die Klinik aufgenommene, geisteskranke amerikanische Patienten kürzlich gemalt hatten und verglich sie mit Bildern aus der Prinzhorn-Sammlung: „Bildnerei Der Geisteskranken" (Verlag Berlin 1923), die von geisteskranken Deutschen stammten. Die Ähnlichkeiten waren erstaunlich, bis man sich erst einmal klar wird, daß die Träume und Bilder ja prinzipiell ähnlichem menschlichem Geist entstammen, wenn auch aus unterschiedlicher seelischer Verfassung und verschiedenartigem kulturellem Hintergrund. In diesem Zusammenhang erörterte ich in Zusammenarbeit mit Dr. Lawrence S. Kubie in einem im Januar 1940 in *The Psychoanalytic Quarterly* (Bd. 9, Nr. 1, S. 51-63) veröffentlichten Artikel die mögliche Entsprechung oder Homogenität unbewußten Verstehens zweier Menschen ein und desselben Kulturkreises. In diesem Bericht gab eine Versuchsperson exakt den gleichen Inhalt bei geringfügig unterschiedlichem Wortlaut an, wie er *unabhängig* von einer anderen Versuchsperson in tiefer Trance bei einem Versuch mit verborgenem Schreiben niedergelegt worden war, ohne daß sie – ebensowenig wie der Versuchsleiter – von diesem Inhalt Kenntnis hatte.

Ebenso verhält es sich mit der allgemeinen Traumsymbolik der geisteskranken Patienten aus Indien und aus Nordamerika und auch mit den allgemeinen Symbolen in der Kunst geisteskranker deutscher Patienten und der erst kürzlich eingewiesenen geisteskranken Patienten in USA; entsprechendes finden wir auch bei der Übertragung des Inhalts geheimen automatischen Schreibens von einer hypnotischen Versuchsperson zur anderen. Nehmen wir noch diesen Bericht über die Pantomime-Technik in der Hypnose hinzu, so läßt sich allgemein folgendes sagen: Es besteht eine Parallität in den Denk- und Verstehensprozessen, die sich nicht auf die Worte stützt, mittels derer spezielle Reaktionen hervorgerufen werden sollen, die vielmehr auf Verhaltensweisen beruht, welche gewöhnlich bewußt und verstandesmäßig nicht erkannt oder gewürdigt werden.

Um zusammenzufassen: Dieser Bericht über die Pantomimetechnik der Hypnose soll darauf hinweisen, daß angemessene hypnotische Suggestionen gezielt ohne Worte gegeben werden können. Sinnvollerweise muß daraus gefolgert werden, daß dergleichen Suggestionen auch unbeabsichtigt durch Pantomime vermittelt werden können und unwissentlich komplizierte hypnotische Phänomene bei einer Versuchsperson hervorrufen können, die keinerlei Erfahrung mit Hypnose hat; dies kann mit der Situation verglichen werden, wenn einer Versuchsperson Suggestionen übermittelt werden, deren Sprache und soziokultureller Hintergrund dem Versuchsleiter genauso fremd sind wie dessen eigener Kontext der Versuchsperson.

Daher sollte wahre Forschung auf dem Gebiet der Hypnose weit mehr in Betracht ziehen, als lediglich die üblicherweise untersuchten Kriterien. Werden *Kontrollmessungen* vorgenommen, so sollte man stets bedenken, daß sie dem Zweck dienen, die ausgewählten Kriterien so zu isolieren, daß deren Auswirkung studiert werden kann, ohne daß Faktoren stören, die man nicht einmal bedacht oder identifiziert hat, die man daher auch nicht beseitigen oder unter Kontrolle halten kann.

15. Zwei Hypnosetechniken: Die „Überraschungstechnik“ und die „Mein-Freund-John-Technik“. Minimale Hinweisreize und natürliche Feldexperimente[1]

Milton H. Erickson

Auf einer Medizintagung gab es eine lange Diskussion über Hypnose und deren medizinische Anwendung. Gegen Ende der Diskussion wurde der Wunsch nach einer Hypnosedemonstration laut. Zwei junge Frauen und ein Arzt von etwa 45 Jahren kamen aufs Podium. Eine der beiden Frauen sagte: „Ich bin noch nie hypnotisiert worden, und ich habe auch noch nie gesehen, wie so etwas geht. Aber ich denke nicht, daß das bei mir funktioniert. Tatsächlich bin ich sogar sicher, daß das bei mir nicht funktioniert.“ Die andere Frau meinte: „Ich habe bis jetzt noch nie bei einer Hypnose zugesehen und bin auch selbst noch nicht hypnotisiert worden, aber ich würde es gern einmal erleben“. Der Arzt seinerseits behauptete: „Ich bin eine unbrauchbare Versuchsperson. Ich habe eine Menge Zeit mit verschiedenen Ärzten und Zahnärzten zugebracht, um mich von ihnen in Trance versetzen zu lassen, aber ich scheine mich dagegen zu sperren. Ich hätte gern, wenn Sie es einmal versuchten, auch wenn es nichts bringt. Ich würde gern einmal in Trance gehen, obgleich ich weiß, daß ich das nicht kann. Ich kann Hypnose anwenden und praktiziere sie auch bei meinen Patienten, aber ich bin mir nicht immer sicher über die Validität ihrer Reaktionen. Deshalb wäre ich gern auf dem Podium dabei, um das Ganze genauer beobachten zu können.“

Er wurde gefragt, ob er sich absolut sicher sei, nicht in Trance gehen zu können. Seine Antwort war, er sei völlig davon überzeugt, daß er nicht hypnotisiert werden könne. Jemand aus dem Publikum fügte noch hinzu, daß er selbst über einen längeren Zeitraum, insgesamt ungefähr 30 Stunden lang, immer wieder vergeblich versucht habe, diesen Kollegen zu hypnotisieren.

Miss A (diejenige, die dachte, sie könne in Trance gehen) wurde gebeten, sich auf den Stuhl unmittelbar rechts neben mich zu setzen,

[1] Zuerst erschienen in: *The American Journal of Clinical Hypnosis* 6, April 1964, 293-307

die andere Frau (B) erhielt den Platz rechts neben Miss A, und Dr. C nahm zur rechten von Miss B Platz, wobei sein Stuhl in einem geringfügigen Winkel zu deren Stuhl stand, so daß er bequem mein Gesicht und die Gesichter der beiden Frauen sehen konnte. Mein Stuhl stand ebenfalls in einem geringfügigen Winkel zu deren Stühlen, damit ich Miss A, Miss B und Dr. C gut im Blick haben konnte.

Miss B und Dr. C wurden von mir gebeten, Miss A sorgfältig zu beobachten, da er beabsichtige, sie zur Demonstration einzusetzen. (Diese Aufforderung war haupsächlich als wirksame, aber indirekte und unerkannte Suggestion an Frau A gedacht). Dr. C gegenüber erklärte ich ziemlich ausführlich, seine Aufgabe sei es nun, zu einem besonders kritischen Urteil zu kommen, ob die verschiedenen hypnotischen Phänomene, die Miss A zeigen werde, in seinen Augen valide seien oder nicht. (Auch dies war eine sehr nachhaltige Suggestion für Miss A, die gleichzeitig auch Dr. C's Rolle definierte, so daß er keinen Widerstand zu zeigen brauchte.) Gegenüber Miss B stellte ich fest, daß sie zweifellos die Manifestation hypnotischer Phänomene genießen werde, *selbst dann, wenn sie nicht alles verstehen* sollte (mit besonderer Betonung der kursiv gesetzten Worte), was sie an hypnotischen Erscheinungen zu sehen bekommen werde. (Damit erhielt wiederum Miss A eine Instruktion, ohne daß es so aussah, als gebe man sie ihr, und Dr.C wurde informiert, daß er mehr sehen werde, als für Miss B vermutlich zu begreifen sei). Die intensive Betonung der kursiv gesetzten Worte vermittelte darüber hinaus eine indirekte Suggestion, daß sie (und ausschließlich sie) „alles" sehen werde. Keiner der drei würde die besondere Betonung von „alles" bewußt nachvollziehen und verstehen können, aber alle drei würden es hören, und das würde als unbeantwortete und auch unerkannte Frage in ihrem Sinn fortwirken und später utilisiert werden können.

Miss A gegenüber wurde die Aussage gemacht, daß hypnotische Trance vollständig auf Lernprozessen bei der betreffenden Person beruhe; daß das Utilisieren des Unbewußten daran beteiligt sei, ebenso wie *automatische Reaktionsprozesse.* Auf diese Weise erhielten A, B und C offen, aber indirekt, Anweisungen zu „automatischen Reaktionen". Weiter wurde ausgeführt, es gebe eine *Anzahl von Techniken*, die angewendet werden könnten, und daß ihr *einige von diesen* Techniken kurz beschrieben würden, so daß die *Zuhörer* von der Darstellung der verschiedenen Techniken ihren Nutzen hätten, mithin eine unmerkliche Implikation, daß B und C in gewisser Weise ausgeschlossen würden.

Es folgte nun eine anscheinend beiläufige aber ziemlich vollständige Zusammenfassung der Handlevitationstechnik, der Fixationstechnik (Punkt auf der Wand) und der Lidschliestechnik und von zwei Versionen der Münz-Technik[2]. Anschließend wurde ein Verfahren erläutert, das ich kürzlich entwickelt hatte und Mitte der Fünfzigerjahre scherzhaft „Mein-Freund-John-Technik“ benannt hatte. Dabei, so beschrieb ich ausführlich, verhält man sich so, als ob jemand namens John auf einem Stuhl sitze, und dieser vorgestellten Person werden dann mit viel Einfühlung und sehr eindringlicher Betonung die Suggestionen der Handlevitationstechnik gegeben; dabei spürt und empfindet man seine eigenen Instruktionen und *entwickelt automatische Reaktionen auf die eigenen Suggestionen.* Dies geschieht in ziemlich ähnlicher Weise, wie wenn man jemandem das Wort vorsagt, nach welchem er gerade zu suchen scheint. Auf diese Weise lernt man das Gefühl und das Timing für Suggestionen. In einem typischen Beispiel sagt der Betreffende „meinem Freund John“, er möge es sich auf dem freien Stuhl bequem machen, die Handflächen leicht auf seine Oberschenkel legen, und während er das sagt, macht er es vor, und dann werden langsam und sorgfältig, in bedeutungsvoller und eindringlicher Weise die Suggestionen gegeben, daß Finger, Hand und Handgelenk sich heben und daß der Ellbogen sich beugt. Jeder Schritt wird von einer entsprechenden, langsamen, fortlaufenden Bewegung unterstützt, während die Suggestionen gegeben werden. Dann wird hinzugefügt: Während die Hand sich dem Gesicht nähert, schließen sich die Augen; wenn die Finger das Gesicht berühren, bleiben die Augen geschlossen, ein tiefer Atemzug, und eine tiefe Trance wird diesen Atemzug begleiten, und die Trance wird andauern bis der Zweck erfüllt ist, der erfüllt werden soll. Diese Technik habe ich beim Unterrichten von Hypnose sowie der Selbsthypnose angewendet soweit dies legitimen Zwecken diente.

Alle drei Versuchspersonen und das Publikum hörten dieser recht ausführlichen Erklärung vollkommen konzentriert zu. Dann fuhr ich fort: „Und nun, Miss A, da Sie die Versuchsperson sein werden, möchte ich bei Ihnen eine recht einfache Technik anwenden, die oft sehr leicht und schnell wirkt, und die ich die „Überraschungstechnik“ nenne. Es ist wirklich sehr einfach. Alles was ich Sie bitte, zu tun, [leise und eindringlich gesprochen] ist, Sie *sagen mir die Art, die Rasse* und das ungefähre *Alter dieses Hundes hier*“ (indem ich mit ausgestrecktem

2 Hierbei wird üblicherweise eine Münze auf die Hand der Versuchsperson gelegt und es wird die Suggestion gegeben, die Münze werde immer heißer.

Finger auf eine leere Stelle auf dem Boden zeigte und diese Stelle mit großer Aufmerksamkeit betrachtete).

Miss A wandte langsam ihren Kopf in die angegebene Richtung, ihre Pupillen weiteten sich und ihr Gesicht zeigte einen starren Ausdruck. Sie schaute gewissenhaft auf die bezeichnete Stelle und ohne ihren Kopf zu mir zurück zu wenden, antwortete sie: „Es ist ein Scottie (Schottischer Terrier), er ist schwarz, und er sieht fast genauso aus wie der, den ich zu Hause habe." Sie wandte ihren Kopf langsam in meine Richtung und fragte: „Ist es Ihrer? Er ist ungefähr zu dreiviertel ausgewachsen, genau wie meiner." Sie wurde gefragt: „Was macht er gerade: *stehen*, *sitzen* oder *liegen*?". Ihre Antwort: „Nein, er sitzt einfach da."

Miss B's Gesicht drückte deutliche Verwirrung aus, als sie erst zu Miss A und dann auf den leeren Punkt am Boden blickte. Sie fing an: „Aber da ist doch gar kein ... " und ihr Ausdruck ging in völlige Verwirrung über, als sie sich Dr.C zuwandte und ihn zu mir sagen hörte: „Das ist keine valide hypnotische Reaktion. Der Hund ist ein Collie und kein Scottie. Und außerdem steht er auf und wedelt mit dem Schwanz. Ich bin selbst ein Collie-Fan und muß das wohl wissen. Wie erklären Sie sich, daß sie ihn für einen Scottie hält, obwohl Sie ihr das gar nicht suggeriert haben?"

In beschwichtigendem Ton erklärte ich, daß Miss A möglicherweise die Hunderassen auch nicht besser kennte als er selbst, und er bat Miss A, Dr. C zu erklären, was für eine Art Hund das sei, *wobei er auf Dr.C zeigte* (und somit den Rapport zwischen den beiden vertiefte). Miss A wandte sich langsam Dr.C zu, und währenddessen sagte Dr. C: „Ihr Gesichtsausdruck, ihre Kopfbewegungen sind wie unter Hypnose, aber daß sie einen Scottie anstelle des Collies sieht – oh, sie halluziniert den Collie als Scottie." Während er diese Beobachtungen machte, demonstrierte ich bei Miss A eine Katalepsie des linken Armes, was sie gar nicht zu bemerken schien. Dr.C indessen bemerkte es und bestätigte, dies sei eine echte Katalepsie und vollständig valide. Während er das sagte, verließ ich meinen Stuhl, stellte mich hinter Miss B und flüsterte ihr zu, sie möge versuchen, Miss A's Arm herunterzudrücken. Sie tat das und erhielt keine weitere Reaktion außer verstärkter Starre, was Dr.C zu der Bemerkung veranlaßte: „Ihre Armkatalepsie verstärkt sich". Und er sagte das in meine Richtung, als ob ich mich noch immer auf dem Stuhl neben Frau A befände. Außerdem gab er keinen Hinweis darauf, daß er Miss B und ihre Bemühungen wahrnahm, ebensowenig wie Miss A das Verhalten von Miss B zu bemerken schien. Auch schien Miss A dem, was Dr.C zu mir sagte keine

Aufmerksamkeit zu schenken, ebensowenig nahm sie zur Kenntnis, daß ich meinen Stuhl verlassen hatte.

Langsam und ausführlich erklärte Miss A Dr. C, daß der Hund ein Scottie sei und warum er ein Scottie sei – offensichtlich verstand sie wirklich eine Menge von dieser Rasse.

Dr. C widersprach ihr sehr höflich, und wies darauf hin, daß es sich bei dem Hund um einen Collie handele – und daß er in der Tat ganz deutlich demjenigen gleiche, den er selbst einmal besessen habe. Dr. C machte einige Nebenbemerkungen in meine Richtung über die Validität der Trance von Miss A, und zwar so, als säße ich immer noch auf meinem ursprünglichen Stuhl. Miss A gab keinerlei Anzeichen daß sie diese Bemerkungen höre, da sie ja auch nicht an sie gerichtet waren. Während dieser Austausch zwischen Miss A und Dr. C weiterging, ebenso wie die an mich gerichteten Bemerkungen, als ob ich noch auf meinem ursprünglichen Stuhl säße, hatte ich mich rechts neben Dr. C begeben, dessen rechten Arm hochgehoben und in eine unbequeme kataleptische Position gebracht. Dann reichte ich seinen linken Arm so in Richtung von Miss B, daß das Publikum es sehen konnte, nicht aber Miss B, und zog mit einem plötzlichen Ruck an einer Locke ihres Haares. Nur einen kurzen Moment später zog ich mit meiner rechten Hand in ähnlicher Weise, jedoch etwas kräftiger, an einer Strähne von Dr. C's Haar. Miss B blickte voller Verwirrung zu mir, viel zu überrascht, um irgend etwas zu sagen, aber ihr Gesicht brachte deutlich Schmerz zum Ausdruck. Während sie aufsah, bemerkte sie das Ziehen an Dr. C's Haaren. Sofort schaute sie in Dr. C's Gesicht und konnte dort keinen Hinweis dafür erkennen, daß dieser das Ziehen an seinen Haaren verspürt hätte, vielmehr setzte er seine Argumentation gegenüber Miss A bezüglich der Identität des Hundes fort. (Miss B begann ALLE hypnotischen Phänomene zu sehen, wie sie dachte). Das Publikum hatte nun begriffen, daß Dr. C auf seltsame und unerklärliche Weise eine tiefe somnambule Trance entwickelt hatte. Ihm war das Publikum samt Miss B weiterhin vollkommen unbewußt, und er fuhr fort, mich anzusprechen und offenbar so zu sehen, als habe ich meine Position nicht verändert. Auch Miss A verhielt sich weiter so, als säße ich immer noch neben ihr.

Von hinten ergriff ich die linke Hand von Miss B, bewegte sie vor und zurück und nickte in Richtung von Miss A's Kopf. Behutsam griff Miss B nach einer Locke in Miss A's Haar, zog zuerst versuchsweise daran, dann einige Male kräftiger, ohne jedoch irgendeine Reaktion von Miss A zu erhalten, und ohne damit die offensichtlich interessante Diskussion zwischen Miss A und Dr.C über Collies und Scotties zu unterbrechen. Auch Dr. C bemerkte das nicht – in der Tat schienen weder Miss A noch Dr. C Miss B zu bemerken, und diese Tatsache war für sie verwirrend und offensichtlich auch für das Publikum.

An dieser Stelle begann ich, hinter Dr. C stehend, zum Publikum zu sprechen und zu erklären, was geschehen war. Jeder, einschließlich Miss B, konnte merken, daß meine Ansprache an das Publikum Dr. C offensichtlich nicht dabei störte, mich weiter anzusehen und mit mir zu sprechen, als ob ich noch auf meinem ursprünglichen Stuhl säße. Und obwohl ich doch hinter Dr. C stand und zum Publikum sprach, fuhr Dr. C fort, Miss A und deren Verhalten zu kommentieren. Und er tat weiter so, als ob ich noch immer auf meinem ursprünglichen Stuhl säße, und war offenbar unempfänglich für den Klang meiner Stimme, während ich zum Publikum sprach. Ich gab den Zuhörern die Erklärung, daß sie, obgleich Augenzeugen einer vollständigen und regelrechten systematischen Tranceinduktion, nicht wüßten, ob sie die mitbekommen hätten, daß sie schlicht übersehen hätten, was ich tat, während sie darauf warteten, daß ich etwas anderes tue, das mehr ihren allgemeinen Erwartungen an diesen Prozeß entspreche. (Miss B hörte das auch, machte aber keinen erkennbaren Gebrauch von dieser Bemerkung, die sie selbst betraf).

Dem Publikum wurde verdeutlicht, daß die anscheinend *beiläufige und zwanglose Erklärung verschiedener Tranceinduktionen* nur eine lockere Art und Weise sei, die Aufmerksamkeit der Versuchspersonen wirklich zu gewinnen, und den Bereich ihrer bewußten Aufmerksamkeit einzuengen. Aber da das Publikum anwesend sei, um zu *hören* und zu *sehen*, was ich und die Versuchspersonen taten, könnten sie der Tranceinduktion doch gelegentlich etwas entgegensetzen. An dieser Stelle hob ein Zuhörer aus dem Publikum die Hand, und nachdem ihm das Wort erteilt worden war, erklärte er, „daß das, was ich entgegensetzte, nicht ausreichend gewesen ist, weil ich *mein Boot* da gesehen habe anstelle eines Hundes, und das überraschte mich so, daß ich wieder ins Publikum *zurückgekommen* bin. Aber ich nehme an, daß ich da etwas entgegengesetzt haben muß, wie Sie es nannten, sonst wäre ich wohl nicht zurückgekommen." (Später kamen einige Teilnehmer aus dem Publikum zu mir und berichteten, daß sie ebenfalls, wenn auch nur für Momente, Halluzinationen gehabt hätten, und dann „zurückgekommen", seien um der Demonstration weiter zu folgen.)

Ich fuhr fort: „Als ich dann die ‚Mein-Freund-John-Technik' erklärte, habe ich sehr sorgfältig darauf geachtet, den Stellenwert des langsamen, nachdrücklichen und bedeutungsvollen Sprechens bei der Hypnoseinduktion hervorzuheben, und daß man in diesem Moment die Bedeutung dessen, was man sagt, buchstäblich an sich selbst ‚fühlt'.

Wenn ich beispielsweise die Handlevitationstechnik betrachte, so wie ich sie einsetze, so habe ich bereits während ihrer Entwicklung in meiner Studienzeit in Wisconsin recht bald herausgefunden, daß sich fast immer meine Augen schlossen, während meine Hand sich hob. Auf diese Weise lernte ich, wie wichtig es ist, meinen Versuchspersonen die Suggestionen stimmlich und im Tonfall mit aller Ausdruckskraft, Bedeutsamkeit und Erwartung zu geben, so daß ich den Sinn meiner Worte selbst spüren konnte. Als sich Dr. C bereit erklärte mitzumachen und seine eigene Geschichte enttäuschter Hoffnungen, selbst hypnotisiert zu werden, erzählte, und dann über seine Zweifel bezüglich der Validität hypnotischer Phänomene bei seinen eigenen Versuchspersonen sprach, habe ich seine Äußerung als aufrichtiges Interesse aufgenommen und als Ausdruck der besonderen Bedeutung, die das für ihn hat. Ebenso erkannte ich die sich bietende Gelegenheit, so etwas wie ein „Experiment in natürlicher Umgebung" durchzuführen, wie man das nennen könnte. Dabei kann keiner vorhersehen, weder die Versuchspersonen noch das Publikum, was geschieht. Desgleichen können die mir unbekannten Versuchspersonen sich auch nicht denken, daß ein Experiment stattfinden werde oder sich vorstellen, welcher Art dieses Experiment sein werde oder welches Verhalten sich dabei zeigt. Das bedeutet: *Auch ich konnte das nicht vorhersagen.* Alles, was ich wußte, war, daß ich hypnotische Phänomene demonstrieren wollte, daß ich versuchen würde, jedes Phänomen, das auch immer ich hervorrufen würde, experimentell zu utilisieren, und daß ich mich auf mein Wissen über mögliche Reaktionen, auf die Wahl meiner Worte, Betonungen und Modulationen verlassen würde, um mein Experiment aus dem Augenblick heraus zu gestalten. Sollte das Experiment mißlingen, so würde das keiner wissen, und ich könnte dann andere Varianten ausprobieren, da ich eigentlich sicher sein konnte, wenigstens eine hypnotische Versuchsperson zu finden, und einige hypnotische Phänomene zu zeigen, selbst wenn ich nicht genau wüßte, was sich dabei ergeben werde.

Die „Mein-Freund-John-Technik" ist ein hervorragendes Instrument, um Versuchspersonen mit Widerstand zu lehren, in Trance zu gehen. Ich demonstriere sie widerstrebenden Patienten, die zur Therapie kommen, sich aber sperren, und ich demonstriere so gründlich und sorgsam, daß sie anfangen, sich über die verschwendete Zeit und das herausgeworfene Geld zu ärgern, wenn sie beobachten, wie ich für meinen bloß imaginierten Freund John eine Trance induziere. Auf diese Weise, während ich „John" hypnotisiere, können sie unwissentlich Reaktionen aufbauen, „Johns" Beispiel folgen und eine Trance entwickeln, ohne daß sie es nötig hätten, Widerstand zu zeigen. Therapeutisch gesehen ist das ein hervorragender Anfang, da sie ja zur Therapie kommen und nicht zu einem Wettkampf. Ich benutze dieses Verfahren auch, um Selbsthypnose in der heterohypnotischen Situation zu lehren sowie mit Interessenten und Patienten, die das zu Hause weiterüben sollen, sei es zu Studienzwecken, sei es wegen Symptomen wie Migräne, Fettsucht usw.

Daher bat ich Dr. C, als er über seine Zweifel an der Validität von Trancephänomenen sprach, ein Urteil über die Gültigkeit der Trancemanifestationen bei Miss A abzugeben. Während dies eine nachvollziehbare Aufgabe für ihn war, bedeutete es gleichzeitig für Miss A einen unbedingten, direkten, einfachen aber ausdrücklichen Hinweis, sich in Trance zu begeben, ohne irgendeinen Anlaß, Widerstand zu leisten, darüber zu diskutieren, oder auch nur die Aufforderung in Frage zu stellen, da ich ja nicht zu ihr, sondern zu Dr. C gesprochen hatte. Aber mit dieser Aussage, wurde er auch für die Aufgabe verantwortlich gemacht, Frau A's Verhalten angemessen zu evaluieren. Weder ihm noch dem Publikum blieb Zeit zu analysieren, was das bedeutete. Ich verließ mich ganz auf meine bisherige Erfahrung. Wie validiert jemand das subjektive Erleben eines anderen? Indem er wenn möglich daran teilnimmt! Der Schwimmer beispielsweise sagt, das Wasser sei kalt. Man kann dann ins Wasser springen und das überprüfen, zumindest kann man einen Finger ins Wasser halten, oder einen Zeh! Die Situation hier war jedoch eine andere. Man kann eine hypnotische Halluzination nicht so validieren, wie ein Schwimmer subjektiv die Wassertemperatur einschätzt. Aber Dr. C erlebte sich selbst als „blokkiert" gegenüber Hypnose und im Zweifel über die „Validität" einiger hypnotischer Phänomene, die er in seiner eigenen Praxis hervorrief. Nicht „blockiert" war er hinsichtlich der möglichen Validität hypnotischer Phänomene, auch nicht „blockiert", um seine eigenen Worte zu gebrauchen, als er gebeten wurde, die Echtheit der hypnotischen Reaktionen von Miss A zu „validieren". Er erwartete hypnotische Phänomene bei Miss A, und er erwartete ebenso, diese Phänomene in Form kooperativer kritischer Bemühungen zu validieren. Weder er noch das Publikum erkannten die Suggestion, daß seine Anstrengung, Miss A's hypnotisches Verhalten zu validieren, wesentlich mehr verlangte als ein bloß versuchsweises Fragen nach *Alter*, *Art* und *Rasse* eines Hundes, dessen tatsächliches Vorhandensein gar nicht zur Debatte stand, sondern *nur seine Merkmale*. Um so etwas zu validieren braucht es einen Hund. Da Miss A einen solchen halluziniert hatte, fand Dr. C, der ja keine mentale Blockierung oder Widerstand gegen das Validieren der Reaktionen von Miss A verspürte, daß der einzige Weg, wie er ihre Äußerungen über *Art*, *Rasse* und *Alter* validieren konnte, darin bestand, selbst einen Hund vor sich zu haben, mit dessen Hilfe ein solcher Vergleich möglich wurde. So wurde er unwissentlich in die gleiche Situation gebracht wie Miss A, und weder sie noch er noch das Publikum hatten Zeit, das zu realisieren, auch nicht, um die Vielfalt der Implikationen zu analysieren, die diese anscheinend einfache Aufgabe für Dr. C beinhaltete, er möge *seine ganze Urteilskraft auf das Evaluieren der Reaktionen von Miss A verwenden*. Und *„ganz“* beinhaltete und verlangte die volle Bandbreite seiner Möglichkeiten.

Als sich dann Miss A in einem Zustand vollständiger Erwartung befand und Aufmerksamkeit nurmehr für die Suggestionen aufbrachte, die ich für sie auswählte, erwähnte ich die „Überraschungs“-Technik. Ich forderte sie nicht auf, einen Hund zu sehen. Ich bat sie lediglich, daß sie *mir die Art, die Rasse* und *das Alter dieses Hundes dort nennen* sollte. Es ging nicht um die Frage, ob es da überhaupt einen Hund gaboder nicht. Die Frage galt *Art, Rasse* und *Alter*, und da sie darauf vorbereitet war, meine Suggestion anzunehmen, bestand ihre einzige Möglichkeit, dem auch nachzukommen, darin, auf ihr Unbewußtes „zurückzugreifen“ und die visuelle Erinnerung an einen Hund lebendig werden zu lassen. Dazu mußte sie in Trance gehen. Wie lange braucht es, eine Trance zu entwickeln? Wie lange dauert es, bis sich physiologischer Schlaf einstellt? Wenn Sie körperlich hinreichend müde sind, können Sie einschlafen, sobald Ihr Kopf das Kissen berührt. Wenn Sie psychologisch ausreichend gut vorbereitet sind, können Sie ebenso schnell eine Trance entwickeln.

Und was geschah mit Dr. C? Er war auf die Entwicklung hypnotischer Phänomene bei Miss A angemessen vorbereitet. Seine uneingeschränkte Erwartung an mich war, daß ich Hypnose demonstrieren werde. Dr. C hatte erklärt, daß er nicht hypnotisiert werden könne, und seine Aussage war offensichtlich für bare Münze genommen worden. Daher sah er sich nicht gezwungen, irgendwelchen Widerstand zu aktivieren. Aber er hatte eine Aufgabe zu erledigen, nämlich, *mit mir zu kooperieren, indem er die Validität der hypnotischen Phänomene beurteilte, die er bei Miss A erwartete.* Er selbst hatte so ebenfalls eine bedeutende Erwartungshaltung, die sich auf hypnotische Phänomene richtete, nur ging er davon aus, daß diese bei Miss A festzustellen seien, möglicherweise bei Miss B. Er hatte überhaupt keine Ahnung, daß er selbst auch gemeint sein könnte, und daher hatte er keinen Anlaß zu irgendwelchem Widerstand. Statt dessen gab es da seine lange Geschichte, sich Hypnose zu wünschen und sie zu erstreben, und nun bot sich eine nicht erkannte Gelegenheit, dieses Ziel zu erreichen. Die gesamte psychologische Situation unterstützte die Hoffnungen des Autors.

Als dann Miss A einen Hund halluzinierte, fand sich Dr. C in der Situation wieder, diese Halluzination zu validieren. Wie validiert man? Üblicherweise durch einen Vergleich des in Frage stehenden Objekts mit einem vergleichbaren, bekannten Objekt. Man vergleicht nicht einen Hund, auch nicht einen eingebildeten, mit einem Teppich, einem Fußboden oder einem Stuhl, sondern mit einem anderen Hund, oder mit dessen Bild, das man in der Vorstellung oder Erinnerung hat. Daher war Dr.C, ohne es zu merken, in die Lage versetzt worden, Miss A's bildhaften Entwurf mit seiner eigenen inneren Auffassung zu vergleichen, und dies konnte ihm am besten mit Hilfe seines eigenen erinnerten Bildes von einem Hund gelingen. Um dies zu tun (und er war bereit und erwartete, das zu tun, hatte aber den Prozeß, wie es dahin kommen sollte, nicht analysiert), entwickelte er sofort eine Trance, und so konnte er seine eigene visuelle Trancehalluzination mit Miss A's Beschreibung ihrer subjektiven hypnotischen Erfahrung vergleichen. Der zufällige Umstand, daß es um einen Vergleich zwischen einem Scottie und einem Collie ging, ermöglichte es beiden auf der Stelle, die Situation weiter auszubauen, und dies geschah, unterstützt durch meine beiläufigen Bemerkungen, die ungeplant waren und aus der Situation selbst heraus entstanden sind.

Warum ein Hund? Weil nach landläufiger Meinung Hunde allgemein beliebter sind und häufiger gehalten werden als Katzen. Wenn Miss A jedoch eine Katze gewählt hätte, hätte Dr. C immer noch – falls er Hunde bevorzugt – seinen Collie ins Spiel bringen können, *wie viele Wiederholungen dieses Experiments gezeigt haben*. Es galt, subjektive Erfahrungen zu validieren, kein reales Objekt, und Dr.C erledigte diese Aufgabe, die ihm wegen Miss A's subjektiver Erfahrung auferlegt worden war, angemessen, jedoch gemäß seiner eigenen visuellen und mentalen Bilder und Erinnerungen.

Ich mag diese Art Experiment, wenn niemand weiß, daß ein Experiment durchgeführt wird, und ich selbst nicht genau weiß, was geschehen wird. So habe ich auch schon früher mit großer Sorgfalt Suggestionen gegeben, um visuelle Halluzinationen hervorzurufen und akustische Halluzinationen erzeugt, indem ich zum Beispiel sagte: „Ich kann niemanden dort sehen, aber ich kann Leute sprechen hören" (da waren aber keine Leute und es sprach auch niemand). Ich habe Personen auch suggeriert, sie sollten zuhören, *auf das Klavier dort* hören, und dann ließ ich mir von ihnen in ihrer Verwirrung über meine Ignoranz erklären: „das ist eine elektrische Orgel." Und die Versuchsperson sieht, wie ich noch genauer hinschaue, um meinen „offensichtlichen Fehler“ zu korrigieren...

Das, was ich in den meisten dieser von mir ersonnenen experimentellen Situationen kennenlernen möchte, ist einzig und allein die Möglichkeit der sehr breit gefächerten psychischen Prozesse und Reaktionen, die ich gerne auslösen würde, wobei ich noch nicht weiß, ob mir dies gelingt, noch wie das ablaufen wird. Wenn dann die Versuchspersonen in ihrer ganz eigenen Art reagieren, gehe ich sofort dazu über, diese Reaktionen zu utilisieren. Um das an einem zahnmedizinischen Beispiel aus einer anderen Demonstration anläßlich eines Vortrags zu verdeutlichen, bei dem es um die Diskussion ideosensorischer Phänomene ging, fragte ich meine vorgesehene Versuchsperson, eine Frau mit Collegeabschluß, nach der Art, wie sie sich am liebsten entspannte. Sie antwortete: „Nun, ich denke, indem ich in der Gegend rumfahre und die Landschaft genieße.“ (Sie wohnte in Colorado.) Daher schlug ich ihr vor, sie möge rausschauen, „aus dem Seitenfenster dort drüben, auf *diese Bergkette* und auf *diesen Berg* mit den *zwei tiefen Hohlwegen* zu beiden Seiten, und dem *v-förmigen Kiefernwald,* der seitlich hochführt“, und dabei deutete ich beeindruckt auf die leere Wand. Zu meinem Erstaunen und dem der übrigen Anwesenden erwiderte sie: „Das ist kein Autofenster. Das ist mein Küchenfenster, und das bin ich, wie ich den Abwasch mache und Musik höre. Es läuft gerade mein Lieblingsstück, das mich ans Skifahren erinnert“, und sie begann leise zu summen, unterbrach sich, um mir zu sagen: „Erinnert Sie diese Musik nicht daran, wie Sie auf Skiern den Berg hinuntergleiten, in langen, herrlichen Schwüngen, gerade wie die langen, schwebenden Töne der Musik im Radio. Und oh, mein Gott, das ist ja unmöglich, aber wenn Sie aus dem Fenster schauen, können Sie den Berg sehen, wo wir immer Ski laufen . Es ist nah genug, so daß ich alles sehen kann. Schauen Sie, dieser große Geröllblock, um den die Piste herumführt. Könnte ich bitte Papier und Bleistift haben, ich muß die Szene aufzeichnen.“ Das tat sie dann auch, blickte von Zeit zu Zeit vom Zeichenpapier hoch, um ihren „visuellen Eindruck“ mit der „Szene“ zu vergleichen.

Diese Versuchsperson war die Ehefrau eines Zahnarztes aus dem Publikum. Er hatte oft, aber erfolglos versucht, sie für zahnärztliche Behandlungen in Hypnose zu versetzen, und einige seiner Kollegen hatten ähnliche Mißerfolge bei ihr erlebt. Sie hatte ihn erst zu diesem Treffen begleitet, nachdem er ihr versprochen hatte, sie werde nicht als Versuchsperson benutzt. Als ich nach Freiwilligen für eine Demonstration Ausschau hielt, hatte ich „das hübsche Mädchen mit dem weißen Hut in der hinteren Reihe“ gebeten, auf das Podium zu kommen. Sie war dieser Bitte gefolgt, hatte aber sogleich erklärt, daß sie nicht hypnotisiert werden wolle. Ihr war ernsthaft versichert worden, daß sie nicht in eine Trance zu gehen brauche, wenn sie es nicht selbst wolle, aber daß ich gern eine Anzahl Freiwilliger auf dem Podium hätte, wenn ich Hypnose demonstriere, einige, um den üblichen Wachzustand zu demonstrieren, einige, um leichte Trance zu demonstrieren, mittlere Trance und tiefe Trance sowie verschiedene Arten hypnotischer Reaktionen. Sie erklärte sich sogleich zur Demonstration des Wachzustands bereit. Dieses Angebot wurde akzeptiert, und es wurde ihr mitgeteilt, da ihr Mann Hypnose anwandte, würde sie vielleicht gern die anderen Versuchspersonen beobachten, die sich freiwillig gemeldet hatten, sowie auch die Reaktionen der Zuschauer, während sie diese Demonstrationen verfolgten, um zu erfahren, wie sie mit ihren Patienten reden könnten, um den Sinn wirksam zu vermitteln. Während sie die Versuchspersonen und das Publikum aufmerksam betrachtete und zuhörte, wie ich ausdrücklich die Notwendigkeit hervorhob, in bedeutungsvollem Ton zu sprechen, erläuterte ich, daß Miss X genauso wach, aufmerksam und unhypnotisiert sei wie eine beliebige Patientin, die die Praxis betritt und keine Ahnung von Hypnose hat. In der zahnärztlichen Praxis könne eine der Situation angemessene Bemerkung ebenso ernsthaft gemacht werden, wie ich das tue, während ich ideosensorische Phänomene diskutiere und mich an Miss X wenden könne mit einer anscheinend beiläufigen Bemerkung oder Frage, um mit Hilfe der Überraschungstechnik eine Tranceinduktion zu beginnen, so wie ich es nun demonstrieren werde. An dieser Stelle fragte ich nach ihrer bevorzugten Art sich zu entspannen, wodurch eine Abfolge hypnotischer Phänomene auf ideosensorischer Ebene ausgelöst wurden sowie somnambule Trance.

Was hatte es nun mit Miss X’s Verhalten auf sich? Sie war interessiert an Hypnose; sie war an dem interessiert, was zum Publikum gesagt wurde; und sie war daran interessiert, was die Leute im Publikum verstehen würden. So sah es nach meiner Einschätzung aus, und als mir der passende Moment gekommen schien, erklärte ich, was ich vorhatte, und sie, mit ihrem Wunsch zu kooperieren, folgte mir, allerdings ganz und gar gemäß ihrem eigenen Erfahrungshintergrund. Es waren nicht meine Suggestionen, die sie akzeptierte. Sie ergriff lediglich die Gelegenheit, um in ihrer eigenen Art zu verstehen, wobei sie meine Suggestionen nur als Mittel zum Zweck nutzte und nichts weiter.

Sie erhielt Gelegenheit, ihre Skizze zu beenden, und dann kooperierte sie weiter, indem sie verschiedene andere Phänomene somnambuler Trance zeigte. Die Skizze wurde im Publikum herumgereicht und ihr Mann und einige andere Anwesende erkannten die Szenerie (sie zeichnete und malte häufig). Dann wurde sie auf ganz einfache Art geweckt, indem sie zu der Ecke des Podiums geführt wurde, an der sie es betreten hatte und gefragt wurde: „Und nun, *Sie mit dem hübschen weißen Hut*, wie heißen Sie?“ So wurde bewirkt, daß sie auf den Moment reorientiert wurde, als sie das Podium betreten hatte, und zugleich wurde ihr eine vollständige Amnesie für alle erlebten Tranceereignisse vermittelt. (Nach der Erfahrung des Autors ist dieser Weg der Reorientierung in der Zeit mittels Wiederbelebens von Gedanken- und Assoziationsketten, die der Tranceinduktion vorangingen, wesentlich effektiver, um posthypnotische Amnesie zu induzieren, als entsprechende direkte und fordernde Suggestionen). Sie wurde gebeten sich zu setzen, und zwar auf einen anderen als ihren ursprünglichen Platz, um jegliche zufälligen Reassoziationen auszuschließen.

Auf indirekte Art wurde sie nun von Teilnehmern aus dem Publikum befragt. Leute, die sie nicht kannte, fragten sie nach ihrer Musikanlage, andere nach ihren Erfahrungen im Skifahren, nach dem Geröllblock, um den die Piste herumführte, und schließlich zeigte man ihr ihre Skizze, während der Autor passiv dasaß. Sie war einigermaßen verwirrt über die Fragen, zeigte jedoch keinerlei Anzeichen der Erinnerung an ihre Tranceerlebnisse, und als sie die Skizze in der Hand hielt, benannte sie die Gegend, lobte die Qualität der Zeichnung, und war plötzlich sehr erstaunt, in der Signatur ihren eigenen Namen zu erkennen. Zuerst zeigte ihr Gesicht den Ausdruck vollständiger Verwirrung und Überraschung, dann schaute sie auf ihre Uhr, horchte, ob sie noch tickte, verglich sie mit der Uhr ihrer Nachbarin und wandte sich dann an mich mit der simplen Frage: „Bin ich in Trance gewesen?.“ Ebenso schlicht wurde ihre Frage bejaht.

Sie hielt nachdenklich inne, schaute ihren Mann dann mit einem freudigen Lächeln an und sagte: „Bald wird es sowieso jeder wissen, und so kann ich es auch jetzt schon sagen. Ich bin schwanger und ich würde mein Kind gern unter Hypnose bekommen, aber ich war vollkommen sicher, ich könnte nicht hypnotisiert werden. Ich habe immer sehr angestrengt versucht, in Trance zu gehen, und nie ist es mir gelungen. Ich wollte heute erst nicht mitkommen, weil ich fürchtete, mein Mann würde mich drängen, mich freiwillig zu melden, und ich wollte keinen weiteren Mißerfolg erleben. So blieb ich dicht bei ihm, habe ihn sogar dazu gebracht, zu spät zu kommen, so daß er keine Gelegenheit hätte, Sie zu bitten, mich zu hypnotisieren. Ich konnte mir einfach keinen weiteren Mißerfolg mehr leisten. Aber als Sie mich baten, hochzukommen und meinen Hut erwähnten, wußte ich, daß das nur ein zufälliges Zusammentreffen von Umständen war, und ich war erleichtert, als Sie mir sagten, ich könne das Wachsein demonstrieren. Ich wußte, das konnte ich. Aber was ist dann geschehen? Können Sie mich nochmals in Trance versetzen, so daß ich mein Kind unter Hypnose bekommen kann?"

Sie erhielt die einfache Auskunft, sie brauche überhaupt keinen anderen, der sie in Trance „versetzen" soll, sondern es sei ein Lernprozeß in ihr selbst, und alles, was sie benötige, um in Trance zu gehen, sei ihre Skizze, auf die sie schauen solle, und zum Aufzuwachen solle sie ihren Namen lesen. Eine andere Möglichkeit bestehe darin, Musik zu hören, selbst wenn das Radio 100 Meilen weit weg sei, dabei in Trance zu gehen und aufzuwachen, wenn es an der Zeit sei. Sie nahm sofort ihre Zeichnung, entwickelte offensichtlich eine Trance, schaute langsam hinunter zur Signatur und war wieder da, und sie erkannte, daß sie aus einer Trance erwacht war. Dann spitzte sie die Ohren wie beim genauen Zuhören, ihre Augen gingen zu; sie begann mit dem Fuß einen Takt zu klopfen, worauf ihr Mann bemerkte: „Sie schlägt den Takt ihres Lieblingsstücks." Kurz darauf hörte das Fußwippen auf, sie erwachte, dankte dem Autor in reizender Weise, stieg, ihre Skizze unterm Arm, vom Podium und kehrte zu ihrem Platz neben ihrem Mann zurück, so als hätte sie zu diesem Thema keinen weiteren Kommentar.

Zwei Jahre später war sie wieder dabei, als sich die gleiche Gruppe zu einer Veranstaltung traf. Sie stellte mir ihr Baby vor und teilte mit, sie sei eine perfekte Patientin in der Geburtshilfe und in der zahnärztlichen Praxis, ein Umstand, den ihr Ehemann nur bestätigen konnte.

Nun zurück zu Miss B: Nach der ausführlichen Demonstration und Diskussion mit dem Publikum, der Miss B zu folgen versuchte, während sie ebenfalls Miss A und Dr. C zuhörte, welche weiter über die Vorzüge von Scotties gegenüber Collies diskutierten, gibt es einen weiteren Punkt, der genauer betrachtet werden sollte. Indem ich mich an Miss B wandte, sagte ich zu ihr: „Als Sie auf das Podium kamen, sagten Sie, Sie glaubten, daß sie nicht hypnotisiert werden könnten. Was ich mich nun frage (bedenken Sie, daß „mich fragen" nichts offensichtliches mit ihrem In-Trance-Gehen zu tun hat): Ist es ein Hund, den Sie gerne sehen würden?". „Hund" wurde mit einer ansteigenden Betonung ausgesprochen, ganz so, wie um einen Zweifel zu wecken, was das Sehen eines Hundes angeht. Sollte hier nämlich irgendein Zweifel bestehen, so sollte das der meine sein und nicht derjenige der Versuchsperson. Sie lachte und meinte: „Nein, ich liebe Katzen, und meine Katze heißt Snookie."

„Ist Snookie süß?"

„Oh, Sie sollten Snookie sehen, wie sie im Wohnzimmer spielt."

„Oh, ist das hier Snookie, die da mit der Stoffmaus spielt?", und dabei deutete ich wieder auf den leeren Fußboden und betrachtete ihn aufmerksam, so, als ob ich tatsächlich dort eine Spielzeugmaus sähe.

Wieder wurde die Suggestion in der Art gegeben, daß die Frage, wie Miss B sie verstand, nicht hieß: „Ist da eine Katze?", sondern: „Ist *das eine Stoffmaus, womit sie spielt*?." Um diese Frage beantworten zu können, *mußte sie zunächst eine Katze sehen*, und die vorangegangene Konversation hatte den Boden dafür bereitet und eine starke persönliche Erinnerung hervorgerufen.

Sie antwortete, das sei *keine* Spielzeugmaus, sondern ein *Wollknäuel.* Wieder war eine Überraschungstechnik benutzt worden, indem in einer vorbereiteten Situation eine unvermittelte Frage gestellt wurde, deren Beantwortung eine vollständige Bestätigung der postulierten oder implizierten hypnotischen Phänomene voraussetzte. Man kann einen Fremden ansprechen und sagen: „Hier ist eine Tafel und ein Stück Kreide, und wenn es Ihnen nichts ausmacht, würde ich gerne wissen, ob Sie Rechts- oder Linkshänder sind." Selbst für den Fall, daß eine verbale Antwort gegeben wird, anstatt daß die Kreide mit der dominanten Hand ergriffen und etwas geschrieben wird, kann man sicher eine unwillkürliche motorische Reaktion beobachten, bzw. den Blick zur dominanten Hand oder eine andere, leichte, aber verräterische Bewegung. Dies wird der Fall sein, selbst wenn der Fremde ansonsten nur kühl und unbewegt vor sich hin starrt.

Nach verschiedenen weiteren Demonstrationen hypnotischer Phänomene, bei denen alle drei Versuchspersonen Rapport zu mir hielten bzw. sich unterschiedliche Konstellationen ergaben, daß zum Beispiel Miss B in direktem Rapport zu mir stand, während Miss A und Dr. C halluzinierten, daß dann wieder Dr. C und Miss A lediglich untereinander Rapport hatten, Miss B hingegen nur zu mir, war die nächste Aufgabe, sie wieder aufzuwecken.

Indem ich meinen ursprünglichen Stuhl wieder einnahm, stellte ich dem Publikum die Aufgabe wie folgt dar: „Jetzt erhebt sich das Problem, sie wieder aufzuwecken. Sie werden gleich alle bemerken, daß ich anscheinend nichts in dieser Richtung unternehme. Daher rate ich Ihnen dringend, die Versuchspersonen sorgfältig zu beobachten, aufmerksam zuzuhören, was ich sage und sich über die Bedeutung des Gesagten Gedanken zu machen."

Ich wandte mich an die Versuchspersonen und bemerkte beiläufig, aber mit sanfter Betonung: „Nun, Miss A, Miss B und Dr. C, *wir sind alle hier*, und *das Publikum wartet*, denken Sie daher nicht auch, *ich sollte beginnen*, und für sie jetzt zur Demonstration kommen?"

Alle drei waren sofort wach, jedoch *reorientiert auf den Zeitpunkt, als sie zu Beginn auf das Podium gekommen waren*. Miss A lächelte und sagte: „Nun, da ich wohl die einzige bin, die in Trance gehen möchte, ist es vermutlich am günstigsten, wenn Sie mit mir anfangen." Als ich Miss B anschaute, meinte sie: „Ich bin bereit, es zu versuchen", und Dr. C antwortete: „Ich wünschte, ich könnte es."

Alle drei hatten offensichtlich eine vollständige Amnesie für sämtliche Ereignisse während ihrer Trance. Aufwachen, Reorientierung in der Zeit und eine Amnesie waren definitiv impliziert mit meinen drei kursiv gesetzten Äußerungen zu den Versuchspersonen.

Ein unbekannter Teilnehmer aus dem Publikum fragte Dr. C: „Hatten Sie einmal einen Lieblingscollie?" Dr. C antwortete, daß er schon viele Lieblingscollies gehabt habe, daß aber der, den er am liebsten hatte, vor einigen Jahren gestorben sei. Ein anderer Teilnehmer sagte dann zu Miss A: „Und Ihr Lieblingshund ist ein Scottie!" Sie entgegnete verwundert: „Woher wissen Sie das?" Eine andere Person aus dem Publikum, der Miss B nicht bekannt war, fragte sie, warum sie Snookie nie eine Spielzeugmaus gekauft habe. Miss B erwiderte sogleich, das habe sie durchaus, aber Snookie habe sie zerrissen. Dann fragte sie völlig verwirrt, woher der Fragesteller etwas von Snookie wisse.

Dr. C hatte bei der Frage nach dem Collie verwundert dreingeschaut, war den Fragen an Miss A und B verwirrt gefolgt, schaute plötzlich auf seine Uhr und bemerkte bestürzt: „Das ist ja mehr als eine Stunde her, daß ich hier hoch kam. Alle scheinen persönliche Dinge über uns zu wissen; keiner von uns scheint zu begreifen, woher sie das wissen können. Soll das heißen, daß wir alle drei in Trance gewesen sind und nun eine Amnesie haben?", und er blickte dabei zu mir.

Anstatt ihm zu antworten wandte ich ich zum Publikum: „Natürlich ist die beste Antwort auf diese Frage eine *Levitation der rechten Hand*." Die drei Versuchspersonen erschienen völlig verdutzt durch diese anscheinend abwegige Bemerkung.

Dr. C bemerkte als erster die anschließende Levitation seiner rechten Hand, schaute dann in offensichtlicher Verblüffung zu Miss B und

Miss A, da diese das gleiche Phänomen zu zeigen begannen. Alle hatten einen völlig perplexen Gesichtsausdruck, als sie sahen, was geschah. Während ich meinen Blick in die Tiefe des Raumes richtete, fragte ich: „Können Sie damit aufhören?“ Alle drei stellten fest, daß ihre Hände fortfuhren sich zu heben. Dann bemerkten einige Personen aus dem Publikum das gleiche bei sich selbst. Beiläufig stellte ich fest: „So kann man auf vielfältige Weise Antworten erhalten, die einem selbst nicht bewußt sind.“ Zum allgemeinen Erstaunen hörten sämtliche Levitationen auf und die erhobenen Hände sanken zurück. Die Implikation in meiner Bemerkung besagte, daß eine vollständige Antwort gegeben, und daher keine weitere Instruktion nötig war. Erstaunte Kommentare aus dem Publikum waren von denjenigen zu hören, die bei sich selbst ebenfalls eine Levitation der rechten Hand entdeckt hatten.

In ähnlicher Weise hatte ich vor einem Publikum aus zu Gast anwesenden Ärzten, der Belegschaft eines kommunalen Krankenhauses, Medizinstudenten, ausgebildeten und noch in der Ausbildung stehenden Krankenschwestern, eine auszubildende Krankenschwester gebeten, als Versuchsperson mitzumachen. Sie hatte eingewandt, daß sie zwar gerne möchte, aber viel zu befangen sei, um vor so einer großen Zuhörerschaft aufs Podium zu kommen. Darauf antwortete ich: „Sie würden also gerne (wahr), Sie sind zu befangen, auf's Podium zu kommen, *vor dieses Publikum* (niemand erkannte die *Implikation* der kursiv gesetzten Worte, und auch diese Bemerkung entsprach der Wahrheit), aber so *ist das in Ordnung*, alles, was ich Sie bitte zu tun, ist, schauen Sie einfach auf *dieses Bild hier rechts* an der Wand, und *ich* weiß nicht, *wem es gehört* oder *was für ein Raum* das ist“ (Ich zeigte und blickte aufmerksam auf die leere seitliche Wand). Die junge Frau wandte langsam ihren Kopf in der Art einer Person in tiefer Trance, schaute auf die seitliche Wand und antwortete: „Das ist Lily's Bild, es hängt genau über dem Fernsehgerät in ihrem Wohnzimmer.“ Ich bat die Krankenschwester, zu mir aufs Podium zu kommen, sich neben mich zu setzen und mir von Lily zu erzählen. Sie kam den Gang entlang, und nach einigen weiteren Bemerkungen bat ich sie, die Augen zu schließen und mir bei meiner Arbeit zu helfen. Nach der Demonstration verschiedener Phänomene, einschließlich einer Besprechung der Überraschungstechnik, weckte ich sie auf.

In ihrer Überraschung bot sie einen entzückenden Anblick, und sie fragte: „ Wie bin ich bloß hier hoch gekommen?“ Sie erhielt zur Antwort: „Sie sind eine bemerkenswert gute hypnotische Versuchsperson, und Sie werden den Ärzten und Krankenschwestern hier eine

Menge beibringen können." In einem späteren Briefwechsel mit ihr erfuhr ich, daß sie ihre Kolleginnen um eine ausführliche Darstellung der Ereignisse gebeten hatte, es kaum glauben konnte, und daher hat sie mich wegen einer kurzen Darstellung angeschrieben. Sie war sehr angetan von dieser Erfahrung. Ihre tatsächliche Bereitschaft, als Versuchsperson zu fungieren sowie der Umstand, daß sie sich nicht im klaren darüber war, daß ihr Platz im Publikum kein Hindernis für Hypnose war, obwohl die Aufforderung „nach vorne zu kommen" das implizierte, und auch die ihr so unerwartet übertragene Bürde, einer in Grunde bedeutungslos erscheinenden Suggestion eine besondere Bedeutung zu geben, all diese Umstände und ihr Zusammenspiel nötigten sie, in Form einer nach außen gerichteten Projektion eine sinnvolle Reaktion zustande zu bringen, was dann mit Hilfe des Eintretens in Hypnose geschah sowie mittels der visuellen Projektion einer tatsächlichen Erinnerung.

Ein weiteres Beispiel, das zur Überraschungstechnik angeführt werden kann, ist etwas anders geartet, da es vollständig auf der Utilisation minimaler Hinweisreize beruht. Dabei handelt es sich um ein gänzlich aus dem Stegreif entwickeltes Experiment an einer Universität, vor einem Publikum aus Medizinern und Psychologen, von denen die meisten – von ein paar Ausnahmen abgesehen – mit Hypnose vertraut waren. Minimale Hinweisreize, die weder vom Publikum, noch von den Versuchspersonen bemerkt worden waren, wurden eingesetzt, um sowohl tiefe Trance als auch spezifische Reaktionen hervorzurufen, für die es keinen erkennbaren Anstoß gab, der dem Publikum aufgefallen wäre. Die Versuchspersonen sollten indessen in eher unüblicher Weise reagieren, die sowohl dem Publikum als auch den Versuchspersonen unerklärlich bleiben sollte, bis dies durch die Demonstration abgeklärt würde.

Die Situation war folgendermaßen: Als ich das Auditorium durch die Vordertür betrat, entdeckte ich zufällig auf dem Rednerpult einige Stücke bunter Kreide und eine Tafel an der Wand hinter dem Pult. Zu diesem Zeitpunkt erhielt dieser Umstand noch keine weitere Beachtung. Statt dessen schaute ich mich wie üblich mit sorgfältig prüfendem Blick im Publikum nach irgend etwas um, das für mich von Interesse sein konnte. Dabei entdeckte er hinten im Auditorium zwei junge Frauen, eine nur wenig hinter der anderen, beide auf den jeweils gegenüberliegenden Seiten. Sie wirkten vertieft und aufmerksam und vermittelten mir so den Eindruck, daß sie „gute hypnotische Versuchspersonen" sein könnten. Es war nicht geplant, daß ich sprechen sollte, aber ich hatte in der ersten Reihe Platz genommen, um den Vortragenden zu beobachten, der über Hypnose sprechen und eine Tranceinduktion an einer erfahrenen Versuchsperson demonstrieren sollte.

Gegen Ende der Präsentation wurde ich um einen Kommentar gebeten. Da die Demonstration entschieden unbefriedigend verlaufen war, selbst aus der Sicht des Referenten, nahm ich diese Einladung an. In meinem Kommentar sprach ich mich gegen direkte, nachdrückliche und autoritäre Suggestionen aus, wie sie eingesetzt worden waren, und wies darauf hin, daß keine wirkliche Anstrengung unternommen worden sei, das offensichtliche Unbehagen und die Befangenheit der Versuchsperson angesichts des Publikums aufzugreifen, ebensowenig sei ihre mögliche Abneigung oder ihr Widerstand gegenüber der selbstherrlichen Art und Weise berücksichtigt worden, in der mit ihr umgegangen worden sei. Ich unterstrich die Wichtigkeit *behutsamer, permissiver* und *indirekter Suggestionen* und betonte, daß direkte Suggestionen Anlaß zu Widerstand geben würden.

Meine Bemerkungen wurden vom Referenten mit einem gewissen Ärger aufgenommen, vielleicht deshalb, weil er sich von seiner bislang kooperativen Versuchsperson „im Stich gelassen" fühlte. Jedenfalls schlug der Referent recht eindringlich vor, ich solle „eine behutsame, permissive Vorgehensweise und indirekte Suggestionen" demonstrieren und mir dazu jemanden aus dem Publikum als Versuchsperson aussuchen. Ich nahm diese Herausforderung eher zögerlich an, doch dann erkannte ich, daß dies eine gute Gelegenheit für ein experimentelles Vorgehen war, bei dem wohl nur ich allein wissen konnte, was ich zu erreichen *hoffte*. Es war ein exzellentes Setting für ein Experiment in natürlicher Umgebung, bei welchem ausschließlich ich selbst meine Absichten kannte, ein Experiment, das unter den Augen einer Zuhörerschaft stattfinden sollte, die mir teilweise nicht sehr wohlgesonnen war.

Unverzüglich hatte ich drei Stühle in einer Reihe vor dem Pult aufgestellt. Sehr nachdrücklich wies ich darauf hin, daß der mittlere Stuhl *mein* Stuhl sei, da ich wegen der Folgen einer früheren Poliomyelitis (Kinderlähmung) bevorzuge, beim Referieren zu sitzen. Ohne weitere Erklärung nahm ich zwei Taschentücher aus meiner Tasche und trat hinter das Pult. Dort, wo meine Hände und deren Betätigung *dem Blick der anderen entzogen* waren, wählte ich zwei Stücke Kreide aus und rollte sie getrennt voneinander in die Taschentücher ein, woraufhin ich eines dieser Taschentücher links vom Stuhl zu meiner Linken auf den Boden legte und das andere auf den Boden rechts vom Stuhl zu meiner Rechten. Selbst wenn irgendeiner etwas von der bunten Kreide gewußt hätte, so hätte doch keiner wissen können, welche Stükke ich ausgewählt und in die Taschentücher eingewickelt hatte. Nachdem ich mich auf meinen mittleren Stuhl gesetzt hatte, nahm ich mit meiner linken Hand mein rechtes Handgelenk und zog meinen rechten (und augenscheinlich schwächeren, jedoch nicht so schwachen, wie sich später deutlich herausstellte) Arm auf die andere Seite und zeigte mit meiner rechten Hand: „Dieser Stuhl ist für die eine Versuchsperson.“ Ich ließ meine rechte Hand in den Schoß sinken und berührte dann den Stuhl zu meiner Rechten mit meiner linken Hand und sagte: „Und dieser Stuhl ist für die andere Versuchsperson.“ Es wurde keinerlei Erklärung für dieses eigentümliche Plazieren der Taschentücher gegeben oder für die Zuweisung der Stühle mit überkreuzten Armen.

Auf diese Weise hatte jeder im Raum gesehen, wie eine Reihe Tätigkeiten ausgeführt wurden, die Verwunderung, intensive Wachsamkeit und verdutzte Aufmerksamkeit hervorzurufen vermochten. Erst kam das Aufstellen von drei Stühlen, wobei der mittlere speziell als der meine bezeichnet wurde, und die beiden anderen auf geheimnisvolle Weise als die Stühle für zwei nicht näher bezeichnete Versuchspersonen ausgewiesen wurden. Dann gab es diese höchst seltsame Geschichte mit den Taschentüchern, die aufgerollt worden waren, als ob sie irgendwelche unbekannten Gegenstände enthielten, die von mir aufgehoben worden waren, während ich – bis auf die Aktivitäten meiner Hände – für das Publikum voll sichtbar war; und diese Taschentücher waren auf ungewöhnliche Weise plaziert worden, ohne irgendeine Erklärung, die hätte weiterhelfen können.

Dann begann ich so klar und informativ wie möglich, Wesen und Wert behutsamer, indirekter, permissiver Techniken darzulegen, den Gebrauch von Modulation und Intonation, von Verzögerungen und Pausen, den Sinn scheinbar mühsamen Suchens nach Worten, um dazu zu animieren, daß der andere das Wort für mich findet sowie das Vermitteln minimaler Hinweisreize und Fingerzeige, auf welche die Versuchspersonen kooperativ reagieren und sie umsetzen können. Ich erwähnte, daß ich bereits zwei Stühle für die Versuchspersonen bestimmt und gesagt hatte: „Die eine Versuchsperson wird hier sitzen“, indem ich den Stuhl zur Linken wieder mit Hilfe der rechten Hand bezeichnete und wiederholte: „Die andere Versuchsperson (wobei ich den Stuhl zur Rechten mit der linken Hand berührte) wird hier sitzen.“ Damit hatte ich den Stuhl zur Linken zweimal mit der rechten Hand berührt und den Stuhl zur Rechten zweimal mit der linken Hand. Obwohl das Publikum sehr aufmerksam war, maß niemand – wie sich später herausstellte – dieser zweifachen Zuweisung der Stühle für die Versuchspersonen, die jeweils mit überkreuzten Armen erfolgte, übermäßig große Bedeutung bei. Dennoch sah das ein jeder und – wie viele später aussagten – schrieb man das eher meiner begreiflichen körperlichen Behinderung zu, die ich so freimütig angesprochen hatte.

Während ich sprach, ließ ich meine Augen sehr gründlich im Raum umherschweifen, was jedoch wie rein zufällig wirkte. Dabei inspizierte ich die Seitengänge und zwar von ganz hinten bis nach vorn, dann blickte ich genau vor mich hin auf den Boden, weiter den Mittelgang entlang, die Wände hoch zur Decke, zum „No Smoking"-Schild an der rechten Wand, zu den Stühlen neben mir, zum Fenster in der linken Wand, durch das ich einen Baum sehen konnte. Keiner konnte wissen, daß ich, während ich Pausen einlegte, hierhin und dorthin und überall hinschaute und dabei sorgfältig darauf achtete, niemanden aus dem Publikum direkt anzublicken, ausgenommen die beiden jungen Frauen, die mir ganz zu Anfang aufgefallen waren. Es entstand der Eindruck, daß ich frei und unbekümmert jeden und alles betrachtete, während ich sprach. Niemandem fiel wegen meines zufällig erscheinenden Verhaltens und meiner bedeutsamen, inhaltsreichen Äußerungen auf, daß es dabei zwei unterschiedliche und feststehende Sequenzen gab. Eine Abfolge bestand darin, durch das Fenster an der linken Wand zu schauen, dann den Blick zum Gesicht und den Augen der ausgesuchten Frau auf der linken Seite des Raumes schweifen zu lassen, sie direkt anzusehen und dabei gleichzeitig meine Worte so zu wählen, daß ich in etwa sagte: „Ein kleiner Hinweis bedeutet für Sie ... ", oder „wenn permissive Suggestionen zu hören sind, werden Sie ... ", also immer etwas, das persönlich genommen werden konnte. Diesen Äußerungen folgte dann ein langer Blick den linken Seitengang entlang bis nach vorn und von dort zum Stuhl zu meiner Rechten, wobei es den Anschein hatte, als meinte ich damit das gesamte Publikum. Den gleichen Ablauf befolgte ich bei der jungen Frau auf der rechten Seite. Jedesmal wenn ich zum „No Smoking"-Schild schaute, richtete ich einen flüchtigen Blick auf ihr Gesicht und ihre Augen und gab dabei ähnliche Suggestionen wie bei der anderen Frau; zum Beispiel: „Wenn Sie eine wie auch immer geartete Suggestion erhalten, werden Sie darauf reagieren", oder: „Minimale permissive Suggestionen können für Sie sehr bedeutsam sein." Danach folgte ein eindringlicher Blick den rechten Gang entlang nach vorne bis zum Podium und zum Stuhl zur Linken. Beim Wiederholen wurde jede Anstrengung unternommen, für beide Frauen in diese Bemerkungen, die anscheinend dem gesamten Publikum galten, eine ausreichende Anzahl *derselben* identischen Suggestionen einzubauen. Auf diese Weise hatte das Publikum allgemein den Eindruck, insgesamt angesprochen und angesehen zu werden, aber der direkte Blick zu den beiden Frauen und der Gebrauch des Pronomens „Sie“ zeitigten einen unbemerkten, nicht realisierten, jedoch kumulativen Effekt, und die Ereignisabfolge war stets gleichbleibend für jede der beiden Frauen, allerdings in etwas unregelmäßigen Intervallen.

Schließlich gewann ich wegen der Starrheit ihres Gesichtsausdrucks und des Ausbleibens des Lidschlag-Reflexes den Eindruck, daß der Zeitpunkt gekommen sei. Ich stand auf, ging den Mittelgang entlang zur zweiten Sitzreihe, warf einen kurzen Blick zum „No Smoking“-Schild und dann zu der Frau auf der rechten Seite, während ich langsam sagte: „Nun, da Sie bereit sind ... “, machte eine Pause, holte tief Luft, während mein Blick langsam zur Rückwand schweifte, schaute dann aus dem Fenster links an der Wand, dann zur Frau auf der linken Seite und wiederholte: „Nun, da Sie bereit sind ... (Pause) ... stehen Sie nun langsam auf und *gehen Sie nach vorn und nehmen Sie Ihren richtigen Platz ein.*“

Die Anwesenden schauten sich alle um und waren erstaunt, wie die junge Frau auf der linken und dann die auf der rechten Seite aufstand, wie sie langsam die Seitengänge hinuntergingen, während ich absichtlich und unbewegt auf die Rückwand starrte. Hinter meinem Rücken gingen die beiden Frauen aneinander vorbei, die Frau von der rechten Seite nahm auf dem linken Stuhl Platz, die Frau von links auf dem rechten Stuhl. Als sie in ihrem Gehen innehielten und ich daher schätzte, daß sie nun die Stühle erreicht hatten, sagte ich sehr sanft: „Während Sie sich hinsetzen, schließen Sie Ihre Augen und schlafen sehr tief und schlafen weiter in tiefer Trance, bis ich Ihnen etwas anderes sage.“

Ich wartete einen Moment, wandte mich dann um und setzte mich zwischen die beiden. Dem Publikum teilte ich mit, daß ich die beiden Frauen gebeten hatte, sich auf die *richtigen Stühle* zu setzen. Um zu zeigen, daß sie richtig reagiert hatten, beauftragte ich dann den Referenten, der mich aufgefordert hatte, indirekte Tranceinduktion und indirekte Suggestionen zu demonstrieren, zu überprüfen, ob sie sich auf die richtigen Stühle gesetzt hatten. Als er mich verdutzt anschaute, bat ich ihn, die Taschentücher neben den beiden Stühlen zu untersuchen. Er wickelte das Taschentuch neben dem linken Stuhl auseinander und fand darin ein gelbes Stück Kreide; die Frau trug ein gelbes Kleid. Die Kreide im Taschentuch neben dem rechten Stuhl war rot, genauso wie das Kleid der Frau. Um *zum richtigen Stuhl* zu gelangen, hatte jede der beiden Frauen zu dem jeweils weiter entfernten Stuhl gehen müssen, und dabei mußten sie hinter meinem Rücken aneinander vorbeigehen, während ich weiter unbewegt auf die rückwärtige Wand starrte.

Bei jeder der beiden Frauen wurden verschiedene Phänomene tiefer Hypnose hervorgerufen, und schließlich wurden sie mit Hilfe einer simplen Suggestion wieder aufgeweckt. Sie zeigten eine verwirrte, überraschte Reaktion, als sie sich auf dem Podium vor dem Publikum wiederfanden, und Nachfragen aus dem Publikum erbrachten, daß beide eine vollständige Amnesie für alle Ereignisse während ihrer Trance entwickelt hatten, einschließlich des Aufstehens, des Nach-vorn-Kommens und Sich-auf-den-Stuhl-Setzens.

Vom Publikum wurden sie systematisch befragt und beide erklärten, daß irgend etwas, das sie nicht näher bestimmen konnten, ihnen das Gefühl gegeben habe, von mir persönlich angesprochen worden zu sein, und daß sie ein für sie selbst unerklärliches, seltsames Interesse an dem jeweiligen Stuhl entwickelt hatten, auf dem sie nun saßen.

Diese Äußerungen konnten sie sich nicht näher erklären. Selbst als sie in eine weitere Trance versetzt worden waren, konnten sie nur mitteilen, daß ich ihnen auf irgendeine Weise das bestimmte Gefühl vermittelt habe, in Trance zu gehen, aber was es genau war, das konnten sie nicht sagen. Sie führten weiter aus, daß diese ausführliche aber unerklärliche Geschichte mit den Taschentüchern ihre Aufmerksamkeit erregt und gefesselt habe. Als sie gefragt wurden, warum und zu welchem Zweck dies geschehen sei, schauten sie neben ihre Stühle um zu sehen, ob die Taschentücher noch dort lagen. (Während sie sich noch in tiefer Trance befanden, hatte Dr. X die Kreidestücke wieder an ihren ursprünglichen Platz zurückgelegt und die Taschentücher an mich zurückgegeben.) Dr. X holte die Kreidestücke wieder herbei und sagte: „Hier, die waren in die Taschentücher eingewickelt." Jede der beiden Frauen zeigte die typisch weibliche Reaktion: „Und ich trage ein rotes (gelbes) Kleid, daher lag die rote (gelbe) Kreide neben meinem Stuhl! Aber ich wußte das gar nicht, ich wußte nicht einmal, daß die Kreide dalag. Wußte das sonst jemand?"

Nur ich wußte es. Es folgte eine lange Diskussion, aber erst als das Tonband mit der Aufzeichnung der Demonstration wiederholt abgespielt worden war, erinnerten sich die beiden Frauen – graduierte Psychologinnen – an die wiederkehrenden Sequenzen in meinen Äußerungen und an die Abfolgen in meinem Blickverhalten. Kurz darauf konnten dann auch verschiedene andere Anwesende die starren Sequenzen erkennen, die sie zuvor übersehen hatten. Leider wurden die beiden Frauen nicht unabhängig voneinander befragt, aber ihre Erinnerungen bezogen sich zuerst auf die auf sie selbst zugeschnittenen Sequenzen und dann erst auf die Sequenzen für die jeweils andere.

Plötzlich sagte eine der Frauen: „ Aber Sie können Ihre rechte Hand ja freier bewegen als vorhin, als Sie Ihre rechte Hand mit Anstrengung hochgenommen und auf den linken Stuhl gelegt und sich dann hinübergebeugt und die linke Hand auf den rechten Stuhl gelegt haben. Dieses Überkreuzen war auch ein Hinweisreiz."

Punkt für Punkt vollzogen sie die Bandaufnahme nach, bemerkten die ausgiebigen Wiederholungen, die den Vortrag eigentlich langweilig machen mußten, und sie kamen zu dem Schluß, daß das nicht beantwortbare Rätsel mit diesen bedeutsamen Taschentüchern eine große Rolle dabei gespielt hatte, die Aufmerksamkeit aller Beteiligten auf hohem Niveau zu halten. Das Publikum stimmte dieser Schlußfolgerung zu. Es wurde auch festgestellt, daß die gleichen Ideen in vielen Variationen dargeboten worden waren. Sicherlich spielte auch meine eigene Anspannung eine gewisse Rolle.[3]

Später an diesem Tag bat jede der beiden Frauen um eine Hypnose für sich selbst, während die andere beobachtete, ihre Mutmaßungen anstellte und das Ganze diskutierte.

---

3 Viel später wurde ein Transkript dieser Bandaufnahme erstellt. Auf die Leser wirkte es wegen der vielen Wiederholungen abschreckend, und die Sequenzen, die sich auf das Verhalten der beiden Frauen bezogen, konnten leicht ausgemacht werden. Man kann dieses Transkript laut vorlesen, mit angemessener und bewußter Betonung, so daß es sehr bedeutsam wirkt; indessen wird das Ganze auf diese Art eher uninformativ. Die minimalen Hinweisreize in der Gesamtsituation und im Verhalten des Autors, die Stühle und die Taschentücher, all das ist für ein wirkliches Verstehen unerläßlich. In guter, klarer und deutlicher und grammatikalisch richtiger Sprache erschien das Transkript sinnlos, ganz gleich wie bedeutungsvoll es vorgelesen wurde.

Einige Monate später las ein Kollege des Autors die unüberarbeitete Fassung des Transkripts den beiden seinerzeit beteiligten Frauen einzeln vor, so gut es eben ging, ohne den Autor in lächerlicher Weise nachzuahmen. Sie waren überrascht über seine Bitte zur Teilnahme, willigten jedoch trotz ihrer Verwunderung ein. Beide erklärten, daß sie eine starke Tendenz verspürt hätten, in Trance zu gehen, der sie indessen nicht nachgegeben haben. Einige Zeit später las der Kollege den gleichen Text einer mit Hypnose nicht vertrauten sowie einer darin geübten Gruppe von Versuchspersonen vor, und zwar so ausdrucksstark, wie es ihm möglich war. Dabei beschrieb er nicht das ursprüngliche Setting, bemühte sich jedoch, in einem vorbereiteten Raum die Verhaltensmuster des Autors genau nachzuvollziehen. Die unerfahrenen Versuchspersonen waren lediglich verdutzt. Ihr Eindruck war, daß sie wohl „irgend etwas nicht mitbekommen haben" mußten.

Von dem halben Dutzend trainierter Versuchspersonen gab eine jede an, das Gehörte habe bei ihr „sehr eindeutige hypnotische Empfindungen ausgelöst, so als ob ich in Trance gehen wollte". Einige sagten: „Verschiedentlich kam es mir so vor, als wechselte ich den Stuhl. Und als Sie die Taschentücher neben den Stühlen auf den Boden legten, hatte das zur Folge, daß ich ganz gespannt zuhörte." Die übrigen äußerten sich weniger ausführlich, aber in vergleichbarer Weise.

Obwohl dieses Experiment im Stil der Überraschungstechnik ablief, nicht nur für die Versuchspersonen, sondern auch für das Publikum, handelte es sich dabei im Grunde nur um akustisches, visuelles und intellektuelles Konditionieren der Versuchspersonen in systematischer Kombination, damit bestimmte vorgesehene Reaktionen ausgelöst würden, die nur mir bekannt waren. Die Bandaufnahme wurde daraufhin überprüft, ob die Worte „rot", „gelb", „nach vorn kommen", „Frauen" oder „Frau" benutzt worden waren. Sie kamen auf dem Band nicht vor, ebensowenig wie die Wörter „Kreide" und „Farbe".

Zusätzlich sollte angeführt werden, daß diese Art der anscheinend beiläufigen Konversation, versehen mit minimalen Hinweisreizen, von mir und meinem ältesten Sohn wiederholt praktiziert worden ist, manchmal wechselseitig, häufiger mit anderen, und zwar als ein gewisses Spiel oder als Unterhaltung, damit wir uns an unserem intellektuelle Erfindungsreichtum erfreuen konnten.[4]

Eine abschließende Bemerkung sollte noch hinzugefügt werden: Dem uneingeweihten Betrachter, der bereit ist, an Gedankenlesen zu glauben, an Gedankenübertragung, an die Macht des Geistes über die Materie und das „Beherrschen des Willens" eines anderen, könnte, als

---

Das Vorlesen einer gründlich überarbeiteten Fassung des Transkripts erschien einer dritten Gruppe ohne jeglichen Sinn, wurde aber von den beiden anderen Gruppen als „Zusammenschnitt" erkannt, als eine „sinnfreie Version dessen, was Sie eben vorgelesen haben". Dennoch waren die äußeren Umstände des Vorlesens identisch gewesen. Die minimalen Hinweisreize, die aus der Gesamtsituation des ursprünglichen Settings entstanden, und der ursprüngliche Charakter der gesamten Kommunikationszusammenhänge waren durch das Überarbeiten des Textes getilgt worden.

4 Vielleicht kann ein einfaches und leicht verständliches Beispiel diesen Typ der Akkumulation minimaler Hinweisreize näher erklären, wobei es zu einer spezifischen Reaktion kommt: Während die übrige Familie am Abend ausgegangen war, saß ich selbst – zwar krank, aber bequem – in meinem Sessel. Bert, damals 17 Jahre alt, hatte sich bereit erklärt, zu Hause zu bleiben und mir Gesellschaft zu leisten, obwohl dazu keine Notwendigkeit bestand. Bert begann eine beiläufige Unterhaltung und erwähnte das Durcheinander und die Hektik beim Aufbruch in unseren letzten Urlaub in Nord-Michigan, als es darum ging, daß alle fertig angezogen waren, gegessen hatten und daß alles fertig gepackt war. (Damals lebten wir in Michigan.) Dann erwähnte er das Angeln dort, das Fröschefangen, ein Froschschenkel-Essen, das Abendessen am Strand und den Sand, den die Kleineren irgendwie über das ganze Essen verstreut hatten, und dann sprach er von dem Albino-Frosch in dem abgelegenen Steinbruch, den wir entdeckt hatten.

Als nächstes beschrieb er lebhaft und detailliert das Durcheinander, alles wieder aus der Sommerhütte zusammenzuklauben, was alles übersehen worden war, wie die Kleineren weggelaufen waren und die eilige Suche nach ihnen, wie die Hütte abgeschlossen wurde und wie hungrig und müde wir waren, als wir wieder im Wayne County General Hospital in der Nähe von Detroit ankamen, wo wir damals wohnten.

sollte das angeführte Material dazu dienen, die Evidenz derartiger Glaubenssätze absichtlich und leichtfertigerweise zu belegen. Das könnte auch in aller Unschuld von einem unkritischen Referenten oder Experimentator so gesehen werden, wenn er sich der Vielzahl an Hinweisreizen nicht bewußt ist, die er als ahnungsloser, aber aufrechter Handwerker ohne Wissen gegeben hat.

Wenn man das Ganze sorgfältig untersucht und bis ins Detail einer ausführlichen Kritik unterzieht, erweist sich, daß nichts weiter getan wurde, als experimentelles Lernen zu utilisieren, sowie die angeborene Fähigkeit des Menschen aufzugreifen, Reize wahrzunehmen und darauf zu reagieren; dies ist für andere erkennbar und nachvollziehbar, wird jedoch häufig übersehen und nicht angemessen gewürdigt, selbst wenn es irgendwie gespürt worden ist.

Auch wenn diese Hinweisreize und minimalen Stimuli nicht in den Bereich der bewußten Wahrnehmung vordringen, stellen sie doch wichtige und häufig entscheidende Faktoren für die Handlungen und Anpassungsleistungen des Alltagslebens dar.

An dieser Stelle kam mir die leise Idee, Bert vorzuschlagen, er möge das Auto nehmen und ein paar Freunde besuchen, aber diese Idee verblaßte, als Bert lachend erzählte, wie sein Bruder Lance so besonders gern die gebratenen Hühnchen von Oma Erickson mochte, als wir auf dem Weg von Michigan zurück nach Wisconsin waren. Unter großem Gelächter brachte er eine andere Situation in Erinnerung, als sein kleiner Bruder Allan alle, und ganz besonders Oma und Opa Erickson, mit seinem Essen im „Traktor-Stil" amüsiert hatte, indem er den Teller mit einer Hand an seinen Mund führte und mit der anderen schaufelte das Essen systematisch, langsam und stetig hineinschaufelte.

Wieder, und diesmal deutlicher, kam mir der Gedanke, Bert vorzuschlagen, das Auto zu nehmen und Freunde zu besuchen, als er erzählte, wie die sechsjährige Betty Alice dem dreijährigen Allan weitschweifig und feierlich erklärte, daß Hühner keine Säugetiere sind und daß nur Säugetiere ihre Jungen säugen, weil Allan sie besorgt gefragt hatte, wie denn die Hühner-Mama ihre Babies säugt. Während wir noch darüber lachten, kam es mir zum drittenmal in den Sinn, Bert für den Abend das Auto anzubieten, diesmal ganz klar, und ich erkannte auch den Grund: In jeder einzelnen Geschichte hatte Bert von angenehmen und glücklichen Erinnerungen gesprochen, die alle mit Autofahrten zu tun hatten. Und doch hatte er nicht einmal das Wort „Auto" benutzt; danach kamen mir die Bemerkungen, die Autoschlüssel zu nehmen und sich auf den Weg zu machen, in den Sinn, so daß ich in Ruhe lesen konnte, aber ich vergaß das, als ich mir die amüsierten Kommentare meines Vaters über die absolute Effizienz und Geschwindigkeit von Allans Eßmethode in Erinnerung rief.

Während wir noch darüber lachten, erwähnte Bert die Fahrt zur Farm meines Bruders, „einladen", „Reise", „sich auf den Weg machen", „raus zum alten Steinbruch", „runter zum Strand", „auf dem Weg zurück von Michigan nach Wisconsin" sowie die

Zusammenfassung

Es wird von Vorträgen und Demonstrationen zur Hypnose berichtet, die an einer Universität bzw. einem kommunalen Krankenhaus stattfanden vor einer Gruppe von Allgemeinärzten, Zahnärzten und sonstigen Ärzten sowie vor Universitätsmedizinern und -psychologen und eingeladenen Gästen. Bei jeder Veranstaltung ergab sich die Gelegenheit zu Experimenten in natürlicher Umgebung.

Im ersten Beispiel gab es neben einer „ungeeigneten Versuchsperson" eine Freiwillige, die nicht an Hypnose bei sich selbst glaubte sowie eine andere Freiwillige, die interessiert war, bei sich selbst Hypnose zu erfahren.

Bei allen drei Versuchspersonen wurde die „Überraschungstechnik" eingesetzt, die angemessen vorbereitet wurde mittels mentaler Überladung, die vordergründig an das Publikum, tatsächlich jedoch an die Versuchspersonen selbst gerichtet war, und inhaltlich in ausführlichen Erläuterungen der „Mein-Freund-John-Technik" bestand.

Im zweiten Beispiel wurde die „ungeeignete" Versuchsperson zur Demonstration gewöhnlichen Wachverhaltens eingeführt, und ihr kooperatives Verhalten wurde sodann mit Hilfe einer „Überraschungstechnik" in hypnotisches Verhalten umgewandelt. Dabei entdeckte sie ihre langerhoffte, jedoch zutiefst bezweifelte Fähigkeit zur Hypnose.

Im dritten Beispiel wurde bei einer willigen, jedoch zögerlichen Versuchsperson, die keine Hypnose erwartet hatte, eine vollständig unvermutete Tranceinduktion vorgenommen. Die Hypnose trat als Reaktion auf eine bedeutungsvoll vermittelte, in der aktuellen Situation jedoch sinnlos erscheinende Suggestion auf, deren Sinn sie selbst herstellen mußte, indem sie ein Problem, das sich für sie stellte, auf spezielle Art formulieren mußte.

Fahrt zur Farm meines Bruders; und er hatte auch nicht das Wort ‚Schlüssel' erwähnt, – nur mit „die Hütte abschließen" kam er dem noch am nächsten.

Auf einmal erfaßte ich die Situation und sagte: „Die Antwort ist ‚nein'." Er lachte und meinte: „Nun, Vater, du mußt aber zugeben, daß der Versuch ganz gut war." – „Nicht gut genug; ich bin zu schnell draufgekommen. Du hast die Fahrten mit dem Auto zu sehr betont. Du hättest erwähnen sollen, wie wir bei Ned einen Wachtposten aufstellten, wo unser Auto in Inspektion war, oder Ed Carpenter, bei dem ich das Auto gekauft habe, die Tour zum Eisfischen, die wir mit Emils Karre gemacht haben, wobei es sich immerhin auch um ein Auto handelte. Kurzum: Du hast dich beschränkt auf das ständige Erwähnen von angenehmen Fahrten, immer in bezug auf uns, und immer in unserem Auto. Die Schlußfolgerung lag dann zu sehr auf der Hand. Möchtest du das Auto wirklich?" Seine Antwort war: „Nein, ich wollte mir bloß einen Spaß daraus machen, dich dahin zu bringen, mir die Autoschlüssel anzubieten."

Das vierte Beispiel beinhaltet ein Experiment in natürlicher Umgebung, bei dem eine Überraschungstechnik, eingesetzt wurde, die auf minimalen Hinweisreizen basierte, die weder für das Publikum, noch für die vorher nicht bezeichneten Versuchspersonen erkennbar waren. Die beiden Versuchspersonen gerieten in einen somnambulen Zustand, den sie sich weder im Wachen noch in Trance erklären konnten. Auch dem Publikum gelang keine Erklärung. Wiederholtes Abspielen der entsprechenden Bandaufnahmen ermöglichte die Entdekkung minimaler Hinweisreize, was zunächst den Versuchspersonen selbst gelang, und dann erst dem Publikum, und dies trotz gespannter Aufmerksamkeit während des gesamten Induktionsprozesses.

In allen Beispielen bemühte ich mich darum, die mutmaßlichen psychischen Faktoren aufzuzeigen, die am Entstehen der Trance beteiligt sind, und das Experimentieren in natürlicher Umgebung zu veranschaulichen.

Kurz: Bei jeglichem Experimentieren mit Hypnose sollte den psychischen Implikationen und minimalen Hinweisreizen besondere Aufmerksamkeit gewidmet werden.

16. Der Atemrhythmus in der Tranceinduktion: Die Bedeutung minimaler sensorischer Hinweisreize im normalen und im Tranceverhalten[1]

Um dem Leser dieses Beitrags eine Orientierung zu geben, ist es notwendig, als einleitende Überlegung fünf einzelne Fakten darzulegen. In diesem Beitrag wird das ziemlich einzigartige lebenslange Forschen und Erkunden eines Phänomens dargestellt, das mit dem neugierigen Suchen als Kind begann, das Unerklärliche zu verstehen, und sich dann langsam weiterentwickelte zur systematischen Erforschung der Hypnose als einer Methode der zwischenmenschlichen Kommunikation auf verbaler und nonverbaler Ebene.

Das erste Faktum: Kurz nach Eintritt in die Universität von Wisconsin suchte ich den damaligen Psychologieprofessor Joseph Jastrow auf und teilte ihm meine Wünsche mit. Er unterzog mich freundlicherweise diversen Tests, die teilweise er selbst durchführte bzw. anderen überließ, und schließlich eröffnete er mir, daß ich mich zwar an der unteren Prozentmarge von Personen mit gutem Musikverständnis und Gefühl für Rhythmus befinde, und daß aber mein Gehör sowohl im höheren wie im tieferen Tonbereich über dem Durchschnitt läge.

Das zweite Faktum: In den frühen Dreißigerjahren hielt ich eine Vorlesung über Hypnose am Worcester-Staatskrankenhaus. Der verstorbene Linguistikprofessor Edward Sapir von der Yaleuniversität und sein Kollege Dr. John Dollard hörten zu. Letzterer setzte Dr. Sapir davon in Kenntnis, daß ich auf einer Farm in Wisconsin aufgewachsen und nie außerhalb der Vereinigten Staaten gewesen sei. Nach der Vorlesung stellte Dr. Sapir sich vor, bemerkte, daß er sowohl Linguist als auch Violinvirtuose sei, und daß seine Lieblingsbeschäftigung das Sammeln von Schallplatten aus aller Welt sei. Er erkundigte sich, ob ich wisse, daß ich tontaub[2] und arhythmisch sei. Ich versicherte ihm, mir dessen bewußt zu sein. Er sagte mir, daß er meiner Sprache fasziniert zugehört habe, in dem Bestreben herauszufinden, welchen individuellen Sprechrhythmus ich habe, und um zu bestimmen, ob ich irgendwelche Spuren abendländischer Musikrhythmen erworben hätte, – der Inhalt meiner Vorlesung sei ihm entgangen. Später informierte er mich,

---

1 Unveröffentlichtes Fragment, um 1960.

2 Tontaubheit ist die Unfähigkeit, Tonhöhen voneinander zu unterscheiden.

beim Anhören seiner Plattensammlung sei er auf einen zentralafrikanischen Stamm gestoßen, dessen Rhythmus dem meinen ähnlich sei. In diesem Zusammenhang haben sich seit 1950 zwei meiner Patienten – Anthropologen – unabhängig voneinander erkundigt, ob ich persönlich mit bestimmten Stämmen brasilianischer und peruanischer Urwaldindianer gearbeitet habe.

Beide schrieben mir einen Sprachrhythmus zu, der stark an den der betreffenden Stämme erinnere, mit welchen sie gearbeitet hatten.

Das dritte Faktum: Ein fünfjähriger Patient wurde wegen einer schweren Enuresis zu mir gebracht, die bereits seit einem Jahr bestanden hatte, nachdem seine Erziehung zur Sauberkeit zweieinhalb Jahre durchaus erfolgreich gewesen war, dann aber unvermittelt völlig scheiterte. Dieser Junge machte die schlichte und erbauliche Bemerkung, die man in den verschiedensten Abwandlungen besonders von Kindern unter acht Jahren hören kann: „Meine Mami tut mich jeden Abend in Schlaf singen, aber du tust mich in Schlaf atmen" („Ebby night mommy swings (sings) me to sweep (sleep), but you bweathe me to sweep."). Er hatte vollkommen recht. Ich hatte meine spezielle Atemrhythmustechnik gebraucht, um bei ihm eine Trance zu induzieren.

Viertes Faktum: Meine Tochter Betty Alice gab folgenden Kommentar ab und faßte damit ihre Sichtweise zusammen: „Schon als kleines Mädchen spürte ich irgendwie, daß dein Atmen an sich schon eine hypnotische Technik ist, die du ohne irgend etwas anderes anwenden konntest. Damals, als du dann meine Zimmergenossin für die Birmingham Michigan Medical Society als Beispiel einer hypnoseresistenten Versuchsperson ausgesucht hast, verstand ich wirklich, was du machst. Sie und die Zuhörer dachten, daß du beiläufig verschiedene Wege besprichst, wie man Zugang zu einem Patienten mit Widerstand findet, aber unvermittelt konnte ich dich dort neben Kelly sitzen sehen, und du atmetest in diesem besonderen Rhythmus. Kellys Augen schlossen sich unwillkürlich und dann holtest du Luft mit diesem tiefen Seufzer und Kelly war in einer somnambulen Trance. Ich hatte zu kämpfen, um nicht selbst in Trance zu gehen, aber ich konnte wirklich sehen, wie sie einfach mitging und genau so atmete wie Du, ohne es zu wissen. Und ich beobachtete, wie du eine Armkatalepsie demonstriertest, um damit zu vertuschen und zu verbergen, was du wirklich getan hattest; die Zuhörer dachten, daß die Armkatalepsie die Induktionsmethode gewesen sei. Sie hätten das nie verstanden, wenn du versucht hättest, ihnen das Atmen zu erklären."

Fünftes Faktum: Zwei meiner früheren Medizinstudenten berichteten mir folgende Erfahrung: Beide hatten auf Band aufgenommen, wie sie vor professionellen Zuhörern bei einer Versuchsperson eine spezielle Tranceinduktion vornehmen und dazu noch meine Demonstration tiefer Trancephänomene. Die Erfahrung beider Ärzte war im wesentlichen die gleiche; der einzige Unterschied bestand darin, daß die Tochter des einen neun Jahre alt war, die des anderen zehn.

Beide spielten ihr Band immer wieder ab und waren über die Entdeckung bekümmert, daß sie sich beide an einer bestimmten Stelle auf dem Band aufgrund der Stimme der Versuchsperson und ihrer eigenen visuellen Erinnerung völlig klar darüber waren, daß die Versuchsperson „fest eingeschlafen und in einer tiefen somnambulen Trance" war. Und im nächsten Moment war sie in einen Zustand vollen Wachbewußtseins zurückgekehrt, ohne daß der Autor eine entsprechende Anweisung oder besondere Suggestion gegeben hätte. Während der Autor die verschiedenen Phänomene besprach, die er demonstriert und dann mit dem Wachzustand verglichen hatte, bemerkten beide Mediziner bei der Versuchsperson, von der sie wußten, daß sie zum ersten Mal in dieser Rolle und dem Autor fremd war, wie diese erwachte und dann wiederum eine Trance entwickelte, und dies auf scheinbar spontane, automatische Art und Weise. Folglich schien dieses Erwachen aus der Trance bzw.das erneute Versinken beabsichtigt, und ohne daß Hinweisreize gegeben worden wären, d.h. automatisch, als Reaktion auf die Worte des Autors an die Zuhörer. Als die beiden Ärzte ihre Bänder immer wieder abspielten, in der Überzeugung, daß der Autor irgend etwas gesagt haben mußte, das nicht aufgenommen worden war und dies auch aussprachen, protestierten die beiden kleinen Mädchen: „Aber er hat überhaupt nichts gesagt. Er verändert einfach seine Stimme ein wenig, so kann er anders atmen, und dann wacht sie auf." Beide Ärzte zweifelten diese kindliche Analyse an und spielten die Bänder abermals ab, wobei sie ihre Töchter baten, sie darauf hinzuweisen, wenn diese Umstände einträten. Beide Mädchen erklärten wiederholt: „Jetzt beginnt seine Stimme langsamer zu werden, er hört fast auf, so, als wolle er Luft holen (oder ausatmen) und dann wacht sie auf (oder schläft ein)."

Beide Ärzte testeten nun, um sich selbst zu überzeugen, beim folgenden und späteren Abhören des Bandes die Höreindrücke ihrer Töchter, bis sie schließlich davon überzeugt waren, daß die Mädchen berichteten, was sie tatsächlich gehört hatten. Einer der beiden suchte den Autor ein Jahr später bei einem Seminar auf und bat ihn inständig, er möge doch genau die gleiche Induktionstechnik anwenden wie damals (dabei führte er den Anlaß, aber keine weiteren Einzelheiten an). Er bat den Autor, ihm so nebenbei ein bestimmtes Signal zu geben, damit er wissen könne, bei welchem Freiwilligen diese gleiche Technik angewandt werde. Der Arzt enthüllte dem Autor erst viel später den Grund für diese Bitte. Außerdem ergab es sich, daß diesmal unter den Freiwilligen eine Versuchsperson war, die zu Recht als für die „Atemtechnik" geeignet galt. Jene beiden Ärzte waren bei diesem späteren Seminar anwesend, und der eine hatte seine Tochter dabei. Als die „Atemtechnik" eingesetzt wurde, bemerkte die Tochter verblüfft: „Er tut das gleiche mit der Frau, die er gerade hypnotisiert." Gegen Ende der Veranstaltung suchten die beiden Ärzte mich einzeln auf, um mir die Analysen ihrer Töchter bezüglich meiner Technik mitzuteilen.

Hintergrund der ursprünglichen Beobachtungen

Mit der vorausgegangenen knappen Einführung für den Leser möchte ich mich nun an den Anfang all der Jahre des Fragens, Forschens, Experimentierens und Beobachtens begeben.

Als Kind konnte ich in der Grundschule das eigenartige Verhalten meiner Schulkameraden nicht verstehen. Es war mir unerklärlich und Quelle unendlicher Neugier, warum meine Schulkameraden mit Füßen und Händen zu klopfen begannen, wenn der Lehrer sich an das Harmonium setzte, die Tasten anschlug und eine Menge Lärm machte. Ich spürte kein Verlangen, meinerseits mit den Händen zu klopfen, mit meinen Füßen zu wippen oder mich hin und her zu wiegen. Ich konnte auch nicht verstehen, warum das Geräusch des Harmoniums irgend etwas mit marschieren zu tun hatte, wobei man ja nur die Füße des Vordermanns beobachten mußte, und dasjenige Kind, das den Zug anführte, offensichtlich das Tempo angab. Was mich aber am meisten beunruhigte, war dieser seltsame Wechsel im Atemmuster bei all meinen Schulkameraden, wobei es wesentliche Unterschiede gab, je nachdem, ob nun das Lied „Tenting on the Old Campground" gesungen wurde, oder aber „John Brown's Body Lies a'Mouldering" oder „Oh, You Beautiful Doll".

Meine neugierigen Fragen wurden lediglich mit der unbefriedigenden Bemerkung beantwortet: „Jeder atmet. Sei nicht albern. Lieder sind eben verschieden."

In der Kirche war die alte Mrs. Snow (wahrscheinlich war sie Anfang Vierzig) sehr gefragt als Solistin für Trauungen, Beerdigungen und den wöchentlichen Gottesdienst. Sie war auch eine regelmäßige

Teilnehmerin beim gemeinsamen Singen[3]. Ich konnte nie verstehen, warum Mrs. Snow zusätzliche Silben in die Wörter einfügte, noch weshalb sie so merkwürdig atmete; wenn sie nämlich so zu atmen anfing, haben es die anderen ihr gleichgetan, selbst wenn sie gar nicht sangen. Als ich sie danach fragte, gab sie mir unwesentliches Zeug zur Antwort über Brust-, Zwerchfell- und Bauchatmung. Was ich indessen wissen wollte: Warum spannten die Leute beim Zuhören ihre Kehle an und änderten ihre Atmung. Ich bemerkte häufig, daß Leute anders atmeten, zu summen und dann zu singen begannen. Auch stellte ich fest, wenn Leute summten, fielen andere ein, klopften dabei sogar mit Händen und Füßen den Takt mit – wozu ich keinerlei Verlangen spürte. Weiter habe ich bemerkt, daß Leute manchmal still und nachdenklich wurden und ihre Atmung änderten, und plötzlich fingen sie dann an zu summen oder zu singen. Und ich stellte auch wiederholt fest, daß eine Person ihre Atmung veränderte, und bald atmete die daneben in der gleichen Weise, und dann fingen sie an, das gleiche Lied zu singen, ohne zuvor dieses Lied oder den Gesang abgesprochen zu haben. Bei Leuten, die marschierten, beobachtete ich das gleiche. Ich konnte nicht verstehen, was Atmen mit Fußbewegungen zu tun hat, oder warum das Atmen einer Person eine andere dazu veranlaßt, den gleichen Atemrhythmus aufzunehmen und beizubehalten. Es geschah einfach spontan, oder soweit ich feststellen konnte, trat es ein als Folge des Atmens. All meinen Nachforschungen wurde eine Abfuhr erteilt. Niemand schien meine Fragen zum Atmen zu verstehen. Bald schon behielt ich meine Untersuchungen für mich, da jeder sie als albern abtat.

Das steigerte indessen meine Neugier; ich lernte, auf unterschiedliche Art und Weise zu atmen, setzte mich still neben eine meiner Schwestern oder neben einen Schulkameraden, offensichtlich in ein Buch vertieft, und dann atmete ich ruhig, so daß es – wie ich heute weiß – unterschwellig zu hören war. Ich wollte durchaus versuchen, die Atemmuster bestimmter Lieder nachzuahmen (was ich nie ganz zustande brachte), um zu sehen, ob meine Nachbarn anfangen würden, zu summen und dann zu singen. Meistens hat sie das irritiert, aber sie erkannten nicht, daß ich auf ganz bestimmte Weise atmete.

---

3 Um 1900 war es eine beliebte Gewohnheit an den langen, kalten Winterabenden in Wisconsin, sich in einem Haus mit Harmonium zu treffen und gemeinsam zu singen. Meine ältere Schwester nahm regelmäßig teil und ich begleitete sie; aber man erlaubte mir nicht, bei dem „Gebrüll" mitzumachen, wobei meine Schwester empört darauf bestand, daß es sich nicht um Gebrüll, sondern um Singen handelte.

Wenn Leute beim Hören eines unbedeutenden Summens ein Lied anstimmen und den Takt schlagen, so schien es mir völlig vernünftig, daß ein leises, sanftes belangloses Atmen sie ebenfalls dazu bringen könnte. Immer wieder entdeckte ich, daß Atmen und Summen unabhängig voneinander die gleiche Reaktion hervorrufen konnten, aber wenn das Atmen eingesetzt wurde, schloß der andere, er habe das Singen initiiert. Das Summen dagegen wurde immer der entsprechenden Person zugeschrieben, von der es kam. Da meine Neugier nur mißbilligt wurde und auf Ablehnung stieß, behielt ich meine Fragen für mich, aber ich fühlte mich zu weiteren Beobachtungen und Nachforschungen angeregt.

Kurz davor entdeckte ich die ansteckende Wirkung des Gähnens, und durch eifriges Üben lernte ich schließlich, absichtlich eine bestimmte Empfindung in meinem Ohr in Gang zu setzen, die ich nicht näher beschreiben kann, und die immer wiederholtes, unwillkürliches Gähnen zur Folge hatte.

Vor allem auf der Highschool setzte ich das ein, um meine Schulkameraden aus der Fassung zu bringen. Ich konnte nicht verstehen, warum Gähnen, eine Form des Atmens, so ansteckend sein konnte wie das Summen einer bekannten Melodie, und warum es ein bestimmtes körperliches Verhalten auslösen konnte, so wie Summen dazu führte, daß man mit Händen und Füßen den Takt mitklopfte. Und für mich persönlich trug es sogar noch zur Erheiterung bei.

Ich kämpfte immer mannhaft gegen mein unkontrollierbares Gähnen an, denn wenn es erst einmal angefangen hatte, wurde die gesamte Klasse einschließlich des Lehrers angesteckt. Eine bestimmte Mitschülerin war in Musik begabt, und ich saß gewöhnlich hinter ihr und atmete unauffällig auf die bestimmte Art und Weise, um bei ihr ein Gähnen hervorzurufen. Sie bemerkte niemals meinen Anteil an ihrem Gähnen, aber sie war eine höchst reagible Versuchsperson hinsichtlich dessen, was ich heute als unterschwellige auditive Stimulation bezeichnen würde.

Ich habe das nicht allzzu oft ausprobiert, aber oft genug, um zu entdecken, daß man bei anderen vorsichtig, unauffällig und unbemerkt ein Summen oder Gähnen bewirken kann. Ich war außerordentlich vorsichtig, mich niemals zu verraten.

Ich konnte nicht begreifen, wie derart minimale Geräusche beim Atmen eine Person so beeinflussen und tatsächlich ein Mittel sein konnten, um ein von mir vorherbestimmtes Verhalten herbeizuführen. Jeder atmet; keiner beachtet sein Atmen, außer im Krankheitsfall; und dennoch ist das Atmen dem Summen, dem Singen und jeglicher stimmlichen Äußerung ebenbürtig. Zudem ist atmen grundlegend für jedwede Vokalisation. Atmen ist die Grundbedingung für stimmliches Verhalten, aber keiner scheint das je zu bemerken.

Als ich meinem ersten Stotterer begegnete, war ich völlig verwirrt von dessen Atemmuster, und zwar wenn er *an Sprechen dachte* und *wenn er tatsächlich sprach*. Dabei fühlte ich mich unbehaglich, ja unwohl; ich ahmte das Muster ein paarmal nach so gut ich konnte, um einen Mitschüler beim Vortrag zu verunsichern und ins Stocken zu bringen, danach vermied ich es. Es erschreckte mich und bestätigte weiter meine Überzeugung, daß Menschen auf ihnen unbekannten Bewußtseinsebenen über den Atem miteinander kommunizieren. Damals hatte ich weder das angemessene Vokabular noch ein klares Konzept, um wenigstens selbst wirklich verstehen zu können. Aber ich wußte, daß Kommunikation mit anderen nonverbal und tatsächlich unbemerkt zustande kommen kann, daß lediglich bestimmte Stimuli vorhanden sein müssen, und daß es am besten gelingt, wenn die anderen sich dessen nicht bewußt sind.

Bei meinem Eintritt ins College wurde ich glücklicherweise einer Englischvorlesung zugeteilt, die ein Professor hielt, der den Kurs haßte und sich über die Studenten ärgerte. Meine persönliche Meinung war: Entweder du magst deine Arbeit oder du suchst dir eine andere. Auf jeden Fall betrachtete ich ihn als Freiwild für meine persönlichen Erkundungen. Es war ein miserables Semester für ihn. Ich erweiterte meine nonverbale Kommunikation durch leichtes Kopfnicken oder -schütteln entsprechend seinen Äußerungen, allerdings stimmte ich meine Kopfbewegungen auf seine Atmung ab. (Ich saß immer so, daß er mich sehen konnte, und ich wußte, daß jeder Student, der anscheinend unbewußt zustimmend nickte, vom Lehrer als eine Art verläßlichen Rückhalt angesehen wird.) Bald schon befanden sich seine Atmung und meine Kopfbewegungen im Einklang. Dann konnte ich ihn durch Verzögerung oder Beschleunigung meines Nickens so beeinflussen, daß er seinen Atemrhythmus unwillkürlich änderte, was bei ihm zu Sprachschwierigkeiten führte. Diese wiederum wurden zum Auslöser weiterer Sprachschwierigkeiten. Oder ich ging das vorbereitende Atemmuster für ein Gähnen durch und versetzte ihn in einen Zustand angesteckten Gähnens, worauf er emotional reagierte, um es damit noch zu verstärken. Indessen ging ich vorsichtig und nicht mit voraussagbarer Regelmäßigkeit vor. Dergestalt konnte ich während der ersten Unterrichtshälfte, während der letzten, mitten drin oder auch nur in einem Viertel des Unterrichts „an ihm arbeiten", jedenfalls immer nach dem Zufallsprinzip.

17. Eine indirekte Tranceinduktion: Simulation und die Bedeutung indirekter Suggestion und minimaler Hinweisreize[1]

Milton H. Erickson

Ein Student, der sich auf experimentelle Psychologie spezialisiert und großes Interesse an Hypnose entwickelt hatte, bat im Herbst 1923 den Autor, mit ihm bei einer speziellen Untersuchung zusammenzuarbeiten. Mit diesem Projekt sollte somnambules Verhalten bei unterschiedlichen Versuchspersonen verglichen werden, welche verschiedene Arten hypnotischer Phänomene zeigten. Zur Vorbereitung hatte er etliche freiwillige Versuchspersonen darin geschult, somnambule Trance zu entwickeln. Er schlug vor, der Autor solle mit ihm zusammenarbeiten und eine geeignete Versuchsperson übernehmen, um bei ihr tiefe somnambule Trance zu induzieren. Dann könnten man in gemeinsamer Arbeit diese Versuchsperson dazu benutzen, ein systematisches Vorgehen zu entwickeln, mit dessen Hilfe hypnotische Phänomene systematisch und in sinnvollem Zusammenhang hervorgerufen werden könnten. Der Autor nahm dieses Angebot bereitwillig an.

Zur verabredeten Zeit wurde der Autor der zur Mitarbeit bereiten Versuchsperson vorgestellt, einem offensichtlich hochintelligenten und einfühlsamen Literaturstudenten im dritten Studienjahr. Während der Vorstellung überreichte der Psychologiestudent, Mr. H., dem Autor nebenbei einen verschlossenen Umschlag mit der Bemerkung, der Brief solle zu einem späteren Zeitpunkt gelesen werden.

Diese Versuchsperson erwies sich als besonders kompetent, und mit ihr wurde eine lange Reihe von Aufgaben durchgeführt. Zuletzt erhielt sie auf Verlangen des Psychologiestudenten den Auftrag, drei kurze Sätze aufzuschreiben, die mit ihrer Kindheit zu tun haben sollten. Diese Sätze sollten nicht gleich gelesen werden. Statt dessen wurde das betreffende Papier zusammengefaltet und in einem passenden Buch sicher verwahrt. Dieses Vorgehen sollte als Test für hypnotische Amnesie gelten sowie die Möglichkeit bieten, die Prozesse der Reassoziation näher zu bestimmen, wenn hypnotisch unterdrückte Erinnerungen sich wieder einstellen.

Sodann wurde die Versuchsperson aufgeweckt, und es entwickelte sich eine ausführliche Diskussion über hypnotische Phänomene im all-

1 Unveröffentlichter Text, um 1960 verfaßt.

gemeinen und die Verhaltensweisen dieser Versuchsperson im besonderen, an der sie selbst auch teilzunehmen versuchte, was ihr aber wegen der hypnotischen Amnesie nicht so gut gelang. Schließlich erhob der Psychologiestudent die allgemeine Frage, inwieweit es möglich sei, überzeugend vorzugeben, man sei in Trance, und was am Tranceverhalten dieser Versuchsperson schwierig nachzuahmen sei, wenn man den Anschein von Trance erwecken wolle? Völlig ahnungslos stellte der Autor eine Menge dogmatischer Behauptungen auf und wurde schließlich peinlicherweise durch die Bitte unterbrochen, er möge den Inhalt des Briefes zur Kenntnis nehmen, der ihm anfangs überreicht worden war. Als er ihn durchlas, erfuhr er die von der Versuchsperson unterschriebene Mitteilung: „Heute abend werde ich eine vorgetäuschte Darbietung sämtlicher hypnotischer Verhaltensweisen zum besten geben, die Sie mir suggerieren, und ich werde so tun, als schreibe ich automatisch drei kurze Sätze über meine frühe Kindheit. Diese Sätze werden folgendermaßen lauten: ..." – und es waren drei Sätze aufgeführt. Beim Nachprüfen der zusammengefalteten Blätter mit den „automatisch geschriebenen" Sätzen bestätigte sich die mißliche Lage des Autors. Einige Fragen an die Versuchsperson erbrachten reichliche Beweise, daß der Autor sehr gründlich hereingelegt worden war.

Es folgte ein vollständiger Bericht des Psychologiestudenten, wie er die Versuchsperson, einen erfahrenen, auf dramatische Rollen spezialisierten Schauspieler, instruiert hatte, indem er ihn das somnambule Verhalten hypnotisierter Personen studieren und dann nachspielen ließ. Der Schauspieler erwies sich als geschickter Schüler, und er war an dem Vorhaben persönlich interessiert, da es ihm die Möglichkeit zu einer ganz besonderen Vertiefung seiner Schauspielkunst bot. Nachdem der Schauspieler zum Schluß gekommen war, daß er das Ganze glaubwürdig darstellen könne, schlug der Psychologe vor, die Imitation experimentell zu testen, indem man den Versuch unternehmen werde, den Autor zu täuschen. Falls dieser erfolgreich verlaufe, sollte eine experimentelle Untersuchung tatsächlicher und vorgetäuschter Hypnose folgen, die von dem Psychologen und hoffentlich auch vom Autor durchgeführt werde. Es wurde davon ausgegangen, daß der Autor jetzt so gründlich sensibilisiert sei, daß er als höchst fähiger und kritischer Schiedsrichter in Sachen Täuschung und Wahrheit fungieren könne.

Der Vorschlag wurde gemacht, gemeinsam eine Untersuchung auszuarbeiten, deren nächster Schritt logischerweise in einer Rollenumkehr bestehen sollte. Das heißt: Nachdem nun feststand, daß der Versuchsleiter getäuscht werden konnte, würde sich dann nicht auch die „Versuchsperson" täuschen lassen?

Die Diskussion über diese Frage führte zu dem Plan, für das Experiment einen weiteren erfahrenen Schauspieler anzuheuern. Sowohl der Psychologe als auch der Schauspieler aus dem ersten Experiment sollten ihn anleiten bei der beabsichtigten Täuschung des Autors. Dieser jedoch, diesmal in genauer Kenntnis der Situation, hätte dann die Möglichkeit, die Versuchsperson aus ihrer Täuschungsrolle hinauszumanövrieren, ohne ihr dies zu verraten. Wie das genau geschehen sollte, war Sache des Autors; das Training des nächsten Schauspielers sollte Aufgabe der beiden anderen sein.

Der zweite Schauspieler, ebenfalls aus dem dramatischen Rollenfach, war entschieden kompetent. Er vermochte wiederholt zu niesen, zu husten, zu würgen, sich sogar zu erbrechen, konnte improvisieren, Tränen vergießen, mit den Zähnen klappern, und vieles mehr, ganz nach Belieben. Man gab ihm zu verstehen, der Autor sei Ganz außerordentlich erfahren in Hypnose, und der Zweck der Übung bestehe nicht einfach in einem Schabernack, es handle sich vielmehr um eine ernsthafte Unternehmung, die dazu dienen solle, Verhaltensmanifestationen im Wach- und im hypnotischen Zustand zu vergleichen und einander gegenüberzustellen. Der zweite Schauspieler fand diese Absicht überzeugend und auch, daß dies für ihn als Schauspieler eine gute Gelegenheit sei, etwas dazuzulernen.

Der Student und die beiden Schauspieler sowie ein halbes Dutzend in Somnambulie erfahrene Versuchspersonen, die keine Ahnung von den Absichten der Schauspieler hatten, trainierten ausgiebig, bis der Psychologe und der erste Schauspieler sich über die Kompetenz des zweiten Schauspielers sicher waren.

Als diese Aufgabe schließlich erledigt war, brachte der Student den Autor und die beiden Schauspieler zusammen und tat so, als handele es sich um einen Scherz. Der Autor traf anscheinend seine Wahl zwischen den beiden Schauspielern, Mr. A und Mr. B, wer als erster an die Reihe käme, indem er eine Münze warf und ankündigte, die Münze habe nun per Zufall entschieden, daß der zweite Schauspieler, Mr. B, zuerst hypnotisiert werden solle.

Zur Vorbereitung, um Mr. B noch einmal zu versichern, daß dem Autor ein Streich gespielt werden solle, wurde Mr. A bis ins kleinste instruiert, der Tranceinduktion des Autors mit Mr. B sehr aufmerksam zu folgen und auf die hypnotischen Reaktionen von Mr. B zu achten, denn „so können Sie vielleicht schneller und gründlicher lernen, wie

Sie in Trance gehen, *vielleicht sogar, wie Sie ganz unerwartet in Trance gehen.*" Diese letzte (kursiv gesetzte) Äußerung wurde nachhaltig, jedoch sachte betont, wobei ich meinen Blick vom dem einen zum anderen Schauspieler hin und her gehen ließ. Sowohl der Student wie auch Mr. A schienen die Bedeutung dieser Äußerung nicht zu beachten, da sie sich auf die Situation konzentrierten. Mr. B war von der Betonung beeindruckt, nahm aber an, daß sie nur für Mr. A von Bedeutung wäre. Er achtete nicht darauf, da es sich ja um etwas Persönliches handelte. Auf diese Weise hatten sowohl Mr. A als auch Mr. B eine bedeutsame Suggestion vernommen, aber jeder der beiden nahm an, sie hätte für ihn selbst keine Bedeutung und sei lediglich in der Absicht gegeben worden, dem jeweils anderen eine besondere Botschaft zu vermitteln.

Anschließend setzte ich, der Autor, als Induktionsmethode die Fixations- und die Lidschließtechnik ein und rief bei meiner „Versuchsperson" eine außerordentlich glaubwürdige Imitation somnambuler Phänomene hervor. Allerdings stand für mich außer Zweifel, daß es sich dabei nicht um echtes hypnotisches Verhalten handelte, und es war mir klar, daß es äußerst schwierig werden dürfte, die Unterschiede zwischen echtem und vorgetäuschtem hypnotischen Verhalten anschaulich zu beschreiben.

Als offensichtlich letzte Maßnahme schlug ich automatisches Schreiben vor. Es folgte eine ausführliche und sorgfältig ausgearbeitete Beschreibung dieses Phänomens, und dann wurde, zum Erstaunen von Mr. A und des Psychologiestudenten, Mr. A gebeten, sich Mr. B's Tätigkeit anzuschließen. Beide wurden aufgefordert, langsam das Untersuchungszimmer zu durchqueren und sich aufrecht auf die beiden Stühle zu setzen, die bereits einander gegenüber am Untersuchungstisch bereitstanden. Vor sich würden sie dann Bleistifte und einen Block finden, auf den sie schreiben könnten. Nachdem sie sich gesetzt hatten, sollten sie einen Stift nehmen, ihre Hände in Schreibposition bringen, und sich unentwegt und starr gegenseitig in die Augen schauen. Sie sollten im Einklang miteinander ihre gegenüberliegenden Seiten am Tisch aufsuchen, *im Einklang miteinander* ihre Stifte aufnehmen – alles sollte langsam, bedächtig und *im Einklang miteinander* geschehen. Kein Wort wurde darüber gesagt, daß Mr. A Hypnose entwickeln solle, und ebensowenig erhielt weder er, noch der Psychologiestudent einen Wink mit den Augen. Nachdem die beiden langsam ihre Stühle eingenommen, ihre Stifte ergriffen und ihre Hände in Position gebracht hatten, stellte ich vor jeden eine Sichtblende und erklärte ihnen, diese Sichtblende erlaube ihnen lediglich, die Augen des anderen zu sehen, nicht aber die eigenen Hände, auch mit die des Gegenübers. Während sie nun fortfuhren, sich gegenseitig in die Augen zu sehen, erhielten sie die Aufgabe zu schreiben, und zwar *im Einklang miteinander, und nicht mehr als einen Buchstaben alle drei bis fünf Sekunden*, so lange, bis sie einen kurzen, einen sehr kurzen Satz über irgendein vergessenes Ereignis vom Oktober 1917 niedergeschrieben hätten. Nachdem sie auf diese Weise etwas zu Papier gebracht hätten, sollten sie nun in aller Stille ihre Hand vom Block nehmen und den Stift weiter in der Hand behalten. Darüber hinaus sollten sie sich auch weiter gegenseitig in die Augen schauen.

Aus einer vorteilhaften Position heraus hielt ich beide unter ständiger Beobachtung und wartete still und sehr gespannt. Es vergingen fünfzehn Minuten, bis die Aufgabe erledigt war, wobei Mr.A nach fünf Minuten als erster fertig war. Dann brachte Mr.B sein Schreiben zu Ende, wobei er zunächst sehr zögerlich war und wesentlich langsamer schrieb als der andere, sich jedoch sichtbar wohler fühlte. Sie erhielten dann beide die Anweisung, sich langsam zu erheben, sich dabei weiter anzuschauen, sich dann umzuwenden und *im Einklang miteinander* zum nördlichen Ende des Raums zu gehen, wo sie auf dem Boden einen Kreidekreis bemerken würden. Sie sollten sich einander gegenüber hineinstellen und sich weiter still und aufmerksam gegenseitig ansehen. Unmittelbar nachdem sie ihren vorgegebenen Platz eingenommen hatten, erhielten sie folgende Anweisung von mir: „Nun, Mr.A und Mr.B, fahren Sie fort, sich weiter anzusehen; indessen, während Sie dies tun, soll jeder in die Person des anderen schlüpfen, dessen Identität annehmen. Dies soll unmittelbar jetzt geschehen, während ich diese Anweisungen gebe und es wird abgeschlossen sein, wenn ich diesen Satz beende. (Pause) *Nun wahren Sie den Status quo.* Ich werde den Raum für fünf Minuten verlassen, und während ich draußen bin, fahren Sie fort, und *Sie wahren den Status quo*, und Sie werden das auch dann tun, wenn ich zurückkehre, so lange bis ich Ihnen andere Anweisungen gebe, und *Sie werden alle Anweisungen exakt befolgen.*" Ich verließ den Raum und steckte die Blätter mit den automatisch geschriebenen Sätzen heimlich ein.

Wie der Psychologiestudent später berichtete, hat er sofort, nachdem ich den Raum verlassen hatte, gesagt: „Ich frage mich, was er jetzt schon wieder vorhat!" und die beiden Schauspieler erwartungsvoll angesehen. Zu seiner Verblüffung stellte er fest, daß die beiden sich in tiefer Trance befanden und in keinerlei Rapport zu ihm standen. Die nächsten Minuten versuchte er verzweifelt, Rapport herzustellen und das Problem zu lösen, in das ihn diese Situation brachte.

Als ich den Raum wieder betrat (das Verlassen des Raumes sollte dem Psychologiestudenten die Möglichkeit verschaffen, die Situation zu erfassen, und sein Gesichtsausdruck verriet, daß dem so war), sprach ich die Versuchspersonen an: „Mein Kollege wird nun gleich die Bitte aussprechen, *einer von Ihnen möge erwachen, so wie er dasteht.* Sie werden ihn wahrnehmen, bis Sie bemerken, daß er den anderen meint, und dann wird allein er ihn wahrnehmen." Der Student erhielt eine schriftliche Mitteilung mit dem Wortlaut: „Sagen Sie ihnen: ‚Ich spreche nun zu Ihnen und möchte, daß Sie so wie Sie sind aufwachen, jetzt, Mr. B.'" Der Student war erstaunt, als nun Mr. A aufwachte und fragend und verdutzt seinen Schauspielerkollegen, den Psychologiestudenten und mch anschaute, dann verwirrt seine Lage zu bemerken schien und einen unsicheren Blick auf den Stuhl drüben am Untersuchungstisch warf. Er war offensichtlich unfähig, seine Situation zu verstehen. Er wurde gefragt: „Möchten Sie etwas sagen oder fragen?" – „Aber sicher! Wie kommt Jack in meine Kleider (ein bestürzter Gesichtsausdruck und er schaute an sich hinunter), und wie komme ich in seine Kleider? Passen zwar nicht schlecht, aber ich will sie nicht!" Er begann sein Jacket auszuziehen und legte es auf den Stuhl. Er wurde gebeten, damit aufzuhören, und zu beschreiben, wie es ihm gehe. Seine Antwort war einfach, er fühle sich zu verwirrt, um denken zu können, und seine Augen gingen beständig zu seinem Kollegen, zum Jacket auf dem Stuhl und zu der Hose, die er anhatte. Er schien nicht in der Lage, spontan an irgend etwas anderes zu denken.

Die zweite Versuchsperson wurde dann aufgeweckt, indem ich zuerst ihren Arm berührte und dann sagte: „Ich werde Sie in Kürze bitten, aufzuwachen. Lassen Sie mich wiederholen, *ich alleine* werde Sie bitten, aufzuwachen. Tun Sie das jetzt!" Sofort wachte der vermeintliche Mr. A auf und schaute mich erwartungsvoll an. Sein Kollege fragte: „Warum trägst du meine Sachen, Jack?", erhielt aber keine Antwort. Es wurde bald klar, daß der vermeintliche Mr. A ausschließlich mit mir in Rapport stand und einfach passiv auf meine weiteren Anweisungen wartete. Als es so aussah, als sei die Situation den anderen so klar wie nur irgend möglich, warf ich einen Blick auf das Jacket auf dem Stuhl. Die Versuchsperson sah auch dorthin und ihr Gesicht nahm einen verwirrten Ausdruck an; sie blickte auf das Jacket, das sie trug, schaute zurück zum Jacket auf dem Stuhl, schien dann von einer neuen Idee gefangen zu sein, und schaute auf ihre Hose. Ich gab keinerlei Zeichen, das zum Reden ermutigte. In besorgtem Schweigen blickte sich die Versuchsperson um, bemerkte die Stühle am Tisch und den Kreidekreis, wirkte aber weiter so, als ob sie außer mich keinen anderen Anwesenden wahrnehme.

Es folgte eine ganze Reihe von Maßnahmen, um die Amnesie bei einem der beiden aufzuheben, dann wieder herzustellen, die Wiederkehr der korrekten Identität des einen, nicht aber des anderen zu suggerieren und dies wieder umzukehren, bis schließlich beide Schauspieler und auch der Psychologiestudent keinerlei Zweifel mehr an der Echtheit ihres hypnotischen Verhaltens hatten sowie an dessen eindeutigem Unterschied zu nichthypnotischem Verhalten. Was jedoch beide, A und B besonders verwirrte, war ihre separat verfügbare Erinnerung daran, in Trance gewesen zu sein, Depersonalisation erlebt zu haben, sich ihre Bestürzung darüber ins Gedächtnis rufen zu können, offensichtlich die falschen Kleider anzuhaben, und auch nicht zu wissen, wie oder wann sie eine Trance entwickelten, sowie die Leichtigkeit mitzubekommen, mit der ich nach Belieben Amnesien beim anderen induzieren konnte.

Schließlich befragte ich die beiden einzeln (jeweils einer wurde aus dem Raum geschickt, während der andere befragt wurde), wann sie angefangen hatten, Trance zu entwickeln. Nach gründlichem Durchforsten ihrer Erinnerung boten beide die spontane Erklärung an, daß ihre letzte wache Erinnerung damit zu tun hatte, „zusammen rüberzugehen, sich auf den Stuhl zu setzen und sich gegenseitig anzuschauen“. Weiterführendes hatte keiner zu berichten. Indirektes Befragen ergab sodann, daß keiner das automatische Schreiben erinnerte, und als automatisches Schreiben erwähnt wurde, äußerten beide ihre Bereitschaft, es auszuprobieren. Ich brachte die Stühle wieder in Position, ließ sie sich hinsetzen und bat sie, als eine Art Schreibübung: *„Greifen Sie* einfach *aus dem Nirgendwo, an das Sie sich nicht erinnern, drei Wörter auf* und schreiben Sie sie eben auf.“ Diese Aufforderung erfolgte in sorgfältiger Betonung. Beide kamen ihr mit verwundertem Blick nach, und einer bemerkte, daß er geschrieben hatte: „Mir schwimmen kalt“, während der andere notiert hatte: „Polizei mich festgenommen.“ Intensives Befragen von meiner Seite und durch den Psychologiestudenten, der meiner Spur folgte, erbrachte keinerlei Sinn dieser niedergeschriebenen Wörter. Der eine sagte, er sei nie im Leben festgenommen worden, und der andere gab an, häufig in kaltem Wasser geschwommen zu sein, doch darüber hinaus hätten seine niedergeschriebenen Worte keinerlei Sinn. Nachdem offensichtlich klar war, daß ihnen jegliches Verständnis abging, übergab ich jedem von ihnen das im ersten Durchgang automatisch Geschriebene und sagte mit leiser Betonung: „Erinnern Sie sich!“

Verblüfft taten sie dies. Zunächst fielen ihnen die realen Begebenheiten ein, beim einen, wie er aus einem Boot gefallen und ans Ufer geschwommen war, beim anderen, wie er nach einem Halloweenstreich festgenomen worden war. Desweiteren erinnerten sie sich an das ungefähre Datum im Oktober 1917 und erkannten dann, daß die automatische Schrift deutlich einen runden, kindlichen Eindruck machte und ihrer heutigen Handschrift sehr unähnlich war.

Unter den vielen Diskussionspunkten und Mutmaßungen zu den Ereignissen dieses Abends ging es auch darum, wie bei ihnen Trance induziert worden war. B war bekümmert, daß ich ihn gewissermaßen ausmanövriert hatte, und er war fasziniert zu hören, daß A mich hereingelegt hatte. A konnte lediglich sein Erstaunen darüber zum Ausdruck bringen, daß er auf irgendeine indirekte Weise hypnotisiert worden war, konnte aber nicht annähernd vermuten, wie das geschehen war. Es wurde ihnen in Aussicht gestellt, ich werde seinen Plan Schritt für Schritt bis ins kleinste erläutern, und zwar jenen, den er sich zurechtgelegt hatte, ehe er in diese Untersuchung ging. Falls sie dabei irgendeine Unstimmigkeit entdeckten, sollten sie es ihm mitteilen. Und wenn die einzelnen Schritte korrekt wiedergegeben seien, wenigstens annähernd, sollten sie *spüren, wie korrekt und genau der einzelne Schritt war.*

Die Erklärung lautete: „Während Mr. B sein Täuschungsmanöver so kompetent durchführte, ganz unter dem Eindruck, mich irrezuleiten, fragte er sich möglicherweise, ob ich Mr. A als Versuchsperson benutzte. Ohne Frage erwartete er das sogar wegen des Münzwurfs, der allerdings nur als Vorwand dienen sollte, daß jemand ausgewählt werde. Das wußte jedoch nur ich selbst. Gleichzeitig fragte sich Mr. A zweifellos das gleiche wie Mr.B. Diesem war außerdem sehr daran gelegen, die bestmögliche Darbietung zu geben, deren er fähig war. Mr. A wußte nun natürlich, daß mir die Situation klar war, und daß ich wahrscheinlich etwas Besonderes vorhatte, um Mr.B tatsächlich zu täuschen, obgleich Mr.B annahm, daß er es sei, der mich täuscht. Mein besonderes Vorhaben würde vermutlich Hypnose beinhalten. Mr. A konnte nicht wissen, ob diese Hypnose ihn oder Mr. B oder beide betreffen werde, aber er konnte sich das immerhin fragen. Allerdings bat ich Mr. A um nichts weiter, außer an der Geschichte mit dem automatischen Schreiben teilzunehmen. Die Bitte an beide war, *im Einklang miteinander* zu gehen, *im Einklang miteinander* sich hinzusetzen, die Stifte zu nehmen, usw., alles *im Einklang miteinander.* Dies war *keine Bitte um Täuschungsverhalten, sondern eine Bitte um eine andere Art von Verhalten als das, welches zuvor gezeigt worden war*, und zwar sowohl von A als auch von B. In Reaktion auf die Bitte hatte Mr.A an eine mögliche Hypnose bei sich selbst und vielleicht auch bei Mr. B gedacht, und das Merkwürdige an dieser Aufgabe brachte Mr. B vollständig aus seiner Täuschungsrolle. Er mußte sich anders verhalten, aber wie? *Sie sollten sich ausschließlich gegenseitig in die Augen sehen*, und dies wurde noch dadurch unterstrichen, daß ihr Gesichtsfeld offenkundig eingeschränkt wurde. Sie waren hilflos ausgeliefert. Die Schreibanweisung wurde absichtlich so formuliert, daß eine vollkommen neue Schreibsituation entstand, dergestalt, daß sie langsam und mühsam schrieben, wie in ihrer weit zurückliegenden Kindheit. Die gesamte Situation nötigte sie mitzuarbeiten, aber sie konnten nicht für sich selbst entscheiden, wie sie mitarbeiten sollten. Die Schreibanweisung sollte nämlich ein kindliches Schreibverhalten hervorrufen, und dieses wiederum würde die tatsächliche Altersregression auslösen. Mir schien das Jahr 1917 passend, und der Monat Oktober, weil es da oft spezielle Kindheitserinnerungen an Halloween gibt, die von den Erwachsenen nicht allzu rasch erinnert werden. Das Warten am Tisch gab den beiden nur noch mehr Gelegenheit, den nicht auf Täuschung angelegten Möglichkeiten der Situation zu folgen, weil weder Mr. A noch Mr. B sich ihrer selbst oder meiner ganz sicher sein konnten. Sie hatten somnambule Zustände gesehen und sie fanden sich in einer Situation wieder, die sie weder falsifizieren, noch manipulieren konnten. Ich hatte die Angelegenheit vollständig im Griff. Sowohl Mr.A als auch Mr.B waren in einer psychischen Falle gefangen, weil der eine tun sollte, was der andere tat, und keiner sich eigenverantwortlich verhalten konnte. Jeder konnte den anderen der Hypnose verdächtigen. *Keiner konnte irgendeine Möglichkeit für ein Täuschungsverhalten erkennen*. Dann wurden sie in den Kreidekreis gestellt, den sie zuvor nicht bemerkt hatten, und sie sollten dabei *im Einkla*ng miteinander gehen, sich gegenseitig *im Einklang miteinander* anschauen. *‚Wahren Sie den Status quo‘* ist gewiß kein erwarteter hypnotischer Befehl, aber mit Sicherheit eine eindeutige Anweisung, die Hypnose fortzusetzen, *falls sie eingetreten ist*. Der Befehl selbst konnte dazu dienen, jeglichen Zweifel oder aufkommende Unsicherheiten bezüglich der Hypnose zu zerstreuen. Anschließend würde er als posthypnotischer Hinweisreiz wirken, da der Befehl eindeutig mit einem mentalen Zustand assoziiert war, nicht einfach mit einer Position des Körpers im Kreidekreis. Beim Erlangen des automatisch geschriebenen Materials wurde Wert darauf gelegt, die beiden im Wachzustand zu halten, indem sie aufmerksam *im Einklang miteinander bleiben* sollten und so die Wiederkehr irgendwelcher hypnotischer Erinnerungen zu vermeiden; ferner *wurde ihnen nicht gesagt, sie sollten schreiben*, sondern: ‚Greifen Sie einfach drei Wörter aus dem Nirgendwo auf, an das Sie sich nicht erinnern', und die sollten einfach, nicht automatisch, aufgeschrieben werden. ‚Einfach aufgreifen' enthielt die Implikation, daß die Wörter bereits da waren, ‚aus dem Nirgendwo, an das Sie sich nicht erinnern'. Nun, das ‚Nirgendwo' war die hypnotische Amnesie und das vergessene automatische Schreiben. Sie erinnerten sich nur bis zu dem Punkt, als sie sich auf ihre Stühle setzten. Alles übrige wurde zu ‚einem Nirgendwo, an das Sie sich nicht erinnern können', das im Wachzustand nicht zu verstehen ist, aber ganz leicht während der Trance."

18. Anmerkungen zu minimalen Hinweisreizen in der Dynamik des Sprechens und im Erinnerungsvermögen[1]

Dem Beispiel Clark L. Hulls folgend machte ich mir Notizen zu vielen Beobachtungen, die mich interessierten und von denen ich annahm, daß sie eines Tages von Nutzen sein konnten. Vor einigen Wochen zog ich zufällig einen Umschlag aus meinem Aktenschrank und fand darin gelbe und weiße Blätter mit dem gesamten Material, das ich fortlaufend zusammengetragen hatte. Den ersten Teil hatte ich mit Larry Kubie und mit Dave Rappaport durchgesprochen, als dieser über seinem Buch „Gedächtnis" saß.

Es handelt sich dabei durchweg um Material, das mir dazu verholfen hat, meinem Denken über Hypnose Gestalt zu verleihen und Faktoren einzuschätzen, die mit ihr anscheinend in keinerlei Zusammenhang stehen.

Eine meiner liebsten Erinnerungen betrifft einen Vorfall, der sich ereignete, als ich – etwa 10jährig – in unserem Scheunentor stand. Mir kam eine blendende Idee, die ich inzwischen längst vergessen habe. Ich wußte, um diese blendende Idee in die Tat umzusetzen, benötigte ich einen Hammer und ein Beil. Aber diese Gegenstände befanden sich auf der hinteren Veranda. Ich stürmte los, um das Werkzeug zu holen, aber als ich schließlich auf der Veranda ankam, hatte ich vollkommen vergessen, was ich eigentlich wollte. Nach langem ergebnislosem Nachdenken kehrte ich zum Scheunentor zurück, rief mir meine blendende Idee wieder in Erinnerung, und was ich dazu benötigte. Meine blendende Idee war mit dem Scheunentor verknüpft, wo sie mir zufällig gekommen war.

So kam ich auch dazu, auf Bäume zu klettern und Gedichte aus einer alten Zeitschrift meiner Großmutter auswendig zu lernen. Ich wählte die Bäume nach Zufall aus, kurze Gedichte nach Zufall und merkte mir die Verbindung zwischen bestimmten Bäumen und den Gedichten, die ich lernte, während ich auf diesen Bäumen saß. Drei Jahre später ging ich auf Erkundungstour und fand heraus, wenn ich den richtigen Baum bestieg, war mein Erinnerungsvermögen an das mit ihm verknüpfte Gedicht erheblich verbessert.

---

1 Unveröffentlichter Brief an den Herausgeber vom 19. Oktober 1974.

Anmerkungen zu minimalen Hinweisreizen: 1933 – 1964[2]

Während der Jahre 1933 und 1934, als ich beim Forschungsdienst des Worcester-Staatskrankenhauses in Massachusetts tätig war, entwickelte ich allmählich einen Ostküsten- oder „Harvard"-Akzent. Dieser bestand in erster Linie darin, daß ich die kurzen, geschlossenen „A"-Laute des Mittleren Westens zum Teil durch das breite „Ostküsten - A" ersetzte. Dieser Austausch war für meine Kollegen amüsant, weil nicht durchgängig, d.h. ich verwendete in einem einzigen Satz durchaus beide, den kurzen und den breiten A-Laut, wobei mehrsilbige Wörter mit mehr als einem „A" mit beiden, mit dem breiten und dem kurzen Laut gesprochen werden konnten. Eine Kollegin, die als Hypnoseversuchsperson fungierte und auch Experimente mit mir durchführte, war die Tochter eines Universitätsprofessors für Englisch. Sie war sehr empfänglich für das gesprochene Wort und schrieb gerade ihre Dissertation über einen Aspekt verbaler Kommunikation. Zunächst war sie ärgerlich über meine uneinheitliche Aussprache der „A"-Laute, bald jedoch amüsierte sie das. Indessen war sie sehr unduldsam, was getrennte Infinitive betraf, und sie verlangte absolute Genauigkeit und Prägnanz bei den hypnotischen Suggestionen. Sie mißbilligte nämlich jeglichen Zwang, irgendwelche Suggestionen, die ihr in hypnotischen Experimenten gegeben worden waren, für sich in Gedanken umdefinieren zu müssen. Tatsächlich unterbrach sie laufende Experimente, um jedwede sprachliche „Schlamperei" anzuprangern. Sie behauptete, und ich stimmte ihr schließlich voll zu, daß jede hypnotische Suggestion in einer Sprache gegeben werden sollte, die einfach und unmittelbar verstanden werden kann, und sie erklärte, daß im hypnotischen Zustand die Tendenz bestehe, das gesprochene Wort auf seine wörtliche Bedeutung zu beschränken. Weiter vertrat sie die Meinung, daß Genauigkeit und Prägnanz der Anweisung den Versuchspersonen ermögliche, gemäß deren eigenem Verständnis zu reagieren, ohne zusätzliche aufgezwungene Bedeutungen, die der sozialen Anpassung entspringen. Die Frage beispielsweise: „Möchtest du mich anschauen?" verlangt keine weitere Antwort als ein „Nein", ein „Ja" oder ein „Ich weiß nicht" und weniger eine körperliche Reaktion. Dem stimmten zwei weitere Kollegen zu, die ebenfalls an Dissertationen zu Aspekten der Kommunikation von Gedanken arbeiteten und die beide auch schon an den Untersuchungen als Experimentatoren und als hypnotische Versuchspersonen mitgewirkt hatten.

2 Anmerkung des Herausgebers: Es folgt das unveröffentlichte Material, auf das im o.g. Brief verwiesen wird; 1964 von Erickson niedergeschrieben.

In einer Diskussion über meinen wechselnden Gebrauch breiter und kurzer „A“-Laute wurde dieser meinem langsamen sprachlichen Lernen zugeschrieben. Keiner wußte, daß ich mit vier Jahren noch nicht sprechen gelernt hatte, und das bei einer zwei Jahre jüngeren Schwester, die bereits mit einem Jahr anfing zu sprechen und mit zwei Jahren fließend sprach. Der verstorbene Linguist Edward Sapir, damals Professor an der Yale-Universität, gab spontan den gleichen Kommentar ab, nachdem er bei meiner Vorlesung zugehört hatte, und sprach meine Tontaubheit und meinen primitiven Sprachrhythmus direkt an.

Die oben erwähnte Information blieb mir im Gedächtnis, ohne daß sie allerdings in der nachfolgenden experimentellen Arbeit bewußt genutzt worden wäre.

Nachdem ich Massachusetts 1934 verlassen hatte, verlor sich mein breiter „A“-Laut, auf den ich in den ersten paar Wochen in Michigan so stolz gewesen war, innerhalb von zwei Monaten.

Ich hatte keinen weiteren Gedanken mehr an meinen „verlorenen Akzent“ verschwendet, bis ich im September 1937 am amerikanischen Psychologenkongress in Minesota teilnahm. Dort traf ich meine früheren Kollegen wieder. Zu meiner Überraschung kehrte diese Mischung aus breiten und kurzen „A“-Lauten in meine Sprache zurück, und meine Kollegen machten Bemerkungen darüber, daß ich meinen „Harvard“-Akzent beibehalten habe. Nur die lebhaften Beteuerungen meiner Ehefrau überzeugten sie, daß er wiederaufgetaucht war, veranlaßt durch die Stimulation alter assoziativer Bahnen bei unserem Wiedersehen.

Alle Spuren dieses Akzentes verschwanden wieder auf dem Heimweg nach Michigan. Ich verlor auch keinen weiteren Gedanken daran, außer daß das interessant und festzuhalten sei, um möglicherweise zukünftige Überlegungen daran zu knüpfen.

Im September 1941 erfuhr ich, daß zwei frühere Arztkollegen, die Massachusetts kurz vor bzw. nach mir verlassen hatten, mich unabhängig voneinander am gleichen Samstag Nachmittag besuchen wollten. Beide kamen aus zwei verschiedenen Staaten des Mittleren Westens. Dies brachte mir meine früheren Aufzeichnungen in den Sinn und lieferte den Hintergrund für ein Feldexperiment über ungewöhnliche Faktoren beim Wiedererlangen von Gedächtnismaterial. Folglich bemühte ich mich, einige Tage vor der Ankunft von Dr. A und Dr. B,, die Vornamen der Patienten zu erinnern, mit denen ich im Forschungsdienst in Worcester gemeinsam mit meinen Kollegen gearbeitet hatte.

Die beiden trafen in Abstand von ungefähr zehn Minuten nacheinander ein und wurden von meiner Sekretärin empfangen und einzeln begrüßt; sie geleitete beide in getrennte Zimmer, gab ihnen Papier und Bleistift und erklärte ihnen, daß ich ihre Hilfe bei einem Experiment wünschte, das ich gerade durchführte. Diese Hilfe bestand darin, die Vornamen von Patienten zu erinnern, mit denen sie im Forschungsdienst gearbeitet hatten. Jedem wurde mitgeteilt, daß er dazu mindestens eine halbe Stunde Zeit hätte. Er werde ungestört sein und könne in Ruhe arbeiten und in 30 bis 40 Minuten werde sie, die Sekretärin zurückkommen.

Beide, A und B, gingen bereitwillig auf meine Bitte ein. Nach Ablauf von etwas mehr als 30 Minuten sagte meine Sekretärin zu Dr. A, der ihr erzählte, er habe alle Namen aufgeschrieben, die ihm eingefallen seien, daß gleich eine weitere halbe Stunde der Mitarbeit beginnen werde, während der er unter keinen Umständen mit jemandem sprechen dürfe, und daß sie gleich mit weiteren Instruktionen zurückkomme. Sie ging dann zwei Türen weiter, wo Dr. B seine Zeit vertrödelte, unfähig, weitere Namen zu erinnern. Ihm erklärte sie, sie werde ihn in einen anderen Raum mitnehmen, damit er an einem weiteren Teil des Experimentes mitwirken könne, und daß er auf keinen Fall mit jemandem sprechen solle.

Sie führte Dr. B in den Raum, in welchem Dr. A wartete. Beide waren verblüfft, weil keiner wußte, daß der andere beabsichtigt hatte, mich zu besuchen. Keiner redete und meine Sekretärin wies sie an, eine neue Liste mit weiteren erinnerten Namen zu erstellen.

Zwanzig Minuten später betrat sie wieder den Raum, um beide mit einer neuen Liste vorzufinden, aber sie warteten lediglich den rechten Augenblick für neue Instruktionen ab. Sie übergab Dr. B die Tageszeitung und brachte Dr. A zu meinem Büro, wobei sie ihn ermahnte, mit niemandem zu reden, sondern einzig eine Liste mit weiteren Namen anzufertigen, die ihm einfielen, nachdem sie ihm gezeigt hatte, wo er Platz nehmen sollte.

Gerade als ich begann, eine Liste zusätzlicher Namen zu erstellen, fing auch Dr. B damit an. Innerhalb von zehn Minuten hatten wir beide unser Gedächtnis erschöpft, und so gab ich meiner Sekretärin ein Zeichen. Sie betrat das Büro, bat Dr. A, weiterhin still zu sein und ihr in ein anderes Zimmer zu folgen, wo sie ihm eine Zeitung gab. Dann brachte sie Dr. B in mein Büro und gab ihm die gleichen Anweisungen wie Dr. A.

Wir, Dr. B und ich, listeten neue Namen auf, hatten unser Erinnerungsvermögen allerdings bald erschöpft. Auf ein Zeichen hin brachte meine Sekretärin Dr. A herein und gab die Anweisung, weiterhin Schweigen zu bewahren und weitere Namen niederzuschreiben. Jeder fügte noch welche hinzu, aber bald gaben wir die weitere Suche auf.

Dann begannen wir, unsere persönlichen Neuigkeiten auszutauschen und diskutierten im Anschluß den Zweck der Aufgaben, um deren Erledigung meine Sekretärin sie gebeten hatte. Währenddessen bemerkte Dr. B amüsiert, daß mein „haahlber" Harvard-Akzent wiedergekehrt sei.

Dabei wurde uns bewußt, daß wir alle bis zu einem gewissen Grad in die Sprache zurückverfallen waren, die wir während der über dreijährigen Zeit erworben hatten, die wir in Worcester, Massachusetts verbracht hatten, ehe wir in verschiedene Teile des Mittleren Westens verzogen.

Die Überprüfung der verschiedenen Listen ergab 37 Namen auf meiner ersten Liste, 21 auf der von Dr. A und 16 auf Dr. B's Liste. In Dr. A's Anwesenheit fügte Dr. B fünf weitere Namen hinzu, während Dr. A seine Liste um neun weitere Namen ergänzte. In meiner Gegenwart schrieb Dr. A noch sieben Namen auf seine Liste, Dr. B drei. In Dr. B's Anwesenheit fand ich noch einen Namen und er fünf. Als wir dann zu dritt waren, fügte ich noch fünf weitere Namen hinzu, Dr. A elf und Dr. B neun. Ich hatte also insgesamt 46 Namen erinnert, auf Dr. A's Liste standen 41 Namen und auf der von Dr. B insgesamt 35.

Obwohl wir zusammen 125 Namen hatten, repräsentierten diese nur 95 Personen; davon hatte ich 21 gemeinsam mit Dr. A und 14 gemeinsam mit Dr. B. Dr. A wiederum hatte 18 gemeinsam mit Dr. B. Alle drei hatten wir nur 16 gemeinsame Namen.

Während unseres gemeinsamen Wochenendes kamen uns beim Überprüfen unserer Listen weitere Namen in den Sinn, und auch in anderem Zusammenhang fielen uns spontan noch einige Namen ein. Wir notierten letztere nicht, da hier die einzelnen Methoden, sich zu erinnern, sehr unterschiedlich waren.

Die nächsten sachdienlichen Beobachtungen zu diesem Thema ergaben sich immer dann, wenn ich zwischen 1957 und 1963 auf Vortragsreise nach Boston fuhr. Die erste Beobachtung stellte sich ganz unerwartet auf einem Flug nach Boston ein. Während ich mit meinem Platznachbarn in eine Unterhaltung vertieft war, gab der Pilot des Flugzeugs über Lautsprecher durch: „Wir verlassen nun den Luftraum des Staates New York, fliegen über Massachusetts und sind im Landeanflug auf den Bostoner Flughafen."

Als wir unsere Unterhaltung fortsetzten, war ich überrascht über meine Mischung von langen und kurzen „A"-Lauten. Das erregte die Aufmerksamkeit meines Nachbarn, der bemerkte: „Ihr Harvardleute vergeßt nie Eure Harvardzeit. Ist dies für Sie eine Reise in die Vergangenheit?"

Während der anschließenden Erklärung und Diskussion sprach er über seine eigenen Erfahrungen, daß ein Ort ebenso wie viele andere Aspekte unseres Lebenslaufs früher Erlerntes wieder wachzurufen vermag. Auf der Rückreise von Boston fiel mir auf, daß ich meine langen „A"-Laute zurückgelassen hatte, die dann bei meiner nächsten Bostonreise wieder auftauchten.

Einmal, als die Maschine New York City verließ, kam mir die Untersuchung von 1941 in den Sinn, wo es um das Wiedererinnern von Patientennamen aus der Zeit in Worcester ging. Ich begann sofort damit, Namen aufzulisten und fand 23 ehe wir Boston erreichten. Auf einer späteren Reise nach Boston verbrachte ich einen Abend mit einem früheren Kollegen, der jetzt in Worcester lebte. Auf der 40-Meilen-Fahrt von Boston nach Worcester begann ich nicht nur die Namen zu erinnern, sondern auch das Jahr, in dem ich die betreffenden Personen getroffen hatte. Das hatten wir drei bereits 1941 versucht, allerdings mit unbefriedigendem Ergebnis. Bei der Heimfahrt in der folgenden Woche überprüfte ich meine Gedächtnisleistung vom Hinweg nach Worcester: Ich erinnerte weniger als die Hälfte der Namen. Was die ebenfalls rekonstruierten Jahreszahlen betraf, war mein Erinnern nurmehr ein Raten, im Gegensatz zu der Gewißheit in der Woche zuvor, die auch ihre Bestätigung fand seitens meiner früheren Kollegen, die zur gleichen Zeit wie ich beim Forschungsdienst gewesen waren.

Literatur

Bernheim, H. (1895): Suggestive therapeutics. New York (Putnam). [dt. (1896): Die Suggestion und ihre Heilwirkung. Leipzig/Wien (Franz Deuticke)]

Erickson, M. (1938): A study of clinical and experimental findings on hypnotic deafness. I) Clinical experimentation and findings. II) Experimental findings with a conditioned response technique. *Journal of Genetic Psychology* 19, 127–150; 151–167. Auch in: E. Rossi (ed.) (1980): The Collected Papers of Milton H. Erickson on Hypnosis, Vol. II, 81–113. New York (Irvington). [dt. (in Vorbereitung): Eine Untersuchung klinischer und experimenteller Ergebnisse über hypnotische Taubheit. I) Klinisches Experimentieren und Ergebnisse. II) Experimentelle Ergebnisse bei einer konditionierten Reaktionstechnik. In: E. Rossi (Hrsg): Gesammelte Schriften von Milton H. Erickson, Band III. Heidelberg (Carl-Auer-Systeme)].

Erickson, M. (1939): Experimental demonstration of the psychopathology of everyday life. *The Psychoanalytic Quarterly 8,* 338–353.

Erickson, M. (1943a): Experimentally elicited salivary and related responses to hypnotic visual hallucinations conformed by personality reactions. *Psychosomatic Medicine 5,* 185–187. Auch in: E. Rossi (ed.) (1980): The Collected Papers of Milton H. Erickson on Hypnosis, Vol. II, 175–178. New York (Irvington). [dt. (in Vorbereitung): Experimentell hervorgerufener Speichelfluß und andere Reaktionen auf hypnotische visuelle Halluzinationen, die an die persönlichen Reaktionen angepaßt wurden. In: E. Rossi (Hrsg): Gesammelte Schriften von Milton H. Erickson, Band III. Heidelberg (Carl-Auer-Systeme)].

Erickson, M. (1943b): Hypnotic investigation of psychosomatic phenomena: Psychosomatic interrelations studies by experimental hypnosis. *Psychosomatic Medicine 5*, 51–58. Auch in: E. Rossi (ed.) (1980): The Collected Papers of Milton H. Erickson on Hypnosis, Vol. II, 145–156. New York (Irvington). [dt. (in Vorbereitung): Hypnotische Untersuchungen psychosomatischer Phänomene: Psychosomatische Beziehungsstudien durch experimentelle Hypnose. In: E. Rossi (Hrsg): Gesammelte Schriften von Milton H. Erickson, Band III. Heidelberg (Carl-Auer-Systeme)].

Erickson, M. (1944): An experimental investigation of the hypnotic subject's apparent ability to become unaware of stimuli. *Journal of*

General Psychology 31, 191–212. Auch in: E. Rossi (ed.) (1980): The Collected Papers of Milton H. Erickson on Hypnosis, Vol. II, 33–50. New York (Irvington). [dt. (in Vorbereitung): Eine experimentelle Untersuchung der scheinbaren Fähigkeit hypnotischer Versuchspersonen, Stimuli nicht gewahr zu werden. In: E. Rossi (Hrsg): Gesammelte Schriften Milton H. Erickson, Band III. Heidelberg (Carl-Auer-Systeme)].

Erickson, M. (1952): Deep hypnosis and its induction. In: L.M. LeCron (ed.): Experimental hypnosis. New York (Macmillan).

Erickson, M. (1959): Further techniques of hypnosis-utilization techniques. *American Journal of Clinical Hypnosis 2,* 3–21.

Erickson, M. (1961): Historical note on the hand levitation and other ideomotor techniques. *American Journal of Clinical Hypnosis 3,* 1961, 196–199.

Erickson, M. (1964a): A hypnotic technique for resistant patients: The patient, the technique, and its rationale and field experiments. *American Journal of Clinical Hypnosis 1,* 8–32. Auch in: E. Rossi (ed.) (1980): The Collected Papers of Milton H. Erickson on Hypnosis, Vol. I, 299–330. New York (Irvington). [dt.: Eine hypnotische Technik für Patienten mit Widerstand: Der Patient, die Technik, die Grundlagen und Feldexperimente. In: E. Rossi (Hrsg) (1995): Gesammelte Schriften von Milton H. Erickson, Band I. Heidelberg (Carl-Auer-Systeme), 416–461].

Erickson, M. (1964b): Initial experiments investigating the nature of hypnosis. *American Journal of Clinical Hypnosis 7,* 152–162. Auch in: E. Rossi (ed.) (1980): The Collected Papers of Milton H. Erickson on Hypnosis, Vol. I, 3–17. New York (Irvington). [dt.: Erste Untersuchungen zur Erforschung des Wesens der Hypnose. In: E. Rossi (Hrsg). Gesammelte Schriften von Milton H. Erickson, Band I. Heidelberg (Carl-Auer-Systeme), 20–38].

Erickson, M. (1964c): Pantomime techniques in hypnosis and the implications. *American Journal of Clinical Hypnosis 7,* 65–70. Auch in: E. Rossi (ed.) (1980): The Collected Papers of Milton H. Erickson on Hypnosis, Vol. I, 331–339. New York (Irvington). [dt.: Pantomimetechniken in der Hypnose und deren Bedeutung. In: E. Rossi (Hrsg) (1995): Gesammelte Schriften von Milton H. Erickson, Band I. Heidelberg (Carl-Auer-Systeme) 462–473].

Erickson, M. (1965): Hypnotherapy: The patient's right to both success and failure. *American Journal of Clinical Hypnosis 7,* 254–257. Auch in: E. Rossi (ed.) (1980): The Collected Papers of Milton H. Erickson on Hypnosis, Vol. IV, 134–138. New York (Irvington). (in Vorbereitung): Das Recht des Patienten auf Erfolg und Mißerfolg. In: E. Rossi (Hrsg): Gesammelte Schriften von Milton H. Erickson, Band V. Heidelberg (Carl-Auer-Systeme)].

Erickson, M. (1966): The interspersal technique for symptom correction and pain control. *American Journal of Clinical Hypnosis 3,* 198–209. Auch in: E. Rossi (ed.) (1980): The Collected Papers of Milton H. Erickson on Hypnosis, Vol. IV, 262–278. New York (Irvington). [dt. (in Vorbereitung): Die Einstreutechnik für Symptomkorrektur und Schmerzkontrolle. In: E. Rossi (Hrsg): Gesammelte Schriften von Milton H. Erickson, Band V. Heidelberg (Carl-Auer-Systeme)].

Erickson, M. (1967): Further experimental investigations of hypnosis: Hypnotic and nonhypnotic realities. *American Journal of Clinical Hypnosis 10,* 87–135. Auch in: E. Rossi (ed.) (1980): The Collected Papers of Milton H. Erickson on Hypnosis, Vol. I, 18–82. New York (Irvington). [dt.: Weitere experimentelle Untersuchungen der Hypnose: Hypnotische und nichthypnotische Wirklichkeit. In: E. Rossi (Hrsg)(1995): Gesammelte Schriften von Milton H. Erickson, Band I. Heidelberg (Carl-Auer-Systeme) 39–126].

Erickson, M. a. E. Rossi (1976): Two-level communication and the mycrodynamics of trance and suggestion. *American Journal of Clinical Hypnosis 18,* 153–171. Auch in: E. Rossi (ed.) (1980): The Collected Papers of Milton H. Erickson, Vol. I, 430–451. New York (Irvington). [dt. (in Vorbereitung): Kommunikation auf zwei Ebenen und die Mikrodynamik von Trance und Suggestion. In: E. Rossi (Hrsg): Gesammelte Schriften von Milton H. Erickson, Band II. Heidelberg (Carl-Auer-Systeme)].

Erickson, M., E. Rossi a. S. Rossi (1976): Hypnotic realities. New York (Irvington).

Fromm, E. (1973): Similarities and differences between self-hypnosis and heterohypnosis. Presidential Address, American Psychological Association.

Fromm, E. (1974): An idiosyncronic long-term study of self-hypnosis. Paper presented at the American Psychological Association Convention.

Hull, C.L. (1931): Quantitative methods of investigating hypnotic suggestion: Part I. *Journal of Abnormal and Social Psychology 25,* 390–417.

Hull, C.L. (1933): Hypnosis and suggestibility. New York (Appleton-Century).

Johnson, R. a. T. Barber (1976): Hypnotic suggestions for blister formation: Subjective and physiological effects. *American Journal of Clinical Hypnosis 18,* 172–181.

Milgram, S. (1963): Behavioral study of obedience. *Journal of Abnormal and Social Psychology 4,* 371–378.

Overlade, D. (1976): The production of fasciculations by suggestion. *American Journal of Clinical Hypnosis 19,* 50–56.

Rossi, E. (1972): Dreams and the growth of personality: Expanding awareness in psychotherapy. New York (Pergamon).

Rossi, E. (1973): Psychological shocks and creative moments in psychotherapy. *American Journal of Clinical Hypnosis 16,* 9–22.

Sheehan, P. (1972): Hypnosis and the manifestations of imagination. In: E. Fromm a. R. Shor (eds.): Hypnosis: Research developments and perspectives. New York (Aldine-Atherton).

Shor, R. (1959): Hypnosis and the concept of the generalized reality orientation. *American Journal of Psychotherapy 13,* 582–602.

Weitzenhoffer, A. (1953): Hypnotism: an objective study in suggestibility. New York (Wiley).

Personenregister

Sachregister